ŒUVRES
DE
WALTER SCOTT,

TRADUITES

PAR M. LOUIS VIVIEN,

AVEC TOUTES LES NOTES, PRÉFACES, INTRODUCTIONS ET MODIFICATIONS
AJOUTÉES PAR L'AUTEUR A LA DERNIÈRE ÉDITION D'ÉDIMBOURG;

ET

DE NOUVELLES NOTES HISTORIQUES ET LITTÉRAIRES PAR LE TRADUCTEUR.

TROISIÈME ÉDITION.

Tome Vingt-quatrième.

—

LA JOLIE FILLE DE PERTH.

PARIS:

Chez LEFEVRE, Éditeur, rue de l'Éperon, 6.

POURRAT FRÈRES, Éditeurs, ‖ DAUVIN et FONTAINE, Libraires,
Rue des Petits-Augustins, 5. ‖ Passage des Panoramas, 35.

1840.

ŒUVRES

DE

WALTER SCOTT.

TOME XXIV.

Imprimerie de Beaulé, rue François Miron, 8.

ŒUVRES
DE
WALTER SCOTT

TRADUITES

PAR M. LOUIS VIVIEN,

AVEC TOUTES LES NOTES, PRÉFACES, INTRODUCTIONS ET MODIFICATIONS AJOUTÉES PAR L'AUTEUR
A LA DERNIÈRE ÉDITION D'ÉDIMBOURG;
ET DE NOUVELLES NOTES HISTORIQUES ET LITTÉRAIRES PAR LE TRADUCTEUR.

TROISIÈME ÉDITION.

TOME VINGT-QUATRIÈME.

LA JOLIE FILLE DE PERTH.

Paris,

Chez LEFÈVRE, Éditeur, rue de l'Éperon, 6;

DAUVIN et FONTAINE, Libraires, passage des Panoramas, 35;

POURRAT FRÈRES, Éditeurs, rue des Petits-Augustins, 5.

1840.

PRÉFACE.

Dans le cours des élucubrations de Chrystal Croftangry, on s'est aperçu que bien que la presse ait depuis quelques années enfanté des ouvrages de diverse nature au sujet du Gaël d'Écosse, aucune tentative n'avait jusqu'ici été faite pour esquisser les usages de ce peuple tels qu'on peut les supposer avoir existé à l'époque où le *Statute-Book*, aussi bien que les pages des chroniqueurs, commencent à présenter la preuve constante des embarras auxquels la couronne était exposée quand l'altière maison de Douglas en contre-balançait l'autorité sur le Border du sud, et que le Nord était en même temps déchiré par l'humeur sauvage non encore domptée des races de l'Highland, et par la hauteur audacieuse à laquelle quelques uns des *Chieftains* les plus éloignés continuaient de porter leurs prétentions. Le fait bien authentique de deux clans puissants députant chacun trente champions pour vider une querelle d'ancienne date en présence de Robert III, de son frère le duc d'Albany, et de toute la cour d'Écosse réunie à Perth, l'an de grâce 1396, semblait attester tout à la fois et la nature vivace de ces querelles de montagnards et la dégradation du gouvernement général du pays ; aussi cette époque fut-elle choisie comme le point sur lequel pouvaient rouler les principaux incidents d'une narration imaginaire. Le caractère de Robert III, l'ambition de son frère et les mœurs dissolues de son fils, semblaient devoir fournir l'occasion de quelques contrastes intéressants ; — et le sort tragique de l'héritier du trône, ainsi que les conséquences immédiates de cet événement, pouvaient servir à compléter le tableau d'une époque de cruauté et de licence.

Deux incidents de l'histoire de ce champ-clos de l'Inch du Perth, la fuite de l'un des champions désignés, et l'insouciant héroïsme d'un citadin qui s'offrit volontairement à prendre, pour une faible pièce d'argent, la place du fugitif dans cette lutte à mort, ont donné l'idée des personnages imaginaires sur lesquels roule la plus grande partie du roman. Il eût été aisé de tirer parti du Celte fugitif si on avait voulu revêtir le coloris d'un vernis de ridicule ; mais il a paru à l'auteur qu'il y aurait à la fois et plus de nouveauté et plus de véritable intérêt s'il pouvait réussir à lui concilier quelque peu de cette sympathie qui est incompatible avec le manque total de respect. Miss Baillie nous a montré un poltron par nature susceptible d'agir en héros sous la puissante impulsion de l'amour filial. Il ne paraissait pas impossible d'imaginer un caractère naturellement faible auquel des sentiments d'honneur et de jalousie donnent un certain degré d'énergie, qui l'abandonne tout-à-coup dans des circonstances auxquelles le cœur le plus brave pourrait difficilement refuser un peu de compassion.

La controverse relative à la question de savoir quels clans ont réellement figuré dans le conflit barbare de l'Inch s'est ranimée depuis la publication de la *Jolie Fille de Perth*, et a été notamment traitée fort au long par M. Robert Mackay de Thurso, dans sa très curieuse *Histoire de la Maison et du Clan de Mackay* [1]. Sans prétendre dire qu'il a affirmativement résolu toutes les parties de la question, nous ne pouvons disconvenir que M. Mackay paraît avoir complétement réussi à prouver que l'honorable souche dont il descend n'a eu aucune part à l'affaire. Dans le quatorzième siècle, les Mackays étaient fixés, ainsi qu'ils ont continué de l'être depuis, à l'extrémité nord de l'île, et leur chef était à cette époque un personnage de trop d'importance pour qu'on eût pu omettre de le nommer et de le désigner distinctement dans les relations contemporaines. En une occasion, il amena quatre mille hommes de son clan à l'aide de la bannière royale, contre

---

[1] *History of the House and Clan of Mackay*. Edinb. 1829, in-4°.

le Lord des Isles. Cet historien pense que l'indication du clan Quhele de Wynthoun se rapporte aux Camerons, qui paraissent avoir à cette époque été souvent désignés comme Mac Ewans, et n'avoir reçu que plus récemment le nom de Cameron, c'est-à-dire *Nez-Tors*, d'une particularité physique offerte par quelqu'un des héroïques chefs de la race de Lochiel. Cette opinion est aussi adoptée par Douglas, dans son *Baronage*, où il mentionne fréquemment les querelles acharnées du clan Chaltan et du clan Kay, et où il identifie ce dernier, à propos des événements de 1396, avec les Camerons. Il est peut-être impossible d'éclaircir complétement les doutes que soulève cette controverse, peu intéressante en elle-même, du moins pour les lecteurs de ce côté d'Inverness[1]. Les noms, tels que nous les avons dans Wyntoun, sont *Clanwhewyl* et *Clachinya*, ce dernier probablement mal transcrit. Dans le *Scoti Chronicon*, on lit *Clanquhele* et *Clankay*. Hector Boèce écrit *Clanchattan* et *Clankay*, en quoi il est suivi par Leslie, tandis que Buchanan, dédaignant de défigurer ses pages par leurs désignations gaéliques, les mentionne seulement comme deux tribus puissantes de la région sauvage et indomptée qui s'étend par-delà les Grampians. Quel Sassenach peut prétendre faire sortir la lumière du sein de cette confusion? Le nom de Clanwheill paraît encore en 1594, dans un acte de Jacques VI. N'est-il pas possible que ce nom ne soit, après tout, qu'une simple corruption de celui de clan Lochiel[2]?

Le prieur de Lochleven ne parle ni de l'évasion de l'un des champions gaéliques, ni de la bravoure avec laquelle un artisan de Perth offrit de prendre part au combat. Les deux incidents, néanmoins, sont mentionnés, sans nul doute d'après la tradition, par le continuateur de Fordun, dont voici le texte :

« Anno Dom. millesimo trecentesimo nonagesimo sexto, magna pars Borealis Scotiæ, trans Alpes, inquietata fuit per

---

[1] C'est-à-dire pour les habitants des Basses-Terres d'Ecosse, par opposition à ceux des Hautes-Terres ou de l'Highland. (L. V.)

[2] Nous supprimons ici vingt-quatre vers en vieux dialecte écossais de l'ancien poëte Wyntoun, vers difficilement intelligibles, où est raconté succinctement le combat en champ-clos dont il vient d'être question. (L. V.)

duos pestiferos cateranos et eorum sequaces, videl. Scheabeg et suos consanguinarios, qui Clankay ; et Christi Johnson, ac suos, qui Clanquele dicebantur ; qui nullo pacto vel tractatu pacificare poterant, nullâque arte regis vel gubernatoris poterant edomari, quoadusque nobilis et industriosus D. David de Lindesay de Crawford, et Dominus Thomas comes Moraviœ, diligentiam et vires apposuerunt, ac inter partes sic tractaverunt, ut coràm domino rege certo die convenirent apud Perth, et alterutra pars eligeret de progenie suâ trigenta personas adversùs trigenta de parte contrariâ, gladiis tantùm, arcubus et sagittis, absque deploidibus, vel armaturis aliis, præter bipennes ; et sic compedientes finem liti ponerent, et terra pace potiretur. Utrique igitur partis summè placuit contractus, et die lunæ proximo ante festum Sancti Michaelis, apud North-Insulam de Perth, coràm rege et gubernatore, et innumerabili multitudine comparentes, conflictum acerrimum inierunt : ubi de sexagenta interfecti sunt omnes, excepto uno ex parte Clankay, et undecim exceptis ex parte alterâ. Hoc etiam ibi accidit quod omnes in præcinctu belli constituti, unus eorum locum diffugii considerans, inter omnes in amnem elabitur, et aquam de Thaya natando transgreditur ; à millenis insequitur sed nusquam apprehenditur. Stant igitur partes attonitæ, tanquam non ad conflictum progressuri, ob defectum evasi : noluit enim pars integrum habens numerum sociorum consentire, ut unus de suis demeratur, nec potuit pars altera quocumque pretio alterum et supplendum vicem fugientis inducere. Stupent igitur omnes hœrentes, de damno fugitivi conquerantes. Et cum totum illud opus cessare putaretur, ecce in mediò prorupit unus stipulosus vernaculus staturâ modicus sed efferus, dicens : Ecce ego ! quis me conducet intrare cum operariis istis ad hunc ludum theatralem ? Pro dimidiâ enim marcâ ludam experiar, ultrà hoc petens, ut si vivus de palæstrâ evasero, victum à quocumque vestrum recipiam dùm vixero ; quia sicut dicitur : « Majorem caritatem nemo habet, quam ut animam suam ponat quis pro amicis. » Quali mercede donabor, qui animam meam pro inimicis reipublicæ et regni pono ? Quod petiit, à rege et diversis magnatibus conceditur. Cum hoc arcus ejus extenditur, et primo sigittam in partem contrariam transmittit, et unum interficit. Confestim hinc indè sagittæ volitant, bipennes librant, gladios vibrant, alterutro certant, et veluti carnifices boves in macello, sic inconsternate ad invicem se trucidant. Sed nec inter tantos repertus est vel unus, qui, tanquam vecors aut timidus, sive post tergum alterius declinans, seipsum à tantâ cœde prætendit excussare. Iste tamen tyro superveniens finaliter illæsus exivit; et dehinc multo tempore Boreas quievit; nec ibidem fuit, ut suprà, Cateronorum excursus. »

Dans Boèce et dans Leslie la scène est rehaussée de nombre d'embellissements ; et Buchanan met dans la bouche des sauvages combattants des discours taillés sur le patron des plus belles harangues de Tite-Live.

Le dévouement du père nourricier du jeune chef du clan Quhele et de ses frères de lait, est un trait de fidélité gaélique dont l'histoire de l'Highland fournit nombre d'exemples. A la bataille d'Inverkeithing, entre les royalistes et les troupes d'Olivier Cromwell, on vit un père nourricier et ses sept courageux fils se sacrifier ainsi pour sir Hector Maclean de Duart : — le vieillard, chaque fois qu'un de ses fils tombait, faisant avancer un des autres pour prendre la place de celui qui venait d'être tué à la droite du chef bien-aimé, par ces paroles mêmes adoptées dans le roman : Un autre à la place d'Hector !

Il y a plus : ce sentiment peut se transmettre d'une génération à une autre. Feu le très regretté général Stewart de Garth, dans son récit de la bataille de Killikrankie, nous informe que Lochiel était accompagné sur-le-champ de bataille du fils de son père nourricier. — « Ce fidèle adhérent le suivait comme son ombre, prêt à lui porter assistance de son épée, ou à le couvrir contre les atteintes plus éloignées de l'ennemi. Tout-à-coup le chef ne vit plus son ami à ses côtés, et se retournant pour voir ce qu'il était devenu, il l'aperçut gisant sur le dos, la poitrine traversée d'une flèche. Il lui resta à peine, avant d'expirer, assez de souffle pour dire à Lochiel que voyant un ennemi, un Highlander de l'armée du général

Mackay, tourner son arc vers lui et l'ajuster, il s'était élancé derrière lui et l'avait ainsi abrité contre une mort immédiate. — Voilà, fait observer le brave David Stewart, un genre de fonctions qui n'est peut-être pas souvent pratiqué par nos aides-de-camp d'aujourd'hui. » (*Sketches of the Highlanders*, vol. 1, pag. 65.)

Il me reste seulement à ajouter que la seconde série des *Chroniques de la Canongate*, avec le chapitre servant d'introduction qui vient ci-après, parut en mai 1828, et reçut un favorable accueil.

ABBOTSFORD, 15 août 1821.

CHRONIQUES

DE

LA CANONGATE.

(DEUXIÈME SÉRIE.)

Sic itur ad astra.

CHAPITRE D'INTRODUCTION.

> Ici sous mes pieds dorment les cendres de rois assassinés ; et là-bas est une scène de mort où Marie apprit à pleurer.
>
> LE CAPITAINE MARJORIBANKS.

CHAQUE quartier d'Edimbourg a quelque motif d'orgueil particulier, de sorte que l'ensemble de la ville (si à ce sujet vous voulez en croire les habitants, réunit dans son enceinte autant d'intérêt historique que de beautés naturelles. Nos prétentions à l'égard de la Canongate ne sont pas les moins élevées. Le château peut nous surpasser par l'étendue de la perspective et la magnificence du site ; Calton-Hill a toujours eu la supériorité de son panorama sans rival, et depuis peu il y a ajouté celle de ses tours, de ses arcs de triomphe et des colonnes de son Parthénon. High-Street, nous le reconnaissons, a eu l'honneur insigne d'être défendu par des fortifications dont il ne reste plus vestige. Nous ne descendrons pas aux prétentions de quartiers plus récemment sortis du néant, et qu'on nomme la Vieille-Nouvelle-Ville et la Nouvelle-Nouvelle-Ville, pour ne rien dire du quartier favori par excellence, Moray-Place, la partie la plus nouvelle de la Nouvelle-Ville [1]. Nous ne nous mettons en parallèle qu'avec nos égaux, et seulement avec nos égaux en âge, car en dignité nous n'en reconnaissons aucun. Nous nous glorifions d'être le quartier de la Cour, de posséder le palais et le tombeau de nos rois, et nous avons le privilége d'exciter à un degré inconnu aux quartiers moins honorés de la cité les sombres et solennels souvenirs d'ancienne grandeur qui remplirent autrefois l'enceinte de notre vénérable abbaye, depuis le temps de saint David jusqu'à l'époque où la joie fut ramenée dans ses salles désertes, et ses échos long-temps silencieux réveillés de nouveau, par la visite de notre gracieux souverain aujourd'hui régnant [2].

Ma longue résidence dans le voisinage, jointe à mes habitudes rangées et tranquilles, m'avaient valu une sorte d'intimité avec la bonne mistress Policy, la gardienne de cette partie si intéressante du vieil édifice qu'on désigne sous le nom d'appartements de la reine Marie. Mais une circonstance récente m'a donné de plus grands priviléges; de sorte que réellement je pourrais, je crois, hasarder le même exploit que Chastelart, qui fut mis à mort pour avoir été trouvé à minuit caché dans la propre chambre à coucher de sa maîtresse la reine d'Écosse.

Il arriva un jour que s'acquittant de ses fonctions, la digne lady que je viens de mentionner montrait les appartements à un *cockney* [3] de Londres; — non pourtant à un de ces visiteurs lourds et silencieux comme on en voit tous les jours, qui écoutent la bouche ouverte et avec un *umph* d'adhésion les informations banales distribuées par le *cicerone* provincial. Celui-là n'était pas de cette classe commune : — c'était l'agent actif et alerte d'une grande maison de la Cité, qui ne manquait aucune occasion de faire des affaires, comme il disait, c'est-à-dire de placer les articles de ses patrons et de grossir ses droits de commission.

---

[1] Cette partie la plus nouvelle de la plus nouvelle ville (*newest Newest Town*), au cas où les élucubrations de M. Croftangry survivraient au droit qu'elle possède actuellement à cette désignation, fut commencée, je crois, en 1824, sur l'emplacement du parc et des jardins dépendants d'une ancienne et fort jolie résidence que les comtes de Moray avaient dans le faubourg; — aussi va-t-il sans dire que c'est aux différents titres des membres de cette famille, ou à des sources analogues, que les places et les rues qu'on y a construites ont emprunté leurs noms. Août 1831. (W. S.)

[2] La visite de George IV en Écosse, en août 1822, ne s'oubliera pas de sitôt. Cette visite convainquit nombre de gens qui avaient partagé les doutes du docteur Johnson à ce sujet, que les vieux sentiments de loyalisme, en dépit de toutes les dérisions des beaux-esprits modernes, étaient toujours fermement enracinés, et qu'on pouvait y faire appel avec confiance même dans les circonstances en apparence les moins favorables. Quiconque avait observé l'état de l'esprit public à l'égard de la position domestique de cet aimable prince à une époque seulement antérieure de quelques mois, aurait-il cru pouvoir jamais être témoin des scènes d'enthousiasme et de dévouement passionné à sa personne qui remplirent les quinze jours de séjour qu'il fit à Edimbourg? Août 1831. (W. S.)

[3] Le *cockney* est à peu près pour Londres ce que le badaud est pour Paris, le type bourgeois dans son expression la plus naïve. (L. V.)

Il avait parcouru d'un pas impatient la suite d'appartements sans trouver la moindre opportunité de placer un mot sur ce qu'il regardait comme la fin principale de son existence. L'histoire même de l'assassinat de Rizzio ne suggéra pas une réflexion à cet émissaire du commerce, jusqu'à ce que mistress Policy invoquât, à l'appui de son récit, les taches de sang noirâtres qui se voient sur le plancher.

— Voici les taches, dit-elle ; rien ne les enlèvera. — Voilà deux cent cinquante ans qu'elles sont là, — et elles y resteront tant que le parquet durera ; — ni l'eau ni rien autre chose ne les feront jamais disparaître.

Or, notre cockney, entre autres articles, vendait ce qu'on nommait de l'eau à détacher, et une tache âgée de deux cent cinquante ans était pour lui une chose intéressante, non parce qu'elle provenait du sang du favori d'une reine, tué dans l'appartement de sa maîtresse, mais à cause de l'admirable occasion qu'elle offrait de prouver l'efficacité de son élixir détersif. Notre ami tomba sur ses genoux, mais ce n'était par un mouvement ni d'horreur ni de dévotion.

— Deux cent cinquante ans, madame, et rien ne peut l'enlever? Hé bien, serait-elle de cinq cents ans, j'ai dans ma poche quelque chose qui va la faire disparaître en cinq minutes. Vous voyez cet élixir, madame? dans un instant je vais vous montrer la tache disparue.

Ayant en effet trempé le bout de son mouchoir dans le spécifique souverain, il se mit à frotter le plancher sans prendre garde aux remontrances de mistress Policy. D'abord, la bonne âme, elle resta non moins stupéfaite que la supérieure de l'abbaye de Sainte-Brigitte quand un profane visiteur vida d'un seul trait la fiole d'eau-de-vie qui depuis long-temps figurait parmi les reliques du cloître comme contenant les larmes de la sainte. La vénérable abbesse s'attendait probablement à l'intervention de sa patronne ; — peut-être la gardienne de Holyrood espéra-t-elle que le spectre de David Rizzio allait sortir de terre pour empêcher la profanation. Toutefois mistress Policy ne resta pas long-temps dans ce silence d'horreur. Elle éleva la voix, et poussa des cris aussi perçants que ceux de la reine Marie elle-même au moment où l'horrible crime se commettait sous ses yeux.

Il se trouva que je faisais ma promenade du matin dans la galerie adjacente, cherchant en moi-même pourquoi les rois d'Écosse suspendus autour de moi étaient tous représentés sur leurs portraits avec un nez ressemblant à un marteau de porte, quand les murailles retentirent de ces cris qui s'entendaient autrefois dans les palais d'Écosse aussi souvent que les sons de la joie et de la musique. Quelque peu surpris d'une pareille alarme dans un lieu si solitaire, je me hâtai de courir à l'endroit d'où le bruit partait, et j'y trouvai notre voyageur frottant le plancher comme une chambrière et dans les meilleures intentions du monde, tandis que mistress Policy, le tirant par les basques de son habit, s'efforçait en vain de lui faire abandonner son projet sacrilége. Ce ne fut pas sans quelque peine que je parvins à faire comprendre au zélé purificateur de bas de soie, de gilets brodés, de draps fins et de planches de sapin, qu'il était au monde des taches qu'on ne devait pas tenter d'effacer, à raison des souvenirs qui s'y rattachaient. Quant à notre bon ami, il ne voyait dans une tache qu'une occasion de mettre en évidence les vertus de son eau tant vantée. Il comprit cependant enfin qu'en cette occasion il ne lui serait pas permis de procéder à cette démonstration, en voyant arriver deux ou trois habitants du palais, qui, comme moi, le menacèrent de se ranger du parti de mistress Policy. Il prit donc congé, tout en marmottant qu'il avait bien ouï dire que les Écossais étaient un peuple sale, mais qu'il n'aurait pas cru qu'ils poussaient cela jusqu'à vouloir conserver les planchers de leurs palais tachés de sang, comme l'ombre de Banquo, quand pour l'enlever il ne leur en coûterait qu'une centaine de gouttes de l'infaillible élixir détersif composé et vendu par MM. Scrub et Rub par bouteilles de cinq et de dix schillings, chaque bouteille marquée des initiales de l'inventeur, dont la contrefaçon serait punie des peines infligées par la loi.

Affranchie de l'odieuse présence de cet amateur de la propreté, ma bonne amie mistress Policy me prodigua avec profusion les expressions de sa gratitude; et cependant sa reconnaissance, au lieu de s'être épuisée dans ces démonstrations, ainsi qu'il arrive d'ordinaire dans le monde, est encore aussi vive aujourd'hui que si jamais elle ne m'eût fait un seul remerciement. C'est grâce au souvenir de ce bon office qu'il m'est permis d'errer dans ces salles abandonnées, comme l'ombre de quelque défunt maître de cérémonies; parfois, pour employer les expressions de la vieille chanson irlandaise,

> « Pensant et repensant aux choses
> Qui sont passées depuis long-temps; »

et d'autres fois souhaitant avoir la bonne fortune de la plupart des éditeurs de romans, et mettre comme eux la main sur quelque cachette ou sur un massif meuble antique, qui offrît à mes recherches un manuscrit presque illisible, contenant les particularités authentiques de quelqu'un des événements étranges qui marquèrent la singulière histoire de l'infortunée Marie.

Ma bonne amie mistress Baliol sympathisait avec moi quand je lui exprimais mon regret que jamais maintenant on ne fît de ces heureuses rencontres, et qu'un auteur pût grelotter au bord de la mer jusqu'à se briser les dents les unes contre les autres sans que jamais une vague apportât à ses pieds une cassette où serait renfermée une histoire telle que celle d'Automathes; qu'il pût se rompre les jambes en trébuchant dans cent caveaux sans y rencontrer autre chose que des rats et des souris, et habiter successivement une douzaine de misérables grabats sans y trouver d'autre manuscrit que son mémoire de chaque semaine pour la pension et le logement. Une laitière de notre époque dégénérée pourrait tout aussi bien laver sa laiterie et la mettre en ordre dans l'espoir de trouver dans son soulier le *tester* de la fée.

— C'est une triste chose, et pourtant trop vraie, cousin, disait mistress Baliol. Il est sûr que nous avons tout lieu de regretter le manque de ces heureux suppléants d'une invention qui nous fait défaut. Vous avez surtout plus que personne droit de vous plaindre que les fées n'aient pas favorisé vos recherches, vous qui avez montré au monde entier que le siècle de la chevalerie existe encore, — vous, chevalier de Croftangry, qui avez bravé la furie de l'*apprenti champion de Londres* en faveur de la belle dame Policy et de la relique du meurtre de Rizzio ! N'est-ce pas dommage, cousin, quand nous songeons combien sur tout le reste ce haut fait de chevalerie était conforme à la règle, — n'est-ce pas grand dommage que la dame n'ait pas été un peu plus jeune et la légende un peu plus vieille ?

— Oh ! quant à l'âge où une belle dame perd son recours à la chevalerie et n'a plus droit de demander à un brave chevalier qu'il lui octroie une grâce, c'est ce que je laisse à déterminer aux statuts de l'ordre ; mais quant au sang de Rizzio, je relève le gant, et je maintiens contre tous et un chacun que les taches ne sont pas de date moderne, et qu'elles proviennent bien réellement de cet épouvantable meurtre.

— Comme je ne puis accepter le combat en champ clos, beau cousin, je me contenterai de demander des preuves.

— La tradition invariable du palais, et le rapport de l'état actuel des choses avec cette tradition.

— Expliquez-vous, s'il vous plaît.

— Je m'explique. — La tradition universelle dit que quand Rizzio fut entraîné hors de la chambre de la reine, les assassins, qui dans leur furie luttaient à qui lui porterait le plus de coups, l'achevèrent à la porte de l'antichambre. C'est donc à la porte de l'appartement que fut répandu en plus grande quantité le sang de ce malheureux favori, et c'est là qu'on en montre encore les marques. De plus, les historiens rapportent que Marie continua de supplier les meurtriers d'épargner la vie de la victime, mêlant ses prières de cris et d'exclamations, jusqu'à ce qu'elle fût assurée qu'il était bien mort ; et qu'alors essuyant ses yeux : Maintenant, dit-elle, je songerai à le venger.

— Je vous accorde tout cela. — Mais le sang ? Croyez-vous donc qu'en tant d'années on n'aurait pu en faire disparaître les marques, ou qu'elles ne se seraient pas effacées ?

— J'arrive à cela tout-à-l'heure. La tradition constante du palais dit que Marie défendit qu'on cherchât à faire disparaître les traces du meurtre, qu'elle avait résolu de conserver comme un signe permanent propre à l'activer et à la confirmer dans sa vengeance projetée. Mais on ajoute que, satisfaite de savoir qu'elles existaient, et ne voulant pas avoir toujours sous les yeux cet horrible témoignage, elle fit élever une cloison en planches dans le fond de l'antichambre, à quelques pieds de la porte, de manière à séparer l'endroit taché de sang du reste de l'appartement, et à le laisser dans l'obscurité. Or, cette séparation temporaire existe encore ; et comme elle coupe le plafond et interrompt le plan des corniches, il en résulte clairement qu'elle a été construite pour quelque objet accidentel, puisqu'elle rompt les proportions de la pièce, nuit aux ornements du plafond, et n'a pu être élevée là que dans quelque intention, telle que cacher à la vue un objet désagréable. Quant à cette objection que les taches de sang auraient disparu avec le temps, je pense que si on ne prit pas des mesures pour les enlever immédiatement après le meurtre, — que si, en d'autres termes, on laissa le sang pénétrer dans le bois, les taches en durent devenir presque ineffaçables. Or, sans rappeler que dans ce temps-là nos palais d'Écosse n'étaient pas lavés avec un soin des plus scrupuleux, et qu'il n'existait pas d'élixir détersif pour aider au travail du balai, je regarde comme très probable que ces tristes reliques auraient pu subsister pendant un long espace de temps, lors même que Marie n'aurait pas ordonné de les conserver, cachées à la vue par la cloison. Je connais plusieurs exemples de semblables taches de sang qui ont subsisté pendant un très grand nombre d'années, et je doute qu'après un certain temps rien eût pu les faire disparaître, sauf le rabot du menuisier. Si quelque sénéchal, en vue d'accroître l'intérêt des appartements, avait cherché, au moyen de la peinture ou par toute autre imitation, à en imposer à la postérité par ces marques supposées, il me semble qu'il aurait choisi pour son imposture le cabinet de la reine et la chambre à coucher, et qu'il aurait placé ses traces de sang là où elles auraient pu être vues distinctement par les visiteurs, au lieu de les cacher ainsi derrière la cloison. Il est aussi fort difficile d'expliquer l'existence de cette cloison, si on refuse d'admettre la tradition ordinaire. En un mot, toutes les autres circonstances de la localité s'accordent si bien avec le fait historique, qu'à mon sens elles confirment la circonstance additionnelle du sang sur le plancher.

— Je vous proteste, repartit mistress Baliol, que je suis très disposée à me laisser convertir à votre croyance. Nous parlons d'un vulgaire crédule, sans toujours nous souvenir qu'il est aussi une incrédulité vulgaire, qui dans les choses historiques aussi bien que dans les choses de religion trouve plus aisé de douter que d'examiner, et qui s'efforce de se donner des airs d'esprit fort en niant tout ce qui se trouve dépasser un peu les bornes très restreintes de la compréhension du sceptique.

— Ainsi donc, ce point réglé, et puisque nous savons que vous possédez le *Sésame ouvre-toi* de ces appartements réservés, comment vous proposez-vous, si nous pouvons vous le demander, d'user de votre privilége? — Votre intention est-elle de passer la nuit dans la chambre à coucher royale?

— A quoi bon, ma chère lady? — Si c'est pour fortifier mon rhumatisme, ce vent d'est peut produire le même effet.

— Fortifier votre rhumatisme? — à Dieu ne plaise. Ce serait pis que d'ajouter des couleurs à la violette. Non ; ma seule pensée en vous conseillant de passer une nuit sur la couche de la Rose d'Écosse était de servir votre imagination. Qui sait quels rêves peut produire une nuit passée dans un palais auquel tant de souvenirs se rattachent! Autant que je sache, la porte de fer de l'escalier de la poterne s'ouvrirait peut-être à l'heure silencieuse de minuit, et, comme au moment de la conspiration, peut-être l'ombre des assassins en sortirait-elle d'un pas furtif et l'air lugubre pour vous donner une répétition de la scène tragique. Voici le farouche et fanatique Ruthven[1] ; — la haine de parti lui a donné la force de porter une armure qui sans cela eût accablé ses membres exténués par une longue maladie. Voyez comme ses traits flétris ressortent dans le creux du casque, pareils à ceux d'un cadavre animé par un démon, dont les yeux flamboyants respirent la vengeance, tandis que le visage a l'impassibilité de la mort. — Nous voyons paraître la forme élancée du jeune Darnley, aussi beau de sa personne que faible de résolution ; le voici qui s'avance d'un pas irrésolu, moins irrésolu encore que son esprit, ses craintes puériles ayant déjà surmonté sa puérile passion. Il est dans la situation d'un malicieux enfant qui a mis le feu à une mine, et qui alors, attendant l'explosion avec remords et terreur, donnerait sa vie pour éteindre la mèche que sa propre main a allumée. — Voici venir ensuite.... Mais j'oublie les noms du reste de ces nobles coupe-jarrets. Aidez-moi, si vous pouvez.

— Evoquez le Postulat, Georges Douglas, le plus actif de la bande. Qu'il se lève à votre appel, — l'aspirant à une fortune qu'il ne possède pas, — celui qui a dans ses veines le sang illustre des Douglas, mais souillé d'illégitimité. Peignez-le implacable, plein d'audace et d'ambition, — si près de la grandeur qui lui est interdite, — si près de la fortune dont cependant il est exclu, — Tantale politique prêt à tout faire et à tout oser pour mettre un terme à sa position nécessiteuse et faire valoir ses revendications douteuses.

— Admirable, mon cher Croftangry! Mais qu'est-ce que c'est qu'un postulat?

— Vous troublez le cours de mes idées, chère dame. — Un *postulat*, selon l'expression écossaise, était un candidat à quelque bénéfice non encore obtenu ; — George Douglas, qui poignarda Rizzio, était le *postulat* des possessions temporelles de la riche abbaye d'Arbroath.

---

[1] Les lecteurs de Walter Scott n'auront pas oublié de quelles couleurs énergiques l'auteur a peint dans *l'Abbé* cette sombre figure de Ruthven. (L. V.)

— Me voilà instruite. — Allons, continuez ; qui vient ensuite ?

— Qui vient ensuite ? Cet homme grand, maigre, à l'air sauvage, tenant un pétrinal [1] à la main, doit être Andrew Ker de Galdonside, neveu, je crois, du célèbre sir David Ker de Cessford. Son air et ses manières sont ceux d'un maraudeur du Border ; et son humeur est si farouche, que durant le tumulte du cabinet il dirigea son arme chargée contre le sein de la jeune et belle reine, de cette reine qui dans quelques semaines allait être mère.

— Bravo, beau cousin ! — Hé bien, après avoir évoqué cet essaim de fantômes, j'espère que votre intention n'est pas de les renvoyer se réchauffer à leurs froides couches ? — Vous les ferez entrer dans quelque action ; et puisque votre plume intrépide menace la Canongate, vous avez sûrement dessein de mettre en roman, ou si vous voulez de dramatiser cet événement, la plus singulière de toutes les tragédies ?

— Il est vrai qu'on a exploité des périodes historiques pires que celle-là, — c'est-à-dire moins intéressantes, — pour fournir à l'amusement des siècles paisibles qui leur ont succédé ; mais, chère lady, les événements du temps de Marie sont trop connus pour qu'on en puisse faire le pivot d'une fiction. Que pourrait ajouter à l'élégante et énergique narration de Robertson un meilleur écrivain que je ne le suis ? Ainsi donc, adieu à ma vision ! — Je me réveille, comme John Bunyan, et je vois que c'était un rêve. — Au surplus, c'est assez que je me réveille sans la sciatique qui probablement aurait été la récompense de mon sommeil si j'avais profané le lit de la reine Marie, en y recourant comme à une ressource mécanique propre à ranimer une imagination engourdie.

— Cela ne sera pas, cousin, répliqua mistress Baliol ; il vous faut passer par-dessus tous ces scrupules si vous voulez réussir dans le rôle d'auteur de romans historiques que vous avez voulu prendre. Que vous fait le classique Robertson ? La lumière qu'il portait était celle d'une lampe destinée à projeter sa clarté sur les obscurs événements des temps anciens ; la vôtre est une lanterne magique destinée à évoquer des merveilles qui n'ont jamais existé. Pas un lecteur de bon sens ne s'étonne de vos inexactitudes historiques, pas plus que de voir Polichinelle partager sur son théâtre le trône où Salomon est assis dans toute sa gloire, ou de l'entendre crier au patriarche, au milieu du déluge : Voilà un bien mauvais temps, maître Noé.

— Ne vous méprenez pas sur ma pensée, chère dame ; j'ai le sentiment de mes immunités comme narrateur. Mais le menteur Fagg lui-même, dans les *Rivaux* de Sheridan, nous assure que tout en ne se faisant pas scrupule de mentir quand son maître le lui ordonne, sa conscience est néanmoins blessée quand on le trouve en défaut. Or, c'est là précisé-

---

[1] Sorte de mousquet court. (L. V.)

ment la raison pourquoi j'évite prudemment tous les sentiers connus de l'histoire, où chacun peut lire l'avis soigneusement inscrit sur les poteaux plantés à chaque détour pour mettre les passants dans le droit chemin ; de sorte qu'il n'y a pas un petit garçon ni une petite fille apprenant l'histoire d'Angleterre par demandes et réponses, qui ne hue le pauvre auteur s'il s'écarte du grand chemin.

— Ne vous découragez pourtant pas, cousin Chrystal. Il ne manque pas dans l'histoire d'Écosse de solitudes à travers lesquelles, ou je me trompe fort, nul chemin n'a été tracé, et que l'on connaît seulement par d'imparfaites traditions, qui remplissent de merveilles et de légendes les périodes dans lesquelles on ne connaît pas d'événements réels. C'est ainsi, comme dit Mac Prior, que les géographes placent dans les terres inconnues

« Des éléphants au lieu de villes. »

— Si tel est votre avis, chère lady, ma fiction ira cette fois prendre sa source dans une période lointaine de l'histoire, et dans une province éloignée de ma sphère naturelle, la Canongate.

Ce fut sous l'influence de cette impression que j'entrepris le roman historique qui va suivre, et qui, souvent suspendu et laissé de côté, est maintenant arrivé à une dimension trop imposante pour être tout-à-fait mis à l'écart, quoique peut-être il soit peu prudent de l'envoyer à la presse.

Je n'ai pas mis dans la bouche des personnages le dialecte écossais qui se parlait alors dans les Basses-Terres, parce qu'incontestablement l'écossais d'alors ressemblait de très près à l'anglo-saxon, enrichi d'un pailletage de franco-normand. Ceux qui désirent approfondir ce sujet peuvent consulter les *Chroniques de Winton*, ou l'*Histoire de Bruce* de l'archidiacre Barbour. Au surplus, en me supposant assez habile en ancien écossais pour avoir pu donner au dialogue la couleur du temps, une traduction eût été nécessaire pour la généralité des lecteurs. Le dialecte écossais peut donc être regardé comme mis de côté, sauf dans les endroits où l'emploi de certains mots peut ajouter à la force ou à la vivacité de la composition.

LE JOUR
DE
LA SAINT-VALENTIN,
OU
LA JOLIE FILLE DE PERTH.

CHAPITRE PREMIER.

> Voilà le Tibre, s'écria le Romain dans sa vanité, en contemplant du penchant du Baiglie le cours majestueux du Tay; mais où est l'Écossais qui rendrait la bravade, et saluerait du nom de Tay ce chétif courant d'eau qu'on nomme le Tibre?
> *Anonyme* [1].

Si on demandait à un étranger intelligent de nommer, parmi toutes les provinces d'Écosse, la plus belle et la plus variée, il est probable qu'il désignerait le comté de Perth. De même, un natif de toute autre partie de la Calédonie, bien que sa partialité puisse lui faire mettre en première ligne son propre comté, mettra certainement celui de Perth en second, et donnera ainsi aux habitants de cette dernière province un juste droit de prétendre — prévention à part — que le Perthshire est la plus belle portion du royaume du nord. Il y a long-temps que lady Mary Wortley Montague, avec cet excellent goût qui caractérise ses écrits, a exprimé l'opinion que la partie la plus intéressante d'un pays, celle qui offre l'ensemble

---

[1] Telle est, et cette manière de voir est peut-être basée sur des sentiments d'orgueil national, l'opinion de l'auteur quant à l'importance relative du fleuve classique et de celui d'Écosse. Dût-il n'être à jamais qu'un barbouilleur de papier, il espère être en état de parler à ce sujet le langage moins suspect de la conviction personnelle. Août 1831. (W. S.

le plus parfait et le plus varié de beautés naturelles, est celle où les montagnes s'abaissent vers la plaine ou vers une nature de sol plus nivelée. C'est aussi dans le comté de Perth que se trouvent les éminences les plus pittoresques, sinon les plus élevées. Les rivières y arrivent de la région montagneuse par les cascades les plus sauvages et à travers les gorges les plus romantiques formant le lien commun des Highlands et des Lowlands. La végétation d'un climat et d'un sol plus heureux s'y mêle surtout à la magnificence qui caractérise les paysages des pays de montagnes; une profusion de bois, de bouquets d'arbres et de halliers revêt le pied des collines, gravit le long des ravines et se mêle aux précipices. C'est dans ces régions favorisées que le voyageur trouve ce que Gray, ou je ne sais quel autre poëte, a nommé la Beauté assise sur les genoux de la Terreur.

Par suite du même avantage de situation, cette province favorisée offre une variété du caractère le plus agréable. Ses lacs, ses bois et ses montagnes peuvent rivaliser avec tout ce que montre une excursion dans l'Highland; en même temps qu'au milieu de ces sites romantiques, et sur certains points en contact avec eux, le Pertshire renferme nombre de parties fertiles et bien peuplées qui peuvent lutter de richesse avec la Joyeuse Angleterre elle-même. Outre cela, le pays a été le théâtre d'un grand nombre d'exploits et d'événements remarquables, quelques uns d'une importance historique, d'autres intéressants pour le poëte et le romancier, bien que la tradition seule en ait gardé le souvenir. Ce fut dans ces vallées que les Saxons de la plaine et le Gaël de la montagne se livrèrent maint combat sanglant et acharné, où il fut souvent impossible de décider si la palme de la victoire appartenait aux cottes de mailles de la chevalerie des Basses-Terres ou aux plaids des clans montagnards.

Perth, si éminente par la beauté de sa situation, est une ville d'une grande antiquité; une vieille tradition lui assigne même l'importance d'une fondation romaine. Cette nation victorieuse, dit-on, prétendait reconnaître le Tibre dans le cours beaucoup plus grandiose et plus navigable du Tay, et trouver dans la plaine étendue bien connue sous le nom de North Inch une grande ressemblance avec son Campus Martius. Perth fut souvent la résidence de nos monarques, qui n'y avaient pas de palais, à la vérité, mais qui trouvaient dans le couvent des Citeaux un local amplement suffisant pour les recevoir eux et leur cour. Ce fut là que Jacques I*er*, un des plus sages et des meilleurs rois d'Écosse, tomba victime de la jalousie d'une aristocratie vindicative. Là aussi eut lieu la mystérieuse conspiration de Gowrie, dont le théâtre n'a disparu que depuis peu, lors de la destruction de l'ancien château où se passa cette scène tragique [1]. La

---

[1] Les lecteurs de Walter Scott dont la curiosité serait éveillée par cette allusion à différents faits historiques, trouveront à ce sujet tous les détails désirables dans l'*Histoire d'Écosse* de notre auteur. (L. V.)

CHAPITRE I.

Société des Antiquaires de Perth, avec un zèle louable pour ce qui fait l'objet de ses travaux, a publié un plan exact de cet édifice mémorable, accompagné de quelques remarques sur le rapport des localités avec la narration du complot, remarques où se montre autant de pénétration que de candeur.

Un des plus beaux points de vue que la Grande-Bretagne, ou peut-être le monde entier, puisse offrir, est, ou plutôt nous devrions dire était, la perspective que la vue embrasse d'un endroit appelé les Wicks de Baiglie, espèce de niche à laquelle le voyageur arrivait après une longue traite depuis Kinross, à travers un pays nu et sans intérêt. De ce point, formant une passe à la partie culminante d'une éminence en dos d'âne que l'on avait lentement gravie, on voyait s'étendre à ses pieds la vallée où le Tay roule majestueusement la masse de ses eaux; plus loin la ville de Perth, avec ses deux vastes prairies ou *inches*, ses clochers et ses tours; puis les collines de Moncreiff et de Kinnoul s'élevant faiblement en rochers pittoresques partiellement revêtus de bois, et les bords si riches de la rivière semés d'élégantes habitations; et la vue plus distante des énormes Grampians, dont le rideau enserre au nord ce délicieux paysage. Le changement qu'on a fait subir à la route, fort à l'avantage, il faut l'avouer, des communications générales, prive le voyageur de ce magnifique point de vue; le paysage se déroule aux yeux plus graduellement et avec moins d'ensemble, quoique les approches en doivent encore être regardées comme fort belles. Nous croyons qu'il existe encore un sentier par lequel on peut arriver jusqu'aux Wicks de Baiglie; et le voyageur, en quittant son équipage, et en faisant à pied quelques centaines de yards, peut encore comparer le paysage réel avec l'esquisse que nous avons tenté d'en donner. Mais il n'est ni en notre pouvoir de lui communiquer, ni au sien de se figurer d'après notre description, le charme ravissant que la surprise ajoute au plaisir, au moment où cette vue magnifique vient s'offrir aux regards alors qu'on l'espérait et qu'on s'y attendait le moins. C'est ce qu'éprouva Chrystal Croftangry quand pour la première fois il contempla ce spectacle sans égal [1].

Il est vrai qu'une admiration enfantine était pour quelque chose dans mon plaisir, car je n'avais pas alors plus de quinze ans; et comme cette excursion était la première qu'il me fût permis de faire sur un poney à moi, j'éprouvais en outre le vif sentiment de l'indépendance, mêlé à ce degré d'anxiété que ressent le jeune homme le plus infatué de lui-même, quand pour la première fois il se voit livré à lui-même sans guide et sans conseil. Je me souviens que retenant la bride par un mouvement involontaire, je contemplai la scène qui se déployait devant moi comme si j'eusse craint qu'elle ne disparût comme une décoration de théâtre, avant que j'eusse pu en bien voir les différentes parties, ou me convaincre que

---

[1] *Voyez* la note A, fin du volume.

ce que je voyais était réel. Depuis lors, et il y a de cela maintenant cinquante ans et plus, le souvenir de ce paysage sans rival a exercé sur mon esprit la plus puissante influence et y est resté gravé comme une chose mémorable, tandis que la plupart des événements qui ont influé sur ma destinée se sont effacés de ma mémoire. Il est donc naturel qu'alors que je délibérais sur le choix du sujet que j'offrirais au public pour son amusement, je me sois arrêté à la pensée d'en adopter un qui eût quelque rapport avec le magnifique spectacle qui avait fait tant d'impression sur ma jeune imagination, et qui peut-être aura, pour compenser les imperfections de la composition, l'effet que les dames attribuent à une belle pièce de porcelaine, qu'elles supposent relever la saveur d'un thé médiocre [1].

L'époque à laquelle je me propose de rattacher ma narration est cependant d'une date beaucoup plus ancienne qu'aucun des remarquables événements historiques auxquels j'ai fait allusion ; car les incidents que je vais raconter eurent lieu durant les dernières années du XIVe siècle, alors que le sceptre écossais était entre les mains du bon mais faible John [2], qui, appelé au trône, y monta sous le nom de Robert III.

[1] Chrystal Croftangry exprime ici les sensations de l'auteur, autant qu'il peut se les rappeler après un tel laps de temps. J'apprends, toutefois, par diverses lettres que je reçois du Perthshire, que j'ai commis quelques légères erreurs de noms. Il est certain, au surplus, que l'effet général de la vallée du Tay, et celui de l'antique ville de Perth, élevant sa tête grisâtre au milieu de riches pâturages, au bord des eaux resplendissantes de la plus belle des rivières d'Écosse, est de nature à justifier un langage plus chaleureux que celui que peut employer M. Croftangry. Août 1831. (W. S.)

[2] Jean.

CHAPITRE II.

> Le contact d'une lèvre provinciale peut être doux et velouté; ce n'est pas une dame, mais elle peut plaire tout autant. Dryden.

Pouvant se glorifier, comme nous l'avons dit, d'une si large part des beautés de la nature inanimée, Perth n'a jamais été privée non plus de ces charmes à la fois plus intéressants et plus fugitifs. Être appelée la Jolie Fille de Perth aurait en tout temps été une haute distinction, et aurait impliqué une beauté supérieure là où cet attribut tant envié appartenait à un si grand nombre; mais dans les temps féodaux, vers lesquels nous appelons maintenant l'attention du lecteur, la beauté chez une femme était une qualité de bien plus haute importance qu'elle ne l'a été depuis que les idées de la chevalerie se sont en grande partie éteintes. L'amour des anciens chevaliers était une sorte d'idolâtrie tolérée, dont en théorie on supposait que l'amour du Ciel pouvait seul approcher, bien qu'en pratique la ferveur de ce second amour égalât rarement celle du premier. Dieu et les dames étaient familièrement associés dans la même phrase; et la dévotion envers le beau sexe était aussi impérieusement exigée de l'aspirant aux honneurs de la chevalerie que celle que l'on doit au Ciel. A cette période de la société, le pouvoir de la beauté était presque sans limites. C'était un sentiment qui pouvait élever au niveau du rang le plus élevé les rangs incommensurablement inférieurs.

Sous le règne qui avait précédé celui de Robert III, sans remonter plus loin, on avait vu la beauté seule porter jusqu'au trône d'Écosse une femme de rang inférieur et de mœurs douteuses [1]; et nombre de femmes moins adroites ou moins heureuses s'étaient pourtant aussi élevées à la grandeur d'un état de concubinage auquel les mœurs du temps servaient d'autorisation et d'excuse. De tels exemples auraient pu éblouir une jeune fille de plus haute naissance que Catherine ou Katie Glover, que l'on reconnaissait universellement pour la plus belle fille de la ville et des environs, et dont le renom, comme Jolie Fille de Perth, avait attiré sur elle l'attention des jeunes galants de la cour, quand elle se trouvait résider à Perth ou au voisinage : à tel point que plus d'un seigneur du plus haut rang, et des plus distingués par leurs hauts faits de

---

[1] *Voy.* la note B, fin du volume.

chevalerie, étaient plus attentifs à donner des preuves de leurs talents en équitation quand ils venaient à passer devant la porte du vieux Simon Glover, dans ce qu'on nommait Couvrefew ou Curfew-street, qu'à se distinguer dans les tournois, où les plus nobles dames d'Écosse étaient spectatrices de leur adresse.

Mais la fille de Simon Glover — (ou Simon le Gantier, car, ainsi qu'il était ordinaire chez les citadins et les artisans de cette époque reculée, Simon tirait son surnom du métier qu'il exerçait),—la fille de Simon Glover, dis-je, ne se montrait nullement disposée à écouter les galanteries de ceux que leur rang plaçait fort au-dessus de celui qu'elle-même occupait ; et bien qu'en toute probabilité elle ne fût nullement insensible au sentiment de ses charmes personnels, elle paraissait vouloir borner ses conquêtes aux jeunes gens de sa propre sphère. Il est vrai que sa beauté, étant de celles que nous rattachons à l'esprit plus qu'à la personne, s'alliait, nonobstant sa bienveillance naturelle et la douceur de son caractère, à la réserve plutôt qu'à la gaieté, même en compagnie de ses égaux ; et la ferveur avec laquelle Catherine Glover se livrait aux exercices de la dévotion portait bien des gens à penser qu'elle nourrissait en secret le désir de se retirer du monde et de s'ensevelir dans la retraite du cloître. Toutefois, s'il était vrai qu'elle méditât en effet un tel sacrifice, il n'était pas à présumer que son père, qui passait pour riche et dont elle était l'unique enfant, y consentît jamais volontiers.

Les sentiments de son père confirmaient la beauté régnante de Perth dans sa résolution d'éviter les propos galants des jeunes gens de la cour. — Ne t'occupe pas d'eux, Catherine, lui disait-il; ne t'occupe pas de ces galants-là, avec leurs chevaux fringants, leurs éperons résonnants, leurs toques à plumes et leurs moustaches frisées ; ils ne sont pas de notre classe, et nous ne devons pas viser à frayer avec eux. C'est demain le jour de la Saint-Valentin, où chaque oiseau choisit sa compagne; mais tu ne verras pas la linotte s'appareiller avec l'épervier, ni le rouge-gorge avec le milan. Mon père était un honnête bourgeois de Perth, et qui savait manier l'aiguille aussi bien que moi. Vint la guerre aux portes de notre belle ville, il posait là aiguilles, fil et peau de chamois, il tirait du coin noir son bon casque et son target, et il décrochait la longue lance d'au-dessus de la cheminée. Qu'on me montre un jour où lui ou moi avons été absents quand le prévôt passait sa revue ! C'est ainsi que nous avons conduit la vie, mon enfant, travaillant pour gagner notre pain et nous battant pour le défendre. Je ne veux pas de gendre qui se croie au-dessus de moi ; et pour ce qui est de ces lords et de ces chevaliers, je compte bien que tu te souviendras toujours que tu es de condition trop basse pour être leur amour légitime, et trop haute pour être autre chose. Et maintenant laisse là ton ouvrage, ma fille, car c'est la veille d'un jour de fête, et il convient que nous allions au service du soir prier le Ciel de t'envoyer demain un bon Valentin.

La Jolie Fille de Perth déposa donc le superbe gant de chasse qu'elle était en train de broder pour lady Drummond ; et mettant sa robe des jours de fête, elle se prépara à accompagner son père au couvent des frères noirs [1], peu éloigné de leur demeure dans Couvrefew-street. Simon Glover, l'ancien et estimable bourgeois de Perth, quelque peu avancé en âge, mais non moins avancé dans sa fortune, recevait sur son chemin des jeunes et des vieux l'hommage dû à sa *jerkin* de velours et à sa chaîne d'or, tandis que la beauté bien connue de Catherine, quoiqu'en ce moment elle fût cachée sous sa mante, — semblable à la mantille que l'on porte encore en Flandre,—recevait également des vieux et des jeunes des saluts et des coups de bonnet.

Tous deux se dirigeaient ainsi vers l'église, la fille donnant le bras à son père, et suivis d'un grand et beau jeune homme portant un costume de *yeoman* de l'espèce la plus simple, mais qui faisait avantageusement ressortir des membres bien pris, de même que sa belle physionomie, couronnée d'une ample chevelure bouclée que surmontait une petite toque écarlate, se mariait on ne peut mieux à cette coiffure naturelle. Il n'avait d'autre arme qu'un bâton qu'il tenait à la main, attendu qu'il ne paraissait pas convenable que des gens de sa classe (car c'était un apprenti du vieux Glover) parussent dans les rues armés d'une épée ou d'une dague, privilége que les *jackmen*, ou suivants militaires de la noblesse, estimaient leur être exclusif. Il accompagnait son maître les jours de fête, en partie comme domestique, dans le cas où son intervention serait utile ; mais il n'était pas difficile de reconnaître, aux attentions marquées qu'il avait pour Catherine Glover, que c'était à elle plutôt qu'à son père qu'il désirait consacrer ses services. Généralement parlant, son zèle n'avait guère occasion de se montrer ; car un commun sentiment de respect portait les passants à faire place d'eux-mêmes au père et à la fille.

Mais quand on commença à apercevoir dans la foule les bonnets d'acier, les barrettes et les plumes des écuyers, des archers et des hommes d'armes, les porteurs de ces insignes guerriers se montrèrent moins civils dans leurs manières que les paisibles citadins. Il arriva plus d'une fois que lorsque par hasard, ou peut-être pour montrer leur supériorité d'importance, quelqu'un d'eux prenait en passant près de Simon le côté du mur, le jeune écuyer du gantier hérissait les soies d'un air de défi, et en homme qui voulait prouver l'ardeur de son zèle pour le service de sa maîtresse. Chaque fois que cela lui arrivait, Conachar (c'était le nom du garçon) recevait une semonce de son maître, qui lui donnait à entendre que quand on voudrait ses services on les lui demanderait. — Sot étourdi, lui dit-il, est-ce que tu ne demeures pas depuis assez long-temps dans ma boutique pour savoir qu'un coup engendre

---

[1] *Blackfriars*, religieux de l'ordre de Saint-Dominique. (L. V.)

une querelle, — qu'un dirk fait une entaille à la peau aussi vite qu'une aiguille perce du cuir, — que j'aime la paix, quoique je n'aie jamais craint la guerre, et que peu m'importe de quel côté de la chaussée ma fille et moi nous marchions, pourvu que nous cheminions en paix? — Conachar s'excusa sur son zèle pour l'honneur de son maître; mais cette excuse ne put calmer le vieux citadin. — Qu'avons-nous besoin d'honneur? répliqua Simon Glover. Si tu veux rester à mon service, il faut penser à être civil, et laisser l'honneur à ces sots matamores, qui portent de l'acier aux talons et du fer sur les épaules. Si tu veux porter pareille garniture et en user, tu en es le maître; mais ce ne sera ni dans ma maison ni en ma compagnie.

Cette réprimande parut enflammer Conachar plutôt qu'elle ne le calma. Mais un signe de Catherine, si on peut regarder comme tel un mouvement presque imperceptible du petit doigt qu'elle leva à peine, eut sur lui plus d'effet que les aigres reproches de son maître; et mettant de côté l'air martial qui lui semblait naturel, le jeune homme redevint l'humble suivant d'un paisible bourgeois.

Sur ces entrefaites le petit groupe fut rejoint par un grand jeune homme enveloppé d'un manteau qui lui couvrait une partie du visage, usage souvent pratiqué par les galants du temps, quand ils ne voulaient pas être connus ou qu'ils étaient dehors en quête d'aventures. Ce semblait être, en un mot, un homme qui pouvait dire à ceux qui l'entouraient : Pour le moment je désire ne pas être connu, et je ne veux pas qu'on m'adresse la parole sous mon nom; pourtant, comme je ne suis responsable qu'à moi-même de mes actions, je ne porte mon incognito que pour la forme, et je me soucie peu que vous le pénétriez ou non.

Il s'approcha de la droite de Catherine, qui tenait le bras de son père, et ralentit le pas en les rejoignant.

— Bonsoir, mon brave homme.

— J'en dis autant à Votre Honneur, et je vous remercie. — Puis-je vous prier de continuer votre chemin? — Notre pas est trop lent pour celui de Votre Seigneurie, — et notre compagnie trop humble pour le fils de votre père.

— C'est ce dont le fils de mon père peut juger mieux que personne, vieillard. J'ai à parler d'affaires avec vous et ma jolie sainte Catherine que voici, la sainte la plus charmante et la plus cruelle du calendrier.

— Avec une profonde révérence, mylord, reprit le vieillard, je vous rappellerai que c'est aujourd'hui la fête de la Saint-Valentin, ce qui n'est pas le moment de parler d'affaires, et que Votre Honneur peut m'envoyer ses ordres par un valet aussitôt qu'il lui plaira.

— Rien ne vaut le moment présent, répliqua le persévérant jeune homme, qui semblait être d'un rang à se mettre au-dessus de la cérémonie. — Je désirais savoir si vous avez terminé le pourpoint de buffle que je vous ai commandé il y a quelque temps; — et à vous, gentille

Catherine (ici il baissa la voix et s'approcha de l'oreille de la fille de Simon), je voulais demander si vos jolis doigts s'y sont employés, selon votre promesse. Mais je n'ai pas besoin de vous le demander, car mon pauvre cœur a senti chaque coup d'aiguille que vous avez donné au vêtement qui doit le couvrir. Traîtresse! comment t'excuseras-tu devant Dieu de tourmenter ainsi le cœur qui t'aime si tendrement?

— Permettez-moi de vous prier, mylord, de cesser de pareils discours, dit Catherine; — il ne vous convient pas de me les tenir, ni à moi de les entendre. Nous sommes d'une condition pauvre, mais honnête; et la présence du père devrait mettre la fille à l'abri de telles expressions, même de votre part, mylord.

Elle prononça ces mots assez bas pour que ni son père ni Conachar ne pussent entendre ce qu'elle disait.

— Hé bien, cruelle, repartit le persévérant galant, je ne vous persécuterai pas plus long-temps maintenant, pourvu que vous me laissiez vous voir demain à votre fenêtre au moment où le soleil levant poindra au-dessus de la montagne, et que vous me donniez le droit d'être votre Valentin pour l'année.

— Je n'en ferai rien, mylord; mon père, il n'y a qu'un instant, me disait que les faucons, et encore bien moins les aigles, ne s'apparient pas avec l'humble linotte. Cherchez quelque dame de la cour, à qui vos attentions feront honneur; à moi — il faut que Votre Altesse me permette de lui dire la simple vérité — à moi elles ne peuvent apporter que déshonneur.

Comme elle parlait ainsi ils arrivaient à la porte de l'église. — J'espère que Votre Seigneurie va nous permettre ici de prendre congé d'elle, dit le père de Catherine. Je sais combien peu la peine et le tourment que vous pouvez occasionner à des gens comme nous sont capables de vous faire renoncer à une fantaisie; mais, à la foule de domestiques que voici à la porte, Votre Seigneurie peut voir qu'il y a dans l'église d'autres personnes à qui vous-même, mylord, vous devez le respect.

— Oui, — du respect! dit le hautain jeune homme; et qui en a pour moi, du respect? Un misérable artisan et sa fille, trop honorés de ma plus légère attention, ont l'insolence de me dire que mon attention les déshonore. Hé bien, ma princesse de peau de daim blanche et de soie bleue, je vous apprendrai à vous en repentir.

Tandis qu'il murmurait ces paroles de menace, Simon Glover et sa fille entraient dans l'église des dominicains; leur apprenti Conachar, cherchant à les suivre de près, coudoya le jeune seigneur, non peut-être sans intention. Le jeune homme, tiré de sa rêverie fâcheuse, et regardant peut-être cela comme une insulte préméditée, saisit Conachar par la poitrine, le frappa et le repoussa rudement. L'apprenti se maintint avec peine sur ses pieds, et d'un air irrité porta la main à son côté, comme s'il eût cherché une épée ou une dague là où ces armes se portent d'ordinaire; mais n'en trouvant pas il fit un geste de désappointement et de rage, et entra dans l'église. Pendant le peu de secondes que dura cette scène muette, le jeune seigneur se tint les bras croisés sur la poitrine avec un sourire hautain comme pour défier son antagoniste. Puis ramenant son manteau sur le bas de sa figure lorsque Conachar fut entré dans l'église, il fit un signal en levant un de ses gants. Il fut aussitôt rejoint par deux hommes déguisés ainsi que lui, et qui avaient attendu ses ordres à peu de distance. Ils échangèrent vivement quelques paroles; après quoi le jeune homme partit dans une direction, et ses amis ou serviteurs s'éloignèrent dans une autre.

Simon Glover, au moment d'entrer dans l'église, jeta un regard vers le groupe; mais il avait pris place parmi la congrégation avant que les autres ne se fussent séparés. Il s'agenouilla de l'air d'un homme qui a sur l'esprit quelque chose qui lui pèse; mais à la fin du service il paraissait délivré d'inquiétude, en homme qui s'en est remis, lui et ses soucis, à la grâce du Ciel. L'office divin fut célébré avec grande solennité, nombre de seigneurs et de dames de haut rang étant présents. Des préparatifs avaient même été faits pour la réception du bon vieux roi; mais quelqu'une de ces infirmités auxquelles il était sujet avait empêché Robert III d'y assister selon sa coutume. Quand l'assemblée se sépara, Simon et sa jolie fille restèrent dans l'église, attendant leur tour pour se placer à un confessionnal, où les prêtres venaient d'entrer pour s'acquitter de cette partie de leurs devoirs. Il arriva ainsi que la nuit était close et les rues désertes quand ils reprirent solitairement le chemin de leur demeure. La plupart de ceux qui avaient assisté à l'office étaient déjà rentrés chez eux et au lit. Ceux qui se trouvaient encore par les rues étaient des coureurs de nuit et des débauchés, serviteurs oisifs et rodomonts d'une noblesse hautaine qui avaient l'habitude d'insulter les paisibles passants, comptant sur l'impunité que ne leur assurait que trop ordinairement la faveur dont leurs maîtres jouissaient à la cour.

Ce fut peut-être dans l'appréhension de quelque accident de ce genre que Conachar s'approchant de Simon Glover, lui dit : Maître, marchons plus vite; — nous sommes suivis.

— Suivis, dis-tu? Par qui et par combien?

— Par un homme enveloppé dans son manteau, et qui nous suit comme notre ombre.

— Je ne hâterai pas le pas dans Couvrefew-street par la crainte d'un seul homme, quand ce serait le plus terrible qui y ait jamais passé.

— Mais il a des armes.

— Et nous aussi, et de plus nous avons des mains, des jambes et des pieds. Bien sûr, Conachar, tu n'as pas peur d'un homme seul?

— Peur! repartit Conachar, indigné de l'insinuation; vous verrez bientôt si j'ai peur.

— Voilà maintenant que tu tombes dans l'autre extrême, fou que tu es ; — tu ne sais pas garder un juste milieu. Parce que nous ne nous mettons pas à courir, ce n'est pas une raison pour nous faire une querelle. Va devant avec Catherine, et je vais prendre ta place. Nous ne pouvons courir aucun danger, près de la maison comme nous le sommes.

Glover se plaça en effet à l'arrière-garde, et il est très vrai qu'il remarqua un homme qui les suivait d'assez près pour justifier quelques soupçons, eu égard à l'heure et au lieu. Quand ils traversaient la rue, il la traversait aussi ; quand ils pressaient ou ralentissaient le pas, le pas de l'étranger s'accélérait ou diminuait en proportion. La chose eût été de très peu de conséquence si Simon Glover eût été seul ; mais la beauté de sa fille pouvait en faire l'objet de quelque tentative coupable, dans un pays où les lois offraient si peu de protection à ceux qui n'avaient pas les moyens de se défendre eux-mêmes. Conachar et sa belle compagne étant arrivés au seuil de leur porte, qui leur fut ouverte par une vieille servante, les inquiétudes du bourgeois cessèrent. Décidé, néanmoins, à s'assurer autant que possible si elles avaient été fondées, il appela l'homme dont l'allure avait occasionné cette alarme, et qui s'était arrêté, quoiqu'il parût chercher à se tenir dans l'ombre. — Allons, l'ami, avance, et ne joue pas à cache-cache, lui cria Simon. Ne sais-tu pas que ceux qui marchent comme des fantômes dans les ténèbres s'exposent à se faire conjurer à coups de bâton ? Avance, te dis-je, et montre-nous tes formes, l'ami.

— Eh ! bien volontiers, dit une des plus fortes voix qui eussent jamais répondu à une question. Je puis bien montrer mes formes ; seulement je souhaiterais qu'elles pussent supporter un peu mieux la lumière.

— Sur mon âme, s'écria Simon, je connais cette voix-là ! — Est-ce toi en propre personne, Harry Gow? — Parbleu, du diable si tu passes cette porte sans t'humecter les lèvres. Le couvre-feu n'est pas encore sonné, mon garçon, et quand il serait sonné, ce ne serait pas une raison pour que père et fils se quittassent ainsi. Entre, Harry ; Dorothée va nous donner un morceau à manger, et nous ferons sonner creux le ventre d'une canette avant que tu ne nous quittes. Entre, te dis-je ; ma fille Kate sera charmée de te voir.

En même temps il faisait entrer celui à qui il s'adressait si cordialement dans une espèce de cuisine, qui dans les occasions ordinaires servait aussi de parloir. Elle avait pour ornements des plats d'étain mêlés d'une couple de gobelets d'argent, le tout brillant de propreté, et rangé sur des tablettes disposées comme celles d'un buffet, et qu'on nomme vulgairement *le bink* ou dressoir. Un bon feu, avec l'assistance d'une lampe, répandaient une joyeuse clarté dans la salle, et le fumet savoureux du souper que Dorothée était en train de préparer n'offensait nullement l'odorat peu raffiné de ceux dont il était destiné à satisfaire l'appétit.

Le nouvel arrivant se trouva alors en pleine lumière au milieu d'eux, et quoique son extérieur ne fût ni noble ni beau, son visage et l'ensemble de sa personne non seulement n'avaient rien d'insignifiant, mais jusqu'à un certain point même ils semblaient commander l'attention. Sa taille était un peu au-dessous de la moyenne; mais ses larges épaules, la longueur de ses bras nerveux et l'apparence musculeuse de l'homme tout entier, annonçaient une force peu commune, et une charpente dont la vigueur était entretenue par un constant exercice. Ses jambes étaient quelque peu arquées, non pourtant assez pour que ce défaut se changeât en difformité : il semblait au contraire que cette conformation s'harmonisât chez lui avec l'aspect vigoureux de l'ensemble, quoique jusqu'à un certain point elle en blessât la symétrie. Il portait un vêtement de peau de buffle; et à la ceinture qui lui serrait la taille étaient suspendus un sabre pesant et un dirk ou poignard, comme pour défendre sa bourse passée dans la même ceinture, à la mode des bourgeois. La figure était bien proportionnée, ronde, et protégée par une épaisse chevelure noire, taillée court et naturellement bouclée. Il y avait dans son œil noir de l'audace et de la résolution; mais les autres traits semblaient exprimer une réserve timide mêlée de bonne humeur, et la satisfaction évidente de se trouver avec de vieux amis. Abstraction faite de cette expression timide, qui était celle du moment, le front de Henry Gow, ou Henry Smith (car on lui donnait indifféremment ces deux noms[1]), était haut et noble, quoique la partie inférieure du visage fût moins heureusement conformée. La bouche était grande, et garnie d'une belle rangée de dents solides, dont l'apparence répondait à l'air de santé et de vigueur qu'indiquait toute sa personne. Une barbe courte et serrée, et des moustaches qui avaient été depuis peu arrangées avec un certain soin, complétaient le portrait. Son âge ne pouvait dépasser vingt-huit ans.

Toute la famille semblait très contente de l'arrivée inattendue d'un vieil ami. Simon Glover lui secoua la main à plusieurs reprises, Dorothée lui fit son compliment, et Catherine elle-même lui tendit la main de son propre mouvement. Henry s'empara de cette main qui semblait perdue dans la sienne, et fit un mouvement comme pour la porter à ses lèvres; mais il s'arrêta de peur que sa liberté ne fût mal prise. Non qu'il éprouvât la moindre résistance de la part de la main qui restait passive dans la sienne; mais il y avait sur la physionomie de Catherine un sourire mêlé de rougeur qui semblait accroître la confusion du galant. Simon, de son côté, s'écria gaiement, en voyant l'hésitation de son ami :

— Ses lèvres, Henry, ses lèvres ! — et c'est une offre que je ne ferais pas au premier venu qui passe le seuil de ma porte. Mais, par le bon Saint-Valentin (dont c'est demain la fête), je suis si charmé de te

---

[1] *Gow* est le mot gaëlic qui répond à l'anglais *Smith*, forgeron. (W. S.)

revevoir dans la jolie ville de Perth, qu'il serait difficile de dire ce que je pourrais te refuser.

Le forgeron. — car, ainsi que nous l'avons dit, telle était la profession du robuste artisan — fut ainsi encouragé à donner un baiser modeste à la jolie fille. Celle-ci se prêta à la courtoisie avec un sourire d'affection qui aurait pu convenir à une sœur. — Laissez-moi espérer, lui dit-elle en même temps, que je revois à Perth un homme repentant et amendé.

Il tenait sa main comme s'il se fût disposé à répondre; mais il la laissa tout-à-coup retomber en homme à qui le courage faillit au moment décisif, recula de deux pas comme s'il eût été effrayé de ce qu'il avait fait, et ses joues basanées couvertes d'une rougeur mêlée de plaisir, puis il s'assit près du feu à l'opposite de la place que Catherine occupait.

— Allons, Dorothée, reprit Simon, dépêche-toi avec le souper, ma vieille. — Et Conachar? où est Conachar?

— Il est allé se mettre au lit avec le mal de tête, mon père, dit Catherine d'une voix hésitante.

— Va l'appeler, Dorothée, repartit le vieux Glover; je ne veux pas être traité ainsi par lui. Vous verrez que son sang highlandais est trop noble pour mettre la nappe ou le couvert, et qu'il compte entrer dans l'ancien et honorable corps des gantiers sans avoir dûment rempli ses devoirs près de son maître et patron en tout ce qui rentre dans ses attributions. Va l'appeler, te dis-je; je ne veux pas être négligé ainsi.

Un moment après on entendit la voix aiguë de Dorothée appeler du bas de l'escalier, ou plus probablement de l'échelle conduisant au poulailler où l'apprenti récalcitrant avait fait une retraite intempestive. Conachar marmotta une réponse inarticulée, et au bout d'un instant il reparut dans la cuisine. Ses traits hautains, quoique réellement beaux, étaient couverts d'une sombre expression d'humeur; et tout en s'occupant à mettre la nappe et à garnir les assiettes de sel, de poivre et d'autres assaisonnements, — à remplir, en un mot, les fonctions d'un domestique de notre époque, fonctions que l'usage du temps imposait à tous les apprentis, — il éprouvait une répugnance et une aversion évidentes pour l'office servile dont il lui fallait s'acquitter. La Jolie Fille de Perth le regardait avec une certaine anxiété, comme si elle eût craint que l'humeur évidente de l'apprenti n'accrût le mécontentement de son père; pourtant ce ne fut que lorsque son regard eut pour la seconde fois rencontré celui de Conachar, que celui-ci voulut bien condescendre à dissimuler sa répugnance, et à mettre plus de bonne volonté et de soumission apparentes dans les fonctions dont il s'acquittait.

Et ici nous devons prévenir nos lecteurs que bien que cette espèce d'intelligence secrète entre Catherine Glover et le jeune montagnard indiquât un certain intérêt de la part de la première à la conduite de l'apprenti, l'observateur le plus attentif eût été fort en peine de dire si cet intérêt excédait celui qu'une jeune fille pouvait éprouver pour un ami, pour un compagnon de tous les jours et du même âge qu'elle, avec qui elle vivait dans des habitudes d'intimité.

— Tu as fait un long voyage, mon fils Henry, dit Simon Glover, qui avait toujours donné ce titre d'affection au jeune artisan, quoiqu'ils ne fussent nullement parents; oui, et tu as vu bien d'autres rivières que le Tay, et bien d'autres belles villes que Saint-Johnston.

— Pas une que j'aime à moitié autant, répondit Smith, ni qui mérite à moitié autant que je l'aime. Je vous proteste, mon père, que quand j'ai passé aux Wicks de Baiglie, et que j'ai vu la jolie ville étendue devant moi comme la reine des fées du roman, que le chevalier trouve endormie au milieu d'un parterre de fleurs, je me suis senti comme l'oiseau qui plie ses ailes fatiguées pour s'abattre sur son nid.

— Ah! ah! ainsi tu peux encore prendre le rôle de *faiseur* [1]? Quoi! est-ce que nous aurons encore nos ballades et nos rondeaux? et nos longs *carols* pour Noël, et nos rondes joyeuses pour danser autour du mai?

— Nous pourrons bien encore composer de ces babioles-là, mon père, quoique le bruit du soufflet et de la forge soit un accompagnement un peu rude pour les lais d'un ménestrel; pourtant je ne puis leur en donner de meilleur, car il faut que j'avance ma fortune, quand je devrais gâter mes vers.

— C'est encore vrai, — c'est on ne peut plus juste, mon fils; — et j'espère que tu as fait un voyage profitable?

— Profitable? excellent, mon père. J'ai vendu le haubergeon d'acier que vous savez quatre cents marks au gardien anglais des Marches de l'Est, sir Magnus Redman [2]. Il me marchanda à peine d'un penny quand je lui eus laissé éprouver l'armure d'un coup d'épée; au lieu que ce mendiant, ce voleur d'Highlander qui me l'avait commandée, me rabattait la moitié de la somme sur une chose qui m'avait demandé un an de travail.

— Qu'as-tu donc, Conachar? dit Simon, s'adressant en manière de parenthèse à son apprenti montagnard; est-ce que tu n'apprendras jamais à faire attention à ton affaire, sans t'occuper de ce qui se passe autour de toi? Qu'est-ce que cela te fait qu'un Anglais trouve bon marché ce qui paraît cher à un Écossais?

Conachar se retourna pour répondre; mais après un instant de réflexion, il baissa les yeux et tâcha de recouvrer son sang-froid, qu'avait troublé la manière méprisante dont Smith avait parlé de sa pratique de l'Highland. Henry continua sans faire la moindre attention à lui.

---

[1] *Maker*, vieux mot écossais pour *poëte*. Il est vrai que c'est la traduction littérale du mot grec original, *poiétès*. (W. S.)

[2] Sir Magnus Redman, quelque temps gouverneur de Berwick, fut tué sur le Border dans une des affaires qui suivirent la trahison du comte de March, dont il est question plus bas. (W. S.)

CHAPITRE II.

— A mon passage à Édimbourg, j'ai vendu à de bons prix quelques épées et quelques whingers [1]. On s'y attendait à la guerre ; et s'il plaît à Dieu de nous l'envoyer, ma marchandise vaudra son prix. Il faut en rendre grâces à saint Dunstan, car il était de notre partie. Bref, ma bourse que voilà, et qui, vous le savez, père, était quelque peu maigre et dans un assez triste état quand je suis parti il y a quatre mois, est maintenant ronde et pleine comme un cochonnet de six mois.

— Et cet autre camarade à fourreau de cuir et à poignée de fer qui pend près de ta bourse, est-il resté tout le temps sans rien faire ? — Allons, mon joyeux Smith, dis-nous la vérité ; — combien de querelles as-tu eues depuis que tu as traversé le Tay ?

— Vous ne me rendez pas justice, père, en me faisant une telle question en présence de ceux qui sont ici, repartit l'armurier en jetant sur Catherine un regard à la dérobée ; il est vrai que je fabrique des épées, mais je laisse à d'autres à en user. Non, non ; — j'ai rarement une épée nue au poing sauf pour la tourner sur l'enclume ou sur la meule ; et ils m'ont calomnié près de votre fille Catherine ceux qui l'ont amenée à soupçonner le bourgeois le plus tranquille de Perth d'être un querelleur. Je voudrais que le meilleur de ceux qui ont dit cela osât le répéter sur la butte de Kinnoul, lui et moi seul à seul sur le pré.

— Oui, oui, dit Simon en riant, nous aurions alors un bel exemple de votre humeur endurante ! — Fi, Henry ! peux-tu parler ainsi à quelqu'un qui te connaît si bien ? Avec cela que tu regardes Kate comme si elle ne savait pas que dans ce pays-ci il faut que le bras d'un homme garde sa tête s'il veut dormir en paix ! Allons, allons ; je veux être damné si tu n'as pas écorné autant d'armures que tu en as fait.

— Eh ! ce serait un mauvais armurier, père Simon, celui qui ne saurait pas éprouver lui-même la bonté de ses marchandises. Si je ne fendais pas un casque de temps en temps, ou que je ne susse pas traverser un harnais d'un coup de pointe, je ne saurais pas non plus quelle force il faut leur donner, et je pourrais faire tinter l'un contre l'autre des joujoux de carton comme ceux que les forgerons d'Édimbourg n'ont pas honte de laisser sortir de leurs mains.

— Ah ! ah ! — maintenant je gagerais une couronne d'or [2] que tu as eu querelle avec quelque brûle-vent d'Édimbourg [3] à ce sujet-là même ?

— Une querelle ! — non, père ; seulement j'avoue que j'ai mesuré

---

[1] Sorte de coutelas. (L. V.)

[2] *Crown*, monnaie du temps. (L. V.)

[3] Brûle-Vent, *Burn-the-Wind*, est un ancien sobriquet appliqué aux forgerons, on le trouve dans Burns :

« Then *Burnewin* came on like death,
At every chaup, etc. (W. S.

mon épée avec l'un d'eux sur les rochers de Saint-Léonard, pour l'honneur de ma bonne ville natale. Vous ne pensez sûrement pas que j'aurais eu querelle avec un confrère?

— Oh! bien certainement non. Mais comment ton confrère s'en est-il tiré?

— Parbleu, comme un homme qui aurait une feuille de papier sur la poitrine pourrait se tirer d'un coup de lance; — ou plutôt, à vrai dire, il ne s'en est pas tiré du tout, car quand je l'ai quitté il était gisant dans la cabane de l'ermite, où il attendait de jour en jour la mort, à laquelle le père Gervais disait qu'il se préparait en bon chrétien.

— Bien; — et c'est la seule fois que tu aies mesuré ton épée?

— Pour dire la vérité, je me suis encore battu à Berwick avec un Anglais, pour la vieille question de la suprématie, comme ils disent; — je suis bien sûr que vous ne voudriez pas que j'eusse reculé dans un pareil débat? — et j'ai eu la chance de le blesser au genou gauche.

— Bravo pour saint André! — et de deux. — A qui as-tu eu affaire ensuite? continua Simon, riant des exploits de son pacifique ami.

— Je me suis battu contre un Écossais dans le Toorwood, sur ce qu'il avait mis en doute lequel de nous deux maniait le mieux l'épée; et vous sentez bien qu'on ne pouvait le savoir et en décider sans en venir aux preuves. Le pauvre diable y a perdu deux doigts.

— C'est fort gentil, pour le garçon le plus paisible de Perth, qui ne touche jamais une épée que pour les besoins de sa profession. — Et tu n'as rien de plus à nous dire?

— Peu de chose; — car ce n'est pas la peine de parler d'une frottée administrée à un Highlander.

— Et à propos de quoi l'as-tu frotté, homme de paix?

— Pour rien dont je me souvienne, si ce n'est qu'il se trouva au bout du pont de Stirling.

— Hé bien, à ta santé; tu es le bienvenu chez moi après tous ces exploits. — Conachar, remue-toi. Fais toquer le broc contre nos verres, mon garçon, et tu prendras aussi pour toi un verre d'ale brune.

Conachar versa l'ale pour son maître et pour Catherine avec la déférence convenable; mais cela fait il remit le pot sur la table et se rassit.

— Hé bien, drôle! s'écria Simon, — sont-ce là vos manières? Remplissez le verre de mon hôte, du digne maître Henry Smith.

— Maître Smith peut le remplir lui-même s'il veut boire, repartit le jeune Celte. Le fils de mon père s'est déjà assez abaissé pour une soirée.

— Voilà qui est chanter bien haut pour un jeune coq, dit Henry. Mais tu as en partie raison, mon garçon; celui qui ne peut pas boire sans qu'on lui verse mérite de mourir de soif.

L'amphitryon ne prit pas la mutinerie du jeune apprenti avec autant de patience. — Sur ma parole d'honnête homme, dit-il, et par la meilleure paire de gants que j'aie jamais faite, tu vas lui verser de l'ale de ce flacon, si tu veux continuer de demeurer sous le même toit que moi.

A cette menace Conachar se leva d'un air sombre, et s'approchant de Smith, qui venait de prendre le tankard et qui le portait à ses lèvres, il feignit de trébucher contre lui et le heurta si maladroitement que l'ale mousseuse se répandit sur le visage du forgeron, sur sa personne et sur ses habits. De quelque bon naturel que fût celui-ci (et réellement il l'était à un haut degré, en dépit de ses velléités belliqueuses), sa patience ne put résister à une telle provocation. Il saisit le jeune homme à la gorge, cette partie de l'individu de Conachar lui étant tombée la première sous la main au moment où l'apprenti se relevait de sa chute simulée, et la lui serrant rudement tout en le repoussant loin de lui, il s'écria : Si nous étions dans un autre endroit, petit gibier de potence, je t'aurais déjà coupé les deux oreilles, comme je l'ai fait à quelques uns de ton clan avant toi.

Conachar se remit sur ses pieds avec l'agilité d'un tigre ; et s'écriant : Vous ne vivrez pas assez pour recommencer cette vanterie-là! il tira de son sein un couteau à lame courte et affilée, s'élança sur Henry Smith, et chercha à le lui plonger dans le corps au-dessus de la clavicule, blessure qui eût dû être mortelle. Mais l'objet de sa violence fut assez prompt à parer le coup et à relever la main de l'assaillant pour que le fer ne fît qu'effleurer l'os et tirât à peine quelques gouttes de sang. Arracher le couteau des mains du jeune homme, et lui serrer le bras comme dans un étau, ce fut pour le robuste Smith l'affaire d'un moment. Conachar sentit tout d'abord qu'il était complétement à la disposition du formidable antagoniste qu'il avait provoqué ; il devint d'une pâleur mortelle, comme tout-à-l'heure il était d'un rouge ardent, et resta muet de honte et de crainte, jusqu'à ce que, le laissant se dégager de sa puissante étreinte, Smith lui dit tranquillement : Il est heureux pour toi que tu ne puisses me mettre en colère ; — tu n'es qu'un enfant, et moi qui suis un homme fait je n'aurais pas dû te provoquer. Mais que ceci te serve d'avertissement.

Conachar resta un moment comme s'il eût voulu répondre, puis il quitta la salle avant que Simon fût assez revenu de sa stupéfaction pour être en état de parler. Dorothée courait çà et là pour chercher des onguents et des simples. Catherine s'était évanouie en voyant couler le sang.

— Laissez-moi partir, père Simon, dit Henry Smith d'un air abattu. J'aurais dû deviner que je retrouverais mon ancien guignon, et que j'amènerais les disputes et le sang versé là où je voudrais le plus apporter paix et bonheur. Ne vous mettez pas en peine de moi ; — ayez l'œil à la pauvre Catherine. La frayeur d'une telle scène l'a tuée, et tout cela par ma faute !

— Ta faute, mon fils ! — c'est la faute de ce cateran highlandais[1], dont mon malheur veut que je sois empêtré ; mais il reprendra demain le chemin de ses glens, où il tâtera de la tolbooth[2] de la ville. Attenter à la vie de l'hôte de son maître dans la maison de son maître ! — voilà qui annule toute convention entre nous. Mais laisse-moi voir ta blessure.

— Catherine ! répéta l'armurier ; — occupez-vous de Catherine.

— Dorothée va s'en occuper. La surprise et la peur ne tuent pas ; — ce sont les couteaux et les poignards qui tuent. Et puis elle n'est pas plus la fille de mon sang, que toi, mon cher Henry, tu n'es le fils de mes affections. Laisse-moi voir ta blessure. Le skène-occle[3] est une arme dangereuse dans une main highlandaise.

— Je ne m'en mets pas plus en peine que de l'égratignure d'un chat sauvage, répliqua l'armurier ; et maintenant que les couleurs reviennent sur les joues de Catherine, vous allez me voir guéri dans un moment. Il s'approcha d'un coin où était suspendu un petit miroir, se hâta de tirer de sa bourse un peu de charpie pour l'appliquer sur la légère blessure qu'il avait reçue, dénoua le pourpoint de cuir qui lui couvrait le cou et les épaules, et mit ainsi à nu des formes qui n'étaient pas plus remarquables par leur apparence mâle et musculeuse que par la blancheur de la peau, là où elle n'avait pas été exposée, comme ses mains et son visage, aux effets des intempéries et à la fatigue de son laborieux métier. Il appliqua à la hâte un peu de charpie pour arrêter le sang, fit disparaître au moyen d'un peu d'eau toute autre trace de la dispute, et après avoir reboutonné son pourpoint il revint à la table où était Catherine, encore pâle et tremblante, mais cependant revenue de son évanouissement.

— Me pardonnerez-vous, Catherine, de vous avoir offensée au moment même de mon retour ? lui dit-il. Ce garçon a été assez fou pour me provoquer, et moi je l'ai été encore plus que lui de m'emporter contre un pareil adversaire. Votre père ne me blâme pas, Catherine ; ne pourrez-vous me pardonner ?

— Je n'ai pas pouvoir de pardonner ce que je ne suis pas en droit de désapprouver, répondit Catherine. S'il convient à mon père que sa maison soit le théâtre de querelles de nuit, il me faut bien en être témoin ; — je ne puis l'empêcher. Peut-être est-ce un tort à moi de m'évanouir et d'interrompre ainsi la suite d'un si beau combat. Mon excuse est que je ne puis supporter la vue du sang.

— Est-ce de cette manière que vous recevez mon ami après sa longue

---

[1] *Cateran*, ou *voleur*, est la désignation ordinaire des Gaëls limitrophes des terres du Sassenach. On suppose que le beau lac des Trosachs doit son nom aux habitudes de ceux qui le fréquentaient. (W. S.)

[2] Prison. (L. V.)

[3] *Skène-occle*, c'est-à-dire couteau de l'aisselle ; — c'est le stylet des Highlanders. (W. S.)

absence? reprit le père. Mon ami! — je devrais dire mon fils. Peu s'en faut qu'il ne soit assassiné par un drôle dont je purgerai demain cette maison, et vous le traitez comme s'il avait eu tort de lancer loin de lui le serpent qui allait le piquer!

— Ce n'est pas à moi, mon père, de décider qui avait tort ou raison dans la querelle de tout-à-l'heure, et je n'ai pas non plus assez bien vu ce qui s'est passé pour dire qui a été l'assaillant. Mais notre ami monsieur Henry ne niera sûrement pas qu'il vit dans une atmosphère de batteries, de sang et de querelles. Il ne saurait entendre parler d'un homme qui manie l'épée sans envier sa réputation, et il faut absolument qu'il mette sa valeur à l'épreuve. Il ne voit pas une querelle qu'il ne s'y mêle. S'il a des amis, il se bat avec eux pour l'honneur; — s'il a des ennemis, il se bat par haine et par vengeance. Et ceux qui ne lui sont ni amis ni ennemis, il se bat avec eux parce qu'ils sont de ce côté-ci ou de ce côté-là d'une rivière. Ses journées sont des jours de combats, et sans doute qu'il se bat encore en rêve.

— Fille, dit Simon, votre langue se donne trop de licence. Les querelles et les combats sont affaires d'hommes et non de femmes, et il ne convient à une jeune fille ni d'y penser ni d'en parler.

— Mais si c'est en notre présence qu'on se querelle et qu'on se bat, repartit Catherine, il serait un peu difficile de nous empêcher d'y penser et d'en parler. Je veux bien convenir avec vous, mon père, que ce vaillant bourgeois de Perth est un des meilleurs cœurs qu'il y ait dans la ville; — qu'il ferait un détour de deux cents pas plutôt que de marcher sur un vermisseau; — qu'il répugnerait autant à tuer une araignée de gaieté de cœur que s'il était parent du roi Robert d'heureuse mémoire [1]; — que dans la dernière querelle qu'il eut avant son départ il se battit avec quatre bouchers pour les empêcher de tuer un pauvre dogue qui s'était mal comporté dans le combat de taureaux, et que peu s'en fallut qu'il ne partageât le sort du chien qu'il voulait protéger. Je vous accorde aussi que jamais le pauvre ne passe devant la maison du riche armurier sans y recevoir la nourriture et l'aumône. Mais à quoi sert tout cela, quand son épée fait autant d'orphelins et de veuves condamnés à la faim et aux larmes que sa bourse en soulage!

— Écoute seulement un mot, Catherine, avant de défiler contre mon ami un chapelet de reproches qui ont une apparence de sens, quoique au fond ça ne soit d'accord avec rien de ce que nous voyons ou entendons autour de nous. Dis-moi à quoi notre roi et sa cour, nos chevaliers et nos dames, nos abbés, nos moines et nos prêtres eux-mêmes, courent avec tant d'empressement? n'est-ce pas aux prouesses des braves chevaliers dans les champs-clos et les tournois, aux hauts faits d'honneur et de gloire accomplis par les armes et l'effusion du sang? En quoi ce

---

[1] *Voyez* la note C, fin du volume.

que font ces fiers chevaliers diffère-t-il de ce que notre brave Henry Gow fait lui aussi dans sa sphère? Qui a jamais ouï dire qu'il ait abusé de son adresse et de sa force pour mal faire et pour favoriser l'oppression, et qui ne sait combien il les a employés souvent pour se faire le champion de la ville et de sa bonne cause? Et ne devrais-tu pas t'estimer honorée et glorieuse entre toutes les femmes de ce qu'un homme dont le cœur est si loyal et le bras si vigoureux s'est déclaré ton bachelier? En quoi les dames les plus fières mettent-elles leur plus grand orgueil, si ce n'est dans la bravoure de leur chevalier? et le plus intrépide chevalier d'Écosse a-t-il à se vanter de plus beaux faits d'armes que mon brave fils Henri, quoiqu'il ne soit pas de haut lignage? N'est-il pas connu dans l'Highland et le Lowland pour le meilleur armurier qui ait jamais forgé une épée, et pour le plus franc soldat qui en ait jamais manié une?

— Vos paroles se contredisent, mon père, répliqua Catherine, si vous voulez bien permettre à votre enfant de parler ainsi. Remercions Dieu et les saints de ce que nous sommes d'une condition paisible, au-dessous de l'attention de ceux que leur haute naissance, et encore plus l'orgueil, conduisent à tirer gloire de leurs œuvres de cruauté sanguinaire, que les grands et les puissants appellent des hauts faits de chevalerie. Votre sagesse conviendra qu'il serait absurde à nous de nous parer de leurs beaux panaches et de leurs superbes habits : — pourquoi donc imiterions-nous les vices dans lesquels ils se donnent pleine carrière? Pourquoi prendrions-nous leur dureté orgueilleuse et leur implacable cruauté, pour lesquelles le meurtre n'est pas seulement un jeu, mais encore un sujet de vaine gloire et de triomphe? Laissons ceux dont le rang réclame comme un droit cet hommage sanguinaire y mettre leur orgueil et leur plaisir ; — nous qui ne prenons point part au sacrifice, nous n'en pouvons que mieux nous apitoyer sur les souffrances de la victime. Rendons grâces au Ciel de notre humble condition, puisqu'elle nous préserve de la tentation. — Mais pardonnez-moi, mon père, si j'ai dépassé les bornes de mon devoir en contredisant la manière de voir que vous partagez avec tant d'autres sur ces sujets-là.

— Sur ma foi, petite, tu as la parole trop facile pour moi, dit Simon avec quelque humeur. Je ne suis qu'un pauvre artisan, qui ne sait guère autre chose que distinguer le gant de la main gauche de celui de la main droite. Mais si tu veux que je te pardonne, dis un mot de consolation à mon pauvre Henry. Le voilà là tout confondu et tout assourdi des sermons que tu lui as entassés ; lui pour qui le son d'une trompette serait comme une invitation à un festin, il se laisse abattre au son d'un sifflet d'enfant.

L'armurier, en effet, en entendant la bouche qui lui était si chère peindre son caractère sous des couleurs si défavorables, avait appuyé la tête sur ses deux bras croisés sur la table, dans une attitude de profond abattement et presque de désespoir. — Plût au Ciel, mon père, reprit Catherine, qu'il fût en mon pouvoir d'adresser à Henry des paroles de consolation sans trahir la cause sacrée des vérités que je viens de vous dire. Et je puis — je dois même avoir une telle mission, continua-t-elle avec une expression que la chaleur qu'elle mettait dans ses paroles, et l'extrême beauté de ses traits, faisaient ressembler à l'inspiration. — La vérité du Ciel, poursuivit-elle d'un ton solennel, ne fut jamais confiée à une bouche, quelque faible fût-elle, qu'elle ne lui donnât le droit d'annoncer le pardon en même temps qu'elle prononçait le jugement. — Relève-toi, Henry; — relève-toi, homme noble, bon et généreux, quoique étrangement égaré. — Tes fautes sont celles de ce siècle cruel et sans remords; tes qualités sont tout à toi.

En parlant ainsi elle avait posé sa main sur le bras de Smith, et le dégageant de dessous sa tête avec une force à laquelle il ne put résister, quelque douce qu'elle fût, elle le força de lever vers elle son mâle visage, et ses yeux où les reproches qu'elle venait de lui faire entendre, joints à d'autres sentiments, avaient appelé des larmes. — Ne pleure pas, reprit-elle; — ou plutôt pleure, — mais pleure comme ceux qui ont espoir. Abjure les péchés de l'orgueil et de la colère, qui te dominent le plus aisément; — jette loin de toi ces armes maudites, dont tu te laisses si aisément aller à faire un usage fatal.

—Vous me parlez vainement, Catherine, répondit l'armurier : je puis, à la vérité, me faire moine et me retirer du monde ; mais tant que j'y vivrai et que j'y continuerai mon métier, tant que je fabriquerai pour les autres des armures et des armes, je ne pourrai résister à la tentation de m'en servir. Vous ne me feriez pas les reproches que vous me faites si vous saviez combien les moyens par lesquels je gagne mon pain sont inséparablement liés avec cet esprit belliqueux que vous m'imputez à faute, quoiqu'il soit la conséquence d'une inévitable nécessité. Pendant que je donne à l'écu ou au corselet la force qui doit repousser les blessures, est-ce qu'il ne faut pas que j'aie constamment présents à l'esprit la manière dont on les porte et la force avec laquelle on les donne? et quand je forge ou que je trempe une épée de guerre, m'est-il possible d'oublier à quel usage elle doit servir?

— En ce cas, mon cher Henry, reprit la jeune enthousiaste en embrassant de ses deux petites mains une des mains fortes et musculeuses de l'armurier, qu'elle souleva avec peine quoiqu'il la lui abandonnât sans résistance, mais aussi sans qu'il l'aidât en rien, — en ce cas renoncez à un art qui pour vous est un piége. Renoncez à fabriquer des armes qui ne peuvent servir qu'à abréger la vie des hommes, déjà trop courte pour le repentir, ou à encourager par un sentiment de sécurité ceux que sans cela la crainte empêcherait de s'exposer au péril. L'art de fabriquer des armes, offensives ou défensives, est un art coupable pour celui dont le caractère violent et toujours emporté trouve dans ce travail-là même un piége et une occasion de pécher. Renoncez complétement à fabriquer toute espèce d'armes, et méritez le pardon du Ciel en abjurant tout ce qui peut vous faire tomber dans le péché auquel vous vous laissez le plus aisément aller.

— Et que ferai-je pour vivre, murmura l'armurier, quand j'aurai renoncé à l'art de forger des armes, pour lequel Henry de Perth est connu du Tay à la Tamise?

— Votre art lui-même vous offre d'innocentes et louables ressources, repartit Catherine. En renonçant à forger des épées et des boucliers, il vous reste encore la bêche, et la charrue aussi honorable qu'utile, — ces instruments qui contribuent au soutien de la vie, aussi bien qu'à son agrément. Vous pourrez fabriquer des serrures et des barres pour défendre la propriété du faible contre le pillage et l'oppression du fort. Le monde viendra encore vous trouver, et votre honnête industrie vous sera encore profitable...

Mais ici Catherine fut interrompue. Son père l'avait entendue déclamer contre la guerre et les tournois avec le sentiment que bien que les doctrines qu'elle professait là fussent nouvelles pour lui, il se pouvait, néanmoins, qu'elle n'eût pas absolument tort. Il éprouvait en effet le désir de ne pas voir celui qu'il regardait comme son futur gendre s'exposer volontairement aux hasards que le caractère entreprenant d'Henry Smith et sa grande force physique le poussaient trop aisément à affronter; et en cela il aurait assez désiré que les arguments de Catherine produisissent quelque effet sur l'esprit de son futur époux, qu'il savait être aussi maniable, influencé par ses affections, qu'il était ardent et intraitable quand on employait contre lui l'arme des remontrances hostiles ou des menaces. Mais les arguments de sa fille cessèrent d'être d'accord avec sa manière de voir quand elle insista sur la nécessité pour Henry d'abandonner un métier plus profitable qu'aucun de ceux qui à cette époque étaient pratiqués en Écosse, et qui rapportait plus à Henry de Perth en particulier, qu'à aucun autre armurier du pays. Il avait quelque idée confuse qu'il ne serait pas mal à propos de corriger Henry Smith, s'il était possible, de l'habitude où il était de mettre trop souvent l'épée à la main, bien qu'il ressentît un certain orgueil à la pensée d'être le beau-père d'un homme qui la maniait avec tant de supériorité, genre de mérite auquel dans ce siècle belliqueux chacun se faisait une gloire d'atteindre. Lors donc qu'il entendit sa fille présenter comme la route la plus sûre et la plus expéditive qui pût conduire Henry à ces dispositions pacifiques l'abandon de ce métier fructueux dans lequel il était sans rival, et qui ne pouvait manquer, à cette époque d'interminables querelles privées et de guerres publiques incessantes, de lui procurer un gros revenu, il ne put retenir plus long-temps sa colère. Catherine avait à peine recommandé à son amant la fabrication des instruments d'agriculture, que, certain ici d'être dans son droit,

CHAPITRE II.

ce dont il avait été quelque peu moins sûr dans la première partie de leur débat, il l'interrompit tout-à-coup :

— Des serrures et des barres ! s'écria-t-il, — des socs de charrue et des dents de herse ! — et pourquoi pas des grilles de cheminée, des tisonniers et des girdles de Culross ¹, avec un âne pour porter la marchandise par le pays, — et toi en guise de bourrique pour mener l'âne par le licou ? Parbleu, Catherine, as-tu tout-à-fait perdu ton bon sens, ou penses-tu que dans les temps difficiles on veuille échanger son argent comptant contre autre chose que ce qui peut servir à défendre sa vie ou à prendre celle de son ennemi ? Nous avons maintenant à tout moment besoin d'épées pour nous protéger, sotte fille que tu es, et non de charrues pour préparer la terre à recevoir du grain que nous ne verrons peut-être pas lever. Quant à ce qui est de notre pain de chaque jour, ceux qui sont forts le prennent et vivent ; ceux qui sont faibles se le laissent prendre et meurent de faim. Heureux celui qui a, comme mon digne fils, les moyens de gagner sa vie autrement qu'à la pointe de l'épée qu'il fabrique ! Prêche-lui la paix autant que tu voudras, — ce ne sera jamais moi qui te contredirai ; mais quant à conseiller au premier armurier d'Écosse de cesser de forger des épées, des haches d'armes et des harnais, il y a de quoi faire devenir folle la patience elle-même. — Va-t'en de devant moi ! — et demain matin souviens-toi, je te prie, que si tu es assez heureuse pour revoir Henry Smith, ce qui est plus que la manière dont tu l'as traité ne mérite, tu verras un homme qui n'a pas son pareil en Écosse pour le maniement du sabre et de la hache d'armes, et qui peut faire pour cinq cents marks de besogne par an sans manquer le chômage d'une seule fête.

En entendant son père parler de ce ton péremptoire Catherine fit une profonde révérence, et sans autre bonsoir elle se retira dans la partie de l'appartement qui lui servait de chambre à coucher.

Le *girdle* est la mince plaque de fer usitée pour la confection de la principale recherche gastronomique de l'Écosse, les cakes d'avoine. La ville de Culross fut longtemps renommée pour ses girdles. (W. S.)

CHAPITRE III.

> Le nom de Smith, que ce soit celui d'un chevalier, d'un lord ou d'un squire, d'où vient-il, dites-moi, sinon du *smith*[1] qui forge à la fournaise.
> VERSTEGAN.

Le cœur de l'armurier, gonflé d'émotions diverses et contraires, semblait vouloir faire éclater le pourpoint de cuir qui le recouvrait, tant il battait avec violence. Il se leva, — il détourna la tête et tendit la main à Simon Glover sans le regarder, comme s'il eût craint que celui-ci ne lût son trouble sur sa physionomie.

— Que je sois pendu si je vous dis adieu, mon cher Henry, dit Simon en lui frappant dans la main. Je ne veux pas que nous nous quittions avant une heure au moins. Tardez encore un moment, Henry, et je vais arranger tout cela ; quelques gouttes de sang d'une égratignure, et quelques sottes paroles d'une petite folle, ne sépareront sûrement pas le père et le fils, quand il y a si long-temps qu'ils ne se sont vus. Demeurez donc encore, mon cher Henry, si jamais vous avez désiré la bénédiction d'un père et celle de saint Valentin, dont le bienheureux jour de demain se trouve être la fête.

Bientôt la voix de Glover se fit entendre appelant Dorothée ; et après un cliquetis de clefs et un bruit de pas qui montaient et descendaient l'escalier, Dorothée parut portant trois grands verres verts, ce qui était alors regardé comme une grande et précieuse curiosité, et suivie de Simon chargé d'une énorme bouteille tenant au moins trois pintes de notre époque dégénérée. — Voici du vin, Henry, moitié plus vieux que moi ; c'est un cadeau que mon père eut du vieux Crabbe, ce vigoureux ingénieur flamand qui défendit si bien Perth durant la minorité de David II. Nous autres gantiers nous avons toujours su faire quelque chose en temps de guerre, quoique nos rapports avec elle soient moindres que les vôtres, à vous qui travaillez en acier et en fer. Si bien que mon père avait gagné les bonnes grâces du vieux Crabbe ; — quelque autre jour je vous dirai comment et combien de temps ces bouteilles restèrent cachées sous terre, pour les sauver du maraudeur Southron. Je vais vider un verre au repos de l'âme de mon honoré père, — puissent

---

[1] *Smith* en anglais signifie Forgeron. (L. V.)

ses péchés lui être pardonnés! Dorothée, tu vas me faire raison, et puis tu vas monter à ton poulailler. Je sais que les oreilles te démangent, ma fille; mais j'ai à dire des choses que personne ne doit entendre qu'Henry Smith, mon fils d'adoption.

Dorothée ne hasarda aucune remontrance. Elle vida courageusement son verre, ou plutôt son gobelet, puis gagna sa chambre à coucher, conformément aux ordres de son maître. Les deux amis restèrent seuls.

— Ça me chagrine, ami Henry, dit Simon, remplissant en même temps son verre et celui de son hôte, ça me chagrine, sur mon âme, que ma fille soit encore de cette sotte humeur ; mais aussi il me semble qu'il y a un peu de ta faute. Pourquoi venir ici en faisant sonner ton épée et ta dague, quand cette petite fille est assez sotte pour ne pouvoir en supporter la vue? Ne te souviens-tu pas que tu as eu avec elle une espèce de querelle avant ton dernier départ de Perth, parce que tu ne voulais pas aller comme les autres bourgeois honnêtes et tranquilles, et qu'il faut que tu sois toujours armé, comme une de ces racailles de jackmen [1] qui sont à la solde des nobles? Sûrement il est assez tôt pour de paisibles bourgeois de prendre les armes quand la grosse cloche de la ville sonne pour nous faire nous équiper en guerre [2].

— Vrai, mon bon père, ce n'est pas ma faute. Je n'ai pas été plus tôt descendu de mon bidet que je suis accouru ici vous apprendre mon retour, pensant, si vous vouliez me le permettre, à vous demander votre avis au sujet de l'idée que j'avais d'être cette année le Valentin de mistress Catherine ; et alors j'ai su de mistress Dorothée que vous étiez allés entendre la messe aux frères noirs. Si bien que j'ai pensé à vous y suivre, partie pour entendre aussi la messe avec vous, et partie — Notre-Dame et saint Valentin me le pardonnent — pour y voir quelqu'un qui pense assez peu à moi. — Et alors, comme vous entriez dans l'église, il m'a semblé voir deux ou trois hommes de mine suspecte tenir conseil ensemble en vous regardant vous et elle, et notamment sir John Ramorny, que j'ai bien reconnu malgré tout son déguisement, et le bandeau de velours qu'il s'était mis sur l'œil, et son manteau pareil à un manteau de domestique ; — si bien qu'il m'a semblé, père Simon, que comme vous êtes vieux, et cet extrait d'Highlander un peu trop jeune pour se battre, je ferais bien de marcher tranquillement derrière vous, ne doutant pas qu'avec les ustensiles que j'ai sur moi je ne fusse en état de mettre à la raison n'importe qui viendrait vous chercher noise pendant votre retour chez vous. Vous savez que c'est vous qui m'avez aperçu et qui m'avez forcé d'entrer dans la maison bon gré mal

---

[1] Homme portant des *jack* ou armures. (W. S.)

[2] Il y a ici dans le texte une note explicative sur l'expression *bodin in effeir of war* qu'emploie le bourgeois de Perth, « expression, dit Walter Scott, qui se rencontre fréquemment dans l'ancienne histoire et dans les anciens monuments d'Écosse, et qui signifie *équipé en guerre*. » (L. V.)

gré; autrement je vous promets que je ne serais pas venu voir votre fille avant d'avoir endossé le pourpoint neuf que je me suis fait faire à Berwick à la dernière mode, et que je ne me serais pas non plus présenté devant elle avec ces armes qui lui déplaisent si fort. Quoique à vrai dire tant de gens m'en veulent à la mort pour une malheureuse cause ou pour une autre, qu'il m'est aussi nécessaire qu'à n'importe qui en Écosse de ne sortir de nuit qu'avec des armes.

— Cette sotte-là ne pense jamais à cela, dit Simon Glover; elle n'a pas assez de bon sens pour se dire que dans notre chère terre native d'Écosse chacun regarde comme un privilége et comme un devoir de se venger lui-même des injures qu'il a reçues. Seulement, Harry, mon enfant, tu es à blâmer de prendre ce qu'elle dit si fort à cœur. Je t'ai vu assez hardi avec d'autres filles; — pourquoi restes-tu si coi avec elle, comme si tu avais la langue liée?

— Parce qu'elle ne ressemble pas aux autres jeunes filles, père Glover; — parce qu'elle n'est pas seulement plus belle, mais plus sage, plus élevée et plus pure, et qu'il me semble qu'elle est faite d'une autre argile que nous autres qui l'approchons. Je puis porter la tête assez haute avec toutes les autres filles autour du mai; mais je ne sais comme cela se fait : quand j'approche de Catherine je me fais l'effet d'être une créature terrestre, grossière et sauvage, à peine digne de lever les yeux sur elle, et encore bien moins de contredire les avis qu'elle me donne.

— Vous êtes un marchand imprudent, Harry Smith; vous estimez trop haut ce que vous voulez acheter. Catherine est une bonne fille, et je suis son père; mais si vous la gâtez par votre timidité et vos flatteries, ni vous ni moi ne verrons nos souhaits s'accomplir.

— C'est ce que j'ai souvent craint, mon bon père; car je sens combien peu je suis digne de Catherine.

— Fadaises que tout cela! dit Glover; tâche d'avoir de meilleures idées que cela pour moi, ami Smith, de meilleures idées pour Catherine et pour moi. Songe combien la pauvre créature est assiégée du matin au soir, et par quelles sortes de gens, même quand les fenêtres sont baissées et les portes fermées. Nous avons été accostés aujourd'hui par un galant trop puissant pour qu'on le nomme. — Oui, et il n'a pas caché sa mauvaise humeur de ce que je ne lui permettais pas de conter fleurette à ma fille dans l'église même pendant que le prêtre aurait dit la messe. Il y en a encore d'autres qui ne sont guère plus raisonnables. J'ai quelquefois souhaité que Catherine fût un peu moins belle, pour qu'elle n'attirât pas cette dangereuse espèce d'admiration; ou bien qu'elle fût un peu moins sainte, afin que nous en fissions une honnête femme, contente de son vigoureux Henry Smith, qui saurait bien protéger sa femme contre tous les chevaliers de la cour d'Écosse.

— Et si j'y manquais, que jamais je ne lève un marteau sur l'enclume!

dit Henry en étendant une main et un bras dont la charpente osseuse et musculaire aurait pu appartenir à un géant. Oui, si les choses en venaient jusque là, ma belle Catherine verrait qu'il n'y a pas de mal à ce qu'un homme sache se défendre. Mais je crois qu'elle regarde le monde entier comme une grande cathédrale, et qu'elle croit que tous ceux qui s'y trouvent doivent s'y comporter comme s'ils étaient à une messe éternelle.

— Il est vrai qu'elle a une étrange influence sur ceux qui l'approchent; — ce jeune gars des montagnes, ce Conachard dont j'ai l'embarras depuis deux ou trois ans, quoiqu'il ait, comme vous avez pu voir, tout le caractère de sa nation, obéit au moindre signe de Catherine, et je puis même dire qu'il n'obéit guère qu'à elle dans la maison. Elle se donne bien de la peine avec lui pour le faire sortir de ses rudes habitudes highlandaises.

Ici Henry Smith parut mal à l'aise sur sa chaise; il prit la bouteille, il la reposa sur la table, puis enfin il s'écria : Au diable le jeune louveteau highlandais et toute sa race! Qu'est-ce que Catherine a besoin d'instruire un drôle de cette espèce? Il ressemblera à ce petit loup que je fus assez fou pour élever en guise de chien, et que tout le monde croyait bien apprivoisé, jusqu'au jour de malheur où étant allé me promener sur la butte de Moncrieff, il se jeta au milieu du troupeau du laird et y fit un dégât dont j'aurais bien pu avoir à me repentir, si le laird ne s'était pas trouvé avoir dans ce moment-là besoin d'une armure complète. Et je m'étonne que vous qui êtes homme de bon sens, père Glover, vous gardiez ce jeune drôle — un drôle qui sera dangereux auprès des filles, je vous promets — si près de Catherine, comme s'il n'y avait que votre fille pour lui servir de maîtresse d'école.

— Fi, Henry! — fi donc! voilà maintenant que vous êtes jaloux d'un pauvre jeune homme, qui demeure ici, s'il faut dire la vérité, parce qu'il ne pourrait pas si bien vivre de l'autre côté de la montagne.

— Oui, oui, père Simon, répliqua Smith, qui avait toutes les idées étroites des bourgeois d'alors, si ce n'était la crainte de vous offenser, je vous dirais que vous frayez trop avec ces coquins de la montagne.

— Il faut bien que je me procure quelque part des peaux de daim, de chevreau, etc., mon cher Harry; — et on fait de bons marchés avec ces Highlanders.

— Ca leur est bien facile, repartit Henry d'un ton sec, car tout ce qu'ils vendent ils l'ont volé.

— Bien, bien; qu'il en soit ce que ça pourra, mon affaire n'est pas de savoir où ils ont eu les bêtes, pourvu que moi j'aie les peaux. Mais, comme je disais, certaines considérations font que je suis disposé à obliger le père de Conachar en gardant ce jeune homme ici. Et puis il n'est qu'à moitié Highlander, et il n'a pas tout-à-tait l'humeur difficile d'un

Glume-Amie[1]; — et au fait, je l'ai rarement vu aussi emporté que tout-à-l'heure.

— Je le crois bien, à moins qu'il n'eût tué son homme, répliqua Smith du même ton sec.

— Néanmoins, si vous le souhaitez, Harry, je mettrai toute autre considération de côté, et demain matin j'enverrai le coureur de pays chercher un autre gîte.

— Du tout, père Simon ; vous ne pouvez supposer que Harry Gow se soucie d'un petit ourson tel que ce chat de montagnes plus que d'un smithy-dander[2]? Peu m'importerait, je vous assure, que tout son clan descendit la Shoegate[3] aux cris du slogan[4] et au son des cornemuses ; je trouverais cinquante bonnes lames et autant de boucliers qui les renverraient plus vite qu'ils ne seraient venus. Mais à vrai dire, — quoique après tout ce soit une folie — je ne suis pas bien aise de voir ce drôle-là si près de Catherine. Songez, père Glover, que votre métier vous tient les yeux et les mains bien occupés et demande toute votre attention, quand bien même ce paresseux maladroit y travaillerait, ce que vous savez qu'il fait rarement.

— Ça c'est bien vrai ; il coupe tous ses gants pour la main-droite, et de sa vie il n'a pu en achever une paire.

— S'il s'agissait de couper un peau humaine, il serait sans doute un peu moins emprunté. Mais avec votre permission, père, je vous dirai seulement que travaillant ou ne travaillant pas il n'a pas la vue trouble ; — que ses mains ne sont pas brûlées à force de manier le fer chaud, ni calleuses par l'usage du gros marteau ; — que ses cheveux ne sont pas roussis par la fumée ni flambés à la fournaise comme une peau de blaireau, plutôt que de ressembler à quelque chose digne d'être couvert d'un bonnet de chrétien. Or, Catherine a beau être une aussi bonne fille qu'il y en ait jamais eu, et je soutiendrai qu'il n'y en a pas une meilleure dans tout Perth, il n'en est pas moins vrai qu'elle doit bien voir et savoir que tout cela fait une différence entre homme et homme, et que la différence n'est pas en ma faveur.

— A ta santé de tout mon cœur, mon fils Harry, dit le vieillard en remplissant jusqu'au bord le verre de son compagnon et le sien ; je vois que tout bon forgeron que tu es, tu ne sais pas de quel métal les femmes sont faites. Il faut que tu sois hardi, Henry, et que tu ne te comportes pas comme si tu marchais au gibet, mais en joyeux jeune gars qui sait ce qu'il vaut, et qui ne se laissera pas dépriser par la meilleure des petites filles d'Ève. Catherine est une femme comme sa mère, et tu te trompes fort si tu supposes qu'elles se laissent toutes prendre par les yeux. Il faut

---

[1] *Voyez* la note D, fin du volume.
[2] Cendre de forge. (W. S.)
[3] Une des principales rues de Perth. (W. S.)
[4] Cri de guerre. (L. V.)

aussi plaire à leurs oreilles, Harry ; il faut qu'elles sachent que celui qu'elles favorisent est hardi et de joyeuse humeur, et qu'il y a vingt autres femmes dont il pourrait avoir l'amour, bien que ce soit le leur qu'il recherche. Crois-en un vieillard : les femmes se règlent plus sur ce que les autres pensent que sur ce qu'elles pensent elles-mêmes ; et quand celle-ci demande quel est l'homme le plus intrépide de tout Perth, que lui nomme-t-on si ce n'est Harry Brûle-Vent ? — le meilleur armurier qui ait jamais façonné une arme sur l'enclume ? encore Harry Smith ; — le meilleur danseur au pied du mai ? — le joyeux forgeron ; — le plus gai chanteur de ballades ? — toujours Harry Gow ; — le meilleur lutteur, le plus adroit à l'épée et au bouclier, — le roi du bâton, — celui qui dompte le mieux les chevaux emportés, — celui qui met le mieux à la raison les enragés d'Highlanders ? — c'est encore toi, — toujours toi, — rien que toi. — Et c'est à *toi* que Catherine préférerait cet extrait d'Highlander ? — Allons donc ! elle pourrait tout aussi bien tirer un gantelet de fer d'une peau de chevreau. Je te dis que Conachar n'est rien pour elle, sauf qu'elle voudrait empêcher le diable d'avoir son dû avec lui comme avec les autres montagnards. — Dieu la bénisse, la pauvre créature, elle voudrait amener tout le genre humain à de meilleures pensées, si elle pouvait.

— C'est à quoi elle ne réussira pour sûr pas, dit Smith, qui, ainsi que le lecteur peut l'avoir remarqué, n'était pas des mieux disposés pour la race highlandaise. Dans ce débat-là je gagerai contre Catherine pour le vieux Nick,[1] que je dois un peu connaître, puisque nous travaillons tous les deux dans le même élément. — Le diable aura le tartan, la chose est sûre.

— A la bonne heure ; mais Catherine a un second que tu ne connais pas. — Le père Clément a entrepris le jeune cateran, et il n'a pas plus peur d'une centaine de démons que moi d'un troupeau d'oies.

— Le père Clément ? vous vous faites toujours quelque nouveau saint dans cette bonne ville de Saint-Johnston. Qu'est-ce que c'est, je vous prie, que ce frotteur de diables ? — un de ces ermites qui se préparent à l'œuvre comme un boxeur au combat, et qui s'y disposent par le jeûne et la pénitence ? — est-ce cela ?

— Non, et c'est là l'étonnant de la chose ; le père Clément mange, boit et vit à peu près comme les autres, — tout en observant strictement, néanmoins, les règles de l'Église.

— Ah, je comprends ! — un prêtre réjoui qui pense plus à vivre joyeusement qu'à bien vivre, — qui vide une canette le mercredi des Cendres pour se mettre en état d'affronter le carême, — qui a un agréable *in principio*, — et qui confesse toutes les plus jolies femmes de la ville ?

---

[1] Un des noms populaires du diable en Angleterre. (L. V.)

— Vous donnez encore à gauche, Smith. Je vous dirai que ma fille et moi nous reconnaissons au flair un hypocrite, jeûnant ou non. Mais le père Clément n'est pas de ceux-là.

— Mais qu'est-ce donc, au nom du Ciel?

— C'est un homme ou qui vaut beaucoup mieux à lui tout seul que la moitié de ses confrères de Saint-Johnston mis ensemble, ou qui est tellement pire que le pire d'entre eux que c'est honte et péché de souffrir qu'il demeure dans le pays.

— Il me semble qu'il serait aisé de dire s'il est l'un ou l'autre.

— Contentez-vous de savoir, mon cher ami, que si vous jugez le père Clément par ce que vous lui voyez faire et par ce que vous lui entendez dire, vous le regarderez comme le meilleur et le plus bienfaisant des hommes, ayant une consolation pour quiconque est dans le chagrin et un conseil pour quiconque est dans l'embarras, le guide le plus sûr du riche et le meilleur ami du pauvre. Mais si vous écoutez ce que les Dominicains disent de lui, — benedicite! (ici Glover se signa au front et à la poitrine) — c'est un infâme hérétique, qu'on devrait envoyer aux flammes éternelles en le faisant passer par un bûcher terrestre.

Smith fit aussi le signe de la croix, et s'écria : Sainte Marie! et c'est vous, père Simon, vous si sage et si prudent qu'on vous a surnommé l'avisé gantier de Perth, c'est vous qui laissez votre fille écouter la parole d'un homme — les saints nous protègent! — qui est peut-être en ligue avec l'esprit du mal lui-même? Eh! ne fut-ce pas un prêtre qui évoqua le diable dans Meal-Vennel, quand la maison de Hodge-Jackson fut renversée par l'ouragan? — et le diable n'est-il pas apparu au milieu du Tay, couvert d'un scapulaire de prêtre, le matin où notre beau pont fut emporté?

— Je ne puis dire si cela est vrai ou non; tout ce que je sais c'est que je ne l'ai pas vu. Quant à Catherine, on ne peut pas dire qu'elle ait écouté sa parole, attendu que son confesseur est le vieux père Francis le Dominicain, à qui elle s'est confessée aujourd'hui. Mais les femmes sont parfois volontaires, et il est bien sûr qu'elle consulte le père Clément plus que je ne le voudrais; et pourtant quand je lui ai parlé moi-même il m'a paru un si bon et si saint homme, que je lui aurais confié mon salut. Il y a de mauvais bruits sur lui chez les Dominicains, c'est certain. Mais qu'est-ce que nous autres laïques nous avons à voir à ces sortes de choses-là, mon fils? Payons à notre sainte mère l'Église ce qui lui est dû, faisons nos aumônes, confessons-nous et exécutons dûment nos pénitences, et les saints nous tireront d'affaire.

— Oui vraiment; et ils auront de l'indulgence pour un coup imprudent et malheureux qu'un homme peut faire en se battant, quand son adversaire est devant lui dans une attitude de défense : c'est là le seul *credo* avec lequel un homme puisse vivre en Écosse, que votre fille en pense ce qu'elle voudra. Marry! il faut qu'un homme

CHAPITRE III.

connaisse son escrime, ou son bail sur terre sera court, partout où les coups pleuvent si dru. Cinq nobles pour notre autel m'ont lavé de la mort du meilleur homme avec lequel il me soit jamais arrivé malheur.

— Hé bien donc, finissons notre flacon, dit le vieux Glover, car voilà l'horloge des Dominicains qui sonne minuit. Ecoute, mon fils Henry; trouve-toi à la pointe du jour devant la fenêtre de notre pignon du levant, et avertis-moi que tu es là en sifflant doucement l'appel du forgeron, je ferai en sorte que Catherine mette la tête à la fenêtre, et tu auras ainsi durant le reste de l'année tous les priviléges d'un galant Valentin. Si tu n'en sais pas user à ton avantage, je serai forcé de penser que tout couvert que tu es de la peau du lion, la nature t'a laissé les longues oreilles de l'âne.

— Amen, père, répondit l'armurier; je vous souhaite une bonne nuit, et que Dieu bénisse votre toit et ceux qu'il abrite. Vous entendrez l'appel du forgeron au chant du coq; et je vous garantis que je ferai honte à sire Chanteclair [1].

A ces mots il prit congé, et quoique complétement inaccessible à la crainte, il traversa les rues désertes en homme qui se tient sur ses gardes, et gagna ainsi sa maison, située dans le Mill Wynd, à l'extrémité occidentale de Perth.

[1] *Chanticleer*; nom populaire du coq. (L. V.)

CHAPITRE IV.

> Quel est tout ce bruit qui remplit notre quartier?
> Sur ma foi, ce n'est que le tic-tac de pauvres jeunes
> cœurs. DRYDEN.

LE brave armurier ne fut pas négligent, on peut le croire, à se trouver au rendez-vous que lui avait assigné son futur beaupère. Il apporta à sa toilette une attention plus qu'ordinaire, et eut soin d'en rejeter dans l'ombre les parties qui avaient un aspect militaire. Il était beaucoup trop connu pour se hasarder à aller absolument sans armes dans une ville où à la vérité il avait nombre d'amis, mais où il avait aussi, par suite de la nature d'un assez grand nombre de ses anciens exploits, plusieurs ennemis mortels de qui il avait peu de merci à attendre s'ils trouvaient l'occasion de l'attaquer avec avantage. Aussi portait-il sous son pourpoint ou *jerkin* une *secrète*, c'est-à-dire une cotte de mailles, si légère et si flexible qu'elle ne gênait pas plus ses mouvements qu'un de nos modernes vêtements de dessous, et cependant assez à l'épreuve pour qu'il pût s'y confier en toute sûreté, lui-même en ayant travaillé et assemblé chaque anneau. Il portait par-dessus, comme les autres jeunes gens de son âge et de sa classe, le haut-de-chausses et le pourpoint flamands, lesquels, en l'honneur de la solennité, étaient du plus fin et du plus beau drap bleu-ciel d'Angleterre, avec des crevés de satin noir et des passementeries de soie noire. Ses bottes étaient de cuir de Cordoue, et son manteau de bon drap gris d'Écosse servait à cacher un *whinger* ou couteau de chasse suspendu à sa ceinture, et qui était sa seule arme offensive, car il ne portait à la main qu'une baguette de houx. Sa toque de velours noir était doublée d'acier et rembourrée entre le métal et la tête, de manière à lui constituer un moyen de défense sur lequel il pouvait pleinement compter.

Au total, Henry avait l'apparence (et il y était bien autorisé) d'un bourgeois riche et considéré, se donnant par son costume autant de conséquence qu'il en pouvait déployer, sans dépasser les limites qu'à cet égard lui imposait sa condition, et sans empiéter sur le rang de la noblesse. Ses manières franches et mâles, bien qu'elles indiquassent une totale insouciance du danger, n'avaient pas non plus la moindre ressemblance avec celles des *bravi* et des fiers-à-bras du temps, avec lesquels

Henry était quelquefois injustement confondu par ceux qui attribuaient les disputes dans lesquelles il se trouvait si souvent engagé à une humeur querelleuse et violente, reposant sur la conscience de sa force physique et de son habileté à manier son arme. Tous ses traits respiraient au contraire l'expression de franchise et de bonne humeur d'un homme qui ne pense pas plus à insulter les autres qu'il ne redoute leurs insultes.

S'étant paré de son mieux, l'honnête armurier plaça ensuite près de son cœur (que cet attouchement fit tressaillir) un léger cadeau que depuis long-temps il destinait à Catherine Glover, et que sa qualité de Valentin allait lui donner le droit d'offrir, ainsi qu'à elle celui de le recevoir sans être arrêtée par ses scrupules de jeune fille. C'était un petit rubis taillé en forme de cœur et traversé d'une flèche d'or, le tout renfermé dans une petite bourse d'acier d'un aussi beau travail que si les mailles en eussent été destinées au haubert d'un roi. Autour de la monture de la bourse étaient gravés ces mots :

> Dards d'amour
> Percent les cœurs
> A travers cottes de mailles.

Cette devise avait coûté quelque réflexion à l'armurier, et il était très satisfait de sa composition, parce qu'elle semblait dire que son habileté pouvait défendre tous les cœurs sauf le sien. Il s'enveloppa de son manteau et parcourut à grands pas les rues encore silencieuses, résolu à arriver devant la fenêtre désignée un peu avant l'aube.

Dans ce dessein, il remonta High-street[1] et tourna par l'espace ouvert où s'élève aujourd'hui l'église Saint-John, afin de gagner Curfew-street[2]; mais bientôt il jugea, à l'apparence du ciel, qu'il était parti une heure au moins trop tôt, et que le mieux était de n'arriver au rendez-vous qu'un peu avant l'instant assigné. Vraisemblablement d'autres galants seraient aux aguets ainsi que lui autour de la maison de la Jolie Fille de Perth; et il connaissait assez bien son faible pour sentir qu'il y aurait alors grande chance qu'une rixe s'élevât entre eux. — J'ai l'avantage, pensa-t-il, par l'amitié du père Simon; pourquoi me tacherais-je les doigts du sang de pauvres diables qui ne valent pas la peine que je prenne garde à eux, puisqu'il s'en faut tant qu'ils soient aussi heureux que moi? Non, non; — je serai sage une fois, et je me tiendrai à distance de toute tentation de dispute. Ils n'auront pour me chercher querelle que juste ce qu'il faudra de temps pour que je donne le signal et que le père Simon y réponde. Je voudrais bien savoir comment le vieillard réussira à la faire se mettre à la fenêtre. Si elle connaissait

---

[1] *Voyez* la note E, fin du volume.
[2] *Voyez* la note F.

son dessein, je crains bien qu'il ne lui fût difficile de le mettre à exécution.

Tout en repassant dans sa tête ces pensées d'amoureux, l'armurier ralentit le pas, en même temps qu'il tournait souvent les yeux vers l'orient pour examiner le ciel, où ne se montrait encore aucune de ces faibles teintes grisâtres qui précèdent et annoncent l'approche de l'aube, que l'impatience du robuste armurier accusait de tarder ce matin-là plus que de coutume à venir occuper son avant-poste à l'orient. Il passait lentement le long des murs de la chapelle Sainte-Anne (ne manquant pas de faire le signe de la croix et de dire un *ave* pendant qu'il foulait le terrain consacré), quand une voix, qui semblait sortir de derrière un des arcs-boutants de la chapelle, prononça ces mots : Il va bien lentement celui qui aurait besoin de courir !

— Qui parle là ? dit l'armurier, portant les yeux autour de lui et n'ayant pu s'empêcher de tressaillir à une apostrophe si inattendue, non moins étrange par le ton que par les paroles.

— Peu importe qui parle, répliqua la même voix. Fais grande diligence, ou ta diligence sera perdue. Ne perds pas ton temps en paroles, et pars vite.

— Saint ou pécheur, ange ou démon, dit Henry en se signant, votre avis me touche de trop près pour que je le néglige. Que saint Valentin me donne des jambes !

A ces mots, quittant sa marche ralentie, il partit d'un pas que peu de gens auraient pu suivre, et en un instant il fut dans Curfew-street. Il n'avait pas fait trois pas du côté de la maison de Simon Glover, qui se trouvait vers le milieu de l'étroite rue, que deux hommes quittèrent tout-à-coup à droite et à gauche l'abri des maisons, et s'avancèrent comme de concert pour lui barrer le passage. Tout ce que l'obscurité lui permit de reconnaître, fut qu'ils portaient le plaid highlandais.

— Débarrassez le passage, caterans ! dit l'armurier d'une voix rude et forte, en harmonie avec l'ampleur de sa poitrine.

Ils ne répondirent pas, du moins intelligiblement ; mais il put voir qu'ils tiraient leurs épées, dans le dessein de le repousser de vive force. Conjecturant qu'il y avait là-dessous quelque chose de mal, mais sans pouvoir deviner de quelle sorte, Henry se détermina sur-le-champ à se faire jour, quelle que pût être l'inégalité du nombre, et à aller défendre sa maîtresse, ou du moins mourir à ses pieds. Il jeta son manteau sur son bras gauche en guise de bouclier, puis il s'avança rapidement et résolument vers les deux hommes. Le plus rapproché lui porta une botte qu'Henry Smith para avec son manteau, et du même coup lançant un vigoureux revers de main dans le visage de cet homme, en même temps qu'il lui donnait un croc-en-jambe, il l'étendit rudement sur le pavé ; tandis que presque au même instant il portait à celui qui se trouvait à sa droite un coup de son coutelas si vigoureusement appliqué, qu'il l'étendit aussi gisant à côté de son camarade. L'armurier se précipita alors en avant, en proie à une alarme que justifiait assez la présence d'étrangers gardant ou défendant la rue et se conduisant avec une telle violence. Il entendit quelque bruit et des chuchotements sous les fenêtres de Glover, — sous ces mêmes fenêtres d'où il avait compté être salué par Catherine comme son Valentin. Il se tint de l'autre côté de la rue, afin de reconnaître le nombre et les intentions de ceux qui se trouvaient là. Mais un de ceux qui étaient sous la fenêtre l'ayant aperçu ou entendu, traversa aussi la rue, et le prenant sans doute pour une des sentinelles, lui demanda à voix basse : Quel est donc ce bruit, Kenneth ? pourquoi n'avez-vous pas donné le signal ?

— Misérable, repartit Henry, vous êtes découvert, et vous allez périr de ma main.

A ces mots, il porta à l'inconnu un coup de coutelas qui probablement aurait réalisé sa menace, si l'homme, levant le bras, n'y eût reçu le coup destiné à sa tête. La blessure dut être grave ; car il chancela et tomba avec un sourd gémissement. Sans s'occuper de lui davantage, Henry s'élança en avant sur un groupe d'hommes qui semblaient occupés à placer une échelle contre la fenêtre du pignon. Henry ne s'arrêta ni à les compter ni à s'assurer de leur dessein ; mais poussant le cri d'alarme de la ville et donnant le signal auquel les bourgeois avaient coutume de se rassembler, il se précipita sur ces rôdeurs de nuit, l'un desquels avait déjà monté quelques échelons. Smith saisit l'échelle par le milieu, la renversa dans la rue, et posant le pied sur le corps de l'homme qui avait commencé l'escalade, il l'empêcha de se relever. Ses complices se jetèrent avec fureur sur Henry pour dégager leur compagnon ; mais sa cotte de mailles lui fut d'un bon secours, et il leur rendait leurs coups avec usure, tout en criant d'une voix forte : Au secours ! au secours pour Saint-Johnston ! — Masses et lames, braves citadins ! masses et lames [1] ! — On force nos maisons pendant la nuit !

Ces mots, qui retentissaient au loin par les rues, étaient accompagnés d'autant de coups vigoureusement distribués parmi ceux que l'armurier attaquait. Bientôt les voisins commencèrent à s'éveiller et à paraître en chemise dans la rue, armés d'épées et de targets, et quelques uns avec des torches. Les assaillants cherchèrent alors à s'échapper, ce à quoi ils réussirent tous, à l'exception de l'homme qui avait été renversé en même temps que l'échelle, l'intrépide armurier l'ayant saisi à la gorge pendant la lutte, et le tenant aussi ferme qu'un lévrier tient un lièvre. Les autres blessés furent emportés par leurs camarades.

— Voilà des fripons qui troublent la paix de la ville, dit Henry aux voisins qui commençaient à se rassembler ; courez après les coquins. Ils

---

[1] *Bows and blades !* — L'auteur vient de dire que c'était le cri d'alarme ordinaire dans la ville. (L. V.)

ne pourront pas échapper tous, car j'en ai estropié quelques uns. Le sang vous guidera.

— Quelques caterans highlandais, dirent les citadins ; — sur pied et en chasse, voisins !

— Oui, en chasse, — en chasse ! continua l'armurier ; — laissez-moi le soin de celui-ci.

Les bourgeois se dispersèrent dans différentes directions, leurs torches éclairant tout le quartier avoisinant, qui retentissait de leurs cris.

Pendant ce temps le prisonnier de Smith implorait sa liberté, employant tour à tour promesses et menaces pour l'obtenir. — Comme tu es un gentleman, disait-il, laisse-moi aller, et ce qui s'est passé sera oublié.

— Je ne suis pas un gentleman, répondit Henry ; je suis Hal de Wynd, un bourgeois de Perth, et je n'ai rien fait qui ait besoin de pardon.

— Misérable ! tu ne sais pas ce que tu as fait. Mais laisse-moi aller, et je remplirai ton bonnet de pièces d'or.

— Tout-à-l'heure il va y avoir une tête cassée dans le tien si tu ne te tiens pas tranquille comme doit le faire un prisonnier.

— Qu'est-ce qu'il y a donc, Harry ? dit alors Simon qui parut à la fenêtre — J'entends ta voix dans un autre ton que je ne m'y attendais. — Qu'est-ce que c'est que tout ce bruit-là, et pourquoi les voisins se rassemblent-ils ?

— C'est qu'une bande de bâtards se disposait à escalader vos fenêtres, père Simon ; mais il est probable que je vais me trouver le parrain de l'un d'eux, que je tiens là aussi serré que jamais étau ait tenu du fer.

— Écoute, Simon Glover, dit le prisonnier ; laisse-moi seulement te dire un mot en particulier et délivre-moi du poignet de fer de ce rustre à tête de plomb ; je te ferai voir qu'on ne voulait de mal ni à toi ni aux tiens, et je te dirai en outre des choses qui te seront très utiles.

— Je reconnais cette voix, dit Simon Glover, qui en ce moment arrivait à la porte une lanterne sourde à la main. Mon fils Smith, laissez ce jeune homme me parler. Il n'y a pas de danger de sa part, je vous assure. Restez un instant là où vous êtes, et ne laissez personne entrer dans la maison, ami ou ennemi. Je réponds que ce gaillard-là ne voulait faire que quelque plaisanterie de la Saint-Valentin.

En même temps le vieillard fit entrer le prisonnier et referma la porte, laissant Henry passablement surpris de la manière inattendue dont son beau-père avait envisagé l'affaire. — Une plaisanterie ! dit-il ; ç'aurait pu être une étrange plaisanterie, s'ils étaient entrés dans la chambre à coucher de Catherine ! — Et ils l'auraient fait, sans la voix de l'honnête ami qui m'a averti là-bas entre les arcs-boutants ; et si cette voix n'est pas celle de la bienheureuse sainte elle-même (que suis-je, pour que cette sainte personne me parle?), elle n'a pu se faire entendre là sans sa permission et son assentiment, et je promets pour cela un cierge à sa châsse aussi long que mon whinger, — au lieu duquel j'aurais bien voulu avoir mon épée à deux mains, pour mieux servir Saint-Johnston et les coquins; — car pour certain ces whingers sont de gentils joujoux, mais qui conviennent mieux à la main d'un enfant qu'à celle d'un homme. O ma vieille troyenne à deux mains, que ne t'ai-je tenue, aussi bien que tu es maintenant pendue à la tête de mon lit! les jambes de ces coquins-là ne les auraient pas si bien emportés hors du champ de bataille. — Mais voici venir des torches et des épées nues : — Holà! — Halte-là! — Êtes-vous pour Saint-Johnston! — Si vous êtes amis de la bonne ville, vous êtes les bienvenus.

— Nous ne rapportons pas de butin de notre chasse, dirent les bourgeois. Nous avons suivi les traces de sang jusqu'au cimetière des Dominicains, et nous avons fait lever d'entre les tombes deux drôles qui en soutenaient un troisième, qui probablement avait sur lui quelqu'une de vos marques, Harry. Ils ont gagné la poterne avant que nous ayons pu les joindre, et ils ont sonné la cloche du sanctuaire; — la porte s'est ouverte, et ils sont entrés. Ainsi les voilà en sûreté dans le cercle du sanctuaire; et nous, nous pouvons aller retrouver nos lits froids pour nous réchauffer.

— Oui, dit un de la troupe, les bons Dominicains ont toujours quelque dévot frère de leur couvent sur pied pour ouvrir la porte du sanctuaire à tous les pauvres diables qui sont dans l'embarras, et qui désirent s'abriter dans l'église.

— Oui, si le pauvre diable que l'on pourchasse a de quoi payer pour cela, dit un autre; mais s'il est véritablement aussi pauvre de bourse que d'esprit, il peut bien rester dehors jusqu'à ce que les limiers arrivent sur lui.

Un troisième, qui depuis quelques instants s'aidait de sa torche pour examiner le pavé avec grande attention, releva alors la tête et prit la parole. C'était un petit homme, vif, avantageux, passablement corpulent, nommé Olivier Proudfûte; jouissant d'une certaine aisance et d'une certaine prépondérance dans sa corporation, qui était celle des bonnetiers, et en conséquence parlant d'un ton d'autorité. — Pourrais-tu nous dire, Joyeux Smith, — car les lumières qu'on avait apportées dans les rues permettaient de se reconnaître, — quelle sorte de camarades c'étaient que les drôles qui ont causé un pareil remue-ménage dans la ville?

— Les deux que j'ai vus les premiers, répondit l'armurier, m'ont paru, autant que j'ai pu les distinguer, porter des plaids de montagnards.

— C'est assez probable, — c'est assez probable, repartit l'autre citadin en secouant la tête. C'est une honte que les brèches de nos murailles ne soient pas réparées, et que ces coureurs de pays, ces gueux d'Highlanders, puissent venir enlever de leurs lits d'honnêtes bourgeois et d'honnêtes femmes chaque fois que la nuit est assez noire.

— Mais regardez donc, voisins, dit Olivier Proudfute en montrant une main ensanglantée qu'il avait ramassée par terre ; quand est-ce qu'une main comme celle-ci a attaché des brogues [1] de montagnards ? Elle est grande et osseuse, il est vrai, mais aussi belle qu'une main de dame, avec une bague qui reluit comme une chandelle allumée. Ou je me trompe fort, ou Simon Glover a fait des gants pour cette main-là, car il travaille pour tous les courtisans.

Les spectateurs se mirent alors à examiner le gage sanglant, chacun faisant ses commentaires.

— Si c'est là le cas, dit l'un, Harry Smith fera bien de nous montrer une paire de talons, car le justicier regardera difficilement l'envie de protéger la maison d'un bourgeois comme une excuse pour abattre la main d'un gentilhomme. Il y a des lois sévères contre la mutilation.

— Fi, Michel Wabster ! répliqua le bonnetier ; pouvez-vous bien parler ainsi ! Ne sommes-nous pas les représentants et successeurs des anciens Romains, qui bâtirent Perth sur le modèle de leur propre cité autant qu'ils le purent ? et n'avons-nous pas des chartes de tous nos nobles rois et ancêtres, comme étant leurs liges affectionnés ? Et voudrions-nous maintenant renoncer à nos droits, priviléges et immunités, à nos *outfang* et *infang*, à notre *hand-habend*, à notre *back-bearand*, à notre droit de faire composer par une amende pour le sang versé, à nos priviléges de forfaiture et d'intestat, et à nos autres profits, et souffrir que la maison d'un honnête bourgeois soit attaquée sans chercher à la défendre ? Non, braves citadins, marchands et bourgeois ! — le Tay remontera à Dunkeld avant que nous nous soumettions à une telle injustice.

Et comment pourrons-nous l'empêcher ? dit un grave vieillard qui se tenait appuyé sur une épée à deux mains ; — que voudriez-vous que nous fissions ?

— Marry ! bailli Craigdallie, cette question m'étonne de vous plus que de tout autre. Je voudrais vous voir aller comme de véritables hommes d'ici même où nous sommes en présence de Sa Grâce le roi, le tirer de son royal sommeil, lui exposer notre piteux cas, et lui dire comme quoi nous sommes obligés de sortir de nos lits à l'heure qu'il est, n'ayant guère d'autre vêtement que notre chemise ; je voudrais lui montrer ce gage sanglant, et savoir des lèvres royales de Sa Grâce elle-même s'il est juste et honnête que ses affectionnés liges soient ainsi

---

[1] Chaussure des montagnards. (L. V.)

CHAPITRE IV.

traités par les chevaliers et les nobles de sa cour débauchée? Voilà ce ce que j'appellerais soutenir notre cause chaudement.

— Chaudement, dis-tu? répliqua le vieux bourgeois; si chaudement, parbleu, que nous serons tous morts de froid avant que le portier ait donné un tour de clef pour nous admettre en présence du roi.—Allons, mes amis, l'air de la nuit est vif; — nous avons fait notre devoir en hommes de cœur, et notre Joyeux Smith a donné à ceux qui voudraient nous insulter un avertissement qui vaudra vingt proclamations du roi. Demain est un nouveau jour; nous nous consulterons sur tout ceci ici même où nous sommes, et nous aviserons aux moyens à prendre pour découvrir et poursuivre les scélérats. Ainsi donc séparons-nous avant que le froid ne fige le sang dans nos veines.

— Bravo! bravo, voisin Craigdallie! — Vive Saint-Johnston!

Olivier Proudfute aurait encore répliqué; car c'était un de ces impitoyables orateurs qui croient que leur éloquence peut faire oublier tous les inconvénients de temps, de lieu et de circonstances. Mais personne ne voulut l'écouter; et les citadins reprirent chacun le chemin de leur maison, aux premières lueurs de l'aube qui commençaient alors à tracer à l'horizon des sillons lumineux.

Ils étaient à peine partis, que la porte de Simon Glover se rouvrit, et que saisissant Smith par la main, le vieillard le fit entrer.

— Où est le prisonnier? demanda l'armurier.

— Il est parti, — échappé, — enfin, — que sais-je? répondit Glover. Il a gagné la porte de derrière et s'est sauvé par le petit jardin. — Ne pensez plus à lui, et venez voir la Valentine, dont vous avez sauvé ce matin la vie et l'honneur.

— Laissez-moi seulement essuyer mon arme; — laissez-moi seulement me laver les mains.

— Il n'y a pas un instant à perdre; elle est levée et presque habillée. — Viens, Harry. Elle te verra ta bonne arme à la main, et les doigts teints du sang du scélérat, afin qu'elle sache ce que valent les services d'un homme de cœur. Elle m'a trop long-temps fermé la bouche avec ses pruderies et ses scrupules. Je veux qu'elle sache ce que vaut l'amour d'un homme brave, et d'un courageux bourgeois par-dessus le marché.

CHAPITRE V.

> Sur pied, la belle, et tresse tes cheveux; viens respirer l'air rafraîchi par la brise. Debout! quitte ta chambre, la matinée s'avance, et depuis longtemps le freux croasse autour de la tour.
>
> JOANNA BAILLIE.

Tirée de son sommeil par le bruit qui se faisait dans la rue, la Jolie fille de Perth avait écouté avec terreur et respirant à peine le tumulte et les cris qui partaient des environs. Elle s'était jetée à genoux pour implorer l'assistance du Ciel, et lorsqu'elle eut reconnu la voix des voisins et des amis rassemblés pour la protéger, elle resta dans la même attitude pour lui rendre grâces. Elle était encore agenouillée quand son père poussa presque de force son champion Henry Smith dans la chambre; le timide amant s'efforçant de se tenir en arrière, d'abord comme s'il eût craint d'offenser Catherine, puis, en voyant son attitude, par respect pour sa dévotion.

— Père, dit l'armurier, elle prie; — je n'ose pas plus lui parler qu'à un évêque quand il dit la messe.

— Hé bien, fais à ta guise, vaillant et courageux imbécile, repartit le père; et alors s'adressant à sa fille, il ajouta : — La meilleure manière de remercier le Ciel, ma fille, est de montrer notre gratitude envers nos semblables. Voici l'instrument par lequel Dieu t'a garantie de la mort, ou peut-être du déshonneur pire que la mort. Reçois-le, Catherine, comme ton vrai Valentin, et comme celui que je désire voir mon fils affectionné.

— Pas ainsi, mon père, répondit Catherine. — Je ne puis voir — je ne puis parler à personne maintenant. Je ne suis pas ingrate; — peut-être suis-je trop reconnaissante envers l'instrument de notre sûreté : mais laissez-moi remercier l'ange gardien qui m'a envoyé ce secours si à temps, et donnez-moi seulement un moment pour passer ma robe.

— Merci de Dieu! Catherine, il serait dur de te refuser le temps de faire un peu de toilette, car depuis dix jours c'est la première fois que je t'entends dire quelque chose qui annonce la femme. — Véritablement, mon fils Henry, je voudrais que ma fille attendît, pour être tout-à-fait une sainte, qu'elle fût canonisée sous le nom de sainte Catherine seconde.

CHAPITRE V.

— Ne plaisantez pas, père Simon; car je puis jurer qu'elle a déjà un sincère adorateur pour le moins, qui s'est dévoué à elle autant que peut le faire un pêcheur. — Adieu donc pour le moment, belle Catherine, ajouta-t-il en élevant la voix, et que le Ciel t'envoie des rêves aussi paisibles que les pensées de tes journées! Je vais veiller sur ton sommeil, et malheur à celui qui viendra le troubler!

— Bon et brave Henry, répondit Catherine, vous dont l'excellent cœur forme un tel contraste avec votre main si prompte à se lever, ne vous jetez pas cette nuit dans de nouvelles querelles; mais recevez mes tendres remerciements, et avec eux essayez de vous pénétrer des pensées paisibles que vous m'attribuez. Tantôt nous nous verrons pour que je puisse vous assurer de ma gratitude. — Adieu.

— Adieu, dame et lumière de mon cœur! dit l'armurier; et redescendant l'escalier qui conduisait à la chambre de Catherine, il se disposait à regagner la rue, quand Simon Glover le prit par le bras.

— La bagarre de cette nuit sera plus de mon goût que je ne croyais aimer le cliquetis de l'acier, dit-il, si elle ramène ma fille à son bon sens, Harry, et qu'elle lui apprenne ce que tu vaux. Par saint Macgrider [1]! j'aime ces tapageurs, et je suis fâché pour ce pauvre soupirant qui ne tiendra plus de bouclier de la main gauche. Il a perdu là une chose qui lui fera faute toute sa vie, surtout quand il voudra mettre ses gants. — Oui, à l'avenir il ne me paiera plus que moitié pour mes fournitures. — Tu ne feras pas un pas hors de cette maison cette nuit, continua-t-il. Je te garantis, mon fils, que tu ne nous quitteras pas.

— Ce n'est pas mon intention; seulement, avec votre permission, je vais faire le guet dans la rue. L'attaque peut être renouvelée.

— Et dans ce cas-là tu serais mieux à même de la repousser ayant l'avantage de la maison. C'est la manière de combattre qui nous convient le mieux, à nous autres bourgeois, — résister derrière des murailles. Notre service de guet et de garde nous apprend cette tactique-là; d'ailleurs il y a assez de monde éveillé et en mouvement pour nous assurer paix et tranquillité jusqu'au matin. Ainsi viens par ici.

En même temps il conduisait Henry, qui ne s'était pas fait beaucoup prier, dans la salle où ils avaient soupé, et où la vieille Dorothée, qui était sur pied, ayant été réveillée comme les autres par le tumulte nocturne, eut bientôt ranimé le feu.

— Maintenant, mon valeureux fils, reprit Simon, avec quoi veux-tu porter la santé de ton père?

Henry Smith s'était laissé tomber machinalement sur un siége de vieux chêne noir, et maintenant il tenait les yeux fixés sur la flamme qui renvoyait une teinte rougeâtre sur sa mâle physionomie. — *Bon*

---

[1] Un endroit vulgairement appelé Ecclesmagirdie (*Ecclesia Macgirdi*), peu distant de Perth, préserve encore de l'atteinte du Léthé le souvenir de ce vieux saint gaélique. (W. S.)

Henry, — *brave* Henry, marmottait-il à demi dans ses dents ; — ah ! si seulement elle avait dit *cher* Henry !

— Quelles sont ces liqueurs-là ? dit le vieux Glover en riant. Il ne s'en trouve pas dans ma cave ; mais si on peut les remplacer par du canarie, ou par du vin du Rhin, ou du vin de Gascogne, tu n'as qu'à dire un mot, et le flacon mousse, — voilà tout.

— Ses *tendres* remerciements, continua l'armurier, poursuivant le cours de ses réflexions ; c'est plus qu'elle ne m'en avait jamais dit. — Ses *tendres* remerciements : — à quoi cela ne peut-il pas s'étendre !

— Ça s'étendra comme de la peau de chevreau, Harry, si tu veux seulement te laisser conduire, et dire ce que tu préfères pour ton coup du matin.

— Tout ce que vous voudrez, père Simon, répondit l'armurier d'un ton insouciant ; — et il retomba dans son analyse de ce que lui avait dit Catherine. — Elle a parlé de mon excellent cœur ; mais elle a aussi parlé de ma main qui se lève facilement. Que pourrai-je donc bien faire pour me guérir de cette démangeaison de me battre ? Certainement j'aurais mieux fait de m'abattre la main droite et de la clouer à la porte d'une église, afin qu'elle ne m'attire plus de reproches.

— Vous avez coupé assez de mains pour une nuit, lui dit son ami en posant un flacon de vin sur la table. Pourquoi te tourmenter, mon cher Harry ? Elle t'aimerait deux fois autant qu'elle t'aime, si elle ne voyait pas combien tu raffoles d'elle. Mais cela devient sérieux, maintenant. Je ne veux pas courir le risque de voir ma boutique enfoncée et ma maison pillée par ces enragés *jackmen* des nobles, parce qu'on l'appelle la Jolie Fille de Perth, s'il vous plaît. Non ; elle saura que je suis son père, et que je veux avoir d'elle l'obéissance à laquelle la loi et l'évangile me donnent droit. Je veux qu'elle soit ta femme, Henry, mon cœur d'or, — ta femme, mon courageux Harry, et cela avant que bien des semaines se passent. — Allons, allons, à tes heureuses noces, mon joyeux Smith !

Le père vida un large gobelet, puis il le remplit pour son fils d'adoption, qui le porta lentement à ses lèvres ; mais avant qu'elles ne l'eussent touché, Henry replaça tout-à-coup le verre sur la table en secouant la tête.

— Si tu ne veux pas me faire raison à une pareille santé, Henry, je ne sache personne qui le voudra. Que veux-tu donc, fou que tu es ? Voici une chose qui arrive qui la met en quelque sorte en ton pouvoir, puisque d'un bout de la ville à l'autre tout le monde crierait fi sur elle si elle te disait non. Moi qui suis son père, non seulement je consens à tailler le mariage, mais encore je veux vous voir tous les deux aussi étroitement unis que jamais aiguille a cousu peau de daim. Et avec tout cela de ton côté, fortune, père et tout, tu as l'air de l'amant désespéré d'une ballade, plus disposé à se jeter dans le Tay qu'à courtiser une fille que tu peux avoir rien que pour la peine de la demander, si seulement tu sais choisir le bon moment.

— Oui, mais c'est cet heureux moment, père Simon ! Je doute fort que jamais Catherine ait à donner à la terre et à ceux qui l'habitent un regard qui la dispose à écouter un rustre ignorant et grossier tel que moi. Je ne saurais dire comment cela se fait, père Simon : ailleurs je puis porter la tête aussi haut qu'un autre ; mais avec votre fille je perds cœur et courage, et je ne puis m'empêcher de penser que ce serait presque voler une sainte châsse si je pouvais réussir à surprendre ses affections. Ses pensées sont trop faites pour le Ciel pour descendre sur un être tel que moi.

— Comme il vous plaira, Henry, repartit Glover. Ma fille ne vous courtise pas plus que je ne vous courtise, — et une belle offre n'est pas cause de querelle ; — seulement si vous avez cru que je donnerai dans ses folles idées de couvent, mettez-vous en tête que je n'y prêterai jamais l'oreille. — J'aime et honore l'Église, continua-t-il en se signant. Je paie exactement et avec joie ce que je lui dois : dîmes et aumônes, vin et cire, je paie tout cela aussi exactement que peut les payer quelque bourgeois de Perth que ce soit qui ait mes moyens ; mais je ne puis donner à l'Église la seule et unique brebis que j'aie au monde. Sa mère m'a été chère ici-bas, et c'est maintenant un ange au Ciel. Catherine est tout ce qui me reste pour me rappeler ce que j'ai perdu, et si elle entre au couvent, ce sera quand mes vieux yeux seront fermés pour jamais, et non plus tôt. — Mais quant à vous, ami Gow, je vous prie bien d'en agir tout-à-fait à votre idée. Je n'ai pas besoin de vous donner une femme de force, je vous promets.

— Allons, voilà maintenant que vous battez le fer à deux fois, dit Henry. C'est ainsi que nous finissons toujours, père Simon ; vous prenez toujours de l'humeur contre moi de ce que je ne fais pas ce qui me rendrait plus heureux que toute autre chose au monde, si c'était en mon pouvoir. Eh ! mon père, je veux qu'on m'enfonce dans le cœur à présent même le poignard le plus acéré que j'aie jamais forgé, si j'y ai une seule goutte de sang qui n'appartienne pas plus à votre fille qu'à moi. Mais que puis-je faire ? Je ne puis penser moins d'elle, ou plus de moi-même, que nous ne le méritons tous les deux ; et ce qui vous paraît si facile et si certain est pour moi aussi difficile que de fabriquer un haubert d'acier avec de la filasse. — Mais à votre santé, père Simon, ajouta-t-il d'un ton plus enjoué, et à la santé de ma jolie sainte Valentine, comme j'espère que votre Catherine sera la mienne pour l'année. Et ne me laissez pas plus long-temps votre vieille tête hors du traversin. Retournez faire connaissance avec votre lit de plumes jusqu'au jour ; et alors il faudra que vous me conduisiez vers votre fille jusqu'à la porte de sa chambre, et que vous m'excusiez près d'elle d'entrer lui souhaiter le bonjour, et je serai l'homme le plus heureux que le soleil aura éveillé dans la ville ou à je ne sais combien de milles à la ronde.

— Ce n'est pas un mauvais avis, mon fils, repartit l'honnête Glover. Mais qu'allez-vous faire ? voulez-vous vous coucher près de moi, ou prendre une part du lit de Conachar ?

— Ni l'un ni l'autre. Je ne ferais que vous empêcher de reposer, et pour moi ce fauteuil vaut un lit de duvet ; j'y dormirai comme une sentinelle, tout armé.

En même temps il posait la main sur la garde de son coutelas.

— Fasse le Ciel que nous n'ayons plus besoin d'armes ! reprit Simon. — Bonne nuit, ou plutôt bonjour, jusqu'à ce que le soleil se montre ; — le premier qui s'éveillera appellera l'autre.

Les deux bourgeois se séparèrent ainsi. Glover fut se mettre au lit, où on peut supposer qu'il trouva le repos. L'amant ne fut pas si heureux. Son corps supportait aisément la fatigue qu'il avait éprouvée dans le cours de la nuit ; mais son esprit était d'une trempe différente et plus délicate. Sous un certain point de vue Henry Smith n'était que le robuste bourgeois de son époque, également fier de son habileté à fabriquer des armes et de son adresse à les manier ; sa jalousie contre les rivaux qu'il pouvait avoir dans sa profession, sa force physique et son habileté dans le maniement des armes l'avaient entraîné dans nombre de querelles, qui l'avaient rendu un objet de crainte pour tous et d'aversion pour quelques uns. Mais à ces qualités s'unissaient le bon naturel et la simplicité d'un enfant, et en même temps une imagination et un caractère enthousiaste qui semblaient peu en rapport avec ses travaux à la forge et ses combats sur le terrain. Peut-être un peu de légèreté et d'ardeur qu'il avait puisées dans les vieilles ballades, ou dans les romans en vers qui étaient son unique source d'instruction et de connaissances, l'avaient-elles poussé à quelques uns de ses hauts faits, qui souvent avaient une sorte de teinte chevaleresque ; du moins il est certain que dans son amour pour la belle Catherine il y avait une délicatesse que n'aurait pas désavouée le chevalier de bas degré qui fut honoré, si la chanson dit vrai, des sourires de la fille du roi de Hongrie. Ses sentiments pour elle étaient certainement aussi exaltés que si réellement ils avaient eu un ange pour objet, ce qui faisait penser au vieux Simon, et à d'autres qui observaient sa conduite, que sa passion avait un caractère de dévotion trop élevée pour réussir près d'une jeune fille pétrie du même limon que les autres mortels. Ils se trompaient, toutefois. Catherine, toute retenue et toute réservée qu'elle était, avait un cœur susceptible de sentir et de comprendre la nature et la profondeur de la passion de l'armurier ; et qu'elle pût ou non y répondre, elle était en secret aussi fière de l'attachement du redoutable Henry Gow, qu'une héroïne de roman peut être supposée l'être en compagnie d'un lion apprivoisé, qui la suit pour la protéger et la défendre. Ce fut avec des sentiments de la plus sincère gratitude qu'elle se rappela, en s'éveillant au petit jour, les services que Henry lui avait rendus dans le cours de cette nuit si remplie d'événements, et la première pensée à laquelle elle s'arrêta fut de songer aux moyens de lui faire connaître les sentiments dont elle était animée.

Elle se leva à la hâte, à demi rougissant de son projet. — J'ai été froide pour lui, et peut-être injuste, se dit-elle ; je ne serai point ingrate, quoique je ne puisse répondre à sa recherche. Je n'attendrai pas que mon père m'oblige à le recevoir comme mon Valentin pour l'année ; je vais aller le chercher, et je le choisirai moi-même. D'autres filles m'ont paru hardies quand elles faisaient quelque chose comme cela ; mais c'est le meilleur moyen d'être agréable à mon père, et je ne fais que m'acquitter des rites dus au bon saint Valentin en montrant ma gratitude à cet homme courageux.

Mettant à la hâte ses vêtements, où il resta néanmoins un peu plus en désordre qu'il ne lui était habituel, elle descendit rapidement l'escalier et ouvrit la porte de la salle où elle présumait que son amant devait avoir passé les heures qui s'étaient écoulées depuis la scène de la nuit. Catherine s'arrêta au seuil, à demi incertaine si elle oserait exécuter son projet ; car l'usage non seulement permettait, mais il prescrivait même aux Valentins de l'année de commencer leurs rapports par un baiser d'affection. Et l'on regardait comme un présage particulièrement favorable que l'un des deux trouvât l'autre endormi, et qu'il l'éveillât en accomplissant cette intéressante cérémonie.

Jamais plus belle opportunité ne s'était offerte pour commencer ce lien mystique, que celle qui se présentait en ce moment à Catherine. Après de nombreuses pensées de diverses sortes, le brave armurier avait enfin cédé au sommeil dans le fauteuil où il s'était établi. Ses traits, dans le repos, avaient une expression plus ferme et plus mâle que Catherine ne l'aurait pensé, car ne les ayant généralement vus qu'agités par la timidité et la crainte de lui déplaire, elle s'était habituée à y attacher une certaine idée d'infériorité intellectuelle.

— Il a l'air bien sévère, se dit-elle ; s'il allait se fâcher ? — Et puis, quand il va s'éveiller ?.... nous sommes seuls ; — si j'appelais Dorothée, — si j'éveillais mon père ? — Mais non ! c'est une chose d'usage, qui se fait en tout honneur, et en toute amitié de jeune fille et de sœur. Je ne supposerai pas que Henry puisse s'y méprendre, et je ne souffrirai pas qu'une timidité puérile endorme ma reconnaissance.

A ces mots elle s'avança dans la salle sur la pointe du pied, bien qu'hésitant encore, et les joues couvertes d'une vive rougeur à la pensée de ce qu'elle allait faire ; et se glissant jusqu'auprès de la chaise du dormeur, elle déposa sur ses lèvres un baiser aussi léger que si une feuille de rose y fût tombée. Il devait être bien léger aussi le sommeil qu'un semblable attouchement put interrompre, et il fallait que le rêve du dormeur eût quelque rapport avec l'interruption, car Henry, se redressant soudainement, saisit la jeune fille entre ses bras, et dans son ravissement essaya de lui rendre le baiser qui l'avait réveillé. Mais Catherine lutta pour se défendre; et comme ses efforts semblaient annoncer la modestie alarmée plutôt qu'une simple réserve virginale, son timide amant la laissa échapper à une étreinte dont sa force seule, eût-elle été vingt fois plus grande, ne l'aurait pas dégagée.

— Ne vous fâchez pas, mon bon Henry, dit Catherine du ton le plus affectueux à son amant surpris. Je paie mon vœu à saint Valentin, pour montrer combien j'apprécie le compagnon qu'il m'a envoyé pour l'année. Attendez seulement que mon père soit présent, et je n'oserai pas refuser la revanche que vous pouvez réclamer pour un sommeil interrompu.

— Qu'à cela ne tienne! s'écria le vieux Glover en entrant dans la salle d'un air enchanté. — Prends-la, Smith, — prends-la; — bats le fer pendant qu'il est chaud, et apprends-lui ce que c'est que d'éveiller le chat qui dort.

Ainsi encouragé, et peut-être, toutefois, avec une vivacité moins alarmante, Henry saisit de nouveau la jeune fille dans ses bras, et Catherine se soumit en rougissant, mais d'assez bonne grâce, à recevoir une douzaine de baisers en échange du sien, baisers appliqués avec une tout autre énergie que celui qui avait provoqué de si sévères représailles. Enfin elle se dégagea une seconde fois des bras de son amant; et comme effrayée et repentante de ce qu'elle avait fait, elle se jeta sur une chaise et se couvrit le visage de ses deux mains.

— Lève la tête, petite sotte, lui dit son père, et ne sois pas honteuse de nous avoir rendus les deux plus heureux hommes de Perth, puisque ton vieux père est un des deux. Jamais baiser ne fut si bien donné, et il était juste qu'il fût convenablement rendu. Lève les yeux, ma chérie! lève les yeux, et laisse-moi seulement te voir sourire. Sur ma parole, le soleil qui se lève en ce moment sur notre bonne ville n'éclaire rien qui puisse me faire un aussi grand plaisir. — Hé quoi, continua-t-il d'un ton enjoué, pensais-tu avoir l'anneau de Jennie Keddie [1], et pouvoir te rendre invisible? — tu te trompais, ma fée de l'aube. Précisément comme j'étais en train de me lever, j'ai entendu la porte de ta chambre s'ouvrir, et j'ai descendu l'escalier après toi; — non pour te protéger contre cet endormi d'Henry, mais pour avoir le plaisir de voir de mes propres yeux ma bien-aimée fille faire ce que son père souhaitait le plus. — Allons, baisse ces sottes mains; et quand même tu rougirais un peu, ce n'en aura que meilleure grâce un matin de

---

[1] Il existe une tradition qu'un certain Keddie, tailleur de son métier, trouva jadis dans une caverne de la pittoresque colline de Kinnoul, voisine de Perth, un anneau possédant les propriétés de celui de Gigès. (W. S.)

la Saint-Valentin, où la rougeur sied bien aux joues d'une jeune fille.

Tout en parlant, il écartait avec une douce violence les mains qui cachaient la figure de sa fille. Il est vrai que les joues de Catherine étaient couvertes d'une vive rougeur ; mais il y avait dans sa physionomie plus qu'une honte de jeune fille, car ses yeux étaient pleins de larmes.

— Quoi! tu pleures, Catherine? continua son père ; — allons, allons, c'est plus qu'il ne faut. — Henry, aide-moi à consoler cette petite fille.

Catherine fit un effort pour se remettre et pour sourire, mais ce sourire avait quelque chose de sérieux et de mélancolique.

— J'ai seulement à vous dire, mon père, dit la Jolie Fille de Perth avec un nouvel effort, qu'en choisissant Henry Gow pour mon Valentin, et en faisant ce que j'ai fait ce matin selon l'usage habituel, je n'ai eu d'autre intention que de lui montrer ma reconnaissance du service que nous a rendu son courage, et à vous, mon père, de vous montrer mon obéissance. — Mais ne le portez pas à croire — et vous, mon père, oh! n'en nourrissez pas l'idée — que je veuille faire plus que ce qu'exige de moi la promesse d'être pendant l'année sa fidèle et affectionnée Valentine.

— Oui, — oui, — oui, — nous comprenons tout cela, dit Simon du ton que prend une nourrice pour consoler un enfant ; — nous comprenons ce que cela veut dire. Assez pour une fois, — assez pour une fois. On ne t'effraiera pas plus qu'on ne te pressera. — Vous êtes d'affectionnés, de vrais et fidèles Valentins, et le reste selon que le Ciel et l'occasion le permettront. Allons, finis, je t'en prie ; — ne tords pas tes petites mains, et ne crains pas d'autre persécution maintenant. Tu as bravement, parfaitement agi ; — à présent va faire lever cette vieille paresseuse de Dorothée. Il nous faut un déjeuner solide, après une nuit de confusion et une matinée de joie, et ton secours sera nécessaire pour nous préparer quelqu'un de ces gâteaux délicats que personne ne sait faire que toi ; — ce qui n'est pas étonnant, sachant de qui tu tiens le secret. — Ah! que l'âme de ta bonne mère repose en paix! ajouta-t-il avec un soupir ; quelle joie elle aurait eue de voir cette heureuse matinée de la Saint-Valentin!

Catherine saisit pour s'échapper l'occasion qui lui était ainsi donnée, et se glissa hors de la salle. Pour Henry ce fut comme si le soleil eût disparu du ciel en plein midi, et eût laissé le monde dans une soudaine obscurité. L'espoir enivrant dont le dernier incident l'avait rempli commença lui-même à s'affaiblir, quand il réfléchit au changement de ses manières, — aux larmes qu'il avait vues dans ses yeux, — à la crainte évidente qui se peignait dans ses traits, — aux peines qu'elle avait prises pour montrer, aussi clairement que la délicatesse le permettait, que les avances qu'elle lui avait faites étaient limitées au caractère dont les usages du jour l'avaient investi. Simon Glover vit l'air abattu de Smith avec surprise et mécontentement.

— Au nom du bon saint John, dit-il, qu'est-ce qu'il vous est donc arrivé qui vous donne l'air grave comme un hibou, quand un garçon alerte comme vous, ayant réellement pour cette pauvre petite les sentiments que vous prétendez avoir, devrait être gai comme une alouette?

— Hélas! père Simon, répondit l'amant découragé, il y a quelque chose d'écrit sur son front qui dit qu'elle m'aime assez pour être ma Valentine, surtout vous le désirant, — mais pas assez pour être ma femme.

— Pes te soit du nigaud transi et sans cœur! répliqua le père. Je sais lire sur le front d'une femme aussi bien et mieux que toi, et je ne vois rien de tel sur le sien. Que diable, mon cher! tu étais là étendu comme un lord dans ton fauteuil, dormant comme un juge à l'audience, quand tu aurais dû, si tu avais été un amant quelque peu chaud, épier le premier rayon du soleil à l'orient. Mais tu te prélassais là, ronflant, j'en réponds, et ne pensant ni à elle ni à rien autre; et la pauvre fille se lève à la pointe du jour, de peur que quelque autre ne lui enlève son précieux et vigilant Valentin, et elle vient t'éveiller par un baiser qui — saint Macgrider me soit en aide! — aurait donné la vie à une enclume; et toi tu t'éveilles pour geindre, languir et gémir, comme si elle t'avait passé un fer chaud sur les lèvres! Plût à saint John qu'elle t'eût envoyé la vieille Dorothée à sa place, et qu'elle t'eût attaché pour ton service de Valentin à ce paquet d'os secs, qui n'a plus une dent dans la bouche! Ce serait la meilleure Valentine qu'on pût trouver dans Perth pour un pareil amoureux sans cœur.

— Quant à être sans cœur, père Simon, il y a une vingtaine de bons coqs dont j'ai rabattu la crête qui peuvent dire si j'ai du cœur ou non. Et Dieu sait que je donnerais le terrain que j'occupe par tenure de bourgeoisie, avec la forge, le soufflet, les tisonniers, l'enclume et tout, pour que votre manière de voir les choses fût la vraie. Mais ce n'est pas de sa réserve ni de sa rougeur que je parle; je parle de la pâleur qui a sitôt suivi sa rougeur et qui l'a chassée de ses joues; je parle des larmes qui sont venues après. C'était comme une pluie d'avril obscurcissant la plus belle matinée qui ait jamais lui sur le Tay.

— Ta, ta, ta! ni Rome ni Perth n'ont été bâties en un jour. Tu as pêché le saumon mille fois : ça aurait pu te donner une leçon. Quand le poisson a mordu à l'hameçon, si on tire la ligne trop brusquement, c'est le moyen de la briser, serait-elle de fil d'archal. Lâche la main, laisse-le revenir sur l'eau, prends ton temps, et en une demi-heure tu le tiens sur la grève. — Il y a un commencement, un commencement aussi beau que tu pouvais le désirer, à moins que tu ne t'attendes à ce que la pauvre fille aille te trouver à ton chevet comme elle est venue à ton fauteuil; et ce n'est pas l'habitude des jeunes filles modestes. Mais écoute-moi bien; après déjeuner, j'aurai soin que tu aies l'occasion de lui dire ta façon de penser; seulement, prends garde d'être trop timide, aussi bien que de la trop presser. Donne-lui de la ligne suffisamment, mais pas trop; et je gage ma vie contre la tienne que tu réussiras.

— Que je fasse ce que je voudrai, père Simon, vous rejetez toujours le blâme sur moi, soit que je lâche trop la main, soit que je serre trop la ligne. Je donnerais le meilleur haubergeon que j'aie jamais fabriqué pour qu'effectivement la difficulté vînt de moi, car il y aurait alors plus de chance de la surmonter. Je conviens, au surplus, que je ne suis qu'un âne quant à ce qui est d'entamer la conversation sur un pareil sujet.

— Viens dans la boutique avec moi, mon fils, et je te fournirai un thème convenable. Tu sais que la jeune fille qui s'aventure à embrasser un homme endormi a droit de sa part à une paire de gants. Viens à ma boutique; je vais t'en donner une paire en fine peau de chevreau, qui ira exactement à sa main et à son bras. — Je pensais à sa pauvre mère en les taillant, ajouta l'honnête Simon avec un soupir; et à l'exception de Catherine, je ne connais pas de femme en Écosse à qui ils iraient, quoique j'aie pris la mesure à une bonne partie des premières beautés de la cour. Viens avec moi, te dis-je, et tu vas avoir un thème pour donner du champ à ta langue, pourvu que le courage et la prudence ne te manquent pas en faisant ta cour.

CHAPITRE VI.

> Jamais Catherine ne donnera sa main à homme qui vive. *La Mégère domptée.*

Le déjeuner fut servi, et les gâteaux minces et légers, faits de fleur de farine et de miel suivant la recette de famille, ne reçurent pas seulement les éloges que devait leur attirer la partialité d'un père et d'un amant, mais encore on leur rendit libéralement justice de la manière qui prouve le plus en faveur des gâteaux aussi bien que du poudding. On causa, on rit, on plaisanta. Catherine, elle aussi, avait retrouvé son calme d'esprit là où les dames et les demoiselles de l'époque étaient sujettes à perdre le leur, — à la cuisine, et dans la surveillance des affaires du ménage, qu'elle entendait à merveille. Je doute fort qu'une longue lecture de Sénèque eût eu pour elle la même efficacité.

La vieille Dorothée s'assit au bas bout de la table, selon l'usage de ce temps de simplicité. Les deux hommes prenaient un tel plaisir à leur propre conversation, — et Catherine était tellement occupée ou d'eux ou de ses propres réflexions, — que la vieille fut la première qui remarqua l'absence de Conachar.

— C'est vrai, dit maître Glover; va l'appeler, ce fainéant d'Higlander. On ne l'a pas vu non plus la nuit dernière durant la bagarre, du moins moi je ne l'ai pas vu. Quelqu'un de vous l'a-t-il aperçu?

La réponse fut négative, et Henry ajouta une observation.

— Il y a des moments, dit-il, où les Highlanders savent se tenir coi comme leurs daims, — oui, et se sauver du danger tout aussi vite. C'est ce que je les ai vus faire moi-même, quant à cela.

— Et il y a d'autres moments, répliqua Simon, où le roi Arthur et sa Table-Ronde ne pourraient pas tenir contre eux. Je voudrais, Henry, vous entendre parler avec moins de mépris des Highlanders. Ils sont souvent à Perth, seuls ou en nombre; et vous devriez rester en paix avec eux tant qu'ils resteront en paix avec vous.

Une réponse provoquante vint aux lèvres de Henry; mais prudemment il la garda pour lui.

— Eh! vous savez, père Simon, dit-il en souriant, que nous autres gens de métier, ceux que nous aimons le mieux sont ceux qui nous font vivre; or, mon industrie me met en rapport avec de braves et nobles chevaliers, avec des écuyers et des pages, avec de vaillants hommes d'armes, et autres qui portent les armes que nous fabriquons. Il est naturel que je préfère les Ruthven, les Lindsay, les Ogilvy, les Oliphaunt, et tant d'autres de nos braves et nobles voisins, qui sont couverts d'acier de ma façon comme autant de paladins, à ces maraudeurs de montagnards qui vont nus et qui sont toujours à nous nuire, d'autant plus qu'il n'y en a pas cinq dans chaque clan qui aient une cotte de mailles rouillée aussi vieille que leur *brattach* [1]; et encore est-ce l'ouvrage d'un ignorant forgeron de clan, qui n'est pas membre de notre honorable corporation, mais qui simplement travaille à l'enclume où son père a travaillé avant lui. Je dis que de telles gens ne sauraient être bien vus d'un honnête artisan.

— Bon, bon, repartit Simon ; assez là-dessus pour le moment, je te prie, car voici venir notre lambin. Et quoique ce soit aujourd'hui fête, je ne veux plus de poudding au sang.

Le jeune homme entrait en effet. Ses traits étaient pâles, ses yeux rouges, et il y avait dans toute sa personne quelque chose d'égaré. Il s'assit au bas bout de la table à l'opposé de Dorothée, et fit le signe de la croix comme s'il se fût disposé à déjeuner. Comme il ne mettait rien sur son assiette, Catherine lui présenta un plat contenant quelques uns des gâteaux qui avaient rencontré une approbation si générale. D'abord il la refusa d'un ton assez bourru ; mais comme elle réitéra son offre avec un sourire plein de bonté, il prit un gâteau, le rompit et en porta un morceau à sa bouche. Toutefois l'effort qu'il fit pour l'avaler parut lui être si pénible, que bien qu'il eût réussi il ne le répéta pas.

— Vous avez mauvais appétit pour un jour de Saint-Valentin, Conachar, lui dit son maître d'un ton de bonne humeur ; et pourtant je pense que vous devez avoir bien dormi cette nuit, car je suppose que vous n'avez pas été réveillé par le bruit de la bagarre. Je croyais, parbleu, qu'un alerte Glun-Amie aurait été près de son maître, dirk en main, au premier bruit de danger qui se serait annoncé à un mille de nous.

— Je n'ai entendu qu'un bruit confus, répondit le jeune homme, dont les joues devinrent subitement aussi ardentes qu'un charbon enflammé, et j'ai cru que c'étaient des gens qui s'amusaient ; et vous me recommandez d'habitude de n'ouvrir ni porte ni fenêtre, et de ne pas alarmer la maison, à propos de folies de ce genre-là.

— Bien, bien ; j'aurais pensé qu'un Highlander aurait mieux su distinguer le cliquetis des épées et le cri de guerre du son des harpes et des cris de joie. Mais laissons cela, mon garçon ; je suis charmé que tu perdes tes façons querelleuses. Au surplus, déjeune, car j'ai à te donner de la besogne pressée.

— J'ai déjà déjeuné, et je suis pressé moi-même. Je pars pour les montagnes. — Avez-vous quelque chose à faire dire à mon père ?

[1] Étendart.

— Rien, répondit Glover avec quelque surprise. Mais as-tu perdu l'esprit, jeune homme? ou quelle fantaisie te fait ainsi quitter la ville comme un coup de vent?

— J'ai été averti à l'improviste, dit Conachar; et en parlant il semblait articuler difficilement. — Mais cette difficulté provenait-elle de l'hésitation inséparable de l'usage d'un idiome qui nous est étranger, ou de quelque autre cause, c'est ce qu'on n'aurait pu distinguer aisément. — Il doit y avoir une réunion, — une grande chasse.... Ici il s'arrêta.

— Et quand devez-vous revenir de cette bienheureuse chasse? reprit son maître; — si pourtant ce n'est pas être trop hardi que de le demander.

— Je ne puis le dire précisément, repartit l'apprenti. — Peut-être jamais, si telle est la volonté de mon père, continua Conachar avec une indifférence affectée.

— Je pensais qu'il ne serait plus question de tout cela, reprit Simon Glover d'un ton sérieux, quand je consentis, sur de vives instances, à vous prendre dans ma maison. Je pensais qu'une fois que je me serais chargé, ce qui me répugnait fort, de vous apprendre un honnête métier, nous n'entendrions plus parler de chasses, de rassemblements de clans, ni de rien autre du même genre.

— On ne me consulta pas quand on m'envoya ici, repartit Conachar avec hauteur. Je ne puis dire quelles furent les conditions.

— Mais moi je puis vous dire, sire Conachar, répliqua Simon Glover d'un ton irrité, que ce n'est pas une manière d'agir qui convienne à des honnêtes gens de s'engager auprès d'un honnête artisan, de lui gâter plus de peaux que ne vaut la vôtre, et puis, quand vous êtes d'âge à rendre quelque service, de disposer de votre temps à votre volonté, comme si c'était votre propriété et non celle de votre maître.

— Réglez cela avec mon père; il vous paiera amplement, — un mouton de France [1] pour chaque peau que j'ai gâtée, et une vache ou un bouvillon gras pour chaque jour où j'ai été absent.

— Terminez avec lui, ami Glover, — terminez avec lui, dit l'armurier sèchement. Vous serez au moins amplement dédommagé, sinon honnêtement. Il me semble que je voudrais bien savoir combien il y a eu de bourses de vidées pour emplir le sporran [2] de peau de chèvre qui doit être si libéral de son or avec vous, et dans quels pâturages ont été vélés les bouvillons qui doivent vous être envoyés des monts Grampians.

— Vous me rappelez, l'ami, repartit le jeune Highlander en se tour-

---

[1] *Mouton*, pièce d'or française, ainsi nommée parce qu'elle portait l'empreinte d'un agneau. (W. S.)

[2] La poche highlandaise, qui généralement est de peau de chèvre et qui se porte par devant, est nommée en gaélic un *sporran*. Le *sporran-moullach* est une poche de peau de chèvre ou de quelque autre animal non tannée, le côté du poil en dehors. (W. S.)

nant d'un air de hauteur vers le forgeron, que j'ai aussi un compte à regler avec vous.

— En ce cas, tenez-vous à longueur de bras, dit Henry en étendant son bras nerveux, — je ne veux plus que nous nous embrassions de près, — je ne veux plus de besogne à coups d'épingle comme cette nuit. Je me soucie peu d'un aiguillon de guêpe ; pourtant je ne laisserai pas l'insecte m'approcher si j'entends son bourdonnement.

Conachar sourit d'un air méprisant. — Je ne veux pas te faire de mal, dit-il. Le fils de mon père ne t'a déjà fait que trop d'honneur en faisant couler le sang d'un manant comme toi. Je te le paierai jusqu'à la dernière goutte, pour qu'il se sèche et ne me salisse pas les doigts plus long-temps.

— Paix, singe fanfaron ! s'écria Smith ; le sang d'un homme de cœur ne peut s'estimer en or. La seule réparation serait que tu descendisses à un mille dans les Basses-Terres avec un ou deux des plus vigoureux de ton clan ; et pendant que j'aurais affaire à eux, je laisserais le soin de te corriger à mon apprenti le petit Jenkin.

Ici Catherine s'interposa. — Paix, dit-elle, mon fidèle Valentin, à qui j'ai droit de commander ; et vous aussi, Conachar, qui devez m'obéir comme fille de votre maître. Il est mal de réveiller le matin la querelle qui s'est assoupie le soir.

— Adieu donc, maître, reprit Conachar, après un autre regard de mépris jeté au forgeron, qui n'y répondit que par un éclat de rire. Adieu ! et je vous remercie de vos bontés qui ont été plus que je ne méritais. Si j'ai parfois paru n'en pas être assez reconnaissant, c'était la faute des circonstances et non de ma volonté. Catherine... Il jeta sur la jeune fille un regard où se peignait une vive émotion, produite par des sentiments de nature diverse. Il hésita, comme pour dire quelque chose ; puis il se détourna en prononçant le seul mot *adieu*. Cinq minutes après, les pieds chaussés de brodequins highlandais et un petit paquet à la main, il passait sous la porte nord de Perth, et dirigeait sa marche vers les montagnes.

— Le voilà parti aussi fier et aussi gueux que tout un clan highlandais, dit Henry. Il parle aussi familièrement de pièces d'or que je parlerais de pennies d'argent ; et pourtant je jurerais que le trésor de tout le clan tiendrait dans le pouce du gant de laine de sa mère.

— C'est assez probable, dit Simon Glover, riant de cette idée ; sa mère était une femme largement charpentée, surtout des doigts et du poignet.

— Et quant au bétail, continua Henry, je suppose que son père et ses frères volent les moutons un à un.

— Moins nous parlerons d'eux, mieux ça vaudra, repartit Simon Glover en reprenant un air grave. Des frères, il n'en a pas ; son père est un homme puissant, — il a les bras longs, — il atteint aussi loin qu'il peut, et il entend aussi d'assez loin pour que ce soit inutile de parler de lui.

— Ce qui n'empêche pas qu'il ait mis son fils unique en apprentissage chez un gantier de Perth. J'aurais pensé que ce qu'on appelle le noble métier de saint Crépin lui eût mieux convenu, et que si le fils de quelque grand homme en Mac ou en O' devait devenir un artisan, ce ne pourrait être que dans la partie où des princes lui ont donné l'exemple.

Cette remarque, quoique ironique, parut éveiller en notre ami Simon le sentiment de dignité de sa profession, sentiment dominant chez les artisans d'alors.

— Vous vous trompez, mon fils Henry, répliqua-t-il avec beaucoup de gravité; des deux corporations celle des gantiers est la plus honorable, à raison de ce qu'ils travaillent pour les mains, au lieu que les savetiers et les cordonniers ne travaillent que pour les pieds [1].

— Deux membres également nécessaires au corps, dit Henry, dont le père avait été cordonnier.

— Cela peut être, mon fils, mais non pas également honorables. Songez que nous employons les mains comme gage d'amitié et de bonne foi, et que les pieds n'ont pas un semblable privilége. Les braves combattent de leurs mains;—les lâches emploient leurs pieds à fuir. Un gant se porte haut, un soulier s'enfonce dans la boue;— on accoste un ami la main ouverte, on repousse du pied un chien, ou un homme que l'on tient pour aussi vil qu'un chien. Un gant sur la pointe d'une lance est un signe et un gage de foi par le monde entier, de même qu'un gantelet jeté à terre est un gage de bataille entre chevaliers; au lieu que je ne connais aucun emblème appartenant à un vieux soulier, sauf que quelques vieilles femmes le lanceront après un homme pour lui porter bonheur; pratique à laquelle j'avoue n'avoir aucune confiance.

— Oh! fit Henry Smith, qu'amusait l'éloquent plaidoyer de son ami pour la dignité de sa profession, ce n'est pas moi, je vous le garantis, qui déprécierai le métier de gantier. Songez que moi-même je fais des gantelets. Mais la dignité de votre ancien métier ne m'empêche pas d'être étonné que le père de ce Conachar ait laissé son fils apprendre un métier quelconque d'un artisan des Basses-Terres, nous regardant comme ils font tout-à-fait au-dessous de leur magnifique noblesse, et comme une race de méprisables souffre-douleurs, indigne de tout autre sort que d'être maltraitée et pillée aussi souvent que ces Dunniwassals, à jambes nues croient pouvoir le faire avec sécurité et sans inconvénient.

— D'accord; mais il y avait de puissantes raisons pour..... pour.....

---

[1] Note G, fin du volume.

[2] Titre highlandais à peu près équivalent à celui de *gentleman* dans les Basses-Terres. Nous renverrons le lecteur à une des notes de *Waverley* à ce sujet. (L. V.)

CHAPITRE VI.

Il retint quelque chose qu'il semblait avoir sur le bout des lèvres, et reprit : — pour que le père de Conachar fît ce qu'il a fait. — Au surplus, j'ai loyalement agi avec lui ; et je ne doute pas qu'il n'agisse honorablement avec moi. — Mais le départ subit de Conachar me laisse dans un certain embarras. Il y a des choses dont il était chargé. Il faut que j'aille jeter un coup d'œil à la boutique.

— Puis-je vous aider, père Simon ? dit Henry Gow, trompé par le ton sérieux avec lequel il avait parlé.

— Vous ? non, — répondit Simon avec une sécheresse qui fit si bien sentir à Henry la maladresse de son offre, qu'il rougit jusqu'aux yeux de son défaut d'intelligence dans une chose où l'amour aurait dû lui faire aisément sentir l'intention secrète du père de Catherine. — Vous, Catherine, reprit Glover en quittant la salle, tâchez de distraire votre Valentin pendant cinq minutes, et ayez soin qu'il ne parte pas avant mon retour. — Allons, Dorothée, remue tes vieux membres, et viens avec moi.

Il quitta la salle, suivi de la vieille, et Henry resta seul avec Catherine, à peu près pour la première fois de sa vie. Pendant une minute environ il y eut de l'embarras chez la jeune fille et de la gaucherie chez l'amant ; enfin, appelant à lui tout son courage, Henry tira de sa poche les gants que Simon lui avait remis, et la pria de permettre à celui qui ce matin-là avait reçu une si haute faveur de payer l'amende habituelle pour avoir été endormi dans un moment où il aurait donné le sommeil de toute une année pour être éveillé une seule minute.

— L'accomplissement de mon hommage à saint Valentin ne comporte pas d'amende comme vous en voulez payer une, dit Catherine, et conséquemment je ne puis l'accepter.

— Ces gants ont été travaillés par les mains qui vous sont les plus chères, continua Henry tout en rapprochant insidieusement son siège de celui de Catherine ; et voyez : — ils sont taillés pour les vôtres. En même temps il les déploya, et prenant le bras de la jeune fille dans sa robuste main, il y appliqua les gants pour montrer comme ils y allaient bien. — Regardez ce bras blanc et délicat, reprit-il, et regardez-moi ces petits doigts-là : songez qui a fait ces coutures soie et or, et dites-moi si le gant et le bras auquel il va si bien doivent rester séparés, parce que le pauvre gant a eu le malheur de rester une minute entre des mains rudes et basanées comme les miennes ?

— Je les reçois avec plaisir comme venant de mon père, dit Catherine ; et avec non moins de plaisir, assurément, comme venant d'un *ami* (elle affecta d'appuyer sur ce dernier mot), ainsi que de mon Valentin et de mon sauveur.

— Laissez-moi vous aider à les mettre, dit Smith, se rapprochant encore davantage ; ils peuvent vous paraître d'abord un peu justes, et vous aurez peut-être besoin d'un peu d'aide.

— Vous êtes habile dans un tel service, mon bon Henry Gow? répondit la jeune fille en souriant, mais en même temps en reculant sa chaise.

— De bonne foi, non, dit Henry en secouant la tête; j'ai acquis plus d'expérience à mettre des gantelets d'acier à des chevaliers armés de toutes pièces qu'à passer des gants brodés au bras d'une jeune fille.

— En ce cas je ne vous en donnerai pas l'embarras, et Dorothée m'aidera, — quoique au surplus il n'y ait pas besoin d'aide. — L'œil et les doigts de mon père ne le trompent pas dans sa profession; l'ouvrage qui lui passe par les mains est toujours juste à la mesure.

— Laissez-moi m'en convaincre; montrez-moi que ces jolis gants vont effectivement bien aux mains pour lesquelles ils ont été faits.

— Une autre fois, mon bon Henry, je porterai les gants en honneur de saint Valentin et du compagnon qu'il m'a envoyé pour l'année. Plût au Ciel que je pusse aussi bien satisfaire mon père en des choses plus graves! — En ce moment, l'odeur de la peau augmente le mal de tête que j'ai depuis ce matin.

— Un mal de tête, ma chère Catherine?

— Quand vous l'appelleriez un mal venant du cœur, vous ne vous tromperiez pas, reprit Catherine avec un soupir; et elle continua d'un ton très sérieux : — Henry, je vais être peut-être aussi hardie que ce matin j'ai pu vous le paraître; car je vais vous parler la première sur un sujet à l'égard duquel je devrais peut-être attendre que j'eusse à vous répondre. Mais après ce qui est arrivé ce matin, je ne puis me dispenser de m'expliquer sur mes sentiments pour vous, sans vous exposer à les mal interpréter. — Ne me répondez pas avant de m'avoir entendue jusqu'au bout. — Vous êtes brave, Henry, plus que la plupart des hommes; vous êtes honnête et loyal comme l'acier que vous travaillez....

— Arrêtez, Catherine! — par pitié, arrêtez! Vous n'avez jamais dit tant de bien de moi que pour en venir à quelque amère censure, dont vos éloges étaient la préface. Vous voulez dire que je suis honnête, et ainsi de suite, mais une tête chaude, un querelleur, un spadassin qui a toujours à la main l'épée ou le poignard.

— Je ferais injure à vous et à moi en vous qualifiant ainsi. Non, Henry; ce n'est pas à un spadassin, eût-il porté une plume à sa toque et des éperons d'or aux talons, que Catherine Glover eût accordé la légère faveur qu'elle vous a volontairement faite aujourd'hui. Si je me suis quelquefois arrêtée avec sévérité sur le penchant de votre esprit à la colère et de votre main au combat, c'est parce que j'aurais voulu, s'il m'eût été possible, vous faire prendre en aversion les péchés de vanité et de colère, auxquels vous vous laissez le plus aisément aller. J'ai parlé sur ce sujet plus pour alarmer votre conscience que pour exprimer mon opinion. Je sais aussi bien que mon père que dans ces malheureux temps de désordre on peut citer toutes les habitudes de notre nation, et même de

CHAPITRE VI.

toutes les nations chrétiennes, en faveur des querelles sanglantes pour des bagatelles, et de l'usage de tirer une vengeance terrible de légères offenses, ainsi que de s'égorger les uns les autres par émulation d'honneur, et souvent même par simple délassement. Mais je sais aussi que pour tout cela nous serons un jour appelés en jugement; et je désirerais bien vous persuader, mon brave et généreux ami, d'écouter plus souvent les inspirations de votre bon cœur, et de vous moins enorgueillir de la force et de l'adresse de votre bras impitoyable.

— Je suis... je suis persuadé, Catherine, s'écria Henry; vos paroles seront dorénavant une loi pour moi. J'en ai fait assez, j'en ai même fait beaucoup trop, pour prouver ma force physique et mon courage; mais c'est de vous seule, Catherine, que je puis apprendre une meilleure manière de penser. Songez, ma belle Valentine, que mon ambition de me distinguer dans les armes, et mon amour de la guerre, si ça peut s'appeler ainsi, ne combattent pas à armes égales contre ma raison et mes dispositions plus pacifiques, mais qu'ils ont des patrons et des seconds pour les pousser et les inciter. Voici une querelle. Supposez que moi, me réglant sur vos conseils, je montre de la répugnance à m'y engager, — croyez-vous qu'on me laisse opter à mon propre choix entre la paix ou la guerre? Pas du tout, par sainte Marie! il y a autour de moi des centaines de gens qui me poussent. Hé bien, Smith, est-ce que ta lame est rouillée? dit l'un. — Notre Joyeux Henry est sourd ce matin de cette oreille-là, dit l'autre. — Montre-toi pour l'honneur de Perth, dit mylord prévôt. — Un noble d'or pour Harry contre eux tous, criera peut-être votre père lui-même. Or, que peut faire un pauvre garçon, Catherine, quand tout le monde lui crie aux oreilles au nom du diable, et que pas une âme ne lui glisse une parole de l'autre côté?

— Oui, oui, dit Catherine; je sais que le diable trouve assez de gens qui se font les prôneurs de sa marchandise; mais c'est notre devoir de mépriser d'aussi vains arguments, lors même qu'ils seraient mis en avant par ceux que nous devons le plus aimer et honorer.

— Il y a ensuite les ménestrels, avec leurs romans et leurs ballades, qui font consister tout l'honneur d'un homme à recevoir et à rendre de bons coups. C'est une chose triste à dire, Catherine, de combien de mes péchés ce ménestrel Harry l'Aveugle aura à répondre. Quand je porte un coup bien appliqué, ce n'est pas, j'en prends saint John à témoin, dans l'idée à faire du mal de personne; c'est seulement pour frapper comme frappait William Wallace.

L'homonyme du ménestrel dit ces mots avec un sérieux si lamentable, que Catherine eut peine à s'empêcher de sourire; pourtant elle l'assura que des raisons si futiles ne devaient pas être mises un seul instant en balance avec le danger auquel on exposait sa vie et celle des autres.

— A la bonne heure, repliqua Henry, enhardi par ce sourire; néanmoins il me semble que la bonne cause, la cause de la paix, n'en irait que mieux si elle avait un avocat. Supposons, par exemple, que quand on me pousse et qu'on me presse de mettre la main sur mes armes, j'eusse à me rappeler qu'il y a à la maison un bon ange gardien dont l'image semblerait me dire à l'oreille : « Henry, pas de violence : c'est ma main que vous allez rougir de sang ; — Henry, ne vous précipitez pas dans un danger inutile : c'est ma poitrine que vous exposez aux coups, » — de telles pensées feraient plus pour me retenir que si tous les moines de Perth me criaient : Retiens ta main, sous peine de cloche, de livre et de cierge !

— Si un avertissement tel qu'en peut faire entendre la voix d'une sœur peut avoir du poids dans le débat, dit Catherine, dites-vous qu'en vous battant vous rougissez cette main, qu'en recevant des blessures vous faites souffrir ce cœur.

Le ton sincèrement affectueux dont ces derniers mots furent prononcés fit prendre courage à Smith.

— Et pourquoi ne pas étendre votre regard au-delà de ces froides limites? dit-il. Pourquoi, puisque vous êtes assez bonne et assez généreuse pour montrer quelque intérêt au pauvre pécheur ignorant qui est devant vous, ne l'adopteriez-vous pas tout d'un coup pour votre écolier et pour votre mari? Votre père le désire, la ville s'y attend ; gantiers et forgerons préparent leurs réjouissances : et vous, vous seule, dont les paroles sont si raisonnables et si bonnes, vous ne donneriez pas votre consentement

— Henry, répondit Catherine d'une voix faible et tremblante, croyez que je regarderais comme un devoir de me conformer aux ordres de mon père, s'il n'y avait d'invincibles obstacles au mariage qu'il propose.

— Pourtant, réfléchissez, — réfléchissez un moment. J'ai peu à dire pour moi en comparaison de vous, qui savez lire et écrire. Mais aussi j'aime à entendre lire, et je ne me lasserais jamais d'écouter votre douce voix. Vous aimez la musique, et j'ai appris à jouer et à chanter aussi bien que quelques ménestrels. Vous aimez à être charitable : j'ai assez pour donner sans m'appauvrir, et je ferais tous les jours, sans que jamais cela me fît faute, d'aussi grandes aumônes que celles d'un syndic. Votre père se fait vieux pour un travail de tous les jours; il vivrait avec nous, vu que je le regarderais véritablement comme mon père. Je serais aussi soigneux de ne pas me mêler dans des querelles sans motif que de ne pas mettre ma main dans ma fournaise; et si nous étions en butte à des violences que nous ne nous serions pas attirées, je ferais voir à ceux qui nous attaqueraient qu'ils auraient mal choisi le marché pour y placer leurs marchandises.

— Puissiez-vous trouver tout le bonheur domestique que vous pouvez imaginer, Henry, — mais avec quelqu'un plus heureux que je ne le suis !

En prononçant ces mots entrecoupés de sanglots, la Jolie Fille de Perth semblait presque suffoquée par les efforts qu'elle faisait pour retenir ses larmes.

— Vous me haïssez donc ? dit l'amant après une pause.

— Le Ciel m'est témoin que non.

— Ou vous en aimez mieux quelque autre?

— Il est cruel de faire des questions qui ne profitent à rien. Mais vous vous trompez entièrement.

— Ce chat sauvage, Conachar, peut-être? J'ai remarqué ses regards....

— Vous profitez de cette situation pénible pour m'insulter, Henry, quoique je l'aie peu mérité. Conachar n'est rien pour moi, si ce n'est que d'avoir essayé d'apprivoiser par l'instruction son esprit indompté aurait pu me conduire à prendre quelque intérêt à une âme livrée aux préjugés et aux passions, et en cela, Henry, assez semblable à la vôtre.

— Alors ce doit être quelqu'un de ces pimpants vers à soie de la cour, repartit l'armurier, le désappointement et la contrariété irritant son humeur naturellement bouillante ; quelqu'un de ceux qui croient que rien ne peut résister à la hauteur des plumes de leur toque et au tintement de leurs éperons. Je voudrais bien savoir quel est celui qui laisse ses compagnes naturelles, les dames peintes et parfumées de la cour, pour venir chercher sa proie parmi les simples filles d'artisans. Je voudrais seulement savoir son nom et son surnom.

— Henry Smith, reprit Catherine surmontant la faiblesse qui avait paru menacer de l'accabler un moment auparavant, ce langage est celui d'un fou ingrat, ou plutôt d'un fou furieux. Je vous ai déjà dit que personne n'occupait dans mon opinion une place plus haute que celui qui maintenant perd du terrain à chaque mot qu'il prononce d'un ton d'injuste soupçon et de colère insensée. Vous n'avez aucun droit de savoir même ce que je vous ai dit ; et ce que je vous ai dit, je vous prie de le remarquer, n'implique nulle préférence pour vous sur d'autres, bien que désavouant toute préférence pour un autre sur vous. Il suffit que vous soyez prévenu qu'il y a un obstacle insurmontable à ce que vous désirez, comme si un magicien avait jeté un charme sur ma destinée.

— Les hommes de cœur peuvent rompre les charmes. Je voudrais qu'on en vînt là. Thorbion, l'armurier danois, parlait d'un charme qu'il avait pour faire des cuirasses, en chantant une certaine chanson pendant que le fer chauffait. Je lui dis que ses rimes runiques n'étaient pas à l'épreuve contre les armes dont on s'était servi à Loncarty. — Ce qui s'ensuivit est inutile à rapporter ; — mais le corselet, et celui qui le portait, et le médecin qui guérit sa blessure, savent si Henri Gow sait ou non rompre un charme.

Catherine le regarda comme si elle se fût disposée à lui répondre de manière à montrer qu'elle n'approuvait nullement l'exploit dont il s'était vanté, et qui était de ceux, le brave Smith ne s'en était pas souvenu, qui l'exposaient à de fréquents reproches. Mais avant que sa pensée se fût produite en paroles, son père entr'ouvrit la porte et y passa la tête.

— Henry, dit-il, il faut que je vous interrompe dans vos affaires plus agréables et que je vous prie de venir promptement dans mon atelier, pour nous consulter sur certaines choses qui touchent de très près aux intérêts de la ville.

Henry salua Catherine et quitta la salle pour suivre Simon Glover. Probablement même il fut heureux pour le maintien futur de leurs relations amicales qu'on les séparât en cette occasion, au tour que la conversation semblait devoir prendre. Car l'aspirant avait commencé à regarder le refus de la demoiselle comme quelque peu capricieux et inexplicable après l'encouragement que dans son opinion il avait reçu d'elle; et Catherine, de son côté, le considérait comme voulant abuser de la faveur qu'elle lui avait accordée, plutôt que comme un homme que sa délicatesse en rendait digne.

Mais il y avait dans leur cœur un fond d'attachement réciproque qui devait nécessairement survivre à la dispute, portant la jeune fille à oublier la blessure faite à sa délicatesse, et l'amant la froideur avec laquelle sa passion avait été reçue.

CHAPITRE VII.

> Cette querelle peut faire couler du sang un autre jour.
> *Henri IV*, Ire partie.

Le conclave de citadins convoqué pour diriger ses investigations sur l'affaire de la nuit précédente était alors assemblé. L'atelier de Simon Glover était encombré de personnages assez importants pour que quelques uns d'entre eux portassent des manteaux de velours noir et des chaînes d'or au cou. C'étaient, il est vrai, les pères conscrits de la ville, et l'honorable réunion comptait des baillis et des syndics. Il y avait sur tous les fronts un air d'irritation et de dignité blessée pendant qu'ils causaient ensemble à demi-voix, avant d'entamer la discussion. Le plus affairé de tous, le petit homme si plein de son importance que nous avons vu figurer dans la scène de la nuit, le bonnetier Olivier Proudfute, en un mot, allait et venait au milieu de la foule, à peu près comme la mouette, qui, au commencement d'une tempête plus qu'en tout autre moment, vole çà et là, crie et s'agite, quoique nous ayons peine à concevoir que l'oiseau ait quelque chose de mieux à faire en un pareil moment que de voler à son nid, et de s'y tenir tranquille jusqu'à ce que l'ouragan soit passé.

Quoi qu'il en soit, maître Proudfute était au milieu de la foule, les doigts sur le bouton de chacun et les lèvres près de toutes les oreilles, s'emparant à bras ouverts de ceux dont la taille se rapprochait de la sienne, afin de pouvoir leur exposer son sentiment de plus près et d'une manière plus mystérieuse ; se dressant sur la pointe du pied quand il se trouvait près de gens plus grands que lui, et s'accrochant à leur collet, afin de leur faire part aussi de ses nouvelles. Il lui semblait être le héros de l'affaire, se sentant mieux informé que les autres en sa qualité de témoin oculaire, et très disposé à pousser sur quelques points la part qu'il avait eue à l'affaire au-delà des limites de la modestie et de la vérité. On ne peut dire que ses communications fussent ni bien curieuses ni bien importantes sur les points essentiels, car elles se bornaient à peu près à des phrases telles que celles-ci :

— Tout cela est vrai, par saint John. J'étais là et je l'ai vu de mes propres yeux ; sans moi et un autre vigoureux camarade, qui est arrivé à peu près en même temps, ils forçaient la maison de Simon Glover, lui coupaient la gorge et emmenaient sa fille aux montagnes. C'est nous traiter un peu trop lestement! — ça ne peut pas se souffrir, voisin Crookshank, — ça ne peut pas s'endurer, voisin Glass, — ça ne peut pas se supporter, voisin Balneave. N'est-il pas vrai, voisin Rollock? pas vrai, voisin Chrysteson? C'est une merci du Ciel que moi et ce vigoureux camarade nous soyons arrivés là ; — n'est-il pas vrai, mon digne voisin, bailli Craigdallie?

Ces diverses interpellations étaient jetées d'oreille en oreille par l'affairé bonnetier. Le bailli Craigdallie, un corpulent dignitaire de la corporation, celui-là même qui avait conseillé la prorogation de leur conseil civique au lieu et à l'heure actuels, homme de bonne mine, épais de taille et haut de stature, se débarrassa de la main du syndic accrochée à son manteau, à peu près avec la même bonne grâce qu'un vigoureux cheval secoue la mouche importune qui le persécute depuis dix minutes. — Silence, braves citadins, s'écria-t-il; voici venir Simon Glover, à qui on n'a jamais ouï faire un mensonge. Nous allons entendre l'affaire de sa propre bouche.

Ainsi interpellé, Simon fit son récit avec un embarras manifeste, qu'il imputa à la répugnance qu'il éprouvait à ce que la ville se fît une querelle sérieuse avec qui que ce fût à cause de lui. C'était, il en jurerait, une simple farce, une pure plaisanterie de quelques jeunes gens de la cour; et le pis qui pourrait en arriver serait qu'il lui fallût faire mettre des barreaux de fer à la fenêtre de sa fille, au cas d'une autre frasque du même genre.

— Mais alors, dit Craigdallie, si ce n'était qu'une farce de carnaval, notre concitoyen Harry du Wynd a très mal fait d'abattre la main d'un gentleman pour une innocente plaisanterie, et la ville peut être frappée pour cela d'une lourde amende, à moins que nous ne nous assurions de la personne du mutilateur.

— Notre Dame nous en préserve! dit Glover. Si vous saviez ce que je sais, vous craindriez autant de toucher à cette affaire-là que si c'était du fer rouge. Mais puisque vous voulez absolument mettre vos doigts au feu, il faut dire la vérité. Arrive ce que pourra, je dois dire que la chose aurait pu mal finir pour moi et les miens, si Henry Gow l'armurier, que vous connaissez bien tous, n'était arrivé fort à propos à notre secours.

— Et le mien ne vous a pas manqué non plus, dit Olivier Proudfute, quoique je ne prétende pas manier tout-à-fait aussi bien l'épée que notre voisin Henry Gow. — Vous m'avez vu au commencement de l'affaire, voisin Glover?

— Je vous ai vu après qu'elle a été finie, voisin, répondit sèchement celui-ci.

— C'est vrai, c'est vrai ; j'avais oublié que vous étiez dans votre maison pendant que les coups pleuvaient, et que vous ne pouviez pas voir qui les distribuait.

— Silence, voisin Proudfute! silence, je vous prie! dit Craigdallie évidemment fatigué des criaillements discordants du digne syndic. — Il y a ici quelque chose de mystérieux, continua le bailli ; mais je crois deviner le secret. Notre ami Simon, vous le savez tous, est un homme pacifique, qui gardera plutôt une injure que de mettre un ami ou un voisin en danger pour lui en obtenir réparation. Toi, Henry, qu'on trouve toujours quand la ville a besoin d'un défenseur, dis-nous ce que, toi, tu sais de cette affaire.

Notre ami Smith raconta son histoire telle que nous l'avons déjà rapportée ; et l'infatigable bonnetier ajouta comme devant : Et tu m'y as vu, honnête Smith, n'est-ce pas?

— Non ma foi, voisin, répondit Henry ; mais vous n'êtes pas grand, comme vous savez, et il se peut que vous m'ayez échappé.

Cette réplique excita un rire général aux dépens d'Olivier, qui se mit à rire de compagnie, mais qui reprit ensuite d'un ton où perçait un peu d'humeur : Ça n'empêche pas que j'étais un des premiers à la rescousse.

— En ce cas, où étiez-vous donc, voisin? repartit Smith ; car je ne vous ai pas vu, et j'aurais donné le prix de la meilleure armure que j'aie jamais forgée pour me voir soutenu par un solide camarade tel que vous.

— Je n'étais pourtant pas loin, honnête Smith ; pendant que tu tapais comme sur une enclume, moi je parais les coups que les autres scélérats te portaient par derrière, et c'est ce qui fait que tu ne m'as pas vu.

— J'ai ouï parler de forgerons du vieux temps qui n'avaient qu'un œil. Moi j'en ai deux ; mais ils sont tous les deux par devant, et ainsi je n'ai pas pu te voir derrière mon dos, voisin.

— Il n'en est pas moins vrai que j'étais là, reprit le persévérant maître Olivier, et que je vais rendre compte à monsieur le bailli de ce qui s'est passé, attendu que Smith et moi nous y étions les premiers.

— Assez pour le moment, dit le bailli, faisant un signe de main à maître Proudfute pour lui enjoindre le silence. La déclaration de Simon Glover et d'Henry Gow suffirait dans une affaire moins digne de croyance.

— Et maintenant, mes maîtres, votre opinion sur ce qu'il faut faire? Voilà tous nos droits de bourgeoisie violés et insultés, et vous pouvez bien imaginer que c'est par quelque homme puissant, car un autre n'aurait pas osé tenter pareil outrage. Mes maîtres, il est dur pour la chair et le sang de nous soumettre à cela. Les lois nous ont faits de plus basse condition que les princes et les nobles ; mais il n'en est pas moins contre raison de supposer que nous souffrirons sans en demander réparation que nos maisons soient forcées et l'honneur de nos femmes insulté.

— C'est ce que nous n'endurerons pas! répondirent les citadins d'une voix unanime.

Simon Glover intervint ici, d'un air véritablement inquiet et préoccupé. — J'espère encore, dit-il, que tout cela n'était pas si grave que ça nous a paru, mes dignes voisins ; et pour ma part je pardonnerais de grand cœur l'alarme et le trouble que ça a jeté dans ma pauvre maison, pourvu que notre belle cité ne se mît pas dans l'embarras pour moi. Je vous supplie de considérer quels juges doivent ouïr notre cause, et nous donner ou nous refuser satisfaction. Je parle entre voisins et amis, en conséquence je parle à cœur ouvert. Le roi — Dieu le bénisse ! — est tellement affaibli d'esprit et de corps, qu'il nous renverra à quelque grand personnage parmi ses conseillers qui se trouvera en faveur pour le moment. — Peut-être nous renverra-t-il à son frère le duc d'Albany, qui fera de notre pétition pour le redressement de nos injures un prétexte pour nous soutirer de l'argent.

— Nous ne voulons pas de d'Albany pour juge ! s'écria l'assemblée avec la même unanimité que tout-à-l'heure.

— Ou peut-être, continua Simon, il en chargera le duc de Rothsay ; et le jeune prince, en débauché qu'il est, regardera l'outrage comme un sujet de plaisanteries pour ses joyeux compagnons, et de chansons pour ses ménestrels.

— Pas de Rothsay non plus ! exclamèrent de nouveau les citadins ; il n'est pas assez rassis pour être notre juge.

Devenu plus hardi en voyant qu'il touchait là où il avait visé, et néanmoins ne prononçant qu'à demi-voix le nom redouté, Simon ajouta ensuite : Aimeriez-vous mieux avoir affaire à Douglas-le-Noir ?

Une minute se passa sans qu'il y eût de réponse. On se regardait l'un l'autre d'un air décontenancé et la pâleur aux lèvres. Pourtant Henry Smith prit hardiment la parole, et énonça d'une voix décidée les sentiments que tous éprouvaient, mais que personne n'osait exprimer.

— Douglas-le-Noir juger entre un bourgeois et un gentleman, et même un grand seigneur, autant que je sache et ce dont je me moque ? — plutôt un noir démon d'enfer ! Vous êtes fou, père Simon, de tant seulement nous faire une pareille proposition.

Il se fit de nouveau un silence de crainte et d'incertitude, qui fut enfin rompu par le bailli Craigdallie. — Il faut que vous vous fiiez bien à la solidité de votre pourpoint, voisin Smith, dit-il en regardant celui-ci d'un air très significatif, sans quoi vous ne parleriez pas si hardiment.

— Je me fie à un cœur courageux qui est sous mon pourpoint, solide ou non, bailli, répondit l'intrépide Henry ; et quoique je parle peu, jamais ma bouche ne sera cadenassée par un noble quel qu'il soit.

— Portez un pourpoint bien doublé ou ne parlez pas si haut, mon brave Henry, réitéra le bailli du même ton expressif. Il y a dans la ville des hommes du Border qui portent le cœur sanglant sur l'épaule [1]. — Mais tout cela ne nous dit pas ce que nous avons à faire. Quel est votre avis ?

[1] Armoiries bien connues de la maison de Douglas. (W. S.)

CHAPITRE VII.

— Court avis, bon avis, dit Smith. Allons trouver notre prévôt, pour lui demander appui et assistance.

Un murmure d'approbation parcourut l'assemblée, et Olivier Proudfute s'écria : — Voilà ce que je dis depuis une demi-heure, et personne de vous ne voulait m'écouter. Allons trouver notre prévôt, que je vous disais. C'est lui-même un gentleman, et en toute chose il doit s'interposer entre la ville et les nobles.

— Silence, voisin, silence! prenez garde à ce que vous dites ou faites! cria une mince et maigre figure d'homme, personnage quasi-lilliputien, dont les proportions paraissaient encore plus exiguës et ressemblaient encore plus à celles d'une ombre par suite de ses efforts pour prendre les dehors d'une extrême humilité, et se donner, pour faire cadrer son extérieur avec ce qu'il allait dire, l'air encore plus nul et plus insignifiant que la nature ne l'avait fait. — Pardonnez-moi, continua-t-il, je ne suis qu'un pauvre apothicaire. Néanmoins, j'ai été élevé à Paris, et j'ai fait mes humanités et mon *cursus medendi*, aussi bien que quelques uns qui s'intitulent savants médecins. Il me semble pouvoir sonder cette blessure et la traiter avec des émollients. Voici notre ami Simon Glover, qui est, vous le savez tous, un homme respectable. Croyez-vous qu'il ne serait pas plus disposé qu'aucun de nous à prendre ici des mesures de rigueur, puisque la chose touche de si près à l'honneur de sa famille? Et puisqu'il s'abstient de charger les tapageurs dont il s'agit, demandez-vous s'il ne peut pas avoir quelque bonne raison qu'il ne se soucie pas de produire pour laisser sommeiller la chose. Ce n'est pas à moi de mettre le doigt sur la plaie; mais nous savons tous, hélas! que les jeunes filles sont que ce j'appelle des essences volatiles. Supposez maintenant qu'une honnête jeune fille — j'entends en toute innocence — laisse sa fenêtre entr'ouverte un matin de la Saint-Valentin, afin que quelque galant cavalier — en tout honneur, s'entend — devienne son Valentin pour l'année, et supposez que le galant soit découvert ; ne se peut-il pas qu'elle se mette à pousser des cris comme si la visite n'avait pas été attendue, et — alors — broyez tout cela dans un mortier, et puis demandez-vous s'il y a là de quoi mettre la ville en émoi.

L'apothicaire émit son opinion du ton le plus insinuant; mais ses membres ténus semblèrent se contracter encore davantage et rentrer en eux-mêmes lorsqu'il vit le sang monter au visage du vieux Simon Glover, et la rougeur colorer jusqu'aux tempes celui du redoutable Smith. Celui-ci s'avançant de quelques pas et jetant un regard de colère sur l'apothicaire alarmé, l'apostropha en ces termes : Squelette ambulant! vieux pot asthmatique! empoisonneur de profession! si je pensais que le souffle de ta bouche ignoble pût ternir pendant la dixième partie d'une minute la bonne réputation de Catherine Glover, je te broierais dans ton propre mortier, misérable marchand d'orviétan! et je pilerais ton indigne carcasse avec de la fleur de soufre, la seule drogue de ta boutique qui ne soit pas frelatée, pour faire de toi un onguent à frotter les chiens galeux !

— Paix, mon fils Henry! cria Simon Glover d'un ton d'autorité; — personne que moi n'a droit de parler de cette affaire-là. — Respectable bailli Craigdallie, puisque c'est ainsi que ma patience est interprétée, je suis disposé à poursuivre l'affaire jusqu'au bout; et quoique le résultat puisse montrer que nous aurions mieux fait d'être patients, vous verrez tous que ma Catherine n'a donné lieu à ce grand scandale par aucune sottise ni par aucune légèreté.

Le bailli s'interposa aussi. — Voisin Henry, dit-il, nous sommes venus ici pour nous consulter, et non pour nous quereller. Comme un des pères de notre bonne ville, je vous ordonne d'abjurer tout ressentiment et toute rancune contre maître Dwining l'apothicaire.

— C'est un trop pauvre homme, bailli, pour que je lui en garde, répondit Henry Gow; — moi qui d'un coup de mon gros marteau pourrais l'anéantir lui et sa boutique.

— Paix donc, et écoutez-moi, reprit le dignitaire. Nous tous tant que nous sommes nous croyons à l'honneur de la Jolie Fille de Perth autant qu'à celui de Notre-Dame. — Ici il se signa dévotement. — Mais à l'égard d'un appel à notre prévôt, agréez-vous, voisins, à mettre entre les mains du prévôt une affaire comme celle-ci, dirigée, il est à craindre, contre un noble puissant ?

— Le prévôt étant noble lui-même, ajouta d'une voix aigre l'apothicaire, dont l'intervention du bailli avait jusqu'à un certain point calmé la terreur. — Dieu sait que je ne veux rien dire au détriment d'un honorable gentleman, dont les ancêtres occupent depuis bien des années l'office qu'il remplit aujourd'hui.....

— Par le libre choix des citadins de Perth, interrompit Smith de sa voix forte et décidée.

— Oui, assurément, reprit l'orateur déconcerté, par la voix des citadins. Comment y serait-il autrement ? — Je vous en prie, ami Smith, ne m'interrompez pas. Je parle à notre digne bailli Craigdallie, selon mon humble manière de voir. Je dis que n'importe comment il soit prévôt, sir Patrick Charteris n'en est pas moins un noble, et que les faucons n'arrachent pas les yeux aux faucons. Il peut bien nous soutenir dans une querelle avec les Highlanders, et jouer contre eux son rôle de prévôt et de chef de notre cité; mais que lui qui porte aussi la soie prenne notre parti contre des habits brodés et du drap d'or, quoiqu'il puisse le faire contre les tartans et la frise d'Irlande, c'est ce qu'on peut mettre en question. Suivez l'avis d'un fou. Nous avons sauvé notre Jolie Fille, dont je n'ai jamais voulu dire de mal, aussi vrai qu'il est vrai que je n'en sais pas d'elle. Ils ont perdu la main d'un homme pour le moins, grâces à Harry Smith.....

— Et à moi, ajouta le petit bonnetier.

— Et à Olivier Proudfute, à ce qu'il nous dit, continua l'apothicaire qui ne contestait les droits de personne à la gloire, pourvu que lui-même ne fût pas forcé de suivre les périlleux sentiers qui y mènent. Je dis, voisins, que puisqu'ils nous ont laissé une main comme gage qu'ils ne reviendront plus dans Couvrefeu-street, hé bien, à mon humble avis, nous ferions mieux de remercier notre brave concitoyen, et la ville ayant l'honneur et ces mauvais sujets la perte, de laisser l'affaire s'assoupir et de n'en plus parler.

Ces conseils pacifiques produisirent leur effet sur quelques uns des citadins, qui commencèrent à faire des signes de tête d'approbation et à regarder d'un air grave l'avocat de la modération, à l'opinion duquel, malgré l'offense encore toute fraîche, Simon Glover semblait aussi se ranger. Mais il n'en fut pas ainsi d'Henry Smith, qui, voyant un temps d'arrêt dans la délibération, prit la parole avec sa franchise accoutumée.

— Je ne suis ni le plus âgé ni le plus riche d'entre vous, voisins, et je n'en suis pas fâché. Les années viendront, si on vit pour les voir; et je puis gagner ou dépenser mon penny comme un autre, grâce à ma forge et au vent de mon soufflet. Mais personne ne m'a jamais vu supporter tranquillement une mauvaise chose faite ou dite contre notre bonne ville, si la langue ou le bras d'un homme pouvait en faire justice. J'irai trouver le prévôt moi-même, si personne ne veut y venir avec moi. C'est un chevalier, il est vrai, et, comme nous le savons tous, un gentilhomme de père en fils depuis le temps de Wallace, qui établit son arrière-grand-père chez nous; mais quand ce serait le seigneur le plus fier du pays, c'est le prévôt de Perth, et pour son propre honneur il doit veiller à la conservation des franchises et immunités de la ville; — oui, et je sais qu'il le fera. — Je lui ai fait un pourpoint d'acier, et j'ai bonne idée du cœur qu'il était destiné à couvrir.

— Sûrement, dit le bailli Craigdallie, il serait inutile de nous présenter à la cour sans l'appui de sir Patrick Charteris; la réponse serait toute prête : Allez trouver votre prévôt, manants. Ainsi donc, voisins et concitoyens, si vous voulez me soutenir, moi et notre apothicaire Dwining nous allons nous rendre sur-le-champ à Kinfauns, avec Simon Glover, le Joyeux Smith et le brave Olivier Proudfute, comme témoins de l'affaire, et nous parlerons à sir Patrick Charteris au nom de notre bonne ville.

— Laissez-moi en arrière, je vous prie, dit le pacifique pharmacopole; je n'ai pas assez d'audace pour parler devant un chevalier banneret.

— N'importe, voisin, il faut que tu viennes, répliqua le bailli Craigdallie. La ville me regarde comme une tête encore chaude pour un homme de soixante ans; — Simon Glover est la partie offensée; — nous savons tous qu'Harry Gow gâte plus d'armures à coups d'épée qu'il n'en fait à coups de marteau ; — et notre voisin Proudfute, — qui, s'il faut l'en croire, se trouve au commencement et à la fin de toutes les affaires de ce genre-là qu'il y a dans Perth, — notre voisin Proudfute est naturellement un homme d'action. Il faut que nous ayons au moins parmi nous un avocat de la paix et de la tranquillité, et c'est toi, apothicaire, qui dois être notre homme. — Allez mettre vos bottes, messieurs, et enfourcher vos bêtes ; — à nos chevaux et à nos grains¹, messieurs. Nous nous réunirons à la Porte de l'Est, — c'est-à-dire si c'est votre bon plaisir, voisins, de nous charger de l'affaire.

— On ne saurait ouvrir un meilleur avis, et nous y accédons tous, dirent les citadins. Si le prévôt prend notre parti, comme la bonne ville a droit de s'y attendre, nous pouvons nous moquer du plus puissant d'eux tous.

— C'est bien, voisins ; il sera fait comme il est dit. En attendant, j'ai convoqué tout le conseil de ville ; voici l'heure de la réunion, et je ne doute pas (ajouta-t-il en promenant son regard sur l'assemblée), la plupart des membres du conseil que je vois ici ayant décidé que nous nous consulterions avec notre prévôt, que les autres ne se rangent à la même résolution. C'est pourquoi, voisins et bons bourgeois de la bonne ville de Perth, — à nos chevaux et à nos grains, comme je vous disais tout-à-l'heure, et venez me rejoindre à la Porte de l'Est.

Une acclamation générale termina la séance de cette espèce de conseil privé, puis on se sépara, la députation pour se préparer pour le voyage, et les autres pour aller retrouver leurs femmes et leurs filles qui les attendaient avec impatience, et les informer des mesures qu'on avait prises pour mettre dorénavant leurs chambres à l'abri de l'intrusion des galants à des heures indues.

Pendant qu'on selle les chevaux, et que le conseil de ville débat, ou plutôt revêt de la forme légale ce que ses membres influents ont déjà adopté, il peut être nécessaire, pour l'instruction de quelques lecteurs, d'expliquer d'une manière précise des choses qui ont été indiquées en passant dans la narration précédente.

C'était l'usage à cette époque, où la puissance de l'aristocratie féodale restreignait les droits des bourgs royaux d'Écosse et en violait fréquemment les priviléges, que ceux-ci, là où la chose était praticable, au lieu de choisir leur prévôt, ou premier magistrat, dans l'ordre des marchands, boutiquiers et citadins, qui habitaient la ville même et remplissaient les cadres de la magistrature ordinaire, portassent souvent à ce poste éminent quelque noble, quelque puissant baron du voisinage de la ville, sur qui les bourgeois comptaient pour les soutenir à la cour dans les

---

¹ *Horse and hattock.* C'est le cri bien connu des fées au moment de prendre leur monture et de partir pour une expédition au clair de la lune. Ce cri en est venu à être familièrement adopté en toute occasion où l'on monte à cheval. (W. S.)

choses qui touchaient au bien commun, pour se mettre à la tête de leur milice soit en temps de guerre générale, soit dans leurs querelles privées, et pour les renforcer de ses propres vassaux. Cette protection n'était pas toujours gratuite. Les prévôts profitaient quelquefois de leur situation à un degré difficilement justifiable ; ils obtenaient des concessions de terres et de maisons appartenant à la commune, et faisaient ainsi payer cher aux citadins l'appui qu'ils leur donnaient. D'autres se contentaient de recevoir la puissante assistance des bourgeois dans leurs propres querelles féodales, avec telles autres marques de respect et de reconnaissance dont la ville qui les avait mis à sa tête était disposée à les gratifier pour s'assurer leur coopération active en cas de nécessité. Le baron qui se trouvait ainsi le protecteur régulier d'une ville royale acceptait sans scrupule ces sortes d'offrandes volontaires, et s'en acquittait en défendant les droits de la ville, de sa voix dans le conseil, et de son bras sur le champ de bataille.

Les habitants de la ville de Perth, ou, comme ils l'appelaient de préférence, de la belle cité, avaient depuis plusieurs générations trouvé un protecteur et prévôt de ce genre dans la famille des chevaliers de Charteris, lords de Kinfauns, au voisinage de la ville. Il y avait à peine un siècle (c'était du temps de Robert III) que le premier de cette famille distinguée s'était établi dans le château fort qui était maintenant la propriété des Charteris, ainsi que les terres pittoresques et fertiles qui l'entouraient. Mais l'histoire de ce premier fondateur, marquée d'un caractère chevaleresque et singulier, était de nature à faciliter l'établissement d'un étranger dans le pays où le sort l'avait poussé. Nous la rapporterons comme la donne uniformément une ancienne tradition, qui porte en elle de grands indices de vérité, et qui peut-être serait assez authentique pour prendre place dans des histoires plus graves que celle-ci.

Durant la courte carrière du célèbre patriote sir William Wallace, et à l'époque où ses armes avaient pour un temps chassé les Anglais qui avaient envahi son pays, on dit qu'il entreprit un voyage en France, accompagné de quelques amis fidèles, pour essayer si sa présence (car dans tous les pays il était respecté pour ses prouesses) pourrait déterminer le monarque français à envoyer en Écosse un corps de troupes auxiliaires, ou à aider les Écossais par d'autres secours à recouvrer leur indépendance.

Le champion d'Écosse était à bord d'un petit bâtiment cinglant vers le port de Dieppe, quand on vit paraître à une assez grande distance une voile que l'équipage regarda d'abord avec un sentiment de doute et d'appréhension, puis bientôt avec confusion et terreur. Wallace demanda la cause de leur alarme. Le capitaine du navire l'informa que le grand vaisseau qui gouvernait sur eux, dans l'intention de les aborder, était monté par un célèbre corsaire, également renommé pour son courage, sa force corporelle et le bonheur qui l'accompagnait dans ses expéditions. Le nom de cet écumeur de mer était Thomas de Longueville, Français de naissance, et de son métier un de ces pirates qui s'intitulaient Amis de la Mer et ennemis de tous ceux qui naviguaient sur cet élément. Il attaquait et pillait les vaisseaux de toutes nations, comme un de ces anciens Norses qui prenaient le titre de Rois de la Mer, et qui régnaient sur les vagues de l'Océan. Le patron ajouta qu'aucun bâtiment ne pouvait échapper au pirate par la fuite, tant était supérieure la marche de son navire; et que pas un équipage, quelle que fût sa bravoure, ne pouvait espérer de lui résister quand il montait à l'abordage à la tête de ses hommes, ce qui était son mode d'attaque habituel.

Wallace souriait d'un air de défi pendant que le capitaine du navire, la physionomie effrayée et les larmes aux yeux, lui annonçait leur capture inévitable par le Corsaire Rouge, nom que l'on avait donné à de Longueville, à cause du drapeau rouge qu'il déployait habituellement, et qu'en ce moment même il avait arboré.

— Je purgerai nos mers de ces pirates, dit Wallace.

Appelant alors près de lui une douzaine environ de ses compagnons, Boyd, Kerlie, Seton et autres, pour qui la poussière des combats les plus désespérés était comme l'air qui les faisait vivre, il leur ordonna de s'armer, puis de se coucher à plat-ventre sur le pont de manière à ne pas être aperçus. Il ordonna ensuite à tous les hommes de l'équipage de descendre dans les entreponts, à l'exception des hommes absolument nécessaires à la manœuvre, et il enjoignit au patron, sous peine de mort, de gouverner de telle sorte que tout en ayant l'air d'essayer de fuir le bâtiment laissât au Corsaire Rouge la facilité de les joindre et de les aborder. Wallace lui-même se coucha alors sur le pont, afin qu'on ne pût rien voir du dehors qui annonçât aucune intention de résistance. Au bout d'un quart d'heure le bâtiment de de Longueville fut bord à à bord de celui du champion, et le Corsaire Rouge, lançant des grappins pour s'assurer de sa prise, sauta sur le pont complétement armé, et suivi de ses gens qui poussèrent une acclamation terrible, comme si déjà la victoire eût été assurée. Mais les Écossais armés se levèrent tous à la fois, et le corsaire se trouva inopinément aux prises avec des hommes habitués à regarder la victoire comme certaine quand ils n'avaient en tête que deux ou trois adversaires. Wallace lui-même se précipita sur le capitaine des pirates, et une lutte terrible s'engagea entre eux avec une telle furie, que les autres suspendirent leur propre combat pour les regarder, et semblèrent d'un commun accord remettre l'issue de la lutte au sort du duel entre les deux chefs. Le pirate combattit aussi bien qu'homme pouvait combattre; mais la vigueur de Wallace n'était pas celle d'un mortel ordinaire. Il fit sauter l'épée des mains de son adversaire, et le mit en un tel danger, que pour éviter le coup mortel il lui fallut saisir corps à corps le champion écossais, dans l'espoir de le vaincre à la lutte. Ce fut lui encore qui fut vaincu. Ils tombèrent sur le pont, étroitement enlacés ; mais le Français tomba dessous, et Wallace appuyant la main sur le gorgerin du pirate le comprima si fortement, bien qu'il fût fait du plus fin acier, que le sang lui sortit par les yeux, par le nez et par la bouche, et que tout ce qu'il put faire fut de demander quartier par signes. Ses gens jetèrent bas les armes et implorèrent merci, lorsqu'ils virent leur chef si rudement mené. Le vainqueur leur accorda à tous la vie ; mais il prit possession de leur navire et les retint prisonniers.

Arrivé en vue du port français, Wallace alarma les habitants en arborant les couleurs du pirate, comme si de Longueville fût venu mettre la ville au pillage. Le tocsin sonnait, le cor se faisait entendre, et les citadins couraient aux armes, quand la scène changea. Le lion écossais sur son champ d'or s'éleva au-dessus du pavillon du pirate, et annonça que le champion d'Écosse approchait, pareil à un faucon tenant sa proie dans ses serres. Il descendit à terre avec son prisonnier et l'emmena à la cour de France, où, à la demande de Wallace, les pirateries que le corsaire avait commises lui furent pardonnées ; le roi conféra même l'honneur de la chevalerie à sir Thomas de Longueville, et lui offrit de le prendre à son service. Mais le pirate avait conçu une telle amitié pour son généreux vainqueur qu'il voulut absolument unir sa fortune à celle de Wallace ; il revint en Écosse avec ce dernier, et combattit à ses côtés dans mainte bataille sanglante, où sir Thomas de Longueville se fit remarquer par des prouesses qui ne le cédaient qu'à celles du héros dont il s'était fait le compagnon. Son sort aussi fut plus heureux que celui de Wallace. Distingué par un bel extérieur aussi bien que par sa force corporelle, il gagna les bonnes grâces d'une jeune dame, héritière de l'ancienne famille de Charteris ; elle le choisit pour époux et lui apporta avec sa main le beau château baronial de Kinfauns, ainsi que les domaines qui y étaient annexés. Leurs descendants prirent le nom de Charteris, d'après celui de leurs ancêtres maternels, propriétaires primitifs du domaine, bien que le nom de Thomas de Longueville fût également en honneur parmi eux ; et la grande épée à deux mains avec laquelle il moissonnait les rangs ennemis se conserve encore parmi les reliques de la famille. Une autre tradition dit que le nom de famille de de Longueville lui-même était Charteris. Le domaine passa ensuite à la famille des Blairs, et il est maintenant entre les mains de lord Grey.

Ces barons de Kinfauns [1] occupaient de père en fils, depuis plusieurs générations, l'office de prévôt de Perth, la proximité du château et de

---

[1] On croit généralement que les anciens barons de Kinfauns sont maintenant représentés dans la ligne mâle par une branche du même nom autrefois puissante, les Chartrises d'Amisfield, comté de Dumfries. Les restes du château près desquels s'élève leur résidence moderne attestent leurs anciennes richesses. (W. S.)

la ville rendant cet arrangement très commode pour leur soutien mutuel. Le sir Patrick de notre histoire s'était plus d'une fois mis à la tête des hommes de Perth dans les batailles et les escarmouches livrées aux infatigables déprédateurs highlandais, ainsi qu'à d'autres ennemis, étrangers ou domestiques. Il est vrai que parfois il se montrait fatigué des plaintes légères et frivoles qu'on portait devant lui sans nécessité et auxquelles on lui demandait de s'intéresser. Il était arrivé quelquefois de là qu'on l'avait accusé d'être trop fier comme noble, trop énervé par l'opulence et trop adonné aux plaisirs de la chasse et à l'exercice de l'hospitalité féodale, pour se donner le mouvement nécessaire en toute occasion où la bonne ville aurait désiré son active intervention. Mais nonobstant le léger murmure qu'occasionnaient ces sujets de plainte, les citadins, à chaque cause d'alarme un peu sérieuse, avaient coutume de se rallier autour de leur prévôt, qui alors les soutenait chaudement tant dans le conseil que dans l'action.

CHAPITRE VIII.

> Dans les limites de l'Annandale chevauchent les nobles Johnstones ; ils y demeurent depuis des siècles, et pendant des siècles encore ils y demeureront.
> *Ancienne ballade.*

MAINTENANT que nous connaissons le caractère et la qualité de sir Patrick Charteris, le prévôt de Perth, tèls que nous venons de les esquisser, rejoignons la députation qui en ce moment est en marche pour le rendez-vous convenu à la Porte de l'Est, afin de se rendre à Kinfauns près de ce dignitaire, à qui les citadins doivent porter leur plainte.

Le premier qu'on y vit paraître fut Simon Glover, montant un palefroi d'amble qui avait quelquefois eu l'honneur de porter une charge plus belle et plus légère, la charmante Catherine. Son manteau lui enveloppait le bas du visage, en signe qu'il priait ses amis de ne pas l'accoster dans les rues, et peut-être en partie à cause du froid. La plus profonde anxiété se peignait sur son front; il semblait que plus il réfléchissait à l'affaire dans laquelle il était engagé, plus elle lui paraissait difficile et périlleuse. Il saluait ses amis seulement d'un geste silencieux à mesure qu'ils arrivaient au rendez-vous.

Un vigoureux cheval noir de l'ancienne race de Galloway, petit de taille, puisqu'il n'excédait pas quatorze palmes, mais haut de poitrail, fortement membré et bien découplé, porta jusqu'à la Porte de l'Est notre brave Smith. Un connaisseur aurait pu reconnaître dans l'œil de l'animal une étincelle de ce caractère vicieux qui accompagne fréquemment la conformation la plus robuste et la plus capable de supporter la fatigue ; mais le poids et la main du cavalier, ainsi que la manière dont il se tenait en selle, joints à l'exercice régulier du long voyage qu'il avait fait récemment, avaient momentanément dompté son opiniâtreté. Henry était accompagné de l'honnête bonnetier, que le lecteur sait être un petit homme tout rond, de ceux que l'on qualifie vulgairement de *jambes de canard*, et qui s'était planté sur une large selle où il ressemblait à une pelote rouge (car il était enveloppé d'un manteau écarlate, par-dessus lequel il avait passé en bandoulière une poche de fauconnerie), et où l'on peut dire qu'il était perché plutôt qu'enfourché. La selle et l'homme étaient sanglés sur le dos d'une énorme et lourde jument flamande portant les naseaux en l'air comme un chameau, chaque pied couronné d'une énorme touffe de poil, et les sabots aussi larges qu'une poêle à frire. Le contraste entre le cheval et le cavalier était si extraordinaire, que les passants avaient peine à comprendre comment il y était grimpé, en même temps que ses amis prévoyaient avec douleur les dangers qui accompagneraient sa descente : ses pieds, en effet, du point où il était juché, ne dépassaient pas les côtés de la selle. Il s'était réuni à Henry Smith, dont il avait guetté les mouvements dans cette intention, attendu que l'opinion d'Olivier Proudfute était que les hommes d'action se montraient avec plus d'avantage rapprochés les uns des autres ; et il fut enchanté quand un espiègle de la plus basse classe eut assez de sérieux pour crier sans rire : Voilà l'orgueil de Perth, — voilà les deux vaillants bourgeois, — le Joyeux Smith du Wynd, et le hardi bonnetier !

Il est vrai que le petit drôle qui poussait ces acclamations faisait en même temps des grimaces derrière le bonnetier en regardant quelques autres garnements de son espèce ; mais comme Olivier ne vit pas ce jeu muet, il lui jeta généreusement un penny d'argent pour l'encourager dans son respect pour les braves. Cette munificence les fit suivre d'une foule d'enfants, riant et criant, jusqu'à ce qu'Henry Smith se retournât vers eux et menaçât les plus rapprochés de leur faire sentir sa houssine, menace dont ils ne crurent pas devoir attendre l'exécution.

— Voici les témoins, dit le petit homme au grand cheval en abordant Simon Glover à la porte de l'Est ; mais où sont ceux qui doivent nous soutenir ? Ah ! confrère Henry, l'autorité est un fardeau plutôt fait pour un âne que pour un cheval plein de feu ; ça ne ferait que gêner les mouvements de jeunes gens tels que vous et moi.

— Je désirerais vous voir porter un peu de ce poids-là, digne maître Proudfute, repartit Henry Gow, ne serait-ce que pour vous faire tenir ferme en selle ; car vous faites des sauts comme si vous y dansiez une gigue sans vous aider de vos jambes.

— Oui, oui ; je me lève dans mes étriers pour éviter les secousses. Elle a le trot cruellement dur, ma jument ; mais elle m'a porté dans plus d'une campagne, et elle m'a tiré de certaines passes tant soit peu périlleuses : aussi Jézabel et moi nous ne nous séparons pas. — Je l'appelle Jézabel du nom de la princesse de Castille.

— Je suppose que vous voulez dire Isabelle.

— Oui, oui, — Isabelle ou Jézabel, c'est la même chose, vous savez. Mais voici enfin le bailli Craigdallie qui arrive, avec cette pauvre créature rampante, ce poltron d'apothicaire. Ils ont amené deux soldats de la ville avec leurs pertuisanes, pour garder leurs nobles personnes, je suppose. S'il y a quelque chose que je déteste au monde, c'est un valet flagorneur comme ce Dwining !

— Ayez soin qu'il ne vous l'entende pas dire. Je vous garantis, bon-

CHAPITRE VIII.

netier, que ce déplorable squelette est plus dangereux que vingt vigoureux camarades tels que vous.

— Bah ! fit Olivier, vous voulez vous moquer de moi ; — et toutefois notre syndic eut soin de baisser la voix, tout en portant les yeux du côté de l'apothicaire, comme pour découvrir dans quel membre de ce corps décharné, dans quel trait de ce visage pâle et défait, pouvait se cacher la moindre apparence du danger dont on le menaçait ; et cet examen le rassurant, il répondit hardiment : Lames et boucliers, mon cher ! douze comme Dwining ne me feraient pas peur. Que pourrait-il faire à quiconque a du sang dans les veines ?

— Il pourrait lui donner une médecine, répondit Smith d'un ton sec.

Ils n'eurent pas de temps pour un plus long colloque, car le bailli Craigdallie les invita à se mettre en route pour Kinfauns, et lui-même donna l'exemple. Ils avançaient au petit pas, et la conversation roulait sur la réception à laquelle ils devaient s'attendre de la part de leur prévôt, et sur l'intérêt qu'il pourrait prendre à l'agression dont ils avaient à se plaindre. Glover paraissait singulièrement abattu, et à plus d'une reprise il parla de manière à montrer que son désir eût été qu'on laissât l'affaire s'assoupir. Il ne s'expliqua pas très nettement, néanmoins, craignant peut-être la maligne interprétation que l'on pourrait donner à ce qui paraîtrait un manque d'empressement à soutenir la réputation de sa fille. Dwining semblait s'accorder avec lui à cet égard, mais il parla avec plus de circonspection qu'il ne l'avait fait le matin.

— Après tout, dit le bailli, quand je pense à tous les dons et cadeaux que la bonne ville a faits à mylord prévôt, je ne puis croire qu'il refuse de se mettre en avant. Plus d'une pesante barque chargée de vin de Bordeaux a quitté la côte du Sud pour décharger sa cargaison dans les caves du château de Kinfauns. J'ai quelque droit d'en parler, moi qui les ai fait venir de France.

— Et moi, ajouta Dwining de sa voix en fausset, je pourrais parler de friandises, de conserves rares et délicates, de gâteaux, et même de pains de ce rare et délicieux condiment qu'on nomme du sucre, qui ont pris le même chemin pour figurer dans des repas de noces, de baptêmes, ou autres semblables. Mais, hélas ! bailli Craigdallie, le vin est bu, les confitures sont mangées, et le cadeau s'oublie quand le goût en est passé. Hélas ! voisin, le repas de la dernière fête de Noël est passé et oublié comme la neige de l'année dernière.

— Mais il y a eu des gants remplis de pièces d'or, reprit le magistrat.

— Je dois le savoir, moi qui les ai faits, dit Simon, en qui les souvenirs de sa profession se mêlaient toujours à n'importe ce qui lui occupait l'esprit. Il y avait un gant de fauconnerie pour mylady. Je l'avais fait un peu large. Mylady ne trouva pas à y redire, en considération de a doublure qu'on y destinait.

— Bien, reprit le bailli Craigdallie, ce que je dis en est d'autant plus vrai; et si les pièces d'or ne sont plus là, c'est la faute du prévôt et non celle de la ville. Ce cadeau-là ne pouvait ni se manger ni se boire sous la forme où il l'a eu.

— Je pourrais aussi parler d'une belle armure, dit à son tour Henry Smith; mais *cogan na schie*[1], comme dit John Highlander : — je pense que le chevalier de Kinfauns fera ce qu'il doit faire pour la ville en paix ou en guerre; et il est inutile de récapituler ce que la bonne ville a fait, jusqu'à ce que nous voyions qu'il ne s'en souvient plus.

— C'est aussi ce que je dis, cria notre ami Proudfute du haut de sa jument. Nous autres bonnes lames nous n'avons pas l'esprit assez bas placé pour compter le vin et les noix avec un ami comme sir Patrick Charteris. Et de plus, croyez-m'en, un bon chasseur comme sir Patrick regarde comme un haut privilége le droit de chasser sur les terres de la ville, et c'est un privilége, Sa Majesté le roi exceptée, qu'on n'accorde ni à lord ni à paysan, sauf à notre prévôt seul.

Au moment où le bonnetier parlait, on entendit sur la gauche les cris de *So so — waw waw — haw!* par lesquels un chasseur excite son faucon.

— Il me semble que voici là-bas un camarade qui use du privilége dont vous parlez, et qui n'est pourtant ni roi ni prévôt, à en juger par son apparence, dit Smith.

— Oui, marry, je le vois! repartit le bonnetier, qui s'imagina que le cas actuel lui offrait une excellente occasion d'acquérir de l'honneur. Toi et moi, Joyeux Smith, nous allons piquer des deux vers lui, et lui demander un peu de quel droit il chasse là.

— Hé bien, en avant! cria Smith; et l'autre donna de l'éperon à sa jument et partit au galop, ne doutant pas que Gow ne fût à ses talons.

Mais Craigdallie prit le cheval de Henry par la bride. — Demeurez ferme à l'étendard, dit-il; voyons comment notre cavalerie légère va s'en tirer. Si Olivier se fait casser la tête, il en sera plus tranquille le reste du jour.

— D'après ce que je vois déjà, repartit Smith, c'est ce qui pourra bien lui arriver. Ce drôle, qui s'arrête si impudemment à nous regarder, comme s'il se donnait là le passe-temps le plus légitime du monde, — je devine, à son cheval boiteux, à son casque rouillé à plume de coq et à sa longue épée à deux mains, qu'il appartient à la suite de quelque lord du Sud, — un de ces hommes qui demeurent si près des Southrons que leurs jacks noirs ne leur quittent jamais le dos, et qui ont la main aussi leste pour taper que pour voler.

Pendant qu'ils se livraient à ces conjectures sur l'issue de la ren-

---

[1] La paix ou la guerre, peu m'importe. (W. S.)

contre, le vaillant bonnetier commençait à ralentir le pas de Jézabel, afin de donner à Smith, qu'il pensait le suivre de près, le temps de le rejoindre et de prendre les devants, ou du moins d'arriver de front avec lui. Mais quand notre héros vit son compagnon à trois cents pas de là, tranquillement arrêté avec le reste de la troupe, la chair commença à lui trembler, comme celle du vieux général espagnol, à la pensée des dangers dans lesquels son esprit aventureux allait le jeter. Se sentant soutenu, néanmoins, par la proximité d'amis si nombreux; espérant que la vue d'une si grande inégalité de forces intimiderait le maraudeur, et honteux d'abandonner une entreprise où il s'était lancé de lui-même, quand sa honte aurait tant de témoins, il surmonta la forte inclination qui le poussait à faire faire volte-face à Jézabel, et à retourner à ceux dont il avait abandonné la protection, aussi vite que les jambes de sa monture pourraient l'y porter. Il continua donc de se diriger vers l'étranger, lequel accrut considérablement ses alarmes en mettant son petit bidet en mouvement et en prenant le trot pour arriver à sa rencontre. Lorsqu'il vit ce mouvement offensif en apparence, notre héros regarda plus d'une fois par-dessus son épaule gauche comme pour reconnaître le terrain en cas de retraite, et en même temps il fit halte. Mais le Philistin était sur notre bonnetier avant que celui-ci eût pu décider s'il fallait combattre ou fuir, et c'était un Philistin de fort mauvaise mine. Sa personne était maigre et élancée, son visage marqué de deux ou trois cicatrices qui ne contribuaient pas à l'embellir, et tout son extérieur était celui d'un homme accoutumé à crier à un honnête passant : Halte et la bourse!

Cet individu entama l'entretien en s'écriant d'un ton aussi peu rassurant que son air : Le diable vous enlève, coucou que vous êtes! pourquoi venir à travers la lande pour troubler ma chasse?

— Digne étranger, répondit notre ami d'un ton de remontrance pacifique, je suis Olivier Proudfute, un bourgeois de Perth fort à son aise; et voici là-bas le respectable Adam Craigdallie, le plus ancien bailli de la ville, avec le vaillant Smith du Wind et trois ou quatre autres hommes armés, qui désirent savoir votre nom, et pourquoi vous venez prendre votre plaisir sur ces terres appartenant à la ville de Perth? — quoique néanmoins je puisse répondre pour eux que leur désir n'est pas d'avoir querelle avec un gentleman étranger pour une transgression accidentelle. Seulement ils sont dans l'usage de n'accorder de permission de ce genre que lorsqu'elle est duement demandée; et — et — et c'est pourquoi je désire savoir votre nom, mon digne monsieur.

L'air hargneux et refrogné avec lequel le chasseur regardait Olivier Proudfute pendant la harangue avait grandement déconcerté celui-ci, et avait tout-à-fait changé le caractère de l'enquête qu'appuyé d'Henry Gow il aurait probablement cru convenir le mieux à la circonstance.

Toute modifiée qu'elle fût, l'étranger y répondit d'un air fort peu avenant, que les cicatrices de son visage faisaient paraître encore plus répulsif. — Vous voulez savoir mon nom? — mon nom est Dick-le-Diable de Hellgarth, bien connu dans l'Annandale pour un noble Johnstone. J'appartiens à la suite du vaillant laird de Wamphray, qui marche de compagnie avec son parent le redoutable lord de Johnstone, qui accompagne le puissant comte de Douglas; et le comte, et le lord, et le laird, et moi son écuyer, nous lançons nos faucons partout où nous trouvons notre gibier, sans demander à personne sur quelles terres nous nous trouvons [1].

— Je vais m'acquitter de votre message, monsieur, répliqua Olivier Proudfute d'un ton assez doux, — car il commençait à désirer fort de se débarrasser de l'ambassade dont il s'était si témérairement chargé; — et déjà il faisait faire demi-tour à son cheval, quand l'homme d'Annandale ajouta :

— Et prenez ceci par-dessus le marché pour vous faire souvenir de votre rencontre avec Dick-du-Diable, et pour vous apprendre une autre fois à ne pas venir troubler la chasse de quelqu'un qui porte l'éperon volant sur l'épaule.

En même temps il appliqua quelques bons coups de sa houssine sur la tête et le corps de l'infortuné bonnetier. Quelques uns atteignirent Jézabel, qui, faisant un brusque mouvement, étendit son cavalier sur la lande, et retourna au galop vers le groupe de citadins.

Proudfute, ainsi renversé, se mit à crier au secours d'un ton lamentable, et de la même haleine à implorer merci presque à voix basse; car son antagoniste, mettant pied à terre presque aussi vite que l'autre était tombé, lui présenta à la gorge la pointe d'un whinger ou grand couteau de chasse, pendant qu'il vidait la poche du malheureux citadin, et qu'il examinait même sa poche de fauconnerie, jurant énergiquement qu'il en aurait le contenu puisqu'on l'avait interrompu dans sa chasse. Il tira rudement à lui le baudrier que Proudfute avait passé en bandoulière, et en rompit la courroie au lieu de prendre la peine de la déboucler, violence qui ne fit qu'augmenter la terreur du champion terrassé. Mais apparemment la poche ne contenait rien qui convînt au terrible Dick. Il la rejeta d'un air de dédain et en même temps laissa le cavalier désarçonné se remettre sur ses pieds, tandis que lui-même

---

[1] Tous les Écossais doivent regretter que le nom de Johnstone ait disparu du *peerage*, et espérer qu'avant qu'il soit long-temps quelqu'un des nombreux prétendants à quelques uns des honneurs au moins de la maison d'Annandale justifiera d'un titre qui puisse satisfaire la chambre des lords. Les grands biens de la famille sont encore presque intacts, et en de dignes mains; — ils ont passé à une branche cadette de la noble maison de Hopetoun, une de celles qui prétendent aux anciens titres de la famille. (W. S.

remontait sur sa bête, en portant les yeux vers les compagnons d'Olivier, qui en ce moment s'approchaient du lieu de la scène.

En voyant leur délégué étendu par terre, ils commencèrent par rire, tant l'humeur fanfaronne du bonnetier avait disposé ses compagnons à s'assurer de ce que leur Olivier avait rencontré un Roland [1], selon l'expression d'Henry Smith. Mais lorsqu'ils virent l'adversaire du fabricant de bonnets lui mettre le pied sur la poitrine et le malmener comme nous l'avons dit, l'armurier n'y put plus tenir. — Avec votre permission, monsieur le bailli, dit-il, je ne puis voir de sang-froid notre concitoyen battu et volé, et peut-être assassiné, devant nous tous. La honte en retombe sur la bonne ville; et si c'est un malheur pour Proudfute, pour nous c'est une honte. Il faut que j'aille à son secours.

—Nous allons tous aller à son secours, répondit le bailli Craigdallie; mais que personne ne porte de coup sans mon ordre. Il est à craindre que nous n'ayons sur les bras plus de querelles que nos forces ne nous permettront d'en mener à bonne fin. C'est pourquoi je vous recommande à tous, au nom de la bonne ville, et spécialement à vous, Henry du Wynd, de ne frapper que pour votre défense.

Ils s'avancèrent effectivement en corps, et l'apparition d'adversaires si nombreux éloigna le maraudeur de sa proie. Il s'arrêta cependant à les regarder à quelque distance, comme le loup qui, tout en faisant retraite devant les chiens, ne peut être absolument mis en fuite.

Henry, voyant cet état de choses, fit sentir l'éperon à son cheval, et devançant le reste de la troupe, il arriva bien avant eux sur le théâtre du désastre d'Olivier Proudfute. Son premier soin avait été de rattraper Jézabel par la bride, et de la reconduire vers son malheureux maître, qui venait à sa rencontre tout clopinant, les habits tout souillés de sa chute, les yeux pleins de larmes arrachées par la douleur et la mortification, et offrant dans toute sa personne un aspect si complètement différent de l'air de soigneuse propreté et d'importance affairée qui le caractérisait d'habitude, que l'honnête Smith éprouva de la compassion pour le petit homme, et sentit quelque remords de l'avoir laissé exposé à une telle mésaventure. Tout le monde, je crois, s'amuse d'une mauvaise plaisanterie. La différence est qu'une personne foncièrement méchante peut jouir jusqu'au bout de l'amusement qu'elle procure, tandis qu'un meilleur naturel oublie bientôt le côté ridicule pour sympathiser avec la peine de la victime.

— Laissez-moi vous remettre en selle, voisin, dit Smith, tout en mettant lui-même pied à terre et en aidant Olivier, qui regrimpait sur son coursier à peu près comme aurait pu faire un singe.

— Que Dieu vous pardonne, voisin Smith, de ne pas m'avoir soutenu!

---

[1] Proverbe anglais. Trouver son maître (L. V.)

Je n'aurais pas cru cela de vous, quand même cinquante témoins dignes de foi me l'auraient juré.

Telles furent les premières paroles, empreintes de douleur plus que de colère, par lesquelles Olivier, à peine remis de sa terreur, donna issue aux sentiments qui l'agitaient.

— Le bailli retenait mon cheval par la bride, répondit Henry; et d'ailleurs, ajouta-t-il avec un sourire que sa compassion même ne put retenir, je pensais que vous m'auriez accusé d'empiéter sur votre honneur, si je vous avais donné aide contre un homme seul. Mais consolez-vous : le scélérat a pris sur vous un avantage déloyal, votre cheval étant un peu rétif.

— C'est vrai, — c'est vrai, dit Olivier, se rattachant vivement à cette excuse.

— Et voilà là-bas le misérable qui se réjouit du mal qu'il a fait et qui triomphe de votre chute, comme le roi du roman qui jouait du violon pendant qu'une ville brûlait. Viens avec moi, et tu vas voir comme nous allons l'arranger.— Oh! n'aie pas peur que je t'abandonne, cette fois.

En même temps il saisit Jézabel par la bride, et l'entraînant au galop avec lui, sans donner à Olivier le temps d'exprimer un refus, il se précipita vers Dick-du-Diable, qui s'était arrêté non loin de là au sommet d'un monticule. Le noble Johnstone, cependant, soit que la lutte lui parût inégale, soit qu'il pensât en avoir assez fait ce jour-là, faisant claquer ses doigts et étendant la main en avant d'un air de bravade, donna de l'éperon à son cheval et s'engagea dans un marécage voisin au milieu duquel il semblait se diriger comme un vrai canard sauvage, faisant voltiger son leurre autour de sa tête et ne cessant pas de siffler son faucon, quoique tout autre cheval et tout autre cavalier n'eussent pas tardé à enfoncer jusqu'à la selle dans les fondrières.

— Voilà un vrai troupier de marécage, dit Smith. Ce drôle-là se battra ou s'enfuira à son bon plaisir, et il est aussi inutile de le poursuivre que de donner la chasse à une oie sauvage. Je crains bien qu'il n'ait pris votre bourse, car ils s'en vont rarement les mains vides.

— O — u — i, dit Proudfute avec un accent mélancolique, il a pris ma bourse. — Mais le mal est moins grand, puisqu'il a laissé la poche de fauconnerie.

— Sans doute; la poche de fauconnerie a été un emblème de victoire personnelle, assurément, — un trophée, comme disent les ménestrels.

— Il y a plus que cela dans cette poche, l'ami, repartit Olivier d'un air significatif.

— Hé bien, tant mieux, voisin; j'aime à vous voir revenir à votre ton magistral. Remettez-vous ; le scélérat vous a montré les talons, et vous avez regagné le trophée que vous aviez perdu quand vous avez été pris en traître.

— Ah, Henry Gow — Henry Gow ! fit le bonnetier ; — et il s'arrêta court avec un gros soupir presque semblable à un gémissement.

— Qu'y a-t-il ? lui demanda son ami ; qu'est-ce qui vous tourmente encore ?

— J'ai quelque soupçon, mon cher Henry Smith, que le misérable s'est enfui parce qu'il a eu peur de vous et non pas de moi.

— Ne pensez pas cela ; il a vu deux hommes et s'est sauvé : qui peut dire qu'il se soit sauvé pour l'un ou pour l'autre ? D'ailleurs il connaît par expérience votre force et votre agilité ; nous avons tous vu comme vous vous escrimiez des pieds et des mains pendant que vous étiez par terre.

— Vraiment ? dit le pauvre Proudfute ; je ne m'en souviens pas. — Au surplus je sais que c'est mon côté fort : — je suis vigoureux des reins. Mais l'ont-ils tous vu ?

— Tous aussi bien que moi, répondit Smith en étouffant son envie de rire.

— Et vous les en ferez souvenir ?

— Soyez-en bien sûr ; — et de la manière dont vous venez de vous remontrer maintenant. Faites attention à ce que je vais dire au bailli Craigdallie, et faites-en votre profit.

— Ce n'est pas que je demande aucun témoignage en ma faveur, car je suis de ma nature aussi brave que la plupart des gens de Perth ; seulement.... Ici notre brave s'interrompit de nouveau.

— Seulement quoi ? s'enquit le valeureux armurier.

— Seulement j'ai peur d'être tué. Laisser là ma gentille petite femme et ma jeune famille, vous sentez, Smith, que ce serait une triste chose. Vous éprouverez cela quand vous serez dans le même cas ; vous sentirez votre courage s'abattre.

— C'est assez probable, dit l'armurier d'un ton rêveur.

— Et puis, j'ai une telle habitude de l'usage des armes, et j'ai un si bon souffle, que peu d'hommes peuvent aller de pair avec moi. Tout est là, continua le petit homme en faisant ressortir sa poitrine comme celle d'un poulet à la broche, et en se la tapotant légèrement de la main ; il y a place là pour tout l'appareil à vent.

— J'ose dire que vous avez l'haleine longue ; — du moins vos discours le prouvent.

— Mes discours ? — vous êtes un mauvais plaisant ; — mais j'ai fait venir de Dunder la pièce d'arrière d'un dromond.

— La pièce d'arrière d'un Drummond ! exclama l'armurier. En conscience, mon cher, cela va vous mettre à dos tout le clan ; — et ce n'est pas le plus endurant du pays, à ce que j'ai ouï dire.

— Par saint André, mon cher, vous me feriez perdre patience ! — je parle d'un *dromond*, c'est-à-dire d'un grand navire. J'ai fixé cette pièce de bois dans ma cour, je l'ai peinte et sculptée de manière à la faire ressembler à un soudan ou à un Sarrasin, et c'est contre elle que je m'exerce pendant des heures entières avec mon épée à deux mains, d'estoc et de taille.

— Cela doit vous familiariser avec l'usage de votre arme.

— Oui, marry! et des fois je vous placerai un bonnet sur la tête de mon soudan (un vieux bonnet, bien entendu), et je vous le fendrai d'un seul coup si bien appliqué, qu'en vérité il ne reste plus de crâne à l'infidèle.

— C'est malheureux, car vous perdrez votre pratique. — Mais j'ai une idée, bonnetier. Je mettrai un jour mon casque et mon corselet, et vous taperez sur moi comme sur votre soudan, pourvu que j'aie mon épée pour parer et rendre les coups. Eh! qu'en dites-vous?

— Du tout, du tout, mon cher ami. Je vous ferais trop de mal; — d'ailleurs, à vous dire vrai, je frappe bien plus sûrement sur un casque ou sur un bonnet quand il est posé sur mon soudan de bois : — alors je suis sûr de l'abattre. Mais quand il y a là un panache de plumes qui brandillent, et deux yeux menaçants qui brillent sous la visière, et que le tout danse de çà et de là, je conviens que ça me rend la main moins sûre à l'exercice.

— Si bien que si seulement on voulait rester tranquille et sans bouger comme votre soudan, vous pourriez faire le terrible avec votre adversaire, maître Proudfute?

— Avec du temps et de l'exercice, je crois que oui. — Mais voici que nous approchons des autres. Le bailli Craigdallie a l'air en colère; — mais ce n'est pas ce genre de colère-là qui m'effraie.

Vous vous souviendrez, ami lecteur, qu'aussitôt que le bailli et ceux qui l'accompagnaient virent que Smith était allé jusqu'au malheureux bonnetier, et que l'étranger avait fait retraite, ils ne se mirent pas en peine d'avancer plus loin à son secours, regardant la présence du redoutable Henry Gow comme tout-à-fait suffisante à cet égard. Ils avaient repris leur droit chemin vers Kinfauns, désirant que rien ne les retardât dans leur mission. Comme un certain temps s'était écoulé avant que Smith et le bonnetier rejoignissent la troupe, le bailli Craigdallie leur demanda, s'adressant particulièrement à Henry Smith, pourquoi ils avaient perdu un temps précieux en allant jusqu'au haut de la montée à la poursuite du chasseur.

— Par la messe, il n'y a pas eu de ma faute, monsieur le bailli, répondit Smith. Si vous accouplez un lévrier des basses-terres avec un chien-loup de la montagne, il ne faudra pas blâmer le premier d'aller là où il plaira à l'autre de l'entraîner. C'est précisément ce qui m'est arrivé avec le voisin Proudfute. Il n'a pas été plus tôt relevé de terre, qu'il a remonté sa jument comme un éclair, et que furieux que ce drôle eût déloyalement pris avantage de ce que son cheval avait trébuché, il s'est mis à courir après lui comme un dromadaire. Je ne pouvais pas faire autrement que de le suivre, tant pour prévenir une seconde chute que pour assurer notre ami et trop hardi champion contre la chance de quelque embûche au haut de la butte. Mais le scélérat, qui appartient à la suite de je ne sais quel lord des frontières dont il porte les armoiries, un éperon ailé, s'est sauvé de notre voisin comme le feu part du caillou.

Le doyen des baillis de Perth écoutait avec surprise la légende qu'il plaisait à Gow de débiter ; car sans prendre grand souci de la chose, il avait toujours douté des rapports romanesques que le bonnetier faisait de ses propres exploits, et il se trouvait maintenant qu'il lui faudrait à l'avenir les regarder jusqu'à un certain point comme orthodoxes. L'esprit plus pénétrant du vieux Glover vit plus clair en tout cela.

— Tu feras devenir fou le pauvre bonnetier, souffla-t-il à l'oreille de Henry, et tu vas lui faire sonner sa cloche comme la cloche de la ville un jour de fête, tandis que pour l'ordre et la décence il vaudrait mieux qu'il se tût.

— Par Notre-Dame, père Simon, j'aime le pauvre petit matamore, répliqua Henry, et je ne pouvais pas le laisser s'asseoir tout triste et sans mot dire dans la salle du prévôt pendant que tous les autres, et notamment cet empoisonneur d'apothicaire, diraient leur avis.

— Tu es un garçon d'un trop bon naturel, Henry. Mais voici la différence de ces deux hommes. L'inoffensif petit bonnetier se donne des airs de dragon pour déguiser sa couardise naturelle ; au lieu que l'apothicaire cherche volontairement à se montrer timide, humble et pauvre d'esprit, pour cacher son caractère dangereux. La vipère n'en est pas moins dangereuse parce qu'elle se tapit sous une pierre. Je te dis, mon fils Henry, qu'avec son air cafard et son parler craintif, ce misérable squelette aime le mal plus qu'il ne craint le danger. — Mais nous voici vis-à-vis du château du prévôt. C'est un lieu digne d'un lord, que Kinfauns, et c'est un honneur pour la ville d'avoir pour premier magistrat le propriétaire d'un si beau château.

— Ce serait en effet une excellente forteresse, répondit Smith en suivant des yeux le circuit que décrit le large cours du Tay autour de la hauteur sur laquelle le château s'élevait, comme s'y élève encore l'édifice plus moderne qui lui a succédé, et qui semblait la reine de la vallée, quoique sur la rive opposée du fleuve les fortes murailles d'Elcho parussent lui disputer la prééminence. Elcho, cependant, était à cette époque un paisible cloître, et les murailles qui l'entouraient étaient les barrières de vestales isolées du monde, et non les boulevards d'une garnison armée. — C'est un beau château, reprit l'armurier en regardant de nouveau les tours de Kinfauns ; c'est la cuirasse et le bouclier du cours du Tay. Il faudrait ébrécher plus d'une bonne lame avant de le prendre de force.

Le portier de Kinfauns, qui avait reconnu de loin la personne et le caractère des arrivants, avait déjà ouvert la grande porte pour les recevoir, et envoyé prévenir sir Patrick Charteris que le doyen des baillis de Perth, accompagné de quelques autres bons citadins, approchait du château. Le brave chevalier, qui s'apprêtait pour une partie de chasse au faucon, reçut l'avis à peu près avec le même plaisir que le moderne représentant d'un bourg apprend qu'il est menacé de la visite de quelques uns de ses dignes électeurs, en un moment où il est peu disposé à les recevoir, c'est-à-dire qu'intérieurement il envoya les intrus à Mahom et à Termagant, pendant que tout haut il donnait des ordres pour qu'on les reçût avec le décorum et la civilité convenables, qu'il recommandait aux officiers de sa table de faire apporter en toute hâte, dans la grand' salle, des tranches de venaison chaude et des viandes froides cuites au four, et au sommelier de mettre ses barriques en perce et de faire son devoir ; car si de temps à autre la bonne ville de Perth remplissait la cave du prévôt, les citadins étaient toujours également prêts à l'aider à vider ses flacons.

Les bons bourgeois furent révérencieusement introduits dans la salle de réception, où le chevalier, qui était en habit de chasse et en grandes bottes montant à mi-cuisse, les reçut avec un mélange de courtoisie et de condescendance protectrice, tout en envoyant de grand cœur au fond du lac du Tay d'importuns visiteurs dont l'arrivée dérangeait la partie de plaisir à laquelle il avait destiné sa matinée. Il vint au-devant d'eux jusqu'au milieu de la salle, tête nue et la toque à la main, et les accosta à peu près en ces termes : Ha, bailli, et vous, digne Simon Glover, anciens de la bonne ville ; — et vous, mon docte apothicaire, — et vous, brave Smith, — et vous aussi, maître Olivier le pourfendeur, qui fendez plus de crânes que vous n'en coiffez, d'où vient que j'ai de si bonne heure le plaisir de voir tant d'amis ? Je me disposais à voir donner le vol à mes faucons, et votre compagnie rendra la partie plus agréable — (*à part,* fasse Notre-Dame qu'ils se rompent le cou !) — c'est-à-dire, bien entendu, à moins que la ville n'ait quelques ordres à me donner. — Sommelier Gilbert, dépêche-toi, drôle ! — Mais j'espère que vous n'êtes amenés par rien de plus sérieux que le désir de voir si le malvoisie a toujours son bouquet ?

Les délégués de la ville répondirent aux civilités de leur prévôt par des inclinations de tête et des saluts plus ou moins profonds selon le caractère des envoyés, depuis ceux de l'apothicaire qui furent les plus profonds, jusqu'à ceux d'Henry Smith qui furent les moins cérémonieux. Probablement il savait ce qu'il valait comme homme d'action à l'occasion. Le bailli Craigdallie répondit pour tous.

— Sir Patrick Charteris et notre noble prévôt, dit-il gravement, si notre objet avait été de jouir de l'hospitalité dont vous nous avez souvent régalés ici, notre savoir-vivre nous aurait appris à attendre que Votre Seigneurie nous invitât, comme en d'autres occasions. Et quant à ce

CHAPITRE VIII.

qui est de la chasse au faucon, nous en avons assez pour une matinée ; car un mauvais drôle qui en avait lâché un ici tout près dans la lande, a désarçonné et bâtonné notre digne ami Olivier le bonnetier, que quelques personnes appellent Proudfute, uniquement parce qu'il lui demandait, au nom de Votre Honneur et de la ville de Perth, qui il était pour prendre cela sur lui.

— Et qu'a-t-il répondu ? demanda le prévôt. Par saint John ! je lui apprendrai à déflorer ma chasse !

— Plaise à Votre Seigneurie, dit le bonnetier, il m'a pris en traître. Mais après je suis remonté à cheval et je l'ai vigoureusement poursuivi. Il s'appelle Richard-le-Diable.

— Eh ! comment ? celui sur lequel on a fait des ballades et des romans ? Je croyais que le nom du coquin était Robert.

— J'imagine que ce ne sont pas les mêmes, mylord. J'ai fait au drôle l'honneur de lui donner le titre tout au long, car le fait est qu'il s'est donné à lui-même le nom de Dick-du-Diable [1], et qu'il dit être un Johnstone et appartenir à la suite du lord du même nom. Mais je l'ai fait se sauver dans le marais, et j'ai recouvré ma poche de fauconnerie qu'il avait prise pendant que j'étais renversé.

Sir Patrick se tut un instant. — Nous avons ouï parler de lord Johnstone et des gens de sa suite, dit-il enfin. Il y a peu à gagner à se faire des affaires avec eux. — Et dites-moi, Smith, vous avez enduré cela ?

— Oui, ma foi, sir Patrick, vu que mes supérieurs m'avaient ordonné de ne pas m'en mêler.

— Hé bien, si tu l'as supporté, reprit le prévôt, je ne vois pas pourquoi nous n'en ferions pas autant ; d'autant plus que maître Olivier Proudfute, quoique ayant d'abord eu le dessous, a rétabli sa réputation et celle de la ville, à ce qu'il vient de nous dire. — Mais voici enfin le vin. Remplissez à la ronde et jusque par-dessus le bord les verres de nos hôtes et bons amis. A la prospérité de Saint-Johnstone, et à votre joyeuse bienvenue à vous tous, mes honnêtes amis ! Et maintenant asseyez-vous pour manger un morceau, car le soleil est déjà haut, et des hommes d'ordre comme vous doivent avoir déjeuné depuis long-temps.

— Avant de rien manger, mylord prévôt, repartit le bailli, laissez-nous vous dire le motif pressant qui nous amène, et dont nous ne vous avons encore rien touché.

— Du tout, bailli ; remettez cela, je vous prie, après que vous vous serez rafraîchis. Il s'agit sûrement de quelque plainte contre ces racailles de jackmen et de gens de la suite des nobles qui auront joué à la balle dans les rues de la ville, ou de quelque autre affaire de la même importance ?

— Non, mylord, dit Craigdallie d'un ton ferme et décidé. Ce ne sont

---

[1] *Devil's Dick*. Dick est l'abréviation familière du nom de Richard. (L. V.)

pas des jackmen que nous nous plaignons, mais de leurs maîtres, qui jouent à la balle avec l'honneur de nos familles, et qui font aussi peu de cérémonie avec les chambres à coucher de nos filles que s'ils étaient à Paris dans un mauvais lieu. Une troupe de tapageurs, de coureurs de nuit, — des courtisans et des hommes de haut rang, il n'y a que trop lieu de le croire, — a tenté la nuit dernière d'escalader les fenêtres de la maison de Simon Glover; ils ont tiré l'épée pour se défendre quand ils ont été interrompus par Henry Smith, et se sont battus jusqu'à ce que l'arrivée des citadins les ait forcés de décamper.

— Comment! dit sir Patrick en posant le verre qu'il allait porter à ses lèvres. Corbleu! prouvez-moi cela, et, par l'âme de Thomas de Longueville! j'emploierai tout mon pouvoir pour vous faire faire justice, dût-il m'en coûter la vie et mes terres. — Qui atteste cela? — Simon Glover, vous passez pour un honnête homme et un homme circonspect; — affirmez-vous sur votre conscience la vérité de cette accusation?

— Mylord, répondit Simon, sachez bien que ce n'est pas de moi-même que je me porte plaignant dans cette affaire. Personne n'a éprouvé de dommage que ceux qui avaient troublé la paix publique. Je crains qu'un grand pouvoir ait pu seul encourager une telle audace et un tel mépris des lois, et je ne voudrais pas qu'il s'élevât à cause de moi une querelle entre ma ville natale et quelque puissant noble. Mais il a été dit que si je reculais dans la poursuite de cette plainte, ce serait admettre que ma fille attendait une pareille visite, ce qui est une insigne fausseté. Ainsi donc, mylord, je vais rapporter à Votre Seigneurie ce qui est arrivé, autant que je sache, et je laisse à votre sagesse à décider ce qu'il conviendra de faire ensuite. Il lui dit alors tout ce qu'il avait vu de l'attaque.

Sir Patrick Charteris, tout en écoutant avec grande attention, parut particulièrement frappé de l'évasion de l'homme qui avait été fait prisonnier. — Il est étrange, dit-il, que vous ne vous soyez pas assuré de lui quand vous le teniez. Est-ce que vous ne l'avez pas regardé assez pour le reconnaître?

— Je n'avais que la lumière d'une lanterne, mylord prévôt; et quant à ce qui est de l'avoir laissé échapper, j'étais seul et je suis vieux. Néanmoins j'aurais encore pu le tenir, si je n'avais pas entendu ma fille pousser des cris dans la chambre d'en-haut; et quand je suis revenu de sa chambre, l'homme s'était évadé par le jardin.

— Maintenant, armurier, comme vous êtes un homme loyal et un brave soldat, dites-moi ce que vous savez de cette affaire.

Henry Gow, du ton décidé qui lui était habituel, fit un récit succinct mais clair de tout ce qui s'était passé.

L'honnête Proudfute ayant ensuite été appelé, commença sa déposition d'un air de plus d'importance. — Relativement à cet étrange et terrible tumulte qui a eu lieu dans la ville, je ne puis, il est vrai, dire

CHAPITRE VIII.

tout-à-fait comme Henry Gow que j'en ai vu le commencement; mais on ne niera pas que j'aie vu une grande partie de la fin, et notamment que je n'aie procuré le témoignage le plus important pour convaincre les coquins.

—Et quel est ce témoignage, maître Olivier? Ne perdez pas le temps en paroles et en bavardage. De quoi s'agit-il?

—J'ai apporté à Votre Seigneurie, dans cette poche, ce qu'un des coquins a laissé derrière lui. C'est un trophée que de bonne foi et en honnête vérité je confesse ne pas avoir gagné à la pointe de l'épée; mais je réclame l'honneur de m'en être assuré avec cette présence d'esprit que peu d'hommes possèdent au milieu de l'éclat des torches et du bruit des armes. Je m'en suis assuré, mylord, et le voici.

En même temps il tira de la poche de fauconnerie dont il a été précédemment question la main déjà roidie qui avait été trouvée sur le théâtre du combat.

—Oui, bonnetier, dit le prévôt; je vous garantis assez de courage pour vous assurer de la main d'un coquin après qu'elle aura été séparée du corps.—Mais que cherchez-vous donc dans votre sac d'un air si affairé?

—Il aurait dû y avoir.... il y avait.... une bague, mylord, qui était au doigt de ce coquin. Je crains de l'avoir oubliée et de l'avoir laissée à la maison, car je l'avais tirée de son doigt pour la montrer à ma femme, vu qu'elle ne se souciait pas de regarder la main coupée, les femmes n'aimant pas la vue de ces sortes de choses-là. Pourtant je croyais l'avoir remise au doigt. Néanmoins, par réflexion, elle doit être à la maison. Je vais remonter à cheval et y courir, et Henry Smith va venir avec moi.

—Nous allons tous aller avec toi, dit sir Patrick Charteris, car je vais moi-même me rendre à Perth. Voyez-vous, honnêtes bourgeois et mes bons voisins de Perth : vous avez pu me croire peu susceptible de me laisser émouvoir par des plaintes frivoles et de légères infractions de vos priviléges, comme lorsqu'on empiétait quelque peu sur votre gibier, ou que les gens des barons jouaient à la balle[1] dans les rues, ou autres choses du même genre. Mais, par l'âme de Thomas de Longueville! vous n'accuserez pas Patrick Charteris de négligence dans une affaire de cette importance.—Cette main, continua-t-il en élevant en l'air le membre coupé, appartient à un homme qui n'est pas habitué à de rudes travaux. Nous allons l'exposer de façon à ce qu'elle soit reconnue et réclamée par celui à qui elle appartient, si ceux qui l'accompagnaient dans cette expédition nocturne ont en eux une étincelle d'honneur.—Ecoutez, Gérard,—faites-moi monter sur-le-champ à cheval une dizaine d'hommes déterminés, et qu'ils prennent le jack et

---

[1] *Football*, sorte de jeu de ballon. (L. V.)

la lance. En attendant, voisins, si de tout ceci il survient une querelle, comme c'est très probable, il faut que nous nous soutenions les uns les autres. Si ma pauvre maison est attaquée, combien d'hommes amènerez-vous à mon secours ?

Les bourgeois regardèrent Henry Gow, vers lequel ils se tournaient instinctivement quand des affaires de cette nature étaient en discussion. — Je réponds, dit-il, que cinquante bons compagnons seront réunis avant que la cloche commune n'ait sonné dix minutes; je réponds de mille dans l'espace d'une heure.

— C'est bien, repartit le brave prévôt; moi, en cas de besoin, je viendrai au secours de la bonne ville avec autant d'hommes que j'en pourrai réunir. Et maintenant, mes bons amis, à cheval.

CHAPITRE IX.

> Si je sais comment me tirer de ces affaires qu'on me jette ainsi sur les bras, je veux n'être jamais cru...
> *Richard II.*

Le jour de la Saint-Valentin, de bonne heure après midi, le prieur des dominicains était occupé à remplir ses devoirs de confesseur près d'un pénitent de haute importance, homme âgé et de bonne mine dont les joues fleuries respiraient la santé ; une vénérable barbe blanche qui en ombrageait la partie inférieure lui descendait sur la poitrine. De grands yeux d'un bleu clair, joints au large développement du front, exprimaient la dignité, mais une dignité qui semblait plus accoutumée à recevoir des honneurs volontairement rendus qu'à les exiger si on les avait refusés. L'expression de bonté répandue sur sa physionomie était si grande qu'elle approchait d'une simplicité sans défense, ou d'une faiblesse de caractère qu'on pouvait supposer incapable de repousser l'importunité ou de dompter la résistance. La chevelure grise de ce personnage était surmontée d'un petit cercle ou *coronet* d'or sur un bandeau bleu. Son chapelet était composé de très gros grains d'or d'un travail fort peu recherché, mais entremêlés de perles d'Écosse d'un volume et d'une beauté rares. C'étaient là ses seuls ornements ; et pour vêtement il portait une longue robe de soie cramoisie attachée par une ceinture de même couleur. Sa confession terminée, il se releva pesamment du coussin brodé sur lequel il était agenouillé, et, à l'aide d'une canne d'ébène à manette, il s'approcha en boitant d'une manière disgracieuse et qui semblait pénible, d'un fauteuil d'apparat surmonté d'un dais, qu'on avait disposé pour lui près de la cheminée de la pièce élevée et spacieuse où il se trouvait.

C'était Robert, troisième de nom, et le second de l'infortunée famille des Stuarts qui occupa le trône d'Écosse. Il avait de nombreuses vertus et n'était pas sans talents ; mais son grand malheur fut que, comme d'autres princes de cette race marquée par la fatalité, ses qualités n'étaient pas d'une nature appropriée au rôle qu'il était appelé à remplir dans le monde. Le roi d'un peuple aussi belliqueux que les Écossais l'étaient alors aurait dû être passionné pour les armes, prompt, actif, libéral à récompenser les services, strict à punir les crimes, tel, enfin, que sa conduite pût tout à la fois inspirer la crainte et l'affection. Les qualités de Robert III étaient précisément l'inverse de celles-là. Dans sa jeunesse il avait à la vérité vu des batailles; mais, sans que sa conduite eût été de nature à le déshonorer, il n'avait jamais manifesté cet amour chevaleresque de la guerre et des périls, ni cet ardent désir de se distinguer par de dangereux exploits, que ce siècle attendait de quiconque était de noble naissance et aspirait à l'autorité.

D'ailleurs sa carrière militaire fut très courte. Au milieu du tumulte d'un tournoi, le jeune comte de Carrick (tel était alors son titre) reçut du cheval de sir James Douglas de Dalkeith un coup de pied qui le rendit boiteux pour le reste de sa vie et le mit absolument hors d'état de prendre part à la guerre, aussi bien qu'aux jeux militaires et aux tournois qui en étaient l'image. Comme Robert n'avait jamais montré une grande prédilection pour les exercices violents, il ne regretta probablement pas beaucoup l'accident qui l'exemptait de ces scènes actives. Mais son malheur, ou plutôt les conséquences qui en furent la suite, l'abaissèrent aux yeux d'une noblesse turbulente et d'un peuple belliqueux. Il fut obligé de se reposer du principal fardeau des affaires tantôt sur un membre de sa famille, tantôt sur un autre; parfois avec le rang effectif, et toujours avec le pouvoir de lieutenant-général du royaume. Son affection paternelle l'aurait porté à recourir à l'assistance de son fils aîné, jeune homme de courage et de talent, que sa tendresse avait créé duc de Rothsay, afin de le mettre en possession de la dignité la plus rapprochée de celle du trône[1]; mais le jeune prince avait la tête trop légère et la main trop faible pour porter avec dignité le sceptre qui lui aurait été transmis. Il aimait le pouvoir, mais la poursuite du plaisir était son objet favori; et la cour était troublée, de même que le pays était scandalisé, du nombre d'intrigues fugitives et de dissipations extravagantes auxquelles s'abandonnait celui qui aurait dû être pour la jeunesse du royaume un exemple d'ordre et de régularité.

La conduite inconvenante et licencieuse du duc de Rothsay était d'autant plus répréhensible aux yeux du public qu'il était marié; bien que quelques personnes qu'avaient gagnées sa jeunesse, sa gaieté, sa grâce et son heureux caractère, fussent d'opinion que les circonstances mêmes de son mariage pouvaient servir d'excuse à son libertinage. Elles rappelaient que ses noces avaient été entièrement conduites par son oncle le duc d'Albany, dont les conseils gouvernaient alors principalement l'infirme et timide Robert, et qui passait pour travailler

---

[1] Cette création, et celle du duché d'Albany en faveur du frère du roi, furent les premiers exemples du rang ducal en Ecosse. Buchanan mentionne l'innovation en termes que l'on peut regarder comme montrant que lui-même partageait la prévention générale dont ce titre fut l'objet en Écosse jusqu'à une époque beaucoup plus rapprochée. Il est vrai que presque toujours ce titre avait été uni à de grandes infortunes, — et souvent même à des crimes tragiques. (W. S.)

CHAPITRE IX.

l'esprit du roi son frère de manière à nuire le plus possible aux intérêts et à l'avenir du jeune prince. Par les machinations de d'Albany, la main de l'héritier présomptif avait été en quelque sorte mise à l'encan, puisqu'on donna publiquement à entendre que le seigneur écossais qui donnerait à sa fille la plus forte dot pourrait aspirer à l'élever jusqu'à la couche du duc de Rothsay.

Dans la contestation qui s'ensuivit pour obtenir la préférence, George, comte de Dunbar et de March, qui par lui ou ses vassaux possédait une grande partie de la frontière orientale, l'emporta sur les autres compétiteurs; et sa fille, du consentement mutuel du jeune couple, fut fiancée au duc de Rothsay.

Mais il restait un tiers à consulter : c'était le redoutable Archibald, comte de Douglas, également à craindre par l'étendue de ses domaines, par les nombreux offices et les nombreuses juridictions dont il était investi, et par ses qualités personnelles de prudence et de valeur, mêlées d'un indomptable orgueil et d'un amour de la vengeance plus que féodal. Le comte, lui aussi, était allié de près au trône, car il avait épousé la fille aînée du roi régnant.

Après les fiançailles du duc de Rothsay avec la fille du comte de March, Douglas, comme s'il n'eût tardé à prendre part à la négociation que pour montrer qu'elle ne pouvait se conclure avec d'autres qu'avec lui, entra en lice pour faire rompre le contrat. Il offrit avec sa fille Marjory une dot plus considérable que celle qu'avait proposée le comte de March; et le duc d'Albany, dominé par sa cupidité et la crainte que lui inspirait Douglas, employa son influence près du timide Robert, et parvint à lui faire rompre le contrat avec le comte de March, et à faire épouser à son fils Marjory Douglas, que Rothsay ne pouvait aimer. La seule excuse que l'on fit valoir près du comte de March fut que les fiançailles entre le prince et Elisabeth de Dunbar n'avaient pas été approuvées par le parlement, et que tant que cette ratification n'avait pas eu lieu le contrat était susceptible d'être rompu. Le comte fut profondément blessé de l'injure qui lui était faite ainsi qu'à sa fille ; et on pensa généralement qu'il nourrissait des idées d'une vengeance dont sa grande influence sur la frontière anglaise devait probablement lui faciliter les moyens.

Le duc de Rothsay, de son côté, irrité de voir ainsi sacrifier sa main et ses inclinations à cette intrigue d'État, en montra son déplaisir à sa manière, en négligeant sa femme, en affichant un mépris public pour son formidable et dangereux beau-père, en témoignant peu de respect pour l'autorité du roi lui-même, et aucun pour les remontrances de d'Albany son oncle, qu'il regardait comme son ennemi déclaré.

Au milieu de ces dissensions intestines, qui s'étendaient jusqu'au sein de ses conseils et de son administration, introduisant partout les funestes effets de l'incertitude et de la désunion, le faible monarque avait été quelque temps soutenu par les conseils de la reine, Annabella, issue de la noble maison de Drummond, femme douée d'une sagacité profonde et d'une fermeté qui imposait quelque contrainte aux légèretés d'un fils qui la respectait, et qui en mainte occasion soutint la résolution chancelante de son royal époux. Mais après sa mort, le faible souverain ne ressembla à rien tant qu'à un vaisseau qui a perdu ses ancres, et qui est ballotté au milieu de courants contraires. Abstraction faite de toute autre considération, on pouvait dire que Robert aimait passionnément son fils; — que le caractère de son frère Albany, dont le sien était si loin d'égaler la fermeté, lui inspirait du respect et une sorte de crainte; — qu'il avait pour Douglas une terreur presque instinctive, et qu'il suspectait la fidélité du hardi mais inconstant comte de March. Mais ces divers sentiments se mêlaient et se compliquaient de telle sorte, que de temps à autre ils se montraient tout différents de ce qu'ils étaient réellement; et selon l'influence qui s'était exercée la dernière sur son esprit mobile, le roi, d'indulgent qu'il était pour son fils, devenait sévère et même cruel; — sa confiance en son frère se changeait en défiance; — et le prince plein de bénignité et d'indulgence devenait un souverain avide et empiétant. Semblable au caméléon, son faible esprit réfléchissait la couleur du caractère plus ferme sur lequel il se reposait pour le moment, et dont il recevait les conseils et l'assistance. Et lorsqu'il cessait d'écouter les avis d'un membre de sa famille pour recourir à ceux d'un autre, il était assez habituel de voir un changement total de mesures, variation non moins nuisible au respect dont aurait dû être entouré le caractère du roi que dangereux pour la sûreté de l'État.

Il s'ensuivit naturellement que le clergé catholique obtint une grande influence sur un homme dont les résolutions étaient aussi faibles que les intentions étaient bonnes. Robert était poursuivi non seulement du regret légitime des erreurs qu'il avait légèrement commises, mais aussi des appréhensions pénibles de ces peccadilles qui tourmentent un esprit superstitieux et timide. Il est donc à peine nécessaire d'ajouter que les hommes d'église de diverses sortes n'avaient pas peu d'influence sur ce prince facile, bien qu'à la vérité cette influence fût de celles auxquelles à cette époque peu ou point échappaient, quelque résolution et quelque fermeté qu'on pût avoir dans les affaires temporelles. — Nous terminerons ici cette longue digression, sans laquelle ce que nous avons à raconter n'aurait peut-être pu être bien compris.

Le roi avait gagné, avec peine et d'une manière disgracieuse, le siége rembourré qui avait été disposé pour lui sous un dais, et sur lequel il se laissa tomber de l'air enchanté d'un homme indolent, qui depuis quelque temps est retenu dans une position gênante. Une fois assis, la bienveillance se peignit sur les traits doux et vénérables du bon vieillard. Le prieur, qui alors se tenait debout vis-à-vis du siége royal, d'un air de profonde déférence qui voilait la hauteur naturelle de ses manières, était un homme de quarante à cinquante ans, mais dont pas un cheveu n'avait encore perdu sa couleur noire. Des traits intelligents et un regard pénétrant attestaient les talents auxquels le vénérable père devait sa haute position dans la communauté à laquelle il présidait, — et nous pouvons ajouter dans les conseils du royaume, où il les avait souvent employés. Les principaux objets que son éducation et ses habitudes lui apprenaient à avoir constamment en vue étaient l'extension de la domination et des richesses de l'Église, et la suppression de l'hérésie, deux buts qu'il s'efforçait d'atteindre par tous les moyens que sa position lui fournissait. Toutefois il honorait sa religion par la sincérité de sa croyance et par la moralité qui dirigeait sa conduite dans toutes les occasions ordinaires. Les défauts du prieur Adam, bien qu'ils le conduisissent à de graves erreurs et même à la cruauté, n'étaient guère que ceux de son siècle et de sa profession; — ses vertus lui étaient propres.

— Cela fait, dit le roi, et les terres dont j'ai parlé assurées à ce monastère par le don que je lui en ferai, vous pensez, mon père, que je demeure assez dans les bonnes grâces de notre sainte mère l'Église pour que je puisse me nommer son fils respectueux?

— Assurément, mon lige, répondit le prieur; plût à Dieu que tous ses enfants apportassent au sacrement efficace de la confession un sentiment aussi profond de leurs erreurs et la même volonté de les expier! Mais j'adresse ces paroles de consolation, mon lige, non à Robert roi d'Écosse, mais seulement à mon humble et pieux serviteur Robert Stuart de Carrick.

— Vous me surprenez, mon père. Ma conscience ne me reproche guère rien de ce que j'ai pu faire dans mes fonctions royales, attendu que je m'y laisse diriger moins par ma propre opinion que par l'avis des plus sages conseillers.

— Et c'est là même où est le danger, mon lige. Le saint père reconnaît dans chaque pensée, dans chaque parole, dans chaque action de Votre Grâce un vassal obéissant de la sainte Église. Mais il est des conseillers pervers qui obéissent à l'instinct de leur cœur corrompu, en même temps qu'ils abusent du naturel et de la facilité de leur souverain, et qui, sous prétexte de servir ses intérêts temporels, prennent des mesures qui préjudicient à son salut éternel.

Robert se leva et prit un air d'autorité qui lui allait fort bien, quoique ne lui étant pas habituel.

— Prieur Anselm, dit-il, si vous avez découvert dans ma conduite, soit comme roi, soit comme homme privé, quelque chose qui puisse appeler les censures telles que vos paroles en renferment, votre devoir est de vous expliquer clairement, et je vous ordonne de le faire.

— Mon lige, vous allez être obéi, repartit le prieur en s'inclinant. Alors se redressant, et prenant la dignité de son rang dans l'Église, il ajouta : Écoutez de ma bouche les paroles de notre saint-père le pape, le successeur de saint Pierre, à qui ont été remises les clefs avec le pouvoir de lier et délier. Pourquoi, Robert d'Écosse, n'as-tu pas reçu au siège épiscopal de Saint-André Henry de Wardlaw, que le pontife avait recommandé pour le remplir? Pourquoi tes lèvres font-elles profession de soumission respectueuse envers l'Église, quand tes actions proclament la désobéissance perverse de ton âme? Obéissance vaut mieux que sacrifice.

— Sir prieur, répliqua le monarque, d'un air qui ne messeyait pas à son haut rang, nous pouvons nous dispenser de vous répondre à ce sujet, car c'est une affaire qui nous concerne nous et les états de notre royaume, mais qui ne touche en rien à notre conscience.

— Hélas! et quelle conscience intéressera-t-elle au dernier jour? Lequel de vos lords bannerets ou de vos riches bourgeois s'interposera alors entre leur roi et la peine qu'il aura encourue en suivant leur politique séculière en matières ecclésiastiques? Sache, puissant roi, que toute la chevalerie de ton royaume fût-elle rangée devant toi pour t'abriter de la foudre, elle serait consumée comme un morceau de parchemin sec à la flamme d'une fournaise.

— Bon sir prieur, dit le roi (car un langage de cette nature manquait rarement de faire impression sur sa conscience timorée), vous êtes assurément trop rigoureux en cette affaire. C'est durant ma dernière indisposition, pendant que le comte de Douglas exerçait comme lieutenant-général l'autorité royale en Écosse, que se sont élevées ces malheureuses difficultés à la réception du primat. Ne m'imputez donc pas ce qui est arrivé alors que j'étais hors d'état de conduire les affaires du royaume, et contraint de déléguer mon pouvoir à un autre.

— A votre sujet, Sire, vous en avez dit assez. Seulement, si l'obstacle est survenu durant la lieutenance du comte de Douglas, le légat de Sa Sainteté demandera pourquoi cet obstacle n'a pas été levé sur-le-champ quand le roi a repris en ses mains royales les rênes de l'autorité. Douglas le Noir peut beaucoup, plus peut-être qu'un sujet ne devrait pouvoir dans le royaume de son souverain; mais il ne peut se placer entre Votre Grâce et votre conscience, ni vous relever des devoirs que votre situation comme roi vous impose envers la sainte Église.

— Mon père, repartit Robert avec quelque impatience, vous êtes un peu péremptoire en cette affaire, et vous devriez du moins attendre un moment raisonnable, jusqu'à ce que nous ayons eu le temps de chercher quelque remède. Des différends de même nature ont eu lieu à diverses reprises sous les règnes de nos prédécesseurs; et notre royal et bienheureux ancêtre saint David ne résigna pas ses priviléges comme roi sans les avoir défendus, bien qu'il fût en discussion directe avec le Saint-Père lui-même.

— Et c'est en quoi ce bon et saint roi n'agit ni pieusement ni saintement; et c'est pourquoi il fut livré à ses ennemis, qui le battirent et le dépouillèrent quand il leva l'épée contre les bannières de saint Pierre, de saint Paul et de saint John de Beverley, dans ce qu'on nomme encore la guerre de l'étendart. Il est heureux pour lui que, de même que pour son homonyme, le fils de Jessé, son péché ait été puni sur terre, au lieu d'être enregistré contre lui pour le jour redoutable où il faudra rendre ses comptes.

— Bien, bon prieur, — bien; assez là-dessus quant à présent. Le saint-siége, s'il plaît à Dieu, n'aura pas lieu de se plaindre de moi. Je prends Notre-Dame à témoin que pour la couronne que je porte je ne voudrais pas assumer le fardeau d'une injure envers notre sainte mère l'Église. Nous avons toujours eu la crainte que le comte de Douglas ne tînt ses regards trop exclusivement fixés sur la renommée et les biens temporels de cette vie fragile et temporaire pour sentir tout-à-fait comme il le devrait ce que réclame de lui la vie à venir.

— Il y a peu de temps encore, reprit le prieur, qu'il s'est installé de force dans le monastère d'Aberbrothock, avec sa suite d'un millier d'hommes de guerre; et l'abbé est contraint de lui fournir tout ce qui est nécessaire aux chevaux et aux hommes, ce que le comte appelle une hospitalité qu'il a droit d'attendre du couvent que ses ancêtres ont contribué à fonder. Certes, il vaudrait mieux rendre au comte de Douglas les terres données par sa famille que de se soumettre à de telles exactions, qui ressemblent plus à la licence effrénée de ces Highlanders qui se font faire l'aumône de force[1], qu'à la conduite d'un baron chrétien.

— Les Douglas, dit le roi avec un soupir, sont une race qui ne souffre pas qu'on lui dise non. Mais, père prieur, peut-être suis-je moi-même un intrus du même genre; car mon séjour chez vous a été long, et quoique ma suite soit beaucoup moins nombreuse que celle de Douglas, elle l'est néanmoins assez pour que son entretien journalier puisse vous être une charge. Il est vrai que nous avons donné ordre que nos pourvoyeurs allégeassent vos dépenses autant que possible; néanmoins, si notre présence vous occasionnait quelque inconvénient, il serait convenable de songer à temps à notre départ.

— Notre-Dame nous en préserve! s'écria le prieur, qui, s'il était désireux de pouvoir, n'avait dans le caractère rien de bas ni de sordide, et qui poussait même jusqu'à la magnificence sa généreuse hospitalité. Le couvent des Dominicains, continua-t-il, peut certainement offrir à son souverain l'hospitalité qu'y trouve tout voyageur, quelle que soit sa condition, qui veut bien la recevoir des mains des humbles serviteurs de notre patron. Non, Sire; venez avec une suite dix fois plus nombreuse, aucun de vos gens n'y manquera ni d'un grain d'avoine, ni d'une botte de paille, ni d'un morceau de pain, ni d'une once de viande, que

---

[1] Le texte emploie les expressions écossaises *thiggers and sorners*, que Walter Scott explique en note par mendiants valides.

notre couvent peut leur fournir. Autre chose est d'employer à recevoir convenablement et respectueusement Votre Majesté royale les revenus de l'Église, qui sont bien plus considérables que des moines ne doivent en avoir besoin ou le désirer, ou de se les voir arracher par des hommes grossiers et violents, dont l'amour pour la rapine ne s'arrête que là où finit leur pouvoir.

— C'est bien, bon prieur. Et maintenant, pour détourner un moment nos pensées des affaires d'État, Votre Révérence pourrait-elle nous dire comment les bons citadins de Perth ont commencé leur jour de la Saint-Valentin?—galamment, et joyeusement, et paisiblement, j'espère?

— Quant à la galanterie, Sire, c'est une qualité à laquelle je me connais peu. Mais pour ce qui est d'avoir commencé la fête paisiblement, trois ou quatre hommes, dont deux cruellement blessés, sont venus ce matin avant le jour réclamer le privilége du sanctuaire, poursuivis à cor et à cris par des citadins en chemise, armés de bâtons, de masses d'armes, de haches de Lochaber et d'épées à deux mains, criant tue et assomme plus haut les uns que les autres. Et même ils ne se sont pas contentés de ce que notre portier et notre garde leur ont dit que ceux qu'ils poursuivaient avaient trouvé refuge dans la galilée de l'église [1]; ils ont encore continué pendant plusieurs minutes de pousser des cris et de frapper à la poterne, demandant qu'on leur livrât les hommes qui les avaient offensés. Je craignais que le bruit qu'ils ont fait n'eût interrompu le repos de Votre Majesté, et ne lui eût causé quelque surprise.

— Mon repos aurait pu être interrompu, dit le monarque; mais que des bruits de violence m'eussent occasionné de la surprise, — hélas! révérend père, il n'est en Écosse qu'un seul lieu où les cris de la victime et les menaces de l'oppresseur ne se fassent pas entendre, — et ce lieu, mon père, c'est — le tombeau.

Le prieur garda un respectueux silence, sympathisant avec ce qu'éprouvait un roi dont la bonté de cœur était si peu en accord avec la condition et les mœurs de son peuple.

— Et que sont devenus les fugitifs? demanda Robert après une minute de silence.

— Assurément, Sire, on les a renvoyés avant le jour comme ils le désiraient, répondit le prieur; et après que nous avons eu fait visiter les environs pour nous assurer qu'aucune embûche de leurs ennemis

---

[1] La *galilée* d'une cathédrale catholique est une petite chapelle latérale à laquelle ont accès les excommuniés, bien qu'ils ne puissent entrer dans le corps de l'église. M. Surtees conjecture que le nom de l'endroit ainsi approprié à la consolation de misérables pénitents était tiré du texte : *Ite, nunciate fratribus meis ut eant in Galileam : ibi me videbunt.* Matth. xxviii, 10. Voy. *History of Durham*, I, LVI. Les criminels réclamant les droits du sanctuaire étaient dans l'habitude, pour des raisons faciles à comprendre, de se placer dans cette partie de l'édifice. (L. V.)

ne les attendait aux environs, ils se sont paisiblement remis en chemin.

— Et vous ne savez rien de ce qu'étaient ces hommes, ni du motif qui leur avait fait chercher refuge chez vous ?

— La cause était une querelle avec les bourgeois ; mais comment s'était-elle élevée, c'est ce que nous ignorons. L'usage de notre maison est d'accorder vingt-quatre heures de refuge non interrompu dans le sanctuaire de saint Dominique, sans faire aucune question aux malheureux qui sont venus y chercher secours. S'ils désirent y rester plus long-temps, le motif qui les a fait recourir au sanctuaire doit alors être inscrit sur le registre du couvent ; et grâce à notre bienheureux saint, nombre de personnes échappent au coup de la loi par cette protection temporaire, que peut-être, si nous connaissions la nature de leur crime, nous nous trouverions obligés de livrer à ceux qui les poursuivent ou les persécutent.

Tandis que le prieur parlait, une idée vague se présenta au prince, que le privilége du sanctuaire ainsi accordé d'une manière absolue pourrait bien nuire gravement au cours de la justice dans l'étendue de son royaume ; mais il la repoussa comme une suggestion de Satan, et il se garda bien de laisser échapper un seul mot qui pût faire soupçonner au moine qu'une pensée si profane était entrée dans son esprit. Il se hâta, au contraire, de changer d'entretien.

— Le soleil marche lentement sur le cadran, dit-il. D'après la triste nouvelle que vous venez de me donner, les membres de mon conseil auraient dû déjà être ici pour prendre mes ordres au sujet de cette malheureuse querelle. Ce fut un mauvais moment que celui qui me donna à gouverner un peuple où il me semble être le seul qui désire le repos et la tranquillité !

— L'Église désire toujours la paix et la tranquillité, ajouta le prieur, ne souffrant même pas qu'une proposition si générale pût échapper à l'esprit oppressé du pauvre roi, sans insister sur une clause exceptionnelle pour l'honneur de l'Église.

— Nous ne voulons rien dire autre chose, repartit Robert. Mais vous conviendrez, père prieur, qu'en apaisant les querelles, comme sans doute c'est son dessein, l'Église ressemble à la ménagère affairée qui soulève la poussière qu'elle a l'intention de balayer.

Le prieur allait répondre à cette remarque ; mais la porte de l'appartement s'ouvrit, et un chambellan annonça le duc d'Albany.

CHAPITRE X.

> Mon noble ami ! ne lui reproche pas d'être gaie,
> elle était triste hier, et peut-être elle le sera demain.
> JOANNA BAILLIE.

Le duc d'Albany portait, comme son royal frère, le nom de Robert. Le nom de baptême du dernier avait été John jusqu'au moment où il avait été appelé au trône ; à cette époque la superstition du temps fit la remarque que ce nom avait été constamment malheureux pendant la vie et les règnes de John d'Angleterre, de John de France [1], et de John Baliol d'Écosse. Il fut convenu, en conséquence, que pour échapper au mauvais présage le nouveau roi prendrait le nom de Robert, que le souvenir de Robert Bruce rendait cher à l'Écosse. Nous mentionnons cette circonstance pour expliquer la simultanéité du même nom de baptême porté par deux frères dans la même famille, ce qui certainement n'était pas chose commune alors plus qu'aujourd'hui.

Albany était aussi avancé en âge, et on ne le supposait pas doué d'un esprit plus belliqueux que le roi lui-même ; mais s'il manquait de courage, il avait assez de prudence pour dissimuler ce défaut, qui, une fois suspecté, aurait ruiné tous les plans qu'avait formés son ambition. Il avait aussi assez de fierté pour suppléer, dans un cas extrême, au manque de valeur réelle, et il était assez maître de ses esprits pour en cacher l'agitation. A d'autres égards, il avait l'expérience des cours : calme, froid et rusé, il tenait ses regards attachés sur le point qu'il désirait atteindre tant qu'il en était encore éloigné, et jamais il ne le perdait de vue, alors même que les routes sinueuses qu'il parcourait semblaient parfois prendre une autre direction. De sa personne il ressemblait au roi, car il avait de la noblesse et de la majesté dans la stature et la physionomie ; mais il avait de plus sur son frère aîné l'avantage d'être exempt de toute infirmité, et à tous égards plus léger et plus actif. Son costume était riche et grave, ainsi qu'il convenait à son âge et à son rang, et, de même que son royal frère, il ne portait d'armes d'aucune sorte, une petite gaîne à couteau tenant à sa ceinture la place occupée d'habitude par une dague, en l'absence d'une épée.

A l'entrée du duc, le prieur, après s'être incliné, se retira respec-

---

[1] On sait que John est la forme anglaise et écossaise de notre nom Jean. (L. V.)

CHAPITRE X. 115

tucusement dans une embrasure, à quelque distance du fauteuil royal, afin de laisser aux deux frères la liberté de converser sans être gênés par la présence d'un tiers. Il est nécessaire d'ajouter que cette embrasure était celle d'une fenêtre de la façade intérieure de la partie des bâtiments du cloître qu'on nommait le Palais, parce qu'elle servait fréquemment de résidence aux rois d'Écosse, mais qui était occupée, sauf en ces occasions, par le prieur ou abbé. La fenêtre se trouvait au-dessus de la principale entrée des appartements royaux, et avait vue sur le *quadrangle* intérieur ou cour carrée du couvent, formée à droite par la partie laterale de la magnifique église, à gauche par un bâtiment contenant la rangée de caves avec le réfectoire, la salle des chapitres, et, au-dessus, d'autres appartements appropriés aux habitudes et aux besoins du couvent, partie tout-à-fait indépendante de celle qu'occupait le roi Robert et sa suite; enfin, un quatrième rang de constructions, dont en ce moment la noble façade était extérieurement éclairée par le soleil levant, comprenait un vaste *hospitium* pour la réception des étrangers et des pèlerins, et nombre d'offices et de magasins pour les vastes provisions qui fournissaient à la magnifique hospitalité des pères dominicains. Une voûte élevée conduisait à la cour intérieure à travers cette aile orientale, précisément en face de la fenêtre où se tenait le prieur Anselme, de sorte que son œil pouvait plonger sous l'arcade obscure, et observer les rayons lumineux qui y pénétraient par le portail ouvert de la façade orientale; mais la hauteur où il était, et la profondeur de cette arcade voûtée, faisaient que son regard ne pouvait apercevoir qu'imparfaitement l'étendue considérable du portail opposé. Cette disposition locale était essentielle à établir; maintenant nous revenons à l'entretien qui avait lieu entre le roi et le duc.

— Mon cher frère, dit le premier, relevant le duc d'Albany qui s'inclinait pour lui baiser la main, — mon cher, mon bien cher frère, pourquoi ce cérémonial? Ne sommes-nous pas l'un et l'autre fils du même Stuart d'Écosse et de la même Elisabeth More?

— Je ne l'ai pas oublié, répondit Albany en se relevant; mais la familiarité du frère ne doit pas faire oublier le respect dû au roi.

— Oh! c'est vrai, c'est très vrai, Robin. Le trône est comme un haut rocher nu, sur lequel ni fleur ni arbrisseau ne peuvent jamais prendre racine. Tout sentiment affectueux, toute affection tendre, sont interdits à un roi. Un roi ne doit pas presser un frère sur son cœur; — il n'ose pas donner cours à sa tendresse pour son fils!

— Tel est à quelques égards le sort auquel est condamnée la grandeur, Sire; mais le Ciel, qui a écarté à quelque distance de la sphère de Votre Majesté les membres de votre propre famille, vous a donné tout un peuple pour vous tenir lieu d'enfants.

— Hélas! Robert, votre cœur est mieux fait que le mien pour les devoirs de la royauté. Je vois de la hauteur où le sort m'a placé cette multitude que vous appelez mes enfants ; — je les aime, je leur veux du bien : — mais ils sont beaucoup, et ils sont loin de moi. Hélas ! même le dernier d'entre eux a quelque être aimé qu'il peut presser sur son cœur et sur qui il peut répandre son affection de père ! Mais tout ce qu'un roi peut donner à son peuple est un sourire, tel que le soleil en donne aux pics neigeux des monts Grampians, aussi distant et aussi inefficace. Hélas, Robin ! notre père avait coutume de nous caresser ; et s'il nous réprimandait, c'était d'un ton affectueux. Pourtant il était roi ainsi que moi. Pourquoi ne me serait-il pas permis ainsi qu'à lui de tâcher de ramener mon pauvre enfant prodigue par l'affection aussi bien que par la sévérité ?

— Si jamais l'affection n'avait été essayée, Sire, repartit Albany du ton d'un homme à qui il en coûte d'avoir à exprimer de tels sentiments, assurément les moyens de douceur seraient les premiers dont il faudrait user. Votre Grâce peut mieux juger que personne si on n'y a pas assez long-temps persévéré, et si ceux de la sévérité et de la contrainte ne pourraient pas se trouver des correctifs plus efficaces. Il est exclusivement au pouvoir de Votre Majesté de prendre avec le duc de Rothsay telles mesures que vous croirez les plus profitables pour son bien définitif et celui du royaume.

— Voilà qui est cruel, frère ; vous m'indiquez le pénible chemin que vous voudriez me voir suivre, et vous ne m'offrez pas votre appui pour y marcher.

— Votre Grâce peut toujours disposer de mon appui, Sire ; mais s'il est quelqu'un au monde à qui il ne convient pas de pousser Votre Grâce à des mesures de sévérité contre votre fils et héritier, n'est-ce pas à moi ? — à moi sur qui, en cas d'extinction de votre descendance directe, — ce qu'à Dieu ne plaise ! — cette fatale couronne pourrait être reversible. L'intraitable comte de March et l'altier Douglas ne pourraient-ils pas penser et dire qu'Albany a semé la dissension entre son royal frère et l'héritier du trône d'Écosse, peut-être pour en frayer la voie à sa propre famille ? — Non, Sire ; — je puis sacrifier ma vie à votre service, mais je ne dois ni ne puis mettre mon honneur en danger.

— Vous avez raison, Robin, — vous avez bien raison, repartit le roi, se hâtant d'interpréter selon le penchant de son cœur les paroles de son frère. Il ne faut pas souffrir que ces puissants et dangereux lords s'aperçoivent qu'il y a dans la famille royale quelque chose ressemblant à de la discorde. Il faut éviter cela par dessus toutes choses ; et conséquemment nous essaierons encore des mesures d'indulgence, dans l'espoir de corriger Rothsay de ses folies. Je vois en lui de temps à autre des étincelles qui promettent, Robin, et qui méritent bien qu'on ne les laisse pas s'éteindre. Il est jeune, — bien jeune ; — il est prince, et dans la fougue de la jeunesse. Nous userons de patience avec lui, comme un bon cavalier avec un cheval emporté. Laissez-le épuiser cette humeur frivole, et personne ne sera plus que nous content de lui. Vous m'avez blâmé par affection pour moi d'être trop doux, trop retiré : ce sont des défauts que Rothsay n'a pas.

— C'est ce dont j'engagerais ma vie, répliqua sèchement Albany.

— Et il ne manque pas plus de réflexion que de feu, continua le pauvre roi, plaidant ainsi la cause de son fils devant son frère. Je l'ai envoyé chercher pour assister aujourd'hui au conseil, et nous verrons comment il s'acquittera de son devoir. Vous convenez vous-même, Robin, que le prince ne manque ni de finesse ni de capacité pour les affaires, quand il est d'humeur à s'y donner.

— Sans doute il ne manque ni de l'une ni de l'autre, Sire, quand *il* est d'humeur à s'y donner.

— C'est ce que je dis ; et je suis charmé au fond du cœur que vous m'approuviez, Robin, de mettre encore une fois à l'épreuve ce malheureux jeune homme. Il n'a pas de mère maintenant pour plaider sa cause près d'un père irrité : c'est ce qu'il ne faut pas oublier, Albany

— J'espère, dit celui-ci, que le parti qui est le plus agréable au cœur de Votre Grâce se trouvera aussi le plus sage et le meilleur.

Le duc s'aperçut aisément de l'innocent stratagème par lequel le roi cherchait à échapper aux conclusions de son raisonnement, et à adopter, sous prétexte qu'elle avait sa sanction, une ligne de conduite précisément opposée à celle qu'il lui convenait le mieux de recommander. Mais bien qu'il vît qu'il ne pouvait ramener son frère au parti qu'il aurait désiré lui voir prendre, il n'abandonna pas les rênes, et résolut d'épier une occasion plus convenable d'obtenir les sinistres avantages que de nouvelles querelles entre le roi et le prince ne pouvaient manquer, pensa-t-il, de lui procurer bientôt.

Le roi Robert, cependant, dans la crainte que son frère ne revînt au pénible sujet auquel il venait d'échapper, appela à haute voix le prieur des Dominicains. — J'entends des pas de chevaux, dit-il. D'où vous êtes, vous voyez dans la cour, révérend père. Regardez à la fenêtre et dites-nous qui met pied à terre. — C'est Rothsay, n'est-ce pas ?

— C'est le noble comte de March avec les gens de sa suite, répondit le prieur.

— Il est accompagné d'une forte escorte ? reprit le roi. Est-ce que ses gens franchissent la porte intérieure ?

Au même moment, Albany dit bas à l'oreille du roi : Ne craignez rien, — les Brandanes [1] de votre maison sont sous les armes.

---

[1] Les hommes de l'île de Bute étaient appelés Brandanes ; l'origine de ce nom n'est pas absolument certaine, quoiqu'il y ait une très grande probabilité dans la conjecture du docteur Leyden, qui fait dériver ce nom de celui du saint que les îles du Frith de la Clyde ont adopté pour patron, — nous voulons dire saint Brandin. Le territoire de Bute appartenait en propre au roi à titre de patrimoine, et les habitants étaient atta

Le roi remercia d'un signe de tête, tandis que le prieur répondait de la fenêtre à la question qui venait de lui être faite. — Le comte est accompagné de deux pages, de deux gentilshommes et de quatre grooms. Un page monte après lui le grand escalier, portant l'épée de Sa Seigneurie. Les autres s'arrêtent dans la cour, et... Bonté du Ciel! qu'est ceci? — Voici une chanteuse ambulante avec sa viole, qui se prépare à chanter sous les fenêtres royales, et cela dans le couvent des Dominicains, comme elle pourrait faire dans une cour d'hôtellerie! Je vais sur-le-champ la faire jeter dehors.

— Du tout, mon père, dit le roi. Laissez-moi demander grâce pour la pauvre chanteuse ambulante. La gaie science que ces gens-là professent, comme ils l'appellent, se mêle tristement aux souffrances auxquelles le besoin et la misère condamnent une race errante; et en cela ils ressemblent à un roi que tout le monde salue d'acclamations, en même temps qu'il manque de cette affection respectueuse et obéissante que le plus pauvre paysan reçoit de sa famille. Qu'on ne trouble pas cette chanteuse, mon père; qu'elle chante si elle veut pour les *yeomen* et les soldats qui sont dans la cour. — Cela les empêchera de se quereller entre eux, appartenant comme ils appartiennent à des maîtres si emportés et si hostiles.

Ainsi parla le bien intentionné mais faible prince, et le prieur fit un salut d'adhésion. En ce moment, le comte de March entra dans la salle d'audience, vêtu du costume de voyage du temps, et portant son poignard. Il avait laissé dans l'antichambre le page d'honneur qui portait son épée. Le comte était un homme bien pris et d'un bel extérieur; son teint clair était ombragé d'une grande profusion de cheveux blonds, et ses yeux bleus brillaient comme ceux du faucon. Sa physionomie, d'ailleurs agréable, trahissait un caractère prompt et irritable, disposition à laquelle son rang de haut et puissant lord féodal ne lui avait donné que trop d'occasions de se livrer.

— Je suis charmé de vous voir, mylord de March, lui dit le roi en s'inclinant gracieusement. Vous avez été long-temps absent de nos conseils.

— Sire, répondit le comte, saluant profondément le roi, et faisant au duc d'Albany une inclination de tête hautaine et cérémonieuse, si j'ai été absent des conseils de Votre Grâce, c'est que ma place y a été remplie par des conseillers plus agréables, et, je n'en doute pas, plus habiles. Maintenant je viens seulement pour dire à Votre Altesse que les nouvelles de la frontière anglaise nécessitent mon retour immédiat dans mes domaines. Votre Grâce a le prudent et politique lord Albany son frère pour se consulter avec lui, et le puissant et belliqueux

---

chés à sa suite personnelle. La noble famille de Bute, à qui l'île appartient maintenant, est une ancienne branche illégitime de la maison royale. (W. S.)

comte de Douglas pour exécuter ce qu'elle a resolu. Je ne puis être d'aucune utilité, sauf dans mon pays ; et avec la permission de Votre Altesse, je me propose de partir sur-le-champ pour y retourner, afin d'y remplir ma charge de gardien des Marches de l'Est.

—Vous n'en userez pas avec nous d'une façon si dure, répliqua le monarque débonnaire. Il y a de mauvaises nouvelles sous le vent. Ces malheureux clans highlandais sont encore dans une agitation générale, et la tranquillité même de notre propre cour exige que nous prenions les avis de nos plus sages conseillers, et que nous recourions aux plus braves de nos barons pour exécuter ce qu'on aura résolu. Le descendant de Thomas Randolphe n'abandonnera sûrement pas le petit-fils de Robert Bruce en un moment tel que celui-ci ?

- Je laisse avec lui le descendant du fameux James de Douglas, repartit le comte de March. Sa Seigneurie se vante qu'il ne met jamais le pied dans l'étrier que mille cavaliers ne montent à cheval avec lui pour lui servir de gardes-du-corps, et je crois que les moines d'Aberbrothock pourraient jurer du fait [1]. Assurément, avec toute la chevalerie de Douglas, ils sont plus en état de maintenir un essaim désordonné de *kernes* [2] highlandais, que moi je ne puis l'être de repousser les archers anglais, et de résister au pouvoir de Henri Hotspur ! Et puis voici Sa Grâce d'Albany qui prend un soin si jaloux de la personne de Votre Altesse, qu'il fait prendre les armes à vos Brandanes quand un respectueux sujet comme je le suis approche de la cour avec une pauvre escorte d'une dizaine de cavaliers, la suite du moindre petit baron qui possède une tour et mille acres de mauvaises bruyères. Quand on prend de pareilles précautions là où il n'y a pas la moindre chance de péril, — car je me flatte qu'on n'en appréhendait pas de moi, — sûrement votre personne royale sera convenablement gardée dans un danger réel.

— Mylord de March, dit le duc d'Albany, le moindre de ces barons dont vous parlez met les gens de sa suite sous les armes quand il reçoit en-deçà de la porte de fer de son château même ses plus chers et ses plus proches amis ; et s'il plaît à Notre-Dame, je ne prendrai pas moins souci de la personne du roi qu'eux de la leur. Les Brandanes appartiennent à la suite immédiate du roi et au service de sa maison, et une centaine d'entre eux ne sont pas une garde bien nombreuse autour de Sa Grâce, quand vous-même, mylord, aussi bien que le comte de Douglas, vous avez souvent à cheval une suite dix fois plus nombreuse.

---

[1] Les plaintes des moines d'Arbroath au sujet du trop grand honneur que le comte de Douglas leur avait fait en devenant leur hôte avec une suite d'un millier d'hommes, passèrent en proverbe, et n'étaient jamais oubliées quand les prêtres de l'ancienne Écosse raillaient la noblesse, qui finit par démolir l'Église, par suite de cette vive convoitise que ses biens avaient depuis long-temps inspirée aux nobles. (W. S.)

[2] Maraudeurs. (L. V.)

— Mylord duc, répliqua le comte de March, quand le service du roi le requiert je puis faire monter à cheval dix fois autant d'hommes que Votre Grâce en a mentionné; mais jamais je ne l'ai fait ni traîtreusement contre le roi, ni par vanterie pour l'emporter sur d'autres nobles.

— Frère Robert, reprit le roi, toujours empressé de mettre la paix, vous avez tort d'élever même un soupçon sur mylord de March. Et vous, cousin de March, vous interprétez mal la précaution de mon frère. — Mais écoutez, — pour faire diversion à l'aigreur de notre entretien; — j'entends les sons d'une musique qui n'est pas désagréable. Vous connaissez la gaie science, mylord de March, et vous l'aimez; — approchez-vous de cette fenêtre, près du saint prieur, à qui nous ne pouvons faire de questions au sujet des plaisirs séculiers : vous nous direz si la musique et le lai valent la peine d'être écoutés. C'est un air français, je crois; — le jugement de mon frère d'Albany en de telles matières ne vaut pas celui d'une moule. — C'est donc à vous, cousin, à nous dire si vous pensez que la pauvre chanteuse mérite récompense. Notre fils et Douglas vont être ici dans un moment; et alors, quand notre conseil sera réuni, nous nous occuperons de choses plus graves.

Quelque chose ressemblant à un sourire se dessinant sur son orgueilleux visage, le comte de March se retira dans l'embrasure de la fenêtre et s'y tint silencieusement à côté du prieur, en homme qui, tout en obéissant à l'ordre du roi, pénétrait et méprisait la précaution timide que cet ordre trahissait, comme tentative de prévenir une dispute entre Albany et lui. L'air qui se jouait sur une viole fut d'abord gai et sautillant, et rappela l'allure un peu bizarre de la musique des troubadours. Mais peu à peu les notes ralenties de l'instrument, et l'accent affaibli de la voix de femme qui l'accompagnait, prirent un caractère plaintif et entrecoupé, comme si le chant eût été dominé par la pénible agitation du ménestrel.

Le comte offensé, quel que pût être son talent comme connaisseur dans les matières de goût sur lesquelles le roi l'avait complimenté, donna, on peut le supposer, peu d'attention à la musique de la chanteuse. Son cœur orgueilleux luttait entre la fidélité qu'il devait à son souverain, fortifiée par l'attachement qu'il ressentait encore au fond du cœur pour la personne du bon Robert, et un désir de vengeance provenant de son ambition désappointée et de l'outrage qui lui avait été fait par la substitution de Marjory Douglas à sa fille, déjà fiancée à l'héritier présomptif. Le comte de March avait les vertus et les vices d'un caractère à la fois emporté et irrésolu, et en ce moment même où il venait de faire ses adieux au roi dans l'intention de renoncer à son allégeance aussitôt qu'il aurait regagné ses domaines féodaux, il se sentait presque incapable de se résoudre à une démarche si criminelle et si périlleuse. Ces dangereuses réflexions l'occupèrent tout entier pendant que la jeune fille à la viole chantait les premiers couplets de son lai;

mais ce qui vint appeler puissamment son attention à mesure que la chanteuse poursuivait affecta le cours de ses pensées, et les tint fixées sur ce qui se passait dans la cour du monastère. La chanson était en dialecte provençal, généralement compris comme langage de la poésie dans toutes les cours d'Europe, et particulièrement en Écosse. Elle était d'un tour plus simple, néanmoins, que ne l'étaient en général les *sirventes*, et avait plus de rapports avec les *lais* des ménestrels normands. On peut la rendre ainsi :

LE LAI DE LA PAUVRE LOUISE [1].

Pauvre Louise ! Tout le jour durant elle erre de la chaumière au riche château ; et partout sa voix et sa viole répètent : Prenez garde, jeunes filles, au chemin du bois ; — songez à Louise.

Pauvre Louise ! Le soleil était haut dans sa course ; il brûlait ses joues, il lui troublait la vue. La promenade du bois était proche et fraîche et les oiseaux y gazouillaient à l'envi, — pour égayer Louise.

Pauvre Louise ! Jamais de ces frais abris l'ours sauvage ne fit sa tanière ; jamais le loup n'inquiéta chemins si beaux : — mais mieux eût valu que l'ours et le loup y fussent, — pour la pauvre Louise.

Pauvre Louise ! dans la plaine boisée elle fit rencontre d'un beau et hardi chasseur. Son baudrier était de soie et d'or, et il tint maint discours ensorcelant — à la pauvre Louise.

Pauvre Louise ! Tu n'as guère à soupirer après les trésors que recèle la mine ; car tes trésors à toi c'étaient la paix de l'âme, ce don divin, et une innocence sans tache, — pauvre Louise !

Pauvre Louise ! Ces trésors-là te sont enlevés. Est-ce par force ou par adresse ? est-ce moitié par violence et moitié par dons ? Je ne sais ; mais la misère est tout ce qui te reste, — pauvre Louise

A la pauvre Louise donnez quelque secours ! Elle n'implorera pas longtemps vos bontés, sa voix ne fatiguera pas long-temps votre gaieté, car le Ciel aura de la pitié et la terre une tombe — pour la pauvre Louise.

La chanson ne fut pas plus tôt achevée, que le roi, craignant que la dispute ne se ravivât entre son frère et le comte de March, appela ce dernier. — Que pensez-vous de cette musique, mylord ? lui dit-il ; — même de cette distance d'où je l'ai entendue, ce m'a paru être un lai d'un caractère singulier et agréable.

---

[1] Ce lai a été mis en musique par une dame dont la composition, pour ne rien dire de son talent d'exécution, pourrait rendre un poëte, quel qu'il fût, fier de ses vers, mistress Robert Arkwright, née miss Kemble. (W. S.)

— Mon jugement n'est pas bien profond, mylord, répondit le comte; mais la chanteuse peut se passer de mon approbation, car elle paraît avoir celle de Sa Grâce de Rothsay, — le meilleur connaisseur d'Écosse.

— Comment! mon fils est-il en bas?

— Il se tient à cheval près de la chanteuse, dit le comte de March avec un sourire malicieux, et il paraît prendre intérêt à sa conversation autant qu'à sa musique.

— Qu'est-ce que cela signifie, père prieur? reprit le roi.

Mais le prieur se retira de la fenêtre.

— Je ne veux pas, mylord, voir des choses qu'il me peinerait de répéter, dit-il.

— Que signifie tout ceci? s'écria de nouveau le roi, à qui le sang monta au visage et qui parut faire un mouvement pour se lever; mais il changea d'avis, peut-être parce qu'il ne se souciait pas d'être témoin de quelque folie du jeune étourdi qu'il aurait bien pu ne pas avoir le courage de punir avec la sévérité nécessaire. Le comte de March semblait prendre plaisir à le mettre au fait de ce dont sans doute il aurait désiré rester ignorant.

— Sire, cria-t-il, voilà qui est de mieux en mieux : la chanteuse n'a pas seulement captivé l'oreille du prince, aussi bien que de tous les grooms et de tous les soldats qui sont dans la cour ; elle a aussi fixé l'attention de Douglas le Noir, que nous ne savions pas être un admirateur passionné de la gaie science. Mais en vérité je ne suis pas surpris de son étonnement, car le prince a honoré la jolie joueuse de viole d'un baiser d'approbation.

— Comment! exclama le roi, David de Rothsay badine avec une musicienne, et cela devant le père de sa femme! — Mon bon père abbé, allez dire au prince de monter ici sur-le-champ ; — allez-y aussi, mon frère. — Et quand tous deux eurent quitté la chambre, le roi ajouta : Allez-y, mon bon cousin de March ; — il va y avoir quelque malheur, j'en suis sûr. Je vous en prie, cousin, allez appuyer de mes ordres les prières du lord prieur.

— Vous oubliez, Sire, dit le comte du ton d'un homme profondément blessé, que le père d'Elisabeth de Dunbar ne serait pas un intercesseur convenable entre Douglas et son royal gendre.

— Je vous demande pardon, cousin, repartit le débonnaire vieillard. J'avoue que vous avez eu quelque sujet de plainte. — Mais Rothsay va être assassiné. — Il faut que j'y aille moi-même.

Mais comme il se levait précipitamment de son siége, le pauvre roi manqua une marche ; il trébucha et tomba pesamment à terre, de telle façon que sa tête étant allée frapper l'angle du fauteuil qu'il venait de quitter, il resta une minute sans connaissance. A cette vue le comte oublia son ressentiment, et il sentit son cœur s'attendrir. Il courut au roi et le replaça dans son fauteuil, employant avec un empressement affectueux et plein de respect les moyens qui lui parurent les plus propres à rappeler Robert à lui. Ce dernier rouvrit les yeux, et regarda autour de lui d'un air égaré.

— Qu'est-il arrivé? — Sommes-nous seuls? — Qui est avec nous?

— Votre respectueux sujet le comte de March, Sire.

—Seul avec le comte de March! répéta le roi, son esprit encore troublé ne pouvant entendre sans une certaine alarme le nom d'un chef puissant qu'il avait lieu de croire avoir mortellement offensé.

— Oui, Sire, avec le pauvre George de Dunbar, de qui bien des gens ont souhaité que Votre Majesté pensât mal, mais qui à la fin se trouvera plus fidèle à votre royale personne qu'ils ne le voudraient.

— Il est vrai, cousin, que vous n'avez eu que trop lieu d'être offensé; et croyez que nous nous efforcerons de réparer....

— Si tels sont les sentiments de Votre Grâce, l'offense peut encore se réparer, interrompit le comte, saisissant avec empressement l'espoir que lui suggérait son ambition. Le prince et Marjory Douglas sont proches parents; — la dispense de Rome a été accordée sans les formalités nécessaires; — leur mariage ne peut être légal, — et le pape, qui fera beaucoup pour un prince si pieux, peut rompre cette union antichrétienne, eu égard au contrat antérieur. Songez bien, Sire, continua le comte, s'enflammant aux pensées ambitieuses que venait de faire naître l'occasion inopinée de plaider personnellement sa cause. — songez au choix que vous faites entre Douglas et moi. Il est grand et puissant, j'en conviens. Mais George de Dunbar porte à sa ceinture les clefs de l'Écosse, et il pourrait amener une armée anglaise aux portes d'Edimbourg avant que Douglas eût pu quitter les limites de Cairntable pour venir à sa rencontre. Votre royal fils aime ma pauvre fille délaissée, et déteste la hautaine Marjory de Douglas. Votre Grâce peut juger du peu de cas qu'il fait d'elle par la manière dont il vient de se conduire avec une petite chanteuse en présence même de son beau-père.

Jusque là le roi avait écouté le plaidoyer du comte dans un égarement d'esprit pareil à celui d'un timide cavalier emporté par un coursier fougueux dont il ne peut ni arrêter ni diriger la course. Mais les derniers mots réveillèrent en lui le sentiment du danger pressant où se trouvait son fils.

— Oh, oui! c'est très vrai. — Mon fils — Douglas.... O mon cher cousin, prévenez l'effusion du sang, et tout sera comme vous voudrez. — Ecoutez! il y a du tumulte; — c'était un cliquetis d'armes!

— Par ma couronnette, — par ma foi de chevalier, c'est vrai! dit le comte, s'avançant à la fenêtre et parcourant des yeux la cour intérieure du couvent, en ce moment remplie d'hommes armés et d'armes nues, et retentissant du bruit des armures. L'extrémité extérieure de la voûte qui y donnait accès était encombrée d'hommes de guerre, et il semblait que des coups s'échangeassent entre quelques uns qui s'efforçaient de fermer la porte d'entrée et d'autres qui faisaient effort pour y pénétrer.

— J'y vais sur-le-champ, dit le comte de March, et j'aurai bientôt apaisé cette querelle subite. — Je prie humblement Votre Majesté de penser à ce que j'ai eu la hardiesse de lui proposer.

— J'y penserai, — j'y penserai, beau cousin, répondit le roi, sachant à peine à quoi il s'engageait. — Prévenez seulement le tumulte, et empêchez qu'il n'y ait du sang de versé!

CHAPITRE XI.

> Belle, bien belle est la damoiselle ; — de loin son sourire semble un rayon de soleil. Approchez : — un nuage de douloureux souci est suspendu sur son front.
> LUCINDA, *ballade.*

Il nous faut maintenant raconter d'une manière un peu plus exacte les incidents qui n'avaient été vus qu'imparfaitement de la fenêtre des appartements royaux, et encore plus imparfaitement rapportés par ceux qui en avaient été témoins. La jeune chanteuse dont il a été question s'était établie à un endroit où deux marches qui conduisaient à la principale entrée des appartements lui donnaient l'avantage d'un pied et demi d'élévation au-dessus de ceux qui se trouvaient dans la cour, et dont elle espérait se former un auditoire. Elle portait le costume de son état, costume plus voyant que riche, et qui dessinait les formes du corps plus que les habits ordinaires des autres femmes. Elle avait ôté une mante de dessus, et avait posé à terre un petit panier contenant sa mince garderobe, près duquel un épagneul français de petite taille s'était couché, comme pour s'en constituer le gardien. Une jaquette bleu-ciel brodée en argent et serrant au corps était ouverte par devant, et laissait apercevoir plusieurs vestes en soie de couleurs différentes, façonnées de manière à faire ressortir la régularité des épaules et de la poitrine, et laissant par devant une partie du cou à découvert. Une petite chaîne d'argent qu'elle portait au cou se perdait parmi ces vestes de couleurs brillantes, puis reparaissait de nouveau pour montrer une médaille également en argent, sur laquelle était inscrit le nom de quelque cour ou confrérie de ménestrels où elle avait pris ses degrés dans la gaie science. Un petit sac attaché à un ruban de soie bleue passé en sautoir sur ses épaules était suspendu du côté gauche.

Son teint hâlé, ses dents de neige, ses yeux noirs et brillants et ses cheveux de la même nuance, lui assignaient pour pays l'extrémité méridionale de la France ; son sourire malicieux et son menton à fossette avaient le même caractère. Son abondante chevelure noire, enroulée autour d'une petite épingle de tête en or, était retenue par un filet soie et or. De courts jupons à larges broderies d'argent, pour correspondre à la jaquette, et des bas de couleur rouge que l'on voyait jusqu'à mi-mollet, complétaient son ajustement, ajustement qui était loin d'être neuf, mais qu'un grand soin avait conservé propre pour en faire la parure des grands jours. Elle portait environ vingt-cinq ans ; mais peut-être la fatigue d'une vie errante avait-elle anticipé sur l'atteinte du temps, en éteignant la fraîcheur de la première jeunesse.

Nous avons dit que les manières de la jeune chanteuse étaient vives ; nous pouvons ajouter que chez elle le sourire était prompt ainsi que la répartie. Mais sa gaieté était une gaieté d'emprunt, comme qualité essentielle à son état, dont une des misères était d'être fréquemment obligé de cacher un cœur souffrant sous un sourire contraint. Chez Louise, tel semblait être le cas : soit qu'effectivement elle-même fût l'héroïne de sa chanson, soit qu'elle eût quelque autre cause de tristesse, elle montrait parfois une disposition aux pensées mélancoliques qui venait interrompre et dominer l'enjouement qu'exigeait spécialement la pratique de la *gaie science*. On ne lui voyait pas non plus, même dans ses saillies les plus gaies, le ton décidé et la hardiesse effrontée des femmes de son état, qui rarement étaient en peine de renvoyer une plaisanterie impertinente, ou de mettre les rieurs contre quiconque venait s'attaquer à elles.

On peut faire remarquer ici qu'il n'était pas possible que cette classe de femmes, très nombreuse à cette époque, conservât un caractère généralement respectable. Elles étaient néanmoins protégées par les usages du temps ; et tels étaient les priviléges qu'elles possédaient par droit de chevalerie, que rien n'était plus rare que d'entendre ces demoiselles se plaindre d'avoir été injuriées ou offensées, et qu'elles passaient et repassaient en sûreté là où des voyageurs armés auraient probablement rencontré une sanglante opposition. Mais bien que tolérés et protégés en honneur de leur art harmonieux, les ménestrels errants de l'un et de l'autre sexe, de même que de nos jours les ministres analogues des plaisirs publics, tels que les musiciens et les comédiens ambulants, menaient une vie trop irrégulière et trop précaire pour que l'on pût voir en eux une partie de la société digne de considération. Et même parmi les catholiques les plus rigides, leur profession était regardée comme illicite.

Telle était la damoiselle, qui, sa viole en main, et stationnée sur la légère élévation dont nous avons parlé, s'annonça aux assistants comme maîtresse dans la gaie science, dûment qualifiée par un bref d'une cour d'amour et de musique tenue à Aix en Provence, sous le patronage du brave comte Aymer, la fleur de la chevalerie, et qui venait prier les cavaliers de la Joyeuse Écosse, connus dans le monde entier pour leur bravoure et leur courtoisie, de permettre à une pauvre étrangère d'essayer si par son art elle pourrait leur procurer quelque amusement. — L'amour de la musique était, comme l'amour des combats, une passion commune du siècle, que tout le monde au moins affectait, qu'on l'eût ou non : aussi la proposition de Louise obtint-elle un assentiment universel. En même temps, un vieux moine au front sombre, qui se trouvait parmi les assistants, crut devoir rappeler à la jeune chanteuse que, puisque par une faveur inhabituelle elle était tolérée dans l'enceinte du cloître, il espérait qu'il ne se chanterait et ne se dirait rien qui péchât contre le saint caractère du lieu.

La chanteuse inclina la tête, secoua les boucles de sa noire chevelure et se signa révérencieusement, comme pour réclamer contre la pensée qu'une telle transgression fût possible de sa part ; et alors elle se mit à chanter le lai de la *Pauvre Louise*, que nous avons donné tout au long dans le dernier chapitre.

Au moment où elle commençait, elle fut interrompue par le cri : Place ! — place ! — place au duc de Rothsay !

— Ne poussez personne à cause de moi, dit en entrant dans la cour un jeune et galant cavalier, montant un cheval arabe qu'il conduisait avec une grâce parfaite, bien que par un maniement si léger des rênes, par une pression des genoux et du corps tellement imperceptible, qu'à tous les yeux, sauf à ceux d'un écuyer consommé, le noble animal semblait avancer pour son propre plaisir, et transporter ainsi gracieusement un cavalier trop indolent pour se mettre en peine des mouvements de sa monture.

Le prince était très richement vêtu, mais ses habits étaient mis sur lui avec une extrême négligence. Quoiqu'il fût de petite taille et que ses membres fussent extrêmement délicats, sa tournure était d'une exquise élégance, et ses traits n'étaient pas moins beaux. Mais sur son front régnait une pâleur livide qui semblait l'effet des soucis ou de la dissipation, et peut-être de ces deux causes réunies. Ses yeux étaient abattus et ternes, par suite de la débauche de la nuit précédente, tandis que ses joues étaient enflammées de couleurs peu naturelles, comme si les traces de son orgie nocturne n'étaient pas encore effacées, ou que dès le matin il eût eu recours au flacon pour dissimuler les effets de ses saturnales de la nuit.

Tel était le duc de Rothsay, héritier de la couronne d'Écosse ; sa vue inspirait tout à la fois l'intérêt et la compassion. Tous se découvrirent et lui firent place, pendant qu'il répétait d'un ton insouciant : Ne vous pressez pas, — ne vous pressez pas ; — j'arriverai toujours assez tôt là où je vais. — Qu'est ceci ? — une damoiselle de la gaie science ? Oui, par saint Giles ! et une fille des plus avenantes, par dessus le marché. Restez en place, mes joyeux camarades ; jamais chant de ménestrel ne fut troublé pour moi. — Jolie voix, par la messe ! Recommencez-moi cette chanson-là, ma charmante.

Louise ne connaissait pas celui qui venait de lui adresser la parole ; mais le respect général que lui témoignait le cercle, et l'aisance indifférente avec laquelle il le recevait, lui disaient assez que ce devait être un homme de la plus haute qualité. Elle recommença son lai, et le chanta de son mieux ; aux derniers couplets, le jeune duc parut pensif et préoccupé. Mais il n'avait pas pour habitude de se livrer long-temps à des pensées tristes. — Voilà des couplets bien plaintifs, ma jolie brunette, dit-il à la jeune fille en lui passant la main sous le menton, et en la retenant par le col de sa veste de soie au mouvement qu'elle fit en arrière, — ce qui ne lui fut pas difficile, rapproché comme était son cheval des marches sur lequelles elle se trouvait. Au surplus, je réponds que quand vous voulez, vous avez des airs plus animés, *mi bella tenebrosa* ; et que vous pouvez les chanter à couvert aussi bien qu'en plein air, et de nuit aussi bien que de jour.

— Je ne suis pas un rossignol, mylord, repartit Louise, s'efforçant d'échapper à un genre de galanterie qui ne convenait ni au lieu ni aux circonstances, ce dont son interlocuteur ne semblait nullement s'inquiéter ni se gêner.

—Qu'as-tu donc là, chérie? ajouta-t-il en portant la main au petit sac suspendu au cou de la jeune fille.

Enchantée de lui échapper, Louise défit adroitement le nœud du ruban, et laissa le sac dans la main du prince, en même temps que se reculant pour ne plus être à sa portée, elle répondait : Des noisettes de la dernière saison, mylord.

Le prince tira effectivement du sac une poignée de noisettes. — Des noisettes, mon enfant! — cela te cassera tes dents d'ivoire, — cela te gâtera ta jolie voix, dit Rothsay en en cassant une entre ses dents comme un véritable écolier de village.

— Ce ne sont pas les noisettes de mon pays, mylord, reprit Louise ; mais l'arbre n'est pas haut, et elles sont à la portée du pauvre.

— Vous aurez quelque chose pour vous procurer de meilleures provisions, pauvre petite, repartit le duc d'un ton où il entrait plus de sensibilité que dans la galanterie affectée et méprisante des premiers propos qu'il avait tenus à la jeune chanteuse.

En ce moment, comme il se retournait pour demander sa bourse à quelqu'un de sa suite, le prince rencontra le regard austère et perçant d'un homme noir de haute stature, montant un robuste cheval gris de fer ; ce cavalier était entré dans la cour avec ses gens pendant que le duc de Rothsay était occupé de sa conversation avec Louise, et maintenant il restait comme pétrifié de stupéfaction et de colère à la vue de cette scène inconvénante. Quelqu'un qui même n'aurait jamais vu Archibald comte de Douglas, surnommé le Refrogné, l'aurait reconnu à son teint basané, à sa charpente gigantesque, à sa cotte de peau de taureau, et à son air calme, résolu et plein de sagacité, mêlé d'une indomptable fierté. La perte d'un œil sur le champ de bataille, bien qu'on ne s'en aperçût pas à la première vue, la prunelle de l'organe détruit étant restée semblable à l'autre, donnait néanmoins à toute sa physionomie quelque chose d'immobile et de farouche.

La rencontre du royal gendre et de son terrible beau-père avait lieu dans des circonstances qui commandèrent l'attention de tous ceux qui étaient présents; chacun en attendait l'issue en silence et respirant à peine, craignant de perdre quelque chose de ce qui allait se passer.

Quand le duc de Rothsay vit l'expression peinte sur les traits rigides de Douglas, et qu'il remarqua que le comte ne lui faisait pas la moindre démonstration de respect, ni même de simple politesse, il parut déterminé à lui montrer à son tour combien peu il était disposé à avoir égard à ses airs mécontents. Il prit la bourse des mains de son chambellan.

— Tiens, ma belle, dit-il à la chanteuse, voici une pièce d'or pour ce que tu m'as chanté, en voici une autre pour les noisettes que je t'ai prises, et une troisième pour le baiser que tu vas me donner; car tu sauras, ma belle, que quand de jolies lèvres (et les tiennes, faute de mieux, peuvent être ainsi appelées) font de douce musique pour mon plaisir, j'ai fait vœu à saint Valentin de les presser sur les miennes.

— Ma chanson est noblement récompensée, répondit Louise en reculant de deux pas; mes noisettes aussi sont bien vendues; — le surplus du marché, mylord, ne serait ni convenant pour vous ni bienséant pour moi.

— Quoi! vous faites la réservée, ma nymphe des grands chemins! dit le prince d'un ton méprisant. Sachez, damoiselle, que celui qui vous demande une faveur n'est pas habitué au refus.

— C'est le prince d'Écosse, — c'est le duc de Rothsay, dirent les courtisans à la pauvre fille effrayée et tremblante, en la poussant en avant; il ne faut pas contrarier son caprice.

— Mais je ne puis arriver jusqu'à Votre Seigneurie, dit-elle timidement; vous êtes trop haut sur votre cheval.

— S'il faut que je mette pied à terre, reprit Rothsay, la peine sera plus forte. — Qu'est-ce que cette fille a donc à trembler? Pose ton pied sur le bout de ma botte, et donne-moi ta main. — Bravo! Il lui donna un baiser pendant qu'elle se tenait ainsi suspendue en l'air, perchée sur son pied et soutenue par la main. — Voici ton baiser, dit-il, et voici ma bourse pour le payer; et pour te faire plus d'honneur, Rothsay portera ton sachet le reste du jour. Il laissa alors la jeune fille effrayée sauter à terre et se retournant vers le comte de Douglas, il laissa tomber sur lui un regard dédaigneux, qui semblait dire : Tout cela, je le fais en dépit de vous et des droits de votre fille.

— Par sainte Bride de Douglas! exclama le comte en s'avançant vers le prince, c'en est trop, grossier jeune homme, aussi dépourvu de bon sens que d'honneur! Vous savez quelle considération retient la main de Douglas, sans quoi vous n'auriez jamais osé.....

— Savez-vous jouer aux billes, mylord? interrompit le prince, plaçant une noisette sur la seconde jointure de l'index, et la lançant par un vif mouvement du pouce. La noisette alla frapper la large poitrine de Douglas, qui laissa échapper une exclamation inarticulée de colère furieuse, semblable à l'âpre et sourd rugissement du lion. — Je vous demande pardon, mylord, continua le duc de Rothsay d'un ton méprisant, tandis que tous les spectateurs tremblaient; je n'imaginais pas que ma bille pût vous blesser, vous qui portez une cotte de buffle. Assurément, j'espère ne pas vous avoir touché l'œil?

Le prieur, envoyé par le roi comme nous l'avons vu dans le dernier chapitre, s'était pendant ce temps fait jour au milieu de la foule, et portant la main aux rênes du cheval de Douglas, de manière à l'empêcher d'avancer davantage, il rappela au comte que le prince était le fils de son souverain et l'époux de sa fille.

— Ne craignez rien, sir prieur, repartit Douglas. Je méprise trop cet enfant pour lever un doigt sur lui. Seulement, je rendrai insulte pour insulte. — Holà, tous ceux qui aiment Douglas! — chassez-moi honteusement cette fille hors du monastère, et qu'elle soit fustigée de manière à se rappeler amèrement toute sa vie qu'elle a donné lieu à un étourdi d'insulter Douglas!

Quatre ou cinq hommes de sa suite s'avancèrent aussitôt pour exécuter les ordres de celui qui en donnait rarement en vain, et Louise eût cruellement expié une offense dont innocemment et à son insu elle avait été l'instrument bien involontaire, si le duc de Rothsay ne fût intervenu.

— Chasser honteusement cette pauvre fille! s'écria-t-il avec indignation; la fustiger parce qu'elle a obéi à mes ordres! — Chasse de cette façon-là les vassaux que tu opprimes, comte brutal; — fais fustiger tes chiens fautifs; — mais prends garde de toucher tant seulement à un chien que Rothsay aura caressé de la main, et encore bien moins à une femme dont il a baisé les lèvres!

Avant que Douglas pût articuler une réponse, qui certainement eût été hostile, un grand tumulte se fit entendre à la porte extérieure du monastère déjà mentionnée, et des hommes tant à cheval qu'à pied s'y jetèrent tous à la fois, et s'y poussèrent pour entrer, sans se battre précisément, mais d'une manière qui n'avait certainement rien de pacifique.

Un des partis contendants paraissait se composer de partisans de Douglas, reconnaissables au cœur sanglant qu'ils portaient en écusson; les autres étaient des citadins de la ville de Perth. Il semblait que l'escarmouche eût été sérieuse en dehors des portes, mais que par respect pour le terrain sanctifié ils eussent baissé les armes en y entrant, et borné leur lutte à une guerre de mots et d'injures réciproques.

Le tumulte eut cet utile résultat que la foule qui se précipita violemment en avant força le prince et Douglas de se séparer au moment où la légèreté du premier et l'orgueil du second allaient les pousser tous les deux aux dernières extrémités. Mais alors des pacificateurs intervinrent de tous côtés. Le prieur et les moines se jetèrent au milieu de la foule, commandant la paix au nom du Ciel et du respect dû à leurs saintes murailles, sous peine d'excommunication, et leur voix commença à être écoutée. Albany, que le roi son frère avait envoyé dès le commencement de la querelle, venait d'arriver sur le théâtre où se passait l'action. Il s'adressa immédiatement à Douglas, et il le conjura à voix basse de modérer sa colère.

— Par sainte Bride de Douglas, je serai vengé! dit le comte. Personne ne vivra après avoir insulté Douglas.

— Eh! vous pourrez vous venger en temps convenable, répliqua Albany ; mais qu'il ne soit pas dit que, comme une femme revêche, le grand Douglas n'a su choisir ni le moment ni le lieu pour sa vengeance. Songez que tout ce que nous avons fait va peut-être être défait par un simple accident. George de Dunbar a eu l'avantage d'un entretien avec le vieillard ; et quoiqu'il n'ait duré que cinq minutes, je crains qu'il ne compromette une alliance de famille que nous avons eu tant de peine à conclure. La sanction de Rome n'a pas encore été obtenue.

— Bagatelle! repartit Douglas avec hauteur; — ils n'oseront pas la dissoudre.

— Non, tant que Douglas est libre et en possession de son pouvoir. Mais venez avec moi, noble comte ; je vais vous montrer dans quel désavantage vous vous trouvez.

Douglas mit pied à terre et suivit en silence son rusé complice. Dans une salle basse ils virent les Brandanes rangés sur une double ligne, couverts de leurs solides bonnets d'acier et de leurs cottes de mailles. Leur capitaine, s'inclinant devant Albany, parut désirer lui parler.

— Qu'y a-t-il, Mac-Louis ? lui dit le duc.

— On nous apprend que le duc de Rothsay a été insulté, et j'ai peine à retenir ici les Brandanes.

— Brave Mac-Louis, reprit Albany, et vous, mes fidèles Brandanes, le duc de Rothsay, mon royal neveu, est aussi bien portant que gentleman peut l'être. Il y a eu quelques mots d'altercation ; mais tout est apaisé. — Il continua d'entraîner plus loin le comte de Douglas. — Vous voyez, mylord, lui dit-il à l'oreille, que si le mot *arrestation* était une fois prononcé on y aurait bientôt obéi, et vous savez que les gens de votre suite seraient bien peu nombreux pour faire résistance.

Douglas parut acquiescer à la nécessité de prendre patience pour le moment. — Quand je devrais me traverser les lèvres de mes dents, dit-il, je me tairai jusqu'à ce que l'heure de parler soit venue.

George de March, sur ces entrefaites, avait entrepris la tâche plus facile d'apaiser le prince. — Mylord de Rothsay, lui dit-il en s'approchant avec une gravité cérémonieuse, je n'ai pas besoin de vous dire que vous me devez quelque chose pour réparation d'honneur, quoique je ne vous impute pas personnellement la rupture du contrat qui a détruit la paix de ma famille. Laissez-moi vous conjurer par tous les égards que Votre Altesse peut devoir à un homme offensé, d'oublier quant à présent cette dispute scandaleuse.

— Je vous dois beaucoup, Mylord, répondit Rothsay ; mais ce hautain et impérieux Douglas a blessé mon honneur.

— Mylord, tout ce que je puis ajouter c'est que le roi votre père est mal ; — il s'est évanoui de terreur à la vue du danger que courait Votre Altesse.

— Le roi est mal ! — ce bon, cet excellent vieillard ! — Il s'est évanoui, dites-vous, mylord de March ? — Je suis près de lui dans un instant.

Le duc de Rothsay sauta lestement à terre, et il se dirigeait rapidement vers le palais, quand il sentit son manteau retenu par une faible main, et que d'une voix tremblante une femme à genoux s'écria : Protection, noble prince ! — protection pour une étrangère sans appui !

— Lâchez ce manteau, vagabonde ! dit le comte de March en repoussant la suppliante.

Mais le prince plus humain s'arrêta. — Il est vrai, dit-il, que j'ai appelé la vengeance d'un implacable démon sur cette créature sans appui. Juste Ciel ! quelle vie est la mienne pour être ainsi fatale à tous ceux qui m'approchent ! — Que faire dans une circonstance si pressante ? il ne faut pas qu'elle vienne chez moi, — et tous mes gens sont de tels réprouvés ! — Ha ! te voilà, honnête Harry Smith ? Que fais-tu ici ?

— Il y a eu une espèce de prise entre les bourgeois et ces coquins du Sud qui sont de la suite de Douglas, mylord, répondit notre connaissance Smith ; et nous les avons étrillés jusqu'à la porte de l'abbaye.

— J'en suis enchanté, — j'en suis enchanté. Et vous avez rossé les drôles comme il faut ?

— Votre Altesse demande si nous les avons rossés comme il faut ? Oui, parbleu ! Il est sûr que par le nombre nous étions les plus forts ; mais personne ne marche mieux armé que les gens qui sont à la suite du Cœur-Sanglant. Ainsi dans un sens nous les avons rossés de franc jeu ; car, comme Votre Altesse le sait, c'est le forgeron qui fait l'homme d'armes, et les hommes bien armés ne craignent pas le nombre.

Pendant qu'ils causaient ainsi, le comte de March revenait précipitamment et d'un air inquiet, après avoir parlé avec quelqu'un près de la porte du palais. — Mylord duc ! — mylord duc ! — votre père est remis, et si vous ne vous hâtez pas, lord d'Albany et Douglas vont s'emparer de lui.

— Si le roi mon père est remis, dit l'insouciant prince, et qu'il tienne ou se dispose à tenir conseil avec mon gracieux oncle et le comte de Douglas, il ne convient ni à vous, mylord, ni à moi, d'y aller avant qu'on ne nous appelle. Ainsi j'ai le temps de parler de ma petite affaire avec mon honnête armurier que voici.

— Est-ce ainsi que le prend Votre Altesse? répliqua le comte, dont l'ardent espoir d'une nouvelle faveur à la cour avait été trop promptement excité, et se découragea aussi vite; — en ce cas, permettez que George de Dunbar le prenne de même.

Il s'éloigna d'un air sombre et mécontent; et ainsi l'imprudent héritier de la couronne, à une époque où l'aristocratie tenait tellement le trône en échec, s'était fait deux ennemis des deux plus puissants seigneurs d'Ecosse, de l'un par une bravade méprisante, de l'autre par une insouciante légèreté. Il ne prit pas garde, néanmoins, au départ du comte de March, ou plutôt il se sentit soulagé de son importunité.

Le prince poursuivit son indolente conversation avec notre armurier, que son habileté dans son art avait fait personnellement connaître de nombre de grands seigneurs de la cour.

— J'ai quelque chose à te dire, Smith. — Peux-tu reprendre une maille tombée dans mon haubert de Milan?

— Aussi bien, plaise à Votre Altesse, que ma mère était en état de reprendre une maille dans son tricot. — L'armurier milanais ne distinguera pas mon ouvrage du sien.

— Bien; mais ce n'est pas là ce que je voulais dire en ce moment. Il faut, mon brave Smith, que cette pauvre chanteuse soit mise en sûreté. Tu as assez de cœur pour être le champion de quelque femme que ce soit, et il faut que tu la conduises quelque part où elle soit en sûreté.

Henry Smith, comme nous l'avons vu, était passablement hardi, et même imprudent, quand il était question d'armes. Mais il avait aussi sa fierté de bourgeois, et il ne se serait pas volontiers mis dans ce que la partie raisonnable de ses concitoyens aurait pu regarder comme une affaire équivoque.

— Plaise à Votre Altesse, répliqua-t-il, je ne suis qu'un pauvre artisan. Mais quoique mon bras et mon épée soient au service du roi et de Votre Altesse, je ne suis pas un écuyer de dames, sous votre respect. Votre Altesse trouvera dans les gens de sa suite des chevaliers et des lords assez disposés à jouer le rôle de sir Pandarus de Troie; — c'est un rôle trop chevaleresque pour le pauvre Hal du Wynd.

— Umph! — ah! — fit le prince. Ma bourse, Edgar — (son écuyer lui dit quelques mots à l'oreille). — C'est vrai, c'est vrai, je l'ai donnée à cette pauvre fille. — Je connais assez votre métier, sir Smith, et les artisans en général, pour savoir qu'on ne leurre pas des faucons les mains vides; mais je suppose que ma parole peut répondre pour le prix d'une bonne armure, et je te le paierai, avec des remerciements par-dessus le marché, pour ce léger service.

— Votre Altesse peut connaître d'autres ouvriers; mais, sous votre respect, vous ne connaissez pas Henry Gow. Il vous obéira quand il s'agira de faire une arme ou d'en manier une ; mais il n'entend rien à ce service de jupon.

— Écoute, mulet du Perthsire, repartit le prince, qui tout en parlant, néanmoins, souriait de la susceptibilité ombrageuse de l'honnête bourgeois, cette fille ne m'est pas plus qu'à toi ; mais dans un moment de fantaisie, comme tu as pu l'apprendre de ceux qui t'entourent, si tu ne l'as pas vu toi-même, je lui ai fait en passant une faveur qui probablement peut lui coûter la vie, à cette pauvre fille. Il n'y a personne ici à qui je puisse me fier pour la protéger contre les ceinturons et les cordes d'arc de ces brutes du Border de la suite de Douglas, qui la battront à mort puisque tel est le plaisir de leur maître.

— Si tel est le cas, monseigneur, elle a droit à la protection de tout honnête homme ; et puisqu'elle porte une jupe, — quoique je la voulusse plus longue et d'une façon moins bizarre, — je réponds de sa sûreté autant qu'un seul homme peut en répondre. Mais où dois-je la conduire ?

— De bonne foi, je ne saurais dire. Conduis-la chez sir John Ramorny... Mais non, non ; — il ne se porte pas bien, et en outre certaines raisons... Conduis-la au diable si tu veux ; seulement mets-la en sûreté, et tu obligeras David de Rothsay.

— Mon noble prince, dit Smith, je pense — toujours sous votre respect — que je ferais mieux de remettre une femme sans défense à la garde du diable qu'à celle de sir John Ramorny. Mais quoique le diable travaille dans le feu comme moi, je ne connais pourtant pas son repaire ; et, avec l'aide de la sainte Église, j'espère ne jamais me trouver en rapport avec lui. Et encore une chose : comment faire pour la conduire hors de cette foule et par les rues avec un pareil costume de comédienne ? C'est assez embarrassant.

— Quant à sortir du couvent, repartit le prince en prenant par le capuchon le moine qui se trouva le plus proche de lui, ce bon père Nicolas ou Boniface...

— Le pauvre frère Cyprien, pour servir Votre Altesse, dit le moine.

— Oui, oui, frère Cyprien, c'est cela. Hé bien, le père Cyprien vous conduira à quelque passage secret qu'il connaît, et je le reverrai pour lui en faire mes remerciements de prince.

Le moine s'inclina en signe d'assentiment, et la pauvre Louise, dont le regard, durant ce débat, s'était constamment porté de l'un à l'autre interlocuteur, se hâta de dire : Je ne scandaliserai pas ce bon père par mon costume ; — j'ai une mante que je porte d'habitude.

— Eh ! tu vois, Smith ; tu as pour t'abriter un capuchon de moine et une mante de femme. Je voudrais que toutes mes fragilités fussent aussi bien abritées ! Adieu, mon honnête camarade ; je te remercierai plus tard.

Alors, comme s'il eût craint de nouvelles difficultés de la part de l'armurier, il se hâta d'entrer dans le palais.

CHAPITRE XI.

Henry Gow resta stupéfié de ce qui s'était passé, et de se voir enveloppé dans une affaire qui pouvait entraîner tout à la fois et beaucoup de danger et un risque de scandale non moins grand, deux cas (joints à la part principale qu'avec son impétuosité ordinaire il avait prise à la querelle de tout-à-l'heure) qui pouvaient, il le voyait bien, compromettre gravement la réalisation de son vœu le plus ardent. D'un autre côté, abandonner une créature sans défense aux mauvais traitements de ces barbares Galwégiens [1] et à la licence des gens de la suite de Douglas, le cœur généreux de Henry n'en put supporter un instant la pensée.

Il fut tiré de sa rêverie par la voix du moine, qui, laissant tomber ses paroles avec l'indifférence que les saints pères éprouvaient ou affectaient pour toutes les choses temporelles, les priait de le suivre. Smith se mit en marche avec un soupir ressemblant fort à un gémissement, et sans paraître se guider précisément sur les mouvements du moine il le suivit dans l'intérieur d'un cloître, dont il sortit ensuite par une poterne que le religieux laissa entrebâillée, après avoir regardé après lui. Derrière eux venait Louise, qui s'était chargée à la hâte de son mince paquet, et qui, après avoir appelé son petit compagnon quadrupède, voyait avec joie s'ouvrir pour elle une issue qui lui permettait d'échapper à ce qui un moment auparavant semblait un grand et inévitable danger.

[1] Natifs du Galloway, canton de la partie S.-O. de l'Écosse. (L. V.)

CHAPITRE XII.

> Alors la vieille bonne femme se lève et parle seulement elle faisait la grimace. — Si jamais vot' père avait fait pareille chose, ç'aurait mal été pour lui.
> LA MÈRE TRUMBULL.

Tous trois, prenant un passage secret, pénétrèrent alors dans l'église, dont les portes extérieures, qui restaient habituellement ouvertes, avaient été fermées au moment du tumulte, alors que les deux partis avaient cherché à s'y précipiter pour un tout autre objet que la dévotion. Ils en parcoururent les sombres ailes, dont la marche pesante de l'armurier faisait résonner la voûte, muette sous la sandale du moine et sous le pas léger de la pauvre Louise. Celle-ci tremblait fort, de crainte autant que de froid. Elle voyait que ni l'un ni l'autre de ses deux guides ne la regardait avec bienveillance. Le premier était un homme austère, dont l'air n'annonçait que du mépris et presque de l'horreur pour la pauvre vagabonde ; et le second, bien que ce fût un des meilleurs naturels du monde, comme nous l'avons vu, était en ce moment d'une gravité qui allait jusqu'à la dureté, et ne se sentait pas peu mécontent de se voir investi de force du rôle qu'il jouait, et cela, il était contraint de se l'avouer, sans qu'il y eût pour lui possibilité de s'en défendre.

La répulsion que lui inspirait sa tâche s'étendait à l'innocent objet de sa protection, et il se disait intérieurement, en jetant sur elle un regard méprisant : Jolie reine de mendiants, pour me promener avec elle dans les rues de Perth, moi, un honnête bourgeois! Cette mignonne-là, avec son clinquant, doit avoir une réputation aussi déguenillée que toutes ses camarades, et me voilà dans de beaux draps si ma galanterie chevaleresque pour elle arrive aux oreilles de Catherine! J'aurais mieux fait de tuer un homme, quand c'eût été le premier de Perth. Clous et marteaux! j'aurais mieux aimé ça, si on m'avait provoqué, que d'avoir à traîner cette bagasse-là par la ville.

Peut-être Louise soupçonna-t-elle la cause de la préoccupation de son conducteur, car elle lui dit timidement et en hésitant : Ne ferais-je pas bien, mon digne monsieur, de m'arrêter un instant dans cette chapelle pour mettre ma mante ?

CHAPITRE XII.

— Hum ! c'est une bonne idée, ma belle, répondit l'armurier ; mais le moine intervint, et leva le doigt en signe d'interdiction.

— La chapelle du bienheureux saint Madon, dit-il, n'est pas un cabinet de toilette où des jongleurs et des vagabonds puissent changer de vêtements. Je vais tout-à-l'heure te montrer un vestiaire plus approprié à ta condition.

La pauvre jeune fille baissa humblement la tête, et s'éloigna avec le profond sentiment de sa dégradation de la porte de la chapelle dont elle s'était approchée. Son petit épagneul semblait deviner, à l'air et aux manières de sa maîtresse, qu'ils étaient des intrus sur le terrain sanctifié qu'ils foulaient, car il baissait les oreilles et balayait les dalles avec sa queue, tout en trottinant sur les talons de Louise.

Le moine avança sans s'arrêter. Ils descendirent un large escalier, et s'engagèrent dans un labyrinthe de passages souterrains où le jour pénétrait à peine. Arrivés à une porte basse et cintrée, le moine se retourna, et s'adressant à Louise du même ton sévère que tout-à-l'heure, il lui dit : Voici, fille de folie, voici un cabinet de toilette où bien d'autres avant vous ont déposé leurs vêtements !

Obéissant au moindre signe avec un empressement craintif, elle poussa la porte qui s'ouvrit, mais aussitôt elle recula de terreur : c'était un charnier à demi rempli de crânes et d'ossements desséchés.

— J'aurai peur en changeant seule d'habits ici, dit-elle. Si pourtant vous l'ordonnez, mon père, je vous obéirai.

— Eh ! repartit le père, les restes que tu vois là, enfant de vanité, ne sont que les restes des vêtements terrestres de ceux qui, dans leur temps, ont donné ou recherché les plaisirs du monde. Et telle tu seras un jour, malgré tes sauts et tes danses, ton chant et ta musique ; toi et tous tes pareils, ministres des frivoles plaisirs du monde, il vous faudra tous devenir pareils à ces misérables ossements, que ta vaine délicatesse craint de voir et répugne à regarder.

— Ne parlez pas de vaine délicatesse, révérend père, car le Ciel sait que j'envie le repos de ces misérables restes blanchis ; et si en y étendant mon corps je pouvais sans péché me réduire à un état pareil au leur, je choisirais ce monceau de débris humains pour lieu de repos, et je le préférerais à la couche la plus belle et la plus douce d'Écosse.

— Prends patience, et continue d'avancer, dit le moine d'un ton radouci ; le moissonneur ne doit pas quitter la moisson avant que le coucher du soleil ne l'avertisse que le travail de la journée est terminé.

Ils se remirent en marche. Au bout d'une longue galerie, frère Cyprien ouvrit la porte d'une petite pièce, ou peut-être d'une chapelle, car elle était décorée d'un crucifix devant lequel brûlaient quatre lampes. Tous les trois s'inclinèrent et firent le signe de la croix ; et le prêtre dit à la jeune chanteuse, en lui montrant du doigt le crucifix : Que dit cet emblème ?

— Qu'il invite le pécheur aussi bien que le juste à venir à lui.

— Oui, si le pécheur dépouille son péché, repartit le moine, dont le ton était évidemment plus doux. Prépare-toi ici pour ton voyage.

Louise resta une ou deux minutes dans la chapelle, et lorsqu'elle en sortit elle était couverte d'une mante de gros drap gris, dont elle s'était étroitement enveloppée, ayant mis ceux de ses atours plus brillants qu'elle avait eu le temps d'ôter dans le petit panier d'où elle avait tiré son habillement ordinaire.

Immédiatement après le moine ouvrit une porte fermée à clef, et ils se trouvèrent en plein air : ils étaient dans le jardin qui entourait le couvent des Dominicains. — La porte du Sud n'est fermée qu'au loquet, leur dit le moine, et vous pouvez sortir par là sans être remarqués. Le Ciel te bénisse, mon fils, — et toi aussi, malheureuse enfant! Souviens-toi de l'endroit où tu as dépouillé tes frivoles colifichets, et prends garde de les jamais remettre!

— Hélas! mon père, répliqua Louise, si la pauvre étrangère pouvait subvenir aux simples nécessités de la vie par une autre occupation plus honorable, elle n'aurait guère le désir de continuer son art frivole. Mais.....

Mais le moine avait disparu, et même la porte par laquelle il venait de passer semblait avoir disparu aussi, tant elle était artistement dissimulée derrière un arc-boutant, et au milieu d'une profusion d'ornements gothiques. — Voici, la chose est sûre, une femme qui vient de sortir de cette poterne secrète, se dit Henry; fasse le Ciel que les bons pères n'en fassent jamais entrer aucune par là ! L'endroit paraît commode pour de pareils jeux de cache-cache. — Mais, bon Dieu, que faire à présent? Il faut me débarrasser de cette fille-là aussi vite que je pourrai, et il faut aussi que je la voie en sûreté; car qu'elle soit ce qu'elle pourra, elle a l'air trop modeste, maintenant qu'elle est en habit décent, pour mériter la danse que ces Écossais sauvages du Galloway, ou la légion infernale du Liddel, lui ménagent probablement.

Louise s'était arrêtée comme pour attendre qu'il indiquât quel chemin il voulait prendre. Son petit chien, ranimé par le grand air après l'obscurité des voûtes souterraines qu'ils avaient parcourues, courait et gambadait sur la route, sautait après sa maîtresse, et même, quoique plus timidement, tournait autour d'Henry Smith, pour lui exprimer aussi son contentement et se concilier ses bonnes grâces.

— A bas, Charlot! à bas! dit la chanteuse. Tu es bien aise de te retrouver au soleil; mais où reposerons-nous ce soir, mon pauvre Charlot?

— Et maintenant, mistress, dit Smith, — non grossièrement, car ce n'était pas dans sa nature, mais d'un ton brusque, en homme qui désire voir la fin d'un emploi désagréable, — maintenant, par où est votre chemin?

Louise regarda la terre et resta silencieuse. Pressée une seconde fois de dire dans quelle direction elle désirait être conduite, elle baissa de nouveau les yeux, et répondit qu'elle n'en savait rien.

— Allons, allons, reprit Henry, je comprends tout cela ; — j'ai été dans mon temps un gaillard [1], — un ami de la bamboche ; — mais le meilleur est d'être franc. Dans la situation où je suis à présent, je suis un homme tout-à-fait changé depuis bien des mois ; ainsi, ma fille, il faut que vous et moi nous nous séparions peut-être plus tôt qu'une femme d'amour comme vous ne s'attend à se séparer d'un.... d'un jeune gars de bonne mine.

Louise pleura en silence, les yeux toujours baissés vers la terre, en personne qui ressent une insulte dont elle n'a pas droit de se plaindre. Enfin, s'apercevant que son conducteur s'impatientait, elle lui dit d'une voix altérée : Noble sir.....

— *Sir* est un titre de chevalerie, interrompit l'impatient bourgeois, et *noble* est pour un baron. Je suis Harry du Wind, un honnête artisan, membre libre de ma corporation.

— Hé bien, bon artisan, reprit la chanteuse, vous me jugez bien durement, mais non sans cause apparente. Je vous délivrerais immédiatement de ma compagnie, qui peut-être fait peu d'honneur à d'honnêtes gens, si seulement je savais quel chemin prendre.

— Celui de l'assemblée ou de la foire la plus proche, à coup sûr, repartit rudement Henry, ne doutant pas que cette détresse ne fût affectée pour l'abuser, et craignant peut-être de se jeter dans le chemin de la tentation. — C'est la fête de saint Madon à Auchterarder ; je réponds que vous saurez bien en trouver le chemin.

— Aftr..... Auchter..... répéta la chanteuse, sa langue du Sud essayant en vain l'accentuation celtique. On m'a dit que mes pauvres lais ne seront pas compris si je vais si près de vos terribles montagnards.

— En ce cas, vous voulez rester à Perth ?

— Mais où loger ?

— Et où avez-vous logé la nuit dernière. — Vous savez sûrement d'où vous venez, quoique vous ne paraissiez pas trop savoir où vous allez.

— J'ai couché à l'hospice du couvent ; mais je n'y ai été reçue qu'après une grande insistance, et on m'a enjoint de ne pas revenir.

— Quant à cela, on ne voudra jamais vous y recevoir maintenant que vous voilà au ban du comte de Douglas, cela n'est que trop vrai. Mais le prince a parlé de la maison de sir John Ramorny ; — je puis vous y conduire, en prenant par les rues de traverse, — quoique ça ne convienne guère à un honnête bourgeois, et que le temps me presse.

---

[1] Le mot est en français dans le texte.

— J'irai partout où vous voudrez ; — je sais que je suis un scandale et un embarras. Il a été un temps où il en était autrement. — Mais ce Ramorny, qu'est-il ?

— Un chevalier courtois, qui mène joyeuse vie de garçon ; l'intendant de la maison du jeune prince, et son *privado*, comme on dit.

— Quoi ! de ce jeune homme extravagant et dédaigneux, qui a donné lieu à ce scandale de tout-à-l'heure ? — Oh ! ne me menez pas là, mon bon ami. N'y a-t-il pas de femme chrétienne qui veuille donner abri dans son étable à une pauvre créature pour une nuit seulement ? je serai partie à la pointe du jour. Je la paierai richement : j'ai de l'or, — et je vous récompenserai aussi, si vous voulez me conduire là où je puisse être à l'abri de cet extravagant débauché, et des gens de la suite de ce sombre baron qui avait la mort dans le regard.

— Gardez votre or pour ceux qui en manquent, mistress, et n'offrez pas à d'honnêtes mains de l'argent gagné avec la viole et le tambourin, avec vos sauts sur la pointe du pied, et peut-être par de pires passe-temps. Je vous dis tout uniment, mistress, que ce n'est pas moi qu'on peut duper. Je suis prêt à vous conduire en quelque lieu de sûreté que vous pourrez m'indiquer, car ma promesse est aussi solide qu'une chaîne de fer. Mais vous ne me persuaderez pas que vous ne savez où aller. Vous n'êtes pas si novice dans votre métier que vous ne sachiez pas qu'il y a des hôtelleries dans toutes les villes, et surtout dans une ville comme Perth, où vos pareilles peuvent être logées pour leur argent, quand elles ne trouvent pas quelque dupe, plus ou moins, qui veuille bien payer leur écot. Si vous avez de l'argent, mistress, j'ai d'autant de moins à m'inquiéter de vous ; et véritablement je ne vois guère autre chose qu'un prétexte dans tout ce grand chagrin et dans cette crainte d'être laissée seule, chez une femme de votre état.

Ayant ainsi, à ce qu'il pensait, signifié qu'il n'était pas de ceux qui pouvaient se laisser prendre aux ruses ordinaires d'une ménestrel ambulante, Henry fit quelques pas résolument, s'efforçant de penser qu'il faisait la chose la plus sage et la plus prudente du monde. Il ne put cependant s'empêcher de tourner la tête pour voir comment Louise prenait son départ, et il vit avec peine qu'elle s'était laissée tomber sur un banc, les deux bras posés sur ses genoux et la tête penchée sur les bras, dans une attitude qui exprimait la plus extrême désolation.

Smith essaya de s'endurcir le cœur. — Tout cela n'est qu'un jeu, se dit-il. La gouge[1] connaît son métier ; — j'en jurerais par saint Ringan.

En ce moment, il sentit que quelque chose tirait les basques de son

---

[1] *Gouge*, en vieux français, est presque l'équivalent de *fille*. (W. S.)
Gouge n'a laissé dans notre langue que son corrélatif gougeat. (L. V.)

habit; et, regardant autour de lui, il vit le petit épagneul, qui aussitôt, comme pour plaider la cause de sa maîtresse, se dressa sur ses pattes de derrière, et se mit à danser, tout en geignant et en tournant la tête du côté de Louise, comme pour appeler la compassion sur sa maîtresse abandonnée.

— Pauvre bête! dit Smith; — pourtant il peut aussi y avoir un truc en cela, car tu ne fais que ce qu'on t'a appris. —Néanmoins, comme j'ai promis de protéger cette pauvre créature, il ne faut pas que je la laisse dans un évanouissement, si c'en est un, ne serait-ce que par simple humanité.

Revenant donc sur ses pas et s'approchant de son embarrassant dépôt, il s'assura du premier coup d'œil, au changement survenu dans les traits de Louise, ou qu'elle était réellement livrée au plus vif chagrin, ou qu'elle avait une puissance de dissimulation qui dépassait la compréhension de l'homme, — et de la femme aussi.

— Jeune fille, lui dit-il d'un ton plus affectueux que jusque là il n'avait été capable de prendre, je vous dirai franchement dans quelle situation je me trouve. C'est aujourd'hui la Saint-Valentin, et selon l'usage je devais le passer avec ma belle Valentine. Mais des coups et des querelles ont occupé toute ma matinée, sauf une pauvre demi-heure. Or, vous pouvez bien comprendre où j'ai le cœur et les pensées, et où mon corps aussi devrait être, quand ce ne serait que par simple courtoisie.

La chanteuse l'écouta et parut le comprendre.

— Si vous êtes un sincère amant et que vous ayez à accompagner une chaste Valentine, à Dieu ne plaise que quelqu'un comme moi jette du trouble entre vous, dit-elle. Ne pensez plus à moi. Je demanderai à cette grande rivière d'être mon guide jusqu'à l'endroit où elle rencontre l'Océan, et où l'on m'a dit, je crois, qu'il y a un port de mer; je m'y embarquerai pour ma belle France, et je me retrouverai encore une fois dans un pays où le plus grossier paysan ne voudrait pas injurier la femme la plus pauvre.

— Vous ne pouvez pas aller à Dundee aujourd'hui. Les gens de Douglas sont en mouvement des deux côtés de la rivière, car l'alarme de ce matin est maintenant arrivée jusqu'à eux; durant toute la journée d'aujourd'hui, et cette nuit, et demain, ils vont se rassembler sous l'étendard de leur chef, comme des Highlanders à la Croix de Feu [1]. Voyez-vous là-bas ces cinq ou six hommes qui galopent si grand train de l'autre côté de la rivière? ce sont des gens de l'Annandale; je les reconnais à la longueur de leurs lances et à la manière dont ils les tiennent. Un homme de l'Annandale n'incline jamais sa lance en arrière; il en tient toujours la pointe droite ou dirigée en avant.

---

[1] Sur cet ancien signal de ralliement parmi les montagnards, nous renverrons le lecteur à une note de *Rob Roy*. (L. V.)

— Qu'ai-je à craindre d'eux? ce sont des hommes d'armes et des soldats; — ils me respecteraient, ne serait-ce que pour ma viole et mon isolement.

— Je ne veux pas médire d'eux. Si vous étiez dans leurs vallées, ils vous traiteraient avec hospitalité et vous n'auriez rien à craindre; mais maintenant ils sont en expédition. Tout ce qui vient à leur filet est poisson. Il y en a parmi eux qui vous tueraient pour la valeur des pendants d'or que vous avez aux oreilles. Leur âme tout entière passe dans leurs yeux pour voir la proie, et dans leurs mains pour la saisir. Ils n'ont d'oreilles pour entendre ni lais ni musique, non plus que pour écouter ceux qui demandent merci. D'ailleurs ils ont l'ordre de leur chef à votre sujet, et cet ordre-là est de ceux qui sont sûrs d'être obéis. Oui, les grands seigneurs sont plutôt écoutés quand ils disent : Brûlez une église, que s'ils disent : Bâtissez-en une.

— En ce cas, le mieux que j'aie à faire c'est de m'asseoir là et de mourir.

— Ne parlez pas ainsi. Si je pouvais seulement vous avoir un logement pour la nuit, je vous conduirais demain matin aux Escaliers de Notre-Dame, d'où les navires descendent la rivière jusqu'à Dundee, et je vous mettrais à bord avec quelqu'un qui s'y rendrait, et qui veillerait à ce que vous fussiez logée saine et sauve là où vous seriez bien reçue et bien traitée.

— Homme excellent et généreux ! s'écria la jeune fille, faites cela ! et si les prières et les bénédictions d'une pauvre infortunée arrivent jamais jusqu'au Ciel, elles s'y élèveront pour vous. Nous nous retrouverons à cette poterne, à l'heure du départ des bateaux.

— C'est à six heures du matin, au petit jour.

— Allez donc retrouver votre Valentine; — et si elle vous aime, oh ! ne la trompez pas !

— Hélas ! pauvre damoiselle, je crains que ce ne soit d'avoir été trompée qui vous ait amenée à la passe où vous êtes. Mais je ne dois pas vous laisser ainsi dans l'embarras. Il faut que je sache où vous passerez la nuit.

— Ne vous en inquiétez pas, répliqua Louise. — Le ciel est clair, — et il y a le long de la rivière assez de buissons et de bouquets d'arbres. Charlot et moi nous pouvons bien faire d'un abri de verdure notre chambre à coucher pour une nuit; et avec l'aide que vous me promettez la journée de demain me verra hors de l'atteinte des insultes et des injures. Oh ! la nuit passe vite quand il y a de l'espoir pour le lendemain. Vous tardez encore, quand votre Valentine vous attend? — Prenez garde : je vous tiendrai pour n'être qu'un amant sans feu, et vous savez ce que valent les reproches d'un ménestrel.

— Je ne puis vous quitter, damoiselle, repartit l'armurier complétement gagné. Ce serait un meurtre de vous laisser passer la nuit exposée au froid pénétrant d'une nuit d'Écosse au mois de février. Non, non ; — je tiendrais mal ma parole en agissant ainsi ; et quand bien même je m'exposerais quelque peu au risque d'être blâmé, ce ne serait qu'une juste pénitence pour avoir mal pensé de vous, et vous avoir traitée, j'en suis maintenant bien persuadé, selon mes préventions plus que selon vos mérites. Venez avec moi, damoiselle ; — vous aurez pour la nuit un logis sûr et honnête, n'importe ce qui en puisse résulter. Ce serait faire un mauvais compliment à ma Catherine, que de laisser une pauvre créature mourir de froid pour jouir de sa compagnie une heure plus tôt.

À ces mots, et se roidissant contre toute prévision du fâcheux aliment que la médisance pourrait trouver dans une telle conduite, Smith résolut d'opposer un cœur courageux aux mauvais propos, et de donner refuge pour une nuit dans sa propre maison à la demoiselle errante. Il faut ajouter qu'il le fit avec une extrême répugnance, et en quelque sorte dans un enthousiasme de bienveillance.

Avant que notre vigoureux fils de Vulcain eût fixé son culte sur la Jolie Fille de Perth, une certaine impétuosité de caractère que la nature avait mise en lui l'avait placé sous l'influence de Vénus aussi bien que sous celle du dieu Mars ; et c'était uniquement l'influence d'un attachement sincère qui l'avait entièrement éloigné de ces plaisirs licencieux. Il était donc justement jaloux de sa réputation de constance fraîchement acquise, réputation que sa conduite envers cette pauvre fille errante pouvait exposer aux soupçons ; — peut-être même craignait-il un peu de s'exposer trop aventureusement à la tentation, — et de plus il était au désespoir de perdre ainsi la plus grande partie du jour de la Saint-Valentin, que l'usage non seulement lui permettait, mais lui enjoignait même de passer près de celle qui devait être sa compagne pour l'année. L'excursion à Kinfauns, et les divers incidents qui s'en étaient suivis, avaient consumé la journée, et on touchait maintenant presque à l'heure de complies.

Comme pour regagner par la rapidité de sa marche le temps qu'il était forcé de perdre pour un objet tellement étranger à celui qu'il avait le plus à cœur, il traversa à grands pas les jardins des Dominicains, entra dans la ville, et ramenant son manteau sur le bas de son visage, en même temps qu'il enfonçait sa toque de manière à se cacher les yeux, il parcourut avec la même célérité des rues détournées et des ruelles, espérant arriver à sa maison dans le Wind sans avoir été remarqué. Mais lorsqu'il eut marché de ce pas pendant dix minutes, il commença à sentir que sa marche pouvait être trop rapide pour que la jeune fille pût aisément le suivre. Il se retourna donc avec un certain degré d'humeur et d'impatience, qui bientôt se changea en repentir quand il la vit presque complètement épuisée par la hâte qu'elle avait faite.

— Marry ! se dit-il, la potence soit de moi, brute que je suis ! Quelle que soit ma hâte, cela peut-il donner des ailes à cette pauvre créature? — et chargée de bagage comme elle l'est, encore! Je suis un animal mal appris, cela est certain, toutes les fois qu'il est question de femmes; et je suis toujours sûr de faire mal quand j'ai la meilleure volonté de bien faire. — Ecoute, damoiselle; laisse-moi porter cela. Nous en irons plus vite.

La pauvre Louise aurait voulu faire quelque objection; mais elle était tellement essoufflée qu'elle ne put parler, et elle laissa son obligeant conducteur prendre son petit panier. Ce que voyant le chien, il vint droit à Henry, se leva sur ses pattes de derrière et secoua celles de devant en geignant doucement, comme s'il eût eu besoin aussi d'être porté.

— Il faut donc que je te prenne aussi, dit Smith, qui vit que l'animal était las.

— Fi, Charlot! dit Louise; tu sais que c'est moi qui te porterai.

Elle chercha à prendre le petit épagneul; mais il lui échappa, et allant se placer de l'autre côté de Henry, il renouvela sa pantomime pour le supplier de le porter.

— Charlot a raison, dit Smith; il sait fort bien lequel de nous deux est le plus en état de le porter. Ceci me fait savoir, ma belle, que ce n'a pas toujours été vous qui vous êtes chargée de votre panier; — Charlot est un rapporteur.

Une telle pâleur se répandit subitement sur les joues de la pauvre chanteuse à cette remarque de Henry, qu'il fut obligé de la soutenir pour qu'elle ne tombât pas. Néanmoins elle maîtrisa presque aussitôt son émotion, et d'une voix faible elle pria son guide de se remettre en route.

— Allons, dit Henry lorsqu'ils recommencèrent à marcher, prenez mon manteau ou mon bras, si cela vous aide. Nous faisons là un beau couple! et si j'avais seulement un rebec ou une guitare au dos et un singe sur l'épaule, nous aurions l'air d'une aussi joyeuse paire de coureurs de pays qu'on en ait jamais vu pincer une corde à la porte d'un château. — Par les clous! exclama-t-il intérieurement, si quelque voisin venait à me rencontrer avec le panier de cette petite coureuse-là sur l'épaule, son chien sous mon bras et elle pendue à mon manteau, qu'est-ce qu'il penserait sinon que je suis devenu un vrai coureur de rues? Pour le meilleur harnais[1] sur lequel j'aie jamais levé le marteau, je ne voudrais pas qu'un de nos voisins à langue affilée me rencontrât dans cet équipage; ce serait un sujet de plaisanteries qui durerait de la Saint-Valentin à la Chandeleur.

Fatigué de ces pensées, Henry Smith, quoique au risque de faire beaucoup plus longue route qu'il ne le désirait pour arriver vite, prit les rues les plus détournées et les moins directes qu'il put trouver, afin d'éviter

---

[1] On sait que dans l'ancien langage le mot *harnais* désignait l'ensemble d'une arure. (L. V.)

les rues principales encore encombrées par la foule, par suite de la scène tumultueuse et de l'agitation du matin. Malheureusement sa précaution ne lui servit de rien ; car au détour d'une ruelle il rencontra un homme qui s'était enveloppé le bas du visage de son manteau, dans la même intention que l'armurier, c'est-à-dire pour ne pas être reconnu, bien qu'à la maigreur et à la tournure de l'individu, aux jambes en fuseau dont on apercevait la partie inférieure, et à l'œil terne qui clignotait au-dessus des plis du manteau, on reconnût l'apothicaire aussi distinctement que s'il eût porté son nom écrit sur le devant de sa toque. Cette rencontre aussi fâcheuse qu'inattendue remplit Smith de confusion. Un prompt subterfuge n'était pas dans la nature brusque et hardie de son caractère ; connaissant cet homme pour un observateur curieux, sachant qu'il aimait à faire des rapports en les envenimant, et que d'ailleurs il n'était nullement bien disposé pour lui en particulier, le seul espoir qui s'offrit à lui fut que le digne apothicaire lui fournirait quelque prétexte de s'assurer, en lui tordant le cou, de son silence et de sa discrétion.

Mais loin de faire ou de dire quelque chose qui pût justifier de telles extrémités, l'apothicaire, se voyant trop près de son robuste concitoyen pour qu'il fût possible de l'éviter, sembla déterminé à rendre la reconnaissance aussi légère que possible ; et sans paraître rien remarquer de particulier dans la compagnie non plus que dans les circonstances où il rencontrait Smith, il laissa simplement tomber ces mots au moment où il passait près de lui, sans même avoir jeté sur sa compagne un second coup d'œil, après le premier moment où ils s'étaient trouvés face à face : Je vous souhaite encore joyeuse fête, mon brave Smith. Ha ! vous ramenez du port votre cousine, la gentille mistress Jeanne Letham, avec son bagage ; — toute fraîche arrivée de Dundee, j'en réponds ? J'avais ouï dire qu'elle était attendue chez le vieux cordonnier.

Tout en parlant ainsi il ne regardait ni à droite ni à gauche ; et après avoir répondu au bonjour que l'armurier lui balbutia plutôt qu'il ne l'articula distinctement, il passa outre presque furtivement, et s'évanouit comme une ombre.

— Que le diable m'enlève si j'avale cette pilule-là, quelque bien dorée qu'elle soit, se dit Henry Smith. Le coquin a l'œil bon quand il s'agit de jupe, et il distingue un canard sauvage d'un canard apprivoisé aussi bien qu'homme au monde. — Ce serait le dernier de la bonne ville à prendre des prunes vertes pour des poires, ou ma grosse cousine Jeanne pour le joli morceau que j'ai là avec moi. J'imagine que par là c'est comme s'il avait dit : Je ne veux pas voir ce que vous pouvez souhaiter que je ne voie pas ; — et il a raison, vu qu'il pourrrait bien se faire casser la caboche en se mêlant de mes affaires : — ainsi, il se taira par égard pour lui. Mais qu'est-ce qui nous arrive encore ? — Par saint Dunstan ! c'est ce bavard, ce vantard, ce lâche coquin d'Olivier Proudfute !

C'était en effet le hardi bonnetier qu'ils rencontrèrent un moment après, et qui, la toque sur l'oreille, et fredonnant la chanson —

Tu tiens long-temps la pinte
Tom, Tom,
Tu tiens long-temps la pinte —

faisait assez connaître qu'il n'avait pas dîné sans boire.

— Ha! mon joyeux Smith, je t'y prends! fit-il. — Quoi! est-ce que le bon acier peut ployer? — est-ce que Vulcain peut rendre à Vénus la monnaie de sa pièce, comme disent les ménestrels? — Tu seras ma foi un gai Valentin avant que l'année soit passée, si tu commences si joyeusement dès le premier jour!

— Ecoute, Olivier, dit Smith mécontent, ferme les yeux et passe ton chemin, mon vieux. Encore un mot : ne remue pas la langue de ce qui ne te regarde pas, si tu tiens à garder toutes tes dents dans la bouche.

— Moi trahir un secret? — moi rapporteur, et cela contre mon frère d'armes? — Allons donc! je n'en dirai mot, même à mon soudan de bois. — Eh! en se cachant, je puis être un gaillard aussi bien que toi, mon cher; — et maintenant que j'y pense, je vais aller avec toi n'importe où; nous ferons ripaille ensemble, et ta Dalila nous chantera une chanson. Ha! n'est-ce pas bien dit?

— Parfaitement, répondit Henry, qui pendant tout ce temps-là mourait d'envie de casser la tête à son frère d'armes, mais qui prit sagement un moyen plus pacifique de se débarrasser de lui; — parfaitement! — avec cela que je puis avoir besoin de ton aide; — car il y a là-bas devant nous cinq ou six Douglas qui ne manqueront pas de chercher à enlever la fille à un pauvre bourgeois comme moi, si bien que je serai charmé d'être soutenu par un brave tel que toi.

— Merci, — merci, repartit le bonnetier. Mais est-ce que je ne ferais pas mieux de courir faire sonner la cloche d'alarme et prendre ma grande épée?

— Oui, oui, — cours chez toi aussi vite que tu pourras, et ne dis rien de ce que tu as vu.

— Qui, moi? — oh! n'aie pas peur. Pouah! je méprise un rapporteur.

— En ce cas, va vite; — j'entends le bruit des armures.

Cet avis redonna de la vie et de l'ardeur aux talons du bonnetier, qui, tournant le dos au danger supposé, prit sa course d'un pas que Smith ne douta pas devoir le ramener promptement chez lui.

— Encore un autre geai bavard à qui j'aurai affaire, pensa Smith; mais aussi je sais comment le faire taire. Les ménestrels ont un fabliau où il s'agit d'une chouette qui avait des plumes d'emprunt; — parbleu,

CHAPITRE XII.

Olivier est cet oiseau-là, et, par saint Dunstan! s'il laisse courir sa langue bavarde à mes dépens, je le plumerai comme jamais faucon n'a plumé une perdrix. Et il le sait bien.

Tandis que ces réflexions se pressaient dans son esprit, il avait presque atteint le terme de sa course ; et la chanteuse toujours pendue à son manteau, épuisée autant de crainte que de fatigue, il arriva enfin au milieu du Wynd, qu'il honorait de son habitation, et d'après lequel, dans l'incertitude qui présidait alors à l'application des surnoms, il avait reçu un de ceux qui le distinguaient. Là, les jours ordinaires, on voyait sa fournaise en feu, et quatre drôles à moitié nus assourdissaient le voisinage du bruit des marteaux sur l'enclume. Mais la solennité de la Saint-Valentin avait autorisé ces hommes d'acier à fermer la boutique, et en ce moment ils étaient là où les avait appelés la dévotion ou le plaisir. La maison qui touchait à la forge avait Henry pour propriétaire ; et bien qu'elle fût petite et située dans une rue étroite, néanmoins comme elle était accompagnée par derrière d'un grand jardin garni d'arbres fruitiers, elle offrait au total une habitation agréable. Au lieu de frapper ou d'appeler, ce qui aurait fait mettre les voisins aux portes et aux fenêtres, Smith tira de sa poche un passe-partout que luimême avait fabriqué, ce qui était alors un grand objet de curiosité et d'envie ; et ouvrant lui-même sa porte, il introduisit sa compagne chez lui.

La pièce où entrèrent Henry et la chanteuse était la cuisine, qui parmi les gens de la classe de l'armurier servait de pièce de réunion, bien qu'un petit nombre d'individus, tels que Simon Glover, eussent une salle à manger distincte de la pièce où leurs repas se préparaient. Dans un coin de cette pièce, où tout était rangé et approprié avec un soin peu ordinaire, était assise une vieille femme, qu'à la propreté de ses habits et à la symétrie avec laquelle son plaid écarlate était ramené sur sa tête, de manière à lui descendre de chaque côté sur les épaules, on aurait pu prendre pour une personne d'une condition plus relevée que ne l'était la mère Schoolbred, la femme de charge de l'armurier. Telle était cependant sa qualité ; et comme elle n'avait pas assisté à la messe le matin, elle reposait tranquillement au coin du feu, son chapelet à moitié pendant à son bras gauche, ses prières à moitié dites errant encore sur ses lèvres, et ses yeux à demi fermés s'abandonnant au sommeil, tout en attendant le retour de celui qu'elle avait nourri, sans savoir à quelle heure il pourrait revenir. Le bruit qu'il fit en entrant la tira tout-à-coup de cet état de somnolence, et son premier regard tomba sur sa compagne, d'abord avec une expression d'extrême surprise, qui peu à peu se changea en une expression de vif mécontentement.

— Que les saints protègent mes yeux, Henry Smith! exclama-t-elle très dévotement.

— Amen de tout mon cœur. Atteignez-nous tout de suite quelque chose à manger, bonne nourrice, car je crains que cette voyageuse-là n'ait fait un dîner léger.

— Encore une fois, que Notre-Dame me préserve les yeux des méchantes illusions de Satan !

— Ainsi soit-il, vous dis-je, bonne femme. Mais à quoi bon toutes ces patenôtres ? Est-ce que vous ne m'avez pas entendu ? ou est-ce que vous ne voulez pas faire ce que je vous ai demandé ?

— Il faut que ce soit lui, malgré tout ! reprit la vieille. Mais c'est qu'on croirait plutôt que c'est le démon qui a pris sa ressemblance, avec une pareille bagasse pendue à son manteau. — Oh, Harry Smith ! on vous a appelé un garçon débauché pour de moindres choses. Aussi, qui aurait jamais pensé qu'Harry amènerait une péronnelle de mauvaise vie sous le toit qui a abrité sa digne mère, et où sa nourrice demeure depuis trente ans !

— Tenez-vous en paix, la vieille, et soyez raisonnable, répliqua Smith. Mademoiselle n'est ni ma maîtresse ni celle de personne que je sache ; mais elle part demain pour Dundee par les bateaux, et il faut que nous la logions jusque là.

— La loger ! Vous pouvez loger du bétail de cette sorte-là si ça vous plaît, Harry Wynd ; mais la même maison ne logera pas cette fille-là et moi, c'est de quoi vous pouvez être bien sûr !

— Votre mère est en colère contre moi, dit Louise, se méprenant sur le degré de connexion existant entre son protecteur et la vieille. Je ne resterai pas pour la contrarier. Si vous avez une étable, la moindre place vide sera un assez bon lit pour Charlot et pour moi.

— Oui, oui, reprit dame Schoolbred, je pense que c'est là le logement auquel vous êtes le plus habituée.

— Ecoutez, nourrice Schoolbred, dit Smith. Vous savez que je vous aime pour vous et à cause de ma mère ; mais par saint Dunstan ! — qui était un saint du même métier que moi — je veux être le maître dans ma maison ; et si vous me laissez là sans de meilleures raisons que vos soupçons qui n'ont pas le sens commun, vous penserez à la manière d'ouvrir la porte quand vous reviendrez, car ce n'est pas moi qui vous l'ouvrirai, je vous le promets.

— Hé bien, mon fieu, ce n'est pas ça qui me fera exposer le nom d'honnête femme que je porte depuis soixante ans. Ce n'était pas l'habitude de votre mère, et ce ne sera jamais la mienne, de frayer avec des coureuses, des jongleuses et des chanteuses ; et je n'ai pas à chercher si loin pour un endroit où loger, qu'il me faille demeurer sous le même toit qu'une princesse comme celle-là.

Sur ce l'inflexible gouvernante se mit à ajuster à la hâte son tartan pour sortir de la maison, ayant soin de le tirer assez en avant pour cacher la coiffe de batiste blanche dont les bords encadraient une physionomie ridée, mais que relevaient encore les fraîches couleurs de la santé. Cela fait, elle saisit un bâton, fidèle compagnon de ses courses, et elle se dirigeait tout de bon vers la porte, quand Smith s'avança pour lui barrer le passage.

— Attendez au moins, ma vieille, que nous ayons réglé nos comptes, dit-il. Je vous dois quelque chose pour vos gages et la bonne-main.

— C'est un rêve de votre tête de fou. Quels gages ou quelle bonne-main ai-je à prendre du fils de votre mère, qui m'a nourrie, habillée et abritée comme si j'avais été une sœur?

— Et vous le reconnaissez bien, nourrice, en quittant son seul enfant au moment où il a le plus besoin de vous!

Cette remarque parut frapper de componction l'obstinée vieille. Elle s'arrêta et porta alternativement les yeux sur son maître et sur Louise; puis elle secoua la tête, et sembla se disposer à reprendre son chemin vers la porte.

— Je reçois cette pauvre fille errante sous mon toit, continua Smith, uniquement pour la sauver de la prison et des verges.

— Et pourquoi la sauveriez-vous de ça? repartit l'inexorable dame Schoolbred. J'ose dire qu'elle a mérité l'un et l'autre autant que jamais voleur a mérité collier de chanvre.

— Pour ce que je sais, possible que oui et possible que non. Mais elle n'a pu mériter d'être fustigée à mort ou de mourir de faim dans une prison; et c'est là le lot de ceux à qui Douglas-le-Noir en veut.

— Et vous allez vous mettre Douglas-le-Noir à dos à cause d'une chanteuse des rues? Ce sera la pire des querelles que vous ayez encore eues. — Oh, Henry Gow! il y a autant de fer dans votre tête que dans votre enclume!

— C'est ce que j'ai des fois pensé, mistress Schoolbred; mais si j'attrape une ou deux estafilades dans cette nouvelle affaire, je voudrais bien savoir qu'est-ce qui les guérira si vous vous sauvez de moi comme une oie sauvage effrayée? Oui, et de plus, qu'est-ce qui recevra ma jolie fiancée, que j'espère amener au Wynd un de ces jours?

— Ah, Harry, Harry! fit la vieille en secouant la tête, ce n'est pas de cette manière-là qu'un honnête homme prépare sa maison à recevoir une jeune épouse; — vous devriez être guidé par la modestie et la retenue, et non par la débauche et le libertinage.

— Je vous dis encore une fois que cette pauvre créature ne m'est rien. Tout ce que je désire c'est qu'elle soit en sûreté, et je pense que le *borderman*[1] le plus hardi de Perth respectera la barre de ma porte autant que la grille du château de Carlisle. — Je descends jusque chez Simon Glover; — il se peut que j'y demeure toute la nuit, car le louveteau highlandais est retourné à ses montagnes, comme un enfant de

[1] Homme de la frontière.

louve qu'il est, et il y a ainsi un lit de vacant, que le père Simon ne me refusera pas. Vous resterez avec cette pauvre créature, vous lui donnerez à manger, vous veillerez sur elle durant la nuit, et je serai re venu avant le jour. Vous pourrez venir avec moi la conduire au bateau si vous voulez, et ainsi vous aurez l'œil sur elle jusqu'à la fin en même temps que moi.

— Il y a quelque raison en cela, repartit dame Schoolbred ; quoique je sois encore à comprendre par quelle raison vous mettriez votre réputation en danger pour une fille qui trouverait à se loger pour une pièce de deux pence d'argent, et même pour moins.

— Rapportez-vous-en à moi là-dessus, ma vieille, et soyez bonne pour la petite.

— Meilleure qu'elle ne le mérite, je vous en réponds ; et véritablement, quoique la compagnie de pareil bétail ne me convienne guère, pourtant je pense que je suis moins exposée que vous à ce qu'il m'en revienne mal : — à moins que ce ne soit une sorcière, ce qui pourrait bien arriver, vu que le diable est bien puissant avec toute la clique des coureurs de grands chemins.

— Elle n'est pas plus sorcière que je ne suis sorcier, dit l'honnête Smith ; c'est une pauvre créature bien chagrine, qui, si elle a fait du mal, l'a bien expié. Soyez bonne pour elle ; — et vous, ma petite musicienne, je viendrai vous retrouver demain matin pour vous conduire au port. Cette vieille femme vous traitera avec bonté, pourvu que vous ne lui disiez rien qui ne convienne à des oreilles honnêtes.

La pauvre fille avait écouté tout ce dialogue sans en comprendre autre chose que le sens général ; car quoiqu'elle parlât bien anglais, elle avait appris la langue en Angleterre même, et le dialecte du nord avait alors comme aujourd'hui un caractère plus traînant et plus dur. Elle vit cependant qu'il lui faudrait rester avec la vieille dame, et croisant d'un air résigné ses bras sur sa poitrine, elle pencha la tête avec humilité. Elle regarda ensuite l'armurier avec une vive expression de gratitude, puis levant les yeux au ciel et prenant une main qu'il lui abandonna passivement, elle fit un mouvement comme pour porter ses lèvres sur cette main nerveuse, en signe d'affection et de profonde gratitude. Mais dame Schoolbred ne permit pas cette façon étrangère d'exprimer ses sentiments. Elle se jeta entre eux, et poussant de côté la pauvre Louise, elle lui dit : Non, non, je ne veux pas de cette besogne-là. Allez dans le coin de la cheminée, mistress ; et quand Harry Smith sera parti, s'il faut absolument que vous baisiez des mains, vous baiserez les miennes aussi long-temps que vous voudrez. — Et vous, Harry, allez-vous-en chez Sim Glover ; car si la gentille mistress Catherine apprend en quelle compagnie vous êtes ici, il pourra bien se faire que ça ne soit pas plus de son goût que du mien. — Allons, bon ! — est-ce que vous êtes devenu fou? — Allez-vous sortir sans votre bouclier, quand toute la ville est en émoi?

— Vous avez raison, dame Schoolbred, répondit l'armurier; et jetant le bouclier sur ses larges épaules, il quitta sa maison sans attendre de nouvelles questions.

CHAPITRE XIII.

> Comme au milieu de la nuit les sons aigus de ce pibroch ont un accent sauvage et pénétrant! Mais de même que leur souffle remplit leurs cornemuses montagnardes, de même les farouches montagnards sont remplis de cette audace native qui fait vivre en eux les souvenirs agitateurs de dix siècles.
> Byron

Il nous faut maintenant abandonner les personnages inférieurs de notre drame historique, pour nous attacher aux incidents qui avaient lieu parmi ceux d'un plus haut rang et de plus grande importance.

Nous passons de l'humble demeure d'un armurier à la salle de conseil d'un monarque, et nous reprenons notre histoire au moment où le tumulte étant apaisé dans la cour, les *chieftains* irrités furent appelés en présence du roi. Ils entrèrent mécontents les uns des autres et se regardant d'un air sombre, tous exclusivement préoccupés des injures qu'ils s'imaginaient avoir reçues, et conséquemment aussi peu disposés les uns que les autres à écouter la voix de la raison. Albany seul, calme et rusé, semblait préparé à exploiter leur mécontentement dans l'intérêt de ses propres desseins, et à tourner chaque incident, selon qu'il se présenterait, au profit de ses vues détournées.

L'irrésolution du roi, bien qu'elle allât jusqu'à la timidité, ne l'empêcha pas de prendre l'attitude extérieure qui convenait à sa situation. C'était seulement quand il était poussé à bout, comme dans la scène qui venait d'avoir lieu, qu'il perdait son calme apparent. En général, on pouvait lui faire changer de dessein, mais rarement on lui faisait perdre la dignité de ses manières. Il reçut Albany, Douglas, March et le prieur (membres mal assortis de son conseil bigarré) avec un mélange de courtoisie et de hauteur, qui fit souvenir chacun de ces seigneurs altiers qu'il se trouvait en présence de son souverain, et les força de montrer le respect convenable.

Après avoir reçu leurs salutations, le roi leur fit signe de s'asseoir; et ils obéissaient à cet ordre quand Rothsay entra. Il se dirigea gracieusement vers son père, et mettant un genou à terre devant lui il lui demanda sa bénédiction. Robert, d'un air où la tendresse et la douleur se déguisaient mal, essaya d'appeler le reproche dans son regard, tout en étendant la main au-dessus de la tête du jeune prince, et en lui disant avec un soupir : Que Dieu te bénisse, enfant inconséquent, et qu'il fasse de toi un homme plus sage dans tes années à venir !

—Amen, mon père, répondit Rothsay d'un ton de sensibilité qu'il montrait souvent dans ses bons moments. Il porta alors la main du roi à ses lèvres avec le respect d'un fils et d'un sujet ; puis, au lieu de prendre place à la table du conseil, il se tint debout derrière le siége royal, de façon à pouvoir, à volonté, parler à l'oreille de son père.

Le roi fit alors signe au prieur de Saint-Dominique de prendre place à la table sur laquelle était disposé tout ce qu'il fallait pour écrire, ce dont, au reste, Albany excepté, le prieur seul était en état de faire usage [1]. Le roi, alors, annonça le motif de leur réunion.

— Les affaires que nous avions à traiter, mylords, leur dit-il avec beaucoup de dignité, avaient rapport à ces malheureuses dissensions des Highlands, dissensions que les dernières nouvelles que nous avons reçues nous ont appris être sur le point d'occasionner la dévastation et la ruine du pays, jusqu'à quelques milles de notre propre cour. Mais quelque proches que soient ces troubles, notre malheureux destin et les instigations d'hommes pervers en ont suscité un encore plus rapproché, en jetant la discorde et les luttes au milieu des citadins de Perth et des gens de la suite de Vos Seigneuries, ainsi que d'autres de nos chevaliers et de nos nobles. Il me faut donc en premier lieu, mylords, vous demander à vous-mêmes pourquoi notre cour est troublée par des contentions aussi malséantes, et par quels moyens on peut les réprimer. — Frère d'Albany, dites-nous d'abord votre sentiment à ce sujet.

— Sire, notre royal frère et souverain, répondit le duc, comme je me trouvais près de la personne de Votre Grâce quand la dispute a commencé, j'ignore ce qui y a donné lieu.

— Et pour moi, dit le prince, je n'ai pas ouï de pire cri de guerre que la ballade d'une jeune chanteuse, et les traits les plus dangereux que j'aie vus voler, ce sont des noisettes.

— Et moi, dit le comte de March, tout ce dont j'ai pu m'apercevoir, c'est que les braves citadins de Perth donnaient la chasse à quelques drôles qui avaient pris sur l'épaule le signe du cœur-sanglant. Ils couraient trop vite pour que ce fussent effectivement des hommes du comte de Douglas.

---

[1] M. Chrystal Croftangry, quand il écrivit cette phrase, n'avait pas présent à la mémoire, il faut en convenir, le portrait que fait de Rothsay le prieur de Lochleven :

« A seemly person in stature,
Cunn and into letterature; »

« homme d'extérieur agréable, et habile dans les lettres. » Liv. ix. c. 23. (W. S.)

Douglas comprit le sarcasme, mais il n'y répondit que par un de ces regards sombres qui étaient habituellement chez lui l'indice d'un mortel ressentiment. Il prit cependant la parole avec un calme hautain.

— Sire, dit-il, vous devez naturellement savoir que c'est à Douglas à répondre à cette grave accusation ; car quand y a-t-il eu en Ecosse des luttes ou du sang versé, sans qu'il se soit trouvé des langues calomnieuses pour accuser faussement un Douglas ou un partisan des Douglas d'y avoir donné lieu ? Nous avons ici de respectables témoins. Je ne parle pas de lord Albany, qui a seulement dit qu'il était, ainsi qu'il était convenable qu'il y fût, près de Votre Grâce. Je ne dis rien non plus de lord Rothsay, qui, ainsi, qu'il convient à son rang, à son âge et à son jugement, était à casser des noisettes avec une musicienne errante. — Je le vois sourire : — il peut dire ici ce qu'il voudra ; — je n'oublierai pas un lien qu'il semble avoir oublié. Mais voici mylord de March qui a vu les hommes de ma suite fuir devant les rustres de Perth ! Je puis dire au comte que les suivants du cœur-sanglant avancent ou font retraite quand leur chef le leur commande, et selon que le bien de l'Écosse le requiert.

— Et moi, s'écria le non moins fier comte de March, à qui le sang monta au visage, je puis répondre..... Mais le roi l'interrompit.

— Paix, mylords ! dit-il, faites trêve à votre colère, et souvenez-vous en présence de qui vous êtes ! Et vous, Douglas, dites-nous, si vous le pouvez, la cause de cette mutinerie, et dites-nous aussi pourquoi les gens de votre suite, dont nous sommes très disposé à reconnaître les bons services en général, prenaient ainsi une part active dans une querelle privée ?

— J'obeis, mylord, dit Douglas en inclinant légèrement une tête qui se courbait rarement. Je sortais de chez moi et je me rendais au couvent des Chartreux par la grande rue de Perth, avec un petit nombre de gens de ma suite ordinaire, quand j'ai vu quelques habitants de la plus basse classe qui se pressaient autour de la Croix, contre laquelle on avait cloué ce placard et ceci qui l'accompagne.

Il tira d'une poche placée sur le devant de sa cotte de buffle une main d'homme et un carré de parchemin. Le roi fit un mouvement de dégoût et parut agité.

— Lisez, bon père prieur, dit-il, et qu'on éloigne cet horrible objet.

Le prieur lut un placard ainsi conçu :

« Attendu que la maison d'un citadin de Perth a été attaquée la nuit dernière, veille de la Saint-Valentin, par des tapageurs et des coureurs de nuit, appartenant à quelque compagnie d'étrangers en ce moment résidant dans la bonne ville ; et vu que cette main a été coupée à un de ces bâtards sans foi ni loi dans le combat qui s'en est suivi, le prévôt et les magistrats ont ordonné qu'elle fût clouée à la Croix, en signe de mépris pour ceux par qui cette querelle a été occasionnée. Et si quelqu'un appartenant à la classe des chevaliers dit qu'en agissant ainsi nous agissons à tort, moi, Patrick Charteris de Kinfauns, chevalier, je soutiendrai ce cartel en champ-clos, avec les armes de la chevalerie ; ou si quelqu'un de plus basse naissance nie ce qui est dit ici, il lui sera répondu par un bourgeois de la bonne ville de Perth, selon sa condition. Sur ce, que Dieu et saint John protègent la bonne ville! »

— Vous ne serez pas étonné, mylord, reprit Douglas, que quand mon aumônier m'a eu lu le contenu d'un aussi insolent placard, j'aie ordonné à un de mes écuyers d'arracher un trophée si déshonorant pour la chevalerie et la noblesse d'Écosse. Sur quoi, il paraît que quelques uns de ces impertinents bourgeois se sont permis de huer et d'insulter les derrières de ma suite. Mes gens ont fait faire volte-face à leurs chevaux ; et ils auraient eu bientôt réglé la querelle, sans l'ordre positif que je leur ai donné de me suivre aussi paisiblement que cette canaille le permettrait. Et c'est ainsi qu'ils sont arrivés ici presque comme des fuyards, quand ils auraient pu, si je leur avais ordonné de repousser la force par la force, mettre le feu aux quatre coins de ce misérable bourg, et étouffer les insolents rustres comme autant de renardeaux pris dans une bruyère en feu.

Il y eut un moment de silence quand Douglas eut cessé de parler ; puis le duc de Rothsay répondit, s'adressant à son père :

— Puisque le comte de Douglas a le pouvoir de brûler la ville où Votre Grâce tient sa cour, dès que le prévôt et lui différeront de sentiment au sujet d'une querelle de nuit ou des termes d'un cartel, il est sûr que nous devons tous lui être reconnaissants de ce qu'il ne l'a pas fait.

— Le duc de Rothsay peut avoir raison de remercier le Ciel d'un ton plus sérieux qu'il ne l'a maintenant de ce que Douglas est aussi fidèle qu'il est puissant, dit ce dernier, qui semblait avoir pris la résolution de se contenir. Nous sommes dans un temps où les sujets, dans tous les pays, se révoltent contre la loi. Nous avons ouï parler de l'insurrection de la Jacquerie en France ; et de Jack Straw, et de Hob Miller, et de Parson Ball chez les Southrons [1], et nous pouvons être certains qu'il y a assez de matières inflammables auxquelles un pareil feu pourrait se communiquer s'il s'étendait jusqu'à nos frontières. Quand je vois des paysans défier la noblesse et clouer les mains de la *gentry* à la Croix de leur ville, je ne dirai pas je *crains* la révolte, — car ce serait faux ; — mais je la prévois, et je m'y tiens bien préparé.

— Et pourquoi lord Douglas dit-il que ce cartel a été lancé par des manants ? demanda le comte de March. J'y vois le nom de sir Patrick

Charteris, et il n'est pas, j'imagine, de sang de manant. Douglas lui-même, puisqu'il prend la chose si chaudement, pourrait relever le gantelet de sir Patrick sans entacher son honneur.

— Mylord de March, répliqua Douglas, ne devrait parler que de ce qu'il comprend. Je ne suis pas injuste envers le descendant du Corsaire Rouge quand je dis qu'il ne pèse pas assez pour être mis en balance avec Douglas. L'héritier de Thomas Randolphe pourrait avoir plus de droit à ce que je lui répondisse.

— Sur mon honneur, je ne manquerai pas l'occasion de réclamer cet honneur, dit le comte de March en ôtant son gant.

— Arrêtez, mylord, dit le roi. Ne nous faites pas la grave injure de laisser éclater vos querelles ici et de jeter un défi à mort devant moi ; mais offrez plutôt votre main dégantée au noble comte en signe d'amitié, et embrassez-vous comme preuve de votre mutuelle féauté à la couronne d'Écosse.

— Non, sire, répondit le comte de March. Votre Majesté peut m'ordonner de remettre mon gantelet, car le gantelet et toute l'armure à laquelle il appartient seront à vos ordres tant que je continuerai de tenir mon fief de la couronne d'Écosse ;—mais lorsque je serrerai la main de Douglas, la mienne sera couverte d'un gant d'acier. Adieu, Sire. Mes conseils ici sont inutiles, et même y sont si défavorablement reçus qu'un plus long séjour compromettrait peut-être ma sûreté. Puisse Dieu maintenir Votre Altesse contre les ennemis déclarés et les traîtres qui se couvrent du titre d'amis ! — Je retourne à mon château de Dunbar, d'où je pense que vous aurez bientôt des nouvelles. Adieu, mylords d'Albany et de Douglas ; vous jouez gros jeu : veillez à le jouer loyalement. — Adieu, pauvre prince inconsidéré, qui jouez comme un faon sous la griffe d'un tigre ! — Adieu tous ; — George de Dunbar voit le mal auquel il ne peut remédier. — Adieu, tous.

Le roi voulait parler ; mais les paroles vinrent expirer sur ses lèvres à un coup d'œil que lui jeta d'Albany comme pour lui recommander le silence. Le comte de March quitta l'appartement, en recevant les salutations muettes des membres du conseil auxquels il s'était individuellement adressé, sauf du seul Douglas, qui répondit à son discours d'adieu par un regard de défi méprisant.

— Le traître va nous trahir pour les Southrons, dit-il ; sa fierté repose sur la possession de cette forteresse minée par la mer [1], qui peut introduire les Anglais dans le Lothian. — Ne vous alarmez pas, Sire ; je maintiendrai ce que je dis. — Néanmoins, il est encore temps. Dites seulement un mot, Sire ; dites seulement Arrêtez-le, et March ne traversera même pas l'Earn pour aller où le pousse sa trahison.

— Ce serait agir trop à la hâte, vaillant comte, dit Albany, qui ai-

---

[1] Le château de Dunbar. (W. S.)

mait mieux voir les deux puissants lords se tenir mutuellement en échec que de voir l'un des deux obtenir une supériorité décisive. Le comte de March est venu ici sur le sauf-conduit du roi, et l'honneur défend au roi mon frère d'enfreindre sa parole. Néanmoins, si Votre Seigneurie peut donner quelque preuve circonstanciée....

En ce moment ils furent interrompus par une fanfare de trompettes.

— Sa Grâce d'Albany est aujourd'hui d'un scrupule inaccoutumé, dit Douglas; mais il est inutile de perdre des paroles, — le moment est passé. — Ces trompettes sont celles du comte de March, et je réponds que dès qu'il aura dépassé la Porte du Sud il s'éloignera d'ici de toute la vitesse de son cheval. Nous entendrons parler de lui quand le moment en sera venu; et si les choses sont comme je l'ai conjecturé, il trouvera à qui parler, l'Angleterre tout entière appuierait-elle sa trahison.

— Laissez-nous mieux espérer du noble comte, reprit le roi, qui n'était nullement fâché de ce que la querelle survenue entre le comte de March et Douglas eût paru effacer les traces de l'altercation qui avait eu lieu entre Rothsay et son beau-père; il est d'un caractère emporté, mais il a du moins de la franchise. — En certaines choses il a été — je ne dirai pas trompé — mais désappointé, — et il faut passer quelque chose au ressentiment d'un sang illustre armé d'un grand pouvoir. Mais, grâce au Ciel, nous sommes tous maintenant ici du même sentiment, et je puis dire de la même famille; de sorte que du moins la désunion ne peut plus se glisser entre nous. — Père prieur, prenez, je vous prie, ce qu'il vous faut pour écrire, car il faut que comme de coutume vous soyez notre secrétaire du conseil. — Et maintenant, occupons-nous d'affaires, mylords; — le premier objet que nous avons à prendre en considération doit être ce désordre de l'Highland.

— Entre le clan Chattan et le clan Quhele, dit le prieur; et ce désordre, à ce que portent les derniers avis que nous ayons reçus de nos frères de Dunkeld, est sur le point de se changer en une guerre plus formidable que n'en ont encore eu entre eux ces fils de Bélial, qui ne parlent de rien moins que de se détruire complétement l'un l'autre. Leurs forces s'assemblent des deux côtés, et pas un homme jusqu'au dixième degré de parenté ne peut se dispenser de joindre le Brattach [1] de sa tribu, s'il ne veut s'exposer au châtiment du feu et de l'épée. La Croix de Feu s'est montrée partout comme un météore, et a fait lever des tribus inconnues jusqu'au-delà du Frith de Murray, — puissent le Ciel et saint Dominique nous protéger! Pourtant si Vos Seigneuries ne peuvent trouver de remède au mal, il se répandra vite et loin, et il faudra que le patrimoine de l'Église soit exposé dans toutes les directions

---

[1] Étendard; — littéralement *linge*. Le langage des Basses-Terres a encore le mot *brat*, qui, toutefois, ne s'applique maintenant qu'à un tablier d'enfant, ou à de la grosse toile. Voilà à quels offices dégradés les mots peuvent descendre. (W. S.)

à la furie de ces Amalécites, qui ont aussi peu de dévotion au Ciel que de pitié ou d'amour pour leur prochain, — puisse Notre-Dame veiller sur nous ! — Nous avons ouï dire que certains d'entre eux sont encore de vrais païens, et adorent Mahom et Termagant.

— Mylords et parents, reprit Robert, vous venez d'entendre combien ce cas est urgent, et vous pouvez désirer connaître mes sentiments avant d'émettre ce que vous suggèrera votre propre sagesse. — Et véritablement je ne vois point de meilleur remède que d'envoyer deux commissaires avec plein pouvoir de notre part de régler les différends qui peuvent exister entre eux ; et en même temps de leur enjoindre de déposer les armes et de s'abstenir de toute violence les uns contre les autres, sous peine d'être responsables devant la loi.

— J'approuve la proposition de Votre Grâce, dit Rothsay ; et j'espère que le bon prieur ne refusera pas de se charger de cette honorable mission de paix. Et son révérend frère l'abbé des Chartreux lui disputera sûrement un honneur qui ajoutera certainement deux recrues des plus éminentes à la nombreuse armée des martyrs, attendu que les Highlanders ne font pas grande différence entre les qualités de clerc ou de laïque dans les ambassadeurs que vous leur envoyez.

— Mylord de Rothsay, dit le prieur, si je suis destiné à la bienheureuse couronne du martyre, le Ciel m'indiquera sans doute le sentier qui devra m'y conduire. En attendant, si ce que vous dites est une plaisanterie, puisse le Ciel vous pardonner et vous éclairer assez pour vous faire comprendre que vous feriez mieux de revêtir votre armure pour garder les possessions de l'Église, si gravement exposées, que d'employer votre esprit à railler ses ministres et serviteurs.

— Je ne raille personne, père prieur, dit le jeune homme en bâillant ; et je n'ai pas non plus grande objection à faire au conseil que vous me donnez de prendre les armes, sauf que c'est un habit quelque peu gênant, et qu'en février un manteau fourré est plus de saison qu'un corselet d'acier. Et il m'en coûte d'autant plus de revêtir un froid harnais par ce temps piquant, que si l'Église voulait seulement envoyer un détachement de ses propres saints (et elle en a quelques uns de race highlandaise bien connus dans ce pays, et sans doute accoutumés au climat), ils pourraient combattre pour eux-mêmes, comme le joyeux saint George d'Angleterre. Mais je ne sais comment cela se fait : on nous parle de leurs miracles quand nous venons les invoquer, ou de leur vengeance si quelqu'un empiète sur leur patrimoine, et on nous fait valoir ces raisons-là pour obtenir de nous de grandes largesses qui ajoutent à leurs terres ; et cependant s'il se présente seulement une bande d'une vingtaine d'Higlanders, cloche, missel et cierge n'y font plus rien, et il faut que le baron maintienne l'Église en possession des terres qu'il lui a données, tout comme si lui-même jouissait encore de leurs fruits.

— Mon fils David, dit le roi, vous donnez trop de licence à votre langue.

— Je suis muet, Sire, repartit le prince. Je n'ai pas dessein de contrarier Votre Altesse ni de déplaire au père prieur, qui, avec tant de miracles à sa disposition, ne veut pas faire face, à ce qu'il paraît, à une poignée de caterans highlandais.

— Nous savons de quelle source dérivent ces viles doctrines, que nous voyons avec horreur sortir de la bouche qui vient de les faire entendre, dit le prieur avec une indignation contenue. Quand des princes conversent avec des hérétiques, leur esprit et leurs manières se corrompent également. Ils se montrent dans les rues en compagnie de masques et de femmes de mauvaise vie, et dans le conseil ils viennent déverser le mépris sur l'Église et sur les choses saintes.

— Paix, bon père! dit le roi. Rothsay fera amende pour ses discours inconsidérés. Hélas! tenons donc conseil d'une manière amicale plutôt que de ressembler à un équipage mutiné au moment où le navire s'enfonce, alors que chacun est plus occupé de se quereller avec ses voisins que d'aider aux efforts du capitaine pour sauver le bâtiment. — Mylord de Douglas, votre maison a rarement fait défaut quand la couronne d'Écosse a désiré ou un sage conseil ou un vigoureux secours; je me flatte que vous nous aiderez dans cet embarras.

— La seule chose dont je m'étonne, c'est que l'embarras existe, mylord, répondit l'altier Douglas. A l'époque où je fus investi de la lieutenance du royaume, quelques uns de ces clans sauvages descendirent des Grampiens. Je ne fatiguai pas le conseil de cette affaire; mais j'ordonnai au sheriff, lord Ruthven, de monter à cheval avec les forces du Carse; — les Hays, les Lindsays, les Ogilvies, et autres nobles. — Par sainte Bride! quand les cottes d'acier furent aux prises avec les manteaux de frise, les brigands surent à quoi les lances étaient bonnes, et si les épées avaient ou non un tranchant. Trois cents de leurs meilleurs bonnets, outre celui de leur chef Donald Cormac [1], restèrent sur la lande de Thorn et dans le bois de Rochinroy, et pareil nombre fut pendu à Houghman-Stairs, qui a gardé le nom de cette besogne de potence qui y fut faite. Voilà de quelle manière on en agit avec les brigands dans mon pays; et si des moyens plus doux réussissent mieux avec ces coquins de Gaëls, ne blâmez pas Douglas d'avoir dit son sentiment.

— Vous souriez, mylord de Rothsay. Puis-je vous demander comment je suis devenu une seconde fois pour vous un sujet de plaisanterie, avant d'avoir répondu à la première que vous vous êtes permise à mon égard?

— Ne vous fâchez pas, mon cher lord Douglas, repartit le prince;

[1] Quelques autorités assignent à cette affaire la date de 1443. (W. S.)

je souriais seulement en pensant combien votre suite princière diminuerait si on en usait avec tous les voleurs comme avec ces pauvres Highlanders à Houghman-Stairs.

Le roi intervint de nouveau, pour prévenir l'aigre réplique qu'allait faire le comte. — Votre Seigneurie, dit-il à Douglas, nous donne un avis sage en nous conseillant de nous confier aux armes quand ces hommes viendront attaquer nos sujets en rase campagne; mais la difficulté est de mettre un terme à leurs désordres pendant qu'ils continuent de se tenir dans leurs montagnes. Je n'ai pas besoin de vous dire que le clan Chattan et le clan Quhele sont de nombreuses confédérations consistant chacune en différentes tribus réunies en une ligue pour soutenir la cause générale du clan, et parmi lesquelles il y a eu dernièrement des dissensions qui ont fait couler le sang chaque fois que les montagnards des deux clans se sont rencontrés, soit individuellement, soit en bandes. Le pays tout entier est déchiré par leurs querelles sans repos ni trêve.

— Je ne vois pas quel mal il y a en cela, repartit Douglas; les ruffians se détruiront les uns les autres, et les daims de l'Highland se multiplieront à mesure que les hommes diminueront. Nous regagnerons comme chasseurs l'exercice que nous perdrons comme guerriers.

— Dites plutôt que les loups se multiplieront à mesure que les hommes diminueront, reprit le roi.

— Soit; bêtes sauvages pour bêtes sauvages, mieux valent les loups que les caterans. Que des forces suffisantes soient maintenues le long de la frontière highlandaise, pour séparer le pays tranquille du pays agité. Confinez le feu de la guerre civile dans les Highlands; laissez-le sans empêchement déployer sa furie, et il s'éteindra bientôt faute d'aliment. Ceux qui survivront seront abaissés, et obéiront mieux à un seul mot par lequel Votre Grâce leur intimera son bon plaisir, que leurs pères, ou les coquins qui existent maintenant, n'obéissaient à vos ordres les plus stricts.

— Ce conseil est prudent, mais peu religieux, dit le prieur en secouant la tête; ma conscience me défend de l'approuver. C'est de la prudence, mais la prudence d'Achitophel, mêlée tout à la fois de ruse et de cruauté.

— C'est ce que mon cœur me dit aussi, ajouta le roi en portant la main à sa poitrine; — mon cœur me dit qu'au jour terrible du Jugement cette question me sera adressée : Robert Stuart, où sont les sujets que je t'avais donnés? — Il me dit qu'il me faudra rendre compte de tous, Saxons et Gaëls, Lowlander, Highlander et Borderer [1]; que

---

[1] Nous devons conserver ces désignations caractéristiques des différentes classes d'habitants du pays. Le *Lowlander* est l'habitant des Basses-Terres (*low land*); le *Highlander* l'habitant des Hautes-Terres (*high land*); le *Borderer* ou *Borderman* l'habitant de la frontière ou *border*. (L. V.)

CHAPITRE XIII.

je ne serai pas seulement requis de rendre compte de ceux-là seuls qui ont la santé et les lumières, mais de ceux-là aussi qui étaient voleurs parce qu'ils étaient pauvres, qui étaient rebelles parce qu'ils étaient ignorants.

— Votre Altesse parle en roi chrétien, dit le prieur; néanmoins vous portez l'épée aussi bien que le sceptre, et le mal actuel est de nature à n'être guéri que par l'épée.

— Écoutez, mylords, dit à son tour le jeune prince, relevant vivement la tête comme si une idée lumineuse l'eût frappé tout-à-coup ; — si nous donnions à ces sauvages montagnards une leçon de chevalerie? Il ne serait pas difficile d'amener ces deux grands chefs, le capitaine du clan Chattan et celui de la non moins illustre race du clan Quhele, à se défier mutuellement à un combat à mort. Ils pourraient combattre ici dans Perth même ; — nous leur prêterions cheval et armure. Leur querelle se trouverait ainsi éteinte par la mort de l'un des deux coquins, et probablement de tous les deux (car je pense que tous deux se rompraient le cou dès la première charge); le pieux désir de mon père d'épargner le sang serait rempli, et nous aurions le plaisir de voir un pareil combat entre deux chevaliers sauvages, portant des culottes pour la première fois de leur vie, et montant des chevaux, ce qui ne s'est pas vu depuis le temps du roi Arthur.

— Honte à vous, David! dit le roi. Pouvez-vous faire de la détresse de votre pays natal et de l'embarras de nos conseils un sujet de bouffonnerie?

— Pardonnez-moi, Sire, dit Albany à son frère ; je pense, bien que le prince mon neveu n'ait mis cette idée en avant que comme objet de plaisanterie, qu'on en peut tirer quelque chose qui pourrait grandement remédier au mal qui nous presse.

— Mon cher frère, répliqua le roi, ce n'est pas bien à vous de faire ressortir la folie de Rothsay en appuyant sa plaisanterie intempestive. Vous savez que les clans highlandais n'ont pas nos usages de chevalerie, non plus que l'habitude ni la manière de combattre que ces usages requièrent.

— Il est vrai, Sire, repartit Albany ; néanmoins je ne plaisante pas, et ce que j'ai dit est très sérieux. A la vérité les montagnards n'ont pas nos formes et nos usages de se battre en champ clos, mais ils en ont d'aussi efficaces comme moyens de destruction; et pourvu que la partie de mort se joue, et que l'enjeu se gagne d'un côté et se perde de l'autre, qu'importe que ces Gaëls se battent à l'épée ou à la lance, ainsi qu'il convient à des chevaliers, ou avec des sacs de sable, comme les manants d'Angleterre, ou qu'ils s'égorgent les uns les autres avec leurs coutelas et leurs skènes [1], comme des barbares qu'ils sont? Leur habi-

---

[1] Walter Scott définit quelque part cette arme « le stylet des montagnards. » (L. V.)

tude, comme la nôtre, est de s'en référer pour tous les droits et les prétentions contestés à la décision des armes. Ils sont d'ailleurs aussi vains que féroces ; et l'idée que ces deux clans seraient admis à combattre en présence de Votre Grâce et de sa cour les déterminerait aisément à remettre leur différend au sort d'un combat particulier, lors même que les conditions ne leur en seraient pas familières, et cela en tel nombre que l'on jugerait le plus convenable. Nous devons prendre garde qu'ils n'approchent de la cour que de manière et en tel nombre qu'on n'ait pas une surprise à craindre d'eux ; et cette précaution observée, plus on admettra de combattants des deux côtés, plus grand sera le massacre parmi leurs hommes les plus braves et les plus remuants, et plus grande aussi sera la chance de voir les Highlands tranquilles d'ici à un certain temps.

— Ce serait là une politique de sang, mon frère, dit le roi ; et je répéterai que ma conscience me défend de prêter les mains au massacre de ces hommes grossiers, qui ne sont guère plus éclairés que tant d'ignorants païens.

— Leur vie est-elle donc plus précieuse, demanda Albany, que celle des seigneurs et des gentilshommes si fréquemment autorisés par permission spéciale de Votre Grâce à combattre en champ clos, soit pour terminer des contestations particulières, soit simplement pour acquérir de l'honneur?

Serré d'aussi près, le roi avait peu de chose à dire contre une coutume aussi profondément greffée sur les lois du royaume et les usages de la chevalerie que l'était le jugement par combat. — Dieu sait, se borna-t-il à répondre, que je n'ai jamais accordé qu'avec la plus grande répugnance les autorisations que vous m'opposez, et que jamais je n'ai vu des hommes aux prises jusqu'à effusion de sang que je n'aie souhaité pouvoir verser le mien pour terminer leur querelle.

— Pourtant, mylord, dit le prieur, il semble que si nous ne suivons pas quelque politique telle que celle de mylord d'Albany, il nous faudra avoir recours à celle du comte de Douglas ; et au risque de l'issue douteuse d'une bataille, outre la certitude de perdre nombre d'excellents sujets, employer les épées lowlandaises pour faire ce qu'autrement ces sauvages montagnards exécuteraient de leur propre main. — Que dit lord Douglas de la politique de Sa Grâce d'Albany?

— Douglas, répondit l'orgueilleux lord, n'a jamais conseillé de faire par politique ce qui pouvait se faire à force ouverte. Il conserve son opinion et est tout prêt à marcher à la tête de ses propres suivants, réunis à ceux des barons du Pertshire et du Carse. Je mettrai ces Highlanders à la raison et je les forcerai de se soumettre, ou je laisserai le corps d'un Douglas dans leurs solitudes sauvages.

—Voilà qui est noblement parlé, mylord de Douglas, repartit Albany, et le roi pourrait compter en toute sûreté sur votre cœur intrépide et sur le courage de vos braves suivants. Mais ne voyez-vous pas que vous pouvez avant peu être appelé ailleurs, où votre présence et vos services seront tout-à-fait indispensables à l'Écosse et à son souverain? N'avez-vous pas remarqué de quel ton menaçant le bouillant comte de March a limité son allégeance et sa foi envers notre souverain ici présent, au temps où il resterait le vassal du roi Robert? N'avez-vous pas vous-même soupçonné qu'il méditait de transférer son allégeance à l'Angleterre? D'autres chefs, d'un pouvoir subordonné et de moindre renom, peuvent combattre les Highlanders ; mais si Dunbar admet en-deçà de nos frontières les Percy et leurs Anglais, qui les repoussera si Douglas est ailleurs ?

— Mon épée est également au service de Sa Majesté, répondit Douglas, et sur la frontière et dans les plus profondes retraites des Highlands. J'ai déjà vu plus d'une fois le dos du fier Percy et de George de Dunbar, et je puis le revoir encore. Et si le bon plaisir du roi est que je prenne des mesures contre cette jonction probable de l'étranger et du traître, je conviens que plutôt que de confier à un bras inférieur ou plus faible la tâche importante de régler les affaires de l'Highland, je serais disposé à opiner en faveur de la politique de lord Albany, et à laisser ces sauvages se taillader les membres les uns les autres, sans laisser à des barons et à des chevaliers l'embarras de leur donner la chasse.

— Mylord de Douglas ne veut pas même nous permettre, à nous autres Lowlanders, les pauvres miettes d'honneur que nous pourrions ramasser aux dépens des kernes highlandais, dit le prince, qui semblait décidé à ne perdre aucune occasion de contredire son altier beau-père ; tandis que lui, avec sa chevalerie du Border, il recueillera une pleine moisson de victoires sur les Anglais. Mais Percy a vu des dos aussi bien que Douglas ; et j'ai vu d'aussi terribles hommes que lui partis pour aller chercher de la laine de ce genre-là et revenir tondus.

— Expressions bien dignes d'un prince qui parle d'honneur avec un sachet de catin ambulante à sa toque en guise de faveur, repartit Douglas.

— Vous excuserez, mylord, répliqua Rothsay ; quand on est mal marié on est moins scrupuleux sur le choix de celles qu'on aime *par amour*. Chien enchaîné happe l'os le plus proche.

— Rothsay, malheureux enfant! exclama le roi, es-tu devenu fou? ou veux-tu attirer sur toi toute la colère d'un père et d'un roi?

— Je suis muet à l'ordre de Votre Grâce, repartit le prince.

— Hé bien donc, mylord d'Albany, reprit le roi, puisque tel est votre avis et qu'il faut que le sang écossais coule, comment ferons-nous, je vous prie, pour persuader à ces hommes farouches de s'en remettre pour la décision de leur querelle à un combat tel que celui que vous proposez ?

— Ceci doit être, Sire, le résultat d'une plus mûre délibération. Au surplus, la tâche ne sera pas difficile. De l'or sera nécessaire pour gagner quelques uns de leurs bardes, de leurs principaux conseillers et de leurs *orateurs*. Il faudra, de plus, faire entendre aux chefs de ces deux ligues que s'ils n'acceptent pas cet arrangement amiable....

— *Amiable*, mon frère! interrompit le roi en appuyant sur ce mot.

— Oui, amiable, Sire, puisque mieux vaut que le pays soit pacifié aux dépens de deux ou trois douzaines de kernes highlandais qu'on perdra, que de rester en état de guerre jusqu'à ce que pareil nombre de milliers soit détruit par l'épée, le feu, la famine, et toutes les extrémités d'une guerre de montagnes. Pour en revenir à notre objet, je pense que celui des deux partis auquel l'accommodement sera d'abord proposé le saisira avec chaleur; que l'autre sera honteux de rejeter une offre qui fera reposer leur cause sur l'épée des plus braves; que la vanité nationale et la haine qu'ils ont les uns pour les autres ne leur permettront pas de pénétrer l'intention qui nous aura fait adopter un tel mode de décision, et qu'ils seront plus ardents à se tailler en pièces de part et d'autre que nous à les y encourager.—Et maintenant que notre conseil est terminé, autant du moins que j'y puis être utile, je me retire.

— Demeurez encore un moment, dit le prieur; car moi aussi j'ai un chagrin à révéler, et d'une nature si noire et si horrible que le cœur religieux de Votre Grâce aura peine à croire à son existence. Et j'en parle douloureusement, parce que, aussi sûr que je suis un serviteur indigne de saint Dominique, c'est ce qui cause la colère du Ciel contre ce malheureux pays, et fait que nos victoires se sont changées en défaites et notre joie en deuil, que la désunion s'est emparée de nos conseils, et que notre pays est dévoré par la guerre civile.

— Parlez, révérend prieur, dit le roi; assurément si la cause de pareils maux est en moi ou en ma maison, je m'attacherai immédiatement à la faire disparaître.

Il prononça ces mots d'une voix mal assurée et attendit avec anxiété la réponse du prieur, dans la crainte, sans doute, que ce qu'il allait dire n'impliquât Rothsay dans quelque nouvelle accusation de folies ou de vices. Peut-être ses appréhensions l'abusèrent-elles quand il crut voir le regard du prêtre s'arrêter un moment sur le prince, avant de dire d'un ton solennel: L'hérésie, mon noble et gracieux lige, l'hérésie est au milieu de nous! Elle arrache les âmes une à une de la congrégation, comme les loups emportent les agneaux de la bergerie.

— Il y a assez de bergers à veiller sur le troupeau, repartit le duc de Rothsay. Voici quatre couvents de moines réguliers seulement autour de ce pauvre hameau de Perth, sans compter tout le clergé séculier. Il me semble qu'avec une telle garnison une ville devrait être en état de se maintenir contre l'ennemi.

— Un seul traître dans une garnison, mylord, peut faire beaucoup pour détruire la sécurité d'une ville gardée par des légions, répliqua le prieur; et si ce traître unique, soit par légèreté, soit par amour de la nouveauté, soit par tout autre motif, est protégé et nourri par ceux-là qui devraient être le plus empressés à l'expulser de la forteresse, les occasions qu'il aura d'opérer le mal s'accroîtront dans une proportion incalculable.

— Vos paroles semblent viser à quelqu'un ici présent, père prieur, dit Douglas; si c'est à moi, elles me font cruellement injure. Je sais bien que l'abbé d'Aberbrothock a fait je ne sais quelles plaintes malavisées de ce que je n'ai pas laissé ses bœufs se trop multiplier dans ses pâturages, ni ses provisions de grains faire crouler les greniers du monastère, pendant que les hommes de ma suite manquaient de viande et leurs chevaux d'avoine. Mais songez que les pâturages et les champs qui produisent tout cela ont été concédés par mes ancêtres au couvent d'Aberbrothock, et que sûrement ce n'a pas été dans l'intention que leur descendant mourût de faim au milieu de l'abondance; et c'est ce qu'il ne fera pas, par sainte Bride! Mais quant à l'hérésie et aux fausses doctrines, ajouta-t-il en frappant lourdement de sa large main sur la table du conseil, qui ose en accuser Douglas? Je ne voudrais pas voir des pauvres gens brûlés pour de sottes pensées; mais ma main et mon épée sont toujours prêtes à soutenir la foi de l'Église.

— C'est ce dont je ne doute pas, mylord, dit le prieur; il en a toujours été ainsi de votre noble maison. Quant aux plaintes de l'abbé, on pourra y revenir un autre jour. Mais ce que nous désirons en ce moment, c'est une commission pour quelque noble lord de vos conseils, joint à d'autres de la sainte Église, afin d'appuyer par la force, s'il est nécessaire, les enquêtes que le révérend official des limites et d'autres graves prélats, desquels je suis partie indigne, sont sur le point de faire au sujet des nouvelles doctrines qui abusent les simples et dépravent la pureté précieuse de la foi approuvée par le saint père et ses révérends prédécesseurs.

— Que le comte de Douglas ait une commission royale à cet effet, dit Albany, et que nul ne soit excepté de sa juridiction sauf la personne royale. Pour ma part, bien qu'ayant conscience de n'avoir reçu ou encouragé, ni par acte ni par pensée, une doctrine que la sainte Église n'aurait pas sanctionnée, je n'en rougirais pas moins de réclamer une immunité comme appartenant au sang royal d'Écosse, de peur de paraître chercher un abri contre l'accusation d'un si horrible crime.

— Je ne veux rien avoir à démêler en tout cela, dit Douglas; — marcher contre les Anglais et contre ce traître de comte de March, c'est une tâche qui me suffit. Je suis d'ailleurs un vrai Écossais, et je ne me prêterai à rien qui puisse mettre la tête de l'Église d'Écosse plus avant sous le joug de Rome, ni abaisser la *coronet* de baron devant la mitre et le froc. Ainsi donc, noble duc d'Albany, placez votre nom dans la commission, et, j'en prie Votre Grâce, contenez les gens de la sainte Église qui pourront vous être associés, afin que leur zèle ne les emporte pas trop loin ; car l'odeur d'un fagot sur le Tay ramènerait Douglas ici, fût-il sous les murs d'York.

Le duc se hâta de donner au comte l'assurance que la commission agirait avec clémence et modération.

— Sans nul doute, dit le roi, la commission doit avoir une ample juridiction ; et si la dignité de notre couronne ne s'y opposait, nous-même ne la déclinerions pas. Toutefois nous espérons qu'en même temps que les foudres de l'Église seront dirigées contre les vils auteurs de ces détestables hérésies, on aura des mesures de douceur et de compassion pour les malheureuses victimes de leurs séductions.

— C'est ainsi qu'agit toujours la sainte Église, mylord, repartit le prieur de Saint-Dominique.

— Hé bien donc, que la commission soit expédiée avec le soin convenable, au nom de notre frère Albany et de tels autres que l'on croira devoir lui associer.— Et maintenant, encore une fois, le conseil est levé. Toi, Rothsay, viens avec moi et prête-moi ton bras ; — j'ai à te parler en particulier.

— Ho ! là ! fit le prince, du ton dont il se serait adressé à un cheval de manége.

— Que signifie cette rudesse, Rothsay? reprit le roi. Ne sauras-tu jamais ce que c'est que la raison et la courtoisie?

— Ne pensez pas que j'aie voulu vous offenser, Sire, répondit le prince ; mais nous nous séparons sans avoir arrêté ce qu'il y a à faire dans l'aventure passablement étrange de cette main coupée, que Douglas a si bravement relevée. Nous ne serons pas à notre aise ici à Perth, si nous sommes en hostilité avec les bourgeois.

— Reposez-vous de cela sur moi, dit Albany. Avec quelques concessions de terres et d'argent, et foison de belles paroles, nous apaiserons les bourgeois quant à présent ; néanmoins il serait à propos que les barons et les gens de leur suite que leur devoir retient à la cour fussent avertis de ne pas troubler la paix de la ville.

— Sûrement nous entendons qu'il en soit ainsi, dit le roi ; que des ordres stricts soient donnés en conséquence.

— C'est faire trop d'honneur aux manants, dit Douglas ; mais qu'il en soit selon le bon plaisir de Votre Altesse. Je prends congé pour me retirer.

— Pas avant que vous n'ayez goûté d'un flacon de vin de Gascogne, mylord? repartit le roi.

— Pardon, répliqua le comte. Je n'ai pas soif ; et je ne bois pas par cérémonie, mais seulement par besoin ou par raison d'amitié. A ces mots il quitta la chambre.

Le roi, comme soulagé par son absence, se tourna vers Albany.

— Maintenant, mylord, lui dit-il, nous devrions gronder ce mauvais sujet de Rothsay; mais il nous a si bien servis au conseil, que nous devons recevoir ses mérites quelque peu en expiation de ses folies.

— Je suis heureux de l'apprendre, répondit Albany d'un air de pitié et d'incrédulité, comme s'il n'eût rien su de ces services supposés.

— Allons, mon frère, vous avez la compréhension difficile, reprit le roi; car je ne veux pas vous croire envieux. N'avez-vous pas remarqué que Rothsay a été le premier à suggérer le moyen de pacifier les Highlands, moyen que votre expérience a revêtu d'une meilleure forme, à la vérité, et qui a eu l'approbation générale? Et encore tout-à-l'heure, nous allions lever le conseil sans nous être occupés d'une affaire importante, s'il ne nous avait fait souvenir de la querelle avec les citadins.

— Je ne doute nullement, Sire, dit Albany du ton d'adhésion qu'il vit être attendu, que le prince mon neveu ne rivalise bientôt avec la sagesse de son père.

— Ou bien, dit le duc de Rothsay, je puis trouver plus facile d'emprunter d'un autre membre de ma famille cet heureux et confortable manteau d'hypocrisie qui couvre tous les vices, et alors peu importe qu'ils existent ou non.

— Mylord prieur, dit le duc, s'adressant au dominicain, nous prierons Votre Révérence de nous laisser seuls un moment. Le roi et moi nous avons à dire au prince des choses qui ne doivent être entendues de personne autre que lui, pas même de vous.

Le dominicain s'inclina et sortit.

Quand les deux frères et le prince furent seuls, le roi parut chagrin et embarrassé au plus haut point. Albany était morne et pensif; Rothsay lui-même s'efforçait de couvrir une certaine anxiété sous son apparence ordinaire de légèreté. Il y eut une minute de silence. Enfin Albany prit la parole.

— Mon frère, dit-il au roi, le prince mon neveu reçoit avec tant de défiance toute admonition sortant de ma bouche, que je dois prier Votre Grâce de prendre elle-même la peine de lui dire ce qu'il convient qu'il sache.

— Il faut en effet que ce soit une communication peu agréable, dit le prince, si lord Albany ne peut l'envelopper de paroles mielleuses.

— Trêve à ton effronterie, Rothsay, répliqua le roi avec colère. Tu parlais tout-à-l'heure de la querelle avec les citadins; — qui a causé cette querelle, David? quels sont ceux qui ont escaladé la fenêtre d'un paisible citadin notre homme-lige, troublé le repos de la nuit par des torches et des cris, effrayé et exposé nos sujets?

— Il y a eu plus de peur que de danger, j'imagine, repartit le prince; mais comment pourrais-je dire qui a causé ce trouble nocturne?

— Il se trouvait là un homme qui t'appartient, continua le roi; un homme de Bélial que je ferai châtier comme il le mérite.

— Parmi les hommes attachés à ma suite, répliqua le prince, je n'en connais aucun qui soit capable de mériter la colère de Votre Altesse.

— Pas d'évasions, Rothsay ; où étais-tu la veille de la Saint-Valentin ?

— Il est à espérer que j'étais à rendre mes dévotions au bon saint, autant qu'il était possible à une créature d'argile, répondit le jeune homme d'un ton insouciant.

— Le prince mon neveu voudra-t-il nous dire à quoi son grand écuyer a été occupé hier ? dit à son tour le duc d'Albany.

— Parle, David ; je t'ordonne de parler, dit le roi.

— Ramorny était occupé à mon service ; — je pense que cette réponse doit satisfaire mon oncle.

— Mais elle ne me satisfait pas, *moi*, reprit le père irrité. Dieu sait que je n'ai jamais désiré le sang d'homme au monde; pourtant j'aurai la tête de ce Ramorny si la loi peut la donner. Il a été le conseiller et le compagnon de tous tes vices et de tes nombreuses folies. J'aurai soin qu'il ne puisse plus l'être. — Appelez Mac-Louis avec un de nos gardes.

— Ne faites pas injure à un homme innocent, dit le prince, désirant sauver à tout prix son favori du danger qui le menaçait. — J'engage ma parole que Ramorny était occupé d'une affaire à moi, et que par conséquent il n'a pu être mêlé à cette querelle.

— Tu prétends m'en imposer par une équivoque, répliqua le roi ; mais regarde le cachet de Ramorny, perdu dans cette querelle infâme ! ajouta-t-il en présentant une bague au prince. Il est tombé entre les mains d'un homme de la suite de Douglas, et le comte l'a remis à mon frère. Ne parle pas en faveur de Ramorny, car il mourra ; et toi, sors de ma présence, et repens-toi d'avoir obéi à de pernicieux conseils en te présentant devant moi le mensonge à la bouche. — Fi, David ! fi ! Comme fils tu as menti à ton père ; comme chevalier, au chef de ton ordre.

Le prince resta muet, accablé par sa conscience et en lui-même s'avouant coupable. Obéissant alors aux sentiments honorables que réellement il avait au fond de l'âme, il se jeta aux pieds de son père.

— Le chevalier qui a failli à la vérité mérite la dégradation, dit-il ; le sujet déloyal mérite la mort : — mais permettez au fils d'implorer du père la grâce d'un serviteur qui, loin de m'avoir conduit au crime, ne s'y est plongé qu'à contre-cœur et sur mon ordre ! Faites-moi porter le poids de ma propre folie, mais épargnez ceux qui ont été mes instruments plutôt que mes complices. Souvenez-vous que Ramorny fut placé à mon service par ma sainte mère elle-même.

— Ne la nomme pas, David, je te le défends ! Elle est heureuse de ne pas avoir vu devant elle l'enfant de son amour doublement déshonoré par le crime et par la fausseté.

— Je suis en effet indigne de la nommer ; et cependant, **mon père**, c'est en son nom que je dois solliciter la vie de Ramorny.

CHAPITRE XIII.

— Si je pouvais donner un conseil, dit le duc d'Albany, qui vit qu'une réconciliation n'allait pas tarder à avoir lieu entre le père et le fils, mon avis serait que Ramorny fût renvoyé de la maison et de la société du prince, avec telle autre punition ultérieure que son imprudence pourrait sembler mériter. Le public sera satisfait de sa disgrâce, et il sera ensuite aisé d'accommoder et d'étouffer l'affaire, pourvu que Son Altesse ne cherche pas à s'interposer entre son serviteur et le châtiment qu'il a mérité.

— Par égard pour moi, David, dit le roi d'une voix altérée et les larmes aux yeux, veux-tu renvoyer cet homme dangereux? — par égard pour moi, qui ne pourrais te refuser le cœur qui bat dans ma poitrine?

— Il sera renvoyé, mon père, — renvoyé sur-le-champ, répondit le prince; et saisissant la plume, il écrivit à la hâte l'ordre qui congédiait Ramorny de son service, et le remit à Albany. — Je voudrais pouvoir aussi aisément remplir tous vos désirs, mon père, ajouta-t-il en tombant une seconde fois aux pieds du roi, qui le releva et le serra tendrement dans ses bras.

Albany fronça le sourcil, mais il resta silencieux, et ce ne fut qu'après une ou deux minutes qu'il dit enfin : Maintenant que cette affaire est si heureusement arrangée, puis-je demander à Votre Majesté s'il lui plaît d'assister à complies dans la chapelle?

— Assurément, répondit le roi. N'ai-je pas des remerciements à adresser à Dieu, qui a ramené l'union dans ma famille? Vous nous accompagnerez, mon frère.

— Votre Grâce voudra bien m'en excuser, dit le duc. Je dois me concerter avec Douglas et d'autres sur la manière dont nous pourrons amener ces vautours highlandais à notre leurre.

Albany se retira pour s'occuper de ses projets ambitieux, pendant que le roi et son fils allaient au service divin rendre grâces à Dieu de leur heureuse réconciliation.

CHAPITRE XIV.

> Voulez-vous venir aux Hiélands, Lizzy Lindesay,
> — voulez-vous venir aux Hiélands avec moi ? —
> Voulez-vous venir aux Hiélands, Lizzy Lindesay,
> pour y être ma femme bien-aimée ?
> *Vieille ballade*

N précédent chapitre s'est ouvert au confessionnal du roi d'Écosse ; nous allons maintenant reproduire devant nos lecteurs une situation presque semblable, quoique la scène et les personnages soient bien différents. Au lieu d'un sombre appartement gothique dans un monastère, nous voyons s'étendre au-dessous de la montagne de Kinnoul une des plus belles perspectives d'Écosse, et au pied d'un rocher qui commande dans toutes les directions la vue environnante est assise la Jolie Fille de Perth, écoutant dans une attitude d'attention recueillie les instructions d'un moine de l'ordre des Chartreux, couvert de sa robe blanche et de son scapulaire, et qui concluait son exhortation par une prière à laquelle sa prosélyte se joignit dévotement.

Quand ils eurent terminé leurs oraisons, le prêtre resta quelque temps les yeux fixés sur l'admirable perspective dont la saison peu avancée et encore froide ne pouvait même cacher les beautés, et il se passa quelques moments avant qu'il ne s'adressât de nouveau à sa compagne attentive.

— Quand je contemple cette terre riche et variée, dit-il enfin, avec ses châteaux, ses églises, ses couvents, ses superbes palais et ces campagnes fertiles, et ces bois étendus, et cette noble rivière, je ne sais, ma fille, ce que je dois admirer le plus de la libéralité de Dieu ou de l'ingratitude de l'homme. Il nous a donné la beauté et la fertilité de la terre, et de ses dons nous avons fait un charnier et un champ de bataille. Il nous a donné le pouvoir sur les éléments et la faculté d'élever des maisons pour notre bien-être et notre défense, et nous en avons fait des antres de voleurs et de bandits.

— Pourtant, mon père, il y a assurément place pour le bien-être, repartit Catherine, même sur cette scène qui s'étend devant nous. Ces quatre pieux couvents avec leurs églises et leurs tours, dont la voix d'airain dit aux habitants qu'ils doivent penser à leurs devoirs religieux,
— et ceux qui les occupent, après s'être séparés du monde, de ses

poursuites et de ses plaisirs, pour se consacrer au service du Ciel, — tout cela témoigne que si l'Écosse est une terre de sang et de péché, elle sent et comprend cependant encore ce que la religion réclame de la race humaine.

— Véritablement, ma fille, répondit le prêtre, ce que vous dites semble la vérité ; et cependant, en y regardant de plus près, une trop grande partie du bien-être dont vous parlez se trouvera n'être qu'illusion. Il est vrai que dans le monde chrétien il fut une époque où des hommes vertueux, vivant du travail de leurs mains, se réunissaient non pour vivre à l'aise et dormir mollement, mais pour se fortifier mutuellement dans la foi chrétienne, et se mettre en état d'enseigner la parole au peuple. Sans doute on en trouverait encore de tels dans les saints édifices que nous avons en ce moment sous les yeux ; mais il est à craindre que chez beaucoup le zèle ne se soit refroidi. Nos hommes d'église sont devenus riches, aussi bien par les dons des personnes pieuses que par ceux que leur ont faits les hommes pervers dans leur ignorance, s'imaginant que par des présents faits à l'Église ils pouvaient acheter le pardon que le Ciel n'a offert qu'au repentir sincère. Et ainsi, à mesure que l'Église s'est enrichie, ses doctrines sont malheureusement devenues moins pures et plus obscures, de même qu'une lumière se voit moins placée dans une lampe enchâssée d'or qu'à travers un simple verre. Dieu sait que si je vois ces choses et que je les remarque, ce n'est pas que je veuille me singulariser ni que je désire me faire précepteur en Israël; c'est parce que le feu brûle en mon sein, et ne me permettra pas de rester silencieux. J'obéis aux règles de mon ordre, et je ne m'écarterai pas de ses austérités. Qu'elles soient essentielles à notre salut, ou que ce soient de simples formalités adoptées pour suppléer au manque de pénitence réelle et de sincère dévotion, j'ai promis, j'ai fait vœu de les observer ; et elles seront d'autant plus respectées de moi qu'autrement je pourrais être accusé de m'attacher à mes aises corporelles, quand le Ciel m'est témoin que je compterais pour bien peu de chose ce que je pourrais être appelé à faire ou à souffrir, si par là l'Église pouvait être rendue à sa pureté, et la discipline ecclésiastique ramenée à sa simplicité primitive.

— Mais, mon père, reprit Catherine, précisément pour ces opinions on vous appelle un Lollard et un Wickliffite, et on dit que votre désir est de détruire les églises et les cloîtres, et de rétablir la religion des païens.

— C'est pour cela, ma fille, que je suis contraint de chercher refuge dans les montagnes et les rochers, et qu'il va falloir tout-à-l'heure me résoudre à m'enfuir au milieu des grossiers Highlandais, qui sont plus avancés dans l'état de grâce que ceux que je laisse derrière moi, en cela que leurs crimes sont des crimes d'ignorance, et non de présomption. Je ne négligerai pas, pour échapper à leur cruauté, de recourir aux moyens de sûreté que le Ciel peut m'offrir; car tant qu'il se manifestera ainsi à moi, je regarderai cela comme un signe que j'ai encore un service à accomplir; mais quand ce sera le bon plaisir de mon maître, IL sait combien volontiers Clément Blair déposera les méprisables insignes de cette vie terrestre, dans l'humble espoir de l'échanger là-haut contre une vie de béatitude. — Mais qu'as-tu à regarder si anxieusement vers le nord, mon enfant? — tes jeunes yeux sont meilleurs que les miens; — vois-tu venir quelqu'un?

— Je regarde, mon père, si je ne vois pas venir le jeune Highlander, Conachar, qui sera votre guide jusqu'aux montagnes, où son père peut vous offrir une retraite sûre, sinon commode. Il l'a souvent promis, quand nous parlions de vous et de vos leçons; — je crains qu'il ne soit maintenant dans une compagnie qui les lui fera oublier bientôt.

— Ce jeune homme a en lui des étincelles de grâce, quoique les gens de sa race soient habituellement trop adonnés à leurs coutumes farouches et sauvages pour endurer patiemment ou les contraintes de la religion ou celles des lois sociales. — Tu ne m'as jamais dit, ma fille, comment il s'est fait, contre tous les usages et de la ville et des montagnes, que ce jeune homme soit venu résider dans la maison de ton père?

—Tout ce que je sais à cet égard, répondit Catherine, c'est que son père est un homme de conséquence parmi ces gens des montagnes; qu'il sollicita comme une faveur de mon père, qui a eu des rapports avec lui pour ses marchandises, de garder ce jeune homme pour un certain temps, et qu'il y a seulement deux jours que Conachar nous a quittés pour retourner à ses montagnes.

— Et comment se fait-il, ma fille, que tu aies conservé avec ce jeune Highlander des rapports tels que tu saches où l'envoyer chercher maintenant que tu désires employer ses services en ma faveur? Assurément, pour une jeune fille, c'est avoir une bien grande influence sur un poulain sauvage tel que ce jeune montagnard.

Catherine rougit. — Si j'ai eu quelque influence sur Conachar, répondit-elle en hésitant, le Ciel m'est témoin que je n'en ai usé que pour forcer son naturel farouche de se plier aux règles de la vie civile. Il est vrai que depuis long-temps, mon père, je m'attendais à ce que vous seriez obligé de prendre la fuite, et c'est pourquoi je suis convenu avec lui qu'il viendrait me trouver aussitôt qu'il recevrait de moi un message avec un signe de reconnaissance que je lui ai expédié hier. Le messager est un jeune garçon fort alerte du même clan que Conachar, et qu'il lui arrivait quelquefois d'envoyer en commission dans le haut pays.

— Et dois-je comprendre, ma fille, que ce jeune homme, d'un extérieur si beau pour les yeux, ne vous intéressait que par le désir que vous aviez d'éclairer son esprit et de réformer ses manières?

— Oui, mon père, et non autrement; et peut-être ai-je mal fait d'entretenir une intimité avec lui, même pour son instruction et son amendement. Mais jamais il n'a été question d'autre chose entre nous.

— Alors je me suis trompé, ma fille ; car dans ces derniers temps j'avais cru voir en toi quelque changement d'intention, et quelques regards de désir jetés en arrière sur ce monde dont auparavant tu étais décidée à te séparer.

Catherine baissa la tête, et rougit encore plus que tout-à-l'heure. — Vous-même, mon père, dit-elle, vous aviez coutume de me faire des remontrances contre mon dessein de prendre le voile.

— Et maintenant encore je ne l'approuve pas, mon enfant. Le mariage est un état honorable, désigné par le Ciel comme le moyen régulier de perpétuer la race humaine ; et je ne lis pas dans l'Écriture ce qu'ont depuis affirmé les inventions humaines touchant l'excellence supérieure de l'état de célibat. Mais je suis jaloux de toi, mon enfant, comme un père l'est de sa fille unique ; je crains que tu ne te livres à quelqu'un qui soit indigne de toi. Ton père, je le sais, moins difficile que moi à ton égard, appuie la recherche de ce farouche bretailleur qu'on nomme Henry Smith du Wynd. Il est riche, cela peut être ; mais il hante les compagnies frivoles et débauchées ; — c'est un habitué de luttes publiques où l'on se bat pour disputer un prix, et qui a versé le sang humain comme de l'eau. Un tel homme peut-il être un mari convenable pour Catherine Glover ? — et cependant le bruit public est qu'ils doivent bientôt être unis.

Les joues de la Jolie Fille de Perth rougirent et pâlirent tour à tour pendant qu'elle répondait d'une voix précipitée : Je ne pense point à lui, mon père ; quoiqu'il soit vrai que depuis peu il y a eu quelques politesses entre nous, tant parce qu'il est l'ami de mon père, que parce que, selon l'usage du temps, il est mon Valentin.

— Votre Valentin, mon enfant ? Se peut-il que votre modestie et votre prudence aient pu se jouer de la délicatesse de votre sexe au point de vous placer dans un rapport tel que celui-là avec un homme comme cet artisan ? — Croyez-vous que saint Valentin, qu'on dit avoir été un homme pieux et un évêque chrétien, ait jamais autorisé une coutume sotte et malséante, qui semble devoir plus probablement tirer son origine du culte païen de Flore ou de Vénus, à une époque où les hommes donnaient à leurs passions des noms de déités, et s'étudiaient à les exciter plutôt qu'à leur imposer un frein ?

— Mon père, répliqua Catherine d'un ton de mécontentement qu'elle n'avait jamais pris jusque là avec le chartreux, je ne sais sur quel fondement vous me reprenez d'une manière si sévère de m'être conformée à un usage général, autorisé par la pratique universelle et sanctionné par l'autorité de mon père. Je ne puis qu'être peinée de ce que vous mésinterprétiez ainsi mes actions.

— Pardonnez-moi, ma fille, repartit le prêtre avec douceur, si je vous ai offensée ; mais cet Henry Gow ou Henry Smith est un homme hardi et licencieux, à qui vous ne pouvez accorder un degré quelconque d'intimité et d'encouragement particuliers sans vous exposer à de pires interprétations : — à moins, toutefois, que votre dessein ne soit de l'épouser, et cela promptement.

— Ne me parlez plus de cela, mon père. Vous me faites plus de peine que vous ne le voudriez, et je pourrais être poussée à vous répondre autrement qu'il ne convient. Peut-être ai-je déjà eu assez lieu de me repentir de m'être conformée à une coutume frivole. En tout cas, croyez qu'Henry Smith ne m'est rien, et que même les frivoles rapports provenant de la Saint-Valentin sont tout-à-fait rompus.

— Je l'apprends avec joie, ma fille, et il me faut maintenant vous éprouver sur un autre sujet, qui me donne plus d'inquiétude à votre égard. Je ne puis vous le laisser ignorer, quoique je souhaitasse qu'il ne fût pas nécessaire de parler d'une chose si dangereuse, même devant ces rochers et ces pierres qui nous entourent; mais il faut que cela se dise. — Catherine, vous avez un soupirant dans les plus hauts rangs de la chevalerie d'Écosse.

— Je le sais, mon père, répondit Catherine avec calme. Je souhaiterais que cela ne fût pas.

— Et moi aussi, dit le prêtre, si je ne voyais dans Catherine qu'une fille de vanité et de folie, comme le sont la plupart des femmes de son âge, surtout si elles possèdent le don fatal de la beauté. Mais de même que tes charmes, pour parler le langage d'un monde frivole, t'ont gagné l'amour d'un homme de si haut rang, de même je sais que ta vertu et ta sagesse conserveront sur l'esprit du prince l'influence que ta beauté t'a acquise.

— Mon père, répliqua Catherine, le prince est un jeune licencieux dont l'attention pour moi ne tend qu'à mon déshonneur et à ma perte. Vous qui tout-à-l'heure paraissiez craindre que j'eusse agi imprudemment en acceptant un échange de courtoisies ordinaires avec quelqu'un de ma condition, pouvez-vous parler ainsi patiemment du genre de rapports que l'héritier du trône d'Écosse ose chercher à nouer avec moi ? Sachez que pas plus tard que l'avant-dernière nuit, lui et une troupe de ses compagnons de débauche m'auraient enlevée de force de la maison de mon père si je n'avais pas été secourue par ce téméraire Henry Smith, — qui, s'il est par trop prompt à s'aventurer dans le danger aux moindres occasions, est toujours prêt à risquer sa vie pour défendre l'innocence ou résister à l'oppression. Je dois lui rendre cette justice.

— Je dois savoir quelque chose de l'affaire dont vous me parlez, puisque c'est ma voix qui l'a envoyé à votre secours. J'avais vu la bande comme je passais devant votre porte, et j'allais en toute hâte réclamer l'assistance du pouvoir civil, quand j'ai aperçu un homme se dirigeant lentement de mon côté. Dans la crainte qu'il ne fît partie de l'embuscade, je me suis caché derrière les arcs-boutants de la chapelle de Saint-John, et de là ayant pu reconnaître que c'était Henry Smith, j'ai deviné où il allait, et je lui ai adressé quelques paroles qui lui ont donné des jambes.

— Je vous en suis reconnaissante, mon père; mais tout cela, et le langage que m'a tenu le duc de Rothsay, montrent seulement que le prince est un jeune homme dissolu, qui ne se ferait pas scrupule d'en venir aux dernières extrémités pour satisfaire une vaine passion, quoi qu'il en dût arriver à celle qui en serait l'objet. Son émissaire Ramorny a même eu l'insolence de me dire que mon père en souffrirait si j'osais préférer d'être la femme d'un honnête homme à devenir la maîtresse d'un prince marié. Je ne vois donc d'autre remède que de prendre le voile, ou de courir le risque de ma propre perte ou de celle de mon pauvre père. N'y aurait-il pas d'autre raison, la terreur de ces menaces de la part d'un homme si notoirement capable de tenir parole devrait seule m'empêcher de devenir la femme d'un honnête homme, tout autant qu'elle m'interdirait d'ouvrir sa porte pour introduire des assassins chez lui. — Oh, bon père! quel lot est le mien! et combien dois-je probablement devenir fatale à celui à qui je dois le jour, de même qu'à quiconque j'associerais à ma malheureuse fortune!

— Ne te laisse pas encore aller au découragement, ma fille, reprit le moine. Il est pour toi des motifs de consolation et de soutien même dans cette extrémité de détresse apparente. Ramorny est un misérable qui abuse de la confiance de son patron. Malheureusement, le prince est un jeune homme frivole et dissipé; mais à moins qu'on n'en ait étrangement imposé à mes cheveux blancs, son caractère commence à changer. Son attention a été éveillée sur la bassesse de Ramorny, et il regrette profondément d'avoir suivi ses mauvais conseils. Je crois, je suis même bien convaincu, que sa passion pour toi a pris un caractère plus noble et plus pur, et que les leçons qu'il a entendues de moi sur les corruptions de l'Église et du temps pénétreront profondément dans son cœur si ta bouche leur prête de la force, et peut-être produiront pour le monde des fruits dont il y aura à s'étonner aussi bien qu'à se réjouir. D'anciennes prophéties ont dit que la chute de Rome serait causée par la parole d'une femme.

— Ce sont des rêves, mon père; ce sont les visions de quelqu'un dont les pensées sont trop occupées de choses meilleures pour qu'il puisse avoir une idée juste des choses ordinaires de la terre. Quand nous avons long-temps regardé le soleil, nous ne voyons plus rien ensuite d'une manière distincte.

— Tu te hâtes trop de juger, ma fille, et tu vas en être convaincue. Les vues que je vais te développer ne pourraient être exposées à une femme en qui le sentiment de la vertu serait moins ferme et dont le caractère serait plus ambitieux. Peut-être n'est-il pas convenable que je m'ouvre même à toi ; mais j'ai une forte confiance dans ta prudence et tes principes. Sache donc qu'il y a de grandes chances que l'Église de Rome dissolve l'union qu'elle-même a formée, et dégage le duc de Rothsay de son mariage avec Marjory Douglas.

Il s'arrêta.

— Et lors même que l'Église aurait le pouvoir et la volonté de faire ce que vous dites, répliqua la jeune fille, quelle influence le divorce du duc et de sa femme peut-elle avoir sur la fortune à venir de Catherine Glover ?

En adressant cette question au prêtre elle le regardait avec anxiété, et il parut avoir quelque peine à formuler sa réponse, car en répondant il avait les yeux baissés.

— Qu'est-ce que sa beauté valut à Catherine Logie ? dit-il. A moins que nos pères ne nous aient fait une fausse histoire, elle l'éleva jusqu'au trône de David Bruce.

— Vécut-elle heureuse et mourut-elle regrettée, bon père ? demanda Catherine du même ton calme et ferme.

— Elle contracta cette alliance par une ambition toute mondaine et peut-être criminelle, répondit le père Clément, et elle trouva sa récompense dans la vanité et les tourments d'esprit. Mais si elle s'était mariée dans le dessein d'amener son époux à sa foi ou d'affermir sa croyance encore douteuse, quelle eût alors été sa récompense ? Amour et honneur sur terre, et au Ciel une part d'héritage avec la reine Marguerite et ces héroïnes qui ont été les mères nourrices de l'Église.

Jusqu'alors Catherine était restée assise sur une pierre aux pieds du prêtre, et elle levait la tête vers lui lorsqu'elle parlait ou qu'elle l'écoutait ; mais alors, comme incitée par un sentiment de désapprobation calme, quoique bien arrêtée, elle se leva, et étendant la main vers le moine, elle lui adressa la parole de l'air et du ton d'un ange du Ciel, prenant en pitié, et même autant que possible ménageant les sentiments de l'être mortel dont il a mission de réprimander les erreurs.

— En est-il donc ainsi ? dit-elle ; les vœux, les espérances et les préjugés de ce monde méprisable peuvent-ils affecter à ce point celui qui peut être appelé demain à donner sa vie pour s'opposer aux corruptions d'un siècle pervers et d'un clergé dégénéré ? Est-ce bien le sévère, le vertueux père Clément, qui peut conseiller à son enfant d'aspirer à la possession d'un trône et d'une couche qui ne peuvent devenir vacants que par un acte de criante injustice envers celle qui les possède actuellement ? Est-ce bien lui qui peut me conseiller même d'y songer ? Est-ce bien le sage réformateur de l'Église qui peut vouloir faire reposer un plan en lui-même si injuste sur une base si précaire ? Depuis quand, bon père, un prince libertin a-t-il tellement changé de principes qu'on puisse s'attendre avec quelque probabilité à le voir courtiser pour un motif honorable la fille d'un artisan de Perth ? Il faut que ce changement se soit opéré en deux jours, car ce temps seulement s'est écoulé depuis qu'il est venu assaillir à minuit la maison de mon père, poussé par de plus mauvais desseins qu'un voleur ordinaire. Et pensez-vous, lors même que le cœur de Rothsay pourrait lui conseiller une alliance si basse, qu'il accomplirait un pareil dessein sans mettre en danger tout à la fois et sa succession et sa vie, attaqué comme il le serait en même temps par les comtes de Douglas et de March, pour ce qu'ils regarderaient nécessairement comme une injure et une insulte pour leurs deux maisons ? Oh, père Clément ! où étaient vos principes, où était votre prudence, quand ils ont laissé votre esprit s'égarer dans un rêve si étrange, et donné à la plus humble de vos disciples le droit de vous adresser de tels reproches ?

Les yeux du vieillard se remplirent de larmes, lorsque Catherine, visiblement et douloureusement affectée de ce qu'elle avait dit, cessa enfin de parler.

— Par la bouche des enfants à la mamelle, dit-il, Dieu a réprimandé ceux qui semblaient sages aux yeux des hommes. Je remercie le Ciel, qui m'a enseigné de meilleures pensées que ne m'en suggérait ma vanité, par l'intermédiaire d'une bouche si affectueuse. — Oui, Catherine, je ne devrai plus dorénavant m'étonner ni me récrier quand je verrai ceux que jusqu'ici j'ai jugés trop téméraires lutter pour le pouvoir temporel tout en tenant le langage du zèle religieux. Je te remercie, ma fille, de ton admonition salutaire, et je remercie le Ciel qui l'a envoyée par ta bouche plutôt que par celle d'un réprobateur plus sévère.

Catherine avait levé la tête pour répondre et réconforter le vieillard, dont l'humiliation lui faisait peine, quand ses regards s'arrêtèrent sur un objet qui se trouvait près d'elle. Parmi les rochers et les fragments pierreux qui environnaient cet endroit isolé, il y en avait deux de tellement contigus qu'ils semblaient avoir fait partie du même rocher, que la foudre ou un tremblement de terre aurait partagé, et qui maintenant aurait offert un déchirement d'environ quatre pieds de largeur entre deux masses de roc. Un chêne avait pris racine dans cette anfractuosité, par une de ces bizarreries fantastiques qu'offre souvent la végétation dans de telles situations. L'arbre, rachitique et mal alimenté, avait envoyé ses racines dans toutes les directions à la surface du rocher pour chercher un supplément de sucs nourriciers, et elles s'étendaient comme les bras d'un inextricable labyrinthe, contournées, tordues et enroulées comme les immenses serpents de l'Archipel de l'Inde. Au moment où le regard de Catherine tomba sur cette curieuse complication de branches noueuses et de racines entortillées, elle y aperçut tout-à-coup deux grands yeux fixés sur elle, et qui brillaient comme ceux d'un animal sauvage en embuscade. Elle tressaillit, et sans dire un mot désigna du doigt l'objet à son compagnon ; puis regardant elle-même avec plus d'attention, elle put enfin distinguer une épaisse chevelure rousse et une barbe touffue que lui avaient cachées jusque là les branches pendantes et les racines contournées du chêne.

Quand il se vit découvert, l'Highlander (car c'en était un) sortit de sa cachette, et s'avançant vers le moine et Catherine, montra une stature colossale ; ses épaules étaient couvertes d'un plaid à carreaux pourpres, rouges et verts, sous lequel il portait une jaquette de peau de taureau. Son arc et ses flèches étaient fixés sur son épaule ; sa tête nue n'avait pour abri, en guise de bonnet, qu'une énorme quantité de cheveux emmêlés, dont les mèches rappelaient les *glibbs* d'une tête irlandaise. Dans son ceinturon étaient passées une épée et une dague, et il avait à la main une halebarde danoise, plus récemment désignée sous le nom de hache de Lochaber. De la même ouverture sortirent ensuite un à un quatre autres hommes de même stature, et qui ressemblaient au premier par l'habillement et les armes.

Catherine était trop accoutumée à l'apparition des habitants des montagnes si près de Perth, pour se laisser alarmer autant qu'une autre jeune fille du bas-pays aurait pu l'être en une telle occasion. Elle vit avec assez de sang-froid ces formes gigantesques venir se placer devant elle et le moine et se ranger en demi-cercle autour d'eux, tous fixant silencieusement sur elle des regards où se peignait, autant qu'elle en put juger, une sauvage admiration pour sa beauté. Elle leur fit une inclination de tête, et prononça tant bien que mal les paroles ordinaires de la salutation highlandaise. Le plus âgé et le chef de la troupe rendit le salut, puis il redevint comme auparavant silencieux et immobile. Le moine se mit à dire son chapelet ; Catherine elle-même commença à avoir d'étranges craintes pour sa sûreté personnelle, et à se sentir inquiète de savoir si le père Clément et elle devaient se regarder comme libres. Elle se décida à en faire l'expérience, et s'avança de quelques pas comme pour descendre la colline ; mais quand elle voulut passer la ligne des Highlanders, ceux-ci étendirent leurs halebardes dans l'espace libre qu'ils laissaient entre eux, de manière à fermer complétement chaque ouverture qui aurait pu lui servir d'issue.

Quelque peu déconcertée, mais non effrayée, cependant, car elle ne concevait pas quel mal on pourrait lui vouloir, elle s'assit sur un fragment de rocher, et dit au moine, qui se tenait debout près d'elle, de prendre bon courage.

— Si je crains, ce n'est pas pour moi, répondit le père Clément ; car, que ces hommes sauvages me fendent le crâne d'un coup de hache, comme un bœuf épuisé par le travail et qui a été condamné au couteau, ou qu'ils me lient avec la corde de leurs arcs pour me livrer à des gens qui prendront ma vie avec de plus cruelles cérémonies, il m'importe assez peu, ma chère enfant, pourvu qu'ils te laissent aller saine et sauve.

CHAPITRE XIV.

— Ni vous ni moi, répliqua la Fille de Perth, nous n'avons aucun motif de craindre ; et voici venir Conachar qui va nous en assurer.

Tout en parlant, néanmoins, elle doutait presque du témoignage de ses yeux, tant étaient changés les manières et l'accoutrement de ce majestueux et beau jeune homme, habillé on pourrait dire avec magnificence, et qui, s'élançant comme un chevreuil d'un rocher fort élevé, tomba légèrement à quelques pas devant elle. Ses vêtements étaient du même tartan que portaient ceux qui s'étaient montrés les premiers, mais fermés à la gorge et au coude par un collier et des bracelets d'or. Le haubert qu'il portait sur sa personne était d'acier, si bien fourbi qu'il brillait comme de l'argent. Ses bras étaient couverts d'une profusion d'ornements, et sa toque, outre la plume d'aigle marquant la qualité de chef, était ornée aussi d'une chaîne d'or qui en faisait plusieurs fois le tour, et qu'y fixait une large agrafe incrustée de perles. L'agrafe au moyen de laquelle le manteau de tartan, ou, comme on dit aujourd'hui, le plaid, était assuré sur l'épaule, était aussi d'or, de larges dimensions et curieusement ciselée. Il n'avait pas d'arme à la main, sauf une baguette de sapin à tête recourbée. Sa démarche et tout son extérieur, qui précédemment dénotaient un sombre sentiment de la dégradation dont il avait conscience, étaient maintenant pleins de hardiesse, de fierté et de hauteur ; il se tint devant Catherine un sourire de confiance sur les lèvres, comme sentant pleinement ce que son extérieur avait gagné, et paraissant attendre qu'elle le reconnût.

— Conachar, lui dit Catherine, désirant rompre cet état d'incertitude, sont-ce là les hommes de votre père ?

— Non, belle Catherine, répondit le jeune homme ; il n'y a plus maintenant de Conachar, sauf quant aux injures qu'il a reçues et à la vengeance qu'elles réclament. Je suis Ian Eeachin Mac-Ian, fils du chef du clan Quhele. J'ai changé de plumage, comme vous voyez, en même temps que de nom. Et quant à ces hommes, ce ne sont pas ceux de mon père, mais les miens. Vous n'en voyez là réunis que la moitié ; ils forment une troupe qui se compose de mon père nourricier et de ses huit fils. Ce sont mes gardes-du-corps, les enfants de mon ceinturon, des gens qui ne respirent que pour faire ma volonté. Pourtant, ajouta-t-il d'un ton de voix adouci, Conachar revit dès que Catherine désire le voir ; et tandis que pour tous les autres il est le jeune chef du clan Quhele, pour elle il est aussi humble et aussi obéissant que lorsqu'il était apprenti de Simon Glover. Voyez, voici la baguette que j'ai reçue de vous le jour où nous sommes allés aux noix ensemble dans les braes découvertes de Lednoch, au commencement de l'automne de l'année dernière. Je ne la changerais pas, Catherine, pour le bâton de commandement de ma tribu.

Pendant qu'Eachin parlait ainsi, Catherine commença à se demander en elle-même si elle avait agi prudemment en requérant l'assistance d'un hardi jeune homme, enorgueilli sans doute de ce passage subit d'un état de servitude à une situation qui donnait, elle le voyait assez, une immense autorité sur un corps d'adhérents étrangers au frein de la loi.

— Vous n'avez pas peur de moi, belle Catherine? continua le jeune chef en lui prenant la main. J'ai laissé mes gens paraître quelques minutes avant moi, pour voir quel effet leur présence ferait sur vous; et il m'a semblé que vous les regardiez comme si vous étiez née pour être la femme d'un chef.

— Je n'ai aucune raison de craindre quelque chose des Highlanders, répondit Catherine avec fermeté; d'autant plus que j'ai bien pensé qu'en effet Conachar était avec eux. Conachar a bu à notre coupe et mangé de notre pain; mon père a souvent eu affaire pour son trafic avec les Highlanders, et jamais il n'y a eu de lui à eux ni injure ni querelle.

— Non? repartit Hector (car tel est l'équivalent saxon du nom d'Eachin) — quoi! pas même quand il prit le parti de Gow Chrom (l'armurier aux jambes torses) contre Eachin Mac-Ian? — Ne dites rien pour l'excuser, et croyez que ce sera votre faute si je reviens jamais là-dessus. Mais vous avez quelques ordres à me donner; — parlez, et vous serez obéie.

Catherine se hâta de répondre; car il y avait dans les manières et le langage du jeune chef quelque chose qui lui faisait désirer d'abréger l'entrevue.

— Eachin, lui dit-elle, puisque Conachar n'est plus votre nom, vous devez sentir qu'en réclamant, comme je le pouvais honnêtement, un service de mon égal, je croyais peu m'adresser à une personne d'un si grand pouvoir et d'une si grande conséquence. Vous avez eu, aussi bien que moi, des obligations à ce saint homme pour les instructions religieuses qu'il nous a données. Il est maintenant en grand danger; des méchants l'ont chargé de fausses accusations, et il désire rester en sûreté et caché jusqu'à ce que l'orage soit passé.

— Ha! le bon père Clément? Oui, le digne clerc a beaucoup fait pour moi, plus que mon caractère difficile à manier n'a été capable d'en profiter. Je voudrais bien voir quelqu'un de la ville de Perth persécuter un homme qui s'est abrité du manteau de Mac-Ian!

— Il pourrait n'être pas sûr de se fier trop à cela, repartit Catherine. Je ne doute nullement du pouvoir de votre tribu; mais quand Douglas-le-Noir prend une querelle en main, il n'est pas homme à s'effrayer d'un plaid highlandais.

Le Highlander cacha sous un rire forcé le déplaisir que lui causaient ces paroles.

— Le moineau qui est sous nos yeux, dit-il, paraît plus grand que l'aigle perché sur le Bengoïle. Vous craignez davantage les Douglas parce qu'ils se trouvent près de vous. Au surplus, pensez-en ce que vous voudrez ; — vous ne voudriez pas croire combien nos montagnes, nos vallées et nos forêts s'étendent au loin derrière cette sombre barrière de hauteurs, et vous croyez que le monde entier se trouve sur les rives du Tay. Mais ce bon clerc verra des montagnes qui le cacheraient quand tous les Douglas seraient à sa poursuite ; — oui, il verra aussi assez d'hommes pour leur faire regagner plus vite qu'ils ne seraient venus le sud des monts Grampiens. — Et pourquoi ne viendriez-vous pas avec ce brave homme ? J'enverrai des hommes qui amèneront votre père en sûreté hors de Perth, et nous reprendrons l'ancien métier de l'autre côté du Loch Tay ; seulement il ne sera plus question pour moi de tailler des gants. Je trouverai des peaux pour votre père, mais je ne les taillerai pas, sauf quand elles seront sur le dos des bêtes.

— Mon père ira un jour vous voir chez vous, Conachar, — je veux dire Hector. — Mais il faut que les temps soient plus tranquilles, car il y a de la brouille entre les gens de la ville et ceux de la suite des nobles, et il est question de guerre prête à éclater dans les Highlands.

— Oui, par Notre-Dame, Catherine ! et sans cette guerre de l'Highland, vous ne remettriez pas ainsi votre visite dans l'Highland, ma gentille mistress. Mais la race des montagnards ne sera pas plus longtemps partagée en deux nations. Ils se battront en hommes pour la suprématie, et ceux qui l'emporteront traiteront avec le roi d'Écosse comme avec un égal, et non comme avec un supérieur. Prie pour que la victoire tombe à Mac-Ian, ma pieuse sainte Catherine, car tu prieras pour quelqu'un qui t'aime tendrement.

— Je prierai pour le bon droit, dit Catherine ; ou plutôt je prierai pour que la paix soit des deux côtés. — Adieu, bon et excellent père Clément ; croyez que je n'oublierai jamais vos leçons, — et souvenez-vous de moi dans vos prières. — Mais comment pourrez-vous soutenir un voyage si fatigant

— Ils le porteront s'il est nécessaire, dit Hector, si nous allons loin sans trouver un cheval pour lui. Mais vous, Catherine ? — Il y a loin d'ici à Perth. Laissez-moi vous y accompagner comme j'en avais l'habitude.

— Si vous étiez maintenant comme vous étiez habituellement, je ne refuserais pas votre escorte. Mais des agrafes et des bracelets d'or sont une dangereuse compagnie, quand les lanciers du Liddesdale et de l'Annandale sont en aussi grand nombre sur le chemin que les feuilles à la messe des Rameaux ; et il n'y a pas de rencontre pacifique entre les tartans highlandais et les jaquettes d'acier.

Elle hasarda cette remarque parce qu'elle soupçonnait quelque peu qu'en faisant peau neuve le jeune Eachin n'avait pas entièrement surmonté les habitudes qu'il avait prises dans un état plus humble, et que malgré sa hardiesse en paroles il ne serait pas assez téméraire pour braver l'inégalité de forces à laquelle une descente au voisinage de la ville l'exposerait vraisemblablement. Il paraît qu'elle en avait bien jugé ; car après un adieu où pour sauver ses lèvres il fallut qu'elle lui permît de lui baiser la main, elle reprit le chemin de Perth ; et retournant la tête de temps à autre, elle put voir les Highlanders prendre de leur côté les sentiers les plus cachés et les moins praticables pour retourner au Nord.

Elle se sentit soulagée en partie de son anxiété la plus immédiate à mesure que la distance augmentait entre elle et ces hommes dont les actions n'avaient pour mobile que la volonté de leur chef, et dont le chef était un jeune homme impétueux et étourdi. Elle ne craignait aucune insulte sur le chemin de Perth de la part des soldats qu'elle pourrait rencontrer, à quelque parti qu'ils appartinssent ; car les règles de la chevalerie étaient alors une protection plus sûre pour une jeune fille d'apparence décente qu'une escorte d'hommes armés dont il pouvait se faire que l'enseigne ne fût pas reconnue amicalement par ceux d'un autre parti avec lesquels ils pourraient se rencontrer. Mais l'appréhension de dangers plus éloignés s'offrait à son esprit. La poursuite du licencieux duc de Rothsay avait pris un caractère redoutable par suite des menaces que le conseiller sans principes du jeune prince, Ramorny, n'avait pas craint de proférer contre son père si elle persévérait dans sa réserve. Ces menaces, venant de quelqu'un de cet âge et d'un tel caractère, étaient bien faites pour exciter de vives alarmes ; et elle ne pouvait non plus regarder comme moins dangereuses pour l'avenir les prétentions à ses bonnes grâces que Conachar avait à peine réprimées durant son état de servitude, et que maintenant il semblait avouer hardiment ; car on avait vu maintes fois des incursions de Highlanders jusque dans la ville même de Perth, où en plus d'une occasion les bourgeois avaient été faits prisonniers et emmenés de chez eux, ou bien étaient tombés sous la claymore dans les rues mêmes de leur cité. Elle craignait de plus les importunités de son père à l'égard de Smith, dont la conduite le jour de la Saint-Valentin avait donné lieu à de mauvais bruits qui étaient arrivés jusqu'à elle, et à la recherche duquel, n'eût-elle eu rien à lui reprocher, elle n'aurait pas osé prêter l'oreille après les menaces de vengeance que Ramorny avait fait entendre contre son père. Préoccupée de tous ces dangers, agitée des plus vives appréhensions, elle éprouvait un ardent désir d'y échapper et d'échapper à elle-même en se réfugiant dans le cloître ; mais elle ne voyait pas possibilité d'obtenir le consentement de son père au seul parti dont elle attendit paix et protection.

Nous ne pouvons assurer que dans le cours de ces réflexions elle regrettât bien positivement que ces périls l'entourassent parce qu'elle était la *Jolie Fille de Perth;* c'était un point qui marquait qu'elle n'était pas encore tout-à-fait un ange. Peut-être en était-ce un second indice, qu'en dépit des torts réels ou supposés d'Henry Smith un soupir s'échappa de son sein en pensant à l'aube de la Saint-Valentin.

CHAPITRE XV.

> Oh ! donnez — donnez un puissant breuvage,
> qui plonge dans le sommeil l'âme souffrante.
>
> BERTHA.

ous avons montré les secrets du confessionnal ; ceux d'une chambre de malade ne sont pas cachés pour nous. Dans un appartement où le jour pénétrait à peine, et où des onguents et des fioles annonçaient que le médecin avait passé, un homme grand et maigre était étendu sur un lit, enveloppé d'une robe de chambre serrée à la ceinture, la douleur au front et le sein agité de mille passions orageuses. Tout dans l'appartement annonçait un homme riche et se faisant honneur de son opulence. Henbane [1] Dwining l'apothicaire, qui semblait être chargé de veiller le patient, se glissait d'un coin de la chambre à l'autre avec le pas furtif et précautionneux du chat, s'occupant à mixtionner des drogues et à préparer des appareils. Le malade fit entendre quelques gémissements ; sur quoi le médecin, s'approchant du chevet du lit, lui demanda si ces plaintes étaient un signe de souffrance physique ou de détresse d'esprit ?

— De tous les deux, varlet empoisonneur, répondit sir John Ramorny ; et d'avoir l'ennui de ta compagnie maudite.

— Si c'est là tout, je puis soulager Votre Seigneurie de l'un de ces maux-là, en m'en allant sur-le-champ. Grâces aux troubles de ces temps de querelles, si j'avais vingt mains au lieu de ces deux pauvres aides (étendant ses mains décharnées), j'aurais dans mon art de quoi les employer : — emploi bien récompensé, qui plus est, où les remerciements et les couronnes lutteraient à qui paierait le mieux mes services ; tandis que vous, sir John, vous faites tomber sur votre chirurgien la colère que vous devriez reporter seulement contre l'auteur de votre blessure.

— Scélérat ! il est au-dessous de moi de te répondre, répartit le patient ; mais chaque parole que profère ta langue venimeuse est un coup de poignard, dont la blessure défie tous les baumes de l'Arabie.

— Sire John, je ne vous comprends pas ; seulement si vous vous livrez à ces accès de rage, il est impossible que la fièvre et l'inflammation n'en résultent pas.

---

[1] *Henbane* est le nom d'une plante vénéneuse, la jusquiame. (L. V.)

—. Pourquoi alors parles-tu de manière à m'échauffer le sang? Pourquoi fais-tu la supposition que ton chétif individu pourrait avoir plus de mains que la nature ne t'en a donné, tandis que moi, chevalier et gentilhomme, je suis mutilé comme un invalide?

—Sire John, répliqua le chirurgien, je ne suis pas théologien, et je ne suis pas non plus un croyant obstiné à certaines choses que les théologiens nous disent. Néanmoins, je puis vous rappeler que vous avez encore été bien traité ; car si le coup qui vous a fait cette blessure vous était tombé sur la nuque, comme il y était destiné, il vous aurait enlevé la tête de dessus les épaules, au lieu de vous amputer un membre moins essentiel.

— Je le voudrais, Dwining ; — je voudrais que le coup eût porté là où il était adressé. Je n'aurais pas vu alors une politique tissée avec autant d'adresse que l'était la mienne percée à jour par la force brutale d'un manant ivre. Je n'aurais pas été réservé à voir des chevaux que je ne puis plus monter, — des lices où je ne dois plus entrer, — des splendeurs que je ne puis plus espérer de partager, — ou des batailles auxquelles je ne dois plus prendre part. Je ne serais pas réduit, avec des passions d'homme pour le pouvoir et les luttes, à être renvoyé parmi les femmes, et méprisé par elles, qui plus est, comme un misérable manchot impotent, hors d'état de briguer et d'obtenir les faveurs du beau sexe.

— En supposant tout cela vrai, répliqua Dwining tout en continuant de s'occuper à disposer les appareils pour les blessures, — en supposant tout cela vrai, je prierai encore Votre Seigneurie de remarquer que vos yeux, que vous auriez nécessairement perdus avec la tête, et qui vous ont été laissés, peuvent vous présenter une perspective de plaisirs aussi riche que celle qu'auraient pu vous offrir l'ambition, ou la victoire dans les lices ou sur les champs de bataille, ou même l'amour des femmes.

— J'ai l'esprit trop obtus pour saisir ce que tu veux dire, médecin. Quel est ce précieux spectacle qui m'est réservé dans un tel désastre?

— Le plus précieux que l'humanité connaisse, répondit Dwining ; et alors, de l'accent d'un amant qui profère le nom de sa maîtresse bien-aimée, et exprime sa passion pour elle jusque dans l'accent de sa voix, il ajouta : LA VENGEANCE!

Le malade s'était soulevé sur sa couche pour écouter avec une certaine anxiété la solution de l'énigme du médecin. Il se laissa retomber quand il l'eut entendue, et après une courte pause il demanda : Dans quel collège chrétien avez-vous appris cette morale, mon cher maître Dwining?

— Ce n'est pas dans un collège chrétien, répondit celui-ci ; car bien qu'en secret elle soit reçue dans la plupart, on n'a dans aucun la franchise de l'adopter ouvertement. Au surplus, j'ai étudié parmi les sages de Grenade, où le Maure à l'âme ardente montre hautement son poignard dégouttant du sang de son ennemi, et avoue la doctrine que le pâle chrétien pratique lâchement sans oser la professer.

— En ce cas, ton âme de scélérat est moins basse que je ne l'avais jugée.

— Laissons cela. Les eaux les plus calmes sont aussi les plus profondes ; et l'ennemi le plus à craindre est celui qui ne menace qu'au moment de frapper. Vous autres chevaliers et hommes d'armes, vous allez droit à votre but l'épée à la main. Nous autres clercs, nous avançons par des chemins moins directs et d'un pas amorti, mais nous n'en atteignons pas moins notre objet avec tout autant de certitude.

— Et moi, qui ai marché à ma vengeance le pied couvert d'une armure de fer qui faisait tout retentir autour de moi, il me faut maintenant user d'une pantoufle comme la tienne ? ha !

— Celui à qui la force manque doit arriver à son but par adresse.

— Et dis-moi sincèrement, médecin, quel motif te fait me donner ces leçons diaboliques ? Pourquoi veux-tu me pousser plus vite ou plus loin dans ma vengeance, que peut-être je te semble prêt à y aller de mon propre accord ? Je suis vieux dans les voies du monde, mon cher, et je sais que des hommes de ton espèce ne laissent pas tomber des paroles en vain, et qu'ils ne provoquent pas les dangereuses confidences d'hommes tels que moi, s'ils n'entrevoient la perspective d'avancer quelque projet qui leur soit propre. Quel intérêt as-tu à la route, pacifique ou ensanglantée, que je puis suivre en cette circonstance ?

— Pour être franc, sire chevalier, quoique la franchise soit chose dont j'use rarement, le chemin de ma vengeance est le même que le vôtre.

— Le mien, mon cher ? dit Ramorny d'un ton de surprise méprisante. Je l'aurais cru fort au-dessus de ton atteinte. Toi, viser à la même vengeance que Ramorny !

— Oui, en vérité, repartit Dwining ; car le manant de forgeron qui vous a porté ce coup m'a souvent injurié et dépité. Il m'a traversé dans le conseil, et m'a méprisé dans l'action. Sa franchise brutale et qui n'hésite jamais est un reproche vivant contre la subtilité qui est dans ma nature. Je le crains et je le hais.

— Et tu espères trouver en moi un aide actif ? reprit Ramorny du même ton hautain que tout-à-l'heure. Mais sache que l'artisan est de trop basse condition pour être pour moi un objet de haine ou de crainte. Pourtant il n'échappera pas. Nous ne haïssons pas le reptile dont le dard nous a piqué, quoique nous puissions le jeter à terre et le fouler aux pieds. Je connais le bandit de vieille date pour un vigoureux homme d'armes, et j'ai ouï dire que c'était un prétendant aux bonnes grâces de la poupée dédaigneuse dont les charmes, vraiment, nous ont poussé à la sage tentative où nous avons si bien réussi. Esprits de l'enfer qui gouvernez ce bas monde ! par quelle malice avez-vous décidé que la main qui avait couché une lance contre la poitrine d'un prince serait abattue comme une pousse de six mois par le coup d'un rustre, et dans le tumulte d'une débauche nocturne! — Hé bien, médecin, nos deux chemins se confondent en cela, que tu peux bien croire en effet que j'écraserai pour toi ce reptile, ce vil artisan. Mais ne pense pas m'échapper quand j'aurai accompli cette partie de ma vengeance, la plus facile et la plus prompte à obtenir.

— Peut-être pas tout-à-fait si facile à accomplir, dit l'apothicaire ; car, que Votre Seigneurie veuille m'en croire, il ne sera ni guère aisé ni guère sûr d'avoir affaire à lui. C'est l'homme le plus fort, le plus hardi et le plus adroit à manier une épée qu'il y ait à Perth et dans tout le pays environnant.

— N'aie pas peur ; il trouvera à qui parler, aurait-il la force de Samson. Mais aussi fais bien attention ! N'espère pas échapper à ma vengeance, à moins que tu ne deviennes mon agent passif dans ce qui doit arriver. Fais bien attention, te dis-je. Je n'ai pas étudié dans un collége maure, et je n'ai pas tout-à-fait ton insatiable appétit de vengeance; pourtant je veux en avoir ma part. — Ecoute-moi, médecin, pendant que je vais ainsi m'ouvrir à toi ; mais prends garde de ne pas me trahir, car quelque puissant que soit ton démon, le diable de qui j'ai pris des leçons est au-dessus du tien. Ecoute. — Le maître que j'ai servi dans le bien et dans le mal, avec trop de zèle pour ma propre réputation, peut-être, mais avec une inébranlable fidélité, — cet homme dont la folie frénétique, que j'ai voulu satisfaire, a causé cette perte irréparable que j'ai faite, cet homme est sur le point de me sacrifier à la prière de son bonhomme de père, en m'enlevant sa faveur et en me laissant à la merci du parent hypocrite avec lequel il cherche une réconciliation précaire à mes dépens. S'il persévère dans cette horrible ingratitude, tes Maures féroces, avec leur teint noir comme la fumée de l'enfer, rougiront de voir leur vengeance surpassée ! Mais je veux lui donner encore une chance d'honneur et de sûreté avant que ma colère ne tombe sur lui avec une implacable, une inflexible furie. — Tu vois donc jusqu'à quel point tu as ma confiance. — Prends ma main en signe de marché conclu..... Ma main, ai-je dit? — Où est-elle la main qui devrait être le gage et le représentant de la parole engagée de Ramorny? est-elle clouée au pilori public ou jetée comme rebut aux chiens errants, qui se la disputent en ce moment? Mets ton doigt sur ce tronçon mutilé, et jure de servir fidèlement ma vengeance comme je servirai la tienne.

— Qu'est-ce à dire, sire médecin? vous pâlissez ! — vous qui dites à la mort Recule ou avance, pouvez-vous trembler en y pensant ou craindre d'en entendre parler? Je n'ai rien dit de votre récompense, car celui qui aime la vengeance pour elle-même ne demande rien de plus ; — néanmoins si des terres et de grosses sommes d'or peuvent accroître ton zèle dans une si belle cause, crois-moi, elles ne te manqueront pas.

— Cela est bien pour quelque chose dans mes humbles souhaits, répondit Dwining. L'homme pauvre dans cette cohue du monde est renversé comme un nain dans une foule et foulé aux pieds ; — le riche et le puissant s'élèvent comme des géants au-dessus de la foule, et ils sont à l'aise pendant que tout est tourmenté autour d'eux.

— Hé bien, tu t'élèveras au-dessus de la foule, médecin, aussi haut que l'or pourra t'élever. Cette bourse est lourde, et pourtant ce ne sont que les arrhes de ta récompense.

— Et ce Smith, mon noble bienfaiteur? demanda le médecin en empochant la bourse ; — cet Henry du Wynd, ou n'importe son nom, — la nouvelle qu'il a porté la peine de son action n'adoucirait-elle pas la douleur de votre blessure, sire chevalier, mieux que le baume de la Mecque que j'y ai mis?

— Il est au-dessous des pensées de Ramorny. Je n'ai pas plus de ressentiment contre lui que je n'en veux à l'arme avec laquelle il a frappé. Mais il est juste que ta haine s'épanche sur lui. Où peut-on surtout le rencontrer?

— J'ai aussi pensé à cela. Faire la tentative ouvertement en plein jour et dans sa propre maison serait trop dangereux, attendu qu'il a avec lui cinq hommes qui travaillent à sa forge, dont quatre sont de vigoureux coquins, et qui tous aiment leur maître. La faire de nuit ne serait guère plus facile, car ses portes sont solidement assurées par des barres de chêne et des barres de fer, et avant qu'on ne les eût forcées le voisinage viendrait à son secours, d'autant plus que ce qui s'est passé la nuit de la Saint-Valentin les tient tous sur le qui-vive.

— Ah! oui, c'est vrai, médecin, dit Ramorny ; il est dans ta nature de tromper, même avec moi. — Tu avais reconnu ma main et mon cachet, m'as-tu dit, quand cette main a été ramassée dans la rue comme le dégoûtant rebut d'un abattoir ; — pourquoi donc, connaissant cela, es-tu allé avec ces imbéciles de bourgeois consulter ce Patrick Charteris, à qui les éperons devraient être arrachés des talons pour lui apprendre à faire cause commune avec de méchants bourgeois, et que tu as ramené ici avec ces manants ignares pour y traiter ignominieusement cette main sans vie, que sir Patrick, si elle était à sa place accoutumée, ne serait digne ni de toucher en paix ni d'affronter en guerre?

— Mon noble patron, dès que j'ai eu lieu d'être assuré que c'était vous qui aviez été blessé, j'ai employé avec eux tout mon pouvoir de persuasion pour les faire renoncer à pousser la querelle plus loin ; mais ce bretailleur de Smith, et une ou deux autres têtes chaudes, ont demandé vengeance à hauts cris. Vous saurez, sire chevalier, que ce drôle se pose comme soupirant en titre et chevalier de la Jolie Fille de Perth, et qu'il croit de son honneur de soutenir la querelle du père de sa belle ; mais j'ai brouillé les cartes de ce côté-là, et c'est quelque chose comme arrhes de notre vengeance.

— Que voulez-vous dire, sire médecin ?

— Imaginez-vous, sire chevalier, que ce Smith est un gaillard dont la vie n'est pas des plus régulières. Je l'ai moi-même rencontré le jour de la Saint-Valentin, peu de temps après l'affaire entre les bourgeois et les gens de Douglas. Oui, je l'ai rencontré se faufilant par les petites rues et les passages avec une chanteuse des rues qui se pendait à son bras d'un côté, pendant que de l'autre il portait le chien et la viole de la belle. Qu'en pense Votre Honneur ? N'est-ce pas là un bel écuyer, pour se jeter à la traverse des amours d'un prince avec la plus belle fille de Perth, abattre la main d'un chevalier et baron, et se faire le cavalier d'une chanteuse ambulante, tout cela dans les mêmes vingt-quatre heures ?

— Marry! j'ai meilleure opinion de lui, s'il a à ce point des goûts de gentilhomme, tout rustre qu'il est. Je voudrais que ce fût un homme rigide plutôt qu'un gaillard, comme tu dis : j'aurais eu meilleur cœur à aider à ta vengeance, — et quelle vengeance! — contre un forgeron, — dans la querelle d'un misérable fabricant de mauvais chanfreins! Pouah! — Et pourtant elle sera complète. — Je réponds que tes manœuvres l'ont déjà commencée?

— Bien peu encore; — j'ai eu soin que deux ou trois des commères les plus notoires de Curfew-street, qui n'aiment pas entendre appeler Catherine *la Jolie Fille de Perth*, soient mises au courant de cette histoire de son fidèle Valentin. Elles ont pris la piste si chaudement, que plutôt que de laisser douter de la chose elles auraient affirmé l'avoir vue de leurs propres yeux. L'amant est arrivé une heure après chez le père de la belle, et Votre Honneur peut penser quelle réception le gantier furieux lui a faite, car quant à la demoiselle elle-même elle n'a pas voulu se montrer. Ainsi, Votre Honneur voit que j'ai déjà un avant-goût de vengeance. Mais j'espère recevoir la coupe pleine des mains de Votre Honneur, avec qui je viens de faire une ligue fraternelle...

— Fraternelle! interrompit le chevalier d'un ton de mépris. — Mais soit; les prêtres disent que nous sommes tous du même limon. Je ne sais qu'en dire; — il me semble à moi qu'il y a quelque différence. Au surplus, le limon plus fin tiendra parole au plus grossier, et tu auras ta vengeance. Appelle mon page.

A l'appel du médecin, un jeune homme quitta l'antichambre et entra chez le malade.

— Eviot, lui dit le chevalier, Bonthron est-il là? a-t-il la tête saine ?

— Aussi saine qu'on peut l'avoir quand on a dormi sur son vin, répondit le page.

— En ce cas va le chercher, et ferme la porte.

Un moment après on entendit approcher un pas pesant, et on vit entrer dans la chambre un homme en qui la petitesse de la taille semblait avoir été compensée par la largeur des épaules et la vigueur du bras.

— Bonthron, lui dit le chevalier, il y a un homme auquel il faut que tu aies affaire.

Les traits grossiers de Bonthron se détendirent, et il grimaça un sourire de satisfaction.

— Ce médecin te montrera l'homme dont il s'agit, continua sire Ramorny. Prends tous les avantages de temps, de lieu et de circonstances qui pourront assurer le résultat ; et fais bien attention à ce que tu feras, car l'homme en question est le brave Smith du Wind.

— Ce sera une affaire difficile, grommela l'assassin ; car si je manque mon coup, je puis me regarder comme un homme mort. Il n'est question dans tout Perth que de l'adresse et de la force de Smith.

— Prends deux aides avec toi.

— Du tout. Si vous doublez chaque chose, il faut aussi doubler la récompense.

— Compte qu'elle sera doublée. mais vois à ce que ta besogne ne soit pas faite à demi.

— Rapportez-vous-en à moi pour cela, sire chevalier ; — j'ai rarement manqué mon coup.

— Aie recours aux sages avis de cet homme, continua le chevalier blessé, en désignant le médecin. Écoute ; — tu vas attendre qu'il sorte, — et ne bois pas jusqu'à ce que l'affaire soit faite.

— Je ne boirai pas, repartit le sombre satellite ; — ma vie dépend de la fermeté et de la sûreté de mon coup. Je connais l'homme à qui j'ai affaire.

— Sors donc jusqu'à ce qu'on t'appelle, et tiens tout prêt une hache et une dague.

Bonthron fit un mouvement de tête et sortit.

— Est-ce que vous vous aventurerez, sire chevalier, à confier une pareille besogne à un seul homme ? demanda le médecin, quand l'assassin eut quitté la chambre. Me permettrez-vous de vous rappeler qu'il y a deux nuits celui à qui on aura affaire est venu à bout de six hommes armés ?

— Pas de questions, sire médecin ; un homme comme Bonthron, qui sait choisir le temps et le lieu, vaut une vingtaine d'hommes en désordre et à moitié ivres. — Appelle Eviot ; — tu vas d'abord exercer ton talent de guérir, et sois bien assuré que pour l'autre besogne tu seras aidé par quelqu'un qui peut aller de pair avec toi dans l'art d'exterminer un homme soudainement et à l'improviste.

Le page Eviot rentra à la voix du médecin, et, sur un signe de son maître, il aida celui-ci à enlever l'appareil du bras blessé de sire John

Ramorny. Dwining regardait la blessure mise à nu avec une sorte de satisfaction d'état, augmentée sans doute par l'ignoble plaisir que prenait son noir caractère à la souffrance et à la détresse de ses semblables. Le chevalier jeta les yeux sur l'horrible spectacle, et la douleur physique jointe aux angoisses morales lui arracha un gémissement qu'il aurait voulu retenir.

— Vous gémissez, sire chevalier, dit le médecin de sa voix doucereuse et insinuante, mais les lèvres relevées par un sourire de plaisir mêlé de dédain, que son habitude de dissimulation ne put cacher tout-à-fait ; — vous gémissez ; — rassurez-vous. Cet Henry Smith connaît son affaire. — Sa lame est aussi sûre de son coup que son marteau sur l'enclume. Si c'était une lame ordinaire qui eût porté ce coup fatal, elle aurait endommagé l'os et déchiré les muscles de façon à ce que mon art lui-même n'y aurait rien pu; mais Henry Smith coupe net, et mon propre scalpel n'aurait pu mieux faire l'amputation. D'ici à quelques jours, avec des soins, et en suivant exactement les ordonnances du médecin, vous serez en état de sortir.

— Mais ma main, — la perte de ma main?

— On peut la tenir secrète pour un temps. J'ai confié à deux ou trois sots bavards, sous le sceau d'un profond secret, que la main qu'on a trouvée était celle du groom de Votre Honneur, Quentin le Noir, et Votre Honneur sait qu'il est parti pour le Fife de façon à le faire croire généralement.

— Je sais bien que cette rumeur peut étouffer la vérité pour un court espace de temps. Mais à quoi me profitera ce court délai?

— On peut la tenir cachée jusqu'à ce que Votre Honneur quitte la cour pour un temps, et alors, quand de nouveaux événements auront affaibli le souvenir de l'affaire actuelle, on pourra imputer votre blessure ou à un éclat de lance, ou à un trait d'arbalète. Votre esclave trouvera quelque moyen convenable, et sera là pour en attester la vérité.

— Cette seule pensée me rend fou, dit Ramorny avec un nouveau gémissement d'angoisse mentale et corporelle; cependant je ne vois pas de meilleur remède.

— Il n'y en a pas d'autre, reprit le médecin, dont la mauvaise nature trouvait dans les souffrances de son patron un aliment délicieux. En attendant, on vous croit confiné par suite de quelques contusions jointes à la peine que vous cause le consentement qu'a donné le prince à votre renvoi de sa maison, sur les remontrances du duc d'Albany, ce qui est publiquement connu.

— Misérable ! tu me mets à la torture ! exclama le patient.

— Au total, continua Dwining, Votre Honneur s'en est donc bien tirée; et sauf la perte de votre main, ce qui est un malheur sans remède, vous devez vous réjouir plutôt que vous plaindre, car il n'y a pas un chirurgien-barbier en France ou en Angleterre qui aurait pu exécuter l'opération plus habilement que ce rustre ne l'a faite d'un seul coup.

— Je sens toute l'obligation que je lui ai, dit Ramorny, luttant contre sa colère, et affectant du sang-froid ; et si Bonthron ne lui rend pas un coup aussi bien appliqué, de manière à ce que l'aide du médecin soit inutile, tu pourras dire que John de Ramorny ne sait pas reconnaître une obligation.

— Je vous reconnais, noble chevalier ! Et permettez-moi d'ajouter que l'habileté de l'opérateur aurait été vaine, et que l'hémorrhagie vous aurait nécessairement épuisé jusqu'à la dernière goutte de votre sang, sans les bandages, le fer rouge et les styptiques que les bons moines vous ont appliqués, et sans les pauvres services de votre humble vassal Henbane Dwining.

— Tais-toi ! s'écria le malade, avec ta voix de mauvais augure, et ton nom qui l'est encore plus. — Quand je t'entends parler des tortures que j'ai endurées, il me semble que mes nerfs s'étendent et se contractent comme s'ils faisaient encore remuer la main que j'ai perdue, et qui autrefois pouvait saisir un poignard !

— Cette sensation, plaise à Votre Honneur, est un phénomène bien connu dans notre profession. Parmi les anciens sages, il y en a eu qui ont pensé qu'il restait toujours une sympathie entre les nerfs tranchés et ceux du membre amputé, et qu'on voyait les doigts trembler et se contracter comme pour correspondre à l'impulsion qui procède de leur sympathie avec l'énergie du système vivant. Si nous pouvions ravoir la main qui est attachée à la croix ou que Douglas-le-Noir a en garde, je serais bien aise d'observer cette merveilleuse opération de sympathies occultes. Mais il serait tout aussi sûr, je le crains bien, d'aller l'arracher aux serres d'un aigle affamé.

— Et toi, tu peux tout aussi sûrement jeter tes atroces plaisanteries à un lion blessé qu'à John de Ramorny ! s'écria le chevalier, se laissant aller à une irrésistible indignation. Pendard, occupe-toi de ton devoir ; et souviens-toi que si ma main ne peut plus saisir un poignard, j'en ai cent à mes ordres.

— Il suffirait d'en voir un tiré du fourreau et brandi avec colère pour anéantir la puissance vitale de votre chirurgien, repartit Dwining. Mais alors, ajouta-t-il d'un ton demi-insinuant, demi-moqueur, qui soulagerait la douleur cuisante que mon patron éprouve en ce moment, et qui l'exaspère même contre son pauvre serviteur parce qu'il cite les règles de l'art de guérir, art qui est bien peu de chose, sans doute, comparé à la faculté de faire les blessures.

Alors, comme n'osant plus plaisanter avec l'humeur de son dangereux malade, le médecin se mit sérieusement à panser la blessure, et y appliqua un baume odoriférant dont le parfum se répandit dans l'appartement, en même temps qu'il faisait pénétrer une fraîcheur bienfaisante dans les chairs brûlantes. Le bien qu'en éprouva le malade au milieu de son accès de fièvre fut d'un effet si prompt, que de même que tout-à-l'heure la souffrance lui avait arraché des gémissements, il ne put retenir maintenant un soupir de bien-être, en se renversant sur sa couche pour jouir avec bonheur du soulagement que le pansement lui avait apporté.

— Votre Seigneurie sait maintenant qui est son ami, reprit Dwining; si vous aviez cédé au premier mouvement, et que vous eussiez dit, Tuez-moi cet indigne charlatan, où auriez-vous trouvé entre les quatre mers de la Grande-Bretagne un homme qui vous eût administré autant de soulagement?

— Oubliez mes menaces, mon bon médecin, dit Ramorny, et tâchez de ne plus me provoquer. Un homme comme moi ne supporte pas de plaisanteries sur ce qu'il souffre. Veillez à garder vos brocards pour les pauvres diables de l'hôpital.

Dwining ne se hasarda pas à répondre; et tirant une fiole de sa poche, il en versa quelques gouttes dans une petite coupe de vin et d'eau.

— Ce breuvage, dit l'homme de l'art, est médicamenté pour produire un sommeil qu'il ne faudra pas interrompre.

— Combien de temps durera-t-il? demanda le chevalier.

— Le temps pendant lequel le breuvage opérera est incertain; — peut-être jusqu'à demain matin.

— Peut-être jusqu'à l'éternité. Sire médecin, goûtez-moi cette liqueur sur-le-champ, avant qu'elle ne me passe par les lèvres.

Le médecin obéit avec un sourire de dédain. — Je boirais volontiers le tout, dit-il; mais le suc de cette substance de l'Inde endormirait l'homme bien portant aussi bien que le malade, et mes devoirs de médecin exigent que je veille.

— Pardon, sire médecin, reprit Ramorny en baissant les yeux, comme honteux d'avoir manifesté un soupçon.

— Il n'y a pas lieu au pardon là où on ne doit pas accepter l'offense, répliqua le médecin. Un insecte doit remercier un géant de ce qu'il ne l'a pas foulé aux pieds. Cependant, noble chevalier, les insectes ont un pouvoir de nuire qui leur est propre, aussi bien que les médecins. Que m'en eût-il coûté, sauf un moment d'embarras, de droguer ce baume de telle sorte qu'il vous eût fait tomber le bras en gangrène jusqu'à l'articulation de l'épaule, et qu'il vous eût figé le sang dans les veines comme une gelée corrompue? Qui m'empêcherait d'user de moyens encore plus subtils, et d'imprégner votre chambre d'essences devant lesquelles le flambeau de la vie s'obscurcit graduellement jusqu'à ce qu'il s'éteigne, comme une torche au milieu des épaisses vapeurs de quelque cachot souterrain? Vous estimez bien peu mon pouvoir, si vous ne savez pas que ces moyens de destruction et d'autres encore plus redoutables sont au pouvoir de mon art [1]. Mais un médecin ne tue pas le malade dont la générosité le fait vivre, et encore bien moins, alors qu'il ne respire que vengeance, tuera-t-il l'allié qui a juré de l'aider à l'atteindre. — Encore un mot. — S'il devenait nécessaire de vous éveiller — car qui peut se promettre en Écosse huit heures de repos non interrompu? — qu'on vous fasse respirer l'essence pénétrante contenue dans cette petite boîte. — Et maintenant, adieu, sire chevalier; et si vous ne pouvez voir en moi un homme d'une conscience bien scrupuleuse, regardez-moi du moins comme un homme de raison et de jugement.

A ces mots le médecin quitta la chambre; et sa démarche naturellement basse et cauteleuse semblait avoir acquis quelque chose de plus noble, comme sous la conscience d'une victoire remportée sur son impérieux malade.

Sir John Ramorny resta plongé dans des réflexions peu agréables, jusqu'à ce qu'il commençât à éprouver les premiers effets de son breuvage soporifique. Il se réveilla alors un instant, et appela son page.

— Eviot! hé! Eviot! — J'ai mal fait de laisser ce charlatan empoisonneur lire si avant dans mon âme. — Eviot!

Le page entra.

— Le médecin est-il parti?

— Oui, plaise à Votre Honneur.

— Seul, ou avec quelqu'un?

— Bonthron lui a parlé à part, puis il l'a suivi presque immédiatement, — par ordre de Votre Seigneurie, à ce que j'ai compris.

— Hélas, oui! il est allé chercher quelques médicaments, — il va revenir tout-à-l'heure. S'il revient ivre, veille à ce qu'il n'approche pas de ma chambre, et ne le laisse parler à qui que ce soit. Il déraisonne quand la boisson lui a touché la cervelle. C'était un drôle précieux, avant qu'une hache anglaise ne lui eût fendu le crâne; mais depuis ce temps-là, il ne sait plus ce qu'il dit chaque fois qu'un gobelet lui a touché les lèvres. — Le médecin t'a-t-il dit quelque chose, Eviot?

— Rien, sauf qu'il m'a réitéré l'ordre de veiller à ce que Votre Honneur ne soit pas troublé.

— Ordre auquel il faut que tu obéisses ponctuellement. Je me sens

---

[1] On sait à quel point la science des empoisonnements fut portée sur le continent au moyen-âge. Ces odieuses pratiques devinrent par la suite de plus en plus raffinées, et se répandirent encore plus généralement. On parle, entre autres exemples de cet art diabolique, de gants qu'on ne pouvait mettre sans s'inoculer une maladie mortelle, de lettres qui exhalaient, quand on les ouvrait, une vapeur fatale, etc. Voltaire, avec un grand esprit de justice et de bonne foi, mentionne comme un trait caractéristique de la nation anglaise que les empoisonnements politiques figurent peu ou point dans son histoire. (W. S.)

gagné par le sommeil dont j'ai été privé depuis cette malheureuse blessure ; ou du moins si j'ai dormi, ce n'a été que par accès bien courts. Aide-moi à ôter ma robe de chambre, Eviot.

— Que Dieu et les saints vous envoient un bon repos, mylord! dit le page en se retirant, après avoir rendu à son maître blessé le service que celui-ci lui avait demandé.

Au moment où Eviot quitta la chambre, le chevalier, dont les idées devenaient de plus en plus confuses, murmura quelques mots qui semblaient répondre au dernier souhait du page.

— Dieu — les saints.... Je dormais bien *autrefois* après une telle bénédiction. Mais maintenant — il me semble que si je ne dois pas me réveiller pour voir s'accomplir mes espérances de pouvoir et de vengeance, le meilleur souhait pour moi est que le sommeil qui m'alourdit la tête soit le précurseur de cet autre sommeil qui me rendra au néant.
— C'est tout ce que je puis dire.

Tout en parlant ainsi, il s'endormit profondément.

CHAPITRE XVI.

> Le soir du mardi-gras, quand nous étions tous fous.
> *Chanson écossaise.*

La nuit dont les ombres descendaient sur le lit de souffrances de Ramorny n'était pas destinée à être une nuit tranquille. Deux heures s'étaient écoulées depuis que l'on avait entendu la cloche du couvre-feu, qui était alors sonnée à sept heures du soir ; et dans ces temps primitifs tout le monde était livré au repos, à l'exception de ceux que la dévotion, le devoir ou la débauche tenaient éveillés. Or, ce soir-là étant celui du mardi-gras, ou, comme on dit en Écosse, *Fastern's E'en*[1], de ces trois sortes de veilles celles de la gaieté étaient de beaucoup les plus fréquentes

Pendant tout le jour le peuple s'était livré aux luttes fatigantes du jeu de *football* ; les nobles et la *gentry* avaient assisté aux combats de coqs ou écouté les chants licencieux des ménestrels, pendant que les citadins se gorgeaient de crêpes frites dans du lard, et de *brose* ou *brewis* — c'est-à-dire de bouillon de bœuf versé sur du gruau d'avoine grillé, plat qui même aujourd'hui n'est pas désagréable aux palais écossais restés fidèles à la simplicité des anciens usages. Tous ces mets et ces exercices étaient particuliers à cette époque de l'année. Ce n'était pas une des moindres solennités de la soirée que tout dévot catholique bût autant de bonne ale et de bon vin qu'il avait les moyens de s'en procurer, et, s'il était jeune et ingambe, qu'il dansât au cercle ou figurât parmi les danseurs moresques, qui, à Perth comme ailleurs, portaient un costume fantastique tout particulier, et se distinguaient par leur adresse et leur agilité. Toute cette gaieté avait cours sous cette considération prévoyante que la longue période du carême, alors approchante avec ses jeûnes et ses privations, faisait aux mortels une loi de prudence de se bourrer d'autant de plaisirs sensuels et frivoles qu'ils le pouvaient dans le court intervalle qui leur restait encore avant qu'elle ne commençât.

Les parties de plaisir habituelles avaient eu lieu, et dans presque

---

[1] *Fastern's E'en*, la soirée d'avant le jeûne ; — en anglais *shrove-tide*, l'époque de la confession et de l'absolution, avant de commencer la pénitence du carême. Les combats de coqs et autres divertissements de même nature, qui ont encore lieu à cette époque, sont des vestiges du carnaval catholique qui précédait les semaines d'abstinence. (W. S.)

toute la ville le repos qui les suit d'ordinaire leur avait succédé. Un soin particulier avait été pris par la noblesse pour prévenir tout retour de discorde entre leurs suivants et les habitants de la ville ; de sorte que les choses s'étaient passées avec moins d'accidents que de coutume, tout s'étant borné à trois morts et à un certain nombre de membres fracturés, événements concentrés dans un cercle de gens sans importance, et que l'on ne jugea pas dignes d'enquête. En général le carnaval s'était clos tranquillement ; en quelques lieux, toutefois, les amusements duraient encore.

Une compagnie d'amis de la joie qui s'était particulièrement fait remarquer et applaudir ne semblait pas disposée à terminer ses folies. L'*entrée*, comme on la nommait, se composait de treize personnes habillées de la même manière. Leurs pourpoints de chamois serrés au corps étaient ornés de crevés et de galons. Elles portaient des toques vertes à glands d'argent, des rubans rouges et des souliers blancs ; des clochettes étaient attachées autour du genou et de la cheville, et chacun des acteurs avait à la main une épée nue. Cette troupe galante, après avoir exécuté devant le roi la danse des épées, à grand renfort de cliquetis d'armes et de postures bizarres, vint galamment répéter sa représentation devant la porte de Simon Glover, où, après avoir donné de nouvelles preuves d'agilité, elle fit servir du vin à la ronde tant pour elle que pour les spectateurs, et avec de bruyantes acclamations but à la santé de la Jolie Fille de Perth. Le vieux Simon parut alors à sa porte pour reconnaître la courtoisie de ses concitoyens, et pour offrir à son tour du vin à la ronde en l'honneur des joyeux danseurs moresques de Perth.

— Nous te remercions, père Simon, dit un des danseurs, qui cherchait à déguiser sous les tons criards d'une voix d'emprunt l'accent bien connu du valeureux Olivier Proudfute, — nous te remercions ; mais la vue de ta charmante fille aurait été plus douce à notre jeune sang que tout un tonneau de malvoisie.

— Je vous remercie de votre politesse, voisins, repartit Glover ; ma fille n'est pas bien portante, et elle ne peut sortir à la fraîcheur de l'air de la nuit. — Mais si ce galant dont il me semble que je reconnais la voix veut entrer dans ma pauvre maison, Catherine le chargera de ses remercîments pour tous les autres.

— Apporte-les-nous à l'hôtellerie du *Griffon*, crièrent les autres gens de la troupe à leur compagnon favorisé ; c'est là que nous allons enterrer le carnaval, et porter encore une fois la santé de la jolie Catherine.

— Je suis à vous dans une demi-heure, dit Olivier ; nous verrons un peu qui videra le plus grand flacon et chantera la chanson la plus joyeuse. Vive la joie pour ce qui reste de carnaval, quand le carême devrait me trouver la bouche close à tout jamais !

— Adieu donc, lui crièrent ses camarades de la danse moresque ; adieu et jusqu'au revoir, joyeux bonnetier !

Les danseurs se remirent donc en marche, sautant et cabriolant le long des rues sous la conduite de quatre musiciens qui s'avançaient en tête de la bande joyeuse, tandis que Simon Glover faisait entrer chez lui leur coryphée, et le faisait asseoir au coin du feu dans le parloir.

— Où donc est votre fille ? demanda Olivier. C'est l'appât qui nous attire, nous autres bonnes lames.

—Véritablement, elle garde la chambre, voisin Olivier ; et s'il faut tout dire, elle garde le lit.

—Hé bien, en ce cas, je vais monter voir notre affligée ; — vous m'avez arrêté dans ma tournée, compère Glover, et vous me devez un dédommagement. — Un mauvais sujet comme moi ! je ne perdrai pas tout à la fois la fille et la bouteille. Elle est au lit ?

« Mon chien et moi nous savons
Visiter jolie fillette
Au lit retenue seulette,
Et puis nous la consolons.

» Puisque mourir est la loi,
Je veux que mort on m'enterre
Dans la cave où est la bière,
Avec mon chien près de moi. »

— Est-ce que vous ne pouvez pas être sérieux un moment, voisin Proudfute ? interrompit Glover ; j'ai un mot de conversation à avoir avec vous.

— Sérieux ? parbleu j'ai été assez sérieux toute la journée. — A peine si j'ai pu ouvrir la bouche sans parler de mort et d'enterrement, ou d'autres récréations du même genre, — les sujets les plus sérieux que je connaisse.

— Par saint John, voisin, êtes-vous fey[1] ?

— Pas le moins du monde ; ce n'est pas du tout ma mort que ces idées sombres prédisent. — J'ai un bon horoscope, et je vivrai encore cinquante ans. Mais c'est le cas de ce pauvre diable, — de l'homme de Douglas que j'ai abattu dans l'affaire de la Saint-Valentin ; — il est mort la nuit dernière, — c'est ce qui me pèse sur la conscience et m'éveille de tristes idées. Ah, père Simon ! nous autres batailleurs, qui avons versé du sang dans nos colères, il nous vient des fois de sombres pensées ; — j'ai quelquefois souhaité que mon couteau n'eût jamais rien coupé que des bouts de laine.

—Et moi je voudrais que le mien n'eût jamais coupé que de la peau de daim, car il m'a quelquefois coupé les doigts. Mais dans cette affaire-ci, vous pouvez vous épargner vos remords. Il n'y a eu qu'un homme dangereusement blessé dans l'affaire, c'est celui à qui Henry Smith a

[1] Être *fey*, dans les idées superstitieuses de l'Écosse, c'est être frappé d'un sort. (L. V.)

coupé la main, et il n'en est pas mort. Son nom est Quentin-le-Noir ; c'est un des gens de sir John Ramorny. On l'a renvoyé secrètement dans le Fife, qui est son pays.

— Quoi! Quentin-le-Noir? — Et c'est justement celui-là qu'Henry et moi, vu que nous nous tenions toujours près l'un près de l'autre, nous avons frappé au même moment ; seulement mon coup est tombé un peu après le sien. Je crains qu'il n'en résulte encore d'autres querelles, et c'est ce que le prévôt craint aussi. — Et il n'est pas mort? Hé bien, en ce cas, je vais redevenir jovial ; et puisque vous ne voulez pas me laisser voir comment Kate est en bonnet de nuit, je vais retourner au *Griffon* retrouver mes danseurs moresques.

— Restez encore un instant. Vous êtes camarade d'Henry Wind, et vous lui avez rendu le service de prendre sur votre compte un ou deux hauts faits, celui de cette nuit entre autres. Je voudrais que vous pussiez aussi le laver d'autres accusations dont le bruit public l'a chargé.

— Je jurerais par la poignée de mon sabre qu'elles sont fausses comme l'enfer, père Simon. Quoi — lances et targets! est-ce qu'il ne faut pas que les hommes d'épée se soutiennent?

— Patience, voisin bonnetier ; vous pouvez rendre un vrai service à Smith, si vous redressez cette affaire-là. Je vous ai choisi pour me consulter avec vous là-dessus ; — non pourtant que je vous tienne pour la plus sage tête de Perth : si je le disais, je mentirais.

— Oui, oui, repartit le bonnetier toujours content de lui ; je sais par où vous pensez que je pèche : — vous autres têtes froides vous regardez les têtes chaudes comme des fous. — C'est ce que j'ai entendu dire vingt fois d'Henry Wynd.

— Tête folle et tête froide peuvent aller ensemble, répliqua Simon Glover ; mais vous êtes un brave homme, et je crois que vous aimez votre camarade Smith. Il y a maintenant quelque bisbille entre nous et lui. Vous savez qu'il a été question de mariage entre ma fille Catherine et Henry Gow?

— J'ai ouï parler de quelque chose comme ça depuis la matinée de la Saint-Valentin. — Ah! celui qui aura la Jolie Fille de Perth sera bien certainement un heureux homme, et pourtant le mariage a gâté bien des braves. Moi-même j'ai quelque regret...

— Trêve à nos regrets pour le moment, je vous prie, mon cher, interrompit Glover avec quelque humeur. Vous saurez, Olivier, que quelques unes de ces bavardes, qui se mêlent, je crois, des affaires du monde entier, ont accusé Henry de hanter mauvaise compagnie, et de frayer avec des chanteuses des rues et autres femmes du même genre. Catherine a pris cela à cœur ; et moi j'ai regardé comme une insulte pour mon enfant qu'au lieu de rester près d'elle comme un Valentin, il se soit jeté en compagnie malséante le jour même où, par un ancien usage, il aurait pu avoir occasion d'avancer ses affaires près de ma fille. Aussi, quand il est venu ici tard dans la soirée, j'ai eu trop de vivacité; comme un fou, je lui ai dit de retourner chez lui retrouver la compagnie qu'il y avait laissée, et j'ai refusé de le recevoir. Je ne l'ai pas revu depuis, et je commence à croire qu'en cette affaire-là je puis avoir été prompt. C'est ma fille unique, et il lui faut un homme raisonnable plutôt qu'un débauché. Pourtant j'avais cru jusqu'ici connaître Henry comme si c'eût été mon fils. Je ne puis pas croire qu'il voudrait nous traiter ainsi, et il se peut qu'il y ait moyen d'expliquer ce dont on l'accuse. J'ai eu occasion d'interroger Dwining, qui avait rencontré Smith, à ce qu'on m'avait dit, pendant qu'il était à se promener avec cette jolie compagnie-là; — et si j'en dois croire ce qu'il m'a rapporté, cette fille était la cousine de Smith, Jeanne Letham. Mais vous savez que le visage de l'apothicaire parle toujours d'une façon pendant que sa langue parle d'une autre ; — au lieu que vous, Olivier, vous n'avez pas assez d'esprit — je veux dire que vous avez trop d'honnêteté — pour déguiser la vérité; et comme Dwining m'a donné à entendre que vous l'aviez vue aussi...

— Je l'ai vue, père Simon ! Dwining dira-t-il que je l'ai vue ?

— Non pas précisément ; — mais, à ce qu'il prétend, vous lui avez *dit* que vous aviez rencontré Smith dans la compagnie en question.

— Il ment, et je le pilerai dans un mortier ! exclama Olivier Proudfute.

— Comment ! est-ce que vous ne lui avez pas parlé de cette rencontre ?

— Et quand je lui en aurais parlé ? N'avait-il pas juré de ne jamais répéter à âme qui vive ce que je lui disais ? C'est pourquoi, en vous racontant la chose, il a menti.

— Ainsi, vous n'avez pas rencontré Smith avec une fille de mauvaise vie, comme le bruit public le rapporte ?

— Mon Dieu, je n'en sais rien ; — peut-être oui, peut-être non. Songez donc, père Simon : — voilà quatre ans que je suis marié; pouvez-vous penser que je me souviendrai comment le bas de jambe d'une chanteuse est fait, et de sa tournure, et des broderies de sa jupe, et d'autres fariboles pareilles ? Non, non; je laisse ça aux farceurs de célibataires comme mon compère Henry.

— La conclusion de tout cela, en ce cas, reprit Glover impatienté, c'est que vous l'*avez* rencontré le jour de la Saint-Valentin se promenant publiquement par les rues...

— Du tout, voisin, interrompit Proudfute ; je l'ai rencontré dans la ruelle la plus détournée et la plus obscure de Perth, se dirigeant vers sa maison, avec sac et bagage, qu'en galant garçon il portait à ses deux bras, le chien d'un côté et la donzelle pendue de l'autre, — et à mon idée elle était gentille.

— Par le bon saint John ! s'écria Simon Glover, cette infamie ferait renoncer un chrétien à sa foi et ferait adorer Mahom de colère. Mais il a vu de ma fille tout ce qu'il en verra. Je l'enverrais plutôt dans les Highlands avec un cateran à jambes nues, que de la marier avec un homme qui dans un pareil moment a pu oublier à ce point l'honneur et la décence. — C'est une honte à lui !

— Bah ! bah ! père Simon, dit le généreux bonnetier ; vous ne réfléchissez pas à ce que c'est que la jeunesse. Ils n'ont pas fait longue compagnie ensemble ; car — pour dire la vérité, j'ai eu un peu l'œil sur lui — je l'ai rencontré avant que le soleil ne fût levé, conduisant sa demoiselle errante aux Escaliers de Notre-Dame, pour la faire embarquer sur le Tay et quitter Perth ; et je sais pour certain (car je m'en suis informé) qu'elle est partie pour Dundee dans un gabbart. Vous voyez donc que ce n'a été qu'une légère escapade de jeune homme.

— Et il est venu ici me supplier de le conduire à ma fille, dit Simon avec amertume, pendant que sa donzelle l'attendait chez lui ! J'aimerais mieux qu'il eût tué vingt hommes ! — Il est inutile de parler de cela plus long-temps, et avec toi moins qu'avec tout autre, Olivier Proudfute, toi qui à défaut de mieux voudrais bien avoir la réputation de lui ressembler. Au surplus...

— Allons, ne prenez pas la chose si au sérieux, dit Olivier, qui commençait à réfléchir au tort que son bavardage allait probablement faire à son ami, ainsi qu'aux conséquences du mécontentement d'Henry Gow quand celui-ci viendrait à apprendre l'indiscrétion qu'il venait de commettre, plutôt par vanité qu'à mauvaise intention. — Songez, continua-t-il, qu'il y a des folies qui appartiennent à la jeunesse. L'occasion pousse à ces sortes de frasques, et la confession en essuie jusqu'à la dernière trace. Je ne crains pas de vous dire que, quoique ma femme soit une aussi bonne femme qu'il y en ait dans tout Perth, j'ai pourtant moi-même...

— Paix, sot fanfaron, interrompit Simon Glover très irrité ; tes amours sont aussi apocryphes que tes batailles. S'il faut absolument que tu mentes, ce qui, je crois, est dans ta nature, ne peux-tu au moins inventer quelque fausseté qui te fasse honneur ? Est-ce que je te ne pénètre pas, comme je verrais la lumière à travers la corne d'une vile lanterne ? Est-ce que je ne sais pas, méchant tisserand de laine pourrie, que tu n'oserais pas plus franchir le seuil de ta porte, si ta femme apprenait que tu t'es vanté de pareille chose, que tu n'oserais croiser le fer avec un enfant de douze ans qui manierait une épée nue pour la première fois de sa vie ? Par saint John ! tes propos et tes rapports mériteraient qu'on fît connaître tes vanteries à Maudie !

A cette menace, le bonnetier tressaillit comme si un trait d'arbalète lui eût passé devant les yeux au moment où il s'y serait le moins attendu. Et ce fut d'une voix tremblante qu'il répliqua : Allons, bon papa Glover, vous vous autorisez trop de vos cheveux gris. Songez, mon

CHAPITRE XVI.

cher voisin, que vous êtes trop vieux pour qu'un jeune homme habitué à manier l'épée ait une prise avec vous. Et au sujet de Maudie, je puis me fier à vous; car je ne connais personne qui se fît plus que vous scrupule de troubler la paix des familles.

— Que ta sotte fatuité ne se fie pas à moi plus long-temps, s'écria Glover furieux ; mais dépêche-toi de te mettre hors de ma portée, toi et ce que tu appelles ta tête, de peur que je ne retrouve cinq minutes de jeunesse pour te casser la caboche !

— Vous avez joyeusement fêté le mardi-gras, voisin, dit le bonnetier, et je vous souhaite un sommeil tranquille ; demain, nous nous retrouverons meilleurs amis.

— Passe toujours ma porte ce soir ! je suis honteux qu'une langue comme la tienne ait pu m'échauffer ainsi. Idiot ! — brute ! — fat bavard ! exclama-t-il en se laissant tomber sur une chaise, au moment où le bonnetier disparaissait. Dire qu'un drôle qui ne fait que des mensonges n'a pas eu le bon sens d'en fabriquer un qui eût pu cacher la honte d'un ami ! Et moi, — que suis-je, pour désirer dans le fond de l'âme qu'une pareille insulte faite à moi et à ma fille pût être palliée ? Et pourtant, telle était ma bonne opinion de Henry que j'aurais volontiers cru l'invention la plus grossière que cet âne fanfaron aurait pu me faire. Bah ! — ça ne sert à rien d'y penser. Il faut soutenir notre honnête réputation, quand tout le reste devrait être perdu.

Tandis que Simon Glover moralisait ainsi sur la malencontreuse confirmation d'un rapport dont il aurait voulu pouvoir douter, le danseur moresque ainsi expulsé avait tout le temps, sous l'impression calmante d'une sombre et froide nuit de février, de méditer sur les conséquences que pourrait avoir la colère déchaînée de son voisin Simon.

— Au surplus, se dit-il en lui-même, cette colère-là n'est rien près de celle de Henry Wynd, qui a tué un homme pour beaucoup moins que d'avoir soulevé de la brouille entre lui et Catherine, aussi bien qu'avec son vieux emporté de père. Certainement j'aurais mieux fait de tout nier. Mais la fantaisie de paraître connaisseur (comme de fait je le suis) m'a tout-à-fait subjugué. Ferai-je bien d'aller finir la fête au *Griffon ?* — mais alors Maudie va tempêter à mon retour ; — et d'un autre côté, comme c'est ce soir fête, je puis sortir un peu des règles. — J'en ai le droit ; — je n'irai pas au *Griffon*. — Je vais aller chez Smith, qui doit être chez lui, puisque personne ne l'a vu aujourd'hui à la fête. Je tâcherai de faire ma paix avec lui, et je lui offrirai mon intercession près de Glover. Harry est un garçon simple et droit ; et quoique je le croie plus solide que moi dans une querelle, ça n'empêche pas qu'en paroles je puis le tourner à ma guise. Les rues sont maintenant tranquilles ; — avec ça la nuit est sombre, et je puis me ranger de côté si je rencontre des tapageurs. Je vais aller chez Smith ; si une fois je m'assure de lui pour ami, je ne me mets guère en peine du vieux

Simon. Saint Ringan me protègera bien cette nuit, et je m'arracherai plutôt la langue que de la laisser me remettre une autre fois en pareil danger! Ce vieux démon, quand il a eu le sang échauffé, avait plutôt l'air d'un tailladeur de jerkins de buffle que d'un coupeur de gants de chevreau!

Tout en faisant ces réflexions, le vaillant Olivier se dirigeait d'un pas allongé, quoiqu'avec aussi peu de bruit que possible, vers le *Wynd*, ruelle où, comme le savent nos lecteurs, demeurait l'armurier. Mais sa mauvaise fortune n'avait pas cessé de le poursuivre. Au moment où il entrait dans la Grande-Rue, il entendit tout près de lui des éclats de musique suivis d'acclamations bruyantes.

— Mes joyeux camarades les danseurs moresques, pensa-t-il; je reconnaîtrais le rébec du vieux Jérémy au milieu de cent autres. Je vais me hasarder à traverser la rue avant qu'ils ne passent; — si je suis aperçu, j'aurai le renom de quelque aventure secrète, ce qui peut me faire honneur.

Poussé par cet envie de se distinguer entre les galants et les braves, envie intérieurement combattue, toutefois, par des considérations plus prudentes, le bonnetier tenta de traverser la rue. Mais la troupe joyeuse, quelle qu'elle pût être, était accompagnée de torches dont la lueur tomba sur Olivier, que ses habits de couleur claire firent d'autant plus aisément apercevoir. Le cri général — Une prise ! — une prise ! — domina le bruit de la musique; et avant que le bonnetier eût pu décider si le mieux était de rester ou de fuir, deux jeunes gens agiles, portant des costumes bizarres qui leur donnaient l'apparence de sauvages, et tenant à la main d'énormes gourdins, s'emparèrent de lui en criant d'un ton tragique : Rends-toi, l'homme aux clochettes; — rends-toi, rescousse ou non-rescousse, ou en vérité tu es un danseur moresque mort.

— A qui dois-je me rendre? dit le bonnetier d'une voix mal assurée; car bien qu'il vît qu'il avait affaire à une troupe de masques qui couraient la ville par partie de plaisir, il remarqua en même temps qu'ils étaient d'une classe fort au-dessus de la sienne, et il perdit l'audace qu'il lui eût fallu pour soutenir son rôle dans un jeu où l'inférieur ne serait probablement pas le bon marchand.

— Veux-tu résister, esclave ? reprit un des masques; et faut-il que je te montre que tu es captif, en te donnant sur-le-champ la bastonnade?

— Nullement, puissant Indien, répondit le bonnetier; voyez : je me conforme à votre bon plaisir.

— Hé bien, viens rendre hommage à l'empereur des Mimes, au roi des Cabrioles, au grand-duc des Sombres-Heures, et nous expliquer de quel droit tu as la présomption de gambader, et de faire tinter tes sonnettes, et d'user tes souliers sur ses domaines sans lui payer tribut. Ignores-tu que tu as encouru les peines de haute trahison?

— Il me semble que ce serait bien rigoureux, répliqua le pauvre Olivier, puisque je ne savais pas que Sa Grâce exerçât le gouvernement ce soir. Au surplus, je suis tout disposé à racheter la forfaiture, si la bourse d'un pauvre bonnetier peut y suffire, par l'amende d'un galon de vin, ou de quelque autre manière.

— Amenez-le devant l'empereur! tel fut le cri général; et le danseur moresque fut conduit devant un jeune homme mince, mais d'une tournure pleine d'aisance et de distinction. Ce jeune homme était magnifiquement habillé; il avait une ceinture et une tiare de plumes de paon, chose qui, à cette époque, était une grande rareté venue de l'Orient; une jaquette courte et un vêtement de dessous en peau de léopard le serraient à la taille, et il avait les bras et les jambes couverts d'un tricot de soie couleur chair, de manière à ressembler à l'idée que d'ordinaire on se faisait d'un prince indien. Il portait des sandales attachées avec des rubans de soie écarlate, et il avait à la main une sorte d'éventail, formé aussi de plumes de paon réunies ensemble, et pareil à ceux dont les dames se servaient alors.

— Quel personnage m'amenez-vous là, dit le chef indien, qui ose attacher les clochettes d'un danseur moresque aux chevilles d'un âne stupide? — Écoutez, l'ami; votre costume doit faire de vous un de nos sujets, puisque notre empire s'étend sur tout le Merryland[1], y compris les mimes et les ménestrels de toute nature.— Quoi! vous avez la langue liée? Il lui faut du vin; — administrez-lui notre coquille de noix pleine de canarie.

Une vaste calebasse pleine de vin de Canarie fut approchée des lèvres du prisonnier, en même temps que le prince des amis de la joie reprenait ses exhortations.

— Videz-moi cette noix-là, de bonne grâce et sans grimaces, lui disait-il.

Mais bien qu'une ration modérée de la liqueur eût pu être du goût d'Olivier, il fut effrayé de la quantité dont il lui fallait venir à bout. Il but une rasade, puis il demanda merci.

— Plaise à Votre Altesse, mon prince, j'ai encore loin à aller; et s'il me faut avaler tout ce que m'offre la libéralité de Votre Grâce, ce dont je la prie d'accepter mes respectueux remercîments, je ne serai pas capable d'enjamber le prochain ruisseau.

— Es-tu dans le cas de te comporter en vrai *gaillard?* Voyons, fais-moi une cabriole; — attention! Une — deux — trois! — Admirable! — Recommence-nous cela. — Donnez-lui de l'éperon (ici un satellite du prince indien fit légèrement sentir à Olivier la pointe de son épée). — Voilà le meilleur de tout; — il saute comme un chat dans une gouttière. Présentez-lui encore la noix. — Pas de violence; il a payé l'amende, et

---

[1] Pays de la Joie.

il mérite non seulement d'être renvoyé libre, mais d'être récompensé. A genoux, à genoux, et relevez-vous sire chevalier de la calebasse! Quel est ton nom ? — Qu'un de vous me prête une rapière.

— Olivier, sous le bon plaisir de Votre Honneur, — je veux dire de Votre Grâce.

— Olivier, mon cher ? en ce cas tu es déjà un des douze pairs [1], et le sort a devancé notre promotion projetée. Pourtant relève-toi, sir Olivier Tête-de-Chaume [2], chevalier de l'ordre honorable du Potiron ; — relève-toi, au nom de la Folie, va-t'en à tes affaires, et que le diable soit avec toi !

A ces mots, le prince des masques asséna un vigoureux coup du plat de l'arme sur les épaules du bonnetier ; celui-ci se remit sur pied avec plus d'agilité qu'il n'en avait encore montré, et, accéléré dans sa course par les éclats de rire et les huées qui retentissaient derrière lui, il arriva à la maison de l'armurier sans s'être arrêté, après avoir parcouru cette dernière partie du chemin avec la rapidité d'un renard poursuivi par la meute, et qui cherche à regagner sa tanière.

Ce fut seulement après avoir frappé un coup à la porte que l'effrayé bonnetier songea qu'il aurait dû penser d'avance à la manière de se présenter devant Henry, et d'en obtenir son pardon des communications inconsidérées qu'il avait faites à Simon Glover. Personne ne répondit à son premier coup ; et peut-être, au moment où ces réflexions lui vinrent pendant l'intervalle laissé à ses souvenirs, l'inquiet bonnetier aurait-il volontiers renoncé à son dessein et battu en retraite vers ses propres foyers sans se risquer dans l'entrevue qu'il avait projetée ; mais un bruit lointain d'instruments réveilla en lui l'appréhension de tomber une seconde fois au milieu de la troupe de masques joyeux auxquels il venait d'échapper, et sa main mal assurée renouvela précipitamment son appel à la porte de l'armurier. Cette fois, il entendit avec une secrète frayeur la voix forte et sonore d'Henry Gow, qui répondit de l'intérieur : Qui frappe à cette heure ? — Que voulez-vous ?

— C'est moi, — Olivier Proudfute, répondit le bonnetier ; j'ai une bonne farce à vous conter, compère Henry.

— Porte tes folies à un autre marché ; je ne suis pas en humeur de plaisanter. Va-t'en. — Je ne veux voir personne ce soir.

— Mais, compère, — mon bon compère, reprit notre brave, je suis poursuivi par des scélérats, et je demande l'abri de votre toit !

— Sot que tu es ! il n'y a pas un coq de basse-cour, le plus couard de ceux qui se sont battus aujourd'hui, qui voudrait s'ébourriffer les ailes contre un poltron tel que toi !

En ce moment, de nouveaux sons de musique, que le bonnetier crut

---

[1] Les *douze* pairs de Charlemagne, immortalisés par les romans. (W. S.)
[2] *Thatchpate.*

se rapprocher de plus en plus, aiguillonnèrent ses craintes au plus haut point ; et d'une voix dont l'accent exprimait les impressions non déguisées d'une peur extrême, il s'écria :

— Au nom de notre vieille camaraderie, et pour l'amour de Notre-Dame, ouvrez-moi, Henry, si vous ne voulez pas trouver demain un cadavre sanglant à votre porte, où j'aurai été assassiné par ces sanguinaires Douglas !

— Ce serait une honte à moi, pensa Smith avec son bon naturel ; et à vrai dire il se peut qu'il soit réellement en danger. Il y a de mauvais faucons qui s'attaqueraient à un moineau aussi bien qu'à un héron.

Sur cette réflexion, moitié murmurée, moitié articulée, Henry débarra sa porte bien assurée, se proposant de reconnaître la réalité du danger avant de laisser son malencontreux visiteur entrer dans sa maison. Mais tandis qu'il regardait au-dehors pour s'assurer de l'état des choses, Olivier se jeta dans la maison comme un daim effrayé dans un fourré, et se réfugia au coin du feu, dans la cuisine, avant qu'Henry Smith eût eu le temps de se convaincre, en portant les yeux dans toute la longueur de la rue, qu'aucun ennemi n'était à la poursuite du fugitif. Il referma donc sa porte, et revint dans la cuisine, mécontent de s'être laissé troubler dans sa triste solitude en ajoutant foi à des appréhensions aussi faciles à exciter, il aurait dû le savoir, que l'étaient celles de son timide concitoyen.

— Qu'est-ce que cela signifie ? dit-il assez froidement en voyant le bonnetier tranquillement assis à son foyer. Quelle est cette folie de carnaval, maître Olivier ? Je n'ai vu personne à votre poursuite.

— Donnez-moi un coup à boire, mon bon compère, répondit Olivier ; je suffoque, tant j'ai couru vite pour arriver ici.

— J'ai juré, reprit Henry, qu'ici cette nuit ne serait pas une nuit de plaisir ; — je suis dans mes habits de travail, comme vous voyez ; c'est pour moi un jour de jeûne, avec grande raison, au lieu d'un jour de fête. Vous avez assez bu ce soir, car vous avez déjà la langue épaisse ; — si vous voulez encore de l'ale ou du vin, vous irez en chercher ailleurs.

— Il est bien vrai que j'ai déjà beaucoup trop bu, dit le pauvre Olivier, et que j'ai presque été noyé dans la boisson. — Cette maudite calebasse ! — Un verre d'eau, mon bon compère ; — vous ne me refuserez sûrement pas cela ? ou, si vous voulez, un verre de petite ale fraîche.

— Si c'est là tout, je peux vous satisfaire. Mais il faut qu'il vous en soit arrivé beaucoup pour vous amener à me demander de l'eau ou de la petite ale.

En même temps il remplit un pot d'une double pinte à une barrique placée là auprès, et il le présenta à son hôte. Olivier l'accepta avec empressement, le souleva d'une main encore agitée, et y appliqua ses lèvres qui tremblaient d'émotion ; et quoique le breuvage fût aussi faible qu'il l'avait demandé, tel était l'état d'épuisement où l'avaient mis et l'alerte qu'il venait d'éprouver, et les excès de la journée, que lorsqu'il replaça le flacon sur la table de chêne il laissa échapper un long soupir de contentement, puis resta silencieux.

— Hé bien, compère, reprit Smith, maintenant que vous avez bu, qu'est-ce que vous voulez? Où sont ceux qui vous menaçaient? Je n'ai pas pu en voir un seul.

— Non, — mais ils étaient vingt à me donner la chasse dans le Wynd. Mais quand ils nous ont vus ensemble, vous comprenez qu'ils ont perdu le courage qui les poussait tous ensemble sur un seul de nous deux

— Ne badinez pas, ami Olivier, je n'y ai pas l'humeur.

— Je ne plaisante pas, par saint John de Perth! J'ai été arrêté, et abominablement maltraité (passant la main d'un air douloureux sur la partie affectée) par ce fou de David de Rothsay, ce démon de Ramorny, et tous les autres de leur bande. Il m'ont fait boire une barnique de malvoisie.

— Tu dis des bêtises, mon cher ; — Ramorny est presque à la mort, ce que l'apothicaire rapporte partout ; ni eux ni lui ne se seront sûrement pas levés au milieu de la nuit pour de pareilles fredaines.

— C'est ce que je ne saurais dire ; tout ce que je sais, c'est que j'ai vu la bande à la lueur des torches, et que je puis jurer que j'ai reconnu les bonnets que j'ai faits pour eux depuis la Saint-Innocent. Ce ne sont pas des bonnets comme on en voit partout, et j'ai bien reconnu ma façon, peut-être.

— Au surplus, il se peut qu'on t'ait malmené. Si tu es réellement en danger, je vais faire faire un lit pour toi ici. Mais il faudra que tu t'y mettes sur-le-champ, car je ne suis pas en humeur de jaser.

— J'accepterais bien volontiers l'hospitalité pour une nuit, répondit Olivier, n'était-ce que Maudie serait en colère : — en colère n'est pas le mot, vu que je m'en moque ; — mais la vérité est qu'elle est fort inquiète par une nuit turbulente comme celle-ci, sachant que mon humeur ressemble à la tienne : un mot et un coup.

— Eh bien, retourne chez toi, et fais-lui voir que son trésor est en sûreté, maître Olivier ; — les rues sont tranquilles, — et s'il faut tout dire, malgré que ce ne soit pas très poli, je voudrais être seul

— Mais c'est que j'ai à te parler un moment, repartit Olivier, qui tout à la fois craignait de rester, et cependant paraissait peu disposé à partir. Il y a eu du bruit dans notre conseil de ville au sujet de l'affaire de la veille de la Saint-Valentin. Le prévôt m'a dit, il n'y a pas quatre heures, qu'il avait été convenu entre les Douglas et lui que la querelle serait décidée par un combat singulier entre deux champions pris des deux côtés ; que notre connaissance Dick-du-Diable mettrait de côté sa noblesse pour prendre en main la cause des Douglas et des nobles, et que toi ou moi nous nous battrions pour la bonne ville. Or, quoique de nous deux je sois le plus ancien bourgeois, pourtant je suis disposé, par égard pour l'amitié et les bons rapports que nous avons toujours eus ensemble, à te céder le pas, et à me contenter de l'office plus humble de stickler [1].

Henry Smith, quoique en colère, eut peine à s'empêcher de rire.

— Si c'est là ce qui trouble ta tranquillité et te tient hors de ton lit à minuit, dit-il, je vais te rassurer. Tu ne perdras pas l'avantage qui t'est offert. J'ai eu une vingtaine de duels ; — c'est trop, beaucoup trop. Toi tu n'as eu de rencontre, à ce que je crois, qu'avec ton soudan de bois ; — il ne serait pas juste, — ni loyal, — ni d'un ami, — d'abuser de ton offre obligeante. Ainsi retourne chez toi, mon bon ami, et que la crainte de voir t'échapper cet honneur ne trouble pas ton sommeil. Sois bien certain que c'est toi qui répondras au défi, comme c'est ton droit, ayant été insulté par ce grossier cavalier.

— Grand merci, merci de tout mon cœur, dit Olivier, fort embarrassé de cette déférence inattendue de son ami ; tu es le bon ami que j'ai toujours vu en toi. Mais j'ai autant d'amitié pour Henry Smith que lui pour Olivier Proudfute. Je jure par saint John que je ne me battrai pas dans cette querelle à ton préjudice. Après ce serment-là je suis hors de l'atteinte de la tentation, car tu ne voudrais pas me faire parjurer, quand ce serait pour répondre à vingt duels ?

— Écoute, reprit Smith ; conviens que tu as peur, Olivier. Dis tout d'un coup l'honnête vérité, sans quoi je te laisse te tirer de ta querelle comme tu pourras.

— Allons donc, mon cher compère ! répliqua le bonnetier ; tu sais bien que je n'ai jamais peur. Mais, de bonne foi, ce drôle-là est un ruffian désespéré ; et comme j'ai une femme — la pauvre Maudie, tu sais — et une petite famille, — et que toi….

— Et moi, interrompit précipitamment Henry, je n'en ai pas et n'en aurai jamais.

— Hé bien, véritablement, — les choses étant ainsi, — j'aimerais mieux que tu te battisses que moi.

— Par Notre-Dame, compère, s'écria Smith, tu te laisses facilement goiser ! Apprends donc, dupe que tu es, que sir Patrick Charteris, qui aime toujours à rire, s'est seulement moqué de toi. Penses-tu qu'il aventurerait l'honneur de la ville sur ta tête ? — ou que je te céderais le pas si pareille chose devait être disputée ? Allons, retourne chez toi, et que Maudie te coiffe d'un bonnet de nuit bien chaud ; fais-toi donner demain un bon déjeuner et un verre d'eau-de-vie, et tu seras

---

[1] On nommait ainsi autrefois les seconds d'un combat singulier, à cause des baguettes blanches qu'ils portaient comme emblème de leurs fonctions, qui étaient de veiller à ce que tout se passât loyalement entre les combattants. (W. S.)

en état de tenir tête à ton dromond de bois, à ton soudan, comme tu l'appelles, la seule chose sur laquelle tu sauras jamais asséner un bon coup.

— Oui-dà, camarade? repartit Olivier, grandement soulagé, mais qui jugea nécessaire de paraître en partie offensé. Je me mets peu en peine de ton humeur bourrue ; il est heureux pour toi que tu ne puisses mettre ma patience à bout au point d'en venir à du vilain. Suffit ; — nous sommes compères, et tu es chez toi. Pourquoi les deux meilleures lames de Perth se mesureraient-elles ensemble? Quoi ! je connais ton humeur difficile, et je te la pardonne. — Mais l'affaire est-elle réellement arrangée?

— Aussi complétement que jamais marteau ait rivé un clou. La ville a donné au Johnston une bourse d'or, pour ne l'avoir pas débarrassée d'un drôle qu'on nomme Olivier Proudfute quand il l'avait à sa merci ; et cette bourse d'or achète pour le prévôt l'île Sleepless que le roi lui concède, car le roi finit toujours par tout payer. De cette façon-là sir Patrick obtient le beau terrain de l'Inch qui fait face à sa maison, et l'honneur est sauf des deux côtés, car tu comprends que ce qu'on donne au prévôt on le donne à la ville. Outre tout cela, Douglas a quitté Perth pour marcher contre les Southrons, qui, dit-on, sont appelés dans les Marches par le traître comte de March. Si bien que la bonne ville est débarrassée de lui et des siens.

— Mais, au nom de saint John ! comment tout cela s'est-il passé sans que personne en ait dit un mot?

— Vois-tu, l'ami Olivier, j'ai su que les choses se passaient ainsi. On dit maintenant que le drôle que j'ai estropié d'une main est un domestique de sir John Ramorny, qui s'est enfui dans son pays natal, le Fife, où sir John lui-même va aussi être exilé, du plein consentement de tous les honnêtes gens. Or, tout ce qui met en scène sir John Ramorny touche un beaucoup plus grand personnage ; — je crois que c'est là ce que Simon Glover a dit à sir Patrick Charteris. Si les choses sont comme je le conjecture, j'ai tout lieu de rendre grâces au Ciel et à tous les saints de ce que je n'ai pas poignardé celui qui était sur l'échelle quand je l'ai fait prisonnier.

— Et moi aussi je remercie très dévotement le Ciel et tous les saints. J'étais derrière toi, tu sais, et….

— Assez là-dessus, si tu es sage. — Il y a des lois contre qui frappe les princes ; on fait bien de ne pas toucher à un fer qu'il ne soit refroidi. Tout est arrangé maintenant.

— En ce cas, reprit Olivier, en partie déconcerté, mais encore plus soulagé par ce que son ami mieux informé lui apprenait, j'ai lieu de me plaindre de sir Patrick Charteris de ce qu'il a plaisanté avec l'honneur d'un honnête bourgeois, lui le prévôt de notre ville.

— Bien, Olivier ; défie-le en champ clos, et il ordonnera à son yeo-

CHAPITRE XVI.

man de lâcher ses chiens sur toi. — Mais, allons, la nuit s'avance; est-ce que tu ne veux pas te calmer

— Je n'ai plus qu'un mot à te dire, mon cher compère. Mais d'abord un autre coup de ton ale fraîche.

— La peste soit de toi! tu me ferais souhaiter que les liqueurs fraîches fussent marchandise rare. — Tiens, mets la barrique à sec si tu veux.

Olivier prit le second flacon ; mais il but — ou plutôt parut boire — très lentement, afin de se donner le temps de réfléchir à la manière d'aborder son second sujet de conversation, qui semblait passablement délicat dans l'état d'irascibilité où il voyait actuellement Henry. Enfin il ne trouva rien de mieux que d'entrer tout d'un coup au cœur du sujet par un — J'ai vu Simon Glover aujourd'hui, compère.

— Hé bien, dit Smith d'un ton de voix bas, grave et sombre; quand tu l'aurais vu, que m'importe ?

— Rien, — rien, repartit le bonnetier effrayé. Seulement j'avais pensé que tu serais peut-être bien aise de ne pas ignorer qu'il m'a questionné de près pour savoir si je t'avais vu le jour de la Saint-Valentin après la scène des Dominicains, et en quelle compagnie tu étais.

— Et tu lui as dit, j'en réponds, que tu m'avais rencontré avec une chanteuse des rues, dans cette ruelle sombre de là-bas?

— Tu sais, Henry, que je n'ai pas le don de mentir; mais j'ai arrangé tout cela avec lui.

— Et comment, je vous prie ?

— Marry ! voici : — Père Simon, lui ai-je dit, vous êtes vieux, et vous ne nous connaissez pas, nous autres, dans les veines de qui le sang est comme du vif-argent. Vous croyez qu'il se met en peine de cette fille, lui ai-je dit, et que peut-être il l'a quelque part ici dans un coin de Perth? Pas du tout. Je sais, lui ai-je dit, et j'en ferai serment, qu'elle a quitté sa maison de grand matin pour Dundee. — Ha! t'ai-je été d'un bon secours au moment du besoin ?

— En vérité, je crois que oui; et si quelque chose peut ajouter à mon chagrin et à ma vexation en ce moment, c'est de voir que quand je suis si avant dans le bourbier, un âne de ton espèce viendra me mettre son épais sabot sur la tête pour m'y enfoncer tout-à-fait. Allons, hors d'ici ; et puisses-tu avoir la chance que tu mérites en te mêlant de tout ! en ce cas je crois qu'on te trouvera le cou rompu dans le prochain ruisseau. — Allons, va-t'en vite, ou je vais te jeter à la porte la tête la première.

— Ha! ha! fit Olivier, avec un rire quelque peu contraint ; quel groom tu fais! Mais sérieusement, compère Henry, est-ce que tu ne veux pas faire un tour chez moi jusque dans Meal-Venall ?

— Non, par le diable ! répliqua Smith.

— Je te donnerai un verre de vin si tu veux venir.

— Et moi je vais te donner du bâton si tu restes.

— Hé bien, en ce cas, je vais mettre ta cotte de buffle et ton bonnet d'acier, et je m'en irai de ton pas en sifflant ton pibroch des *Os cassés de Loncarty*; et si on me prend pour toi, quatre hommes n'oseront pas m'approcher.

— Prends tout ce que tu voudras, au nom du diable! seulement va t'en.

— Bien, bien, Hall; nous nous reverrons quand tu seras de meilleure humeur, dit Olivier qui avait mis la cotte et le casque.

— Va, — et que je ne revoie jamais ta face de brave manqué!

Olivier délivra enfin Henry Smith de sa présence et s'éloigna d'un pas rodomont, imitant autant qu'il le pouvait la démarche ferme et la tournure de son redouté compagnon, et sifflant un pibroch composé sur la déroute des Danois à Loncarty, pibroch qu'il avait appris parce que c'était un air favori de Smith, qu'il se faisait une règle d'imiter en tout ce qui lui était possible. Mais au moment où l'honnête bonnetier tournait l'entrée du Wynd pour entrer dans la Grande-Rue, il reçut par derrière un coup dont le pot de fer qui lui couvrait la tête ne put le garantir, et il tomba sans vie sur la place, ses lèvres mourantes essayant encore de murmurer le nom de Henry, qui en lui se rattachait toujours à l'idée de protection.

CHAPITRE XVII.

> Oh ! je vous en ferai voir long pour un jeune
> prince.   *Falstaff.*

REVENONS à la bande joyeuse qui, une demi-heure auparavant, avait si bruyamment applaudi aux preuves d'agilité d'Olivier, les dernières que devait donner le pauvre bonnetier, et à la retraite précipitée qui les avait suivies sous le coup de leurs clameurs sauvages. Après avoir ri tout à leur aise, ils reprirent leur marche joyeuse, se livrant à toutes les inspirations d'une folle gaieté, et arrêtant, pour les effrayer, quelques uns de ceux qu'ils rencontraient, mais, il faut le dire, sans leur faire aucun mal sérieux, ni dans leurs personnes ni dans leurs sentiments. Enfin, fatigué de ces courses vagabondes, le chef fit signe à ses compagnons de joie de se réunir autour de lui.

— Mes braves et sages conseillers, leur dit-il, nous sommes le véritable roi de tout ce qui en Écosse vaut la peine d'être gouverné [1]. Nous oublions les heures quand la coupe circule et que la beauté devient tendre, quand la Folie veille, et que la Gravité ronfle sur son grabat. Nous laissons à notre vice-gérant, le roi Robert, la tâche fatigante de contenir une noblesse ambitieuse, de satisfaire un clergé avide, de venir à bout des sauvages Highlanders et d'arranger des querelles acharnées. Et puisque notre empire est un empire de joie et de plaisir, il convient que nous nous hâtions de toutes nos forces d'aller au secours de ceux qui reconnaissent notre domination, quand par mauvaise fortune ils sont devenus les prisonniers du souci et de l'hypochondrie. Ce que je dis a principalement rapport à sir John, que le vulgaire nomme Ramorny. Nous ne l'avons pas vu depuis l'échauffourée de Curfew-street, et quoique nous sachions qu'il y a attrapé quelques horions, nous ne voyons pas pourquoi il ne nous rendrait pas hommage en sujet féal et respectueux. —

---

[1] Le *Statute Book* écossais offre d'abondants témoignages des folies extravagantes et souvent fatales auxquelles se livraient nos ancêtres sous le masque de personnages élus pour remplir les hautes fonctions de *Reine de Mai*, de *Prince de Noël*, d'*Abbé de la Déraison*, etc., etc., ce dernier répondant à l'*Enfant-Évêque* d'Angleterre, et à l'*Abbé de Liesse*, ou *Abbas Letitiæ* de France. La veille du carême ne se distinguait pas moins par de semblables dignitaires de carnaval. (W. S.)

Approchez, notre roi-d'armes de la Calebasse : Avez-vous légalement convoqué sir John à prendre part aux réjouissances de cette soirée ?

— Oui, mylord.

— Et l'avez-vous informé que pour cette nuit nous avons suspendu sa sentence d'exil, afin que nous puissions au moins, puisque de plus hauts pouvoirs ont arrangé cela ainsi, prendre joyeusement congé d'un ancien ami ?

— Je me suis acquitté du message en ces termes, mylord.

— Et n'a-t-il pas envoyé un mot d'écrit, lui qui se pique d'être un si grand clerc ?

— Il était au lit, mylord, et je n'ai pu le voir. Autant que j'ai pu le comprendre, il s'est tenu très retiré, souffrant de quelques contusions, chagriné du déplaisir de Votre Altesse, et craignant d'être insulté dans les rues, après avoir échappé avec peine aux bourgeois quand les manants l'ont poursuivi lui et ses deux domestiques dans le couvent des Dominicains. Les deux domestiques ont été envoyés dans le Fife, de peur qu'ils ne jasent.

— Hé bien, on a sagement fait, dit le prince, — qui, nous n'avons pas besoin d'en informer le lecteur intelligent, avait à ce titre un droit plus légitime que celui qu'il tirait des folies de la soirée ; — on a prudemment fait d'écarter des compagnons dont la langue aurait pu courir. Mais l'absence de sir John lui-même de cette joyeuse solennité, décrétée si long-temps d'avance, est une révolte et une renonciation d'allégeance. Ou bien, si le chevalier est réellement enchaîné par la maladie et la mélancolie, nous devons l'honorer nous-même d'une visite, attendu que pour ces sortes de maladies il ne peut y avoir de meilleur remède que notre présence et un baiser de la calebasse. — En avant, écuyers, ménestrels, gardes et suivants ! Élevez le grand emblème de notre dignité ; — élevez la calebasse, vous dis-je ! et que ceux de nos joyeux compagnons qui auront à porter les barils dont les entrailles doivent alimenter notre coupe, soient choisis parmi les plus fermes sur leurs jambes. Leur charge est pesante et précieuse, et si ce ne sont pas nos yeux qui nous trompent, il nous semble qu'ils font plus de zigzags et de faux pas qu'il ne serait convenable. Maintenant, en marche, messieurs, et que nos ménestrels jouent ce qu'ils ont de plus gai et de plus hardi.

Ils se remirent en route au milieu des éclats d'une joyeuse ivresse, les nombreuses torches projetant leur lumière rougeâtre contre les petites fenêtres des rues étroites, où les bourgeois en bonnet de nuit, et quelquefois leurs femmes aussi, venaient passer le nez à la dérobée pour voir quelle orgie désordonnée troublait la tranquillité de la ville à cette heure indue. Enfin, le joyeux cortége fit halte devant la maison de sir John Ramorny, qu'une petite cour séparait de la rue.

Là ils se mirent à frapper, à tonner, à pousser des cris, avec mainte menace de vengeance contre ceux qui refusaient d'ouvrir les portes. Le moindre châtiment annoncé était l'emprisonnement dans une barrique vide, au fond du massamore[1] du palais féodal du prince de la Joie, c'est-à-dire de la cave à l'ale. Mais Eviot, le page de Ramorny, entendait et savait bien quels pouvaient être ceux qui frappaient ainsi, et il pensa que dans la situation où se trouvait son maître mieux valait ne pas répondre du tout, espérant que la troupe passerait outre, que de tenter de leur faire changer de dessein, tentative qu'il savait devoir être inutile. La chambre à coucher de son maître ayant vue sur un petit jardin, le page espéra que le bruit n'arriverait pas jusqu'à lui; et il se fiait à la force de la porte extérieure, où il résolut de les laisser frapper jusqu'à ce qu'ils en fussent fatigués ou que leur fantaisie de gens ivres prît un autre cours. La bande joyeuse semblait en effet devoir bientôt avoir épuisé ses forces à crier et à battre la porte, quand le prince de leur mascarade (qui, hélas! n'était que trop réellement leur prince) les apostropha des épithètes de fainéants et stupides sectateurs du dieu du vin et de la joie.

— Apportez-nous notre clef que voici là-bas, dit-il, — et appliquez-la à cette porte rebelle.

La clef qu'il désignait était une énorme poutre de bois laissée d'un côté de la rue, avec la négligence habituelle qui caractérisait une ville d'Écosse de cette époque.

Les vassaux du prince indien la soulevèrent aussitôt avec de bruyantes acclamations, et y appliquant leurs forces réunies, ils la poussèrent contre la porte avec une telle violence, que barres, gonds et verroux crièrent, et résonnèrent, et menacèrent de céder. Eviot ne crut pas devoir attendre la fin de ce siége en règle; il descendit dans la cour, et après quelques questions pour la forme, il ordonna au portier d'ouvrir, comme s'il venait seulement d'entendre les visiteurs nocturnes.

— Traître esclave d'un maître sans foi, lui dit le prince, où est notre sujet déloyal, sir John Ramorny, qui a désobéi à nos ordres?

— Mylord, répondit Eviot, s'inclinant tout à la fois devant la qualité réelle et la qualité supposée du chef de la troupe, mon maître est en ce moment très indisposé; — il a pris un soporifique, — et — il faut que Votre Altesse m'excuse si je fais mon devoir en lui disant qu'on ne peut lui parler sans mettre sa vie en danger.

— Bah! ne me parle pas de danger, maître Teviot, — Cheviot — Eviot — comment te nomme-t-on? — Montre-moi seulement la chambre de ton maître, ou plutôt ouvre-moi la porte, et je saurai bien le trouver moi-même. — Tenez la calebasse élevée, mes braves suivants, et faites bien attention de ne pas répandre une goutte de la liqueur que

---

[1] Le *massamore* ou *massymore*, principal cachot du donjon féodal, tirait son nom, à ce qu'on suppose, de nos relations avec les nations de l'Orient au temps des croisades. Le docteur Jamieson cite un vieux itinéraire latin où on lit: *Proximus est carcer subterraneus, sive, ut Mauri appellant, Mazmorra.* (W. S.)

Dan Bacchus nous a envoyée pour la guérison de tous les maux du corps et des soucis de l'âme. Avancez-la, vous dis-je, et laissez-nous voir la sainte coquille qui renferme une si précieuse liqueur.

Le prince entra en effet dans la maison, dont l'intérieur lui était familier; et montant rapidement les escaliers, suivi d'Eviot, qui implorait en vain du silence, il entra bruyamment avec le reste de la bande dans la chambre du blessé.

Celui qui, par expérience, connaît le sommeil qui s'empare de nous après une forte dose d'opium et en dépit de douleurs poignantes, et qui sait quelle sensation cause un réveil subit et violent alors que le corps est plongé dans cet état d'insensibilité factice qu'a procuré la force du narcotique, celui-là peut se figurer la confusion et le trouble d'esprit de sir John Ramorny, ainsi que ses angoisses corporelles, sensations qui agissaient et réagissaient les unes sur les autres. Si nous ajoutons à cela la conscience de l'ordre criminel qu'il avait donné et qui s'exécutait, nous pouvons avoir quelque idée d'un réveil auquel un sommeil éternel eût été cent fois préférable. Le gémissement qu'il proféra comme premier indice d'un retour de sensations eut en lui quelque chose de si effrayant, que même nos joyeux masques en reçurent une impression pénible et restèrent un moment silencieux. Sans changer de position sur sa couche où il était à demi incliné, Ramorny promena son regard autour de la chambre, remplie de figures bizarres dont le trouble de ses esprits augmentait encore l'apparence fantastique, et murmura à demi, se parlant à lui même :

— Il en est donc ainsi, après tout, et la légende est vraie! Ce sont des démons, et je suis condamné pour l'éternité! Le feu n'est pas extérieur, mais j'en sens les effets, — je le sens qui me brûle au cœur, — comme si j'avais dans la poitrine la fournaise chauffée sept fois!

Tandis qu'il jetait autour de lui des regards pleins d'effroi et qu'il faisait de violents efforts pour recouvrer ses souvenirs, Eviot s'approcha du prince, et tombant à genoux, il le supplia de permettre qu'on fît sortir tout le monde.

— Il peut en coûter la vie à mon maître, dit-il.

— Ne crains rien, Cheviot, repartit le duc de Rothsay ; serait-il aux portes du tombeau, voici qui forcerait les démons de lâcher leur proie. — Avancez la calebasse, mes maîtres.

— Pour lui, c'est la mort d'y goûter dans l'état où il est, dit Eviot; s'il boit du vin, il est mort.

— Il faut que quelqu'un le boive pour lui, et il sera guéri par procuration ; — il se peut que notre grand Dan Bacchus accorde à sir John Ramorny le comfort, le soulagement du cœur, la dilatation des poumons et la légèreté d'esprit, qui sont ses dons les plus précieux, tandis que le fidèle serviteur qui boira à sa place aura les nausées, le malaise, l'irritation nerveuse, la vue trouble et le mal de tête que notre

CHAPITRE XVII.

grand-maître fait marcher à la suite de dons qui sans cela nous feraient trop ressembler aux dieux. — Qu'en dites-vous, Eviot? Voulez-vous être le fidèle serviteur qui boira pour le bien de son maître et comme son représentant? Faites cela et nous partons, car il me semble que notre sujet a dans la physionomie quelque chose d'effrayant.

— Je ferais tout ce qui serait en mon pouvoir borné, répondit Eviot, pour sauver mon maître d'une dose de boisson qui pourrait être sa mort, et épargner à Votre Grâce le regret de l'avoir occasionnée. Mais voici quelqu'un qui accomplira l'exploit de bonne volonté, et qui remerciera Votre Altesse par-dessus le marché.

— Qui nous arrive là? dit le prince; — un boucher? — et qui sort tout fraîchement de son office, ce me semble. Est-ce que les bouchers tuent une veille de carême? Pouah! quelle odeur de sang!

Ceci s'adressait à Bonthron, qui, en partie surpris du tumulte qui régnait dans la maison, où il s'était attendu à trouver tout plongé dans les ténèbres et le silence, et en partie stupéfié par le vin dont le misérable avait bu une énorme quantité, se tenait au seuil de la porte, ouvrant de grands yeux à la scène qui se passait devant lui, sa cotte de buffle tachetée de sang, tenant à la main une hache ensanglantée, et offrant un horrible et repoussant spectacle au prince et à ses compagnons, à qui la vue de cet homme inspirait, sans qu'ils eussent pu dire pourquoi, autant de crainte que de dégoût.

Comme ils approchaient la calebasse de ce sauvage à l'aspect ignoble et féroce, et au moment où il avançait pour la prendre d'une main qui semblait tachée de sang, le prince s'écria :

— Descendez avec lui! que ce misérable ne boive pas en notre présence. Trouvez-lui quelque autre vaisseau que notre calebasse, emblème sacré de nos joyeuses fêtes : — une auge à pourceaux serait ce qu'il y aurait de mieux, si on pouvait en avoir une. Emmenez-le! et noyez-le dans le vin, en expiation de la sobriété de son maître. — Laissez-moi seul avec sir John Ramorny et son page; sur mon honneur! je n'aime pas l'air de ce ruffian.

Les personnes de la suite du prince quittèrent la chambre, où Eviot seul resta.

— Je crains, dit le prince en s'approchant du lit d'un air tout différent de ce qu'il avait été jusque là, — je crains, mon cher sir John, que cette visite ne soit pas la bien-venue; mais c'est votre faute. Quoique vous connaissiez notre ancienne coutume, et que vous eussiez vous-même participé à nos plans pour la soirée, vous ne nous avez pas approché depuis le jour de la Saint-Valentin; — c'est aujourd'hui le dernier jour du carnaval, et votre désertion est une complète désobéissance et une vraie trahison envers notre royaume de la gaieté et les statuts de la calebasse.

Ramorny leva la tête et fixa sur le prince un œil hagard; puis il fit signe à Eviot de lui donner quelque chose à boire. Le page lui présenta une grande tasse de tisane que le malade vida avec précipitation. Il eut alors plusieurs fois recours à l'essence stimulante laissée à cet effet par le médecin, et il parut recueillir ses sens égarés.

— Laissez-moi sentir votre pouls, mon cher Ramorny, reprit le prince ; je m'y connais un peu. — Comment ! vous me tendez la main gauche, sir John ? — Cela n'est conforme ni aux lois de la médecine ni à celles de la courtoisie.

— La droite a rempli sa dernière tâche au service de Votre Altesse, murmura le blessé d'une voix basse et entrecoupée.

— Que voulez-vous dire ? Je sais que votre serviteur, Quentin-le-Noir, a perdu une main ; mais il pourra encore voler avec l'autre tout autant qu'il faudra pour le conduire au gibet, de sorte que sa fin ne peut pas être grandement changée.

— Ce n'est pas cet homme qui a perdu sa main au service de Votre Grâce ; — c'est moi, John de Ramorny.

— Vous ! s'écria le prince ; — vous plaisantez, ou votre raison est encore sous l'empire du narcotique.

— Le suc de tous les pavots de l'Egypte serait-il réuni dans un seul et même breuvage, répliqua Ramorny, voici qui l'emporterait sur toutes les illusions de l'opium. En même temps il tira de ses couvertures son bras droit enveloppé de bandages, et l'avançant vers le prince : Si ces bandages étaient défaits et enlevés, dit-il, Votre Altesse verrait qu'un tronçon sanglant est tout ce qui reste d'un bras qui fut toujours prêt à tirer l'épée du fourreau au moindre signe de Votre Grâce.

Rothsay recula d'horreur. — Ceci veut une vengeance ! s'écria-t-il.

— J'en ai déjà une petite partie, dit Ramorny : du moins j'ai cru voir Bonthron tout-à-l'heure ; — ou bien est-ce que le rêve infernal que je faisais quand je me suis éveillé aurait évoqué une image si bien en rapport avec l'enfer ? Eviot, appelle le mécréant, — c'est-à-dire s'il est en état de se montrer.

Eviot sortit, et un moment après il revint avec Bonthron, qu'il avait arraché à la pénitence d'une seconde calebasse de vin (pénitence qui pour lui n'en était pas une), la brute ayant englouti la première sans qu'elle eût produit sur lui d'effet apparent.

— Eviot, dit le prince, ne laisse pas cette bête brute s'approcher de moi. Sa vue m'inspire un sentiment de crainte et de dégoût ; il y a dans son regard quelque chose d'étranger à ma nature, et qui me fait frissonner comme à la vue d'un reptile contre lequel mon instinct se révolte.

— Ecoutez d'abord ce qu'il va dire, mylord, reprit Ramorny ; à moins qu'une outre à vin ne pût parler, rien ne pourrait user de moins de paroles. — As-tu eu affaire à lui, Bonthron ?

Le sauvage leva la hache qu'il tenait encore à la main, puis il la ramena dans sa première position.

—Bon. Comment as-tu reconnu ton homme? — On dit que la nuit est sombre.

— Par la vue et l'ouïe; à l'habit, à la démarche, à la manière de siffler.

— Il suffit; va-t'en! — Et toi, Eviot, donne-lui de l'or et du vin à son contentement de brute. — Va-t'en! — et toi, sors avec lui.

— Et quel est le mort? demanda le prince, soulagé de la double impression de dégoût et d'horreur dont il n'avait pas été maître tant que l'assassin avait été là. J'espère que ce n'est qu'une plaisanterie? sans quoi il faudrait qualifier un pareil acte de témérité sauvage. Qui a eu le triste sort d'être égorgé par cette brute sanguinaire?

— Un homme qui ne valait guère mieux que moi, répondit le blessé; un misérable artisan, à qui cependant le sort a donné le pouvoir de faire de Ramorny un triste mutilé. — Malédiction sur son ignoble esprit! — sa misérable vie n'est pour ma vengeance que ce qu'une goutte d'eau serait pour une fournaise. Il faut que je sois bref, car je sens encore mes idées qui s'en vont; ce n'est que la nécessité du moment qui les tient réunies, comme une courroie serre une poignée de flèches. Vous êtes en danger, mylord; — j'en parle avec certitude. Vous avez bravé Douglas et offensé votre oncle; — vous avez mécontenté votre père, — ce qui, au surplus, ne serait rien sans le reste.

— Je suis fâché d'avoir mécontenté mon père, dit le prince (complétement distrait d'une chose aussi insignifiante que le meurtre d'un artisan, par le sujet plus important qui venait d'être touché), si réellement je l'ai mécontenté. Mais si je vis, la force de Douglas sera brisée, et l'astuce d'Albany lui profitera peu!

— Oui, — *si*. Mylord, avec des ennemis tels que ceux que vous avez, il ne faut pas rester sur un *si* ou un *mais*; — il faut vous résoudre tout d'un coup à tuer ou à être tué.

— Que voulez-vous dire, Ramorny? La fièvre vous fait divaguer.

— Non, mylord; serais-je au plus haut point du délire, les pensées qui occupent en ce moment mon esprit le domineraient. Il se peut que le regret de ce que j'ai perdu me pousse aux moyens extrêmes; il se peut aussi que d'anxieuses pensées pour la sûreté de Votre Altesse m'aient fait concevoir de hardis projets : mais je n'en jouis pas moins de tout le jugement dont le Ciel m'a doué, quand je vous dis que si vous voulez jamais porter la couronne d'Écosse, — il y a plus, que si vous voulez voir une autre Saint-Valentin, — il vous faut....

— Que me faut-il faire, Ramorny? interrompit le prince d'un air de dignité; rien qui soit indigne de moi, j'espère?

— Rien, certainement, qui soit indigne d'un prince d'Ecosse, si les annales ensanglantées de notre pays nous disent vrai; bien qu'il puisse se faire que les nerfs d'un prince de mimes et de bouffons en soient affectés.

— Tu es sévère, sir John Ramorny, dit le duc de Rothsay d'un air mécontent ; mais tu as chèrement payé le droit de censure à notre égard par ce que tu as perdu en nous servant.

— Mylord de Rothsay, reprit le chevalier, le chirurgien qui a pansé ce tronc mutilé m'a dit que plus je ressentirais la douleur que me ferait éprouver son couteau et son fer rouge, plus grande serait ma chance de guérison. Je ne dois donc pas hésiter à froisser vos sentiments, si par là je puis vous amener au sentiment de ce qui est nécessaire à votre sûreté. Votre Grâce a été long-temps l'élève de la joyeuse Folie ; il vous faut maintenant adopter une politique d'homme, ou vous laisser écraser comme un papillon sur le sein de la fleur où vous vous jouez.

— Je crois reconnaître le but de votre morale, sir John ; vous êtes fatigué de joyeuses folies, — de ce que les gens d'Église appellent des vices, — et vous aspirez à un crime un peu plus sérieux. Maintenant un assassinat ou un massacre relèverait le piquant de la débauche, comme le goût de l'olive donne de la saveur au vin. Mes pires actions, à moi, ne sont que de simples malices ; je n'ai pas de goût pour le sang, et je ne pourrais supporter de voir répandre celui du dernier des misérables, ni même d'ouïr le récit du fait. Si jamais je dois occuper le trône, je suppose que, comme mon père avant moi, il me faudra laisser là mon nom et prendre celui de Robert en honneur de Bruce ; — hé bien, s'il en est ainsi, — on verra chaque garçon en Écosse avoir son flacon d'une main et l'autre bras au cou de sa maîtresse, et les hommes faits auront à soutenir l'attaque des baisers et des pleins-bords, et non à se défendre des dirks et des dourlachs [1] ; et on écrira sur ma tombe : « Ci-gît Robert, quatrième de nom. Il ne gagna pas de batailles comme Robert Ier ; il ne s'éleva pas du rang de comte à celui de roi, comme Robert II ; il ne fonda pas d'églises, comme Robert III ; mais il se contenta de vivre ou de mourir roi des bons compagnons. » Dans mes deux siècles d'ancêtres, la seule renommée que je m'efforcerais d'égaler serait celle du vieux roi Coul,

« Dont la coupe était toujours pleine [2]. »

— Mylord, reprit Ramorny, permettez-moi de rappeler à Votre Grâce que vos joyeuses orgies entraînent des maux sérieux. Si j'avais perdu cette main en combattant pour Votre Grâce et en cherchant à obtenir quelque avantage important sur vos trop puissants ennemis, jamais la perte ne m'aurait affligé. Mais du casque et de la cotte d'acier se voir réduit au béguin et à la jaquette, et cela dans une querelle de nuit.....

---

[1] *Dirks and dourlachs*, expression highlandaise indiquant l'état de guerre ou d'hostilité personnelle ; littéralement *dagues et flèches*. (L. V.)

[2] Le « bon vieux roi Coul » est à la fois le roi d'Yvetot et le roi Dagobert des traditions écossaises. (L. V.)

CHAPITRE XVII.

— Encore, sir John! interrompit l'étourdi jeune homme ; — comment peux-tu avoir l'indignité de toujours me jeter ta main sanglante à la face, comme l'ombre de Gaskhall jetait sa tête à sir William Wallace[1]? Songe donc que tu es plus déraisonnable que Fawdyon lui-même ; car ce Wallace lui avait abattu la tête dans un moment d'humeur un peu trop vive, au lieu que moi je serais enchanté de te rattacher ta main, s'il était possible. Ecoute : puisque cela ne se peut pas, je te la remplacerai par une main d'acier pareille à celle du vieux chevalier de Carselogie, avec laquelle il pressait celle de ses amis, caressait sa femme, bravait ses antagonistes, et faisait tout ce qu'une main de chair et d'os aurait pu faire pour l'attaque ou la défense. Sois sûr, John Ramorny, que nous avons en nous bien des choses superflues. On peut voir avec un œil, ouïr avec une oreille, toucher d'une main, flairer d'une narine ; et moi, pour mon compte, j'ai peine à comprendre pourquoi nous avons tout cela en double, à moins que ce ne soit pour parer aux pertes ou aux accidents imprévus.

Sir John Ramorny se détourna du prince avec un sourd gémissement.

— Je parle très sérieusement, sir John, reprit le duc. Vous savez mieux que moi la vérité de la légende de la main d'acier de Carselogie, puisqu'il était votre voisin. De son temps, cette curieuse mécanique ne pouvait se faire qu'à Rome ; mais je te parie cent merks que si Henry du Wynd, l'armurier de Perth, en avait une pour modèle, il l'imiterait aussi complétement que pas un mécanicien de Rome, quand tous les cardinaux béniraient l'ouvrage.

— Je pourrais me risquer à accepter votre gageure, mylord, répliqua Ramorny avec amertume, si nous étions encore au temps des folies. — Vous m'avez congédié de votre service, sur l'ordre de votre oncle?

— Sur l'ordre de mon père.

— Sur qui les ordres de votre oncle sont sans réplique. Je suis un homme déshonoré, mis de côté, de même que moi maintenant je puis jeter là mon gant droit comme une chose inutile. Pourtant j'aurais pu vous aider de ma tête, quoique ma main n'y soit plus. Votre Grâce est-elle disposée à écouter de moi un mot de choses sérieuses? — car je suis bien épuisé, et je sens mes forces qui m'abandonnent.

— Parle à ton aise, John ; ton accident m'oblige à t'écouter : ton poignet sanglant est un sceptre auquel il me faut obéir. Parle donc, mais sois généreux en usant de ton privilége.

— Je serai bref, mylord, pour moi aussi bien que pour vous ; j'ai peu de choses à dire. Douglas se met en ce moment à la tête de ses vassaux. Il va réunir, au nom du roi Robert, trente mille *borderers* que sous peu il conduira dans l'intérieur pour exiger du duc de Rothsay

---

[1] Le passage auquel ceci se rapporte est peut-être le plus poétique du *Wallace* d'Harry l'Aveugle. Livre v, vers 180-220. (W. S.)

qu'il reçoive — ou plutôt rétablisse sa fille dans le rang et les priviléges de duchesse de Rothsay. Le roi Robert accédera à toute condition qui pourra assurer la paix ; — que fera le duc ?

— Le duc de Rothsay aime la paix, dit le prince avec hauteur, mais il n'a jamais craint la guerre. Avant que pour céder aux ordres de son beau-père il ne rappelle l'orgueilleuse fille de Douglas à sa table et à sa couche, il faudra que Douglas soit roi d'Écosse.

— A la bonne heure ; — au surplus, c'est là le danger le moins pressant, d'autant plus que cela menace de violence ouverte, car les Douglas n'opèrent pas en secret.

— Qu'y a-t-il donc qui presse, et qui nous tienne éveillés à l'heure qu'il est? Je suis las, toi tu es blessé, et la lumière même des bougies s'affaiblit comme si elles étaient fatiguées de notre conférence.

— Hé bien, qui gouverne, dites-moi, ce royaume d'Écosse?

— Robert, troisième de nom, répondit le prince en se découvrant ; et puisse-t-il porter le sceptre long-temps encore !

— Amen. Mais qui gouverne le roi Robert et dicte la plupart des mesures que prend le bon roi ?

— Lord Albany, vous voulez dire. Oui, il est vrai que mon père se laisse presque entièrement guider par les conseils de son frère ; et consciencieusement, nous ne pouvons l'en blâmer, sir John Ramorny, car il n'a trouvé dans son fils que bien peu d'aide.

— Aidons-le maintenant, mylord. Je suis possesseur d'un terrible secret ; — Albany a cherché à me gagner pour que je me joignisse à lui contre Votre Grâce dont il veut la vie ! Il offre plein pardon pour le passé, — et une haute faveur à l'avenir.

— Comment, Ramorny ! — ma vie? Je me flatte pourtant que tu ne veux parler que de mon royaume? Ce serait horrible ! — c'est le frère de mon père, — ils se sont assis sur les genoux du même père, — le même sein les a portés. — Honte à toi, Ramorny ! quelles folies on a fait croire à ton lit de souffrances !

— Croire, en effet ! Il est nouveau pour moi de m'entendre appeler crédule. Mais l'intermédiaire par lequel Albany a voulu me tenter est un homme que tout le monde croira dès qu'il sera question de mal à faire ; — les médicaments mêmes qui sont préparés par ses mains ont un arrière-goût de poison.

— Allons donc ! fit le prince ; un pareil misérable calomnierait un saint. Pour cette fois tu as été dupé, Ramorny, tout fin que tu es. Mon oncle d'Albany est ambitieux et voudrait s'assurer pour lui et sa maison une plus grande part de pouvoir et de richesses qu'en raison il ne devrait en désirer. Mais supposer qu'il voudrait détrôner ou assassiner le fils de son frère ! — fi, Ramorny ! Ne me poussez pas à citer le vieil adage que celui qui fait le mal craint le mal. — Vous parlez sur vos soupçons, et non sur ce que vous savez.

— Votre Grâce est dans une illusion fatale ; — je viens au fait. Le duc d'Albany est généralement détesté pour son avarice et son avidité. — Il se peut que Votre Altesse soit plus aimée que....

Ramorny s'arrêta ; le prince remplit la lacune avec le plus grand sang-froid : — Plus aimée qu'honorée ; c'est là ce que vous vouliez dire, Ramorny?

— Du moins, reprit Ramorny, vous êtes plus aimé que vous n'êtes craint, et pour un prince ce n'est pas une condition sûre. Mais engagez-moi votre honneur et votre parole de chevalier que vous ne m'en voudrez pas de ce que je ferai pour vous ; prêtez-moi outre cela votre sceau pour engager des amis en votre nom, et quand le duc d'Albany usurpera l'autorité dans cette cour, la main qui autrefois terminait ce tronc mutilé s'y sera de nouveau réunie et obéira encore à l'impulsion de ma volonté.

— Vous ne vous hasarderiez pas à tremper vos mains dans le sang royal? dit le prince avec sévérité.

— Fi donc, mylord! en aucun cas — le sang n'a besoin d'être versé ; la vie peut — elle doit même s'éteindre d'elle-même. Faute d'en renouveler l'huile ou de l'abriter du vent, la lumière agitée mourra dans la lampe. Laisser mourir un homme n'est pas le tuer.

— C'est vrai, — j'avais oublié cette politique. Hé bien, alors, dans la supposition où mon oncle Albany ne continuerait pas de vivre — je pense que ce doit être la phrase, — qui alors gouvernera la cour d'Écosse?

— Robert III, du consentement, avec les avis et sous l'autorité du tout-puissant David duc de Rothsay, lieutenant du royaume et notre ALTER EGO, en faveur de qui je devine même que le bon roi, excédé des fatigues et des embarras de la souveraineté, sera tout disposé à abdiquer. Ainsi, vive notre jeune et brave monarque, le roi David III

« *Ille, manu fortis,*
Anglis ludebit in hortis. »

— Et notre père et prédécesseur, reprit Rothsay, continuera de vivre pour prier pour nous comme notre chapelain, et nous le favoriserons du privilége de porter ses cheveux blancs dans la tombe aussitôt, sinon plus tôt, que le permettra le cours de la nature? — ou lui faudra-t-il aussi être exposé à quelqu'une de ces négligences par suite desquelles on cesse de continuer de vivre, et échanger l'enceinte d'une prison, ou celle d'un couvent qui y ressemble, pour la sombre et tranquille retraite où les prêtres disent que les méchants cessent d'être une cause de trouble, et où ceux qui sont las se reposent?

— Vous ne parlez pas sérieusement, mylord, répliqua Ramorny ; faire le moindre mal au bon vieux roi serait également dénaturé et impolitique.

— Pourquoi reculer devant cela, sir John, repartit le prince d'un ton sérieusement mécontent, quand tout ce que vous me proposez est une leçon de crime contre nature mêlée d'ambition à courte vue ? — Si le roi d'Écosse a peine à tenir tête à ses nobles, même maintenant qu'il peut lever devant eux une bannière honorable et sans tache, qui voudrait suivre un prince souillé de la mort d'un oncle et de l'emprisonnement d'un père ? Eh, sir John ! ta politique suffirait pour révolter un païen, et à plus forte raison le conseil d'une nation chrétienne. — C'était toi qui me dirigeais, Ramorny, et peut-être pourrais-je avec justice rejeter sur tes leçons et ton exemple quelques unes des folies qu'on reprend en moi. Peut-être sans toi ne serais-je pas au milieu de la nuit, sous ce déguisement de fou (portant les yeux sur son costume), à entendre un ambitieux dissolu me proposer le meurtre d'un oncle et le détrônement du meilleur des pères. Puisque c'est par ma faute, aussi bien que par la tienne, que je me trouve aussi profondément enfoncé dans le gouffre de l'infamie, il serait injuste de te laisser mourir seul pour cela. Mais, sur ta vie, ne sois pas assez osé pour revenir sur un tel plan devant moi ! car je te dénoncerai à mon père, — à Albany, — à l'Écosse, — dans toute son étendue et jusqu'à ses derniers confins. Autant de croix il y a de dressées au milieu des marchés dans toute l'Écosse, autant on verra de morceaux du cadavre du traître qui ose conseiller de telles horreurs à l'héritier de la couronne d'Écosse ! — J'espère, à la vérité, que la fièvre de ta blessure, et l'influence enivrante des cordiaux qui agissent sur ta cervelle affaiblie, ont opéré cette nuit sur toi plutôt qu'aucun dessein bien arrêté.

— Véritablement, mylord, si j'ai dit quelque chose qui puisse exaspérer à ce point Votre Altesse, ce doit avoir été par excès de zèle, mêlé à la faiblesse de ma tête. Moins que personne, assurément, je proposerais des projets ambitieux en vue d'avantages personnels ! Hélas ! mes seules idées doivent être d'échanger la lance et la selle pour le bréviaire et le confessionnal. Le couvent de Lindores devra recevoir le chevalier de Ramorny, pauvre et estropié, et qui aura là tout le temps de méditer sur le texte « Ne mets pas ta foi dans les princes. »

— C'est un sage projet, dit le prince, et nous ne manquerons pas d'en faciliter l'exécution. Je pensais que notre séparation n'aurait été que temporaire ; — elle doit maintenant être sans retour. Certainement, après une conversation telle que nous venons d'en avoir une, il convenait que nous ne nous revissions plus. Au surplus, le couvent de Lindores, ou la maison religieuse quelle qu'elle soit qui te recevra, sera richement doté et éminemment favorisé par nous. — Maintenant, sir John Ramorny, dormez ; — dormez, et oubliez cet entretien sinistre, dans lequel la fièvre de la maladie et celle du vin ont, je l'espère, inspiré vos paroles plutôt que vos propres pensées.—Eclairez-moi jusqu'à la porte, Eviot.

Eviot appela les gens du prince, qui s'étaient endormis sur les marches de l'escalier et dans la salle basse, épuisés par les excès de la soirée.

— N'est-il personne parmi vous qui ait encore sa raison à lui? dit le duc de Rothsay, à qui la vue de ses compagnons inspira du dégoût.

— Personne, — personne, répondirent-ils tous à la fois d'une voix avinée; pas un de nous n'est traître à l'empereur des Joyeux-Compagnons.

— Ainsi, vous êtes tous changés en brutes?

— Par esprit d'obéissance et à l'imitation de Votre Grâce, répondit un de la troupe; ou si nous avons un peu pris les devants sur Votre Altesse, une attaque à la cruche suffira...

— Silence, animal! interrompit le duc de Rothsay; je demande si parmi vous il n'y en a pas un seul qui ait encore sa raison?

— Oui, mon noble lige, répondit-on; il y a ici un faux frère, Watkins l'Anglais.

— Approche donc, Watkins; prends une torche, et éclaire-moi. — Donne-moi un manteau et un autre bonnet, et emporte cette friperie, ajouta-t-il en jetant à terre sa couronne de plumes; je voudrais pouvoir aussi aisément me dépouiller de toutes mes folies. — Wat, suis-moi seul; et vous, terminez votre débauche, et quittez vos habits de mascarade. Le carnaval est fini, et le carême a commencé.

— Notre monarque a abdiqué cette nuit plus tôt que de coutume, dit un de la bande; mais comme le prince ne répondit point à la plaisanterie, ceux qui se trouvèrent avoir manqué à la vertu de sobriété s'efforcèrent autant qu'ils purent d'en prendre les dehors, et toute cette troupe, livrée un moment auparavant à un tel dévergondage, se mit à affecter la tenue d'un rassemblement de personnes décentes qu'on a surprises en état d'ivresse, et qui tâchent de la déguiser en donnant à leurs manières une double part de roideur cérémonieuse. Le prince, pendant ce temps, après avoir fait à la hâte quelques changements dans son costume, était éclairé jusqu'à la porte par le seul de la compagnie qui ne fût pas ivre; mais dans son chemin il faillit se heurter contre la masse endormie de cette brute de Bonthron.

— Qu'est-ce donc? — est-ce encore cette ignoble brute qui se trouve dans notre chemin? dit-il avec colère et dégoût. Holà! que quelques uns de vous plongent ce coquin-là dans l'auge des chevaux, afin qu'il sache une fois en sa vie ce que c'est que d'être lavé.

Pendant que les gens du prince exécutaient cet ordre, profitant pour cela d'une fontaine qui se trouvait dans la première cour, et pendant que Bonthron supportait une discipline à laquelle il était hors d'état de résister, autrement que par quelques sons et quelques ébrouements inarticulés pareils à ceux d'un sanglier mourant, le prince regagnait ses appartements, dans une habitation qu'on appelait l'hôtel du

Connétable, cette maison appartenant aux comtes d'Errol. En chemin, pour distraire ses pensées de sujets plus déplaisants, le prince demanda à son compagnon comment il se faisait qu'il eût gardé sa raison pendant que le reste de la troupe s'était tellement gorgé de vin.

— Plaise à Votre Grâce, répondit l'Anglais Wat, je confesse que c'est une chose qui m'est très familière de conserver ma raison quand c'est le bon plaisir de Votre Grâce que votre suite s'enivre ; et comme c'étaient tous Écossais, j'ai pensé qu'il n'aurait pas été sûr à moi de m'enivrer en leur compagnie, attendu que c'est tout au plus s'ils m'endurent même quand nous sommes tous à jeun, et que si le vin prenait le dessus je pourrais leur faire pièce et leur dire quelque malice de mon cru, qui me vaudrait autant de coups de poignard qu'il y aurait de skènes dans l'honorable compagnie.

— Ainsi, votre dessein est de ne jamais vous joindre à aucune des orgies des gens de notre maison ?

— Sous votre faveur, oui, mylord ; à moins que le bon plaisir de Votre Grâce ne soit que le reste de vos gens demeure un jour sans boire, pour permettre à Will Watkins de s'enivrer sans craindre pour sa vie.

— L'occasion pourra s'en présenter. — Où sers-tu, Watkins ?

— Aux écuries, plaise à Votre Grâce.

— Que notre chambellan te fasse entrer dans notre maison comme yeoman de guet pour la nuit. J'aime ta physionomie, et c'est quelque chose d'avoir un homme sobre dans la maison, ne le serait-il que par crainte de la mort. Attache-toi donc au service de notre personne, et tu t'apercevras que la sobriété est une vertu qui prospère.

Sur ces entrefaites, un nouveau fardeau de craintes et de soucis venait s'ajouter aux souffrances dont la chambre de sir John Ramorny était le théâtre. Son esprit, déjà troublé par le narcotique, tomba dans une grande confusion quand le prince, en présence de qui il avait fait de violents efforts pour en dissimuler les effets, eut quitté l'appartement. Son jugement, dont il avait eu la pleine jouissance durant l'entrevue, commença à l'abandonner. Il sentait confusément qu'il s'était exposé à un grand danger, qu'il s'était fait un ennemi du prince, et qu'il lui avait livré un secret qui pourrait lui coûter la vie. Dans cette situation d'esprit et de corps, il n'est pas étonnant qu'il fût tombé sous l'empire d'un rêve, ou que ses organes affectés par la souffrance eussent été dominés par cette espèce de fantasmagorie qu'excite l'usage de l'opium. Il crut voir l'ombre de la reine Annabella debout près de son lit, lui demandant ce qu'il avait fait du jeune homme qu'elle lui avait confié simple, vertueux, plein de gaieté et d'innocence.

— Tu l'as rendu inconsidéré, dissolu et vicieux, disait la pâle image de la reine. Pourtant je te remercie, John de Ramorny, tout ingrat que tu sois, et quoique tu aies manqué à ta parole et trahi mes espérances.

CHAPITRE XVII.

Ta haine remédiera au mal que ton amitié lui a fait ; et j'ai l'espérance, maintenant que tu n'es plus son conseiller, qu'une pénitence rigoureuse sur terre pourra valoir à mon malheureux enfant son pardon et son admission dans un monde meilleur.

Ramorny étendit les bras vers sa bienfaitrice, et s'efforça de lui exprimer sa contrition et ses excuses ; mais la physionomie de l'apparition s'assombrit et prit une expression plus sévère. Puis ce ne fut plus celle de la feue reine, que remplaça le visage menaçant et hautain de Douglas le Noir, — puis les traits timides et mélancoliques du roi Robert, qui semblait déplorer la ruine prochaine de sa royale maison, — puis enfin un groupe de figures fantastiques, en partie hideuses, en partie burlesques, qui grimaçaient, et babillaient, et se contournaient en formes extravagantes et hors nature, comme si elles eussent voulu se moquer des efforts qu'il faisait pour se former d'elles une idée exacte.

CHAPITRE XVIII.

> Terre rougie par le sang, où la loi ne garantit pas la vie.
> BYRON.

Le matin du mercredi des Cendres se leva pâle et glacé, ainsi qu'à cette époque de l'année il est ordinaire en Ecosse, où souvent les premiers mois du printemps apportent avec eux le temps le plus mauvais et le plus rigoureux. C'était un jour de forte gelée, et les citadins avaient à dissiper dans le sommeil les conséquences de la débauche de la veille. Aussi le soleil était-il déjà depuis une heure au-dessus de l'horizon avant qu'aucune apparence un peu générale de vie et de mouvement se fût montrée parmi les habitants de Perth, de sorte que ce fut seulement quelque temps après l'aube qu'un citadin, se rendant de bonne heure à la messe, vit le corps du malheureux Olivier Proudfute étendu sur la face en travers du ruisseau, dans la position où il était tombé sous le coup d'Antony Bonthron, « l'enfant du ceinturon, » c'est-à-dire l'exécuteur des volontés de John de Ramorny.

Ce citadin matinal était Alan Griffin, ainsi nommé parce qu'il était le maître de l'hôtel du *Griffon*[1]; et l'alarme qu'il répandit eut bientôt rassemblé, d'abord les voisins déjà levés, et peu après une nombreuse affluence de bourgeois. Au premier moment, la cotte de buffle et la plume rouge du casque, que l'on reconnut aussitôt, firent rapidement courir le bruit que c'était le brave Smith qui gisait là assassiné. Cette fausse rumeur dura quelque temps; car l'hôtelier du *Griffon*, qui avait été magistrat, ne voulut pas permettre que l'on touchât au corps et qu'on le changeât de position jusqu'à l'arrivée du bailli Craigdallie, de sorte qu'on ne vit pas la figure.

— Ceci regarde la bonne ville, dit-il; et si c'est le brave Smith du Wynd qui est étendu là, il n'y a personne à Perth qui ne risquera terre et vie pour le venger. Voyez: les scélérats l'ont frappé par derrière; car il n'y a pas un homme à dix milles écossais de Perth, noble ou roturier, Highlander ou Lowlander, qui l'aurait attaqué face à face dans un aussi méchant dessein. O braves bourgeois de Perth! la fleur

[1] En anglais *Griffin*

de vos jeunes gens a été moissonnée, et cela par l'ignoble main d'un traître !

Un cri de fureur frénétique s'éleva du sein de la foule qui se pressait autour du cadavre.

— Nous allons le prendre sur nos épaules, dit un robuste boucher ; nous allons le porter en présence du roi au couvent des Dominicains.

— Oui, oui, ajouta un forgeron ; ni verrou ni barre ne pourra nous empêcher d'arriver jusqu'au roi ; ni moine ni messe ne nous arrêtera dans notre dessein. Jamais meilleur armurier ne leva le marteau sur l'enclume !

— Aux Dominicains ! aux Dominicains ! cria la foule assemblée.

— Rappelez-vous, bourgeois, dit un autre citadin, que notre roi est un bon roi, et qui nous aime comme ses enfants. C'est le comte de Douglas et le duc d'Albany qui ne veulent pas laisser le bon roi Robert ouïr la détresse de son peuple.

— Est-ce qu'il faut que nous nous laissions tuer dans nos propre rues parce que le roi a le cœur trop bon ? reprit le boucher. Le roi Bruce faisait autrement. Si le roi ne veut pas nous garder, nous nous garderons nous-mêmes. Sonnez les cloches à rebours : toutes, jusqu'à la dernière ! N'épargnez pas vos poumons ; en avant le cri — La chasse de Saint-Johnston est sur pied [1] !

— Oui, cria un autre bourgeois ; aux maisons d'Albany et de Douglas, et brûlons-les rez-terre. Que le feu dise partout que Perth a su venger son brave Henry Gow ! Il s'est battu vingt fois pour les droits de la bonne ville ; — faisons voir que nous saurons nous battre une pour le venger. Hallo ! ho ! braves citadins, la chasse de Saint-Johnton est sur pied

Ce cri, mot de ralliement bien connu des habitants de Perth, et qu'on n'entendait guère que dans les occasions de tumulte général, passa comme un écho de bouche en bouche, puis un ou deux clochers du voisinage, dont les bourgeois furieux se mirent en possession, soit du consentement des prêtres, soit malgré leur opposition, commencèrent à faire entendre les sinistres sons d'alarme ; et comme l'ordre ordinaire des carillons était renversé, on disait que les cloches sonnaient à rebours.

Néanmoins, comme la foule s'épaississait et que les clameurs devenaient de plus en plus universelles et plus bruyantes, Allan Griffin, homme à large encolure, à la voix retentissante, et qui était respecté de tous, grands et petits, s'était mis en station une jambe de chaque côté du cadavre, criant à la multitude de se tenir en arrière et d'attendre l'arrivée des magistrats.

— Il faut procéder par ordre en cette affaire-ci, mes maîtres ; il faut

---

[1] *Voyez* la note H, fin du volume.

que nous ayons nos magistrats à notre tête. Nous les avons dûment choisis et nommés à notre hôtel-de-ville, tous braves gens sur lesquels on peut compter ; nous ne voudrons pas qu'on nous appelle émeutiers et perturbateurs de la paix publique. Tenez-vous tranquilles et faites place ; voici venir le bailli Craigdallie avec l'honnête Simon Glover, à qui la bonne ville a tant d'obligations. Hélas! hélas! mes chers concitoyens ! hier au soir sa fille était une fiancée ; — ce matin la Jolie Fille de Perth est veuve avant d'avoir été femme !

Ce nouveau sujet de sympathie accrut d'autant plus la rage et la douleur de la foule, que nombre de femmes s'y étaient alors mêlées et répétaient le cri d'alarme poussé par les hommes.

— Oui, oui, la chasse de Saint-Johnston est sur pied ! Pour la Jolie Fille de Perth et le brave Henry Gow ! En avant, tous tant que vous êtes, et n'épargnez pas les coups ! Aux écuries ! — aux écuries ! — quand le cheval est parti, l'homme d'armes n'est plus bon à rien. — Expédiez les valets et les yeomen ! blessez, estropiez, lardez les chevaux ! tuez cette vile canaille d'écuyers et de pages ! que ces orgueilleux chevaliers viennent vous trouver à pied s'ils l'osent !

— Ils n'oseront pas, — ils n'oseront pas, répondirent les hommes ; leur force est dans leur cheval et dans leur armure. Et pourtant les orgueilleux et ingrats misérables ont tué un homme qui n'a jamais eu son pareil comme armurier ni à Milan ni à Venise. Aux armes! aux armes, braves bourgeois! La chasse de Saint-Johnston est sur pied !

Au milieu de ces clameurs, les magistrats et les habitants notables parvinrent avec peine à se faire faire place pour examiner le corps, ayant avec eux le greffier de la ville, à l'effet de dresser un procès-verbal officiel de l'état où il serait trouvé, ou, comme on dit encore aujourd'hui, une *precognition*. La multitude se soumit à ces délais avec une patience et un ordre qui marquaient fortement le caractère national d'un peuple dont la colère a toujours été d'autant plus dangereuse que sans se relâcher en rien de ses projets de vengeance il sait supporter avec patience tous les délais qui sont nécessaires pour en assurer la complète exécution. Aussi la multitude salua-t-elle ses magistrats d'une bruyante acclamation, dans laquelle se manifestait la soif de la vengeance, en même temps qu'une déférence respectueuse pour les protecteurs sous la direction desquels elle comptait l'obtenir d'une manière régulière et légale.

Tandis que ces accents de bienvenue retentissaient encore au-dessus de la foule qui alors remplissait toutes les rues adjacentes, recevant et renvoyant mille bruits différents, les pères de la cité faisaient relever le corps et l'examinaient de plus près ; alors on reconnut sur-le-champ, et on se hâta d'annoncer publiquement, que le corps qui était là étendu sans vie devant eux n'était pas celui de l'armurier du Wynd, si éminemment, et, d'après les qualités alors prisées, si justement populaire

CHAPITRE XVIII.

parmi ses concitoyens, mais bien celui d'un homme beaucoup moins généralement estimé, quoique n'étant pas non plus sans avoir sa valeur dans la ville, — du pétulant bonnetier Olivier Proudfute. Le ressentiment du peuple s'était tellement concentré sur l'idée générale que l'homme assassiné était son franc et brave champion, Henry Gow, que la rectification de ce bruit suffit pour refroidir la furie générale, quoiqu'on ne puisse guère douter que si le pauvre Olivier eût été reconnu tout d'abord, les cris de vengeance eussent été aussi unanimes, bien que probablement moins furieux, qu'ils ne l'avaient été pour Henry Wynd. La première annonce de cet avis inattendu excita même d'abord une espèce de rire dans la foule, tant le ridicule touche de près au terrible!

— Les assassins l'ont sans doute pris pour Henry Smith, dit Griffin ; ce qui doit avoir été pour lui une grande consolation dans la circonstance.

Mais l'arrivée d'autres personnages rendit bientôt à la scène son caractère profondément tragique.

CHAPITRE XIX.

> Qui diable sonne donc la cloche? — la ville va se soulever...
> *Othello*, acte II, sc. III.

Les étranges rumeurs qui se répandirent dans la ville, et que suivit de près le tintement des cloches d'alarme, portèrent avec elles une consternation générale. Les nobles et les chevaliers se réunirent avec leur suite sur différents points de rendez-vous, où il était le plus aisé de se défendre; et l'alarme arriva jusqu'à la résidence royale, où le jeune prince fut un des premiers à se rendre, pour concourir, s'il était nécessaire, à la défense du vieux roi. La scène de la nuit précédente lui revint en souvenir; et se rappelant la figure tachée de sang de Bonthron, il comprit, quoique confusément, que le crime commis par ce bandit se rattachait au tumulte actuel. L'entretien plus intéressant qu'il avait eu ensuite avec sir John Ramorny avait, toutefois, fait sur son esprit une impression trop profonde pour ne pas en effacer toute trace des propos assez vagues qu'il avait entendus au sujet du crime que venait de commettre l'assassin, sauf un souvenir confus que quelqu'un avait été tué. C'était surtout pour son père qu'il avait pris les armes avec les officiers de sa maison, lesquels, couverts d'armures brillantes et la lance au poing, faisaient alors une tout autre figure que la nuit précédente, au milieu de l'ivresse de leur saturnale. Le bon vieux roi reçut avec des larmes de gratitude cette marque d'attachement filial, et ce fut avec orgueil qu'il présenta son fils à son frère Albany, qui entra un moment après. Il les prit tous les deux par la main.

— Nous voici trois Stuarts, leur dit-il, inséparables comme le saint trèfle; et de même qu'on dit que celui qui porte sur lui cette herbe sacrée se moque des illusions de la magie, de même, tant que nous serons fidèlement unis entre nous nous pouvons défier la méchanceté de nos ennemis.

Le frère et le fils baisèrent la main affectueuse qui pressait la leur, tandis que Robert III exprimait ainsi la confiance qu'il mettait dans leur attachement pour lui. Le baiser du jeune prince était sincère en ce moment-là; celui du frère fut le baiser de Judas l'apostat.

Cependant la cloche de l'église de Saint-John entre autres répandait l'alarme parmi les habitants de Curfew-street. Dans la maison de Simon

Glover, la vieille Dorothée Glover, ainsi qu'on la nommait (car elle avait aussi pris son surnom du métier qu'elle exerçait sous les auspices de son maître), fut la première aux oreilles de qui le son arriva. Bien qu'un peu sourde dans les occasions ordinaires, pour les mauvaises nouvelles elle avait l'oreille aussi fine que le flair du milan pour une proie morte ; car Dorothée, qui du reste était une créature laborieuse, fidèle, et même affectionnée, avait pour recueillir et répéter les nouvelles sinistres ce goût prononcé qui se remarque souvent dans les basses classes. Peu accoutumés à ce qu'on les écoute, les gens du peuple aiment l'attention qu'une histoire tragique assure à celui qui en est porteur, et trouvent peut-être une jouissance dans l'égalité momentanée à laquelle le malheur réduit ceux que d'ordinaire on regarde comme étant au-dessus d'eux. Dorothée n'eut pas plus tôt fait une petite provision des bruits qui circulaient dans la ville, qu'elle entra en bondissant dans la chambre à coucher de son maître, qui avait profité du privilége de l'âge et de la fête pour dormir plus tard que d'habitude.

— Le voilà étendu dans son lit, l'honnête homme ! dit Dorothée d'un ton moitié criard, moitié empreint de compassion ; — le voilà étendu là, son meilleur ami assassiné, et lui qui s'en doute aussi peu que l'enfant qui vient de naître et qui ne sait pas encore distinguer la vie de la mort !

— Qu'est-ce qu'il y a ? dit Glover, se dressant brusquement sur son lit ; — de quoi s'agit-il, la vieille ? Ma fille est-elle bien portante ?

— La vieille ! répéta Dorothée, qui, tenant son poisson à l'hameçon, se plut à le laisser un peu se débattre. — Je ne suis pas assez vieille, ajouta-t-elle en sortant précipitamment de la chambre, pour rester là pendant qu'un homme sort nu de son lit....

Et un moment après on l'entendit dans la salle d'au-dessous, chantant mélodieusement en guise d'accompagnement à l'exercice de son balai.

— Dorothée ! — vieille chouette ! — diable incarné ! cria Simon, dis-moi seulement si ma fille est bien portante !

— Très bien, mon père, répondit de sa chambre la Jolie Fille de Perth, — parfaitement bien ; mais qu'y a-t-il donc, au nom de Notre-Dame ? Les cloches sonnent à rebours, et on entend des cris dans les rues.

— J'en vais savoir la cause tout-à-l'heure. — Ho ! Conachar ! viens promptement m'attacher mes pointes. — Mais j'oubliais ; — ce coquin d'Highlander est bien loin de l'autre côté de Fortingall. — Patience, ma fille, je vais t'apporter des nouvelles dans un moment.

— Vous n'avez pas besoin de vous presser pour ça, Simon Glover, cria la vieille obstinée ; on peut en dire le bon et le mauvais avant que vous ne soyez arrivé tout clopinant de l'autre côté de votre porte. J'ai su toute l'histoire là-bas dans la ville ; car, que je me suis dit, not'bourgeois n'en fait qu'à sa tête, et il va falloir qu'il aille se mêler dans la bagarre, que la cause soit ce que ça voudra ; ainsi donc il faut que je joue des jambes et que j'aille savoir la cause de tout ceci, sans quoi il y va fourrer son vieux nez, et peut-être bien qu'il se le fera pincer avant de savoir pourquoi.

— Hé bien, alors, quelles *sont* les nouvelles, ma vieille ? reprit l'impatient Glover, continuant de s'occuper activement à nouer les centaines de pointes ou de lacets au moyen desquels le haut-de-chausses s'attachait au pourpoint.

Dorothée lui laissa poursuivre sa tâche jusqu'au moment où elle conjectura qu'elle devait être à peu près achevée ; et prévoyant que si elle ne lui disait pas elle-même le secret, son maître allait aller en personne s'enquérir de la cause de tout ce trouble, elle lui cria alors : Hé bien, hé bien, vous ne pourrez pas dire que c'est ma faute si vous apprenez de mauvaises nouvelles avant d'avoir été à la messe du matin. J'aurais voulu n'vous dire ça que quand vous auriez entendu la parole du prêtre ; mais puisque vous voulez absolument le savoir, vous avez perdu le meilleur ami qui ait jamais donné la main à un ami, et Perth a à pleurer le plus brave bourgeois qui ait jamais pris une lame en main !

— Harry Smith ! — Harry Smith ! s'écrièrent à la fois le père et la fille.

— Aha ! vous y voilà à la fin ; et à qui la faute sinon la vôtre ? — vous qui avez fait un si beau train à propos de ce qu'il avait accompagné une chanteuse des rues, comme s'il avait été avec une Juive !

Dorothée aurait encore long-temps été sur ce thème-là, si Glover n'avait crié à sa fille, qui n'avait pas encore quitté sa chambre : C'est une sotte histoire, Catherine, — un radotage de vieille folle. Rien de pareil n'est arrivé. Je vais te rapporter les véritables nouvelles dans un moment. — Et saisissant son bâton, le vieux Simon passa précipitamment devant Dorothée et se trouva dans la rue, où une foule de gens couraient vers High-Street. Dorothée, pendant ce temps, continuait de murmurer dans ses dents : Oui, oui, ton père est un homme avisé, fie-toi là-dessus à sa parole. Tout-à-l'heure il va nous revenir avec quelque balafre qu'il va attraper dans la bagarre ; et alors ce seront des « Dorothée, aie-moi de la charpie ; — Dorothée, prépare-moi l'emplâtre ; — mais maintenant tout ce qui sort de la bouche de Dorothée n'est qu'une sotte histoire, et un mensonge, et une chose impossible. — Impossible ! est-ce que le vieux Simon croit que la tête d'Harry Smith était aussi dure que son enclume, avec tout un clan d'Highlanders à ses trousses ?

Ici elle fut interrompue par l'apparition d'une figure d'un aspect angélique, dont l'œil égaré, les joues d'une pâleur mortelle, les cheveux en désordre et la démarche mal assurée, effrayèrent la vieille Dorothée et lui firent oublier son humeur.

— Notre-Dame bénisse mon enfant! s'écria-t-elle. Qu'est-ce qui vous met dans un pareil état?

— N'avez-vous pas dit que quelqu'un était mort? répondit Catherine d'une voix tremblante et à peine articulée, comme si chez elle les organes de la parole et de l'ouïe eussent été à demi paralysés.

— Mort, ma chérie! Oui, oui, assez mort comme ça; il ne regardera plus personne de travers.

— Mort! répéta Catherine avec le même égarement dans l'accent et les manières. — Mort, — assassiné, — et par des Highlanders?

— Je garantirais que c'est par des Highlanders, — les coquins sans frein ni loi! Qui donc, excepté eux, tue les gens par la ville, sauf par-ci par-là quand les bourgeois sont en bisbille et se tuent les uns les autres, ou bien quand les chevaliers et les nobles répandent le sang? Mais cette fois-ci je réponds que ce sont les Highlanders. Il n'y avait pas dans Perth un seul homme, laird ou manant, qui aurait osé faire face à Henry Smith, homme pour homme. On se sera mis vingt contre lui; vous verrez ça quand on ira au fond de l'affaire.

— Les Highlanders! répétait Catherine, comme obsédée par quelque idée qui lui troublait les sens; les Highlanders! — Oh! Conachar! Conachar!

— C'est bien ça, et je jurerais que vous avez mis le doigt sur l'homme, Catherine. Ils se sont querellés, comme vous avez vu, la veille de la Saint-Valentin, et ils ont eu une prise. Un Highlandman a la mémoire longue pour ces choses-là. Donnez-lui une taloche à la Saint-Martin, la joue lui démange encore à la Pentecôte. Mais qu'est-ce qui a pu amener ces coquins à longues jambes à venir faire leur besogne de sang jusque dans la ville?

— Malheur à moi! c'est moi qui les y ai amenés, dit Catherine; c'est moi qui ai amené les Highlanders ici, — c'est moi qui ai envoyé chercher Conachar. — Oui, ils ont guetté leur proie, mais c'est moi qui les ai amenés à portée. Je veux tout voir de mes propres yeux; — et alors — nous ferons quelque chose. Vous direz à mon père que je vais revenir dans un instant.

— Avez-vous perdu l'esprit, ma fille? lui cria Dorothée pendant que Catherine gagnait précipitamment la porte de la rue. Vous ne vous en irez pas par les rues avec vos cheveux pendants sur vos joues de cette façon-là, vous qui êtes connue pour la Jolie Fille de Perth? — Par la messe! mais elle est déjà dans la rue, en arrive ce qui pourra; et le vieux Glover va faire un aussi beau train que si je pouvais la retenir bon gré mal gré, quand elle part comme un trait. — Voilà une belle matinée pour un mercredi des Cendres! — Que faire? Si je m'en allais chercher mon maître au milieu de la foule, il est probable que je serais écrasée sous les pieds, et on ne pleurerait guère la vieille femme. — Vais-je courir après Catherine, qui est déjà hors de vue et qui a le pied bien plus léger que moi? — Je vais descendre jusqu'à la porte de Nicol le barbier, et lui conter ce qui en est.

Tandis que la fidèle Dorothée exécutait la résolution que lui avait dictée la prudence, Catherine courait par les rues de Perth d'une manière qui en tout autre moment aurait attiré sur elle l'attention de quiconque l'aurait vue précipiter ses pas avec une impétuosité aveugle, si étrangement différente de la décence et du calme ordinaires de ses manières et de sa démarche, et sans le plaid, l'écharpe ou la mante que les femmes de bonne réputation et de rang décent portaient généralement quand elles sortaient de chez elles. Mais tout occupé comme chacun l'était, ceux-ci demandant, ceux-là rapportant la cause du tumulte, et la plupart en faisant des versions différentes, ni son costume négligé, ni le trouble de ses manières ne firent impression sur personne, et on la laissa suivre le chemin qu'elle avait pris sans lui donner plus d'attention qu'aux autres femmes, qui, poussées par la crainte ou par une anxieuse curiosité, étaient venues s'enquérir de la cause d'une alarme si générale, et peut-être se mettre en quête d'amis à la sûreté desquels elles s'intéressaient.

Catherine éprouvait en chemin l'étrange influence de cette scène d'agitation, et elle avait peine à ne pas répéter les cris de lamentation et d'alarme qui retentissaient autour d'elle. Elle continuait cependant d'avancer rapidement, oppressée, comme on l'est dans un rêve, de l'étrange impression de quelque horrible calamité dont elle était hors d'état de se rendre nettement compte, mais qui lui laissait la terrible idée que l'homme dont elle était si tendrement aimée, celui dont elle estimait si hautement les bonnes qualités, et que maintenant elle sentait lui être plus cher que peut-être auparavant elle n'aurait voulu se l'avouer à elle-même, que cet homme était assassiné, et très probablement à cause d'elle. La connexion qui se rencontrait entre la mort supposée de Henry et la descente de Conachar et de ses suivants, bien qu'adoptée par elle en un moment d'extrême émotion, était assez probable pour qu'elle eût pu la recevoir comme vérité, alors même que sa raison eût eu le loisir de l'examiner froidement. Sans se rendre compte de ses pensées, sauf le désir de savoir à quoi s'en tenir positivement sur la terrible rumeur, elle courait éperdument vers le lieu même qu'entre tous les autres ses sentiments de la veille l'auraient portée à éviter.

Qui aurait pu, le soir du mardi-gras, persuader à Catherine Glover, elle si fière, si timide, si réservée, si rigoureusement astreinte au décorum, que le mercredi des Cendres avant la messe elle courrait par les rues de Perth, au milieu du tumulte et de la confusion, les cheveux détachés et les vêtements en désordre, vers la maison de celui-là même qui l'avait grossièrement négligée, elle avait tout lieu de le croire, et qui l'avait indignement outragée au point de lui préférer des amours bas et licencieux! Cependant il en était ainsi: et son impatience prenant comme par instinct la route qui se trouvait la plus libre, elle évita la Grande-Rue, où la foule était le plus compacte, et atteignit le Wynd par les ruelles étroites qui bordent la ville du côté du nord, et à travers lesquelles Henry Smith avait la veille escorté Louise. Mais en ce moment ces parties de la ville comparativement isolées étaient elles-mêmes remplies de monde, tant l'alarme était générale. Catherine Glover s'y fraya un passage, néanmoins, pendant que ceux qui venaient à la remarquer se regardaient entre eux et secouaient la tête d'un air de compassion pour son chagrin. Enfin, sans aucune idée distincte de son projet, elle se trouva devant la porte de son amant, et frappa pour qu'on lui ouvrît.

Le silence qui succéda au bruit de ses coups précipités accrut encore l'alarme qui l'avait poussée à cette démarche désespérée.

— Ouvrez — ouvrez, Henry! cria-t-elle. Ouvrez si vous êtes encore en vie! — ouvrez si vous ne voulez pas trouver Catherine Glover morte sur votre seuil!

Comme elle poussait ces cris de désespoir, adressés à des oreilles qu'elle devait croire fermées par la mort, celui qu'elle invoquait ouvrit la porte en personne, juste à temps pour la soutenir au moment où elle allait tomber sur le sol. L'excès de sa joie, à une visite si peu attendue, ne fut contenu que par l'étonnement qui l'empêchait d'en croire ses yeux, et par l'alarme soudaine qui le saisit en voyant les yeux fermés de Catherine, ses lèvres décolorées et entr'ouvertes, la pâleur de ses joues et la cessation apparente de sa respiration.

Henry était resté chez lui, malgré l'alarme générale qui depuis longtemps était arrivée jusqu'à lui, bien résolu à ne plus se jeter au-devant des querelles qu'il pourrait éviter; et ce n'était que par égard à la demande des magistrats, auxquels, comme bourgeois, il était tenu d'obéir, que, prenant son épée et un petit bouclier suspendus à la muraille, il se disposait à se rendre, pour la première fois à contre-cœur, là où son devoir l'appelait.

— Il est dur, se disait-il, d'être mis en avant dans toutes les querelles de la ville, quand c'est une chose que Catherine déteste tant. A coup sûr il y a dans Perth assez de filles qui disent à leurs galants —Allez, faites bravement votre devoir, et gagnez les bonnes grâces de votre dame; — et cependant ce ne sont pas ceux-là qu'on envoie chercher, mais bien moi, qui ne saurais faire ce que le devoir commande à un homme pour protéger une musicienne ambulante, ou à un bourgeois qui se bat pour l'honneur de sa ville, sans que cette pie-grièche de Catherine ne me traite comme si j'étais un bretailleur et un coureur de mauvais lieux!

Telles étaient les pensées qui occupaient son esprit, quand, au moment où il ouvrit sa porte pour sortir, la personne la plus chère à son cœur, mais celle qu'assurément il s'attendait le moins à voir, s'offrit à sa vue et vint tomber dans ses bras.

Le mélange de surprise, de joie et d'inquiétude qu'il éprouva, ne lui enleva pas la présence d'esprit que l'occasion exigeait. Il fallait penser à mettre Catherine en sûreté et à la faire revenir à elle avant d'obéir à l'appel des magistrats, quelque pressant qu'il eût été. Il porta son adorable fardeau, aussi léger qu'une plume et cependant plus précieux que le même volume de l'or le plus pur, dans une petite chambre qui avait été celle de sa mère. Elle convenait d'autant mieux à une personne souffrante qu'elle avait vue sur le jardin, et qu'elle était éloignée du bruit et du tumulte.

— Hé! nourrice! — nourrice Schoolbred! — venez vite, — il s'agit de la mort ou de la vie! — Voici quelqu'un qui a besoin de votre secours!

La vieille dame accourut promptement. — Si ça pouvait seulement se trouver quelqu'un qui t'empêche d'aller te fourrer dans la bagarre! murmurait-elle en accourant, — car elle aussi avait été réveillée par le bruit. — Mais quel fut son étonnement quand elle vit, respectueusement placée sur le lit de sa défunte maîtresse, et soutenue par le bras athlétique de celui qu'elle avait nourri, la forme en apparence inanimée de la Jolie Fille de Perth! — Catherine Glover! s'écria-t-elle; et dans quel état, sainte mère de Dieu! — on dirait qu'elle est mourante!

— Non, ma vieille, repartit Henry; son cher cœur bat, — sa douce respiration va et vient! Allons, viens là, que tu puisses la secourir plus convenablement que moi; — apporte de l'eau, — des essences, — tout ce que ta vieille expérience pourra imaginer. Le Ciel ne l'aura pas placée dans mes bras pour qu'elle meure, mais pour qu'elle vive pour elle et pour moi!

Avec une activité que son âge promettait peu, nourrice Schoolbred réunit ce qui était nécessaire pour faire revenir d'un évanouissement; car, de même que beaucoup de femmes de ce temps-là, elle entendait ce qu'il fallait faire en de tels cas, et même elle était en état de soigner des blessures d'une nature ordinaire, connaissance que l'humeur belliqueuse de son fils d'affection tenait assez constamment en exercice.

— Allons, Henry, dit-elle, ôtez votre bras d'autour de ma malade, — quoiqu'elle vaille bien la peine qu'on la presse, — et tâchez d'avoir les mains libres pour m'aider. — Et même je n'insisterai pas pour que vous quittiez sa main, si vous voulez lui frapper dedans tout doucement, à mesure qu'elle desserrera les doigts.

— *Moi* frapper dans sa jolie petite main! fit Henry; autant vaudrait que vous me disiez de frapper sur un verre avec un marteau d'enclume que de taper dans sa jolie main avec mes doigts durs comme de la corne. — Mais voilà ses doigts qui se desserrent; nous trouverons un meilleur moyen que de les taper : — et il appliqua ses lèvres à l'intérieur d'une main délicate, dont les mouvements indiquaient un retour de sensation. Après deux ou trois profonds soupirs la Jolie Fille de Perth

CHAPITRE XIX.

ouvrit les yeux, les fixa sur Henry, agenouillé près du lit, et se laissa retomber sur l'oreiller. Comme elle ne retira pas sa main de celles de son amant, charitablement nous devons croire qu'elle n'était pas encore si complétement revenue à elle qu'elle pût s'apercevoir qu'il abusait de l'avantage, en la pressant alternativement sur ses lèvres et sur son cœur. Nous sommes en même temps forcés de convenir que durant les deux ou trois minutes qui suivirent cette rechute, le sang colorait ses joues, et que sa respiration était profonde et régulière.

Le bruit qui se faisait entendre à la porte commença alors à devenir beaucoup plus fort, et Henry s'entendit appeler par ses différents noms de Smith, de Gow, de Hal du Wynd, de même que les païens avaient coutume de donner à leurs divinités diverses épithètes. A la fin, comme les catholiques portugais las d'implorer vainement leurs saints, la foule qui se pressait au-dehors eut recours à des exclamations de reproche.

— Fi donc, Henry! Vous êtes un homme déshonoré, parjure à votre serment comme bourgeois et traître envers la bonne ville, si vous ne venez sur-le-champ.

Il semblerait que les soins de nourrice Schoolbred eussent alors réussi jusqu'à un certain point à rappeler Catherine à la connaissance; car tournant les yeux vers ceux de son amant plus qu'elle ne le pouvait dans sa première attitude, elle laissa tomber sa main droite sur l'épaule de Henry, sans retirer sa main gauche qu'il continuait de tenir dans les siennes, et parut faire un léger effort pour le retenir, en même temps qu'elle lui dit presque à voix basse : N'y va pas, Henry ; — reste avec moi. — Ils vont te tuer, ces hommes de sang.

Il semblerait aussi que cette douce invocation, provenant de ce qu'elle avait retrouvé vivant celui dont elle avait cru ne retrouver que le cadavre, et bien que prononcée d'une voix si basse qu'à peine on put l'entendre, eut plus de puissance pour retenir Henry Wynd dans l'attitude où il se trouvait, que les cris répétés d'une foule de voix au-dehors pour lui faire descendre l'escalier.

— Par la messe, concitoyens! cria un hardi citadin à ses compagnons, cet impudent Smith se moque de nous! Entrons dans la maison, et amenons-le par l'oreille et la corne.

— Prenez garde à ce que vous allez faire, dit un des assaillants plus circonspect. Celui qui pénètre de force dans la maison d'Henry Gow pourra bien y entrer les os entiers et en rapporter de la besogne pour le chirurgien. — Mais voici venir quelqu'un qui pourra très bien se charger de notre message, et faire entendre raison aux deux oreilles du récalcitrant.

Ce quelqu'un n'était autre que Simon Glover. Il était arrivé à l'endroit fatal où gisait le corps du malheureux bonnetier, juste à temps pour découvrir, à son grand soulagement, que quand on l'avait retourné la face en dessus, par ordre du bailli Craigdallie, on avait trouvé les traits du pauvre fanfaron Proudfute là où la foule s'attendait à voir ceux de son champion favori Henry Smith. Un sourire, ou quelque chose d'approchant, se trahit sur la figure de ceux qui se souvenaient combien Proudfute s'était donné de peine pour acquérir une réputation de ferrailleur, quelque contraire qu'une telle réputation fût à sa nature, et qui remarquèrent en ce moment qu'il avait trouvé un genre de mort beaucoup plus en rapport avec ses prétentions qu'avec son caractère réel. Mais cette propension à une gaieté intempestive, qui tenait à la rudesse du temps, fut tout-à-coup refoulée par la voix, et les cris, et les exclamations d'une femme qui s'efforçait de percer la foule, tout en s'écriant : Oh, mon mari! — mon mari!

On fit place à l'infortunée veuve, que suivaient deux ou trois femmes de ses amies. Maudie Proudfute n'avait été remarquée jusqu'alors que comme une brune de bonne mine, qui passait pour être fière et dédaigneuse pour ceux qu'elle croyait au-dessous d'elle ou moins riches, et dame et maîtresse de son défunt mari, à qui elle faisait bien vite baisser la crête quand il lui arrivait de coqueliner hors de saison. Mais, en ce moment, sous l'influence d'une vive douleur, elle prit aux yeux de la foule un caractère beaucoup plus imposant.

— Vous riez, dit-elle, indignes bourgeois de Perth, parce que le sang d'un de vos concitoyens a coulé dans le ruisseau?—Ou bien riez-vous parce que le coup fatal est tombé sur mon mari? En quoi l'a-t-il mérité? — Ne maintenait-il pas une honnête maison par son industrie? — A-t-il jamais refusé sa table au malade ou repoussé le pauvre? — Ne prêtait-il pas à ceux qui étaient dans le besoin, —n'était-il pas pour ses voisins un ami sûr, —n'était-il pas toujours prêt à donner des conseils et à rendre la justice comme magistrat?

— C'est vrai, c'est vrai, répondit la foule; son sang est notre sang, autant que si c'était celui d'Henry Gow.

— Vous avez raison, voisins, dit le bailli Craigdallie, et cette affaire-ci ne peut pas se rapiéceter comme la dernière; — le sang des citadins ne doit pas couler sans vengeance par les ruisseaux comme si c'était de l'eau bourbeuse, sans quoi la Tay ne tardera pas à en être rougie. Mais ce coup n'était pas destiné au malheureux sur qui il est tombé. Chacun sait ce qu'était Olivier Proudfute, combien il était prêt à parler et combien peu à agir. Il a sur lui la cotte de buffle, le target et le bonnet d'acier d'Henry Smith. Toute la ville les connaît aussi bien que moi; il n'y a pas doute là-dessus. Il avait la manie, comme vous savez, de vouloir imiter Smith en beaucoup de choses. Quelqu'un, aveuglé par la rage ou peut-être par le vin, a frappé l'innocent bonnetier, que personne ne haïssait ni ne craignait, et dont même personne ne s'occupait beaucoup, au lieu du brave Smith, qui a vingt affaires sur les bras.

— Qu'est-ce qu'il faut donc faire, bailli? cria la multitude.

— C'est ce que vos magistrats vont décider pour vous, mes amis, vu que nous allons nous réunir dans un moment, aussitôt l'arrivée de sire Patrick Charteris, qui ne peut pas tarder. En attendant, laissez le chirurgien Dwining examiner cette pauvre masse d'argile, afin qu'il puisse nous faire son rapport sur cet accident fatal ; puis on enveloppera décemment le corps dans un linceul propre, comme il convient à un honnête citadin, et on le placera devant le maître-autel de l'église de Saint-John, le patron de la bonne ville. Cessez toute clameur et tout bruit, et que tous ceux d'entre vous qui sont en état de s'armer et qui veulent le bien de la bonne ville tiennent leurs armes prêtes et se disposent à se réunir dans la Grande-Rue au premier coup de la cloche de l'hôtel-de-ville ; nous vengerons la mort de notre concitoyen, ou autrement il adviendra de nous ce que le Ciel voudra. En attendant, évitez toute querelle avec les nobles et leurs suivants, jusqu'à ce que nous ayons pu distinguer l'innocent du coupable. — Mais qui retient donc ce maraud de Smith ? Il est toujours assez prêt à se mêler dans les tumultes où on n'a pas besoin de lui, et il se fait attendre maintenant que sa présence peut être utile à la bonne ville ! — Quelqu'un sait-il ce qu'il a ? — Est-ce qu'il a fait bombance hier au soir ?

— Il est plutôt malade ou il a de l'humeur, monsieur le bailli, dit un des *mairs* ou sergents de la ville ; car malgré qu'il soit chez lui, à ce que nous ont dit ses garçons, il n'a pourtant voulu ni nous répondre ni nous ouvrir.

— Plaise à votre honneur, monsieur le bailli, dit Simon Glover, je vais aller moi-même chercher Henry Smith. J'ai quelque petit différend à régler avec lui. Et bénie soit Notre-Dame, qui a voulu que je le retrouve en vie ; car il y a un quart d'heure je ne m'y serais jamais attendu !

— Amenez le brave Smith au conseil, reprit le bailli, à qui un yeoman à cheval, qui s'était fait jour à travers la foule, venait de dire à l'oreille : Voici un camarade qui vient de voir le chevalier de Kinfauns passer la porte de la ville.

Tel fut le motif qui amenait Simon Glover chez Henry Gow, au moment où nous l'y avons vu arriver.

Ne se laissant pas arrêter par la crainte ou l'hésitation qui influençait les autres, il se dirigea droit au parloir ; là, ayant entendu la voix de dame Schoolbred, il usa de son privilége d'intimité pour monter à la chambre à coucher, et avec la légère excuse d'un — je vous demande pardon, mon cher voisin, — il ouvrit la porte et entra dans la chambre, où il eut un spectacle aussi singulier qu'inattendu. Au son de sa voix, May Catherine revint à elle beaucoup plus promptement que les cordiaux de dame Schoolbred n'avaient pu la tirer de sa torpeur, et la pâleur de ses traits se changea en un rouge ardent. Ses deux mains, que jusqu'à cet instant sa faiblesse ou son affection, éveillée par les événements de la matinée, avait presque abandonnées aux caresses d'Henry, le repoussèrent loin d'elle. Henry Smith, timide comme nous le connaissons, faillit tomber en se relevant; et aucun des acteurs de la scène ne fut sans sa part de confusion, à l'exception de dame Schoolbred, qui fut charmée de trouver un prétexte de tourner le dos aux autres pour satisfaire à leurs dépens une envie de rire qu'elle se sentait absolument hors d'état de retenir, et auquel se joignit sincèrement Simon Glover, dont la surprise, quoique grande, fut de courte durée et céda bientôt à son joyeux caractère.

— Par le bon saint John! s'écria-t-il, je croyais avoir vu ce matin quelque chose qui me guérirait de l'envie de rire, au moins pour le carême; mais, quand je serais sur mon lit de mort, ce que je vois là me dériderait de force! Voici l'honnête Henry Smith, qu'on pleurait comme mort et qu'on carillonnait du haut de tous les clochers de la ville, que je retrouve alerte, joyeux et aussi plein de vie que pas un homme à Perth, si j'en juge par ses joues rubicondes. Et voici ma sainte fille, qui hier ne parlait d'autre chose que de la perversité de ceux qui fréquentent les divertissements profanes et qui protègent les filles de joie, — oui, elle qui défiait tout à la fois saint Valentin et saint Cupidon, — la voilà qui a elle-même tourné à la joie, autant que je puis voir! Je suis surpris, ma chère dame Schoolbred, que vous qui ne prêtez pas la main au désordre, vous soyez de cette partie d'amourette.

— Vous me faites injure, mon père, dit Catherine, qui parut prête à pleurer. Je suis venue ici dans une tout autre attente que celle que vous supposez. Je suis venue seulement parce que... parce que...

— Parce que vous vous attendiez à trouver un amoureux mort, interrompit son père, et vous en avez trouvé un vivant, qui peut recevoir les gages de votre amitié, et vous les rendre. Si ce n'était pas un péché, je remercierais le Ciel au fond du cœur de ce qu'à la fin on t'a surprise à t'avouer femme; — Simon Glover n'est pas digne d'avoir une sainte pour fille. — Allons, n'ayez pas l'air si piteux, et n'attendez pas non plus des condoléances de moi! Seulement je tâcherai de ne pas paraître joyeux si vous voulez bien arrêter vos larmes, ou convenir que ce sont des larmes de joie.

— Ma vie dépendrait-elle de pareille confession, dit la pauvre Catherine, je ne saurais pas quel nom leur donner. Croyez seulement, mon père, et qu'Henry croie bien, que je ne serais jamais venue chez lui si.... si....

— Si vous n'aviez pas pensé qu'Henry ne pouvait pas venir vous trouver, reprit le père. Maintenant donnez-vous les mains en signe de paix et de bon accord, et accordez-vous comme on le doit entre Valentins. C'était hier jour de confession, Henry; — nous tiendrons pour dit que tu t'es confessé de tes folies, que tu as obtenu l'absolution, et que tu es lavé de tous les crimes dont tu étais chargé

— Quant à cela, père Simon, dit Smith, maintenant que vous

êtes assez de sang-froid pour m'écouter, je puis vous jurer sur les évangiles, et je puis prendre ma nourrice dame Schoolbred à témoin....

— Allons, allons, interrompit Glover, pourquoi réveiller des querelles qui devraient être complétement oubliées?

— Simon! — Simon Glover! cria-t-on en ce moment d'en bas.

— C'est vrai, mon fils Smith, reprit Glover d'un ton sérieux; nous avons d'autre besogne en main. Vous et moi, il faut que nous allions sur-le-champ au conseil. Catherine restera ici avec dame Schoolbred, qui aura soin d'elle jusqu'à notre retour; et alors, comme la ville est en émoi, à nous deux, Harry, nous la reporterons à la maison, et ils seront hardis ceux qui nous barreront le passage.

— Voilà maintenant, mon père, que vous prenez l'office d'Olivier Proudfute, dit Catherine avec un sourire. Ce vaillant bourgeois est le frère d'armes de Henry.

La physionomie de Simon s'assombrit.

— Vous avez dit là un mot poignant, ma fille, répliqua-t-il; mais vous ne savez pas ce qui est arrivé. Embrassez-le en signe de pardon, Catherine.

— Du tout, mon père; je n'ai déjà été que trop bonne pour lui. Quand il aura ramené chez elle la demoiselle errante, il sera à temps pour réclamer sa récompense.

— En attendant, dit Henry, je réclamerai comme votre hôte ce que vous ne voulez pas m'accorder à un autre titre.

Il enserra la Jolie Fille dans ses bras, et il put alors prendre le baiser qu'elle avait refusé de lui donner.

Comme ils descendaient l'escalier ensemble, le vieillard mit sa main sur l'épaule de Smith, et lui dit : Henry, mes vœux les plus chers sont accomplis; mais il a plu aux saints que ce fût dans une heure d'embarras et de terreur.

— C'est vrai, répondit Smith; mais vous savez, mon père, que si à Perth nos émeutes sont fréquentes, du moins elles durent rarement long-temps.

Alors, ouvrant une porte qui conduisait de la maison dans la forge : Holà, camarades! cria-t-il; Anton! Cuthbert! Dingwell! Ringan! qu'aucun de vous ne bouge d'ici jusqu'à mon retour. Soyez aussi solides que les armes que je vous ai appris à forger; un écu de France et un régal d'Écosse pour vous si vous faites ce que je vous dis. Je laisse un précieux trésor sous votre garde. Veillez bien aux portes; — que le petit Jannekyn fasse sentinelle dans le Wynd, et tenez vos armes sous la main si quelqu'un approchait de la maison. N'ouvrez à personne, jusqu'à ce que le père Glover ou moi soyons de retour; il y va de ma vie et de mon bonheur.

— Mort à qui tenterait d'entrer! répondirent les vigoureux géants basanés à qui il s'adressait.

16

— Ma Catherine est maintenant aussi en sûreté, reprit Henry, que si vingt hommes tenaient garnison pour elle dans un château royal. Nous allons gagner bien tranquillement le conseil, en traversant le jardin.

Il prit en effet les devants par un petit verger où les oiseaux que le bon artisan avait abrités et nourris pendant l'hiver saluaient déjà de quelques chants encore faibles et interrompus, quelque peu avancée que fût la saison, les sourires incertains d'un soleil de février.

— Ecoutez ces ménestrels, père, dit Henry; je me moquais d'eux ce matin dans l'amertume de mon cœur, parce que les petits malheureux chantaient avec encore tant de jours d'hiver devant eux. Mais maintenant il me semble que j'endurerais un joyeux chorus, car j'ai ma Valentine comme ils ont les leurs, et quelque mal qui puisse m'atteindre demain, je suis aujourd'hui l'homme le plus heureux de Perth, des environs et de tout le comté.

— Il me faut cependant tempérer votre joie, repartit le vieux Glover, quoique, le Ciel le sait, je la partage. — Le pauvre Olivier Proudfute, le fou inoffensif que vous et moi nous connaissions si bien, a été trouvé ce matin mort dans les rues.

— Seulement mort-ivre, j'espère? répliqua Smith; un chaudeau et une dose d'admonitions matrimoniales le rendront à la vie.

— Non, Henry, non. Il est assassiné, — assassiné d'un coup de hache ou de quelque arme du même genre.

— Impossible! il avait d'assez bonnes jambes, et pour tout Perth il ne se serait pas fié à ses mains quand ses talons pouvaient le tirer d'affaire.

— On ne lui a pas laissé le choix. Le coup lui a été porté derrière la tête. Celui qui l'a frappé doit avoir été plus petit que lui et s'être servi d'une hache d'armes de cavalier ou de quelque autre arme de même nature, car une hache de Lochaber aurait dû le frapper sur le haut de la tête. — Au surplus, il est bien mort, la tête fendue, je puis dire, par une effroyable blessure.

— C'est inconcevable, dit Henry Wynd. Il était chez moi à minuit, en habit de danseur moresque; et il paraissait avoir bu, pourtant sans trop d'excès. Il m'a fait je ne sais quelle histoire de tapageurs qui l'avaient poursuivi et l'avaient mis en danger; mais, hélas! vous connaissez l'homme: je jugeai qu'il était dans un accès de forfanterie, comme il lui en prenait parfois quand il était en train, et, que la sainte Vierge me pardonne! je le laissai aller sans lui faire compagnie, en quoi j'ai eu grand tort. J'en prends le bienheureux saint John à témoin! j'aurais accompagné n'importe qui aurait eu besoin de protection; et je l'aurais encore dû bien plus avec lui, avec qui je me suis si souvent assis à la même table, lui avec qui j'ai si souvent bu au même verre. Quel est donc l'homme qui a pu avoir la pensée de faire du mal à un être si simple et si inoffensif, sauf par ses sottes vanteries?

— Henry, il portait ton bonnet d'acier, ta cotte de buffle et ton target ; — comment les avait-il eus ?

— Parbleu, il m'avait demandé à s'en servir pour la nuit ; moi j'étais mal à mon aise et bien content d'être débarrassé de sa compagnie, n'ayant pas chômé la fête et étant bien décidé à ne pas la chômer, à cause de notre brouille.

— L'opinion du bailli Craigdallie et de tous nos plus sages conseillers est que le coup t'était destiné, et que c'est à toi de poursuivre la vengeance due à notre concitoyen, qui a reçu la mort qui t'était destinée.

Smith fut un moment sans répondre. Ils étaient alors sortis du jardin et descendaient une ruelle isolée par laquelle ils comptaient arriver à la maison de ville sans être arrêtés en route ni exposés aux questions des oisifs.

— Tu es silencieux, mon fils, reprit Simon Glover ; nous avons pourtant à parler de bien des choses. Songe que cette pauvre Maudlin que voici veuve, si elle trouve à intenter une accusation contre quelqu'un pour le mal qu'elle éprouve ainsi que ses enfants orphelins, doit la soutenir par un champion, conformément à la loi et à l'usage ; car, n'importe qui est le meurtrier, nous connaissons assez ces suivants des nobles pour être assurés que celui sur lequel les soupçons se dirigeront en appellera au combat, en dérision, peut-être, de nous autres bourgeois qu'ils traitent de poltrons. Tant que nous aurons du sang dans les veines, nous ne devrons pas le souffrir, Henry Wynd.

— Je vois où vous voulez m'amener, père Simon, répondit Henry d'un air abattu ; et saint John sait que jamais cheval de bataille n'a entendu la trompette avec plus de plaisir que je n'entendais autrefois un appel aux armes. Mais songez, père, combien de fois j'ai perdu les bonnes grâces de Catherine, et presque désespéré de les regagner jamais, et cela pour avoir été, si je puis dire, trop prêt à jouer des mains. Et voici que toutes nos querelles sont arrangées, et que l'espoir, qui semblait ce matin ne jamais devoir se relever pour moi en ce monde, est redevenu plus proche et plus brillant que jamais : dois-je donc, avec le baiser de pardon de cette chère Catherine encore sur les lèvres, m'engager dans une nouvelle scène de violence, qui lui causera, vous le savez bien, le plus grand déplaisir ?

— Il m'est difficile de vous donner un conseil, Henry, repartit Simon ; mais je dois vous faire une question : avez-vous, oui, ou non, quelque raison de croire que ce pauvre malheureux Olivier a été pris pour vous ?

— Je ne le crains que trop, répondit Henry. On trouvait qu'il me ressemblait quelque peu, et le pauvre fou s'était étudié à singer mes gestes et ma manière de marcher, et même jusqu'aux airs que j'ai l'habitude de siffler, afin d'accroître encore une ressemblance qui lui a coûté si cher. Il ne manque pas de gens, tant dans la ville que dans le pays, qui me gardent rancune et qui ont quelque revanche à prendre ; et je ne pense pas que lui fût dans le même cas.

— Hé bien, Henry, je ne puis pas dire que ma fille ne sera pas mécontente. Elle a long-temps fait sa compagnie du père Clement, et elle a reçu de lui des idées de paix et de pardon qui ne paraissent pas trop bien convenir dans un pays où les lois ne peuvent nous protéger, à moins que nous ne sachions nous protéger nous-mêmes. Si tu te décides pour le combat, je ferai de mon mieux pour lui persuader d'envisager la chose du même œil que les autres honnêtes femmes de la ville ; et si tu prends la résolution de laisser dormir l'affaire, — celui qui a perdu la vie pour toi restant ainsi sans vengeance, — de même que la veuve et les orphelins resteront sans réparation pour la perte d'un mari et d'un père, — hé bien, je te rendrai la justice de me souvenir que moi, du moins, je ne devrai pas avoir plus mauvaise opinion de toi pour ta patience, puisque si tu en montres tant, c'est par amour pour mon enfant. Mais alors, Henry, il nous faudra en ce cas quitter notre chère Saint-Johnston, car ici nous ne serons plus qu'une famille déshonorée.

Henry laissa échapper un profond gémissement et resta un moment silencieux, puis il répliqua : J'aimerais mieux être mort que déshonoré, quand je devrais ne jamais la revoir ! Si ç'avait été hier au soir, je me serais trouvé en face de la meilleure lame de tous ces hommes d'armes aussi joyeusement que j'aie jamais dansé sous un mai. Mais aujourd'hui où pour la première fois elle a été assez bonne pour me dire — Henry Smith, je t'aime ! — père Glover, c'est bien dur. Pourtant tout cela est de ma faute ! Ce pauvre malheureux Olivier ! j'aurais dû lui donner l'abri de mon toit, quand il me le demandait dans sa frayeur ; ou si seulement j'étais allé avec lui, j'aurais prévenu ce qui est arrivé ou j'aurais partagé son sort. Mais je l'ai gouaillé, je me suis moqué de lui, je l'ai chargé de malédictions, que je ne proférais, les saints le savent, que par mauvaise humeur et impatience. Je l'ai mis à la porte, lui que je savais si incapable de se défendre, et je l'ai envoyé au-devant du coup qui m'était peut-être destiné. Il me faut le venger, ou être déshonoré pour jamais. Voyez, père Simon, — on a dit que j'étais aussi dur que l'acier que je travaille : — acier fourbi a-t-il jamais versé des larmes comme celles-ci ? — C'est une honte à moi de les répandre !

— Ce n'est pas une honte, mon cher enfant, repartit Simon ; tu es aussi bon que brave, ce n'est pas d'aujourd'hui que je le sais. Il y a pourtant une chance pour nous. Il peut se faire qu'on ne découvre personne à qui le soupçon s'attache, et là où il n'y a pas de soupçon il ne peut y avoir de combat. Il est dur d'être obligé de souhaiter que le sang innocent reste sans vengeance. Pourtant, si celui qui a commis ce meurtre abominable demeure inconnu quant à présent, tu seras sauvé de la tâche de chercher une vengeance dont sans doute le Ciel se chargera quand le moment en sera venu.

CHAPITRE XIX.

Tout en causant ainsi ils arrivèrent à la partie de la Grand'Rue où la maison de ville était située. Au moment où ils arrivaient à la porte en se frayant un passage à travers la foule qui encombrait la rue, ils trouvèrent les approches gardées par une troupe choisie de bourgeois armés et par une cinquantaine de lances appartenant au chevalier de Kinfauns, qui, avec ses alliés les Grays, les Blairs, les Moncrieffs et autres, avait amené à Perth un corps considérable de gens à cheval, dont ceux-ci faisaient partie. Aussitôt que Glover et Smith se présentèrent, ils furent introduits dans la salle où les magistrats étaient assemblés.

CHAPITRE XX.

> Une femme éplorée demande justice, une veuve
> pâle et désolée.   BERTHA.

A salle du conseil de Perth ¹ offrait un singulier spectacle. Dans une pièce sombre et qu'éclairaient fort mal deux fenêtres incommodes, de forme différente et de grandeur inégale, étaient réunis, autour d'une grande table en chêne, un groupe d'hommes dont une partie, qui occupait les siéges les plus élevés, se composait de marchands, c'est-à-dire de membres des corporations ou boutiquiers, décemment habillés selon leur condition, et portant pour la plupart, comme le régent York,

« L'emblème de la guerre autour de leur vieux cou, »

nous voulons dire un gorgerin, avec un baudrier dans lequel étaient passées leurs armes. Aux places inférieures étaient assis des artisans, présidents ou *diacres*, ainsi qu'on les appelait, des classes ouvrières, en habits de travail un peu mieux arrangés que d'ordinaire. Ceux-ci portaient comme les premiers des parties d'armures de diverse nature. Quelques uns avaient le *black jack,* ou pourpoint couvert de petites plaques de fer coupées en losange et fixées par l'angle supérieur, formant ainsi des rangs superposés qui obéissaient à tous les mouvements du corps, et protégeaient parfaitement bien celui qui en était couvert. D'autres avaient des cottes de buffle qui pouvaient, comme on l'a déjà dit, résister à un coup d'épée et même à un coup de lance, à moins qu'ils ne fussent portés avec une bien grande force. A l'extrémité de cette table ainsi entourée était placé sir Louis Landin; celui-là n'était pas un homme de guerre, mais bien un prêtre, le curé de Saint-John, vêtu de ses habits sacerdotaux et ayant devant lui sa plume et son encrier. C'était le greffier de la ville, et, comme tous les prêtres de l'époque (que cette circonstance faisait surnommer les chevaliers du pape), il recevait l'honorable titre de *dominus*, et par contraction Dom ou Dan, titre que l'on remplaçait quelquefois par celui de SIR, qui appartenait spécialement à la chevalerie séculière.

Sur un siége élevé à la tête de la table du conseil, était placé sir Pa-

---
¹ *Voyez* la note J, fin du volume.

trick Charteris, couvert d'une armure étincelante; singulier contraste avec le mélange bigarré de l'accoutrement mi-guerrier, mi-pacifique des bourgeois, qui n'étaient appelés aux armes qu'accidentellement. L'attitude du prévôt, en même temps qu'elle semblait reconnaître le rapport intime que des intérêts réciproques avaient établis entre lui, la ville et le corps des magistrats, était cependant de nature à rappeler la supériorité que la noblesse du sang et le rang de chevalier lui donnaient, dans l'opinion du siècle, sur les autres membres de l'assemblée qu'il présidait. Deux écuyers étaient debout derrière lui, l'un d'eux tenant à la main le pennon du chevalier, et l'autre son écu, sur lequel étaient représentées ses armoiries, une main tenant une dague ou épée courte avec cette fière devise : *This is my charter* [1]; un page d'une jolie figure soutenait la longue épée de son maître, et un autre portait sa lance : emblèmes et armoiries chevaleresques qui étaient tous d'autant plus scrupuleusement produits, que le dignitaire auquel ils appartenaient se trouvait engagé dans des fonctions de magistrat civil. Le chevalier de Kinfauns semblait même affecter dans son attitude et sa physionomie une sorte de roideur solennelle qui n'était pas dans son caractère naturellement franc et jovial.

— Ha! vous voici enfin, Henry Smith, et vous aussi, Simon Glover, leur dit le prévôt. Vous saurez que vous nous avez fait attendre. Si pareille chose se représentait quand nous occuperons cette place, nous mettrons sur vous une amende qui ne vous fera guère plaisir à payer. Il suffit, — pas d'excuses. On ne vous les demande pas maintenant, et une autre fois elles ne seront pas reçues. Sachez, messieurs, que notre révérend greffier a mis par écrit tout au long ce que je vais vous dire en deux mots, afin que vous puissiez voir, Henry Smith, ce qu'on requiert particulièrement de vous. Notre feu concitoyen Olivier Proudfute a été trouvé mort dans la Grand'Rue, tout à côté de l'entrée du Wynd. Il semble qu'il ait été tué d'un coup vigoureusement asséné avec une hache courte, porté par derrière et à l'improviste; et sa mort ne peut être caractérisée autrement que de meurtre abominable et prémédité. Voilà pour le crime. Le criminel ne peut être indiqué que par les circonstances. Il a été consigné dans le procès-verbal du révérend sir Louis Lundin que différents témoins dignes de foi ont vu notre défunt citadin Olivier Proudfute jusqu'à une heure avancée, accompagnant *l'entrée* des danseurs moresques [2] dont il faisait partie, jusqu'à la maison de Simon Glover dans Curfew-Street où ils ont derechef donné une représentation de leurs divertissements. Il est aussi rapporté que là il s'est séparé du reste de la troupe après quelques paroles échangées avec Simon Glover, et un rendez-vous pris pour se retrouver avec les autres dan-

---

[1] Ceci est ma charte.
[2] *Voyez* la note K, fin du volume.

seurs à l'enseigne du *Griffon* où on devait finir la fête.—Maintenant, Simon, je vous demande si ce rapport est exact, en ce qui est à votre connaissance, et, de plus, quel était l'objet de l'entretien que feu Olivier Proudfute a eu avec vous?

— Mylord prévôt et très honorable sir Patrick, répondit Simon Glover, vous saurez, ainsi que cet honorable conseil, que par suite de certains rapports qui avaient été faits sur la conduite d'Henry Smith, quelques différends s'étaient élevés entre moi, ainsi qu'un autre membre de ma famille, et ledit Smith ici présent. Or, notre pauvre concitoyen Olivier Proudfute ayant contribué à répandre ces bruits, comme de fait ces sortes de commérages étaient son élément, il y eut quelques mots de lui à moi à ce sujet; et, à ce que je crois, il me quitta dans l'intention d'aller rendre visite à Henry Smith, car il s'était séparé des danseurs moresques en promettant, à ce qu'il semble, de les retrouver à l'enseigne du *Griffon*, comme Votre Honneur l'a dit, pour y achever la soirée. Mais y est-il allé ou non, c'est ce que je ne sais pas, attendu que je ne l'ai plus revu en vie.

— Il suffit, dit sir Patrick; ceci s'accorde avec ce que nous avons ouï d'ailleurs. Maintenant, messieurs, nous trouvons ensuite notre pauvre concitoyen environné d'une troupe de masques bruyants qui s'étaient assemblés dans la Grande-Rue, et par lesquels il a été honteusement maltraité, ayant été forcé de s'agenouiller en pleine rue et d'y avaler malgré lui une énorme quantité de vin, jusqu'à ce qu'enfin il leur échappât par la fuite. Cette violence eut lieu au milieu des épées nues, de cris bruyants et d'imprécations, de nature à attirer l'attention de plusieurs personnes, qui se mirent à leurs fenêtres, alarmées par le tumulte, ainsi que de deux ou trois passants, qui se sont tenus à l'abri de la lumière des torches, de peur d'être aussi maltraités, et qui ont vu de quelle manière notre concitoyen fut traité dans la grand'rue de la ville. Et, bien que ces coureurs de nuit fussent déguisés et portassent des masques, néanmoins leurs déguisements ont été bien reconnus, attendu que c'étaient de riches costumes faits il y a quelques semaines par les ordres de sir John Ramorny, grand-écuyer de Son Altesse Royale le duc de Rothsay, prince royal d'Écosse.

Un sourd frémissement parcourut l'assemblée.

— Oui, voilà ce qui en est, braves bourgeois, continua sir Patrick; notre enquête nous a conduit à des conclusions aussi tristes que terribles. Mais comme personne ne peut regretter plus que moi cette conclusion à laquelle il semble que nous devions arriver, de même, âme qui vive ne peut en moins craindre les conséquences. C'est comme je vous l'ai dit;—différents ouvriers employés à la confection des costumes ont décrit ceux qu'on a préparés pour la mascarade de sir John Ramorny, comme étant exactement pareils à ceux des gens par lesquels Olivier Proudfute a été rencontré et maltraité. Et un artisan, Wingfield le plumassier, qui a vu les masques au moment où ils avaient notre concitoyen entre les mains, a remarqué qu'ils portaient les ceintures et les couronnes de plumes teintes que lui-même avait faites par ordre du grand-écuyer du prince. — Depuis le moment où il leur a échappé, nous perdons toute trace d'Olivier; mais nous pouvons prouver que les masques se sont rendus chez sir John Ramorny, où ils ont été reçus après quelque semblant de délai. On dit, Henry Smith, que tu as vu notre malheureux concitoyen après qu'il eut été dans les mains de ces coureurs de nuit. — Ce rapport est-il vrai?

— Il est venu chez moi dans le Wynd, répondit Henry, environ une demi-heure avant minuit; et je lui ai ouvert, quelque peu à contre-cœur, attendu qu'il avait fêté le carnaval, au lieu que moi j'étais resté à la maison, et que la conversation va mal, dit le proverbe, entre un homme plein et un homme à jeun.

— Et en quel état paraissait-il quand tu l'as reçu?

— Il paraissait hors d'haleine, et il m'a parlé à plusieurs reprises de dangers que des tapageurs lui auraient fait courir. Je n'y fis pas grande attention, car c'était un poltron, une vraie poule mouillée, quoique bon homme au fond, et je m'imaginai qu'il y avait plus d'imagination que de réalité dans son fait. Pourtant je me reprocherai toujours de ne pas l'avoir accompagné, comme il me le demandait; et si je vis, je ferai dire des messes pour son âme, en expiation de mon tort.

— Fit-il la description de ceux qui l'avaient maltraité?

— Il me dit que c'étaient des tapageurs en habits de mascarade.

— Et manifesta-t-il la crainte d'avoir affaire à eux à son retour?

— Il parla notamment d'embuscades, ce que moi je traitai de visions, n'ayant vu personne dans la ruelle.

— N'a-t-il donc reçu de toi de secours d'aucune sorte?

— Pardonnez-moi, monsieur le prévôt; il changea son costume de danseur moresque pour mon bonnet d'acier, ma cotte de buffle et mon target, que j'ai su qu'on lui a trouvés sur le corps; et j'ai chez moi son bonnet moresque et ses clochettes, avec la jerkin et le reste du costume. Il devait me renvoyer aujourd'hui mes effets de guerre, et faire reprendre son costume de mascarade, si les saints l'avaient permis.

— Vous ne l'avez pas revu ensuite?

— Non, mylord.

— Encore un mot. Avez-vous quelque motif de croire que le coup qui a tué Olivier Proudfute était destiné à un autre?

— Oui, mylord; mais il est bien incertain, et il peut être dangereux d'ajouter une telle conjecture, qui d'ailleurs n'est qu'une supposition.

— Dites toujours sur votre foi et votre serment de bourgeois. — A qui pensez-vous que le coup fût destiné?

— S'il faut que je parle, je pense qu'Olivier Proudfute a reçu un coup mortel qui m'était adressé; d'autant plus qu'Olivier avait eu la sottise de parler de prendre ma manière de marcher autant qu'il le pourrait, aussi bien que mon costume.

— Etes-vous en querelle avec quelqu'un, que vous vous formez une telle idée?

— Je dois le dire à ma honte, j'ai des querelles avec Highland et Lowland, Anglais et Écossais, Perth et Angus. Je ne crois pas que le pauvre Olivier eût de querelle avec un poulet frais éclos. — Hélas! il n'en était que mieux préparé à aller répondre là-haut à un aussi brusque appel.

— Ecoutez, Smith, reprit le prévôt; — répondez-moi positivement : — y a-t-il cause de querelle entre quelqu'un de la maison de sir John Ramorny et vous?

— Assurément oui, mylord, il y en a. On dit maintenant généralement que Quentin-le-Noir, qui est parti pour la Fife par le Tay il y a quelques jours, était le propriétaire de la main qui a été trouvée dans Couvrefew-street la veille de la Saint-Valentin. C'est moi qui ai abattu cette main d'un coup de mon coutelas. Comme ce Quentin-le-Noir était chambellan de sir John et qu'il avait sa confiance, il est probable qu'il doit y avoir querelle entre moi et les dépendants de son maître.

— Cela paraît très vraisemblable, Smith. — Et maintenant, mes chers confrères et sages magistrats, voici deux suppositions, qui toutes les deux conduisent à la même conclusion. Les masques qui ont arrêté notre concitoyen, et qui l'ont maltraité d'une manière dont son corps porte encore quelques légères marques, peuvent l'avoir rencontré de nouveau pendant qu'il retournait chez lui, et avoir mis le comble à leurs mauvais traitements en lui enlevant la vie. Lui-même avait exprimé à Henry Gow la crainte que cela n'arrivât. S'il en est réellement ainsi, il doit avoir été assassiné par un ou plusieurs des gens de Ramorny. Mais je crois plus probable qu'un ou deux des masques aient pu rester sur le lieu de la scène ou y être revenus, peut-être après avoir changé leur déguisement, et que ces gens-là (car Olivier Proudfute, sous ses vêtements ordinaires, n'aurait été qu'un sujet de plaisanterie) l'ayant vu arriver sous le costume d'Henry Smith, dont il s'était proposé aussi de prendre la démarche, une haine mortelle s'est éveillée en eux; de sorte que le voyant seul, ils ont cru prendre un moyen certain et sans danger de se débarrasser d'un ennemi aussi redoutable que l'est Henry Wynd, tout le monde le sait, pour ceux avec qui il est en inimitié. Dans ce cas encore la même suite de raisonnements fait remonter le crime à quelqu'un de la maison de sir John Ramorny. Qu'en pensez-vous, messieurs? Ne sommes-nous pas fondés à imputer le crime à ceux que nous accusons?

Les magistrats échangèrent pendant plusieurs minutes quelques paroles à voix basse, puis ils répondirent par la bouche du bailli Craigdallie : Noble chevalier et notre digne prévôt, nous agréons complétement à ce que votre sagesse a dit touchant cette obscure et sanglante affaire ; et nous ne mettons pas non plus en doute votre sagacité, quand vous faites remonter jusqu'aux compagnons et aux gens de John de Ramorny la scélératesse commise sur notre défunt concitoyen, que ce soit à lui personnellement qu'on ait voulu s'attaquer, ou qu'on l'ait pris pour notre brave citadin Henry du Wynd. Mais sir John, tant pour lui que comme grand-écuyer du prince, entretient une très nombreuse maison ; et comme naturellement l'accusation sera niée, nous demanderons comment nous procéderons en ce cas ? — Il est vrai que si nous pouvions légitimement mettre le feu à la maison et passer au fil de l'épée tous ceux qui l'habitent, le vieux proverbe *Court expédient, bon expédient*, serait ici de mise, car nulle part on ne trouverait pareil assemblage de gens bravant Dieu, de tueurs d'hommes et de débaucheurs de femmes, que dans la bande de Ramorny. Mais je doute que les lois autorisent facilement ce mode d'exécution sommaire ; et aucun témoignage de ceux que j'ai entendus ne tend à fixer le crime sur un ou plusieurs individus spécialement désignés.

Avant que le prévôt pût répondre, le greffier de la ville se leva, et caressant sa barbe vénérable demanda la permission de parler, qui lui fut accordée sur-le-champ. — Mes frères, dit-il, aussi bien du temps de nos pères que du nôtre, Dieu, quand on en a appelé à lui droitement, a bien voulu rendre manifestes les crimes du coupable et l'innocence de ceux qui avaient pu être témérairement accusés. Adressons-nous à notre souverain lord le roi Robert, qui, lorsque les méchants n'interviennent pas pour pervertir ses bonnes intentions, est un prince aussi juste et aussi clément que nos annales nous en peuvent montrer dans leur longue série, et demandons-lui, au nom de la bonne ville et de tous les Écossais, de nous donner les moyens d'en appeler au Ciel, à la manière de nos ancêtres, pour jeter quelque lumière sur ce meurtre mystérieux. Nous demanderons la preuve par le *droit du cercueil* [1], souvent accordée du temps des ancêtres de notre roi, approuvée par des bulles et des décrétales, et administrée en France par le grand empereur Charlemagne, en Angleterre par le roi Arthur, et dans notre terre d'Écosse par Grégoire-le-Grand et par le puissant Achaïus.

— J'ai ouï parler du droit du cercueil, sir Louis, dit le prévôt, et je sais qu'il en est fait mention dans nos chartes de la bonne ville ; mais je suis assez peu au fait des anciennes lois, et je vous prierai de nous expliquer plus clairement la nature de celle-ci.

— Nous demanderons au roi, reprit sir Louis Lundin, si l'on suit mon avis, que le corps de notre concitoyen assassiné soit transporté dans la cathédrale de Saint-John [2], et que les messes convenables soient dites

---

[1] *Bier-right.*
[2] *Voyez* la note L, fin du volume.

pour le bien de son âme et la découverte de son infâme meurtrier. En même temps nous obtiendrons un ordre pour que sir John Ramorny donne la liste des gens de sa maison qui se trouvaient dans Perth dans le cours de la nuit entre hier mardi-gras et aujourd'hui mercredi des cendres, et s'engage à les représenter au jour et à l'heure qui seront déterminés, afin qu'étant appelés dans la cathédrale de Saint-John, ils passent un à un devant le cercueil de notre concitoyen assassiné, et dans la forme prescrite prennent Dieu et ses saints à témoin qu'ils sont innocents de toute participation directe ou indirecte au meurtre d'Olivier Proudfute. Et croyez-moi, ainsi que de nombreux exemples l'ont effectivement prouvé : si le meurtrier tente de se mettre à couvert en faisant cet appel à Dieu, l'antipathie qui subsiste entre le corps du mort et la main qui a porté le coup fatal qui en a fait divorcer l'âme, cette antipathie rappellera une sorte de vie, sous l'influence de laquelle le sang du mort, depuis si long-temps stagnant dans les veines, affluera à la blessure fatale. Ou bien, pour parler avec plus de certitude, le Ciel veut laisser ouvert, par quelque intervention cachée que nous ne pouvons comprendre, ce moyen de découvrir la malice de celui qui a défiguré l'image de son Créateur.

— J'ai ouï parler de cette loi, reprit sir Patrick, et elle fut renouvelée du temps de Bruce. C'est assurément une occasion convenable pour employer ce mode d'enquête mystérieux à la recherche de la vérité à laquelle aucun moyen ordinaire ne nous permettrait d'arriver, attendu qu'une accusation générale dirigée contre toute la maison de sir John serait sûrement suivie d'une dénégation également générale. Néanmoins, je demanderai encore à sir Louis, notre révérent clerc, comment il empêchera que le coupable ne s'échappe d'ici là.

— Les bourgeois exerceront une stricte surveillance aux murailles, les ponts-levis seront haussés et les herses baissées depuis le coucher jusqu'au lever du soleil, et toute la nuit il y aura de fortes patrouilles. Les bourgeois maintiendront volontiers cette surveillance, pour prévenir l'évasion du meurtrier de leur concitoyen.

Les autres conseillers adhérèrent à cette proposition, de la parole, du signe et du regard.

— Et maintenant, dit le prévôt, si quelqu'un de la maison suspecte refuse de se soumettre à l'épreuve du droit du cercueil?

— Il peut en appeler à celle du combat avec un adversaire d'un rang égal au sien ; parce que, dans l'appel au jugement de Dieu, l'accusé doit avoir le choix de l'épreuve à laquelle il sera soumis. Mais s'il les refuse toutes les deux, il doit être tenu pour coupable et puni comme tel.

Les sages du conseil se rangèrent d'un accord unanime à l'opinion de leur prévôt et du clerc de la ville, et résolurent d'adresser au roi en toute formalité une pétition tendant à ce que l'assassinat de leur concitoyen fût l'objet d'une enquête dirigée selon cette ancienne forme,

CHAPITRE XX.

que l'on regarda comme manifestant la vérité et qui fut reçue comme témoignage en cas de meurtre jusque vers la fin du XVIIe siècle. Pourtant, avant que l'assemblée ne se séparât, le bailli Craigdallie crut devoir demander qui serait le champion de Maudie ou Magdalen Proudfute et de ses deux enfants.

— Il n'est guère besoin de s'enquérir de cela, répondit sir Patrick Charteris ; nous sommes des hommes, et nous portons des épées que nous briserions sur la tête de quiconque parmi nous ne dégaînerait pas en faveur de la veuve et des orphelins de notre concitoyen assassiné, et pour tirer une vengeance éclatante de sa mort. Si sir John Ramorny prend personnellement fait et cause dans l'enquête, Patrick Charteris de Kinfauns se battra contre lui à outrance, tant qu'homme et cheval pourront se tenir debout, tant que la lame et la poignée tiendront ensemble. Mais dans le cas où le champion serait de condition inférieure, je pense bien que Magdalen Proudfute pourra choisir le sien parmi les plus braves bourgeois de Perth, et ce serait pour la bonne ville une honte et un déshonneur éternels qu'elle pût tomber sur quelqu'un qui fût assez traître et assez lâche pour lui dire non ! Amenez-la ici, qu'elle puisse faire son choix.

Henry Smith entendit cet ordre avec la triste prévision que le choix de la pauvre femme tomberait sur lui, et que sa réconciliation récente avec Catherine serait de nouveau rompue par cette nouvelle affaire dans laquelle il allait se trouver engagé, affaire à laquelle il n'y avait pas un seul moyen honorable d'échapper, et qu'en toute autre circonstance il aurait saluée comme une occasion glorieuse de se distintinguer en vue de la cour et de la ville. Il savait qu'instruite aux leçons du père Clément, Catherine regardait l'épreuve du combat comme une insulte à la religion plutôt que comme un appel à la divinité, et qu'à ses yeux il était déraisonnable d'invoquer comme preuve de culpabilité ou d'innocence morale la force du bras ou l'habileté dans les armes. Il avait donc fort à redouter en cette circonstance les idées particulières qu'elle avait à ce sujet, et qui devançaient de beaucoup celles de son siècle.

Pendant qu'il souffrait ainsi du conflit de ces sentiments contraires, la veuve de la victime entra dans le conseil, enveloppée d'un voile de grand deuil et suivie ou soutenue par cinq ou six femmes de classe respectable portant comme elle les insignes du deuil. L'une d'elles tenait un enfant dans ses bras, dernier gage des affections matrimoniales du pauvre Olivier. Une autre conduisait par la main un petit garçon de deux ans environ qui trottinait pour la suivre, et qui regardait d'un air craintif et étonné tantôt les vêtements noirs dont on l'avait affublé, tantôt la scène au milieu de laquelle il se trouvait.

L'assemblée se leva pour recevoir le triste cortège, qu'elle salua avec l'expression de la plus profonde compassion. Magdalen rendit ce salut avec une dignité qu'on n'eût pas attendue de la femme du pauvre Olivier, et que peut-être elle puisa dans sa douleur même. Sir Patrick Charteris s'avança alors vers elle, et avec la courtoisie d'un chevalier pour une femme et d'un protecteur pour une veuve opprimée et blessée dans ses affections, il lui prit la main, et lui expliqua en peu de mots le parti auquel la ville avait résolu de s'arrêter pour obtenir vengeance du meurtre de son mari.

S'étant assuré, avec une douceur et une affabilité qui en général n'appartenaient pas à ses manières, que l'infortunée comprenait parfaitement ce dont il s'agissait, il éleva la voix et s'adressa à l'assemblée.

— Dignes citoyens de Perth, dit-il, membres de naissance libre des corporations et corps de métiers, prêtez attention à ce qui va se passer, car il s'agit de vos droits et priviléges. Voici Magdalen Proudfute qui désire poursuivre la vengeance due à la mort de son mari, méchamment assassiné, à ce qu'elle dit, par sir John Ramorny chevalier de Ramorny, ce qu'elle offre de prouver par le témoignage du cercueil ou par un champion. C'est pourquoi, moi, Patrick Charteris, chevalier ceint du baudrier et gentilhomme de naissance libre, je m'offre pour combattre dans sa juste cause, tant qu'homme et cheval pourront soutenir le combat, si quelqu'un de même rang que moi relève mon gant.
— Magdalen Proudfute, voulez-vous m'accepter pour champion?

— Je n'en puis pas désirer un plus noble, répondit la veuve avec difficulté.

Sir Patrick mit alors la main droite de Magdalen dans la sienne, et la baisant au front, car tel était le cérémonial, il reprit d'un ton solennel : Ainsi puissent Dieu et saint John me soutenir au moment du besoin, de même que je ferai mon devoir comme votre champion, en chevalier et en homme courageux. Maintenant, Magdalen, choisissez à votre volonté, parmi les bourgeois de la bonne ville ici présents, quelqu'un à qui vous désiriez remettre votre cause, si celui contre qui vous porterez plainte se trouve être de condition inférieure à la mienne.

Tous les yeux se tournèrent vers Henry Smith, que déjà la voix générale avait désigné comme le plus propre à tous égards à agir comme champion dans cette circonstance. Mais la veuve n'attendit pas leurs regards pour sa décision. Dès que sir Patrick eut parlé, elle traversa la salle en se dirigeant vers le bout inférieur de la table, où se tenait l'armurier parmi les gens de sa classe, et le prit par la main.

— Henry Gow, dit-elle, digne bourgeois et membre de la corporation des artisans, mon — mon...

Mari était le mot qu'elle voulait dire, mais ce mot ne put sortir de ses lèvres ; elle fut obligée de changer l'expression.

— Celui que nous avons perdu vous aimait et vous estimait au-dessus de tous les hommes : c'est pourquoi il convient que vous preniez en main la querelle de sa veuve et des orphelins qu'il a laissés.

CHAPITRE XX.

Si pour Henry il y avait eu possibilité, et dans ce siècle il n'y en avait pas, de se refuser ou d'échapper à une mission de confiance à laquelle tous semblaient le désigner, tout désir et toute idée de retraite se serait évanouie dès le premier mot qu'elle lui adressa; un ordre émané du Ciel eût à peine fait sur lui une impression plus forte que celle qu'il éprouva à l'appel de l'infortunée Magdalen. L'allusion qu'elle avait faite à son intimité avec le défunt l'émut jusqu'au fond de l'âme. Du vivant d'Olivier, il y avait eu sans doute une sorte de ridicule dans son excessive prédilection pour Henry, prédilection qui avait quelque chose de burlesque si on la rapprochait de la différence de leur caractère. Mais tout cela était maintenant oublié, et Henry, donnant cours à son ardeur naturelle, se souvint seulement qu'Olivier avait été son ami et son intime, qu'il avait été aimé et honoré de lui autant qu'Olivier était capable d'aimer et d'honorer quelqu'un, et par dessus tout qu'il y avait de grandes raisons de soupçonner que le défunt était tombé victime d'un coup destiné à Henry lui-même.

Ce fut donc avec une vivacité qu'une minute auparavant il aurait eu peine à prendre sur lui, et qui maintenant semblait être l'expression d'un plaisir farouche, qu'après avoir posé ses lèvres sur le front glacé de la malheureuse Magdalen, l'armurier répondit :

— Moi, Henry Smith, demeurant dans le Wynd de Perth, bon et fidèle citoyen, et de naissance libre, j'accepte l'office de champion de cette veuve Magdalen et de ces orphelins, et je me battrai à mort pour leur cause avec quelque homme que ce soit de ma condition, et cela aussi long-temps qu'il me restera un souffle. Ainsi me soient en aide au moment du besoin Dieu et le bon saint John !

Une exclamation à demi contenue s'éleva du sein de l'auditoire, expression de l'intérêt que tous les assistants prenaient à cette cause, et de leur confiance dans l'issue de la querelle.

Sir Patrick s'occupa alors des mesures nécessaires pour se rendre en présence du roi, et lui demander l'autorisation de procéder à une enquête sur le meurtre d'Olivier Proudfute conformément à la coutume du droit du cercueil, et par le combat s'il était nécessaire.

Il remplit ce devoir après que le conseil se fut séparé, dans une audience particulière qu'il eut du roi. Ce dernier apprit ce nouveau sujet de troubles avec une vive contrariété, et renvoya sir Patrick au lendemain matin après la messe pour venir entendre en conseil son bon plaisir, lui et les parties intéressées. En même temps un poursuivant royal fut dépêché au logis du connétable pour demander la liste des gens de sir John Ramorny, et enjoindre à celui-ci, ainsi qu'à toute sa maison, et cela sous des peines sévères, de ne pas quitter Perth avant que le roi eût fait connaître sa volonté ultérieure.

CHAPITRE XXI.

> Au nom du Ciel, veillez à ce que la lice et tout
> le reste soient préparés, et qu'ils en finissent ! —
> Que Dieu protége le bon droit !
> *Henri IV*, 2ᵉ partie.

Dans la même chambre du Conseil de cette partie du couvent des Dominicains nommée le Palais, était assis le roi Robert avec son frère Albany, dont l'affectation d'austère vertu et la dissimulation artificieuse exerçaient une si haute influence sur le faible esprit du monarque. Il était en effet naturel qu'un prince qui rarement voyait les choses sous leurs couleurs réelles les envisageât selon le jour où elles lui étaient présentées par un homme hardi et astucieux, s'appuyant du droit que lui donnait une si proche parenté.

Toujours plein d'anxiété pour son malheureux fils qu'égaraient de pernicieux conseils, le roi s'efforçait en ce moment de gagner Albany à son opinion, et de le convaincre que Rothsay n'était pour rien dans la mort du bonnetier, événement dont le procès-verbal lui avait été laissé par sir Patrick Charteris pour que S. M. examinât l'affaire.

— C'est une malheureuse affaire, frère Robin, dit-il, — un très malheureux événement, qui ne va rien moins qu'à susciter ici la discorde et les querelles entre la noblesse et le peuple, de même qu'ils sont en guerre ensemble dans tant de pays éloignés. Je ne vois en ceci qu'un motif de consolation : c'est que sir John Ramorny ayant été renvoyé de la maison du duc de Rothsay, on ne pourra dire que dans cet acte de sang Ramorny ou tout autre de ses gens (si réellement ce sont eux qui l'aient commis) aient été encouragés ou excités par mon pauvre enfant. Assurément, frère, vous et moi pouvons porter témoignage de l'empressement avec lequel Rothsay a consenti sur ma prière à congédier Ramorny de son service, à cause de cette affaire de Curfew-street.

— Je m'en souviens, dit Albany ; et j'espère bien qu'il n'y a pas eu entre le prince et Ramorny de nouveaux rapports depuis qu'il a paru se conformer aux désirs de Votre Grâce.

— Paru se conformer ? — de nouveaux rapports ? — Que voulez-vous dire par ces expressions, frère ? Assurément, quand David m'a promis que si cette malheureuse affaire de Curfew-street pouvait seulement être étouffée et tenue secrète il cesserait de voir Ramorny, que l'on regardait comme capable de l'entraîner par ses conseils dans des folies de cette nature-là, et qu'il donnerait son adhésion à la sentence d'exil que nous portions contre lui, ou à toute autre punition qu'il nous plairait lui infliger, — assurément vous ne pouvez mettre en doute qu'il fût sincère dans ses protestations, et qu'il voulût tenir parole? Ne vous souvenez-vous pas que quand vous conseillâtes de frapper, au lieu d'un bannissement, une forte amende sur ses domaines du Fife, le prince lui-même sembla dire que l'exil serait préférable pour Ramorny, et même pour lui?

— Je m'en souviens parfaitement, mon frère. Et véritablement je n'aurais pu suspecter Ramorny d'avoir tant d'influence sur le prince, après avoir contribué à le mettre dans une situation si périlleuse, sans l'aveu fait par mon royal neveu lui-même, et auquel Votre Grâce vient de faire allusion, que si on laissait Ramorny continuer de demeurer à la cour, il pourrait encore conserver de l'influence sur sa conduite. Je regrettai alors d'avoir conseillé une amende au lieu de l'exil. Mais ceci est passé, et voici maintenant un nouveau méfait qui se présente, gros de périls pour Votre Majesté, aussi bien que pour votre royal héritier et pour tout le royaume.

— Que voulez-vous dire, Robin? Par la tombe de nos parents! par l'âme de Bruce notre immortel aïeul! je t'en prie, mon frère, prends pitié de moi. Dis-moi quels malheurs menacent mon fils ou mon royaume!

Les traits du roi tremblaient d'inquiétude, et ses yeux, où brillaient des larmes, étaient fixés sur son frère, qui parut réfléchir un moment avant de répondre.

— Mylord, voici où est le danger, dit-il enfin. Votre Grâce croit le prince étranger à cette seconde agression contre les bourgeois de Perth, — que le meurtre de ce bonnetier fait clabauder comme une troupe de mouettes autour d'une de leurs camarades qui vient d'être abattue par une flèche d'enfant.

— Leurs vies leur sont chères à eux et aux leurs, Robin.

— Vraiment oui, Sire; et ils nous les rendent chères à nous aussi, quand il s'agit de composer avec les drôles pour la moindre bagatelle où le sang a coulé. — Donc, comme je disais, Votre Majesté pense que le prince n'a eu aucune part à ce dernier meurtre; je ne chercherai pas à ébranler votre croyance sur ce point délicat : je m'efforcerai plutôt de le croire comme vous. Ce que vous pensez est une règle pour moi. Robert d'Albany ne pensera jamais autrement que Robert d'Écosse.

— Merci, merci, dit le roi en prenant la main de son frère. Je pouvais compter, je le savais, que votre affection rendrait justice à ce pauvre Rothsay, qui s'expose à tant de mésinterprétations que vraiment il mérite à peine les sentiments que vous avez pour lui.

Telle était la froide inflexibilité d'Albany dans les desseins qu'il poursuivait, qu'il put répondre à la pression fraternelle de la main du roi, tout en extirpant jusqu'à la racine les espérances de ce bon et indulgent vieillard.

— Hélas! continua le duc avec un soupir, cet intraitable chevalier de Kinfauns, ainsi que son troupeau de bourgeois braillards, ne verront pas la chose sous le même point de vue que nous. Ils ont la hardiesse de dire que ce drôle qui est mort a été maltraité par Rothsay et ses compagnons, qui étaient dans les rues masqués et en goguette, arrêtant hommes et femmes, les forçant de danser ou de boire d'énormes quantités de vin, avec d'autres folies inutiles à rapporter; et ils disent que toute la troupe s'est rendue chez sir John Ramorny et a pénétré de force dans la maison, afin d'y terminer son orgie : fournissant ainsi de bonnes raisons de juger que le renvoi de sir John du service du prince n'a été qu'une feinte et un stratagème pour tromper le public. Et de là ils concluent que s'il y a eu du mal de fait cette nuit par sir John Ramorny ou les gens de sa maison, il y a fort à penser que le duc de Rothsay doit au moins avoir été dans le secret, s'il ne l'a pas autorisé.

— Albany, cela est horrible! s'écria le roi; veulent-ils faire de mon enfant un meurtrier? prétendraient-ils que mon David souillerait ses mains dans le sang écossais, sans provocation ni utilité? Non, non; — on n'inventera pas d'aussi absurdes calomnies, car elles sont flagrantes et incroyables.

— Pardonnez-moi, Sire, repartit le duc d'Albany; on dit dans le public que l'affaire de Curfew-street et ses conséquences regardaient le prince plus directement que sir John; car personne ne pense, et bien moins encore le croit-on, que c'est pour le plaisir du chevalier de Ramorny que cette belle équipée a eu lieu.

— Tu me fais devenir fou, Robin!

— Je me tais, Sire; je n'ai dit mon humble opinion que pour me conformer à votre ordre royal.

— Tes intentions sont bonnes, je le sais; mais au lieu de me déchirer l'âme en me montrant d'inévitables calamités, ne serait-il pas d'un meilleur cœur, Robin, de m'indiquer quelque moyen d'y échapper?

— Il est vrai, Sire; mais comme la seule route par laquelle on en peut sortir est rude et difficile, il faudrait que Votre Grâce fût d'abord bien persuadée de l'absolue nécessité d'y recourir, avant qu'il en fût question. Il faut que le chirurgien commence par bien montrer à son malade l'état incurable d'un membre fracassé avant de se hasarder à prononcer le mot d'amputation, lors même que c'est l'unique remède.

Ces paroles soulevèrent dans le roi un degré d'alarme et d'indignation dont son frère ne l'aurait pas cru susceptible.

— Un membre fracassé et gangrené, mylord d'Albany! dit-il; —

l'amputation comme unique remède! — ce sont là des mots inintelligibles, mylord. Si vous les appliquez à notre fils Rothsay, il faut que vous les justifiiez et que vous les prouviez, sans quoi vous aurez lieu de vous en repentir amèrement.

— Vous prenez ce que je dis trop à la lettre, mon frère. Je ne parle pas du prince en termes aussi inconvenants; car, j'en prends le Ciel à témoin, il m'est plus cher comme fils d'un frère bien-aimé, que ne me l'eût été mon propre fils. Je ne voulais parler que de la nécessité de l'éloigner des folies et des vanités de la vie, que les saints hommes disent être pareils à des membres gangrenés, et devoir être de même retranchés et jetés loin de nous, comme choses qui nuisent à nos progrès dans une meilleure route.

— Je comprends, repartit le monarque soulagé; — tu voudrais voir ce Ramorny, en qui on a vu l'instrument des folies de mon fils, exilé de la cour jusqu'à ce que ces malheureux scandales soient oubliés, et que nos sujets soient disposés à voir notre fils d'un œil différent et plus confiant.

— Ce serait un bon conseil, Sire; mais le mien va un peu — très peu plus loin. Je voudrais que le prince lui-même fût éloigné de la cour pour quelque temps.

— Comment, Albany! me séparer de mon enfant, de mon premier né, de la lumière de mes yeux, et — tout volontaire qu'il est — du préféré de mon cœur! — Oh, Robin! je ne le puis ni ne le veux!

— Ce n'était qu'une suggestion, mylord; — je sens ce que doit souffrir le cœur d'un père qui se voit réduit à une pareille mesure, car ne suis-je pas père moi-même? Et il pencha la tête sur sa poitrine, comme cédant à un abattement sans espoir.

— Je n'y pourrais pas survivre, Albany. Quand je pense que par votre plan il se verrait même privé de notre influence sur lui, qu'en notre absence il oublie quelquefois, mais à laquelle il ne résiste jamais quand il est avec nous, à quels périls ne serait-il pas livré! Je ne pourrais dormir en son absence; — je croirais entendre son dernier gémissement dans chaque souffle de vent; et vous, Albany, quoique vous sachiez mieux la cacher, votre inquiétude serait presque aussi grande.

C'était ainsi que le facile monarque cherchait à se concilier son frère et à se tromper lui-même, en regardant comme bien établi qu'une affection dont il n'y avait nulle trace existait entre l'oncle et le neveu.

— Vos appréhensions paternelles prennent trop facilement l'alarme, mylord, repartit Albany. Je ne me propose pas de laisser au caractère fougueux du prince la libre disposition de ses mouvements. Ce que j'entends, c'est que le prince soit placé pour un court espace de temps sous quelque contrainte convenable; — qu'il soit confié aux soins de quelque grave conseiller, qui serait responsable tout à la fois de sa conduite et de sa sûreté, comme un tuteur à l'égard de son pupille.

—Comment! un tuteur! à l'âge de Rothsay! s'écria le roi; il a dépassé de deux ans l'époque à laquelle nos lois fixent la limite de la minorité.

— Les Romains plus sages la plaçaient quatre ans au-delà de la limite que nous lui assignons, répliqua Albany ; et d'après la règle du sens commun, le droit de contrôle devrait durer jusqu'à ce qu'il ne fût plus nécessaire, de sorte que l'époque de la majorité varierait selon les caractères. Voici le jeune Lindsay comte de Crawford, qui, dit-on, s'offre à soutenir Ramorny contre cette accusation : — c'est un jeune homme de quinze ans, qui a les passions et la résolution d'un homme de trente; tandis que le prince mon neveu, avec beaucoup plus d'aimables et nobles qualités de cœur et d'esprit, montre quelquefois à vingt-trois ans l'humeur bizarre d'un enfant à l'égard de qui un peu de contrainte peut être une preuve de bienveillance. — Ne vous découragez pas parce qu'il en est ainsi, Sire, et ne vous fâchez pas non plus contre votre frère parce qu'il vous dit la vérité; car les meilleurs fruits sont ceux qui sont les plus lents à mûrir, et les meilleurs chevaux ceux qui donnent le plus de peine et d'embarras aux grooms chargés de les dresser pour le combat ou le champ clos.

Le duc se tut ; et après avoir laissé le roi Robert se livrer pendant deux ou trois minutes à une rêverie qu'il ne chercha pas à interrompre, il reprit d'un ton plus animé : — Au surplus, prenez bon courage, mon noble lige ; peut-être l'affaire pourra-t-elle s'arranger sans autre combat ni nouvelles difficultés. La veuve est pauvre, car le mari, quoique très en vogue, avait des habitudes frivoles et coûteuses. Le meurtre pourra donc se racheter à prix d'argent, et le montant d'une composition[1] pourra se prendre sur les biens de Ramorny.

— Du tout, nous l'acquitterons nous-même, dit le roi Robert, saisissant avidement l'espoir d'amener à une conclusion pacifique ce fâcheux débat. L'avenir de Ramorny sera détruit par son renvoi de la cour et la perte de sa charge dans la maison de Rothsay ; et il serait peu généreux d'accabler un homme à terre. — Mais voici notre secrétaire, le prieur, qui vient nous dire que l'heure du conseil approche. — Bonjour, digne père.

— *Benedicite,* mon royal lige, répondit l'abbé.

— Maintenant, bon père, continua le roi, sans attendre Rothsay, dont nous garantissons d'avance l'adhésion à tout ce que nous pourrons faire, occupons-nous des affaires de notre royaume. Quelles nouvelles avez-vous du comte de Douglas ?

— Il est arrivé à son château de Tantallon, Sire, et a envoyé un courrier pour nous dire que bien que le comte de March se tienne strictement renfermé dans sa forteresse de Dunbar, ses amis et ses suivants

---

[1] Le terme de la coutume écossaise est *assythment;* c'est une amende payée en expiation du sang versé, et qui est due aux plus proches parents du défunt. (W. S.)

se rassemblent et forment un camp près de Coldingham, où on suppose que leur intention est d'attendre l'arrivée d'un corps nombreux de troupes anglaises, que Hotspur et Ralph Percy réunissent en ce moment sur la frontière anglaise.

— Ce sont de mauvaises nouvelles, dit le roi ; que Dieu pardonne à George de Dunbar ! — Le prince entra comme il parlait, et il continua : Ha ! te voici enfin, Rothsay ; — je ne t'ai pas vu à la messe.

— J'ai été paresseux ce matin, répondit le prince, ayant passé une nuit sans repos et avec la fièvre.

— Ah, fol enfant ! repartit le roi, si tu avais pris plus de repos le mardi-gras, tu n'aurais pas eu la fièvre la nuit du mercredi des Cendres.

— Que je n'interrompe pas vos prières, Sire, dit le prince d'un ton léger. Votre Grâce invoquait le Ciel en faveur de quelqu'un, — d'un ennemi, sans doute, car c'est pour ceux-là que sont vos oraisons les plus fréquentes.

— Assieds-toi et reste en paix, tête folle ! reprit le roi, dont en même temps les regards se reposaient sur le beau visage et la gracieuse tournure de son fils favori. Rothsay tira un coussin près des pieds de son père et s'y jeta insouciamment, tandis que le roi reprenait :

— J'exprimais le regret qu'après s'être séparé de moi avec des marques d'affection mutuelle, et la pleine assurance qu'il recevrait satisfaction sur tout ce dont il peut avoir à se plaindre comme injurieux, le comte de March ait été capable de cabaler avec Northumberland contre son propre pays. — Est-il possible qu'il doute de notre intention de tenir la parole que nous lui avons donnée ?

— Je répondrai Non pour lui, dit le prince ; March n'a jamais douté de la parole de Votre Altesse. Marry ! ce dont il a bien pu douter, c'est que vos savants conseillers laissent à Votre Majesté la faculté de la tenir.

Robert III avait adopté et poussait très loin cette politique timide qui feint de ne pas entendre ce qui exigerait une certaine démonstration de mécontentement. Il poursuivit donc son discours, sans s'arrêter à ce que venait de dire son fils ; mais au fond de l'âme la témérité de Rothsay augmenta le mécontentement que son père commençait à concevoir contre lui.

— Il est heureux que Douglas soit sur les frontières, reprit le roi. Sa poitrine, comme celle de ses aïeux, a toujours été le meilleur boulevard de l'Écosse.

— En ce cas, malheur à nous s'il tourne le dos à l'ennemi, dit l'incorrigible Rothsay.

— Osez-vous mettre en doute le courage de Douglas ? répliqua le roi en colère.

— Personne n'ose mettre en question le courage du comte, répondit

Rothsay ; il est aussi certain que son orgueil. — Mais ce dont on peut douter, c'est son bonheur.

— Par saint André, David, tu es comme un oiseau de mauvais augure ! s'écria son père ; — chaque mot que tu dis présage lutte et calamité.

— Je me tais, mon père.

— Et quelles nouvelles de nos troubles de l'Highland ? continua le roi, s'adressant au prieur.

— J'espère qu'elles ont pris un aspect favorable, répondit le prêtre. Le feu qui menaçait le pays tout entier va probablement être éteint par le sang d'une cinquantaine de kernes ; car les deux grandes ligues sont convenues solennellement de décider leur querelle avec telles armes que Votre Altesse désignera, en votre royale présence et au lieu qui sera désigné, et cela le 30 mars prochain, qui est le dimanche des Rameaux ; le nombre des combattants étant limité à trente de chaque côté, et le combat devant avoir lieu à outrance, attendu qu'ils supplient humblement la bonté paternelle de Votre Majesté de vouloir bien suspendre pour ce jour-là votre royal privilége de faire cesser le combat en jetant votre bâton de commandement dans l'arène et en criant Ho ! jusqu'à ce que le combat soit entièrement terminé.

— Les sauvages ! s'écria le roi ; voudraient-ils limiter notre meilleur et notre plus cher privilége royal, celui de mettre fin au combat et de crier trêve à la bataille ? — Veulent-ils enlever le seul motif qui puisse me conduire au spectacle de ce combat, ou plutôt de cette boucherie ? — Veulent-ils se battre en hommes, ou comme les loups de leurs montagnes ?

— Mylord, dit Albany, le comte de Crawford et moi nous avons cru pouvoir, sans vous consulter, ratifier ce préliminaire, pour l'adoption duquel nous voyions beaucoup de puissantes raisons.

— Comment ! le comte de Crawford ? Il me semble que c'est un conseiller bien jeune pour de si graves questions.

— Nonobstant son âge, répondit Albany, il jouit d'une telle estime parmi ses voisins de l'Highland, que sans son aide et son influence mes démarches près d'eux auraient été sans succès.

— Vous entendez, Rothsay ! dit le roi à son fils d'un ton de reproche.

— Je plains Crawford, dit le prince. Il a de trop bonne heure perdu un père dont les conseils eussent mieux convenu en un moment comme celui-ci.

Le roi jeta sur Albany un regard de triomphe, à cette réponse où se manifestait l'affection filiale de son héritier.

Albany poursuivit sans montrer la moindre émotion. — Ce n'est pas la vie de ces Highlanders, dit-il, c'est leur mort qui doit profiter à l'Écosse ; et véritablement, ce qui nous a paru le plus désirable au comte de Crawford et à moi, c'est que le combat fût une lutte d'extermination.

— Marry! exclama le prince, si telle est à quinze ans la politique de Lindsay, ce sera un administrateur miséricordieux dans dix ou douze ans d'ici! Foin d'un enfant qui a le cœur endurci avant d'avoir du poil sur la lèvre! Il aurait mieux fait de se borner à des combats de coqs le mardi-gras que d'arranger des plans pour un massacre d'hommes le dimanche des Rameaux, comme s'il s'agissait d'une meute galloise où tous doivent combattre jusqu'à mort.

— Rothsay a raison, Albany, dit le roi; il serait indigne d'un prince chrétien de céder sur ce point. Je ne puis consentir à voir des hommes se battre jusqu'à ce qu'ils soient tous hachés et taillés en pièces comme des bestiaux aux abattoirs. Cela me ferait mal à voir, et le *warder* [1] me tomberait des mains faute de force pour le tenir.

— Il tomberait sans qu'on y prît garde, repartit Albany. Souffrez que je rappelle à Votre Grâce qu'elle ne fait par là que renoncer à un privilége royal, qui, si elle l'exerçait, ne lui vaudrait aucun respect, puisqu'on n'y obéirait pas. Alors même que Votre Majesté jetterait son *warder* au fort du combat, au moment où ces gens-là auront le sang échauffé, cela ne ferait pas plus d'effet sur eux que si un moineau laissait tomber au milieu d'une troupe de loups furieux le brin de paille qu'il porte à son nid. Rien ne pourra les séparer que l'épuisement du carnage, et mieux vaut qu'ils s'égorgent les uns les autres que de tomber sous le fer des soldats qui pourraient chercher à les séparer sur l'ordre de Votre Majesté. Toute tentative de rétablir la paix par violence serait interprétée comme une embûche qu'on leur aurait tendue; les deux partis se réuniraient pour y résister, — le massacre serait le même, et les résultats qu'on peut espérer pour la paix future seraient complétement manqués.

— Ce que vous dites n'est que trop vrai, frère Robin, reprit le roi, dont l'esprit mobile cédait à toutes les impressions. Il ne sert guère d'ordonner quand on ne peut assurer l'obéissance, et quoique malheureusement cela m'arrive tous les jours de ma vie, il serait inutile de donner un exemple public de l'impuissance royale devant la foule que ce spectacle pourra réunir. Que ces sauvages achèvent donc jusqu'à la fin leur œuvre de sang les uns sur les autres; je ne chercherai pas à interdire ce que je ne puis les empêcher d'exécuter. — Que le Ciel vienne en aide à ce misérable pays! Je vais dans mon oratoire prier pour l'Écosse, puisqu'il m'est également interdit de l'aider du bras et de la tête. Père prieur, prêtez-moi votre bras, je vous prie.

— Mais, mon frère, dit Albany, pardonnez-moi si je vous fais souvenir que nous avons à ouïr l'affaire entre les bourgeois de Perth et Ramorny, au sujet de la mort d'un citadin...

---

[1] Sorte de sceptre ou bâton de commandement qui se jetait dans la lice pour arrêter le combat entre deux champions. (L. V.)

— C'est vrai, c est vrai, dit le monarque en se rasseyant ; encore des violences, — encore une bataille ! — O Écosse ! Écosse ! si le meilleur sang de tes fils les plus braves pouvait féconder ton sol aride, quel pays sur terre te surpasserait en fertilité ? Quand a-t-on vu un poil blanc dans la barbe d'un Écossais, à moins que ce ne soit quelque misérable comme ton souverain, que sa faiblesse ne protège contre le meurtre que pour qu'il assiste à des scènes de carnage auxquelles il n'a pas le pouvoir de mettre un terme ? — Qu'ils entrent, ne les faites point attendre. Ils ont hâte de tuer, et ils s'envient les uns aux autres le souffle d'air que leur dispense la bonté de leur Créateur. Le démon des batailles et du carnage a pris possession du pays tout entier !

A peine le prince débonnaire avait-il repris place sur son siége d'un air d'impatience et de colère peu ordinaire en lui, que la porte du fond de la salle s'ouvrit, et que, sortant de la galerie sur laquelle cette porte donnait (et où se montrait en perspective une garde d'hommes de Bute ou Brandanes sous les armes), s'avança en lugubre cortége la veuve du pauvre Olivier, que conduisait sir Patrick Charteris avec autant de respect que si c'eût été une dame du premier rang. Derrière eux venaient deux dames respectables de la ville, femmes de magistrats, toutes les deux en vêtements de deuil, l'une portant le plus jeune enfant, l'autre conduisant l'aîné par la main. Smith les suivait, paré de ses plus beaux habits, et portant par dessus sa cotte de buffle une écharpe de crêpe. Le bailli Craigdaillie, avec un autre magistrat, terminaient le triste cortége, portant également ces insignes de deuil.

L'accès d'humeur du bon roi se dissipa dès qu'il eut jeté les yeux sur la pâle et douloureuse physionomie de la veuve, et qu'il eut aperçu les deux innocents orphelins qui venaient d'éprouver une si grande perte dont ils n'avaient pas encore conscience ; et lorsque sir Patrick Charteris eut aidé Magdalen Proudfute à s'agenouiller, et que, lui tenant toujours la main, lui-même mit un genou à terre, ce fut d'une voix émue de compassion que Robert demanda à cette femme éplorée son nom et ce qui l'amenait. Elle ne répondit pas, mais elle murmura quelque chose en se tournant vers son conducteur.

— Parlez pour cette pauvre femme, sir Patrick Charteris, dit le roi, et dites-nous quel motif l'amène en notre présence.

— Plaise à Votre Majesté, sire, répondit sir Patrick en se relevant, cette femme et ces malheureux orphelins portent plainte devant Votre Altesse contre sir John Ramorny de Ramorny, chevalier, et l'accusent d'avoir tué ou fait tuer, dans les rues de la ville, le soir du mardi-gras ou le matin du mercredi des Cendres, par lui ou par quelqu'un de sa maison, son défunt mari Olivier Proudfute, bourgeois libre de Perth.

— Femme, répliqua le roi du ton le plus affable, la douceur est de ton sexe, et ton affliction même doit t'apprendre la pitié ; car nos propres malheurs doivent nous rendre — et je crois qu'ils nous rendent en effet — miséricordieux pour les autres. Ton mari n'a fait que franchir le passage auquel il nous faut arriver tous.

— Votre Majesté doit se rappeler, dit la veuve, que pour lui ce passage a été court et ensanglanté.

— Je conviens qu'il a été mal partagé. Mais puisque je n'ai pu le protéger, comme c'était, je l'avoue, mon devoir royal, je suis disposé, en expiation, à pourvoir à ton existence et à celle de ces orphelins, aussi bien, sinon mieux, que du vivant de ton mari : seulement, tu te désisteras de cette accusation, et tu ne feras pas couler d'autre sang. Souvenez-vous que je vous ai donné le choix entre la merci et la vengeance, et en même temps entre l'aisance et la pénurie.

— Nous sommes pauvres, il est vrai, Sire, dit la veuve avec une fermeté inébranlable ; mais moi et mes enfants nous irons brouter l'herbe avec les animaux des champs avant de nous résoudre à vivre du prix du sang de mon mari. Au nom de votre baudrier de chevalier et de votre couronne de roi, je demande le combat par mon champion.

— Je savais qu'il en serait ainsi ! dit le roi à part à Albany. En Écosse, les premiers mots que balbutie un enfant, et les derniers qu'articule une barbe grise au lit de mort, sont les mots combat, sang et vengeance. — Il est inutile de raisonner plus long-temps. Faites entrer les défendants.

Sir John Ramorny entra dans la salle. Il était vêtu d'une longue robe fourrée, telle que la portaient les gens de qualité quand ils étaient sans armes. Caché par les plis de l'ample vêtement, son bras blessé était soutenu par une écharpe de soie cramoisie, et son bras gauche s'appuyait sur un jeune homme à peine sorti de l'enfance, et qui déjà portait sur son front la profonde empreinte d'une pensée hâtive et de passions précoces. C'était le célèbre Lindsay, comte de Crawford, qui plus tard mérita le surnom de Comte-Tigre [1], et qui gouverna la grande et riche vallée de Strathmore avec le pouvoir absolu et l'implacable cruauté d'un tyran féodal. Deux ou trois gentilshommes, ses amis ou ceux du comte, soutenaient en cette occasion sir John Ramorny de leur présence. L'accusation fut reproduite, et repoussée par un désaveu formel de la part de l'accusé ; et en réplique, les demandeurs offrirent de prouver leur assertion par un appel à l'épreuve du cercueil.

— Je ne suis pas tenu de me soumettre à cette épreuve, répondit sir John Ramorny, puisque je puis prouver, par le témoignage du prince mon ci-devant maître, que j'étais chez moi, au lit et malade, au moment où ces gens-là, le prévôt et les baillis, prétendent que je commettais un crime où rien ne me portait et auquel je ne songeais nullement. Je ne puis donc être l'objet d'aucun soupçon fondé.

---

[1] Sir David Lyndsay, premier comte de Crawford, et beau-frère de Robert III. (W. S.)

— Je puis attester, dit le prince, que j'ai vu sir John Ramorny et causé avec lui de choses relatives à ma maison, la nuit même où ce meurtre a été commis Je sais donc qu'il était malade, et qu'il n'a pu en personne commettre le fait en question. Mais je ne sais pas ce que faisaient ses gens ; et je ne prendrai pas sur moi de dire que quelqu'un d'entre eux ne soit pas coupable du crime qui leur est imputé.

Aux premières paroles du prince, sir John Ramorny avait promené autour de lui un regard de défi ; mais cette assurance fut quelque peu déconcertée par la dernière phrase du discours de Rothsay. — Je remercie Votre Altesse, dit-il en affectant de sourire, de son témoignage circonspect et limité en ma faveur. Il était sage celui qui a écrit « Ne mettez point votre foi dans les princes. »

— Si vous n'avez pas d'autre témoignage de votre innocence, sir John Ramorny, reprit le roi, nous ne pouvons pas, à l'égard de vos gens, refuser l'épreuve du cercueil réclamée par la veuve et les orphelins ici plaignants, à moins que quelqu'un d'eux ne préfère celle du combat. Quant à vous personnellement, vous êtes, par le témoignage du prince, libéré de l'accusation.

— Sire, répliqua sir John, je puis me porter garant de l'innocence des gens de ma maison.

— Eh ! c'est ainsi que pourrait parler un moine ou une femme, dit sir Patrick Charteris. En langage de chevalier, veux-tu te battre avec moi, sir John de Ramorny, pour témoigner de l'innocence de tes suivants ?

— Le prévôt de Perth n'aurait pas eu le temps de prononcer le mot de combat avant que je ne l'eusse accepté, répondit Ramorny, si je n'étais pas en ce moment dans l'impossibilité de tenir ma lance.

— Sous votre faveur, sir John, j'en suis ravi, dit le roi ; — il y aura d'autant moins de sang versé. Il faudra donc que tous les gens de votre maison, conformément au registre de votre intendant, se présentent à la cathédrale de Saint-John, afin qu'en présence de tous ceux que cela concerne ils puissent se purger de cette accusation. Veillez à ce que tous, sans exception, paraissent à l'heure de la grand'messe, sans quoi votre honneur pourrait être gravement entaché.

— Ils y seront tous jusqu'au dernier, dit sir John Ramorny. Alors, s'inclinant profondément devant le roi, il se dirigea vers le jeune duc de Rothsay, et lui faisant aussi un profond salut, il lui dit, de manière à n'être entendu que de lui seul : — Vous m'avez traité généreusement, mylord ! — Un mot de votre bouche aurait pu terminer ce débat, et vous avez refusé de le dire !

— Sur ma vie, répondit le prince, également à voix basse, j'ai dit tout ce que me permettaient les dernières limites de la vérité et de ma conscience. Je ne pense pas que tu pusses t'attendre à ce que je fisse un mensonge pour toi ; — et après tout, John, dans le souvenir confus qui me reste de cette nuit-là, je me rappelle un muet à figure de boucher, avec une hache à la main, qui ressemblait singulièrement à un homme qui aurait pu avoir fait le coup. — Ha ai-je touché juste, sire chevalier?

Ramorny ne répondit pas. Il s'éloigna aussi précipitamment que si quelqu'un eût serré tout-à-coup son bras blessé, et regagna son logis avec le comte de Crawford, à qui il fut obligé, quelque peu disposé qu'il fût à figurer à table, d'offrir une collation splendide, pour reconnaître jusqu'à un certain point le service que le jeune seigneur venait de lui rendre en l'accompagnant.

CHAPITRE XXII.

> Art meurtrier de la médecine
> Dunbar.

Lorsque enfin, après un festin dont la prolongation mit le chevalier blessé à la torture, le comte de Crawford demanda son cheval pour retourner au quartier fort éloigné où était situé le château de Dupplin dont il était l'hôte, le chevalier de Ramorny se retira dans sa chambre à coucher, épuisé par la douleur du corps et les peines d'esprit. Il y trouva Henbane Dwining, dont un triste destin le faisait dépendre pour les secours dont il avait besoin sous ce double rapport.

— J'espère voir mon noble malade content et heureux, lui dit le médecin avec son affectation d'extrême humilité.

— Content comme un chien enragé, répondit Ramorny, — heureux comme le misérable que le chien a mordu, et qui commence à sentir les approches de la rage. Cet impitoyable Crawford voyait ce que je souffrais, et il ne m'a pas fait grâce d'un seul toast. Il me fallait lui faire raison, vraiment! Si j'avais fait ce que la raison aurait pu me conseiller, je l'aurais jeté par la fenêtre, et j'aurais coupé court à une carrière qui promet, si elle continue comme elle a commencé, de devenir une source de misères pour toute l'Ecosse, surtout pour ce côté-ci de la Tay.

— Prends garde en défaisant les ligatures, chirurgien; l'attouchement d'une aile de mouche sur cette blessure à vif me ferait l'effet d'un coup de dague.

— N'ayez pas peur, mon noble patron, répondit le médecin, avec un rire de satisfaction qu'il chercha vainement à déguiser sous un ton de sensibilité affectée. Nous y appliquerons un peu de baume frais, et — hé! he! hé! nous soulagerons Votre Honneur de l'irritation que vous supportez avec tant de fermeté.

— De fermeté, misérable! répliqua Ramorny, à qui la douleur faisait grincer les dents; — je la supporte comme je supporterais les flammes cuisantes du purgatoire. — Il me semble que mes os sont des barres de fer rouge, — et que ton onguent graisseux va siffler en touchant la blessure; — et pourtant c'est de la glace de décembre, comparé à l'accès de fièvre de mon esprit.

— Nous allons d'abord appliquer nos émollients au corps, mon noble patron, puis, avec la permission de Votre Honneur, votre serviteur essaiera son art sur l'esprit troublé, — quoique j'espère que même la douleur mentale peut aussi dépendre jusqu'à un certain point de l'irritation de la blessure, et que du moment où les douleurs du corps vont être apaisées, ce qui ne sera pas long, j'espère, peut-être l'agitation orageuse de l'esprit se calmera d'elle-même.

— Henbane Dwining, repartit le patient lorsqu'il sentit la douleur de sa blessure diminuée, tu es un précieux, un inappréciable médecin, mais il est des choses qui dépassent ton pouvoir. Tu peux amortir en moi la sensation corporelle de ces douleurs poignantes, mais tu ne saurais m'apprendre à supporter le dédain de l'enfant que j'ai élevé, — et que j'aimais, Dwining, — car je l'aimais, — je l'aimais de toute mon âme. Mes plus mauvaises actions, je les ai commises pour flatter ses vices; — et il m'a refusé un mot de sa bouche, quand un mot pouvait tout finir! Il a souri, même — je l'ai vu sourire quand ce chétif prévôt, le compagnon et le patron de misérables bourgeois, m'a adressé son défi, à moi que ce prince sans cœur savait hors d'état de prendre mes armes. — Avant que j'oublie ou que je pardonne cela, on t'entendra prêcher le pardon des injures! — Et puis le souci de demain!... Penses-tu, Henbane Dwining, que véritablement les blessures du cadavre assassiné se rouvriront et répandront des larmes de sang frais à l'approche du meurtrier?

— Je n'en puis rien dire, mylord, sauf par le rapport des autres qui atteste le fait.

— Cette brute de Bonthron est bouleversée par l'appréhension de cette chose-là, et parle de préférer plutôt soutenir le combat. Qu'en penses-tu? — le drôle est un vrai corps d'acier.

— Le métier de l'armurier est de travailler l'acier, repartit Dwining.

— Quand Bonthron succomberait, ce ne serait pas un grand chagrin pour moi, reprit Ramorny; seulement j'y perdrais une main utile.

— Je crois bien que Votre Honneur ne la regretterait pas autant que celle que vous avez perdue dans Curfew-street — excusez ma plaisanterie — hé! hé! hé! — Mais quelles sont donc les qualités utiles de ce Bonthron?

— Celles d'un boule-dogue; il déchire sans aboyer.

— Vous ne craignez pas qu'il parle?

— Qui peut dire ce que la crainte de la mort qui s'approche peut faire? Il a déjà montré une timidité tout-à-fait étrangère à sa nature endurcie; lui qui lavait à peine ses mains après avoir tué un homme, il a peur maintenant de voir un mort saigner.

— Hé bien, il faut que je fasse quelque chose pour lui, si je peux, puisque c'est pour aider à ma vengeance qu'il a frappé ce coup, coup, ma foi, bien appliqué, quoique par malheur il n'ait pas porté là où il était destiné.

— Et à qui la faute, misérable couard, sinon à toi qui as désigné un méchant daim pour un cerf de première tête?

— Bon Dieu, noble sire! voudriez-vous que moi, qui ne connais guère que la pratique de mon art, je sois aussi habile chasseur que Votre Honneur, et que je sache distinguer un hart d'une biche ou un daim mâle de sa femelle, dans une clairière après minuit? J'eus bien quelque doute quand je vis l'individu habillé en danseur moresque passer en courant devant nous pour gagner la demeure de Smith dans le Wynd; et je n'étais pas bien sûr que ce fût notre homme, vu qu'il me paraissait moins grand. Mais quand il est ressorti après être resté ce qu'il lui fallait de temps pour changer de costume, s'avançant d'un pas de bretailleur, avec la cotte de buffle et le bonnet d'acier, et sifflant à la manière accoutumée de l'armurier, j'avoue que j'ai été trompé *super totam materiem*, et j'ai lâché sur lui le boule-dogue de Votre Honneur, qui a fait son devoir en conscience, quoi qu'il n'ait pas abattu le bon daim. Aussi, à moins que ce maudit Smith ne tue roide notre pauvre ami sur la place, j'ai bien résolu, si l'art y peut quelque chose, de ne pas laisser arriver mal à Bonthron.

— Cela mettra ton art à l'épreuve, savant docteur; car sache que si notre champion est vaincu dans le combat et qu'il ne soit pas tué dans la lice, il sera traîné par les talons, et sans plus de cérémonie attaché au gibet comme convaincu du meurtre; et quand il aura été là à brandiller pendant une heure comme un gland au bout d'une corde, je crois que tu te chargeras difficilement de lui remettre le cou.

— Je suis d'un autre avis, plaise à Votre Honneur, répliqua Dwining d'un ton insinuant. Je l'emporterai du pied même de la potence jusque dans le pays des fées, comme le roi Arthur, ou sir Huon de Bordeaux, ou Ogier le Danois; ou bien, si cela me plaît, je le laisserai brandiller au gibet pendant un certain nombre de minutes, ou même d'heures, et alors je l'escamoterai à la vue de tous, aussi facilement que le vent emporte une feuille sèche.

— Ceci est de la vaine forfanterie, sire médecin. Toute la populace de Perth l'escortera à la potence, tous plus impatients les uns que les autres de voir le serviteur d'un noble mourir pour le meurtre d'un misérable bourgeois. Ils seront là des milliers autour du gibet.

— Seraient-ils dix mille, est-ce que je ne serai pas capable, moi qui suis un clerc éminent, et qui ai étudié en Espagne et jusqu'en Arabie, de tromper les yeux de ce stupide troupeau de bourgeois, quand le moindre petit jongleur qui ait jamais fait un tour de passe-passe peut tromper même l'attention pénétrante des plus intelligents chevaliers? Je vous dis que je leur ferai le tour comme si j'étais en possession de l'anneau de Keddie.

— Si tu dis vrai, repartit le chevalier, — et je pense que tu n'oserais pas plaisanter avec moi sur un pareil sujet, — il faut que tu aies l'aide de Satan, et je ne veux rien avoir à faire avec lui. Je le renie et le défie.

Dwining se laissa aller à son rire intérieur quand il entendit son patron renier l'esprit du mal, et qu'il le vit se signer pour donner plus de force à son défi. Il retrouva son sérieux, néanmoins, en voyant se rembrunir le front de Ramorny, et il reprit avec assez de gravité, quoiqu'il eût quelque peine à contenir sa joyeuse humeur :

— Les compères, très dévot chevalier, les compères sont l'âme de la jonglerie. Au surplus — hé ! hé ! hé ! — je n'ai pas l'honneur d'être — hé ! hé ! — l'allié du gentleman dont vous parlez, — et à l'existence duquel — hé ! hé ! — je ne suis pas un très ferme croyant, quoique Votre Honneur ait sans doute plus d'occasions que moi de savoir ce qui en est.

— Continue, drôle, et dispense-toi de ces ricanements, que dans un autre moment tu pourrais payer cher.

— Je continue, très intrépide chevalier. Sachez que moi aussi j'ai mon confédéré, sans quoi mon habileté ne servirait pas à grand'chose.

— Et qui est-ce, s'il vous plaît ?

— Stephen Smotherwell, plaise à Votre Honneur, le lockman [1] de cette bonne ville. Je m'étonne que Votre Honneur ne le connaisse pas.

— Et moi je m'étonne que ta coquinerie n'ait pas encore fait avec lui plus intime connaissance. Pourtant je vois que tu n'as pas le nez fendu, ni les oreilles coupées, et si tu as les épaules marquées d'un fer chaud, tu es du moins assez sage pour porter un pourpoint à haut collet.

— Hé ! hé ! Votre Honneur aime à rire. Ce n'est pas par circonstances personnelles que je suis devenu intime avec Stephen Smotherwell, mais à cause de certain trafic entre nous, dans lequel, sous votre bon plaisir, j'échange certaines sommes d'argent pour les corps, les têtes et les membres de ceux que mon ami Stephen aide à mourir.

— Misérable ! s'écria le chevalier avec horreur, est-ce pour composer des charmes et servir à des œuvres de sorcellerie que tu trafiques de ces restes repoussants de notre enveloppe mortelle ?

— Hé ! hé ! hé ! — non pas, plaise à Votre Honneur, répondit le médecin, que l'ignorance de son patron amusait fort ; mais nous autres chevaliers du scalpel nous avons l'habitude de découper soigneusement les membres des personnes défuntes, ce que nous appelons dissection, au moyen de quoi nous découvrons, par l'examen d'un membre mort, comment il faut traiter le membre blessé ou malade appartenant à une personne vivante. Ah ! si Votre Honneur voyait mon humble laboratoire, je pourrais vous montrer des têtes et des mains,

---

[1] L'exécuteur des hautes-œuvres, ainsi nommé parce qu'un de ses droits consistait à prélever une petite poignée (en écossais *lock*) de farine sur chaque sac exposé au marché. (W. S.)

des pieds et des poumons, que l'on croit pourris depuis long-temps en terre. Le crâne de Wallace, dérobé à London Bridge, — le cœur de sir Simon Fraser [1], qui ne craignit jamais personne, — le charmant crâne de la belle Katie Logie [2]... Oh! que n'ai-je eu la bonne fortune de conserver la main chevaleresque de mon honoré patron!

— Va-t'en au diable, esclave! — penses-tu me dégoûter, avec ton catalogue d'horreurs? Dis-moi tout d'un coup où tend ton discours. En quoi ton trafic avec l'exécuteur peut-il m'être utile en quelque chose ou servir Bonthron?

— Je ne propose cela à Votre Honneur qu'en cas d'absolue nécessité, répondit Dwining. Mais nous supposerons le combat livré et notre coq battu. Maintenant il nous faut d'abord le bien persuader que s'il ne peut pas avoir l'honneur de la journée nous le sauverons du moins du bourreau, pourvu qu'il n'avoue rien qui puisse préjudicier à Votre Honneur.

— Ha! — oui; une idée me frappe, dit vivement Ramorny. Nous pouvons faire plus que cela; — nous pouvons placer dans la bouche de Bonthron un mot qui donnera assez d'embarras à celui que je dois maudire comme la cause de mon malheur. Descendons au chenil de notre boule-dogue, et expliquons-lui ce qu'il y a à faire en prévoyant tous les cas. Si nous pouvons lui persuader de soutenir l'épreuve du cercueil, ce n'est peut-être qu'une fausse terreur, et en ce cas nous sommes sauvés. S'il préfère le combat, il est aussi à craindre qu'un ours relancé, et il peut se faire qu'il abatte son adversaire : alors nous sommes plus que sauvés, — nous sommes vengés. Si c'est Bonthron qui est vaincu, nous aurons recours à ton moyen; et si tu sais bien conduire cela, nous pouvons lui dicter sa confession, en prendre avantage, comme je vais te l'expliquer tout-à-l'heure, et faire un pas de géant vers la satisfaction de mes injures. — Néanmoins il reste toujours une chance à courir. Supposons notre boule-dogue mortellement blessé dans la lice : qui l'empêchera de grommeler quelque espèce de confession différente de celle que nous lui aurons dictée?

— Marry! ce sera son médecin. Laissez-moi veiller sur lui et que j'aie l'occasion de mettre seulement un doigt sur sa blessure, et reposez-vous sur moi du soin de l'empêcher de trahir votre confiance.

— Parbleu, voilà un démon de bonne volonté, qui n'a pas besoin qu'on le pousse ni qu'on l'éperonne! dit Ramorny.

— Comme j'espère que je n'aurai pas besoin non plus d'éperonner Votre Honneur pour la récompense.

— Nous allons aller endoctriner notre agent. Nous le trouverons docile; car tout chien qu'il est, il sait distinguer les gens qui le nour-

---

[1] Le fameux aïeul des Lovats, tué à Halidon-Hill. (W. S.)
[2] La belle maîtresse de David II. (W. S.)

rissent de ceux qui le malmènent, et il a conçu une haine profonde contre un ci-devant mien maître pour certain traitement injurieux accompagné de termes méprisants qu'il a reçu de lui. Il faut aussi que je sache de toi plus particulièrement quels moyens tu emploieras pour sauver le boule-dogue de ce troupeau de bourgeois.

Nous allons laisser cette digne paire d'amis à leurs machinations secrètes, dont nous verrons plus tard les résultats. Quoique de nature différente, ils étaient aussi bien accouplés pour imaginer et exécuter des projets criminels, que le lévrier et le chien couchant, l'un détruisant le gibier que l'autre fait lever. L'orgueil et l'égoïsme étaient les traits caractéristiques de tous les deux; mais par suite de la différence de rang, d'éducation et de talents, ces vices se manifestaient chez eux sous les dehors les plus différents.

Rien ne pouvait moins ressembler à l'ambition de haute volée du courtisan favori, du galant heureux, du hardi guerrier, que l'air de soumission rampante du médecin, qui semblait même se complaire dans l'insulte; tandis que dans le secret de son âme il se sentait en possession d'une supériorité de connaissances et d'un pouvoir, tant de science que d'esprit, qui mettaient les nobles encore grossiers de l'époque infiniment au-dessous de lui. Henbane Dwining avait tellement conscience de cette supériorité, que, de même qu'un gardien de bêtes sauvages, il s'aventurait parfois, pour son amusement, à soulever les orageuses passions d'hommes tels que Ramorny, se flattant d'échapper par l'humilité de ses manières à la tempête qu'il aurait excitée, comme un jeune Indien lancera son léger canot, assuré par sa fragilité même, au milieu d'un ressac dangereux où une chaloupe solide serait infailliblement mise en pièces. Que le baron féodal méprisât l'humble praticien, cela va sans dire; mais Ramorny n'en sentait pas moins l'influence que Dwining exerçait sur lui, et souvent dans leurs prises d'esprit il avait le dessous, comme les efforts les plus violents d'un cheval fougueux sont maîtrisés par un enfant de douze ans, s'il a été habitué aux artifices du manége. Le mépris de Dwining pour Ramorny était beaucoup moins tempéré. Il regardait le chevalier, par comparaison avec lui, comme s'élevant à peine au-dessus de la création brute; capable, à la vérité, d'opérer la destruction, comme le taureau avec ses cornes ou le loup avec ses griffes, mais dominé par de bas préjugés et sous l'empire de la fourberie des prêtres, expression dans laquelle Dwining comprenait toute espèce de religion. Au total, il voyait en Ramorny un homme que la nature lui avait assigné à titre d'esclave pour lui procurer l'or qui était son idole, et dont la passion était son plus grand faible, bien que ce ne fût pas à beaucoup près le pire de ses vices. Il excusait ce penchant sordide à ses propres yeux, en se persuadant à lui-même qu'il avait sa source dans l'amour du pouvoir.

— Henbane Dwining, se disait-il en contemplant avec délice le trésor qu'il avait secrètement amassé et qu'il visitait de temps à autre, Henbane Dwining n'est pas un de ces avares stupides qui chérissent ces pièces d'or pour leur éclat : c'est le pouvoir dont elles donnent la possession qui les lui fait adorer ainsi. Qu'y a-t-il au monde qu'elles ne mettent à votre disposition? Aimez-vous la beauté, et êtes-vous laid, difforme, infirme et vieux? — voici un leurre auquel viennent se prendre les plus beaux faucons. Êtes-vous faible, débile, assujetti à l'oppression du puissant. — voici qui armera pour votre défense des bras plus puissants que ceux du petit tyran que vous craignez. Êtes-vous magnifique dans vos désirs, et recherchez-vous la montre extérieure de l'opulence? ce coffre noir contient bien des collines et des vallées, bien des belles forêts remplies de gibier, — l'allégeance de mille vassaux. Souhaitez-vous la faveur des cours, temporelle ou spirituelle? — le sourire des rois, le pardon des papes et des prêtres pour d'anciens crimes, et les indulgences qui encouragent à en commettre de nouveaux les hommes assez sots pour payer l'absolution des prêtres? — tous ces pieux stimulants qui poussent au vice peuvent s'acheter pour de l'or. La vengeance elle-même, — la vengeance que les dieux se sont, dit-on, réservée pour eux, sans doute parce qu'ils envient à l'humanité un si friand morceau, — la vengeance peut s'acheter. Mais on peut aussi se la procurer par la supériorité de ruse et d'adresse, et c'est le plus noble moyen de l'obtenir. Je réserverai donc mon trésor pour d'autres usages, et je me vengerai gratis; ou plutôt j'ajouterai la jouissance d'augmenter mes richesses au triomphe des injures vengées.

Telles étaient les pensées de Dwining, lorsque, au retour de sa visite à sir John Ramorny, il ajouta à la masse l'or qu'il avait reçu pour ses divers services. Après avoir contemplé le tout pendant une ou deux minutes, il ferma soigneusement à clef son coffre-fort, puis sortit pour visiter ses autres malades, cédant le mur à tous ceux qu'il rencontrait, s'inclinant et ôtant son bonnet devant le plus pauvre bourgeois tenant une chétive boutique, et même devant l'artisan qui gagnait le pain destiné à soutenir sa précaire existence par le travail de ses mains calleuses.

— Marauds! pensait-il au fond du cœur tout en faisant ces saluts, vils artisans à l'esprit borné, si vous saviez ce que cette clef tient enfermé, y aurait-il un mauvais temps capable de vous empêcher de m'ôter votre bonnet? — y aurait-il un ruisseau assez puant dans votre misérable trou de ville pour vous faire hésiter à y tomber à genoux devant le possesseur de telles richesses? Mais je veux vous faire sentir mon pouvoir, quoiqu'il convienne à mon humeur d'en cacher la source. Je serai un incube pour votre ville, puisque vous m'avez repoussé comme magistrat. Comme le cauchemar, je pèserai sur vous et je resterai invisible. — Ce misérable Ramorny, lui aussi, qui, en perdant sa main, a comme un pauvre artisan perdu la seule partie précieuse de sa charpente, Ramorny accumule sur moi des propos outrageants, comme si rien de ce qu'*il* peut dire avait le pouvoir d'échauffer un esprit tel que le mien ! Et cependant quand il me traite de fripon, de misérable, d'esclave, il agit aussi sagement que s'il s'amusait à m'arracher les cheveux de la tête pendant que je tiendrais dans ma main les fibres de son cœur. Je puis lui faire payer sur-le-champ chacune de ses insultes par une souffrance physique ou une angoisse d'esprit ; — et — hé ! hé ! hé ! il faut convenir que je ne fais pas de vieux comptes avec Sa Seigneurie.

Tandis que le médecin se laissait ainsi aller à ses pensées diaboliques, tout en se faufilant le long des rues, des cris de femmes se firent entendre derrière lui.

- Oui, le voilà, Notre-Dame en soit louée ! dit une voix ; voilà l'homme le plus secourable de Perth.

— On peut vanter tant qu'on voudra les chevaliers et les rois comme redresseurs de torts, comme ils disent ; — mais parlez-moi du digne maître Dwining l'apothicaire, commères.

Au même moment, le médecin se vit entouré et arrêté par les bonnes femmes de la belle cité qui venaient ainsi de chanter ses louanges.

— Hé bien, qu'est-ce qu'il y a ? dit-il ; quelle vache a vêlé ?

— Il ne s'agit pas de vêlage, repartit une des femmes, mais d'un pauvre orphelin qui se meurt ; ainsi venez avec nous, car nous avons pleine confiance en vous, comme disait Bruce à Donald des Iles.

— *Opiferque per orbem dicor*, dit Henbane Dwining. De quoi l'enfant se meurt-il ?

— Du croup, — du croup, cria une des commères ; le pauvre innocent croasse comme un corbeau.

— *Cynanche trachealis*, — c'est un mal qui va vite en besogne. Montrez-moi sur-le-champ la maison, continua le médecin, qui était dans l'habitude d'exercer sa profession libéralement et avec une certaine humanité, malgré son avarice innée et la malignité de sa nature. Comme nous ne pouvons pas lui soupçonner de mobile plus honorable, très probablement son motif était la vanité ou l'amour de son art.

Il aurait néanmoins refusé de donner ses soins dans le cas actuel, s'il avait su, assez à temps pour préparer une excuse, où les commères le conduisaient. Mais avant d'avoir pu deviner où il allait, le médecin fut entraîné dans la maison de feu Olivier Proudfute, d'où il entendit partir le chant des femmes qui ensevelissaient et préparaient le corps du défunt bonnetier pour la cérémonie du lendemain matin, chant dont ce qui suit peut être regardé comme une imitation moderne.

Essence invisible, simple et légère, déjà presque réduite en air, mais qui plane encore avec tendresse près de la forme terrestre que tu as autrefois revêtue ;

Suspends un moment ton vol, que ta course tende à droite ou à gauche ;

que tu sois condamnée à t'élever ou à descendre, arrête-toi sur la redoutable limite.

Pour venger le crime qui t'a fait sortir avant le temps de ta demeure terrestre, tu dois conserver une force mystérieuse sur le sang et sur le cerveau.

Quand tu apercevras celui qui a fermé tes yeux à la clarté du jour ; quand tu entendras le pas qui a frappé le dernier ta mourante oreille,

Alors d'étranges sympathies s'éveilleront ; la chair frémira, les nerfs trembleront ; les blessures coagulées se rouvriront, et chaque goutte qui s'en échappera criera sang pour sang !

Tout endurci qu'il fût, le médecin éprouva de la répugnance à franchir le seuil de l'homme dont il avait causé la mort, quoique par méprise.

— Laissez-moi m'en aller, femmes, dit-il ; mon art ne peut soulager que les vivants, — les morts sont au-delà de notre pouvoir.

— Mais votre malade est là-haut, — le petit orphelin....

Dwining fut forcé d'entrer dans la maison. Il avait à peine passé le seuil, que les commères occupées autour du corps suspendirent tout-à-coup leur chant, et il tressaillit en entendant l'une d'elles dire aux autres :

— Au nom du Ciel, qui est entré ? — voilà une grosse goutte de sang !

— Du tout, dit une autre voix ; c'est une goutte de baume liquide.

— Non, commère, c'est bien du sang. — Je vous demande encore une fois qui vient d'entrer dans la maison ?

L'une de ces femmes, mettant la tête à la porte, vint regarder dans l'étroite entrée où Dwining, déconcerté par ce qui était arrivé jusqu'à lui de ce colloque, s'était arrêté sous prétexte de ne pas voir distinctement l'obscur escalier par lequel il lui fallait gagner la partie supérieure de cette maison de lamentations.

— Eh ! c'est seulement le digne maître Henbane Dwining, répondit une des sibylles.

— Seulement le digne maître Dwining ? répliqua d'un ton d'assentiment celle qui avait parlé la première, — maître Dwining, notre meilleur aide au moment du besoin ? — Alors, pour sûr, ç'a dû être du baume.

— Ça peut tout de même avoir été du sang, reprit l'autre ; — car le médecin, voyez-vous, quand on a trouvé le corps, eut ordre des magistrats de sonder la blessure avec ses instruments. Comment le pauvre mort pouvait-il savoir que ça se faisait à bonne intention ?

— C'est bien vrai, commère ; et comme de son vivant il arrivait souvent au pauvre compère Olivier de prendre des amis pour des ennemis, il n'est pas à croire que son jugement s'est amendé maintenant.

CHAPITRE XXII.

Dwining n'en entendit pas davantage, ayant été forcé de gravir enfin l'escalier jusqu'à une espèce de grenier où il trouva Magdalen assise sur son lit désormais veuf, serrant contre son sein son pauvre enfant, dont la figure déjà noire et l'espèce de croassement rauque qui a donné naissance au nom vulgaire de cette maladie, semblaient annoncer qu'il était au moment de terminer sa courte existence. Un moine dominicain était assis près du lit, tenant l'autre enfant dans ses bras, et paraissant faire entendre de temps à autre quelques paroles de consolation spirituelle, qu'il entremêlait d'observations sur l'état de l'enfant malade.

Le médecin jeta sur le bon père un seul regard rempli de cet indicible dédain dont les intrus dans l'art sont l'objet de la part des hommes spéciaux. Son secours fut aussi prompt qu'efficace ; il arracha l'enfant des bras de sa mère désespérée, écarta les enveloppes qui lui couvraient la gorge, et ouvrit promptement une veine d'où le sang s'échappa en abondance, ce qui soulagea instantanément le pauvre petit malade. Au bout de quelques moments tout symptôme dangereux avait disparu, et Dwining, après avoir bandé la veine, remit l'enfant aux bras de la mère éperdue.

Le sentiment du danger extrême que courait son enfant avait suspendu un moment chez la pauvre femme celui de la perte qu'elle avait faite ; maintenant que ses appréhensions avaient cessé, le chagrin un moment refoulé assaillit de nouveau Magdalen avec la force d'un torrent grossi renversant la digue qui pendant un court espace de temps en a contenu les flots débordés.

— Oh, savant docteur ! dit-elle, vous voyez pauvre maintenant la femme que vous avez autrefois connue plus riche ; — mais les mains qui ont rendu cet enfant à mes bras ne doivent pas sortir vides de cette maison. Généreux et bon monsieur Dwining, acceptez ce rosaire ; — il est en ébène et en argent. — Il avait toujours aimé à ce que ses effets fussent aussi beaux que ceux d'aucun gentleman ; — et dans toutes ses habitudes il ressemblait plus à un gentleman qu'à quelqu'un de sa condition, et voilà ce que ça lui a valu.

En même temps, dans un accès de douleur muette, elle pressa sur son sein et ses lèvres le chapelet de son défunt mari, puis elle le tendit à Dwining.

— Prenez-le, ajouta-t-elle, pour l'amour d'un homme qui vous aimait bien. — Ah ! il avait coutume de dire que si jamais homme pouvait être ramené des bords de la tombe, ce serait par maître Dwining. — Et son propre enfant en a été ramené aujourd'hui, et il est étendu là roide et froid, ne sachant rien de la santé ou de la maladie du pauvre petit ! Oh ! malheur — malheur à moi ! — Mais prenez le chapelet, et pensez à sa pauvre âme chaque fois que vous le passerez dans vos doigts. Il sera délivré plus tôt du purgatoire, si les honnêtes gens prient pour sa délivrance.

— Reprenez votre chapelet, commère, — je ne me connais pas en escamotage, — je ne sais pas faire de tours de sorcier, dit le médecin, qui, plus ému peut-être que son âpre nature ne l'aurait pu prévoir, voulait éviter de recevoir le cadeau de mauvais augure. Mais ses dernières paroles éveillèrent la susceptibilité du moine, dont il avait oublié la présence en les proférant.

— Qu'est-ce à dire, sire médecin? dit le dominicain; appelez-vous tours de jongleurs les prières pour les morts? Je sais que Chaucer, le faiseur de vers anglais, dit de vous autres médecins que la Bible n'est pas ce que vous étudiez le plus. Notre sainte mère l'Église a sommeillé dans ces derniers temps, mais maintenant elle a les yeux ouverts pour discerner ses amis de ses ennemis; et soyez bien certain....

— Vous prenez un trop grand avantage, révérend père, interrompit Dwining. J'ai dit que je ne faisais pas de miracles, et j'allais ajouter que comme l'Église peut certainement en opérer, c'est dans vos mains que devait être déposé ce riche chapelet, pour en faire l'usage qui profitera le mieux à l'âme du défunt.

Il laissa tomber le chapelet dans la main du dominicain, et s'esquiva de la maison de deuil.

— Voilà une visite faite en un étrange moment, se dit-il en lui-même quand il eut regagné la rue. Je n'attache pas plus de valeur à ces choses-là que qui que ce soit; pourtant, quoique ce ne soit qu'une sotte imagination, je suis bien aise d'avoir sauvé la vie de ce criard d'enfant. — Mais il faut que j'aille trouver mon ami Smotherwell, que je ne doute pas pouvoir amener à mes fins dans l'affaire de Bonthron. Ainsi en cette occasion j'aurai sauvé deux vies, et je n'en ai détruit qu'une seule.

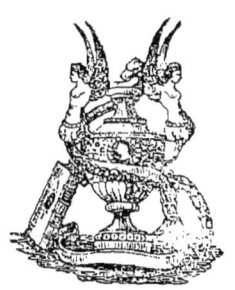

CHAPITRE XXIII.

> Voyez! — le voilà noyé dans le sang, et sa blessure invoque le Ciel ; les flots vermeils qui s'en échappent crient vengeance du haut des nues.
> URANUS ET PSYCHÉ.

La cathédrale de Saint-John de Perth étant celle du patron de la ville, avait été choisie par les magistrats comme la plus convenable pour l'épreuve. Les églises et les couvents des dominicains, des chartreux, et autres du clergé régulier, avaient été richement dotés par le roi et les nobles ; et conséquemment ce fut le cri universel du conseil de ville, qu'ils devaient se fier pleinement à « leur bon vieux saint John, » des bonnes grâces duquel ils se regardaient comme assurés, et qu'il fallait le préférer aux nouveaux patrons en l'honneur desquels les dominicains, les chartreux, les carmélites et autres, avaient fondé de nouveaux siéges autour de la bonne ville. La mésintelligence qui régnait entre le clergé régulier et le clergé séculier ajouta encore à la jalousie qui dicta ce choix du lieu où le Ciel allait avoir à opérer une espèce de miracle, sur un appel direct à la décision divine, dans un cas de crime douteux ; et le *clerc* ou greffier de la ville désirait aussi vivement que l'église de Saint-John fût préférée, que s'il y avait eu parmi les saints un parti pour et un parti contre les intérêts de la noble ville de Perth.

Il y eut donc bien des petites intrigues de nouées et de déconcertées au sujet du choix de l'église. Mais les magistrats, considérant ce choix comme une affaire qui touchait de près à l'honneur de la cité, résolurent, avec une judicieuse confiance dans la justice et l'impartialité de leur patron, de confier l'issue à l'influence de saint John.

Ainsi donc, après que la grand'messe eut été célébrée avec toute la solennité que les circonstances pouvaient donner à la cérémonie, et quand la nombreuse assemblée eut adressé au Ciel les prières les plus ferventes, les préparatifs furent faits pour appeler le jugement direct du Ciel sur le meurtre mystérieux de l'infortuné bonnetier.

La scène avait cet aspect de solennité imposante que les rites de l'Église catholique sont si propres à produire. Les vitraux de l'est, richement peints de couleurs variées, versaient sur le maître-autel un torrent de lumière où se fondaient les teintes les plus vives. Sur la bière placée en avant étaient étendus les restes mortels de la victime, les bras ramenés sur la poitrine et les deux mains jointes, avec les doigts dirigés vers la voûte, comme si l'argile insensible en appelait elle-même au Ciel pour obtenir vengeance de ceux qui avaient séparé violemment l'âme immortelle de son enveloppe mutilée.

Près du cercueil était placé le trône, où étaient assis Robert d'Écosse et son frère Albany. Le prince occupait un tabouret plus bas, à côté de son père; arrangement qui donna lieu à quelques remarques, vu que le siége d'Albany se distinguant à peine de celui du roi, l'héritier présomptif, quoique ayant atteint sa majorité, semblait être rabaissé au-dessous de son oncle en présence du peuple assemblé. Le cercueil était placé de manière à ce que le corps qu'il renfermait pût être aperçu de la plus grande partie de la multitude réunie dans l'église.

A la tête du cercueil se tenait debout le chevalier de Kinfauns, le poursuivant, et au pied était le jeune comte de Crawford, comme représentant le défendant. Le témoignage du duc de Rothsay, en purgeant, selon l'expression consacrée, sir John Ramorny, l'avait exempté de la nécessité de comparaître comme partie soumise à l'épreuve, et sa maladie lui servit de motif pour ne point sortir de chez lui. Toute sa maison, y compris ceux qui étaient regardés comme domestiques du prince, bien qu'attachés au service immédiat de sir John, et qui n'avaient pas encore reçu leur congé, se composait de huit ou dix personnes, la plupart regardées comme des hommes d'habitudes dissolues, et qui par conséquent pouvaient être jugés capables, dans le tumulte d'une soirée de débauche, d'avoir commis le meurtre du bonnetier. Ils étaient rangés sur une seule ligne le long du côté gauche de l'église, et portaient une espèce de casaque blanche ressemblant à un costume de pénitent. Tous les regards étant fixés sur eux, plusieurs semblaient assez déconcertés pour faire naître contre eux, parmi les spectateurs, de fortes présomptions de culpabilité. L'assassin réel avait une contenance qui ne pouvait le trahir, — une physionomie sombre et refrognée que ni le vin ni la bonne chère ne pouvaient animer, et que ne pouvaient non plus abattre ni le danger d'être découvert ni la crainte de la mort.

Nous avons déjà fait connaître la position du corps. La face était nue, de même que la poitrine et les bras. Le reste du cadavre était enveloppé de plusieurs tours d'un drap du plus fin lin, de sorte que si le sang venait à couler de quelque endroit couvert, on ne pouvait manquer de s'en apercevoir sur-le-champ.

Après la célébration de la grand'messe, qui fut suivie d'une invocation solennelle par laquelle on demandait à Dieu qu'il lui plût de protéger l'innocent et de faire connaître le coupable, Eviot, page de sir John Ramorny, fut appelé le premier pour subir l'épreuve [1]. Il s'avança d'un

---

[1] *Voyez* la note M, fin du volume.

CHAPITRE XXIII.

pas mal assuré. Peut-être pensait-il que la conviction où il était intérieurement que l'assassinat avait été commis par Bonthron pouvait suffire à l'impliquer dans le meurtre, bien que n'y ayant pas directement participé. Il s'arrêta devant la bière, et sa voix tremblait pendant qu'il jura par tout ce qui a été créé en sept jours et sept nuits, par le Ciel, par l'enfer, par sa part du paradis, par Dieu auteur de tout ce qui existe, qu'il était innocent de l'attentat sanglant commis sur le cadavre devant lequel il était, et sur la poitrine duquel il fit le signe de la croix en témoignage de ce qu'il attestait. Aucune conséquence ne s'ensuivit. Le corps resta aussi roide qu'auparavant, et les blessures ne donnèrent pas signe de sang.

Les bourgeois se regardèrent d'un air de désappointement. Ils étaient persuadés qu'Eviot était coupable, et leurs soupçons avaient été confirmés par l'irrésolution de ses manières. Leur surprise de le voir échapper fut donc extrême. Les autres gens de Ramorny reprirent courage, et vinrent prêter le serment avec une hardiesse qui s'augmentait de plus en plus à mesure que l'un après l'autre ils accomplissaient l'épreuve, et que la voix des juges les déclarait affranchis et lavés de tout soupçon qui avait pu s'attacher à eux au sujet de la mort d'Olivier Proudfute.

Mais il en était un qui ne partageait pas cette confiance croissante. Le nom de Bonthron ! — Bonthron ! retentit trois fois sous la voûte de l'église sans que celui à qui ce nom appartenait répondît à l'appel autrement que par un mouvement convulsif du pied, comme s'il eût été tout-à-coup frappé de paralysie.

— Parle donc, chien, lui dit tout bas Eviot, ou prépare-toi à mourir en chien.

Mais le meurtrier avait la cervelle tellement troublée par le spectacle déroulé devant lui, que les juges, voyant son attitude, hésitèrent s'ils le feraient amener de force devant le cercueil, ou s'ils prononceraient un jugement par défaut; et ce ne fut que lorsqu'on lui demanda pour la dernière fois s'il voulait se soumettre à l'épreuve, qu'il répondit avec son laconisme habituel :

— Je ne veux pas; — est-ce que je sais quels tours de jonglerie on peut pratiquer pour ôter la vie à un pauvre homme? — J'offre le combat à quiconque dira que j'ai fait le moindre mal au mort que voilà.

Et selon la forme habituelle, il jeta son gant sur la dalle de l'église.

Henry Smith s'avança au milieu d'un murmure d'approbation de ses concitoyens, que même la présence de la famille royale ne put entièrement contenir; et relevant le gant du bandit, qu'il plaça à sa toque, il jeta le sien à son tour selon l'usage ordinaire, comme gage de combat. Mais Bonthron ne le ramassa pas.

— Il n'est pas mon égal, grommela le sauvage, et il n'a pas qualité pour relever mon gant. Je suis attaché au prince d'Écosse, comme étant de la maison de son grand-écuyer. Ce drôle est un misérable artisan.

Ici le prince l'interrompit. — Toi attaché à *mon* service, misérable! Je t'en dégage ici même. — Charge-toi de lui, Smith, et frappe dessus comme tu n'as jamais frappé sur une enclume! — Le coquin est à la fois coupable et lâche. Rien que sa vue me fait mal. Si le roi mon père veut suivre mon avis, il donnera à chacune des deux parties une bonne hache écossaise, et nous allons voir avant que la journée ne soit d'une demi-heure plus vieille lequel des deux s'en tirera le mieux.

Le comte de Crawford et sir Patrick Charteris, les parrains des parties, y consentirent volontiers; et comme les combattants étaient de rang inférieur, il fut convenu qu'ils s'attaqueraient en bonnet d'acier, en jaquette de buffle et avec la hache, et cela dès qu'ils se seraient préparés pour le combat.

On désigna pour lice l'Enclos des Peaussiers [1], espace de terrain avoisinant occupé par la corporation qui lui avait donné son nom, et où on disposa promptement pour les combattants un espace de trente pieds environ sur vingt-cinq. Nobles, prêtres et peuple, tous s'y portèrent en foule, — tous excepté le vieux roi, qui, détestant ces sortes de scènes ensanglantées, s'était retiré à sa résidence, et avait remis la charge de juge du camp au comte d'Errol, lord grand-connétable, à l'office de qui elle appartenait plus particulièrement. Le duc d'Albany donnait à tout ce qui se passait un œil attentif et circonspect. Son neveu apportait à toute la scène un intérêt irréfléchi en rapport avec son caractère.

Quand les combattants parurent dans la lice, rien n'eût pu offrir un contraste plus frappant que la physionomie mâle et ouverte d'Henry Smith, dont l'œil étincelant semblait déjà rayonner du triomphe qu'il espérait, et l'aspect morne et abattu de la brutale physionomie de Bonthron, qui ressemblait à un oiseau de nuit chassé de sa sombre retraite et forcé de se montrer au grand jour. Ils attestèrent tous les deux par serment la justice de leur cause; formalité dont Henry s'acquitta avec une mâle confiance, et Bonthron d'un air de sombre résolution qui fit dire au duc de Rothsay, s'adressant au grand-connétable : Avez-vous jamais vu, mon cher Errol, pareil mélange de méchanceté, de cruauté et, je crois aussi, de peur, sur la même physionomie?

— Il n'est pas avenant, répondit le comte; mais c'est un vigoureux coquin, autant que j'ai pu voir.

— Je vous gage une barrique de vin, mon cher lord, qu'il va avoir le dessous. Henry l'armurier est aussi robuste et bien plus agile. Et puis voyez donc quelle hardiesse dans son attitude! Il y a dans cet autre drôle quelque chose qui répugne à voir. Donnez vite le signal, mon cher connétable, car je voudrais bien ne plus l'avoir sous les yeux.

---

[1] *Skinner's Yards.* *Voyez* la note N, fin du volume.

Le grand-connétable s'adressa alors à la veuve, qui, dans ses habits de deuil, et ses enfants tranquilles auprès d'elle, occupait un siége dans l'enceinte. — Femme, lui dit-il, consentez-vous volontiers à ce que cet homme, Henry Smith, soit votre champion dans cette cause?

— Oui, oui, bien volontiers, répondit Magdalen Proudfute; et puisse la bénédiction de Dieu et de saint John lui donner la force et le succès, car il combat pour l'orphelin!

— Je déclare donc que ceci est un champ clos, dit le connétable à haute voix. Que personne, au péril de sa vie, n'ose interrompre ce combat, par parole, discours ou regard. — Sonnez les trompettes, et combattez, champions!

Les trompettes sonnèrent une fanfare, et les combattants s'avançant des deux extrémités opposées de la lice d'un pas ferme et mesuré, se regardèrent l'un l'autre attentivement, habiles à juger au mouvement de l'œil de la direction d'un coup médité. Ils s'arrêtèrent vis-à-vis et à portée l'un de l'autre, et chacun d'eux fit tour à tour plus d'une feinte pour éprouver l'agilité et la vigilance de son adversaire. Enfin, soit qu'il fût las de ces manœuvres, soit qu'il craignît que dans un combat ainsi conduit sa force plus massive ne finît par succomber sous l'agilité de Smith, Bonthron leva sa hache pour en porter à celui-ci un coup terrible, dans lequel il ajoutait au poids de l'arme toute la force de son bras vigoureux. Mais Smith évita le coup en se jetant de côté, car la manière dont il était asséné aurait rendu inutile toute tentative qu'il aurait pu faire pour le parer; et avant que Bonthron se fût remis en garde, l'armurier lui porta obliquement un coup à la tête qui l'étendit à terre.

— Avoue, ou tu es mort, dit le vainqueur, appuyant le pied sur le corps du vaincu et lui portant à la gorge le bout de sa hache, qui se terminait par une pointe acérée en forme de poignard.

— J'avouerai, dit le scélérat dont l'œil égaré se tourna vers le ciel; laisse-moi me relever.

— Pas avant que tu ne te sois rendu.

— Je me rends, murmura de nouveau Bonthron; et Henry proclama à haute voix que son antagoniste était vaincu.

Les ducs de Rothsay et d'Albany, le grand-connétable et le prieur des Dominicains, entrèrent alors dans l'enceinte de la lice, et s'adressant à Bonthron lui demandèrent s'il se reconnaissait vaincu.

— Oui, répondit le mécréant.

— Et coupable du meurtre d'Olivier Proudfute?

— Oui, — mais je l'ai pris pour un autre.

— Et qui voulais-tu tuer? demanda le prieur. Confesse-toi, mon fils, et mérite ton pardon dans un autre monde, car tu n'as plus grand'chose à faire avec celui-ci.

— J'ai pris celui qui a été tué pour celui qui m'a abattu et dont le pied me presse maintenant.

— Bénis soient les saints! dit le prieur. Maintenant tous ceux qui doutent de la vertu de la sainte épreuve peuvent ouvrir les yeux à leur erreur. Voyez: il est pris au piége même qu'il avait tendu à l'innocent.

— C'est à peine si j'avais jamais vu cet homme, dit Smith. Je ne lui ai jamais rien fait ni à lui ni aux siens. — Plairait-il à Votre Révérence de lui demander pourquoi il avait eu l'idée de me tuer par traîtrise?

— C'est une question convenable, dit le prieur. — Rends gloire à qui elle est due, mon fils, lors même qu'elle se manifeste par ta honte. Par quelle raison voulais-tu tuer en traître cet armurier, qui dit ne t'avoir jamais rien fait?

— Il a fait quelque chose à celui que je servais, répondit Bonthron, et c'est par son ordre que j'ai médité le fait.

— Par l'ordre de qui? demanda le prieur.

Bonthron se tut un instant, puis il grommela entre ses dents: — Il est trop haut placé pour que je le nomme.

— Écoute, mon fils, reprit le prêtre; encore quelques moments, et grand ou petit sur cette terre seront pour toi des mots également vides de sens. La claie se prépare en ce moment pour te traîner au lieu de l'exécution. Ainsi donc, mon fils, encore une fois je t'enjoins de consulter le bien de ton âme en glorifiant le Ciel et disant la vérité. Est-ce ton maître, sir John Ramorny, qui t'a poussé à une action aussi noire?

— Non, répondit le scélérat, toujours étendu sur la terre; c'est un plus grand que lui. Et en même temps il désigna du doigt le prince royal.

— Misérable! s'écria le duc étonné; oses-tu bien donner à entendre que c'est moi qui ai été ton instigateur?

— Vous-même, mylord, répondit l'effronté coquin.

— Meurs dans ton imposture, esclave maudit! s'écria le prince; et tirant son épée, il en aurait percé son calomniateur, si le lord grand-connétable ne se fût interposé de parole et d'action.

— Votre Grâce m'excusera de remplir mon office, dit-il; — ce coquin doit être livré aux mains de l'exécuteur. Il n'est pas digne de périr d'une autre main, de celle de Votre Altesse moins que de toute autre.

— Quoi, noble comte! dit Albany à haute voix, et avec une grande émotion, réelle ou affectée, laisserez-vous ce chien sortir d'ici en vie, pour aller empoisonner les oreilles du peuple de fausses accusations contre le prince d'Écosse? — Qu'il soit mis en pièces ici-même!

— Votre Altesse me pardonnera, reprit le comte d'Errol; je dois le protéger jusqu'à ce que la sentence soit exécutée.

— En ce cas, qu'il soit bâillonné sur-le-champ, repartit Albany. — Et vous, mon royal neveu, pourquoi restez-vous là immobile d'étonnement? Rappelez votre resolution ; — parlez au prisonnier ; — jurez, — protestez par tout ce qu'il y a de sacré que vous ne savez rien de cet acte de félonie. — Voyez comme dans le peuple on se regarde l'un l'autre, et comme on chuchote à part! Je gagerais ma vie que ce mensonge se répandra plus vite que pas une vérité d'évangile. — Parlez-leur, prince ; peu importe ce que vous direz, pourvu que vous persistiez fortement à nier.

— Comment, monsieur! dit Rothsay, sortant subitement du silence où l'avaient plongé la surprise et la mortification, voudriez-vous que j'engageasse ma parole royale contre celle d'un être abject? Que ceux qui *peuvent* croire le fils de leur souverain, le descendant de Bruce, capable de tendre une embûche contre la vie d'un pauvre artisan, jouissent du plaisir de croire vrai le conte de ce misérable.

— Ce ne sera pas moi, pour ma part, dit Smith brusquement. Je n'ai jamais rien fait qui ne fût en honneur à l'égard de Sa Grâce royale le duc de Rothsay ; je n'ai jamais eu à me plaindre de lui ni en paroles, ni en regard, ni en action, et je ne puis croire qu'il eût voulu autoriser un aussi vil attentat.

— Etait-ce en honneur que vous avez jeté Son Altesse à bas de l'échelle dans Curfew-street, la veille du carême ? dit Bonthron ; ou croyez-vous que la faveur ait été reçue bien amicalement?

Ceci fut dit avec tant d'assurance et paraissait si plausible, que l'opinion qu'avait Smith de l'innocence du prince en fut ébranlée.

— Hélas, mylord, dit-il en tournant vers Rothsay un regard douloureux, Votre Altesse a-t-elle pu chercher à prendre la vie d'un homme innocent parce qu'il avait fait son devoir pour une jeune fille sans défense ? — J'aurais mieux aimé recevoir le coup de la mort dans cette lice que de vivre pour ouïr dire cela de l'héritier de Bruce.

— Tu es un brave garçon, Smith, répondit le prince ; mais je ne puis m'attendre à ce que tu portes un jugement plus sage que les autres. — Emportez ce scélérat à la potence, et exposez-l'y en vie si vous voulez, pour qu'il répande le scandale sur nous jusqu'au dernier moment de son existence prolongée !

A ces mots le prince sortit de la lice, dédaignant de remarquer les sombres regards que l'on jetait sur lui à mesure que la foule s'écartait lentement et avec répugnance pour lui livrer passage, et n'exprimant ni surprise ni déplaisir du sourd murmure qui accompagnait sa retraite. Un petit nombre des gens de sa suite immédiate l'accompagnèrent hors du champ du combat, quoique diverses personnes de distinction se fussent mêlées au cortége qui l'y avait accompagné. Même les citadins de la plus basse classe cessèrent de suivre le malheureux prince, que son assez mauvaise réputation avait précédemment exposé à tant d'accusations d'inconvenance et de légèreté, et autour duquel semblaient maintenant s'amonceler des soupçons de la nature la plus noire et la plus atroce.

Il se dirigea lentement et d'un air insouciant vers l'église des Dominicains ; mais les mauvaises nouvelles, dont la rapidité est proverbiale, étaient déjà arrivées jusqu'à la retraite de son père avant que lui-même n'y reparût. Lorsqu'il s'enquit du roi après être entré au Palais, il apprit avec étonnement qu'il était en sérieuse consultation avec le duc d'Albany, qui, étant monté à cheval au moment où le prince quittait la lice, était arrivé au couvent avant lui. Il se disposait à user du privilége de son rang et de sa naissance pour pénétrer dans l'appartement royal, quand Mac-Lewis, le commandant de la garde des Brandanes, lui donna à entendre, dans les termes les plus respectueux, qu'il avait des instructions spéciales pour l'empêcher d'entrer.

— Du moins, Mac-Lewis, va les prévenir que j'attends leur bon plaisir, dit le prince. Si mon oncle désire avoir la gloire de fermer au fils les portes de l'appartement du père, il sera bien aise de savoir que j'attends dans l'antichambre comme un laquais.

— Sous votre plaisir, reprit Mac-Lewis avec hésitation, si Votre Altesse voulait consentir à se retirer quant à présent et à attendre patiemment, je vous enverrais prévenir dès que le duc d'Albany partira, et je ne doute pas qu'alors Sa Majesté n'admette Votre Grâce en sa présence. — En ce moment — Votre Altesse me pardonnera — il est impossible que vous entriez.

— Je vous comprends, Mac-Lewis ; mais allez, neanmoins, et faites ce que je vous dis.

L'officier obéit, et revint dire que le roi était indisposé et sur le point de se retirer dans son appartement, mais que le duc d'Albany allait se rendre sur-le-champ auprès du prince d'Écosse.

Une grande demi-heure s'écoula néanmoins avant que le duc d'Albany ne parût, — temps que Rothsay passa en partie dans un silence d'humeur, et en partie en causeries frivoles avec Mac-Lewis et les Brandanes, selon que la légèreté ou l'irritabilité de son caractère prenait le dessus.

Enfin le duc arriva, et avec lui le lord grand-connétable, dont la physionomie exprimait un douloureux embarras.

— Beau parent, dit le duc d'Albany, je regrette d'avoir à vous dire que dans l'opinion du roi mon frère le mieux qu'il y ait à faire pour l'honneur de la famille royale est que Votre Altesse se confine temporairement à l'hôtel du grand-connétable [1], et accepte le noble comte ici présent pour votre principale, sinon votre unique compagnie, jusqu'à ce que les calomnies qui ont été publiquement répandues aujourd'hui aient été réfutées ou soient oubliées.

— Qu'est-ce à dire, mylord d'Errol ? dit le prince étonné. Votre demeure doit-elle être ma prison, et Votre Seigneurie mon geôlier ?

---

[1] *Voyez* la note O, fin du volume

CHAPITRE XXIII.

— A Dieu ne plaise, mylord, répondit le comte d'Errol ; mais c'est mon malheureux devoir d'obéir aux ordres de votre père, en regardant pour un temps Votre Altesse Royale comme étant sous ma garde.

— Le prince royal — l'héritier d'Écosse, sous la garde du grand-connétable ! — Quelle raison peut-on donner pour cela ? L'allégation calomnieuse d'un vil scélérat est-elle suffisante pour ternir mon écusson royal ?

— De pareilles accusations, tant qu'elles ne sont ni niées ni réfutées, mon neveu, entacheraient celui d'un monarque.

— Niées, mylord ! exclama le prince ; par qui sont-elles avancées, sauf par un misérable d'un caractère trop infâme, même de son propre aveu, pour mériter un moment de créance lors même qu'il s'attaquerait non pas à la réputation d'un prince, mais à celle d'un mendiant ? — Amenez-le ici ; — qu'on lui montre la torture, et vous l'entendrez bientôt rétracter la calomnie qu'il a osé articuler.

— La potence a trop bien fait son devoir pour laisser Bonthron accessible à la torture, dit le duc d'Albany. Il y a une heure qu'il est exécuté.

— Et pourquoi une telle hâte, mylord ? Savez-vous que cela ressemble à une machination pour jeter une tache sur mon nom ?

— C'est l'usage constant ; — le champion vaincu dans l'épreuve du combat est à l'instant même conduit de la lice au gibet. Et cependant, beau neveu, continua le duc d'Albany, si vous aviez nié l'imputation avec force et assurance, j'aurais cru devoir laisser vivre le misérable jusqu'à plus ample investigation ; mais comme Votre Altesse a gardé le silence, j'ai jugé que le mieux était d'étouffer le scandale dans le dernier souffle de celui qui l'avait proféré.

— Sainte Marie, mylord, mais ceci est par trop insultant ! Me supposez-vous, vous mon oncle, coupable d'avoir commandé une action aussi inutile et aussi indigne que celle que cet esclave m'a imputée ?

— Il ne me convient pas de faire échange de questions avec Votre Altesse, sans quoi je vous demanderais si votre intention est aussi de nier l'attaque moins sanglante, mais qui n'est guère moins indigne, dirigée sur la maison de Couvrefew-street ? — Ne vous fâchez pas contre moi, neveu ; mais, en vérité, vous tenir pendant quelque temps séquestré de la cour, ne serait-ce que pendant la durée de la résidence du roi dans cette ville, où de tels attentats ont été commis, est une chose impérieusement nécessaire.

Rothsay se tut un moment en entendant cette exhortation ; et regardant le duc d'une manière très significative, il reprit ensuite :

— Vous êtes un bon chasseur, mon oncle. Vous avez tendu vos pièges avec grande habileté ; mais vous auriez échoué, néanmoins, si le cerf ne s'était jeté de lui-même au milieu des filets. Dieu vous soit en aide, et puissiez-vous retirer de ceci le profit que vos mesures méritent ! Dites à mon père que j'obéis à son arrêt. — Mylord grand-connétable, je n'attends que votre plaisir pour vous accompagner à votre hôtel. Puisque je dois être emprisonné, je ne pouvais désirer un gardien plus bienveillant et plus courtois.

L'entrevue de l'oncle et du neveu ainsi terminée, le prince se retira avec le comte d'Errol à l'hôtel de ce dernier, les citadins qu'ils rencontraient en leur chemin prenant l'autre côté de la rue dès qu'ils apercevaient le duc de Rothsay, pour échapper à la nécessité de saluer un homme qu'on leur avait appris à regarder comme un libertin aussi cruel que dénué de principes. Le prince et le comte arrivèrent à l'hôtel également charmés de quitter les rues, mais tous deux se sentant assez mal à l'aise de la situation où ils allaient désormais se trouver vis-à-vis l'un de l'autre.

Il nous faut maintenant revenir au champ clos. Le combat fini, les nobles s'étaient retirés. La foule se sépara alors en deux corps distincts. Le plus faible par le nombre, mais en même temps le plus distingué et le plus respectable, se composait de la classe supérieure des habitants de Perth ; ceux-là félicitaient le champion victorieux, et se félicitaient les uns les autres du triomphe que l'issue du combat leur procurait sur les courtisans. Les magistrats étaient tellement transportés, qu'ils prièrent sir Patrick Charteris d'accepter une collation dans la salle de la maison de la ville. Il va sans dire que Henry, le héros de la journée, y fut invité, ou que plutôt il lui fut enjoint d'y assister. Il reçut l'invitation avec grand embarras, car on peut croire aisément qu'il aspirait du fond de l'âme à retourner vers Catherine Glover. Pourtant l'avis de son père Simon le décida. Ce vétéran de la bourgeoisie avait pour les magistrats de la bonne ville la déférence naturelle que réclamaient les convenances ; il tenait en haute estime tous les honneurs qui découlaient d'une telle source, et il pensa que son futur gendre aurait tort de ne les pas recevoir avec gratitude.

— Tu ne peux pas penser à t'absenter d'une réunion aussi solennelle, mon fils Henry, lui dit-il. Sir Patrick Charteris doit y être, et je pense que ce sera pour toi une excellente occasion de gagner ses bonnes grâces. Il pourra bien probablement te commander une armure neuve ; et j'ai moi-même ouï dire au bailli Craigdallie qu'il était question de refourbir l'arsenal de la ville. Il ne faut pas que tu négliges les profits de ton métier, maintenant que tu te charges d'une famille coûteuse.

— Taisez-vous, père Glover, répondit le vainqueur embarrassé ; je manque d'habitude, — et vous savez que Catherine est là-bas qui peut s'étonner de mon absence, et se laisser abuser encore une fois par des propos de chanteuses de rues et de je ne sais quoi encore.

— N'aie pas peur de cela, et va-t'en, en bourgeois obéissant, là où tes supérieurs désirent t'avoir. Je ne disconviens pas qu'il t'en coûtera un peu de peine pour faire ta paix avec Catherine au sujet de ce duel ; car dans ces sortes de choses-là elle se croit plus sage que roi et conseil, Église et canons, prévôt et baillis. Mais je me charge moi-même de la querelle avec elle, et je travaillerai pour toi de telle sorte, que bien qu'il puisse se faire que demain matin elle te reçoive avec un peu d'humeur, cette humeur se fondra en larmes et en sourires, comme une matinée d'avril qui commence par une petite pluie. Ainsi, va, mon fils, et sois exact demain matin après la messe.

Smith, bien qu'à contre-cœur, fut obligé de se rendre aux raisons de son futur beau-père ; et une fois décidé à accepter l'honneur que lui destinaient les pères de la cité, il se dégagea de la foule, courut chez lui mettre ses plus beaux habits, et revint bientôt ainsi paré à la maison de ville, où la lourde table de chêne semblait plier sous les énormes plats d'excellents saumons de la Tay et de délicieux poissons de mer de Dundee, seules recherches que permît le carême, en même temps que ni vin, ni ale, ni metheglin [1] ne manquaient pour les arroser. Les *waits* ou ménestrels de la ville jouèrent durant le repas, et dans les intervalles de la musique l'un d'eux récita avec grande emphase une longue narration poétique de la bataille de Blackearn-Side, livrée au général anglais Seward par sir William Wallace et son redoutable capitaine et ami Thomas de Longueville, — thème parfaitement familier à tous les convives, qui néanmoins, doués de plus de tolérance que leurs descendants, l'écoutaient comme s'il avait eu tout le piquant de la nouveauté. Les passages qui faisaient allusion à l'aïeul du chevalier de Kinfauns et à ceux d'autres familles de Perth furent applaudis à tout rompre, tout en vidant d'énormes rasades à la mémoire des héros qui avaient combattu aux côtés du champion de l'Écosse. La santé d'Henry Wynd fut portée avec mainte acclamation, et le prévôt prit la parole pour annoncer que les magistrats se consultaient sur les meilleurs moyens de lui conférer quelque privilége de distinction ou quelque récompense honorifique, pour lui montrer quel cas ses concitoyens faisaient de son courage.

— Ne prenez pas la chose ainsi, plaise à Vos Honneurs, dit Smith avec la brusque franchise qui lui était habituelle, de peur qu'on ne dise qu'il faut que la valeur soit rare dans Perth, puisqu'on récompense un homme qui s'est battu pour soutenir la juste cause d'une pauvre veuve. Je suis bien sûr qu'il y a dans la ville des vingtaines de solides bourgeois qui auraient fait la besogne d'aujourd'hui aussi bien sinon mieux que moi. Car en bonne vérité j'aurais dû briser le bonnet d'acier de ce drôle-là comme un pot de terre, — oui, et je l'aurais fait aussi, ci ce n'eût pas été un casque que j'ai moi-même trempé pour sir John Ramorny. Si pourtant la bonne ville regarde ce que j'ai fait comme de quelque valeur, je m'en croirai beaucoup plus que payé si vous pouvez faire quelque

---

[1] Sorte d'hydromel. (L. V.)

chose sur les biens de la commune pour la veuve Magdalen et ses pauvres orphelins.

— Cela pourra bien se faire, dit sir Patrick Charteris, et la bonne ville restera encore assez riche pour payer ses dettes à Henry Wynd, dettes dont chacun de nous est meilleur juge que lui-même, aveuglé qu'il est par cette délicatesse qu'on nomme modestie ; — et si la ville est trop pauvre pour cela, le prévôt en portera sa part. Les angelots d'or du Corsaire ne sont pas encore tous envolés.

Les flacons circulèrent alors, sous le titre de coup de consolation pour la veuve, puis le vin coula de nouveau à la ronde à l'heureuse mémoire du pauvre Olivier, maintenant si bravement vengé. Ce fut, en un mot, un festin si jovial, que tout le monde convint qu'il n'y manquait rien pour le rendre parfait que la présence du bonnetier lui-même, dont la mort avait donné lieu à la réunion, et qui autrefois était le boute-en-train de ces sortes de fêtes. S'il eût été possible qu'il fût ici, observa sèchement le bailli Craigdallie, il aurait certainement revendiqué le succès de la journée, et aurait juré qu'il s'était vengé lui-même de son propre meurtrier.

Au son de la cloche de vêpres la compagnie se sépara, quelques uns des plus graves pour assister aux prières du soir, où, les yeux à demi clos et la figure animée, ils composèrent une portion très orthodoxe et très édifiante d'une congrégation de carême ; d'autres pour regagner leur logis, et raconter au cercle de la famille les circonstances du combat et du festin ; et un certain nombre, sans doute, pour aller jouir de la liberté licencieuse de quelque taverne, dont le carême n'aurait pas fermé la porte aussi hermétiquement que l'Église le voulait. Henry retourna au Wynd, la tête échauffée par le bon vin et les applaudissements de ses concitoyens, et il s'endormit pour rêver du parfait bonheur et de Catherine Glover.

Nous avons dit que lorsque le combat fut décidé, les spectateurs s'étaient partagés en deux corps. Pendant que le plus respectable formait au vainqueur un joyeux cortége, l'autre corps, bien plus nombreux, ou ce qu'on pourrait appeler la populace, suivait Bonthron, le champion vaincu, qui avait pris une direction différente et pour un objet bien opposé. Quoi qu'on puisse penser de l'attraction relative, en d'autres circonstances, de la maison de deuil et de la maison de fête, on ne peut guère mettre en doute laquelle attirera le plus de visiteurs quand la question sera de savoir si l'on préfère assister à des misères que l'on ne doit pas ressentir, ou à des joies auxquelles on ne doit pas avoir part. Aussi le tombereau dans lequel le criminel fut conduit à l'exécution fut-il escorté par la portion incomparablement la plus nombreuse des habitants de Perth.

Un moine était assis dans la charrette avec le meurtrier, et celui-ci n'hésita pas à réitérer, sous le sceau de la confession, la fausse accusation qu'il avait déjà portée sur le lieu du combat contre le duc de

Rothsay, à qui il imputait d'avoir été l'instigateur de l'embuscade dans laquelle le malheureux bonnetier avait péri. Il répandit la même imposture parmi la foule, attestant avec une effronterie sans égale, à ceux qui se trouvaient les plus rapprochés de la charrette, qu'il mourait pour avoir voulu exécuter les ordres du duc de Rothsay. Pendant un certain temps, il répéta ces calomnies d'un ton sombre et bourru, à la manière d'un homme qui récite une leçon, ou d'un menteur qui cherche, à force de répéter son mensonge, à obtenir pour ses paroles une croyance qu'il sent en lui-même qu'elles ne méritent pas. Mais quand il leva les yeux, et qu'il aperçut de loin une potence d'au moins quarante pieds de haut qui se dessinait en noir sur le fond gris de l'horizon, avec son échelle et sa fatale corde, il devint tout-à-coup silencieux, et le moine put remarquer qu'il tremblait beaucoup.

— Prenez courage, mon fils, lui dit le bon prêtre; vous avez confessé la vérité et reçu l'absolution. Votre pénitence sera acceptée selon votre sincérité; et quoique vos mains se soient trempées dans le sang et que votre cœur ait été cruel, néanmoins, par les prières de l'Eglise, vous serez, quand le temps en sera venu, délivré des feux du purgatoire.

Ces assurances étaient de nature à augmenter plutôt qu'à diminuer les terreurs du coupable, que maintenant le doute vint assaillir; car il se demanda si le moyen qu'on lui avait suggéré pour se sauver de la mort serait réellement efficace, et il conçut même quelque soupçon sur la sincère disposition où l'on pouvait être de le sauver en effet. Il connaissait assez son maître pour ne pas ignorer l'indifférence avec laquelle il était capable de sacrifier un homme qui pouvait un jour ou l'autre devenir contre lui un témoin dangereux.

Au surplus son sort était sans appel, et il n'y avait pas à y échapper. Ils approchaient lentement de l'arbre fatal, qu'on avait dressé sur une partie élevée du bord de la rivière, à un demi-mille environ des murs de la ville : situation choisie pour que le corps du supplicié, qui devait rester en pâture aux corbeaux, pût être aperçu de loin dans toutes les directions. Là le prêtre remit Bonthron à l'exécuteur, qui l'aida à gravir l'échelle, et qui le dépêcha, en apparence, suivant les formes habituelles de la loi. Pendant une minute le patient parut lutter contre la mort, mais bientôt il resta suspendu sans mouvement ni apparence de vie. L'exécuteur, après plus d'une demi-heure d'attente, comme pour laisser à la dernière étincelle de vie le temps de s'éteindre, annonça aux admirateurs de ces sortes de spectacles que les ferrements pour la suspension permanente du corps n'ayant pas été tenus prêts, la dernière cérémonie, qui consistait à arracher les entrailles du supplicié et à l'attacher finalement au gibet, serait remise au lendemain matin, dès le lever du soleil.

Nonobstant l'heure matinale qu'il avait indiquée, maître Smotherwell eut au lieu de l'exécution une assistance raisonnable de populace qui venait assister aux derniers rapports de la justice avec sa victime. Mais grands furent l'étonnement et la colère de ces amateurs, en voyant que le corps avait été enlevé du gibet. Toutefois ils ne furent pas long-temps en peine de s'expliquer la cause de sa disparition. Bonthron avait été au service d'un baron dont les domaines se trouvaient dans le Fife, et lui-même était né dans cette province. Quoi de plus naturel que de penser que des habitants du Fife, dont les barques descendaient et remontaient fréquemment la rivière, avaient clandestinement enlevé le corps de leur concitoyen pour le soustraire à la honte d'une exposition publique? La foule tourna sa rage contre Smotherwell, qui n'avait pas achevé son affaire le soir précédent; et si lui et son aide ne s'étaient pas jetés dans une barque qui leur permit de se sauver de l'autre côté de la Tay, ils couraient grand risque d'être assommés. L'événement, au surplus, était trop dans l'esprit du temps pour qu'on s'en étonnât beaucoup. Dans le chapitre suivant nous en expliquerons la véritable cause.

CHAPITRE XXIV.

> Que le gibet se dresse pour les chiens ; que les hommes s'en aillent librement. *Henri V.*

Les incidents d'une narration telle que celle-ci doivent s'adapter les uns aux autres, comme les découpures d'une clef doivent s'ajuster aux gardes de la serrure à laquelle elle appartient.

Le lecteur, quelque courtois qu'il puisse être, ne se croira pas obligé de se contenter de ce simple énoncé que tels ou tels faits ont eu lieu, ce qui est, généralement parlant, tout ce que dans la vie commune il peut savoir de ce qui se passe autour de lui ; lorsqu'il lit pour son amusement, il désire connaître les ressorts intérieurs déterminant le cours des événements. Cette curiosité est légitime et raisonnable ; car chacun a le droit d'ouvrir sa propre montre et d'en examiner le mécanisme, quoiqu'il ne lui soit pas permis d'examiner de même l'intérieur de l'horloge placée au haut du clocher de la ville pour l'utilité générale.

Il serait donc peu courtois de laisser à mes lecteurs le moindre doute au sujet des moyens qui furent employés pour enlever du gibet le corps de l'assassin Bonthron ; événement que quelques citadins de Perth attribuèrent au démon lui-même, tandis que d'autres se bornaient à le mettre sur le compte de l'éloignement naturel qu'avaient eu les gens du Fife, compatriotes de Bonthron, à le voir accroché sur le bord de la rivière, spectacle qui avait dû leur paraître déshonorant pour leur province.

Vers le minuit du jour où l'exécution avait eu lieu, et tandis que les habitants de Perth étaient profondément ensevelis dans le sommeil, trois hommes enveloppés dans leurs manteaux et portant une lanterne sourde descendaient les allées d'un jardin qui conduisaient de la maison de sir John Ramorny aux rives de la Tay, où un petit bateau se trouvait amarré à une étroite jetée servant de débarcadère. Le vent faisait entendre une sorte de gémissement triste et sourd à travers les arbrisseaux et les buissons encore privés de feuilles, et le disque pâle de la lune *nageait*, comme on dit en Ecosse, au milieu de nuages que le vent chassait rapidement et qui semblaient menacer de pluie. Ces trois hommes entrèrent dans le bateau avec de grandes précautions, pour ne pas être remarqués. L'un d'eux était un homme grand et puissant ; le second était petit et à demi courbé ; le troisième, de moyenne taille, bien pris et agile, paraissait plus jeune que ses compagnons. C'était tout ce qu'une clarté imparfaite permettait de distinguer. Ils s'assirent dans la barque et la démarrèrent de la jetée.

— Il faut la laisser dériver au courant jusqu'à ce que nous ayons passé le pont, où les bourgeois montent encore la garde ; et vous savez le proverbe : — Flèche de Perth va droit au but, dit le plus jeune de la troupe, qui prit l'office de timonier et poussa le bateau au large. En même temps les autres prirent les rames, qui étaient enveloppées pour en assourdir le clapotement, et ils se mirent à ramer avec précaution jusqu'à ce qu'ils eussent atteint le milieu de la rivière ; alors ils cessèrent leur travail, s'appuyèrent sur leurs rames, et se reposèrent sur le pilote du soin de maintenir leur embarcation au milieu du courant.

De cette manière ils passèrent sans être aperçus ou sans qu'on prît garde à eux sous les majestueuses arches gothiques du vieux pont, construit par la magnificence de Robert Bruce en 1329, et emporté par une inondation en 1621. Quoiqu'ils entendissent les voix de la garde civique, qui, depuis le commencement des troubles, gardait toutes les nuits ce passage important, on ne les interpella pas ; et quand le fil de l'eau les eut emportés assez loin pour qu'on n'eût plus à craindre d'être entendu de ces gardiens de nuit, ils recommencèrent à ramer, bien qu'avec précaution, et ils se mirent à causer à voix basse.

— Vous avez trouvé un nouveau métier depuis que nous ne nous sommes vus, camarade, dit un des rameurs à l'autre. Je vous ai laissé occupé à panser un chevalier blessé, et je vous retrouve en train de voler un corps mort au gibet.

— Un corps vivant, s'il vous plaît, monsieur l'écuyer ; sans quoi ma science aurait manqué son but.

— C'est ce qu'on m'a dit, monsieur l'apothicaire, repartit l'écuyer Buncle ; mais, n'en déplaise à Votre Clergie, à moins que vous ne me contiez votre truc, je prendrai la liberté de douter de sa réussite.

— Une simple bagatelle, maître Buncle, probablement trop simple pour plaire à un génie aussi subtil que celui de Votre Vaillance. Marry ! voici ce que c'est. Cette suspension du corps humain que le vulgaire appelle pendaison donne la mort par apoplexie ; — c'est-à-dire que la compression des veines empêchant le sang de retourner au cœur, il afflue au cerveau, et l'homme meurt. Ensuite, et comme cause additionnelle de dissolution, les poumons ne reçoivent plus la quantité nécessaire d'air vital, par suite de la ligature de la corde autour du thorax, et le patient périt.

— Je comprends cela assez bien ; — mais comment empêcher une telle révulsion du sang au cerveau, sire médecin ? dit la troisième personne, qui n'était autre qu'Eviot, le page de Ramorny.

— Marry ! pour cela pendez-moi le patient de telle sorte qu'il n'y ait pas compression des artères carotides, et le sang ne se portera pas au cerveau, et l'apoplexie n'aura pas lieu ; et puis encore, s'il n'y a pas de ligature autour du thorax, les poumons seront alimentés d'air, que l'homme soit suspendu en l'air ou qu'il soit bien d'aplomb sur la terre ferme.

— Je conçois tout cela, repartit Eviot ; mais comment ces précautions peuvent-elles s'accorder avec l'exécution de la sentence de pendaison ? Voilà ce que mon épaisse cervelle ne peut comprendre.

— Ha, mon brave jeune homme, ta vaillance a gâté de bien heureuses dispositions. Si tu avais étudié avec moi, tu aurais appris des choses plus difficiles que celle-ci. Au surplus, voici mon tour. Je me procure certaines ligatures faites de la même substance que vos sangles de chevaux, ayant surtout soin qu'elles n'aient aucune élasticité, ce qui ferait manquer mon expérience. Un nœud coulant de cette substance est passé sous chaque pied, et remonte le long des deux jambes jusqu'à une ceinture à laquelle elle est assujettie. De cette ceinture partent d'autres bandages qui remontent le long de la poitrine et du dos pour diviser le poids, et il y a divers autres accessoires destinés à mettre le patient plus à l'aise ; mais le principal est ceci : les courroies ou ligatures s'attachent à un large collier d'acier de forme concave, avec un ou deux crochets pour mieux fixer la corde, que l'exécuteur, qui s'entend avec vous, passe autour de cette partie de l'appareil au lieu de l'appliquer au cou nu du patient. Ainsi, au moment où l'échelle lui manque le supplicié se trouve suspendu non par le cou, s'il vous plaît, mais par le cercle d'acier qui supporte les nœuds dans lesquels ses pieds sont placés, et sur lequel porte réellement son poids, un peu diminué par des supports analogues sous chaque bras. De cette façon, ni les veines ni la trachée-artère n'étant comprimées, l'homme respirera librement, et, sauf l'effet de la frayeur et de la nouveauté de la situation, son sang circulera aussi paisiblement que celui de Votre Vaillance quand vous vous dressez sur vos étriers pour embrasser des yeux un champ de bataille.

— Par ma foi, c'est une excellente et précieuse invention ! exclama Buncle.

— N'est-ce pas ? poursuivit le médecin, et qui vaut la peine d'être connue d'esprits aussi entreprenants que Vos Vaillances, attendu qu'on ne sait pas à quelle hauteur les élèves de sir John Ramorny peuvent arriver ; et si cette hauteur est telle qu'il faille y monter avec une corde, il se peut que vous trouviez mon moyen plus commode que la pratique ordinaire. Marry ! seulement il faudra que vous vous munissiez d'un pourpoint à haut collet pour cacher le cercle d'acier, et, par-dessus tout, que vous ayez un *bonus socius* tel que Smotherwell pour ajuster le nœud coulant.

— Vil marchand de poison, dit Eviot, les hommes de notre profession meurent sur le champ de bataille !

— Je me souviendrai tout de même de la leçon, en cas de quelque occasion pressante, repartit Buncle. — Mais quelle nuit ce gibier de potence, ce dur-à-cuire de Bonthron doit avoir passée, dansant une courante en plein air à la musique de ses chaînes, chaque fois que le vent le faisait aller de çà et de là!

— Ce serait une bonne œuvre de l'y laisser, dit Eviot; car cette descente du gibet ne fera que l'encourager à de nouveaux meurtres. Il ne connaît que deux éléments : — le vin et le sang.

— Peut-être sir John Ramorny aurait-il été du même avis que vous, reprit Dwining; mais il aurait d'abord fallu couper la langue du coquin, de peur qu'il ne fît d'étranges histoires de sa hauteur aérienne. Et puis il y a d'autres raisons que Vos Vaillances n'ont pas besoin de connaître. En vérité, j'ai moi-même fait preuve de générosité en le servant, car le drôle est aussi solidement bâti que le château d'Édimbourg, et son squelette aurait valu tous ceux qui se trouvent dans la salle de chirurgie de Padoue. — Mais dites-moi, maître Buncle, quelles nouvelles apportez-vous du vaillant Douglas?

— Que ceux qui le savent le disent, répondit Buncle. Je suis comme l'âne qui porte sa charge sans savoir de quoi elle se compose. Ce n'en est que plus sûr pour moi, peut-être. J'ai porté des lettres du duc d'Albany et de sir John Ramorny à Douglas, et il est devenu sombre comme une tempête du nord quand il les a ouvertes; je leur ai rapporté les réponses du comte, qui les ont fait sourire comme le soleil après un orage d'été. Consultez vos éphémérides, médecin, et devinez ce que cela signifie.

— Il me semble que je puis le deviner sans une grande dépense d'esprit, dit le chirurgien; mais j'aperçois là-bas à la pâle clarté de la lune notre mort-vivant. S'il s'était avisé d'appeler quelque passant, c'eût été une curieuse interruption d'un voyage de nuit, que de s'entendre héler du haut d'un gibet tel que celui-ci. — Écoutez : il me semble entendre ses gémissements au milieu des sifflements du vent et du bruit des chaînes. Bien, — allez doucement; — amarrez solidement la barque avec le grappin, — et donnez-moi la cassette où sont mes ustensiles. — Nous nous serions trouvés bien d'un peu de feu, mais la clarté aurait pu nous faire apercevoir. — Allons, mes braves, marchez avec précaution, car nous allons au pied du gibet. — Suivez-moi avec la lanterne.

— J'espère qu'on a laissé l'échelle.

« Nous étions trois bons compagnons,
Trois gaillards, trois joyeux lurons
Toi sur la terre et moi sur l'onde
Et Jack au pied de la potence... »

A mesure qu'ils s'approchaient du gibet, ils pouvaient entendre plus distinctement des gémissements, quoique à demi contenus. Dwining se hasarda à tousser doucement une ou deux fois en guise de signal ; mais ne recevant pas de réponse : — Nous avons bien fait de nous hâter, dit-il à ses compagnons, car il faut que notre ami soit *in extremis* pour ne pas répondre au signal qui annonce l'arrivée du secours. — Allons, à notre affaire ; — je vais monter le premier à l'échelle et je couperai la corde. Vous deux, vous allez me suivre l'un après l'autre, et vous tiendrez bien le corps pour qu'il ne tombe pas quand l'attache sera coupée. Ayez la poigne ferme ; les courroies vous aideront à le soutenir. Songez que quoiqu'il joue cette nuit le rôle d'un hibou, il n'a pas d'ailes, et que tomber d'une corde peut être aussi dangereux que de tomber dans une corde.

Tout en parlant ainsi et riant de sa plaisanterie, il montait à l'échelle ; et après s'être assuré que les hommes qui le suivaient tenaient bien les courroies, il coupa la corde, puis il les aida à soutenir le corps presque inanimé du criminel.

Par un habile emploi de force et d'adresse, le corps de Bonthron fut déposé à terre sans accident; et s'étant assurés qu'il donnait des signes de vie, certains, quoique faibles, ils le transportèrent au bord de la rivière, où, abrités par la berge, ils étaient moins exposés à être découverts, tandis que le médecin mettait en usage pour le rappeler à la vie les moyens nécessaires dont il avait eu soin de se pourvoir.

A cet effet il le débarrassa d'abord de ses fers, que l'exécuteur avait exprès négligé de cadenasser, et en même temps il le dégagea de l'appareil compliqué d'enveloppes et de ligatures au moyen desquelles il avait été suspendu. Il se passa quelque temps avant que les efforts de Dwining produisissent leur effet; car, malgré l'habileté avec laquelle son appareil avait été construit, les courroies destinées à soutenir le corps s'étaient allongées au point d'amener presque la suffocation. Pourtant l'adresse du chirurgien triompha de tous les obstacles ; et après avoir éternué et s'être étiré les membres, avec une ou deux courtes convulsions, Bonthron donna une preuve certaine de retour à la vie, en arrêtant la main de l'opérateur au moment où celui-ci se mettait en devoir de lui verser de l'esprit-de-vin sur la poitrine et sur le cou, et en portant à ses lèvres le flacon qui contenait le spiritueux, dont il avala presque par force la plus grande partie.

— C'est une essence spiritueuse passée deux fois à l'alambic, dit l'opérateur étonné, et qui brûlerait le gosier et l'estomac de tout autre. Mais cet animal extraordinaire ressemble si peu aux autres créatures humaines que je ne m'étonnerais pas que ça le fît revenir tout-à-fait à lui.

Bonthron parut confirmer cette remarque ; après une convulsion plus forte que les autres, il se dressa sur son séant, promena autour de lui des yeux effarés, et donna quelques indices d'un retour de connaissance.

— Du vin, — du vin ! tels furent les premiers mots qu'il articula.

Le médecin lui donna un verre de vin médicamenté et coupé d'eau. Il le rejeta en l'accompagnant de l'épithète de « lavures de ruisseaux, » et proféra de nouveau les mots — Du vin, — du vin!

— Prends-en donc, au nom du diable! dit le médecin, car le diable seul peut juger de ta constitution.

Une longue et copieuse rasade, qui aurait suffi pour noyer la raison de tout autre que de Bonthron, se trouva efficace pour rétablir la sienne dans son équilibre. Il ne parut pourtant nullement savoir où il se trouvait ni avoir le moindre souvenir de ce qui lui était arrivé, et avec la brusquerie et le ton bourru qui lui étaient habituels il demanda pourquoi on l'avait amené au bord de la rivière à l'heure qu'il était.

— Quelque autre frasque de cet enragé de prince, dit-il, qui veut me donner un plongeon comme il l'a déjà fait! — Sang et clous! je voudrais.....

— Tiens-toi en paix, interrompit Eviot, et sais-nous gré, je te prie, si tu en es capable, de ce que ton corps ne sert pas de pâture aux corbeaux, et de ce que ton âme n'est pas dans un endroit où l'eau est trop rare pour t'y donner des plongeons.

— Je commence à me rappeler, fit le ruffian; puis portant la bouteille à ses lèvres, et après y avoir appliqué un long et cordial baiser, il posa le flacon vide à terre, laissa retomber sa tête sur sa poitrine, et parut chercher à remettre un peu d'ordre dans ses souvenirs confus.

— Nous ne pouvons pas attendre plus long-temps l'issue de ses méditations, dit Dwining; il sera mieux quand il aura dormi. — Debout, camarade! — voilà quelques heures que vous chevauchez en l'air; — essayez si l'eau ne sera pas un moyen de transport plus commode. — Il faut que Vos Valeurs me donnent un coup de main. Je ne puis pas plus soulever cette masse à moi tout seul, que je ne pourrais lever dans mes bras un taureau assommé.

— Tiens-toi droit sur tes pieds, Bonthron, maintenant que nous t'y avons placé, lui dit Eviot.

— Je ne puis pas, répondit le patient. Chaque goutte de sang me picote dans les veines comme si c'étaient autant de pointes d'épingles, et mes genoux refusent de me porter. Qu'est-ce que tout ça veut dire?

— C'est quelque manigance de ta façon, chien de médecin!

— Oui, oui, c'est cela même, honnête Bonthron, repartit Dwining; — une manigance dont tu me remercieras quand tu la connaîtras. En attendant, étends-toi à l'arrière de cette barque, et laisse-moi t'envelopper de ce manteau. Porté en effet dans le bateau, Bonthron y fut déposé aussi commodément que les choses le permirent. Il répondit à leurs attentions par un ou deux ébrouements ressemblant au grognement d'un sanglier qui a trouvé quelque morceau dont il est particulièrement friand.

— Maintenant, Buncle, reprit le chirurgien, Votre Valeur sait ce qu'elle a à faire. Vous allez descendre la rivière jusqu'à Newburgh pour y porter cette cargaison vivante, et là vous savez comment vous en disposerez. Voici toujours ses fers et ses ligatures, marques de sa détention et de sa libération ; faites-en un paquet et jetez-les dans l'endroit le plus profond près duquel vous passerez en route; car si on vous les trouvait entre les mains, cela pourrait déposer contre nous tous. Cette légère brise qui vient de l'ouest vous permettra de vous servir d'une voile dès que le jour paraîtra, si vous êtes las de ramer. — Et vous, monsieur le page Eviot, vous voudrez bien revenir à Perth avec moi à pied, car c'est ici que la compagnie se sépare. — Prends la lanterne, Buncle, car elle te servira plus qu'à nous, et aie soin de me renvoyer ma cassette.

Tandis que nos deux piétons revenaient à Perth, Eviot dit à son compagnon qu'il ne croyait pas que la raison de Bonthron se remît jamais du choc que la terreur lui avait donné, et qui lui paraissait avoir troublé toutes ses facultés, particulièrement sa mémoire.

— C'est ce qui vous trompe, monsieur le page, repartit le médecin. L'intelligence de Bonthron, telle qu'elle est, a un caractère solide ; — elle vacillera bien de çà et de là comme un pendule en mouvement, mais elle retrouvera son centre de gravité. De toutes les facultés de notre esprit, la mémoire est la plus susceptible d'interruption. L'ivresse et un profond sommeil la détruisent également, et pourtant elle revient quand l'ivrogne a retrouvé sa raison et que le dormeur est réveillé. La terreur produit parfois les mêmes effets. J'ai connu à Paris un criminel condamné à la corde, et dont la sentence fut en effet exécutée ; sur l'échafaud il ne montra pas un degré extraordinaire de crainte : il s'y conduisit et y parla comme le font d'habitude ceux qui se trouvent dans la même passe. Le hasard fit pour lui ce qu'un peu d'adresse a fait pour l'aimable ami que nous venons de quitter. On coupa sa corde, il fut rendu à ses parents avant que la vie ne fût éteinte, et j'eus la bonne fortune de le sauver. Mais bien qu'à d'autres égards il fût très bien remis, il ne se souvenait plus que confusément de son jugement et de la sentence. De sa confession le matin du jour de l'exécution — hé ! hé ! hé ! (ici Dwining accompagna son récit du rire qui lui était habituel) il ne se rappelait pas un mot. Ni son départ de la prison, — ni son passage à la Grève, où il avait été exécuté, — ni les paroles dévotes — hé ! hé ! hé ! — dont il avait édifié — hé ! hé ! hé ! — tant de bons chrétiens, ni la fatale échelle où il était monté, ni le saut fatal qu'il avait fait, mon revenant n'avait pas le plus léger souvenir de tout cela [1].

[1] Un incident précisément semblable à celui que raconte maître Dwining a eu lieu en effet à Oxford, dans le siècle actuel ; la chose arriva à une jeune fille qui avait subi la dernière sentence de la loi pour cause d'infanticide. Un savant professeur de cette université a publié le récit de sa conversation avec cette fille après qu'elle fut revenue à elle. (W. S.)

— Mais nous voici arrivés à l'endroit où il faut nous séparer ; car il ne serait pas à propos, si nous rencontrions quelque patrouille, qu'on nous trouvât ensemble, et il serait prudent aussi que nous rentrions en ville par des portes différentes. Ma profession est pour moi une excuse d'aller et de venir à toute heure. Quant à Votre Valeur, elle donnera telles explications qu'elle jugera suffisantes.

— Je donnerai ma volonté comme une raison suffisante si on m'interroge, répliqua le hautain jeune homme. Cependant j'éviterai d'être rencontré, s'il est possible. La lune est entièrement voilée, et le chemin est noir comme la gueule d'un loup.

— Bah ! fit le médecin, que Votre Valeur ne s'en mette pas en peine ; avant qu'il ne soit long-temps nous traverserons des sentiers plus sombres.

Sans s'informer de ce que signifiaient ces expressions de mauvais augure, et même, dans l'orgueil et l'insouciance de sa nature, sans les avoir à peine écoutées, le page de Ramorny se sépara de son ingénieux et dangereux compagnon, et chacun d'eux prit un chemin différent.

CHAPITRE XXV.

> Le cours du véritable amour ne suit jamais un lit égal.
> SHAKSPEARE.

Les sinistres pressentiments de notre armurier ne l'avaient pas trompé. Quand le bon Glover quitta son futur gendre, après que l'événement du combat judiciaire eut été décidé, il trouva (comme à la vérité il s'y était attendu) que sa fille n'était pas dans une disposition favorable pour Henry. Mais quoiqu'il s'aperçût que Catherine était froide, contrainte et sérieuse, qu'elle eût perdu tous les dehors de la passion humaine, et qu'elle écoutât avec une réserve où perçait le mépris le récit le plus magnifique qu'il pût lui faire du combat de Skinner's-Yards, il était résolu à ne pas faire la moindre attention au changement survenu dans ses manières, et à lui parler de son mariage avec celui qu'il nommait son fils Henry comme d'une chose qui n'était plus en discussion. Lorsque enfin elle commença, comme précédemment, à déclarer que son attachement pour l'armurier ne dépassait pas les bornes de l'amitié, — qu'elle était décidée à ne jamais se marier, — que le prétendu combat judiciaire était une dérision de la volonté divine et des lois humaines, — Simon Glover se fâcha, ce qui était assez naturel.

— Je ne puis pas lire dans tes pensées, Kate, lui dit-il, non plus que je ne prétends deviner par quelle déplorable illusion tu embrasses un amant déclaré, — tu te laisses embrasser par lui, — tu cours chez lui quand le bruit de sa mort se répand, et tu te jettes dans ses bras quand tu le trouves seul. Tout cela est fort bien dans une jeune fille disposée à obéir à ses parents dans un mariage approuvé par son père; mais de pareilles marques d'intimité accordées à quelqu'un qu'elle ne peut aimer et qu'elle est décidée à ne pas épouser, sont contre la bienséance et la modestie. Tu as déjà été plus libérale de tes faveurs envers Henry Smith que ta mère, Dieu ait son âme, ne le fut jamais avec moi avant notre mariage. Je te dis, Catherine, que se jouer ainsi de l'amour d'un honnête homme est une chose que je ne puis, ni ne veux, ni ne dois endurer. J'ai donné mon consentement au mariage, j'insiste pour qu'il ait lieu sans délai, — et j'entends que demain tu reçoives Henry Wynd comme un homme dont tu dois être très prochainement la femme.

— Un pouvoir plus puissant que le vôtre dira non, mon père, répliqua Catherine.

— C'est ce que nous verrons. Mon pouvoir est un pouvoir légitime, celui d'un père sur une enfant, sur une enfant égarée. Dieu et les hommes m'approuvent.

— En ce cas, que le Ciel nous soit en aide, mon père! car si vous vous obstinez dans votre dessein, nous sommes tous perdus.

— Nous ne pouvons attendre d'aide du Ciel quand nous n'agissons pas comme nous devons agir. Je suis assez clerc pour savoir cela, et tous les prêtres vous diront que votre résistance sans motif à ma volonté est un péché. Oui; et ce qui est encore plus, c'est que vous avez parlé avec mépris du saint appel à Dieu dans l'épreuve du combat. Prends garde! car la sainte Église a l'œil ouvert sur son troupeau, et elle veut extirper l'hérésie par le feu et l'acier, je t'en avertis.

Catherine proféra une exclamation étouffée; et faisant effort pour reprendre une apparence de calme, elle promit à son père, s'il voulait lui épargner toute autre discussion sur ce sujet jusqu'au lendemain matin, qu'elle lui ferait alors l'aveu complet de ses sentiments.

Simon Glover fut obligé de se contenter de cette promesse, bien que fort impatient de voir arriver l'explication ajournée. Ce ne pouvait être ni légèreté ni inconstance de caractère qui portât sa fille à agir avec tant d'inconséquence apparente envers l'homme qu'il avait choisi pour elle, et que si récemment elle avait avoué d'une manière non équivoque être aussi l'homme de son choix. Quelle force extérieure pouvait donc être assez puissante pour changer les résolutions qu'elle avait manifestées d'une manière si décisive vingt-quatre heures auparavant? c'était un mystère qu'il ne pouvait s'expliquer.

— Mais je serai aussi obstiné qu'elle peut l'être, pensa Glover, et elle épousera Henry Smith sans autre délai, ou bien on donnera au vieux Simon Glover une excellente raison pour le contraire.

On ne revint pas sur ce sujet pendant la soirée; mais le lendemain matin dès le soleil levant Catherine était agenouillée devant le lit où son père reposait encore. Son cœur plein de sanglots semblait vouloir éclater, et de grosses larmes tombaient de ses yeux sur le visage de son père. Le bon vieillard s'éveilla, leva les yeux, traça le signe de la croix sur le front de son enfant et l'embrassa avec affection.

— Je te comprends, Kate, lui dit-il; tu es venue te confesser, et, je l'espère, tu désires échapper par la sincérité à une pénitence sévère.

Catherine resta silencieuse un instant.

— Je n'ai pas besoin de vous demander, mon père, dit-elle enfin, si vous vous rappelez le chartreux, le père Clément; vous avez assisté si souvent à ses prêches et à ses leçons, que vous ne pouvez ignorer qu'on vous appelait un de ses convertis, et qu'avec plus de justice on en disait autant de moi.

— Je sais tout cela, dit le vieillard en se soulevant sur le coude; mais je défie les mauvais rapports de montrer que je l'aie jamais avoué dans aucune proposition hérétique, quoique j'aimasse à l'entendre parler des corruptions de l'Église, du mauvais gouvernement des nobles et de l'étrange ignorance du pauvre, prouvant, à ce qu'il me semblait, que la seule vertu de notre société, et sa force, et ses titres d'estime, se trouvaient dans les corporations de la bourgeoisie de classe plus élevée, ce que je regardais comme une bonne doctrine, honorable pour la ville. Et s'il prêchait autre chose que la vraie doctrine, pourquoi ses supérieurs du couvent des Chartreux le permettaient-ils? Si les bergers envoient dans la bergerie un loup sous la peau d'un mouton, il ne faut pas qu'ils blâment le troupeau d'être dévoré.

— Les supérieurs ont enduré, encouragé même ses prédications, repartit Catherine, tant que sa censure a porté sur les vices des laïques, sur les dissensions des nobles et sur l'oppression du pauvre; et ils se réjouissaient de voir la foule délaisser les églises des autres couvents pour se porter à celle des Chartreux. Mais les hypocrites — car ils le sont — se sont réunis aux autres confréries pour accuser leur prédicateur Clément, quand, après avoir censuré les crimes des grands, il a commencé à montrer l'orgueil, l'ignorance et la luxure des gens d'église eux-mêmes, et leur soif du pouvoir, et leurs empiétements sur les consciences, et le désir qu'ils ont d'augmenter leurs richesses temporelles.

— Pour l'amour de Dieu, Catherine, qu'on ne t'entende pas parler ainsi hors de cette chambre! ta voix s'échauffe, ta parole devient amère, — tes yeux étincellent. C'est à ce zèle pour ce qui ne te regarde pas plus que d'autres que tu as dû que des gens méchants t'appliquent l'odieux et dangereux nom d'hérétique.

— Vous savez que je ne dis rien qui ne soit la vérité, mon père, et que vous-même n'ayez dit souvent.

— Aiguille et peau de daim, non! exclama précipitamment Glover; veux-tu me faire dire ce qui pourrait me coûter vie et membres, terre et biens? Car pleine commission a été accordée de prendre et d'éprouver les hérétiques, à qui on attribue la cause de tous les tumultes et les malheurs récents; c'est pourquoi moins on parlera, mieux ça vaudra, Kate. Je suis de l'avis du vieux poëte :

> « Puisque la parole est esclave
> Et que la pensée ne l'est pas,
> Pense tout ce que tu voudras,
> Prends garde à ce que tu diras[1]. »

— Le conseil vient trop tard, mon père, repartit Catherine en se laissant tomber sur une chaise près du lit. Les paroles ont été dites et

---

[1] Ces vers se lisent encore dans une abbaye en ruines, et font, dit-on, allusion à une maîtresse qu'avait le saint homme. (W. S.)

entendues ; et Simon Glover, bourgeois de Perth, est accusé d'avoir parlé irrévérencieusement des doctrines de la sainte Église....

— Aussi vrai que je vis du ciseau et de l'aiguille, c'est un mensonge! interrompit Simon. Je n'ai jamais été assez sot pour parler de ce que je ne comprenais pas.

— Et d'avoir calomnié l'oint de l'Église, tant régulier que séculier, continua Catherine.

— Je ne nierai pas la vérité, reprit Glover ; j'ai pu dire un mot en l'air en vidant un pot d'ale ou une bouteille de vin, et encore en compagnie sûre : mais autrement ma langue n'est pas de celles qui mettent la tête de leur maître en péril.

— C'est ce que vous croyez, mon père ; mais vos moindres paroles ont été épiées, vos expressions les mieux intentionnées ont été perverties, et vous êtes accusé de railleries grossières contre l'Église et les gens d'Église, et d'avoir tenu des propos contre eux avec des gens de vie dissolue et déréglée, tels que feu Olivier Proudfute, l'armurier Henry du Wynd et autres, représentés comme adoptant les doctrines du père Clément, à qui on impute sept chefs d'hérésie, et qu'on cherche partout pour le mettre à mort. — Mais c'est à quoi, ajouta Catherine en s'agenouillant, et levant les yeux au ciel avec cette expression que les beaux-arts ont donnée à ces belles saintes du culte catholique, — c'est à quoi on ne réussira pas. Il a échappé au filet de l'oiseleur ; et, j'en rends grâces au Ciel, c'est à moi qu'il le doit.

— A toi, Kate! — es-tu folle?

— Je ne nierai pas ce dont je me glorifie ; c'est moi qui ai fait venir Conachar ici avec quelques uns de ses hommes, et qui leur ai fait emmener le vieillard, qui est maintenant loin de l'autre côté de la frontière de l'Highland.

— Fille imprudente! — malheureuse enfant! s'écria Glover ; as-tu bien osé aider à l'évasion d'un homme accusé d'hérésie, et appeler des Highlanders en armes à intervenir avec l'administration de la justice dans l'enceinte de la ville? Hélas ! tu as offensé tout à la fois les lois de l'Église et celles du pays ! — Que deviendrions-nous, mon Dieu, si cela venait à être connu!

— Cela *est connu*, mon père, repartit la jeune fille d'un ton ferme ; — connu de ceux-là mêmes qui seront le plus disposés à tirer vengeance du fait.

— C'est sûrement quelque sotte idée, quelque tour de ces pipeurs de prêtres et de nonnes ; cela ne s'accorde pas avec la satisfaction que tu montrais hier d'épouser Henry Smith.

— Hélas, mon père! rappelez-vous l'effroi et la surprise occasionnés par le bruit de sa mort, et l'étonnement, la joie de le retrouver en vie ; et ne soyez pas étonné que sous votre protection je me sois laissée aller à dire plus de choses que la réflexion n'en a approuvé

Mais c'est qu'alors aussi je ne savais pas le pire des choses, et que je croyais le danger exagéré. Hélas! j'ai été hier terriblement détrompée, quand l'abbesse elle-même est venue ici, et avec elle le dominicain. Ils m'ont montré la commission scellée du grand sceau d'Écosse, pour rechercher et punir l'hérésie; ils m'ont montré votre nom et le mien sur une liste de personnes suspectes; et c'est avec des larmes, des larmes véritables, que l'abbesse m'a conjurée de détourner un sort terrible par une prompte retraite dans un cloître; et le moine m'a engagé sa parole que si j'y consentais, vous ne seriez pas inquiète.

— Que le diable les emporte tous les deux, avec leurs larmes de crocodile! exclama le gantier.

— Hélas! reprit Catherine, la plainte ou la colère nous seront de peu de secours; mais vous voyez que mes alarmes actuelles ne sont pas sans cause réelle.

— Des alarmes! dis une ruine complète. — Hélas, imprudente enfant, où était ta prévoyance quand tu t'es jetée à corps perdu dans un tel piége?

— Ecoutez, mon père, reprit Catherine. Il nous reste encore un moyen de salut, un moyen que j'ai souvent proposé, et pour lequel j'ai vainement demandé votre permission.

— Je te comprends : — le couvent. Mais, Catherine, quelle abbesse ou quelle supérieure oserait....

— C'est ce que je vais vous expliquer, mon père; et par là vous connaîtrez aussi les circonstances qui m'ont fait paraître instable dans mes résolutions, au point de m'attirer vos censures et celles des autres. Notre confesseur, le vieux père Francis, que d'après vos ordres j'ai pris dans le couvent des Dominicains....

— Oui vraiment, interrompit Glover; c'est un conseil et un ordre que je t'ai donnés afin de faire tomber le bruit que ta conscience était tout-à-fait sous la direction du père Clément.

— Hé bien, le père Francis m'a différentes fois pressée et provoquée à causer avec lui de matières sur lesquelles il jugeait que je pouvais apprendre quelque chose du prédicateur chartreux. Le Ciel me pardonne mon aveuglement! je suis tombée dans le piége, j'ai parlé librement, et comme il répliquait avec douceur, en homme qui aurait voulu être convaincu, je me suis même laissée aller à défendre chaleureusement ce dont j'étais sincèrement convaincue. Le confesseur ne se montra pas sous ses traits véritables et ne trahit rien de son secret dessein, jusqu'à ce qu'il eût appris tout ce que j'avais à lui dire. Ce fut alors qu'il me menaça d'un châtiment temporel et de la damnation éternelle. Si ses menaces n'avaient atteint que moi, j'aurais pu rester ferme; car j'aurais pu endurer leur cruauté sur terre, et je ne crois pas en leur pouvoir au-delà de cette vie.

— Pour l'amour du Ciel, s'écria Glover presque hors de lui, s'apercevant davantage à chaque mot de l'extrême danger que courait sa fille, garde-toi de blasphémer la sainte Église, — dont le bras est aussi prompt à frapper que l'oreille habile à entendre.

— Avec moi, poursuivit la Fille de Perth en levant de nouveau les yeux vers le ciel, la terreur de leurs menaces aurait servi à peu de chose ; mais quand ils ont parlé de vous envelopper, mon père, dans l'accusation dont j'étais l'objet, j'avoue que j'ai tremblé et que j'ai désiré un compromis. L'abbesse Martha, du couvent d'Elcho, étant parente de ma mère, je lui contai ma détresse, et j'obtins d'elle la promesse qu'elle me recevrait, si, renonçant aux amours de ce monde et aux pensées de mariage, je voulais prendre le voile dans sa communauté. Elle eut un entretien à ce sujet, je n'en doute pas, avec le père Francis des Dominicains, et tous les deux se sont réunis pour me chanter la même chanson. — Reste dans le monde, m'ont-ils dit, et ton père et toi vous serez mis en jugement comme hérétiques ; — prends le voile, et vos erreurs à tous les deux seront pardonnées et effacées. Ils n'ont même pas parlé de rétractation de fausses doctrines ; tout sera apaisé, pourvu seulement que je veuille entrer au couvent.

— Je n'en doute pas, — je n'en doute pas, dit Simon ; on pense que le vieux Glover est assez riche, et que sa fortune suivrait sa fille au couvent d'Elcho, sauf ce que les Dominicains pourraient réclamer pour leur part. Ainsi c'était là ta vocation pour le voile ? — c'étaient là tes objections contre Henry Wynd ?

— Véritablement, mon père, c'est un parti auquel je suis poussée de toutes parts, et je n'y éprouve pas de répugnance. Sir John Ramorny m'a menacée de la redoutable vengeance du jeune prince, si je continuais de repousser sa recherche coupable ; — et quant à ce pauvre Henry, ce n'est que depuis peu que j'ai découvert, à ma grande surprise, que.... que.... que j'aime ses qualités plus que je n'ai d'éloignement pour ses défauts. Hélas ! cette découverte aura eu seulement pour résultat de me rendre ma séparation d'avec le monde plus difficile que lorsque je pensais n'y avoir que toi à regretter !

Elle appuya son front sur sa main, et pleura amèrement.

— Tout ceci est de la folie, reprit Glover. Il n'y a jamais eu d'extrémité assez désespérée qu'un homme avisé n'y pût trouver remède s'il était assez hardi pour agir en conséquence. L'Écosse et les Écossais ne sont ni un pays ni un peuple que les prêtres puissent gouverner au nom de Rome sans qu'on s'élève contre leur usurpation. S'ils veulent punir chaque honnête bourgeois qui dira que les moines aiment l'or, et que la vie de quelques uns d'entre eux fait honte aux doctrines qu'ils enseignent, véritablement Stephen Smotherwell ne manquera pas d'occupation ; — et s'ils veulent séparer du monde toutes les jeunes folles qui auront suivi les fausses doctrines d'un prédicateur populaire, il leur faudra agrandir les cloîtres et y recevoir les arrivantes à meilleur compte.

CHAPITRE XXV.

Nos privilèges ont été souvent défendus contre le pape lui-même par nos bons monarques du vieux temps, et quand il a prétendu intervenir dans le gouvernement temporel du royaume, il y a eu là un parlement d'Écosse qui n'a pas manqué de lui dire son fait dans une lettre qui aurait dû être écrite en lettres d'or. J'ai vu moi-même l'épître; et quoique je n'aie pu la lire, rien que le vu des sceaux des très révérends prélats, des nobles et loyaux barons qui y étaient attachés, me fit bondir le cœur de joie. Tu n'aurais pas dû me cacher cela, mon enfant; mais ce n'est pas le moment de te reprocher ta faute. Descends pour me préparer quelque chose pour déjeuner. Je monterai à cheval aussitôt après, et j'irai trouver notre lord prévôt pour avoir son avis, et, je l'espère, sa protection et celle des autres nobles écossais qui sont des gens de cœur, et qui ne voudront pas voir un honnête homme foulé aux pieds pour une parole en l'air.

— Hélas, mon père, dit Catherine, c'était précisément cette impétuosité que je redoutais. Je savais que si je me plaignais à vous, tout serait bientôt feu et dispute, comme si la religion, qui nous a été envoyée par le père de toute paix, n'était faite que pour devenir la mère de la discorde; c'est pourquoi je serais disposée — même à présent — à abandonner le monde et à aller ensevelir ma douleur au milieu des sœurs d'Elcho, si vous vouliez me laisser consommer le sacrifice. Seulement, mon père, — consolez ce pauvre Henry quand nous serons séparés pour jamais, et ne le laissez pas penser trop mal de moi. — Dites-lui que Catherine ne le tourmentera plus par ses remontrances, mais qu'elle ne l'oubliera jamais dans ses prières.

— Cette petite fille a une langue qui ferait pleurer un Sarrasin, dit Simon, dont les larmes se mêlaient à celles de sa fille. Mais je ne céderai pas à ce complot de la nonne et du prêtre pour me voler mon unique enfant. — Descends, Kate, et laisse-moi mettre mes habits; et prépare-toi à m'obéir en ce que je pourrai avoir à te commander pour ta sûreté. — Fais un paquet de tes hardes et de ce que tu as de précieux; — tiens, prends les clefs de mon coffre de fer que le pauvre Henry Smith m'a donné, et partage en deux portions ce que tu y trouveras d'or : — tu mettras l'une dans une bourse pour toi, et l'autre dans la ceinture piquée que je me suis faite exprès pour porter en voyage. De cette façon-là, nous serons pourvus tous les deux s'il arrive que le sort nous sépare; et en ce cas, fasse le Ciel que le tourbillon emporte la feuille sèche et épargne la verte! Dis-leur en bas de seller sur-le-champ mon cheval et le genet blanc que j'ai acheté pour toi hier, dans l'espoir de te voir chevaucher à l'église Saint-John avec les jeunes filles et les matrones, aussi joyeuse que jamais mariée ait passé le saint seuil! Mais il est inutile de parler de cela. — Va, et souviens-toi que les saints aident ceux qui mettent de la bonne volonté à s'aider eux-mêmes. Ne réponds pas un mot ; — descends, te dis-je : — pas de volonté maintenant. En temps calme, le pilote laissera un mousse jouer avec le gouvernail ; mais, sur mon âme ! quand le vent souffle et que la vague grossit, il se tient lui-même à la barre. — Descends ; pas de réplique.

Catherine quitta la chambre pour aller exécuter de son mieux les ordres de son père ; car, quoique naturellement doux et passionnément attaché à sa fille, et bien que souvent il parût la laisser se gouverner à sa guise, et se laisser même gouverner par elle, il n'en avait pas moins coutume, elle ne l'ignorait pas, d'exiger assez strictement qu'elle obéît à l'autorité paternelle, quand l'occasion semblait demander un renfort de discipline domestique.

Tandis que la jolie Catherine était occupée à faire ce dont son père l'avait chargée, et que le bon vieux Glover se dépêchait de s'habiller, en homme qui est sur le point d'entreprendre un voyage, un pas de cheval se fit entendre dans la rue. Le cavalier était enveloppé de son manteau, dont le collet était relevé comme pour lui cacher le bas du visage, en même temps que son bonnet était enfoncé sur ses yeux, et qu'une large plume achevait de couvrir le haut de ses traits. Il sauta lestement à terre, et Dorothée avait à peine eu le temps de lui répondre que Glover était dans sa chambre à coucher, que déjà l'étranger avait franchi l'escalier et était entré dans l'appartement du gantier. Simon, surpris et alarmé, était déjà disposé à voir dans le visiteur matinal un huissier ou appariteur venu pour l'arrêter lui et sa fille ; aussi fut-il fort soulagé quand l'étranger ôtant son bonnet et rejetant son manteau en arrière, il reconnut le chevalier de Kinfauns, prévôt de la bonne ville. C'était une visite qui en tout temps était une faveur peu ordinaire ; mais à cette heure, et dans les circonstances où l'on se trouvait, elle avait quelque chose de merveilleux et même d'alarmant.

— Sir Patrick Charteris ! exclama Glover ; — un tel honneur à votre humble serviteur !...

— Silence ! interrompit le chevalier ; ce n'est pas le moment de vaines civilités. Je viens ici, parce que dans les occasions difficiles un homme est lui-même son page le plus sûr, et je ne puis rester que le temps nécessaire pour te dire de fuir sur-le-champ, mon brave Glover, vu qu'on accordera des mandats dans le conseil d'aujourd'hui pour t'arrêter, toi et ta fille, sous prévention d'hérésie, et que le moindre délai vous coûterait à tous les deux certainement la liberté, et peut-être la vie.

— J'ai déjà ouï quelque chose de cette affaire-là, dit Glover, et j'allais à l'instant même partir pour Kinfauns vous dire combien cette accusation scandaleuse est peu fondée, demander conseil à Votre Seigneurie et implorer votre protection.

— Ton innocence, ami Simon, ne te servira pas à grand'chose devant des juges prévenus ; mon avis en un mot est qu'il faut fuir et attendre des temps plus heureux. Quant à ma protection, il faut attendre que le flot tourne avant qu'elle puisse t'être de quelque utilité. Seulement si tu peux rester caché un petit nombre de jours ou de semaines, je ne doute pas que les gens d'église, qui se sont ligués avec le duc d'Albany dans des intrigues de cour et ont présenté l'affaiblissement de la pureté des doctrines catholiques comme la seule cause des maux actuels de la nation, et qui par là ont acquis, du moins à l'heure présente, une autorité irrésistible sur le roi, n'éprouvent bientôt un échec. En attendant sache que non seulement le roi Robert a consenti à ce warrant général d'inquisition contre l'hérésie, mais qu'il a confirmé la nomination papale d'Henry Wardlaw à l'archevêché de Saint-Andrews et à la primatie d'Écosse : abandonnant ainsi à Rome ces franchises et ces immunités de l'Église d'Écosse que depuis le temps de Malcolm Canmore ses ancêtres ont si courageusement défendues. Ses braves aïeux auraient plutôt signé un covenant avec le diable que de céder dans une telle affaire aux prétentions de Rome.

— Hélas! et quel remède?

— Aucun, vieillard, sauf quelque changement subit à la cour. Le roi n'est guère qu'un miroir, sans lumière par lui-même, et qui réfléchit avec une égale facilité toutes celles auxquelles il peut se trouver exposé. Or, quoique Douglas soit ligué avec Albany, le comte n'est cependant pas favorable aux hautes prétentions de ces prêtres qui aspirent à tout dominer, ayant eu querelle avec eux au sujet des exactions que sa suite a commises chez l'abbé d'Arbroath. Il va revenir avec la haute main, car le bruit court que le comte de March a pris la fuite devant lui. Quand il sera de retour, nous aurons un monde nouveau, car sa présence maintiendra Albany, d'autant plus que nombre de nobles, et moi-même, je puis vous le dire entre nous, ont résolu de se liguer avec lui pour la défense du droit général. Ton exil ne durera donc que jusqu'à son retour à la cour. Tu n'as qu'à chercher quelque retraite temporaire.

— Quant à cela, mylord, je n'ai pas à être en peine, attendu que j'ai des titres à la protection du haut chef highlandais Gilchrist MacIan, chef du clan Quhele.

— Oh! si tu peux t'accrocher à ce manteau-là, tu n'as besoin du secours de personne autre ; — ni prêtre ni laïque du bas-pays ne trouve un libre cours de justice au-delà des frontières highlandaises.

— Mais ma fille, noble chevalier ? — ma Catherine?

— Qu'elle aille avec toi, mon cher. Le pain de graddan[1] lui entretiendra la blancheur de ses dents, et le lait de chèvre fera revenir à ses joues le sang que ces alarmes en ont chassé; la Jolie Fille de Perth

---

[1] Grain moulu à bras. (L. V.)

pourra dormir assez mollement sur un lit de breckan [1] des montagnes.

— Ce ne sont pas de telles bagatelles qui me font hésiter, mylord. Catherine est la fille d'un simple bourgeois, et elle ne sait pas ce que c'est que d'être délicate en fait de nourriture ou de logement. Mais le fils de Mac-Ian a été nombre d'années l'hôte de ma maison, et je suis obligé de dire que je me suis aperçu qu'il regardait ma fille (qui est on peut dire fiancée) d'une façon dont je ne m'inquiétais guère ici dans ma maison de Curfew-street, mais qui me donnerait quelques craintes des conséquences dans une vallée de l'Highland, où je n'ai pas d'amis et où Conachar en a beaucoup.

Le prévôt répondit par un sifflement prolongé. — Pss — pss! — hé bien, en ce cas je te conseille de l'envoyer au couvent d'Elcho, dont l'abbesse, si je ne me trompe, vous est quelque peu parente. Du moins elle se dit telle, ajoutant qu'elle a beaucoup d'amitié pour sa parente, ainsi que pour tout ce qui t'appartient, Simon.

— Vraiment, mylord, je crois en effet que l'abbesse a tant d'amitié pour moi, qu'elle recevrait bien volontiers dans sa communauté ma fille et tous mes biens. — Marry! son affection est d'un caractère quelque peu tenace, et répugnerait à lâcher ce qu'elle tiendrait une fois, fille ou dot.

— Pss — pss! fit de nouveau le chevalier de Kinfauns; par la croix de Thane, mon cher, voilà un écheveau difficile à dévider. Pourtant, il ne sera pas dit que la plus belle fille de la belle ville sera claquemurée dans un cloître comme une poule en cage, surtout quand elle est sur le point d'épouser le brave bourgeois Henry Wynd. C'est ce qu'on ne dira pas tant que je porterai le ceinturon et les éperons, et que j'aurai le titre de prévôt de Perth!

— Mais quel remède, mylord?

— Il faut que nous prenions tous notre part du risque. Allons, à cheval sur-le-champ, vous et votre fille. Vous allez venir avec moi, et nous verrons qui osera vous regarder de travers. La sommation ne t'a pas encore été faite; et si on envoie un appariteur à Kinfauns sans un mandat signé de la propre main du roi, par l'âme du Corsaire Rouge! je lui fais avaler son griffonnage, cire et parchemin. A cheval! à cheval! et vous aussi, ma jolie fille, ajouta-t-il s'adressant à Catherine qui entrait en ce moment,

> « Ne craignez point pour vos quartiers,
> Quand avec vous sont les Chartiers. »

En une couple de minutes le père et la fille étaient à cheval, tous deux

Fougère. (L. V.)

CHAPITRE XXV. 311

se tenant à une portée de flèche en avant du prévôt, par le conseil de sir Charteris lui-même, pour ne pas avoir l'air d'être de compagnie avec lui. Ils franchirent la Porte de l'Est avec quelque hâte, et tinrent leurs montures à un bon pas jusqu'à ce qu'ils fussent hors de vue. Sir Patrick les suivait plus lentement; mais quand les gardes de la ville ne purent plus l'apercevoir, il piqua des deux et eut bientôt rejoint Glover et Catherine. La conversation qui s'engagea alors entre eux jettera du jour sur quelques incidents antérieurs de cette histoire.

CHAPITRE XXVI.

> Salut, terre des archers ! race des braves dont le front ne se courba pas sous la puissance impériale de Rome ; — ô la plus chère moitié d'Albion qu'enceint la mer !
> *Albania* (1737).

E viens d'imaginer un moyen par lequel je puis vous tenir tous les deux en sûreté pendant une semaine ou deux contre la malignité de vos ennemis, leur dit le prévôt, et je ne doute guère que d'ici là on ne voie du changement à la cour. Mais pour que je puisse mieux juger de ce qu'il y a à faire, dites-moi franchement, Simon, quelle est la nature de ces rapports que vous avez avec Gilchrist Mac-Ian, qui vous font mettre en lui une confiance si entière. Vous êtes scrupuleux observateur des règlements de la ville, et vous connaissez les peines sévères qu'ils portent contre les bourgeois qui auraient des intelligences et des rapports avec les clans highlandais.

— C'est vrai, mylord ; mais vous savez aussi que notre profession, travaillant en peaux de menu bétail, de daims, et autres de toute nature, a le privilège de pouvoir trafiquer avec les Highlanders, comme avec des gens qui sont plus à même que personne de nous fournir les moyens d'exercer notre métier, au grand profit de la ville. C'est ainsi qu'il m'est arrivé de faire de grandes affaires avec ces gens-là ; et je puis attester sur mon salut que vous ne trouverez nulle part des trafiquants plus justes et plus honorables, ni avec lesquels un homme puisse plus aisément gagner un honnête denier. J'ai fait dans le temps plusieurs courses éloignées dans le fond des Highlands, sur la foi de leurs chefs ; et jamais je n'ai rencontré de gens plus fidèles à leur parole, quand une fois vous avez pu obtenir d'eux qu'ils vous l'engagent. Et quant au chef highlandais Gilchrist Mac-Ian, sauf qu'il a la main prompte pour expédier ceux avec qui il est en brouille sérieuse ou pour lever le signal du feu contre eux, je n'ai vu nulle part un homme suivre un chemin plus juste et plus droit.

— C'est plus que jamais je n'avais ouï dire jusqu'à présent. Pourtant j'ai aussi un peu connu ces bandits d'Highlanders.

— Votre Seigneurie doit comprendre qu'ils agissent d'une manière toute différente avec leurs amis qu'avec leurs ennemis. Au surplus, qu'il en soit ce que ça pourra il m'est arrivé d'être utile à Gilchrist Mac-

Ian dans une affaire importante. Il y a de cela environ dix-huit ans. Il se trouva que le clan de Quhele et le clan Chattan étant en brouille, et le fait est qu'ils sont rarement en paix, le premier éprouva une telle défaite que la famille de son chef Mac-Ian fut presque exterminée. Sept de ses fils furent tués pendant et après la bataille, lui-même fut obligé de s'enfuir, son château fut pris et livré aux flammes. Sa femme, alors sur le point de donner le jour à un enfant, se sauva dans la forêt, accompagnée d'un fidèle serviteur et de sa fille. Là, dans le chagrin et les inquiétudes, elle mit au monde un garçon; et comme la triste situation de la mère ne lui permettait guère d'allaiter l'enfant, il fut nourri du lait d'une biche que le forestier qui l'accompagnait réussit à prendre vivante dans un piége. Bien des mois ne s'étaient pas écoulés, que dans une seconde rencontre de ces clans farouches Mac-Ian battit ses ennemis à son tour et se remit en possession du pays qu'il avait perdu. Ce fut avec un ravissement inattendu qu'il trouva que sa femme et son enfant vivaient encore, car il ne s'était attendu à retrouver d'eux que leurs os blanchis, dont les loups et les chats sauvages auraient mangé la chair.

Mais un puissant préjugé, tel qu'en a souvent l'esprit à demi sauvage de ces gens-là, empêcha leur chef de jouir pleinement du bonheur d'avoir ainsi retrouvé son fils unique en sûreté. Il courait parmi eux une ancienne prophétie que la puissance de la tribu serait ruinée par le moyen d'un enfant né au pied d'un buisson de houx et allaité par une biche blanche. Ces deux circonstances, malheureusement pour le chef, s'accordaient exactement avec la naissance de l'unique enfant qui lui restait, et les anciens du clan lui demandèrent de faire périr l'enfant, ou tout au moins de l'éloigner du territoire de la tribu, et de le faire élever dans l'obscurité. Gilchrist Mac-Ian fut obligé d'y consentir, et ayant choisi le dernier parti, on m'amena l'enfant, sous le nom de Conachar, dans l'intention alors de lui cacher toute connaissance de ce qu'il était, et des droits qu'il avait à commander à un peuple nombreux et belliqueux. Mais à mesure que les années avançaient, les anciens de la tribu, qui avaient exercé tant d'autorité, ou furent enlevés par la mort, ou devinrent incapables par l'âge de se mêler des affaires publiques; tandis, d'un autre côté, que l'influence de Gilchrist Mac-Ian s'était accrue par ses succès contre le clan Chattan, et par l'égalité qu'il rétablit entre les deux ligues ennemies, telle qu'elle avait existé avant la désastreuse défaite dont j'ai parlé à Votre Honneur. Se sentant donc fermement assis, il conçut naturellement le désir de rappeler son fils unique près de lui et de sa famille; et, à cet effet, il me fit plus d'une fois lui envoyer dans l'Highland le jeune Conachar, comme on l'appelait. C'était un jeune homme on ne peut plus fait, par ses dehors et sa belle tournure, pour gagner le cœur d'un père. Je suppose qu'à la fin Conachar devina le secret de sa naissance ou qu'on lui en dit quelque chose. Le dégoût que cet orgueilleux garnement de montagnard avait toujours montré pour mon honnête métier devint plus manifeste; si bien que je n'osai plus tant seulement le toucher du bout de mon bâton, de peur de recevoir un coup de dirk, en guise de réponse gaélique à une observation saxonne. Ce fut alors que je souhaitai me voir débarrassé de lui, d'autant plus qu'il montrait trop d'attention pour Catherine, qui avait entrepris de blanchir un nègre en voulant donner à un sauvage highlander des leçons de morale et de merci. Elle sait elle-même comment ça a fini.

— Mais, mon père, dit Catherine, c'était sûrement un acte de charité que de retirer le tison du feu.

— Ce n'était pas un grand acte de sagesse que de risquer de vous brûler les doigts pour une telle fin, repartit son père. — Qu'en dit mylord?

— Mylord ne voudrait pas offenser la Jolie Fille de Perth, répondit sir Patrick, et il connaît la pureté et la franchise de son âme. Et cependant je dois dire que si ce nourrisson de biche avait été ridé, laid, bancal et rouge de poil comme certains Highlanders que j'ai connus, je doute que la Jolie Fille de Perth eût mis autant de zèle à sa conversion; de même que si Catherine avait été aussi vieille, aussi ridée, aussi courbée par les années que la vieille qui m'a ouvert la porte ce matin, je gagerais mes éperons d'or contre une paire de brogues montagnardes que ce daim sauvage n'aurait pas écouté une seconde leçon. — Vous riez, Glover, et Catherine rougit de colère. Laissons cela; c'est l'ordinaire des choses de ce monde.

— C'est la manière ordinaire dont les hommes du monde apprécient leur prochain, mylord, repartit Catherine avec quelque chaleur.

— Allons, belle sainte, pardonnez une plaisanterie, dit le chevalier; et toi, Simon, dis-nous comment cette histoire a fini : — Conachar se sera échappé pour retourner aux Highlands, je suppose?

— Il y est effectivement retourné. Depuis deux ou trois ans je voyais à Perth une sorte de messager, un drôle qui allait et venait sous divers prétextes, mais qui dans le fait était l'intermédiaire des communications de Gilchrist Mac-Ian et de son fils le jeune Conachar, ou, comme on l'appelle maintenant, Hector. J'appris en gros de ce commissionnaire que le bannissement du Dault an Neigh Dheil, ou Nourrisson de la Biche Blanche, était remis en délibération dans la tribu. Son père nourricier, Torquil du Chêne, le vieux forestier, vint avec ses huit fils, les plus beaux hommes du clan, demander que la sentence de bannissement fût révoquée. Il parla avec d'autant plus d'autorité que c'était lui-même un Taishatar ou Voyant, et qu'on le supposait en communication avec le monde invisible. Il affirma avoir accompli une cérémonie magique appelée *Tin-Egan* [1], par laquelle il avait évoqué un démon, à qui il

---

[1] *Tin-Egan*, ou *Neidfyre*, c'est-à-dire feu forcé. Tous les feux de la maison étant

avait arraché l'aveu que Conachar, maintenant nommé Eachin (ou Hector) Mac-Ian, était le seul homme qui sortirait sans tache ni sang du combat qui se préparait entre les deux clans ennemis. De là Torquil du Chêne concluait que la présence de ce jeune homme marqué par le sort était nécessaire pour assurer la victoire. — J'en suis tellement convaincu, ajouta le forestier, qu'à moins qu'Eachin ne combatte à sa place dans les rangs du clan Quhele, ni moi, son père nourricier, ni aucun de mes huit fils, ne lèveront une arme dans la querelle.

Ce discours fut reçu avec grande alarme ; car la défection de neuf hommes, les plus vigoureux de leur tribu, aurait été un coup sérieux, surtout si le combat, ainsi que le bruit commence à en courir, devait être décidé par un petit nombre pris de chaque côté. L'ancienne superstition relative au nourrisson de la Biche Blanche fut contre-balancée par une autre de plus nouvelle date, et le père en prit occasion de présenter au clan son fils si long-temps caché, dont la physionomie belle et animée, malgré sa jeunesse, la démarche fière et les membres agiles, excitèrent l'admiration des gens du clan. Il y fut reçu avec joie comme l'héritier et le descendant de leur chef, nonobstant le mauvais présage qui avait accompagné sa naissance et la manière dont il avait été élevé.

D'après cette histoire, mylord, continua Simon Glover, Votre Seigneurie peut aisément concevoir par quelle raison je suis moi-même assuré d'une bonne réception dans le clan Quhele ; et vous pouvez aussi juger d'après cela qu'il serait fort imprudent à moi d'y mener Catherine. Et c'est là, noble lord, la plus lourde de mes inquiétudes.

— En ce cas, nous allégerons le fardeau, dit sir Patrick, et je risquerai quelque chose, mon bon Glover, pour toi et cette damoiselle. Mon alliance avec Douglas me donne quelque crédit près de sa fille Marjory, duchesse de Rothsay, la femme délaissée de notre entêté de prince. Sois sûr, mon bon Glover, que ta fille sera aussi en sûreté auprès d'elle que dans un château retranché. La duchesse tient maintenant maison à Falkland, un château que lui a prêté le duc d'Albany, à qui il appartient. Je ne puis vous y promettre beaucoup de plaisir, ma jolie Catherine, car la duchesse Marjory de Rothsay est malheureuse, et par conséquent atrabilaire, hautaine et impérieuse ; elle a conscience du manque de qualités attractives, et conséquemment elle est jalouse des femmes qui les possèdent. Mais sa promesse est sûre et son âme est noble ; et elle ferait jeter dans les fossés du château pape ou prélat qui voudrait y arrêter quelqu'un qu'elle aurait pris sous sa protection. Vous serez donc en parfaite sûreté, quoiqu'il puisse se faire que vous n'y ayez pas beaucoup d'agrément.

éteints, deux hommes produisaient par le frottement du bois une flamme d'une grande puissance. Des personnes encore vivantes se souviennent d'avoir vu ce charme employé dans les Hébrides, dans le cas de mortalité parmi les bestiaux. (W. S.)

— Je n'ai pas droit à davantage, dit Catherine, et je sens profondément la bonté qui se montre disposée à m'assurer une si honorable protection. Si elle est hautaine, je me souviendrai que c'est une Douglas, et que comme telle elle est en droit d'avoir autant d'orgueil qu'un mortel puisse en avoir; — si elle est d'une humeur difficile, je me souviendrai qu'elle est malheureuse; — si elle me fait des reproches sans raison, je n'oublierai pas qu'elle est ma protectrice. Ne vous mettez plus en peine de moi, mylord, quand vous m'aurez placée sous la protection de cette noble dame. — Mais savoir mon pauvre père exposé au milieu de ces gens dangereux et à demi sauvages !

— Ne pense pas à cela, Catherine, dit Simon Glover; je suis aussi familier avec les brogues et la bracken [1] que si je n'avais jamais vu autre chose de ma vie. La seule chose que j'aie à craindre, c'est que cette bataille décisive ne se donne avant que j'aie pu quitter leur pays, — et que si le clan Quhele a le dessous, je n'aie à pâtir de la ruine de mes protecteurs.

— C'est à quoi nous devrons pourvoir, repartit sir Patrick ; comptez que je ne perdrai pas votre sûreté de vue. — Mais lequel des deux partis pensez-vous qui doive avoir le dessus?

— Franchement, mylord prévôt, je crois que le clan Chattan sera battu; ces neuf fils du forestier forment presque un tiers de la troupe qui entoure le chef du clan Quhele, et se sont des champions redoutés.

— Et votre apprenti, pensez-vous qu'il se comportera bien ?

— Il est chaud comme feu, sir Patrick, mais il est aussi inconstant que l'eau. Néanmoins, s'il sort de là, il me paraît probable que ce sera un jour un homme solide.

— Mais quant à présent il a encore un peu du lait de la Biche Blanche dans le cœur, hein, Simon ?

— Il n'a encore guère d'expérience, mylord, et je n'ai pas besoin de dire à un guerrier honoré comme vous l'êtes qu'il faut que le danger nous soit devenu familier avant que nous puissions badiner avec lui comme avec une maîtresse.

Cette conversation les eut promptement amenés au château de Kinfauns, où, après un court rafraîchissement, il fallut que le père et la fille se séparassent pour aller chacun de leur côté chercher refuge. Ce fut alors que Catherine, voyant que l'inquiétude de son père pour elle avait effacé de son esprit tout souvenir de son ami, laissa pour la première fois échapper comme dans un rêve le nom d'Henry Gow.

— C'est vrai, c'est très vrai, dit Simon; il faut l'informer de nos intentions.

— Reposez-vous de cela sur moi, dit sir Patrick. Je ne me fierai pas

---

[1] *Brogues*, sorte de brodequins montagnards ; *bracken*, nom gaélique de la fougère. L. V.)

CHAPITRE XXVI.

à un messager, et je n'enverrai pas non plus de lettre, parce que, quand bien même j'en pourrais écrire une, je ne pense pas qu'il fût en état de la lire. Il sera inquiet d'ici là; mais demain je monterai de bonne heure à cheval et j'irai moi-même l'informer de vos projets.

Le moment de la séparation approchait. Ce fut un instant pénible ; mais le caractère mâle du vieux bourgeois, et la pieuse résignation de Catherine à la volonté de la Providence, rendirent ce moment moins douloureux qu'on n'aurait pu s'y attendre. Le bon chevalier pressait le départ du bourgeois, mais de la manière la plus obligeante; et il fut même jusqu'à lui offrir quelques pièces d'or à titre de prêt, ce qui pouvait, alors que l'argent était si rare, être regardé comme le *nec plus ultrà* de la prévenance. Simon l'assura qu'il était amplement pourvu, et se mit en route dans la direction du nord-ouest. La protection hospitalière de sir Patrick Charteris ne se manifesta pas moins à l'égard de sa jolie réfugiée. Elle fut confiée aux soins d'une duègne qui avait la surintendance de la maison du brave chevalier, et il lui fallut rester plusieurs jours à Kinfauns, par suite des obstacles et des retards apportés par un marinier du Tay, nommé Kitt Stenshaw, à la charge de qui elle devait être remise, et en qui le prévôt avait une haute confiance.

Ainsi furent séparés la fille et le père dans un moment de danger et de grands embarras, danger fort augmenté par des circonstances qu'ils ignoraient encore, et qui semblaient diminuer considérablement les chances de sûreté qui leur restaient.

CHAPITRE XXVII.

> Cet Austin le fit humblement. — Vraiment ? dit-il ; Austin peut bien alors le faire encore pour moi.
> Pope, *Prologue des Contes de Canterbury, tirés de Chaucer.*

Nous ne pouvons mieux suivre le cours de notre histoire qu'en nous attachant à celle de Simon Glover. Notre dessein n'est pas de donner l'indication exacte des localités limitrophes des deux clans ennemis, d'autant plus qu'elles n'ont pas été clairement désignées par les historiens qui nous ont transmis le récit de cette querelle mémorable. Il nous suffit de dire que le territoire du clan Chattan s'étendait fort loin, embrassant le Caithness et le Sutherland, et ayant pour principal chef le puissant comte du premier de ces deux *shires*, appelé de là *Mohr ar Chat* [1]. Dans ce sens général, les Keiths, les Sinclairs, les Guns et autres familles et clans très puissants, étaient compris dans la confédération. Ceux-là, néanmoins, ne se trouvaient pas engagés dans la querelle actuelle, limitée à cette partie du clan Chattan occupant les vastes districts montagneux du Perth et de l'Inverness, lesquels forment une partie considérable de ce que l'on nomme les Highlands du nord-est. Il est assez connu que deux grandes familles appartenant incontestablement au clan Chattan, les Mac-Phersons et les Mac-Intoshs, se disputent encore aujourd'hui sur la question de savoir lequel des deux *chieftains* était à la tête de cette branche des Badenoch de la grande confédération, et tous deux ont dans ces derniers temps pris le titre de capitaine du clan Chattan : *non nostrum est....* Mais, en tout cas, Badenoch doit avoir été de la confédération, en tant qu'enveloppé dans la querelle dont il est ici question.

---

[1] C'est-à-dire le Grand Chat. Le comté de Caithness est supposé tirer son nom des colons teutons de la tribu des *Catti*, et l'art héraldique n'a pas négligé une si belle occasion pour cette espèce de jeu de mots en figures dans lesquels il se complaisait. *Ne touchez au Chat qu'avec un gant* (*Touch not the Cat but a glove*) est la devise des Mack-Intosh, par allusion à leurs armoiries, qui, de même que celles de la plupart des tribus maintenant éparses de l'ancien clan Chattan, représentent un chat des montagnes. (W. S.)

CHAPITRE XXVII.

Nos renseignements sur la ligue rivale du clan Quhele sont encore un peu moins précis, par des raisons que la suite fera connaître. Quelques auteurs les ont identifiés avec la nombreuse et puissante tribu de Mac-Kay. Si ce rapprochement est fait sur bonne autorité, ce dont on peut douter, il faut que les Mac-Kays se soient grandement éloignés de leur ancienne résidence depuis le règne de Robert III, puisqu'on les trouve maintenant (comme clan) dans les parties les plus éloignées du nord de l'Écosse, à l'extrémité des comtés de Ross et de Sutherland [1]. Nous ne pouvons donc être aussi clair que nous le souhaiterions dans la géographie de notre histoire. Qu'il suffise de savoir que, dirigeant sa marche vers le nord-ouest, Simon Glover voyagea tout un jour vers le pays de Breadalbane, d'où il espérait atteindre le château où Gilchrist Mac-Ian, capitaine du clan Quhele et père de son élève Conachar, faisait habituellement sa résidence, avec une pompe barbare d'entourage et de cérémonial appropriés à ses hautes prétentions.

Nous n'avons pas besoin de nous arrêter à décrire les fatigues et les terreurs d'un tel voyage, où il fallait se faire son chemin au milieu des landes et des montagnes, tantôt gravissant des ravins escarpés, tantôt s'enfonçant dans d'inextricables marécages, et ayant souvent à passer de larges ruisseaux et même des rivières. Mais tous ces périls, Simon Glover les avait déjà affrontés en quête d'un gain honnête; et il n'était pas à supposer qu'il reculerait devant eux ou s'en montrerait effrayé maintenant qu'il y allait de la liberté et même de la vie.

Le danger des habitants belliqueux et incivilisés de ces solitudes aurait paru à un autre pour le moins aussi redoutable que les périls du voyage. Mais la connaissance qu'avait Simon de leurs usages et de leur langage le rassurait aussi sur ce point. Un appel à l'hospitalité du Gaël le plus sauvage était toujours entendu; et le *kern* qui en d'autres circonstances aurait ôté la vie à un homme pour le bouton d'argent de son manteau, se serait lui-même privé d'un repas pour assister le voyageur implorant l'hospitalité à la porte de sa hutte. L'art de voyager dans les Highlands était de paraître aussi confiant et aussi dépourvu de moyens de défense que possible; et conséquemment Glover ne portait aucune arme, voyageait sans la moindre apparence de précaution, et avait bien soin de ne rien laisser voir qui pût exciter la convoitise. Une autre règle qu'il jugea prudent d'observer fut d'éviter toute communication avec ceux que le hasard pouvait lui faire rencontrer sur le chemin, sauf l'échange des civilités courantes et des salutations que rarement un Highlander omet. Peu d'occasions se présentèrent d'échanger même ces politesses de rencontre. Le pays, toujours isolé, semblait maintenant entière-

---

[1] Leur territoire, que d'après le chef des Mac-Kays on nomme communément *pays de lord Reay*, est dernièrement passé entre les mains de la noble famille de Stafford Sutherland. (W. S.)

ment abandonné; et même dans les petits *strathes* ou vallons qu'il eut à passer ou à traverser, les hameaux étaient déserts et les habitants s'étaient réfugiés dans les bois et les cavernes. Cette circonstance était facile à s'expliquer, eu égard aux dangers imminents d'une prise d'armes qui allait devenir, tous s'y attendaient, un des signaux les plus généraux de pillage et de dévastation qui eussent jamais déchiré ce malheureux pays.

Simon commençait à s'alarmer de cet état de désolation. Il avait fait une halte depuis son départ de Kinfauns, pour laisser prendre un peu de repos à sa monture; et maintenant il commençait à se demander avec inquiétude comment il passerait la nuit. Il avait compté prendre ses quartiers à la chaumière d'une ancienne connaissance nommé Niel Booshalloch (ou le Vacher), parce qu'il était chargé du soin de nombreux troupeaux de gros bétail appartenant au capitaine du clan Quhele, et à cet effet il avait une habitation sur les rives du Tay, non loin de l'endroit où il sort du lac du même nom. Simon Glover espérait apprendre de cet ancien hôte et ami, avec qui il avait conclu nombre de marchés pour des peaux et des fourrures, quel était l'état actuel du pays, si l'on devait s'attendre à la paix ou à la guerre, et quelles étaient les meilleures mesures à prendre pour sa sûreté personnelle. On se souviendra que la nouvelle des conditions du combat accepté de part et d'autre pour diminuer le nombre des participants à la querelle n'avait été communiquée au roi Robert que la veille du jour où Glover avait quitté Perth, et cette nouvelle ne devint publique que quelque temps après.

— Si Niel Booshalloch a quitté sa chaumière comme tous les autres, pensa Simon, me voilà dans une belle passe! car non seulement je n'aurai pas l'avantage de ses bons avis, mais je serai privé aussi de son crédit près de Gilchrist Mac-Ian; sans compter que je n'aurai ni à coucher pour la nuit, ni à souper.

Tout en faisant ces réflexions il atteignit le haut d'une colline verdoyante, d'où s'offrit à lui la magnifique perspective du Loch Tay s'étendant à ses pieds, immense plateau d'argent poli entouré de montagnes tapissées de sombres bruyères et bordé de bouquets de chênes dépouillés de leurs feuilles, cadre arabesque d'un miroir magnifique.

Indifférent en tout temps aux beautés de la nature, Simon Glover était maintenant moins que jamais disposé à les admirer; et la seule partie de ce riche paysage vers laquelle il tourna les yeux fut l'angle d'une prairie où le Tay, s'élançant déjà large et majestueux du lac où il prend naissance, et entourant d'un demi-cercle une jolie vallée d'un mille de largeur environ, commence sa course imposante vers le sud-est, pour aller, comme un conquérant législateur, soumettre et enrichir des contrées lointaines. Sur l'emplacement isolé et si magnifiquement situé entre le lac, la montagne et la rivière, s'éleva plus tard le castel féodal du Ballough [1], auquel a succédé de nos jours le splendide château des comtes de Breadalbane.

Mais bien que les Campbells fussent déjà arrivés à un très grand pouvoir dans le comté d'Argyle, ils ne s'étaient pas encore étendus à l'est jusqu'au Loch Tay, et les rives en étaient alors, soit par droit originaire, soit par simple droit d'occupation, possédées par le clan Quhele, dont les plus beaux troupeaux s'engraissaient sur les bords du lac. C'était donc dans cette vallée, entre le lac et la rivière, au milieu de bois étendus de chênes, de coudriers, de *rowans* ou frênes des montagnes, et de mélèses, que s'élevait l'humble chaumière de Niel Booshalloch, Eumée villageois dont les cheminées hospitalières projetaient dans l'air d'épaisses colonnes de fumée, au grand soulagement de Simon Glover, qui autrement aurait été obligé de passer la nuit en plein air, ce qui n'aurait pas été pour lui un médiocre désagrément.

Il arriva à la porte de la chaumière, siffla, appela, et avertit ainsi de son approche. Il y eut une explosion d'aboiements, puis aussitôt après le maître de la hutte se montra à la porte. Il avait le front soucieux, et il parut surpris à la vue de Simon Glover, quoiqu'il s'efforçât de cacher de son mieux son humeur et sa surprise; car rien dans ce pays n'est regardé comme plus incivil que de laisser échapper un regard ou un geste qui puisse faire penser au visiteur que son arrivée est une chose désagréable, ou même inattendue. Le cheval du voyageur fut conduit à une écurie à peine assez élevée pour le recevoir, et Glover lui-même fut introduit dans la demeure de Booshalloch, où, selon l'usage du pays, du pain et du fromage furent placés devant l'arrivant, pendant qu'un repas plus solide se préparait. Simon, qui connaissait toutes leurs habitudes, ne fit pas attention aux marques évidentes de tristesse répandues sur le front de son amphitryon et sur celui des autres membres de la famille, jusqu'à ce que pour la forme il eût mangé un morceau; après quoi il adressa au vacher la question générale : Quelles nouvelles dans le pays?

— Aussi mauvaises qu'il y en ait jamais eu, répondit le pâtre; notre père est mort.

— Comment? dit Simon grandement alarmé, le capitaine du clan Quhele est mort?

— Le capitaine du clan Quhele ne meurt jamais, repartit Booshalloch; seulement Gilchrist Mac-Ian est mort il y a vingt heures, et son fils Eachin Mac-Ian est maintenant capitaine.

— Quoi! Eachin — c'est-à-dire Conachar — mon apprenti?

— Parlez de cela aussi peu qu'il vous plaira, confrère Simon. Il faut vous souvenir, l'ami, que votre métier, qui est fort bon pour vous faire

---

[1] *Balloch* est un mot gaélique qui désigne l'endroit où un lac se dégorge dans une rivière. (W. S.)

vivre dans la tranquille cité de Perth, est un peu trop mécanique pour être en grande estime au pied du Ben Lawers et sur les rives du Loch Tay. Nous n'avons pas de mot gaélique par lequel nous puissions désigner un gantier.

— Il serait assez étrange que vous en eussiez un, ami Niel, répliqua sèchement Simon, ayant si peu de gants à porter. Je ne pense pas qu'il y en ait une seule paire dans tout le clan Quhele, excepté celle que j'ai moi-même donnée à Gilchrist Mac-Ian, Dieu ait son âme! qui la regarda comme un très beau cadeau. Je regrette bien vivement qu'il soit mort, car je venais le trouver pour affaire expresse.

— Vous feriez mieux de tourner la tête de votre cheval du côté du sud demain avec le jour. Les funérailles doivent avoir lieu immédiatement, et cela avec une courte cérémonie ; car il y a un combat à livrer entre le clan Quhele et le clan Chattan, trente champions de chaque côté, au prochain dimanche des Rameaux, et nous n'avons guère de temps devant nous ni pour pleurer les morts ni pour honorer les vivants.

— Cependant mes affaires sont si pressantes qu'il faut de toute nécessité que je voie le jeune chef, ne serait-ce que pour un quart d'heure.

— Ecoute, ami, répliqua Booshalloch, je pense que ton affaire doit être ou de l'argent à recueillir ou du trafic à faire. Or, si le chef te doit quelque chose pour le temps qu'il est resté chez toi ou autrement, ne viens pas lui demander de te payer au moment où tous les trésors de la tribu sont mis en réquisition pour faire de braves préparatifs d'armes et d'équipement, afin que nos combattants puissent se trouver en face de ces orgueilleux chats des montagnes de façon à leur montrer que nous sommes leurs supérieurs. Si tu viens faire du commerce avec nous, ton temps est encore plus mal choisi. Tu sais que tu as déjà rendu jaloux nombre de gens de notre tribu pour avoir été chargé d'élever le jeune chef, ce qui est une chose habituellement donnée aux premiers du clan.

— Par sainte Marie, mon cher! exclama Simon, on devrait se souvenir que cette fonction-là ne me fut pas conférée comme une faveur que j'eusse sollicitée ; je ne l'acceptai qu'après des supplications et des prières, et ce n'a pas été pour moi un petit préjudice. Votre Conachar, ou Hector, ou n'importe comment vous l'appeliez, m'a perdu des peaux de daim pour bien des livres d'Écosse.

— Voilà encore un mot qui peut vous coûter la vie, reprit Booshalloch ; — toute allusion aux peaux et aux cuirs, surtout aux daims ou aux chevreaux, peut vous coûter cher. Le chef est jeune, jaloux de son rang, et personne n'en connaît la raison mieux que vous, ami Glover. Il désirera naturellement que tout ce qui a rapport aux difficultés qu'il a rencontrées dans la question de succession ou au temps de son exil, soit totalement oublié; et il n'aura pas en amitié celui qui rappellera à ses gens, ou qui le forcera lui-même de se rappeler, des choses dont lui comme les autres ne peuvent se souvenir qu'avec peine. Songez de quel œil, en un moment tel que celui-ci, on verra le vieux Glover de Perth, dont le chef a été si long-temps l'apprenti! — Allons, allons, mon vieil ami, vous vous êtes trompé en ceci. Vous avez trop grande hâte de saluer le soleil levant, pendant que ses rayons sont encore de niveau avec l'horizon. Revenez quand il sera arrivé plus haut dans sa course, et vous aurez votre part de sa chaleur de midi.

— Niel Booshalloch, reprit Glover, nous sommes de vieux amis, comme tu dis; et comme je te crois un ami véritable, je vais te parler à cœur ouvert, quoique ce que je vais te dire pût être dangereux si c'était répété à d'autres de ton clan. Tu penses que je suis venu ici pour faire mon profit de ton jeune chef, et il est naturel que tu le croies. Mais ce n'est pas à mon âge que j'aurais quitté le coin de mon feu dans Curfew-street pour venir me chauffer aux rayons du plus brillant soleil qui ait jamais lui sur les bruyères de l'Highland. Le vérité est que je suis venu ici parce que je n'ai pas pu faire autrement; — mes ennemis ont eu le dessus sur moi, et m'ont accusé de choses dont je suis incapable, même en pensée. Il n'en est pas moins probable qu'une sentence va être rendue contre moi, et il n'y avait d'autre remède que de lever le pied et de me sauver, ou de rester et périr. Je viens à votre jeune chef, comme à quelqu'un qui dans sa détresse a trouvé un refuge chez moi, comme à quelqu'un qui a mangé de mon pain et bu à ma coupe. Je lui demande à mon tour un asile, dont j'espère n'avoir besoin que pour peu de temps.

— Ceci est un cas différent, repartit le pâtre; si différent que si vous veniez à minuit à la porte de Mac-Ian, la tête du roi d'Écosse à la main et mille hommes à votre poursuite pour venger sa mort, je ne pense pas que pour son honneur il pût vous refuser protection. Et quant à ce qui est d'être innocent ou coupable, cela ne fait rien à la chose, — ou plutôt il serait d'autant plus tenu de vous donner abri si vous étiez coupable, attendu que dans ce cas-là l'embarras pour vous et le risque pour lui seraient plus grands. Il faut que j'aille le trouver directement, afin que quelque langue empressée n'aille pas lui rapporter votre venue ici sans lui en dire la cause.

— Je suis bien fâché de l'embarras que je vous donne, dit Simon Glover; mais où est le chef?

— Il est à une dizaine de milles d'ici, occupé des affaires des funérailles et des préparatifs du combat; — les morts au tombeau et les vivants à la bataille.

— C'est un long chemin, et qui va vous prendre toute la nuit pour aller et venir; et je suis bien sûr que Conachar, quand il saura que c'est moi..

— Oubliez Conachar, interrompit le bouvier en appuyant le doigt sur ses lèvres. Et quant aux dix milles, ce n'est qu'un saut highlandais, quand on porte un message entre son ami et son chef.

A ces mots, et après avoir confié le voyageur aux soins de son fils aîné et de sa fille, l'actif bouvier quitta sa maison deux heures avant minuit : il y était de retour long-temps avant le lever du soleil. Il ne réveilla pas son visiteur fatigué ; mais le matin, quand le vieillard fut levé, il l'informa que les obsèques du chef défunt devaient avoir lieu le jour même, et que bien qu'Eachin Mac-Ian ne pût y inviter un Saxon, il serait charmé de le recevoir au festin qui aurait lieu ensuite.

— Il faut obéir à sa volonté, dit Glover, souriant à demi du changement survenu dans ses rapports avec son ci-devant apprenti. Il est le maître maintenant ; et j'espère qu'il se souviendra que quand les choses étaient autrement entre nous, je n'ai usé de mon autorité qu'avec modération.

— Chut, l'ami ! exclama Booshalloch ; moins vous parlerez de ça, mieux vous ferez. Vous serez le bienvenu à Eachin, et du diable si personne ose vous y inquiéter. Mais adieu et portez-vous bien ; car il faut que j'aille à l'enterrement du meilleur chef que le clan ait jamais eu, et du plus sage capitaine qui ait jamais passé une branche de myrte à sa toque. Adieu jusqu'à bientôt ; si vous voulez aller au haut du Toman-Lonach, derrière la maison, vous verrez de là un brave spectacle, et vous entendrez un coronach qui retentira jusqu'au sommet du Ben-Lawers. Dans trois heures d'ici une barque vous attendra à une petite crique qui est à environ un demi-mille à l'ouest de la tête du Tay.

A ces mots il partit, suivi de ses trois fils, pour monter en bateau et aller se réunir au reste du deuil ; il était en outre accompagné de ses deux filles, dont les voix devaient se joindre aux lamentations qui se chantaient, ou plutôt se criaient, en ces sortes d'occasions d'affliction générale.

Simon Glover, se trouvant seul, fut à l'écurie donner un coup d'œil à son bidet, qu'il trouva bien fourni de *graddan*, ou pain d'orge grillé. Il fut on ne peut plus sensible à cette attention, sachant que probablement la famille en avait peu de reste pour elle-même, jusqu'à ce que la prochaine moisson vînt renouveler ses maigres provisions. En fait de nourriture animale ils étaient bien pourvus, et le lac leur donnait abondance de poisson pour leur diète de carême, qu'au surplus ils n'observaient pas très strictement ; mais le pain était une recherche très rare dans les Highlands. Les marécages fournissaient une espèce de foin débile, et non des meilleurs, assurément ; mais les chevaux d'Écosse, de même que leurs maîtres, étaient alors accoutumés à un régime fort peu délicat. Gauntlet, c'était le nom du palefroi, avait sa stalle remplie de fougère sèche pour litière, et était quant au reste aussi bien pourvu que le comportait l'hospitalité highlandaise.

CHAPITRE XXVII.

Ainsi laissé à ses douloureuses réflexions, Simon Glover ne trouva rien de mieux à faire, après s'être occupé du comfort de son muet compagnon de voyage, que de suivre l'avis du pâtre; se dirigeant vers le sommet d'une éminence appelée Tom-an-Lonach, ou la Butte-des-Ifs, il y arriva après une demi-heure de marche, et put de là embrasser dans toute son étendue le vaste développement du lac, dont la montagne commandait une magnifique perspective. Quelques ifs âgés et dépouillés, de très grandes dimensions, justifiaient le nom attaché à cette belle éminence verdoyante. Mais un bien plus grand nombre était tombé en sacrifice au besoin général qu'on avait de bois d'arcs dans ce siècle belliqueux, l'arc étant une arme très usitée chez les montagnards, bien que ceux qu'ils employaient fussent, de même que leurs flèches, très inférieurs pour la forme et surtout pour la portée à l'équipement des archers de la Joyeuse Angleterre. Les ifs noirâtres et dépouillés qui restaient semblaient les vétérans d'une armée en déroute, occupant en désordre quelque poste avantageux dans l'intention désespérée de résister jusqu'à la fin. Derrière cette colline, mais sans s'y rattacher, s'élevait une autre éminence d'une plus grande hauteur, en partie couverte de taillis entrecoupés de clairières en pâtures où s'égarait le bétail, qui y trouvait à cette époque de l'année une maigre provende parmi les sources et les places marécageuses, où l'herbe nouvelle commençait d'abord à poindre.

La côte opposée du lac, c'est-à-dire celle qui regardait le nord, offrait un aspect beaucoup plus montagneux que celle où se trouvait stationné Simon Glover. Des bois et des buissons couraient le long du flanc des montagnes, et disparaissaient au milieu des mouvements de terrain formés par les sinuosités des ravins qui les séparaient les unes des autres; mais fort au-dessus de ces échantillons d'un sol naturel encore passable s'élevaient les montagnes proprement dites, dont les flancs noirs et arides offraient aux yeux la sombre désolation propre à la saison où l'on était alors.

Quelques unes s'élançaient en pics, d'autres s'élargissaient à la crête; les unes rocailleuses et escarpées, les autres offrant des contours plus adoucis. Cette tribu de Titans semblait être commandée par des chefs dignes d'elle, — la montagne sourcilleuse de Ben Lawers, et l'éminence encore plus considérable du Ben Mohr, qui s'élèvent fort au-dessus des autres, et dont les pics conservent un éblouissant casque de neige bien avant dans la saison d'été, et quelquefois toute l'année. Néanmoins les abords de cette sauvage région alpestre, là où la pente des montagnes descendait vers le lac, révélaient, même à cette époque peu avancée, de nombreux indices d'habitations humaines. Des hameaux se voyaient notamment sur le bord septentrional du lac, à demi cachés par de petits vallons qui portaient au Loch Tay le tribut de leurs eaux. De même que bien des choses de ce monde, ces hameaux avaient de loin une belle apparence; mais en approchant davantage on ne trouvait plus qu'un amas repoussant de sales habitations, qui n'auraient même pu, pour la commodité, soutenir la comparaison avec les wigwams indiens. Ils étaient habités par une race étrangère à la culture de la terre, et n'ayant nul souci des jouissances que l'industrie procure. Les femmes, quoique d'ailleurs traitées avec affection, et même avec une sorte de respect, étaient chargées de tous les travaux domestiques absolument nécessaires. Les hommes, sauf l'usage d'une charrue mal construite, et plus fréquemment d'une bêche, qu'ils ne maniaient qu'à regret et à contre-cœur, n'avaient d'autre occupation que la garde de troupeaux de gros bétail qui composaient leur richesse. Le reste du temps, ils chassaient, pêchaient ou maraudaient, en guise de passe-temps durant les courts intervalles de paix ; pillant, en temps de guerre, avec une licence plus audacieuse, et combattant avec une animosité plus implacable : car la guerre, générale ou individuelle, sur une plus ou moins grande échelle, était l'affaire principale de leur vie, la seule qu'ils regardassent comme digne d'eux.

Le sein du lac lui-même offrait une scène magnifique sur laquelle les yeux ne pouvaient se reposer qu'avec transport. Son développement imposant et la manière dont il se terminait en un large et beau fleuve, étaient rendus encore plus pittoresques par un de ces îlots qui souvent sont heureusement situés dans les lacs d'Écosse. Les ruines aujourd'hui presque informes qu'on trouve sur cet îlot, et qui sont cachées sous les bois, formaient, au temps dont nous parlons, les tours et les pinacles d'un prieuré où reposaient les restes de Sibille, fille d'Henri Ier d'Angleterre et femme d'Alexandre Ier d'Écosse. Ce lieu sanctifié avait été jugé digne de recevoir les restes du capitaine du clan Quhele, au moins jusqu'à ce que le danger maintenant si imminent fût passé, et qu'on pût transporter son corps jusqu'à un célèbre couvent du nord, où il devait reposer définitivement avec tous ses ancêtres.

Nombre de barques partaient de divers points du rivage plus ou moins éloignés, beaucoup d'entre elles déployant une bannière noire, d'autres ayant à l'avant leurs *pipers* ou joueurs de cornemuse, qui faisaient entendre par intervalles quelques notes aiguës d'un caractère triste et plaintif. Simon comprit que la cérémonie était sur le point de commencer. Ces sons lugubres n'étaient pourtant en quelque sorte que le prélude des instruments, comparés aux éclats de lamentation générale qui allaient éclater dans un moment.

Un son encore distant se fit entendre du haut du lac, partant, à ce qu'il semblait, des vallées éloignées au fond desquelles coulent le Dochard et le Lochy, qui versent leurs eaux dans le Loch Tay. C'était dans une de ces vallées sauvages et inaccessibles, où plus tard les Campbells fondèrent leur château-fort de Finlayrigg, que le chef redouté du clan Quhele avait rendu le dernier soupir ; et pour entourer ses funérailles de la pompe convenable, on faisait maintenant redescendre au corps la vallée et le lac jusqu'à l'île désignée pour son lieu de repos temporaire. La flottille funèbre, conduite par la barge du chieftain, que surmontait une large bannière noire, avait fait plus des deux tiers de son voyage avant que Simon Glover pût l'apercevoir de la hauteur où il s'était placé pour embrasser l'ensemble de la cérémonie. Dès que les sons plaintifs du coronach partant du cortége de la barque funèbre se firent entendre, tous les autres instruments qui jusqu'alors avaient rempli le lac de leurs lamentations subordonnées se turent à la fois, de même que le corbeau cesse de faire entendre son croassement et le faucon ses sifflements quand le cri de l'aigle retentit. Les barques qui jusqu'à ce moment avaient sillonné le lac dans tous les sens, pareilles à une troupe d'oiseaux aquatiques disséminés à sa surface, se réunirent alors avec une apparence d'ordre, afin de laisser passer devant elles la flottille funéraire et de prendre ensuite leur place dans le cortége. Pendant ce temps les notes aiguës des cornemuses de guerre remplissaient l'espace d'un bruit à chaque instant plus retentissant, et les cris partant des barques innombrables rangées à la suite de la barge où se déployait la bannière noire du chef, s'élevaient en accords sauvages jusqu'au sommet du Tom-an-Lonach, d'où Glover contemplait le spectacle. La galère qui s'avançait en tête portait à la poupe une sorte d'estrade, sur laquelle, enveloppé d'un drap blanc et le visage découvert, était exposé le corps du chef défunt. Son fils et les plus proches parents remplissaient le navire, tandis qu'à l'arrière se pressait un grand nombre de barques de toute espèce, quelques unes de matériaux très fragiles, qu'on avait réunies, soit sur le Loch Tay même, soit sur le Loch Earn, d'où on les avait transportées par terre. Là se voyaient jusqu'à des *curraghs*, sortes de canots formés de cerceaux d'osier recouverts de peaux de bœufs, à la manière des anciens Bretons; quelques uns des assistants s'étaient même confiés à des radeaux construits pour l'occasion des premiers matériaux qui s'étaient trouvés sous la main, et rassemblés d'une manière si précaire, qu'on pouvait regarder comme probable qu'avant la fin du voyage quelques uns des *clansmen* [1] du défunt pourraient bien aller faire cortége à leur chef dans le monde des esprits.

Au moment où la flottille principale arriva en vue du groupe moins nombreux de barques réunies vers l'extrémité inférieure du lac ou partant de la petite île, on se salua de part et d'autre d'une acclamation si bruyante et si générale, se terminant en une cadence prolongée d'un caractère si sauvage, que non seulement les daims s'enfuirent de leurs vallées à plusieurs milles à la ronde pour aller chercher au loin une retraite dans les profondeurs des montagnes, mais que même les troupeaux domestiques, habitués à la voix de l'homme, éprouvèrent aussi

---

[1] Hommes du clan.

la terreur panique dont les cris humains frappent les animaux sauvages, et comme ceux-ci s'enfuirent de leurs pâturages vers les marais et les vallées.

Appelés par ce bruit hors de leur couvent, les moines qui habitaient la petite île sortirent alors de la porte basse de leur église, croix et bannière en tête, et avec autant d'apparat ecclésiastique qu'il leur avait été possible d'en déployer; en même temps que les trois cloches que possédait l'édifice faisaient retentir dans toute la longueur du lac qu'elles dominaient les tintements de leur glas funèbre, qui arrivèrent aux oreilles de la multitude alors silencieuse mêlés au chant solennel du rite catholique qu'avait entonné la procession des moines. Diverses cérémonies furent observées pendant que les parents du défunt portaient le corps à terre, et que le déposant sur une petite élévation depuis long-temps consacrée à cet usage ils décrivaient le *deasil* [1] autour du défunt. Quand le corps fut relevé pour être apporté dans l'église, un nouveau hurlement partit du sein de la multitude, la voix grave et retentissante des guerriers s'unissant aux gémissements aigus des femmes, et la voix cassée de la vieillesse aux cris d'effroi des enfants. De nouveau et pour la dernière fois le coronach se fit entendre au moment où le corps fut porté dans l'église, où les plus proches parents du défunt et les chefs du clan les plus distingués eurent seuls la permission d'entrer. Le dernier hurlement de douleur fut si éclatant et si terrible, il fut répété par tant d'échos, que par un mouvement instinctif Glover porta la main à ses oreilles, pour amortir au moins un son si perçant. Il gardait encore cette attitude alors que les faucons, les hiboux et les autres oiseaux, qu'avait effrayés le retentissement de ce cri sauvage, avaient déjà commencé à se rassurer dans leurs retraites; et comme il retirait ses mains une voix à son côté lui dit :

— Pensez-vous, Simon Glover, que ce soit là l'hymne de pénitence et de louanges dont une pauvre créature humaine doit être accompagnée jusqu'en présence de son Créateur, quand elle abandonne son enveloppe d'argile ?

Glover se retourna, et dans le vieillard à longue barbe blanche qui se trouvait près de lui il reconnut sans peine, à la douceur du regard et à l'expression bienveillante des traits, le moine chartreux, le père Clément, bien qu'il ne portât plus les habits monastiques et qu'il fût enveloppé d'un manteau de frise, avec une toque de montagnard sur la tête.

On peut se souvenir que Glover avait pour cet homme un sentiment

---

[1] Très ancien usage, qui consiste à faire trois fois le tour du corps d'un mort ou d'une personne vivante, en appelant sur l'objet de la cérémonie les bénédictions du Ciel. Le *deasil* doit s'accomplir en suivant le cours du soleil, c'est-à-dire en marchant de droite à gauche. Si c'est une malédiction qu'on évoque, il faut marcher en sens contraire (*withershins*, en allemand *widdersins*), c'est-à-dire de gauche à droite. (W. S.)

CHAPITRE XXVII.

où l'aversion se mêlait au respect : — respect que son jugement ne pouvait refuser à la personne et au caractère du moine, — aversion provenant de ce que les doctrines particulières du père Clément étaient la cause de l'exil de sa fille et des embarras où lui-même se trouvait. Ce ne fut donc pas avec une satisfaction pure de tout alliage qu'il rendit au moine ses souhaits de bienvenue, et qu'il répondit à cette question réitérée : — Que pensez-vous des rites funéraires accomplis d'une façon si sauvage ?

— Je n'en sais rien, bon père, dit-il. Seulement ces gens-là rendent eurs devoirs à leur chef défunt à la manière de leurs ancêtres ; ils veulent exprimer leurs regrets de la perte de leur parent et leurs prières au Ciel en sa faveur ; et ce qu'on a fait à bonne intention doit, à mon avis, être accepté favorablement. S'il en eût été autrement, il me semble que Dieu n'aurait pas attendu jusqu'à présent pour les éclairer et leur apprendre à mieux faire.

— Vous vous trompez, repartit le moine. Dieu a envoyé sa lumière parmi nous tous, quoique en proportions diverses ; mais l'homme ferme volontairement les yeux et préfère les ténèbres. Ce peuple égaré mêle au rituel de l'Église romaine les vieilles cérémonies païennes de ses propres aïeux, et unit ainsi aux abominations d'une Église corrompue par la richesse et le pouvoir, les rites cruels et sanguinaires d'un paganisme sauvage.

— Père, dit Simon d'un ton brusque, il me semble que votre présence serait plus utile là-bas dans cette chapelle à aider vos frères dans l'accomplissement de leurs fonctions cléricales, qu'à troubler et à déranger la croyance d'un humble chrétien tel que moi, tout ignorant que je suis.

— Et pourquoi dire, mon frère, que je cherche à ébranler les principes de votre croyance ? Je prends le Ciel à témoin que si mon sang était nécessaire pour cimenter dans l'esprit d'un homme quel qu'il soit la sainte religion qu'il professe, je le répandrais de grand cœur pour une pareille cause.

— Voilà de belles paroles, père, je vous l'accorde, repartit le gantier ; mais si je dois juger de la doctrine par les fruits, le Ciel m'a puni par le bras de l'Église de les avoir écoutées. Avant que je ne vous entendisse, mon confesseur ne s'émouvait guère, quand même je lui aurais avoué avoir conté une histoire gaillarde, aurait-ce été sur un moine ou sur une nonne. S'il m'arrivait d'appeler le père Hubert un meilleur chasseur de lièvres que d'âmes, je me confessais au vicaire Vinesauf, qui en riait et me faisait payer un écot pour pénitence ; — ou si j'avais dit que le vicaire Vinesauf était plus fidèle à son verre qu'à son bréviaire, je me confessais au père Hubert, et une paire de gants de fauconnerie neufs arrangeait tout ; et, de cette façon-là, moi, ma conscience et notre sainte mère l'Église vivaient en paix et bon accord. Mais depuis que je vous ai écouté, père Clément, cette belle union est rompue et mise en pièces, et on ne me tonne plus aux oreilles que purgatoire dans l'autre monde et feu et fagots dans celui-ci. Ainsi donc, retirez-vous, père Clément, et parlez de votre doctrine à ceux qui peuvent la comprendre. Je n'ai pas le cœur à être martyr; je n'ai de ma vie eu tant seulement le courage de moucher une chandelle avec mes doigts, et, à vrai dire, j'ai dans l'idée de retourner à Perth implorer mon pardon de la cour spirituelle, porter mon fagot au pied de la potence en signe de rétractation, et racheter encore une fois le titre de bon catholique, quand ce devrait être au prix de tous les biens qui me restent en ce monde.

— Vous êtes en colère, mon cher frère, reprit Clément; et parce que vous courez un faible risque en ce monde, et que vous pouvez y éprouver quelques pertes, vous vous repentez des bonnes pensées que vous avez eues autrefois.

— Vous en parlez bien à votre aise, père Clément; car je pense que depuis long-temps vous avez renoncé aux richesses et aux biens du monde, et que vous êtes préparé à donner votre vie, quand on vous la demandera, en échange de la doctrine que vous prêchez et croyez. Vous êtes aussi prêt à mettre votre chemise poissée et votre bonnet soufré, qu'un homme nu l'est à se mettre au lit, et on dirait que vous n'avez pas plus de répugnance pour la cérémonie. Mais moi je tiens à celle que j'ai sur le corps. Ma fortune est encore à moi, et, j'en rends grâces au Ciel, elle suffit pour me faire vivre décemment; — ma vie, qui plus est, est celle d'un homme de soixante ans encore vert, et qui n'est pas pressé d'en voir la fin : — et lors même que je serais pauvre comme Job et sur le bord de la tombe, ne devrais-je pas toujours me rattacher à ma fille, à qui vos doctrines ont déjà coûté si cher?

— Votre fille, Simon, peut véritablement être appelée un ange sur terre.

— Oui; et en écoutant vos doctrines, père, il peut se faire qu'on l'appelle bientôt un ange au Ciel, et qu'elle y soit transportée sur un chariot de feu.

— Cessez, je vous en prie, mon frère, de parler de ce que vous n'entendez guère. Puisque c'est perdre le temps que de vous montrer la lumière contre laquelle vous vous irritez, écoutez cependant ce que j'ai à dire au sujet de votre fille, dont la félicité temporelle, quoiqu'on ne puisse pas la mettre un instant en balance avec son bonheur spirituel, est néanmoins aussi précieuse à Clément Blair qu'à son propre père.

Les yeux du vieillard étaient pleins de larmes pendant qu'il parlait, et ce fut d'un ton radouci que Simon Glover reprit :

— On vous croirait, père Clément, le meilleur et le plus aimable des hommes; comment se fait-il que vous soyez généralement mal vu partout où vous tournez vos pas? Je gagerais ma vie que vous avez déjà réussi à offenser cette douzaine de pauvres moines qui vivent là-bas dans leur cage entourée d'eau, et qu'il vous a été interdit d'assister aux funérailles?

— Il est vrai, mon fils, répondit le chartreux, et je ne sais si leur malveillance me souffrira dans ce pays. J'ai seulement dit quelques mots au sujet de la superstition et de la sottise qu'il y a à fréquenter l'église de Saint-Fillian pour découvrir les vols par le moyen de sa cloche, — ou à baigner les fous dans son étang pour les guérir de leur infirmité d'esprit ; — et voyez ! les persécuteurs m'ont rejeté de leur communauté, de même qu'ils voudront bientôt me faire sortir de cette vie.

— Là ! fit Simon Glover ; vous voyez ce que c'est que de ne pas vouloir se tenir pour averti. Quant à moi, père Clément, on ne m'en fera pas sortir de force, à moins que ce ne soit pour avoir été en compagnie avec vous. Ainsi donc, je vous en prie, dites-moi ce que vous avez à me dire de ma fille, et soyons ensuite moins proches voisins que nous ne l'avons été.

— Voici donc, mon frère, ce dont j'ai à vous informer. Ce jeune chef, qui est tout gonflé de la contemplation de son pouvoir et de sa gloire, aime quelque chose plus que tout le reste, et c'est votre fille.

— Lui, Conachar ! exclama Simon. Mon garnement d'apprenti lever les yeux sur ma fille !

— Hélas ! combien votre orgueil mondain a de force ! il s'attache à vous comme le lierre à la muraille, et ne peut plus en être séparé. — *Lever* les yeux sur votre fille, mon bon Simon ? hélas, non ! Le capitaine du clan Quhele, grand comme il est, et surtout comme il compte l'être bientôt, les *abaisse* vers la fille du bourgeois de Perth, et croit par là se dégrader. Mais, pour me servir de son expression impie, Catherine lui est plus chère que la vie en ce monde et le Ciel dans l'autre ; — il ne peut vivre sans elle.

— En ce cas il peut mourir si ça lui plaît, car elle est fiancée à un honnête bourgeois de Perth, et je ne manquerais pas à ma parole pour faire de ma fille la femme du prince d'Écosse.

— Je pensais bien que ce serait là votre réponse ; et je voudrais, mon frère, vous voir apporter dans vos intérêts spirituels un peu de cet esprit hardi et résolu avec lequel vous savez conduire vos affaires temporelles.

— Silence, père Clément, — silence ! quand vous retombez sur ce sujet-là vos paroles sentent la poix flambante, et c'est une odeur que je n'aime pas. Quant à Catherine, il faut que je conduise les choses aussi bien que je pourrai de manière à ne pas mécontenter le jeune chef ; mais il est heureux pour moi qu'elle soit bien loin hors de sa portée.

— Il faut la tenir loin, en effet. Et maintenant, mon frère, puisque vous regardez comme périlleux de m'avouer ainsi que mes opinions, il faut que je marche seul avec mes doctrines, et les dangers qu'elles attirent sur moi. Mais si jamais vos yeux, moins aveuglés qu'ils ne le sont en ce moment par les espérances et les craintes de ce monde, venaient à se tourner vers celui qui bientôt, peut-être, peut vous être arraché, souvenez-vous que le sentiment profond de la vérité et de l'importance de la doctrine qu'il enseignait a pu seul pousser Clément Blair à affronter, à provoquer même l'animosité du puissant et de l'acharné, à éveiller les craintes du soupçonneux et du timide, à marcher dans le monde comme s'il n'appartenait pas au monde, et à se laisser regarder comme un fou par les hommes, afin de pouvoir, s'il était possible, gagner des âmes à Dieu. Le Ciel m'est témoin que je me conformerais à tout ce qui est légitime pour me concilier l'amour et la sympathie de mes semblables ! Ce n'est pas peu de chose de se voir évité par les gens estimables comme un pestiféré; d'être persécuté par les Pharisiens du jour comme un mécréant hérétique, d'être tout à la fois un objet d'horreur et de mépris pour la multitude, qui me regarde comme un fou qui d'un moment à l'autre peut devenir dangereux. Mais tous ces maux se multiplieraient-ils au centuple, il faut que le feu qui est en moi soit étouffé, — il faut que la voix intérieure qui me dit « Parle ! » reçoive obéissance. Malheur à moi si je ne prêche pas l'Évangile, lors même qu'à la fin je devrais le prêcher sur le bûcher et au milieu des flammes !

Ainsi parla ce hardi témoin de la foi ; — un de ceux que le Ciel a suscités de temps à autre pour conserver au milieu des siècles les plus ignorants et transmettre à ceux qui devaient suivre, une manifestation du christianisme pur de tout alliage, depuis le temps des apôtres jusqu'à l'époque où la réforme, favorisée par l'invention de l'imprimerie, éclata dans toute sa splendeur. Les yeux de Simon Glover s'ouvrirent sur sa politique égoïste, et il se sentit méprisable en voyant le moine s'éloigner de lui avec une expression de pieuse résignation. Il eut même conscience d'une propension passagère à suivre l'exemple que lui donnaient la philanthropie et le zèle désintéressé du prédicateur; mais ce fut un mouvement rapide comme la lueur d'un éclair sous une voûte obscure, où rien n'est là pour recueillir et conserver la flamme, et il redescendit lentement la montagne dans une direction opposée à celle que le chartreux avait prise, oubliant le moine et sa doctrine, et absorbé dans ses inquiétudes au sujet du sort de sa fille et du sien.

CHAPITRE XXVIII.

> Qu'aurait-il fallu à ces conquérants sauvages ? — une page achetée dans l'histoire qui les appelât grands, un plus vaste espace et un tombeau chargé d'ornements. Leurs espérances étaient aussi ardentes, leurs âmes étaient tout aussi braves.
>
> Byron.

Les obsèques terminées, la même flottille qui avait descendu le lac en un triste et solennel cortége se prépara à revenir bannières déployées, et avec toutes les démonstrations de la joie ; car on avait peu de temps pour célébrer des fêtes, en un moment où le terrible conflit entre le clan Quhele et ses formidables rivaux était si proche. Il avait donc été convenu que la solennité funéraire serait immédiatement suivie de la fête habituellement célébrée à l'inauguration du nouveau chef.

Quelques objections furent faites à cet arrangement, comme contenant un mauvais présage. Mais d'un autre côté, il avait pour lui les sentiments et les habitudes des Highlanders, qui, encore aujourd'hui, sont dans l'usage de mêler à leurs cérémonies de deuil un certain degré de gaieté solennelle, et à leur gaieté quelque chose qui ressemble à de la tristesse. L'éloignement que l'on a d'ordinaire pour parler de ceux que l'on aimait et que l'on a perdus, ou pour penser à eux, est moins connu de ce peuple brave et enthousiaste que partout ailleurs. Non seulement vous entendrez les jeunes gens mentionner (comme c'est partout l'habitude) le mérite et le caractère des parents qui, suivant le cours de la nature, ont quitté ce monde avant eux ; mais, dans la conversation ordinaire, la veuve parlera de l'époux qu'elle a perdu, et, ce qui est encore plus étrange, les parents feront fréquemment allusion à la beauté ou à la valeur de l'enfant qu'ils ont mis en terre. Les Highlanders d'Écosse paraissent regarder la séparation de deux amis par la mort comme quelque chose de moins absolu et de moins complet qu'on ne l'estime généralement dans d'autres pays, et ils s'entretiennent des objets chéris qui sont descendus avant eux dans la tombe, comme s'ils étaient partis pour un long voyage où eux-mêmes devaient bientôt les suivre. Le festin des funérailles étant un usage universel de toute l'Écosse, pouvait donc, dans l'opinion de ceux qui devaient y prendre part, se mêler sans inconvenance, dans l'occasion actuelle, aux réjouissances qui saluaient l'avénement du jeune chef.

La barge qui tout-à-l'heure portait le mort à sa tombe ramena maintenant le jeune Mac-Ian à sa nouvelle dignité ; et les ménestrels firent entendre leurs airs les plus gais en félicitation de l'avénement d'Eachin, de même qu'un moment auparavant ils avaient accompagné de leurs chants funèbres les plus tristes le cortége qui conduisait Gilchrist à sa dernière demeure. Du reste de la flottille s'élevaient également des notes de triomphe et de jubilation, au lieu de ces accents lamentables qui une heure auparavant avaient troublé les échos du Loch Tay ; et mille voix saluaient le jeune chef debout à la poupe, complétement armé, et dans la fleur de la jeunesse, de la beauté et de l'activité, là même où tout-à-l'heure était étendu le corps inanimé de son père, celui-là entouré d'amis triomphants, comme l'autre l'avait été d'amis affligés. Une des barques de la flottille se tenait toujours la plus rapprochée de la barge d'honneur. Torquil du Chêne, géant à cheveux gris, en tenait le gouvernail, et ses huit fils, qui tous dépassaient la stature ordinaire, maniaient les rames. Semblable à un énorme chien-loup favori détaché de sa chaîne et se jouant autour d'un maître affectueux, la barque des frères de lait passait près de la barge du chef, tantôt d'un côté, tantôt de l'autre, et décrivant même un cercle tout autour, comme dans l'extravagance de la joie ; en même temps qu'avec la vigilance jalouse de l'animal auquel nous l'avons comparée, elle aurait rendu dangereuse à tout autre esquif de la flottille d'en approcher d'aussi près, ses manœuvres brusques et impétueuses pouvant le renverser et le couler à fond. Elevés à un rang éminent dans la tribu par l'avénement de leur frère de lait au commandement du clan Quhele, c'était par ces démonstrations tumultueuses et presque effrayantes qu'ils témoignaient la part qu'ils prenaient au triomphe de leur chef.

Beaucoup plus loin, et avec des sentiments bien différents, chez un de ceux au moins qui s'y trouvaient, venait le petit bateau conduit par Booshalloch et un de ses fils, et que montait Simon Glover.

— Si c'est au haut du lac que nous allons, dit Simon à son ami, nous n'y serons pas avant bien des heures.

Mais comme il parlait, l'équipage de la barge des frères de lait ou *leichtach* [1], sur un signal donné de la galère du chef, laissa reposer ses rames jusqu'à ce que le bateau de Booshalloch les eût rejoints. Lui jetant alors une corde faite de courroies que Niel attacha à l'avant de son esquif, les rameurs se remirent à l'œuvre, et quoiqu'ils eussent maintenant à remorquer la petite barque, ils fendirent les eaux du lac presque avec la même rapidité qu'auparavant. La frêle embarcation était entraînée avec une impétuosité qui semblait l'exposer au risque

---

[1] Gardes-du-corps. (W. S.)

de couler bas ou menacer de détacher la proue du reste de la membrure.

Simon Glover voyait avec anxiété l'impétuosité furieuse de leur course, et l'avant de la barque se plonger quelquefois jusqu'à un ou deux pouces du niveau de l'eau ; et bien que son ami Niel Booshalloch l'assurât que ce qui l'effrayait était une marque d'honneur toute spéciale, il n'en aspirait pas moins de grand cœur à se voir sain et sauf au terme du voyage. Il y arriva, et cela beaucoup plus tôt qu'il ne l'avait pensé ; car l'endroit où le festin devait avoir lieu était à moins de quatre milles de distance de l'île sépulcrale, ayant été ainsi choisi pour ne pas retarder la marche du chef, qui devait se diriger vers le sud-est aussitôt que le banquet serait terminé.

Une baie située sur la côte méridionale du Loch Tay présentait une belle plage de sable scintillant, où les barques pouvaient atterrer commodément, et que bordait une prairie sèche, couverte d'un gazon assez vert pour la saison, autour de laquelle s'élevaient de hautes berges bordées de taillis, et où se déployaient les abondants préparatifs du festin.

Les Highlanders, dont on connaît l'habileté à manier la hache, avaient construit un long berceau ou salle de verdure, qui pouvait recevoir deux cents hommes, et tout autour un grand nombre de huttes plus petites semblaient destinées à servir de chambres à coucher. La charpente de cette salle de festin temporaire était formée de pins des montagnes encore recouverts de leur écorce. Les parois étaient de planches ou de bardeaux du même bois, dans l'intervalle desquels on avait entrelacé sans les effeuiller des branches de sapin ou d'autres arbres verts que fournissaient les bois avoisinants, en même temps que les collines avaient procuré abondance de bruyère pour en couvrir le toit. C'était dans l'intérieur de ce palais champêtre que les personnages les plus importants de la réunion étaient invités à prendre place. Les autres de moindre rang devaient être traités sous de longs hangars construits avec moins de soin, et des tables de gazon ou de planches non dégrossies étaient dressées en plein air pour la multitude. A quelque distance on voyait des brasiers de charbons ardents ou de bois flambant, autour desquels des cuisiniers sans nombre allaient et venaient, s'empressaient et s'agitaient comme autant de démons travaillant dans leur élément natal. Des fosses pratiquées au penchant de la colline et garnies de pierres échauffées servaient de fours pour y faire cuire à l'étouffade d'immenses quantités de bœuf, de mouton et de venaison ; — des broches de bois portaient des moutons et des chèvres qu'on faisait rôtir entiers ; d'autres étaient coupés par morceaux, et on les faisait bouillir dans des chaudrons faits de peaux d'animaux réunies à la hâte par des coutures et remplies d'eau ; tandis que d'énormes quantités de brochets, de truites, de saumons et de *chars* étaient à griller avec plus de cérémonie sur les charbons ardents. Glover avait vu bien des festins highlandais, mais aucun dont les apprêts eussent été faits avec cette profusion barbare.

Il n'eut guère le temps, toutefois, d'admirer la scène qui l'entourait ; car aussitôt qu'ils eurent mis le pied sur la plage, Booshalloch lui dit avec un certain embarras que comme ils n'avaient pas été invités à s'asseoir à la table d'honneur, invitation à laquelle il avait paru s'attendre, ils feraient bien de s'assurer une place à l'une de celles qui étaient dressées sous des hangars, et il le conduisait de ce côté quand il fut arrêté par un des *gardes-du-corps* qui semblait remplir les fonctions de maître des cérémonies, et qui lui dit quelques mots à l'oreille.

— Je le pensais bien, répondit le pâtre très soulagé ; je pensais bien que ni l'étranger ni un homme qui a ma charge ne seraient laissés hors de la grande table.

Ils furent en effet conduits dans le grand bâtiment, à l'intérieur duquel étaient dressées de longues rangées de tables déjà presque entièrement occupées par les convives, et que ceux qui servaient étaient occupés à charger des grossiers mais abondants éléments du festin. Le jeune chef, bien que certainement il eût vu entrer Glover et le pâtre, n'adressa de salut ni à l'un ni à l'autre, et on leur désigna des places dans un coin éloigné, fort loin au-dessous de la salière (énorme pièce d'argenterie de forme antique), le seul objet de quelque valeur qui se trouvât sur la table, et qui était regardé par le clan comme une espèce de palladium, qu'on ne produisait et dont on ne se servait que dans les occasions les plus solennelles, telles que l'occasion présente.

Booshalloch, quelque peu mécontent, dit à Simon à demi voix tout en prenant place : Les temps sont changés, ami. Son père, dont l'âme soit en repos, nous aurait parlé à tous les deux ; mais voilà les mauvaises manières qu'il a apprises parmi vous autres Sassenachs dans le bas-pays.

Glover ne crut pas nécessaire de répondre à cette remarque ; il se mit à examiner les arbres verts, et plus particulièrement les peaux et autres ornements dont l'intérieur du berceau était décoré. La partie la plus remarquable de ces ornements était un grand nombre de chemises de mailles highlandaises, avec des bonnets d'acier, des haches de combat et des épées à deux mains, le tout suspendu autour du haut bout de la salle, ainsi que des targets richement ornés en ronde-bosse. Chaque chemise de mailles était suspendue sur une peau de cerf bien apprêtée, qui tout à la fois faisait ressortir l'armure avec avantage et la préservait de l'humidité.

— Ces armes, reprit Booshalloch à voix basse, sont celles des champions d'élite du clan Quhele. Il y en a vingt-neuf, comme vous voyez, Eachin lui-même, qui est le trentième, portant son armure aujour-

CHAPITRE XXVIII.

d'hui ; sans quoi il y en aurait eu trente. Et il n'a pas un aussi bon haubert, après tout, qu'il devrait en porter un le dimanche des Rameaux. Ces neuf harnais complets, qui sont de si grandes proportions, sont pour les Leichtachs, de qui on attend de si grandes choses.

— Et ces belles peaux de daim, dit Simon, — l'esprit de sa profession s'éveillant à la vue des objets de son trafic, — pensez-vous que le chef soit disposé à en faire marché ? — Elles sont en demande pour les pourpoints que les chevaliers portent sous leur armure.

— Ne vous ai-je pas prié, répliqua Booshalloch, de ne rien dire sur ce sujet-là ?

— Je parlais des chemises de mailles ; — puis-je vous demander si quelqu'une d'elles a été faite par notre célèbre armurier de Perth, nommé Henry du Wynd ?

— Vous tombez encore plus mal qu'auparavant ; le nom de cet homme est pour Eachin comme un ouragan sur le lac, sans que personne sache pourquoi.

Je puis le deviner, pensa notre ami Glover ; mais il garda sa pensée pour lui. Et après ces deux malheureux essais de conversation, il se disposa à faire honneur au repas, comme ceux qui l'entouraient, sans essayer d'en susciter un troisième.

Ce que nous avons dit des préparatifs peut faire concevoir au lecteur que le festin, quant à la qualité des mets, était de la nature la plus grossière, se composant principalement d'énormes pièces de viande que l'on expédia sans beaucoup se mettre en peine de l'époque de jeûne où l'on était, quoique plusieurs des moines du couvent de l'île honorassent le festin de leur présence et sanctifiassent la table. Les plats étaient de bois, de même que les *cogues* ou gobelets cerclés dans lesquels buvaient les convives, et qui leur servaient même pour recueillir le jus des viandes, qu'on regardait comme une délicatesse. Il y avait aussi diverses préparations de laitage dont on faisait grand cas et qui se mangeaient dans de semblables vaisseaux de bois. Le pain était l'article le plus rare du banquet ; mais on servit à Glover et à son patron Niel deux petits pains qui leur étaient expressément destinés. Pour manger, comme du reste c'était alors l'usage universel de toute la Grande-Bretagne, les convives se servaient de leurs couteaux nommés *skènes*, ou de leurs grands poignards connus sous le nom de *dirks*, sans s'inquiéter de la réflexion qu'ils pouvaient avoir servi en des occasions différentes et moins pacifiques.

Au haut bout de la table se trouvait un siége vacant, élevé d'une ou deux marches au-dessus du sol. Ce siége était couvert d'un dais formé de branches de houx et de lierre, et on y avait placé une épée dans son fourreau et une bannière roulée. C'avait été celui du chef défunt, et on le laissait vide en son honneur. Eachin occupait une chaise plus basse à droite du siége d'apparat.

Le lecteur se tromperait grandement si par cette description il supposait que les convives se conduisirent comme une troupe de loups affamés, se précipitant sur un festin tel qu'il leur en est rarement offert. Le clan Quhele, au contraire, se comporta avec cette espèce de réserve courtoise et cette attention aux besoins des autres qu'on trouve souvent chez les nations primitives, chez celles-là surtout qui sont toujours en armes; parce que l'observation générale des règles de la courtoisie est nécessaire en ce cas pour prévenir les querelles, l'effusion du sang et la mort. Les convives prirent les places que leur assigna Torquil du Chêne, lequel, remplissant les fonctions de maréchal *taeh*, ou intendant du festin, touchait d'une baguette blanche, sans prononcer un mot, la place où chacun devait s'asseoir. Ainsi rangée en bon ordre, la compagnie attendit patiemment la distribution des vivres, qui fut faite par les Leichtachs; les plus braves, les guerriers les plus distingués de la tribu, recevant une double part emphatiquement appelée *bieyfir*, ou la portion d'un homme. Quand les distributeurs virent tout le monde servi, ils reprirent eux-mêmes leur place à table, et chacun d'eux reçut une de ces doubles portions. De l'eau fut placée à portée de chacun, et une poignée de mousse fraîche tenait lieu de serviette, de sorte que comme à un banquet d'Orient on se lavait les mains à chaque renouvellement de service. Comme distraction, le barde récita les louanges du chef défunt, et exprima la confiance du clan dans les vertus naissantes de son successeur. Le *seanachie* récita ensuite la généalogie de la tribu, qu'on faisait remonter à la race des Dalriads; les harpistes jouèrent à l'intérieur, pendant qu'au-dehors les cornemuses égayaient la multitude. La conversation parmi les convives était grave, contenue et civile; — pas un bon mot n'était hasardé au-delà des bornes d'une plaisanterie très modérée, propre seulement à exciter un sourire passager. Là pas de voix qui s'élevassent au-dessus des autres, pas d'argumentations qui dégénérassent en disputes; — Simon Glover avait entendu plus de bruit cent fois à un repas de corporation à Perth qu'il ne s'en fit en cette occasion parmi deux cents sauvages montagnards.

Les liqueurs elles-mêmes ne parurent pas faire sortir les convives de ce ton de décorum et de gravité. Ces liqueurs étaient de différentes sortes : — le vin se montra en très petites quantités et ne fut servi qu'aux principaux convives, au nombre desquels cette fois encore Simon Glover fut compris. Le vin et les deux pains de froment furent à la vérité les deux seules marques d'attention qu'il reçut durant le repas; mais Niel Booshalloch, jaloux de la réputation d'hospitalité de son maître, ne manqua pas de les faire valoir comme des preuves de haute distinction. Les liqueurs distillées, devenues depuis d'un usage si général dans les Highlands, étaient alors comparativement inconnues. L'usquebaugh circula en petites quantités, et il était tellement saturé d'une décoction de safran et d'autres herbes aromatiques, qu'il aurait pu passer pour une potion médicale plutôt que pour un cordial destiné à un festin. — Le cidre et l'hydromel se montrèrent ; mais l'ale, dont à cette occasion on avait brassé d'énormes quantités, et qui circulait à discrétion, était la boisson générale : encore n'en but-on qu'avec une modération beaucoup moins connue des Highlanders modernes. Une coupe à la mémoire du chef défunt fut le premier toast qu'on porta lorsque le banquet fut terminé ; et un murmure de bénédictions prononcées à voix basse se fit entendre dans la compagnie, pendant que les moines seuls, élevant la voix à l'unisson, chantaient le *Requiem eternam dona*. Un silence inhabituel se fit ensuite, comme si on eût attendu quelque chose d'extraordinaire ; alors Eachin se leva, et avec une grâce modeste, quoique mêlée d'assurance et de fierté, il monta au siége resté vacant, et dit d'une voix ferme et d'un ton de dignité :

— Je réclame comme mon droit ce siége et l'héritage de mon père ; — et que Dieu et saint Barr me soient en aide !

— Comment gouvernerez-vous les enfants de votre père ? dit un vieillard, oncle du défunt.

— Je les défendrai avec l'épée de mon père, et je leur rendrai la justice sous la bannière de mon père.

D'une main tremblante le vieillard tira du fourreau la pesante épée, et la prenant par la lame, il en présenta la poignée au jeune chef ; en même temps Torquil du Chêne déroula la bannière de la tribu, et l'agita à plusieurs reprises sur la tête d'Eachin, qui, avec une grâce et une dextérité singulières, brandit la lourde claymore comme pour défendre leur étendard. Les convives annoncèrent par une acclamation bruyante qu'ils acceptaient le chef patriarcal qui revendiquait leur allégeance ; pas un seul des assistants ne fut disposé à reconnaître, dans l'agile et gracieux jeune homme qui était là devant eux, l'objet de sinistres prédictions. Pendant qu'il était debout, couvert de sa brillante armure, appuyé sur la longue épée, et répondant par des gestes gracieux aux acclamations qui retentissaient dans la salle, à l'extérieur, partout autour de lui, Simon Glover était tenté de douter que cette majestueuse figure fût celle de ce garçon qu'il avait souvent traité avec assez peu de cérémonie, et il commença à avoir quelque appréhension des conséquences de leurs anciens rapports. Un chœur général des instruments succéda aux acclamations ; les rochers et les bois répétèrent les sons joyeux des harpes et des cornemuses, comme ils avaient répété, quelques heures auparavant, les cris de douleur et les accents de lamentation.

Il serait fatigant de nous étendre davantage sur cette fête d'inauguration, aussi bien que de raconter en détail les toasts qui furent portés aux anciens héros du clan, et par-dessus tout aux vingt-neuf braves Gaëls qui allaient prendre part au combat prochain, sous les yeux et la conduite de leur jeune chef. Les bardes, qui dans les anciens temps joignaient le caractère prophétique à celui qui leur était propre, se hasardèrent à les assurer de la victoire la plus complète, et à prédire la furie avec laquelle le Faucon Bleu, emblème du clan Quhele, mettrait en pièces le Chat des Montagnes, symbole bien connu du clan Chattan.

Le soleil s'abaissait à l'horizon, quand une coupe de chêne cerclée en argent fit, sous le nom de coup de grâce, le tour de la table comme signal de départ pour les convives, quoiqu'on laissât à ceux qui préféraient continuer la fête et ses libations la liberté d'aller s'associer à quelqu'un des hangars extérieurs. Quant à Simon Glover, Booshalloch le conduisit à une petite hutte qui semblait avoir été préparée pour un seul individu, et où un lit de bruyère et de mousse était disposé aussi bien que la saison le permettait. Une ample provision des délicatesses qu'avait offertes le festin montrait en outre qu'on n'avait rien oublié pour satisfaire celui qui viendrait occuper cette hutte.

— Ne sortez pas d'ici, dit Booshalloch en prenant congé de son ami et protégé ; c'est votre lieu de repos. Mais les appartements se perdent, dans une pareille nuit de confusion ; et si le blaireau quitte son terrier, le renard peut s'y glisser.

Cet arrangement ne fut nullement désagréable à Simon Glover. Il était fatigué du bruit de la journée, et se sentait besoin de repos. Ainsi donc, après avoir mangé un morceau, que son appétit ne réclamait guère, et avoir bu une coupe de vin pour chasser le froid, il murmura sa prière du soir, s'enveloppa dans son manteau, et s'étendit sur une couche qu'une ancienne connaissance lui avait rendue familière et facile. Le bourdonnement, le murmure, et même parfois les acclamations bruyantes de quelques groupes qui continuaient le festin au-dehors, n'interrompirent pas long-temps son repos ; au bout de dix minutes il dormait d'un aussi profond sommeil que s'il eût été étendu dans son propre lit de Curfew-street.

CHAPITRE XXIX.

> Faisant toujours entendre à ma fille les sons de votre harpe. *Hamlet.*

Deux heures avant le chant du coq de bruyères Glover était réveillé par une voix bien connue, qui l'appelait par son nom.

— Quoi, Conachar! fit-il, s'éveillant en sursaut, est-ce que a matinée est si avancée? — Et levant les yeux, il vit debout devant lui celui de qui il rêvait. Au même instant les événements de la veille revenant en foule à son souvenir, il vit avec surprise que la vision conservait la forme que le sommeil lui avait donnée : ce n'était pas le chef highlandais couvert de sa cotte de mailles et la claymore en main, tel qu'il l'avait vu le soir précédent, mais Conachar de Curfew-street, dans son humble costume d'apprenti, et tenant à la main une baguette de chêne. Une apparition n'aurait pas plus surpris notre bourgeois de Perth. Tandis qu'il le regardait avec étonnement, le jeune homme dirigea vers lui un morceau de bois des marécages allumé qu'il portait dans une lanterne, tout en répondant à l'exclamation de son ancien patron :

— C'est lui-même, père Simon ; c'est Conachar qui vient renouveler sa vieille connaissance, au moment où nous attirerons le moins l'attention.

A ces mots il s'assit sur un tréteau qui servait de chaise, et plaçant la lanterne près de lui, il poursuivit du ton le plus amical :

— J'ai bien long-temps goûté de votre bonne chère, père Simon ; — j'espère que vous n'avez manqué de rien dans ma famille?

— De rien du tout, Eachin Mac-Ian, répondit Glover, — car la simplicité du langage et des usages celtes rejette tout titre honorifique ; c'était même trop bon pour ce temps de jeûne et beaucoup trop bon pour moi, car je dois être honteux de penser quelle mauvaise chère vous avez faite dans Curfew-street.

— Trop bonne, pour employer votre propre mot, repartit Conachar, — trop bonne pour les mérites d'un apprenti paresseux, et pour les besoins d'un jeune Highlander. Mais hier, s'il y a eu, comme je l'espère, assez de nourriture, n'avez-vous pas trouvé, mon bon Glover, qu'il manquait quelque chose à la courtoisie de votre bienvenue? Ne vous en excusez pas, — je sais que vous l'avez trouvé. Mais mon autorité sur mes gens est encore jeune, et il ne me faut pas attirer trop tôt leur attention sur le temps de ma résidence dans les Lowlands, que pourtant je ne pourrai jamais oublier.

— J'en comprends parfaitement la cause ; aussi est-ce bien malgré moi, et en quelque sorte par force, que j'ai fait une si prompte visite ici.

— Allons donc, père Simon! allons donc! Il n'y a pas de mal que vous soyez venu voir un peu de ma splendeur highlandaise pendant qu'elle est encore dans son éclat ; si vous revenez après le dimanche des Rameaux, qui sait qui vous trouverez dans les territoires que nous possédons maintenant! Le chat sauvage aura peut-être fait sa tanière là où s'élève maintenant la salle de banquet de Mac-Ian.

Le jeune chef se tut, et appuya sur ses lèvres le bout de sa baguette comme pour s'empêcher d'en dire davantage.

— Il n'y a pas à craindre cela, Eachin, reprit Simon de ce ton vague dont les consolateurs tièdes cherchent à détourner les réflexions de leurs amis de la considération d'un danger inévitable.

— Il y a à le craindre, et il y a péril de ruine complète, répliqua Eachin ; et il y a certitude positive d'une grande perte. Je m'étonne que mon père ait consenti à cette astucieuse proposition d'Albany. Je voudrais que Mac-Gillie Chattachan s'accordât avec moi, et qu'au lieu de perdre notre meilleur sang l'un contre l'autre, nous descendions ensemble dans le Strathmore, tuer et prendre possession. Je commanderais à Perth, lui à Dundee, et tout le Grand-Strath [1] serait à nous jusqu'au Frith du Tay. Voilà la politique que j'ai apprise de votre vieille tête grise, père Simon, quand je tenais une assiette derrière vous, et que j'écoutais vos causeries du soir avec le bailli Craigdallie.

On a bien raison d'appeler la langue un membre sans frein, pensa Glover. J'ai tenu là la chandelle au diable pour lui montrer le chemin du mal.

Mais il se contenta de dire tout haut : — Ces plans viennent trop tard.

— Trop tard, en effet! repartit Eachin. Les conventions du combat sont signées de nos marques et de nos sceaux ; la haine ardente du clan Quhele et du clan Chattan a été excitée de part et d'autre par des insultes et des bravades, et on en a fait une flamme qui ne peut plus s'éteindre. — Oui, le temps est maintenant passé. — Mais parlons de vos affaires, père Glover. C'est la religion qui vous a conduit ici, à ce que j'ai appris de Niel Booshalloch. Assurément, l'expérience que j'ai de votre prudence ne m'aurait pas fait vous soupçonner d'aucune querelle avec notre sainte mère l'Église. Quant à mon ancienne connaissance, le père Clément, il est de ceux qui sont toujours en chasse de la cou-

---

[1] La Grande Vallée.

ronne du martyre, et qui regardent un poteau entouré de fagots flambants comme meilleur à embrasser qu'une fiancée complaisante. C'est un véritable chevalier errant pour la défense de ses idées religieuses, et qui livre le combat partout où il va. Il a déjà une querelle avec les moines de l'île Sibyl, au sujet de je ne sais quel point de doctrine. L'avez-vous vu?

— Oui, répondit Simon ; mais nous n'avons guère causé ensemble, vu que le temps nous pressait.

— Il vous a peut-être dit qu'il y a une troisième personne — une personne que j'aurais crue plus exposée à fuir pour la religion qu'un prudent citadin ou un hardi prédicateur — qui serait accueillie de grand cœur si elle venait réclamer notre protection? Vous faites la sourde oreille, Simon, et vous ne voulez pas deviner ce que je veux dire. — Votre fille, Catherine?

Le jeune chef prononça ces derniers mots en anglais, et il continua la conversation dans cet idiome, comme s'il eût craint d'être entendu, et même comme s'il eût été sous l'empire de quelque hésitation involontaire.

— Ma fille Catherine se porte bien et est en sûreté, répondit Glover, se rappelant ce que le chartreux lui avait dit.

— Mais où est-elle, et avec qui? reprit le jeune chef; et pourquoi n'est-elle pas venue avec vous? Pensez-vous que le clan Quhele n'ait pas de caillachs[1] aussi actives que la vieille Dorothée, dont la main m'a plus d'une fois chauffé les oreilles, pour servir la fille du maître de leur chef?

— Je vous remercie encore une fois, dit Simon, et je ne doute pas que vous n'ayez le pouvoir et la volonté de protéger ma fille aussi bien que moi. Mais une honorable lady, amie de sir Patrick Charteris, lui a offert un sûr refuge, sans qu'elle ait à courir les risques d'un voyage fatigant dans un pays désolé et en discorde.

— Ha, oui, — sir Patrick Charteris, reprit Eachin d'un ton plus froid et plus réservé. — Il doit être préféré à tout le monde, sans doute; je crois que c'est votre ami?

Simon Glover eut bien envie de punir cette affectation d'un enfant qui avait été puni quatre fois dans un jour pour avoir été courir dans les rues de Perth voir passer sir Patrick Charteris à cheval ; mais il retint la repartie qui lui démangeait la langue, et répondit simplement :

— Sir Patrick Charteris est prévôt de Perth depuis sept ans ; et il est vraisemblable qu'il l'est encore, puisqu'on élit les magistrats non en carême, mais à la Saint-Martin.

— Ah, père Glover! continua Eachin d'un ton plus amical et plus familier, vous êtes si accoutumé à voir les superbes spectacles et les céré-

---

[1] Vieilles femmes. (W. S.)

monies de Perth, qu'en comparaison nos fêtes barbares seraient peu de votre goût. Qu'avez-vous pensé de notre cérémonial d'hier?

— C'était noble et touchant, répondit Glover, surtout pour moi, qui connaissais votre père. Quand vous étiez appuyé sur l'épée, et que vous regardiez autour de vous, il me semblait voir mon vieil ami Gilchrist Mac-Ian revenu d'entre les morts, et ayant retrouvé ses jeunes années et ses forces.

— J'espère m'y être bien tiré de mon rôle, et n'avoir guère rappelé ce petit apprenti que vous aviez coutume de ..... de traiter comme il le méritait.

— Eachin ne ressemble pas plus à Conachar qu'un saumon ne ressemble à un *par*, quoiqu'on dise que c'est le même poisson à deux époques différentes; ou bien qu'un papillon ne ressemble à une chenille.

— Croyez-vous que pendant que je me donnais le pouvoir que toutes les femmes aiment, j'aurais été un objet sur lequel les yeux d'une jeune fille eussent pu se reposer? — Pour parler sans détour, qu'est-ce que Catherine aurait pensé de moi dans la cérémonie?

Voilà que nous approchons des écueils, pensa Simon Glover; si je ne conduis pas bien ma barque, nous portons tout droit à la côte.

— La plupart des femmes aiment ce qui frappe les yeux, Eachin; mais je crois que ma fille Catherine est une exception. Elle se réjouirait de la bonne fortune de son ami de la maison, du compagnon de ses jeux; mais le magnifique Mac-Ian, capitaine du clan Quhele, ne serait pas plus pour elle que l'orphelin Conachar.

— Elle est toujours généreuse et désintéressée, répliqua le jeune chef. Mais vous, père Simon, qui avez vu le monde depuis bien plus long-temps qu'elle, vous pouvez mieux juger de ce que le pouvoir et la richesse font pour ceux qui en jouissent. Songez-y, et parlez sincèrement : que penseriez-vous si vous voyiez votre Catherine placée là-bas sous ce dais, ayant le commandement sur cent montagnes, et l'obéissance dévouée de dix mille vassaux; et comme prix de ces avantages, sa main dans celle de l'homme qui l'aime le plus au monde?

— Voulez-vous parler de la vôtre, Conachar?

— Oui, appelez-moi Conachar; — c'est un nom que j'aime, puisque c'est sous celui-là que j'ai été connu de Catherine.

— Hé bien donc, sincèrement, reprit Simon Glover, tâchant de donner à sa réponse le ton le moins offensant, ma pensée intime serait de souhaiter ardemment que Catherine et moi nous fussions en sûreté dans notre humble boutique de Curfew-street, avec Dorothée pour unique vassale.

— Et avec le pauvre Conachar aussi, j'espère? Vous ne voudriez pas le laisser languir dans une grandeur solitaire?

— Je ne voudrais pas souhaiter si mal au clan Quhele, qui se compose de mes anciens amis, que de le priver d'un brave jeune chef au moment d'un besoin pressant, ni priver le chef du renom qu'il va acquérir à la tête de son clan dans le conflit qui approche.

Ce fut en se mordant les lèvres pour contenir l'expression de son dépit qu'Eachin répondit : Des mots, père Simon, — des mots, — rien que des mots. Vous craignez le clan Quhele plus que vous ne l'aimez, et vous supposez que son indignation serait à craindre si son chef épousait la fille d'un bourgeois de Perth.

— Et lors même que je craindrais un tel résultat, Hector Mac-Ian, n'aurais-je pas raison? Quelle fin ont eue les mariages mal assortis dans la famille de Mac-Callanmore, dans celle des puissants Mac-Leans, et chez les lords des Iles eux-mêmes? Qu'en est-il toujours advenu? n'est-ce pas le divorce, l'exhérédation, — quelquefois un sort encore pis pour l'ambitieuse intrue? Vous ne pourriez épouser mon enfant devant un prêtre, vous ne pourriez l'épouser que de la main gauche ; et moi... Il réprima la vivacité avec laquelle il allait se laisser emporter, et ajouta : Et moi, je suis un humble mais honnête bourgeois de Perth, qui aimerais mieux voir mon enfant l'épouse légitime et sans conteste d'un citadin de ma condition, que la concubine autorisée d'un monarque.

— J'épouserai Catherine devant le prêtre et devant le monde, — devant l'autel et devant les pierres noires d'Iona, dit l'impétueux jeune homme. Elle est l'amour de ma jeunesse, et il n'y a pas un lien de religion ou d'honneur par lequel je ne veuille m'enchaîner ! J'ai sondé mon peuple. Si seulement nous sommes victorieux dans ce combat, — et avec l'espoir d'obtenir Catherine NOUS LE SERONS, — mon cœur me le dit, — j'aurai un tel empire sur leurs affections, que si mon plaisir était d'aller chercher une épouse dans la maison de charité, ils la salueraient de leurs acclamations comme si c'était la fille de Mac-Callanmore. — Mais vous rejetez ma demande? ajouta Eachin avec aigreur.

— Vous me mettez des mots offensants à la bouche, dit le vieillard, et vous pouvez ensuite m'en punir, puisque je suis entièrement en votre pouvoir. Mais de mon consentement ma fille ne se mariera jamais que dans sa propre condition. Son cœur se briserait au milieu des guerres et des scènes ensanglantées auxquelles votre situation vous expose constamment. Si vous l'aimez réellement et que vous vous souveniez combien elle redoute les luttes et les combats, vous ne devez pas souhaiter de la voir assujettie aux horreurs de la guerre dans lesquelles vous devez inévitablement être toujours engagé, comme l'était votre père. Choisissez une épouse parmi les filles des chefs montagnards, mon fils, ou dans les familles des nobles belliqueux des basses-terres. Vous êtes beau, jeune, riche, de haute naissance et puissant, et vous ne ferez pas la cour en vain. Vous trouverez aisément une femme qui se réjouisse de vos victoires et vous console dans la défaite. Pour Catherine, l'un serait aussi effrayant que l'autre. Il faut qu'un guerrier porte un gantelet d'acier ; — un gant de peau de chevreau serait en pièces en moins d'une heure.

Un sombre nuage passa sur les traits du jeune chef, tout-à-l'heure animés d'un tel feu.

— Adieu donc le seul espoir qui eût pu me conduire à la renommée ou à la victoire ! dit-il. — Il resta quelques moments silencieux et plongé dans une profonde rêverie, les yeux baissés, les sourcils froncés, les bras croisés sur la poitrine. Enfin il leva les mains et s'écria : Mon père — car pour moi vous avez été un père, — je vais vous dire un secret. La raison et la fierté me conseillent toutes les deux de me taire, mais mon sort me pousse et il faut lui obéir. Je vais déposer dans votre sein le plus profond et le plus précieux secret que jamais homme ait confié à un homme. Mais prenez garde — n'importe comment finira cette conférence — prenez garde de ne jamais souffler mot de ce que je vais vous confier ; car sachez que serait-ce dans le coin le plus éloigné d'Écosse que vous le répéteriez, j'aurais des oreilles pour entendre même jusque là, et un bras et un poignard pour atteindre la poitrine d'un traître. — Je suis... Mais jamais le mot ne sortira !

— En ce cas ne le prononcez pas, dit le prudent Glover ; un secret n'est plus en sûreté quand il passe les lèvres de celui qui le confie, et je ne désire pas une confiance aussi dangereuse que celle dont vous me menacez.

— Il faut pourtant que je parle et que vous m'entendiez. Dans ce siècle de combats, père, vous avez vous-même été combattant ?

— Une fois seulement, quand le Southron attaqua la bonne ville. Je fus appelé à prendre ma part de la défense, comme ma tenure m'y obligeait, de même que celle des autres membres des corporations, qui sont tenus de concourir à la garde et à la défense de la ville.

— Et qu'éprouvâtes-vous en cette occasion-là ?

— Qu'est-ce que cela peut importer à l'affaire actuelle ? dit Simon quelque peu surpris.

— Beaucoup, sans quoi je ne vous aurais pas fait la question, répondit Eachin du ton de hauteur qu'il prenait de temps à autre.

— Il est aisé d'amener un vieillard à parler de l'ancien temps, reprit Simon, — n'étant pas fâché, après un instant de réflexion, de voir la conversation détournée de sa fille, — et je dois nécessairement confesser que j'étais loin d'éprouver cette confiance, je dirai même ce plaisir, avec lequel j'en ai vu d'autres aller se battre. Ma vie et ma profession étaient pacifiques, et quoique je n'aie pas été plus couard qu'un autre quand l'occasion l'a exigé, pourtant j'ai rarement plus mal dormi que la nuit d'avant l'assaut. J'avais l'esprit tout rempli des histoires qu'on nous faisait au sujet des archers saxons, et qui n'étaient du reste que la vérité ; je ne pensais qu'à leurs flèches d'une aune de long, et à leurs arcs d'un tiers plus grands que les nôtres. Quand je m'endormis enfin tant bien que mal, si seulement un fétu de la paillasse venait à me piquer les côtes, je m'éveillais en sursaut, pensant me sentir une flèche anglaise dans le corps. Le matin, comme je commençais à reposer un peu après une nuit si fatigante, je fus réveillé par le bruit de la cloche de la ville qui nous appelait aux murailles, nous autres bourgeois; — jamais ni avant ni depuis aucun son de cloche ne m'a paru ressembler autant au glas des trépassés.

— Poursuivez; — qu'arriva-t-il ensuite?

— Je mis mon harnais, un harnais tel quel; — je reçus la bénédiction de ma mère, une femme d'énergie, qui me parla de la bonne ville. Cela me redonna du cœur, et je me sentis encore plus hardi quand je me trouvai en rang au milieu des autres corps de métiers, tous gens habiles à tirer de l'arc, car vous savez que les citadins de Perth sont des archers renommés. Nous fûmes disséminés sur les murailles, avec plusieurs chevaliers et écuyers couverts d'armures à l'épreuve mêlés parmi nous, et qui faisaient bonne contenance, se confiant peut-être dans leur harnais; pour nous encourager, ils nous prévinrent qu'ils tailleraient en pièces avec leurs haches et leurs épées quiconque chercherait à quitter son poste. Le vieux Kempe de Kinfauns, comme on l'appelait, le père de ce bon sir Patrick, et qui était alors notre prévôt, eut lui-même l'obligeance de m'assurer de la chose. C'était un petit-fils du Corsaire Rouge, Tom de Longueville, et il était homme à tenir parole. Il m'avait dit cela à moi spécialement parce qu'une mauvaise nuit me donnait l'air plus pâle que d'habitude; et puis, j'étais encore bien jeune.

— Et son exhortation augmenta-t-elle vos craintes ou votre résolution? demanda Eachin, qui paraissait très attentif.

— Ma résolution, répondit Simon; car je ne crois pas que rien puisse donner autant de hardiesse à un homme que d'avoir un danger à quelque distance en face de lui, et d'en savoir un autre plus près de lui par derrière pour le pousser en avant. — C'est bien; — je montai aux murailles avec assez de cœur, et on me plaça avec d'autres sur la tour de Vigie, étant regardé comme bon archer. Mais je fus saisi d'un accès de froid quand je vis les Anglais s'avancer en bon ordre et trois de front, les archers en avant et les hommes d'armes à l'arrière, pour attaquer en forte colonne. Ils avançaient d'un pas ferme, et quelques uns de nous auraient bien voulu tirer sur eux; mais c'était strictement défendu, et nous fûmes obligés de rester immobiles, nous abritant du mieux que nous pouvions derrière les créneaux. Pendant que les Southrons se formaient en longues lignes, chaque homme se trouvant à sa place comme par magie, et se préparant à se couvrir de grands boucliers appelés pavois qu'ils plantaient devant eux, je sentis de nouveau une étrange faiblesse; il me semblait que la respiration allait me manquer, et j'éprouvais un certain désir de m'en aller chez nous boire un verre d'eau-de-vie.

Mais regardant de côté, je vis le digne Kempe de Kinfauns qui tendait une énorme arbalète, et je pensai que c'eût été dommage qu'il perdît le trait sur un bon Écossais, quand tant d'Anglais étaient là devant nous ; si bien que je me tins où j'étais, me serrant d'ailleurs dans une encoignure commode formée par deux créneaux. Les Anglais avancèrent alors à grands pas, puis ils bandèrent leurs arcs — non à la poitrine, comme font vos kernes highlandais, mais à l'oreille, — et ils nous envoyèrent leurs volées de queues d'hirondelles, que nous n'avions pas eu le temps d'invoquer saint André. Je fermai les yeux quand je les vis lâcher leur coup, et je crois que je tressaillis au moment où les flèches commencèrent à battre contre le parapet. Mais regardant autour de moi, et ne voyant personne de blessé que John Squallit, le crieur de la ville, qui avait les deux joues traversées par une flèche d'une aune, je pris cœur de bonne grâce, et j'envoyai ma flèche de bonne volonté et en visant bien. Je visai un petit homme qui avait mis le nez hors de son target, et je lui envoyai une flèche à travers l'épaule. Le prévôt me cria : Bien piqué, Simon Glover ! — Saint John pour sa ville, mes camarades ! criai-je à mon tour, quoique je ne fusse alors qu'un apprenti. Et si vous voulez me croire, pendant le reste de l'action, qui se termina par la fuite de l'ennemi, je jouai de l'arc avec autant de calme que si j'avais tiré au blanc au lieu de viser à des poitrines d'hommes. J'acquis quelque honneur, et depuis j'ai toujours pensé qu'en cas de nécessité (car pour moi ce n'a jamais été affaire de choix) je ne l'aurais pas reperdu. Et voilà tout ce que je puis dire en fait d'expérience guerrière dans un combat. J'ai couru d'autres dangers, que j'ai tâché d'éviter en homme prudent ; ou, quand ils ont été inévitables, j'y ai fait face en homme de cœur. Autrement un homme ne peut vivre et porter la tête haute en Écosse.

— Je comprends votre histoire, dit Eachin ; mais il me sera difficile de vous faire croire à la mienne, connaissant la race d'où je descends, me sachant surtout fils de celui que j'ai enterré aujourd'hui : il est heureux qu'il soit là où il n'apprendra jamais ce que vous allez entendre ! Voyez, mon père ; — la lumière de ce bois devient plus courte et plus pâle, et d'ici à peu de minutes elle sera éteinte : — mais avant qu'elle ne s'éteigne, l'horrible mot sera lâché. — Père, je suis un LACHE!.... Le mot est dit, enfin, et le secret de mon déshonneur est à la garde d'un autre !

Le jeune homme se laissa tomber en arrière presque sans connaissance, tant ce fatal aveu avait été poignant pour lui. Glover, ému de crainte aussi bien que de compassion, s'empressa de le rappeler à la vie ; il y réussit, mais non à lui rendre le calme. Eachin se couvrit le visage de ses deux mains, et un torrent de larmes amères s'échappa de ses yeux.

— Pour l'amour de Notre Dame, calmez-vous, lui dit le vieillard, et revoquez ce mot indigne. Je vous connais mieux que vous ne vous connaissez ; vous n'êtes pas lâche, mais seulement trop jeune et trop peu expérimenté, oui, et quelque peu trop prompt d'imagination, pour avoir la valeur ferme d'un homme qui a de la barbe au menton. Je n'aurais entendu personne autre dire cela de vous, Conachar, sans lui donner un démenti. — Vous n'êtes pas lâche ; — j'ai vu jaillir de vous de vives étincelles de courage, même sur d'assez légères provocations.

— De vives étincelles d'orgueil et de colère! dit l'infortuné jeune homme ; mais quand les avez-vous vues soutenues de la résolution qui aurait dû les appuyer? Les étincelles dont vous parlez tombaient sur mon cœur sans énergie comme sur un morceau de glace à qui rien ne pourrait faire prendre feu. — Si ma fierté blessée me poussait à frapper, un moment après ma faiblesse d'esprit me portait à fuir.

— Manque d'habitude ; c'est en escaladant des murailles que les jeunes gens apprennent à gravir des précipices. Commencez par de légères escarmouches ; — exercez-vous toujours à manier les armes de votre pays en jouant contre vos suivants.

— Et quel loisir ai-je pour cela? s'écria le jeune chef, tressaillant comme si quelque chose d'horrible se fût offert à son imagination. Combien d'heures y a-t-il encore d'ici au dimanche des Rameaux, et qu'arrivera-t-il alors? — un champ clos d'où pas un homme ne pourra bouger, pas plus que le pauvre ours enchaîné à son poteau. Soixante hommes vivants, les plus braves et les plus déterminés (un seul excepté!) qu'Albyn puisse voir descendre de ses montagnes, tous altérés du sang les uns des autres, pendant qu'un roi et ses nobles, sans compter des milliers de curieux assistant là comme à un théâtre, pour encourager par leurs acclamations la fureur démoniaque des combattants! Les coups résonnent, le sang coule, plus épais, plus vite et plus rouge ; — on se précipite les uns sur les autres comme des fous, on se déchire l'un l'autre comme des bêtes sauvages ; — les blessés sont foulés et étouffés sous les pieds de leurs compagnons! Le sang ruisselle, les bras faiblissent, — mais il ne doit y avoir ni pourparler, ni trêve, ni interruption, tant qu'un seul des misérables mutilés reste en vie! Il n'y a pas là à se blottir derrière des créneaux, ni à se battre avec des projectiles : — c'est corps à corps, jusqu'à ce que les bras ne puissent plus se soulever pour continuer l'horrible combat! — Si une telle bataille est si horrible en idée, que pensez-vous qu'elle doive être en réalité?

Glover garda le silence.

— Je vous le répète, qu'en pensez-vous?

— Je ne puis qu'avoir pitié de vous, Conachar. Il est dur d'être le descendant d'une si haute lignée, — le fils d'un si noble père, — le chef par droit de naissance d'un peuple brave, et pourtant de manquer ou de croire manquer (car je me flatte encore que la faute en est à une magination trop prompte, qui s'exagère le danger) de cette qualité que possède tout coq qui vaut une poignée d'orge, tout chien qui mérite une curée. Mais comment se fait-il qu'avec une telle persuasion d'être incapable de tenir votre place dans ce combat, vous m'ayez proposé tout-à-l'heure même de partager votre rang de chef avec ma fille? Votre pouvoir dépendra nécessairement de la manière dont vous vous comporterez en cette occasion, et en cela Catherine ne peut vous aider.

— Vous vous trompez, vieillard, répliqua Eachin ; si Catherine regardait favorablement l'amour ardent que je lui porte, cela m'aurait donné pour affronter les ennemis le courage impétueux d'un cheval de bataille. Tout accablant que soit le sentiment intime de ma faiblesse, la pensée que Catherine m'aurait regardé m'aurait donné des forces. Dites encore — oh! dites encore qu'elle sera à moi si nous remportons la victoire, et le Gow Chrom lui-même, dont le cœur est tout d'une pièce avec son enclume, n'aura jamais été au combat aussi joyeusement que j'irai! Une forte passion en domine une autre.

— C'est de la folie, Conachar. Le souvenir de vos intérêts, de votre honneur, de votre parenté, ne peut-il faire autant pour exciter votre courage que la pensée du doux regard d'une jeune fille? Fi, Conachar!

— Vous ne me dites là que ce que je me suis dit à moi-même ; — mais c'est en vain, répliqua Eachin avec un soupir. Ce n'est que quand le cerf est accouplé avec sa biche que sa timidité se change en intrépidité, et qu'il devient dangereux. Cela vient-il de constitution, — ou, comme le diront nos caillachs highlandaises, du lait de la Biche Blanche, — ou de mon éducation pacifique et de la contrainte rigoureuse dans laquelle vous m'avez tenu, — ou bien, comme vous le pensez, d'une imagination frappée, qui se représente le danger encore plus grand et plus effrayant qu'il ne l'est en réalité? c'est ce que je ne puis dire. Mais je sais où je faillis, et — oui, il faut le dire! — je crains tellement de ne pouvoir surmonter ce que j'éprouve, que si à cette condition je pouvais avoir votre consentement, je m'arrêterais même au point où j'en suis, je renoncerais au rang que j'ai pris, et je me retirerais dans une vie obscure.

— Quoi! vous faire enfin gantier, Conachar? voilà qui surpasse la légende de saint Crispin! Non, non ; vous n'avez pas eu la main faite pour ça. Vous ne me gâterez plus de peaux de chevreau!

— Ne plaisantez pas, dit Eachin ; je parle sérieusement. Si je ne puis travailler, j'apporterai assez de richesses pour vivre sans cela. Ils me proclameront lâche et apostat au son du cornet et de la cornemuse : — libre à eux ; — Catherine ne m'en aimera que mieux de ce que j'aurai préféré les sentiers de la paix à ceux du sang, et le père Clément nous enseignera à avoir pitié du monde et à lui pardonner les reproches dont il nous chargera et que nous n'aurons pas mérités. Je serai le plus heureux des hommes ; — Catherine jouira de tout ce qu'une affection sans

CHAPITRE XXIX.

bornes pourra lui procurer, et elle sera affranchie de l'appréhension de ces spectacles et de ces sons qu'elle a en horreur, et que votre mariage mal assorti lui aurait préparés. Et vous, père Glover, vous serez dans votre coin du foyer l'homme le plus heureux et le plus honoré que jamais.....

— Un moment, Eachin, — un moment, je vous prie, interrompit Glover ; la flamme de ce sapin, avec laquelle ce discours devait se terminer, est maintenant bien basse, et je voudrais bien dire un mot à mon tour. Aller franchement au fait est le mieux. Quoique cela puisse vous chagriner, et peut-être vous irriter, permettez-moi de mettre fin à ces visions en vous disant tout d'un coup que Catherine ne peut jamais être à vous. Un gant est l'emblème de la bonne foi ; un homme de ma profession doit donc moins que tout autre manquer à la sienne. La main de Catherine est promise, — promise à un homme que vous pouvez haïr, mais qu'il vous faut honorer, — à Henry l'armurier. Le mariage est convenable sous le rapport des conditions, il est agréable aux deux parties, et j'ai donné ma promesse. Il vaut mieux agir franchement tout de suite. — Vous pouvez vous venger de mon refus autant que vous voudrez, — je suis entièrement en votre pouvoir ; — mais rien ne me fera manquer à ma parole.

Glover parlait de ce ton décidé parce qu'il savait par expérience que le caractère irritable de son ci-devant apprenti cédait presque toujours à une résolution vigoureuse et prononcée. Néanmoins, se rappelant où il était, ce ne fut pas sans une certaine émotion de crainte qu'il vit la flamme expirante jeter un dernier éclat sur le visage d'Eachin, qui semblait d'une pâleur mortelle, et dont les yeux roulaient comme ceux d'un fou dans un accès de fièvre. La lumière retomba aussitôt et s'éteignit, et Simon éprouva un instant la crainte d'avoir à disputer sa vie contre ce jeune homme qu'il savait capable d'actions violentes dans un moment d'excitation subite, quelque court que fût son emportement. Il fut tiré de cette inquiétude par la voix d'Eachin, qui murmura d'un ton rauque et altéré :

— Que ce que nous avons dit cette nuit soit pour jamais enseveli dans le silence ; — si jamais tu le révèles, tu ferais mieux de creuser ta tombe.

En même temps la porte de la hutte s'ouvrit et y laissa pénétrer un rayon de la lune. La forme du chef qui se retirait la traversa, puis la claie fut refermée, et Glover se retrouva dans l'obscurité.

Simon se sentit soulagé quand il vit se terminer ainsi paisiblement un entretien si dangereux. Mais il resta profondément affecté de la situation d'Hector Mac-Ian, de ce jeune homme qu'il avait élevé.

— Le pauvre enfant ! se dit-il ; ne se voir porté à une place éminente que pour en être précipité avec mépris ! Ce qu'il m'a dit je le savais en partie, car j'avais souvent remarqué que Conachar était plus prompt à se quereller qu'à se battre. Mais cette faiblesse de cœur insurmontable, que ni honte ni nécessité ne peuvent vaincre, voilà ce que je ne puis concevoir, et pourtant je ne suis pas sir William Wallace. Et se proposer pour mari de ma fille, comme si une femme devait avoir du courage pour elle et son mari ! Non, non ; — Catherine doit épouser un homme à qui elle puisse dire : Épargnez votre ennemi ! — et non pas pour lequel il lui faille crier — Généreux ennemi, épargnez mon mari !

Fatigué par ces réflexions, le vieillard s'endormit enfin. Le matin venu, il fut réveillé par son ami Booshalloch, qui d'un air un peu déconcerté lui proposa de revenir chez lui à la prairie de Ballough. Il lui dit que le chef ne pouvait voir Simon Glover ce matin, et l'excusa sur ce qu'il était tout occupé des préparatifs du prochain combat ; ajoutant qu'Eachin Mac-Ian pensait que le Ballough serait une résidence plus sûre pour la santé de Simon Glover, et qu'il avait recommandé qu'on veillât soigneusement à sa protection et à ses besoins.

Niel Booshalloch s'étendit sur ces circonstances, pour pallier l'espèce de manque d'égards que montrait le chef en congédiant son hôte sans lui avoir donné une audience particulière.

— Son père connaissait mieux les bonnes manières, ajouta le pâtre. Mais où les aurait-il apprises, le pauvre garçon, lui qui a été élevé parmi vos bourgeois de Perth, dont pas un n'est susceptible de civilité, excepté vous, voisin Glover, qui parlez gaélic aussi bien que moi ?

Simon Glover, on peut bien le croire, n'éprouva pas le moindre ressentiment du manque d'égards dont son ami se plaignait pour lui. Il préférait beaucoup, au contraire, la tranquille demeure du brave vacher à l'hospitalité tumultueuse des festins journaliers du chef, lors même qu'il n'aurait pas eu avec Eachin un entretien sur lequel il lui eût été très pénible de revenir.

Il se retira donc tranquillement au Ballough, où son temps se serait passé d'une manière assez agréable si seulement il eût été pleinement rassuré sur la sûreté de Catherine. Son amusement était de se promener sur le lac, dans un petit esquif que conduisait un jeune montagnard, tandis que le vieillard pêchait. Il descendait fréquemment sur la petite île, où il allait visiter la tombe de son ancien ami Gilchrist Mac-Ian, et il se concilia l'amitié des moines en offrant au prieur des gants de peau de martre, et à chacun des dignitaires du couvent une paire en peau de chat sauvage. La coupe et la façon de ces petits présents servaient à lui faire paraître le temps moins long après le coucher du soleil, pendant que la famille du pâtre, réunie autour de lui, admirait son adresse, et écoutait les histoires et les chansons dont le vieillard savait charmer une longue veillée.

On doit avouer que le prudent Glover évitait la conversation du père Clément, qu'il regardait à tort comme l'auteur de ses infortunes, plutôt qu'il ne voyait en lui un innocent condamné à les partager. — Pour plaire à ses fantaisies, pensait-il, je n'irai pas perdre l'amitié de ces bons moines, qui peut un jour m'être utile. J'ai déjà assez souffert de ses prédications, ce me semble. Je n'en suis guère plus sage et j'en suis beaucoup plus pauvre. Non, non : Catherine et le père Clément peuvent en penser ce qu'ils voudront ; mais je saisirai la première occasion de retourner à Perth, comme un chien grondé à l'appel de son maître ; je me soumettrai tant qu'on voudra à la haire et au cilice, je paierai une bonne amende, et je me rapatrierai avec l'Église.

Une quinzaine et plus s'était passée depuis le retour de Glover à Ballough, et il commençait à s'étonner de n'avoir reçu de nouvelles ni de Catherine ni d'Henry Wynd, à qui il pensait que le prévôt avait dû faire connaître sa retraite. Il savait que Smith n'oserait pas venir dans le pays du clan Quhele, à cause des différentes affaires qu'il avait eues avec les habitants, et avec Eachin lui-même, alors que celui-ci n'était encore que Conachar ; mais Glover pensait néanmoins que Henry aurait pu trouver moyen de lui envoyer un message, ou un signe d'intelligence quelconque, par quelqu'un des courriers qui allaient et venaient de la cour au quartier-général du clan Quhele, afin de se concerter sur les dispositions du prochain combat, sur la marche des deux partis jusqu'à Perth, et sur d'autres particularités qui demandaient qu'on s'entendît d'avance. On était alors à la mi-mars, et le fatal dimanche des Rameaux approchait rapidement.

Pendant tout ce temps, Simon Glover n'avait pas une seule fois revu son ancien apprenti. Le soin que l'on prenait de fournir à tous ses besoins montrait qu'il n'était pas oublié ; mais, cependant, quand il entendait le cornet du chef retentir dans les bois, il se faisait habituellement une règle de se diriger d'un autre côté. Un matin, néanmoins, il arriva inopinément tout près d'un endroit où se trouvait Eachin sans presque avoir eu le temps de l'éviter ; et voici comment cela se fit.

Comme Simon se promenait en rêvant dans une petite clairière du bois entourée de grands arbres entremêlés de broussailles, une biche blanche s'élança du fourré, poursuivie de près par deux lévriers, qui la saisirent en même temps à la hanche et à la gorge et la renversèrent à deux cents pas de Glover, que ce brusque incident fit quelque peu tressaillir. Le son perçant d'un cornet peu éloigné, et les aboiements d'un limier moins rapide, avertirent Simon que les chasseurs suivaient de près les traces de la biche. Leurs cris et le bruit de leur course se faisaient en effet entendre à peu de distance dans le taillis. Un instant de réflexion aurait convaincu Simon que ce qu'il avait de mieux à faire était de se tenir là où il était ou de se retirer lentement, de manière à laisser Eachin libre de paraître ou non l'avoir vu, selon qu'il le jugerait à propos. Mais son désir d'éviter le jeune homme était devenu en lui une sorte d'instinct, et dans son alarme de se trouver si près de lui Simon se cacha dans un buisson de coudriers et de houx, qui le dérobait complétement à la vue. A peine y était-il, qu'Eachin, les joues animées par l'exercice, s'élança du fourré dans la clairière, accompagné de son père nourricier Torquil du Chêne. Celui-ci, avec autant de force que d'adresse, tourna sur le dos la biche qui luttait encore contre les chiens, et lui tenant de la main droite les deux pattes de devant en même temps qu'il lui mettait un genou sur le corps, de la gauche il présenta son *skène* au jeune chef pour qu'il égorgeât l'animal.

— Non, Torquil, dit Eachin; fais ton office, et coupe-lui toi-même la gorge. Je ne dois pas tuer la ressemblance de ma mère nourricière.

Ces paroles furent dites avec un sourire mélancolique, et en même temps une larme roulait dans les yeux du jeune chef. Torquil le regarda un instant d'un air ébahi, puis il ouvrit la gorge de la pauvre bête d'une main si ferme et si rapide, que le coutelas acéré pénétra jusqu'à l'os. Se relevant alors, et fixant de nouveau un long regard sur son chef, il lui dit : Autant j'en ai fait à cette biche, autant j'en ferais à quiconque au monde aurait entendu mon *dault* (fils de lait) accoupler le nom de biche blanche à celui d'Hector !

Si Glover n'avait eu auparavant nulle raison de se tenir hors de vue, ces paroles de Torquil lui en fournissaient une pressante.

— Cela ne peut se cacher, père, répliqua Eachin; cela ressortira au grand jour.

— Qu'est-ce qui ressortira? qu'est-ce qui ressortira au grand jour? demanda Torquil surpris.

C'est le fatal secret, pensa Simon; et maintenant, si ce géant de conseiller privé ne sait pas se taire, c'est moi, je suppose, qui serai responsable de ce que la honte d'Eachin sera devenue publique.

Saisi de cette nouvelle inquiétude, il profita en même temps de sa position pour voir autant qu'il le pouvait ce qui se passait entre le chef affligé et son confident, poussé par cet esprit de curiosité qui nous excite dans les circonstances les plus importantes de la vie aussi bien que dans les plus triviales, et qui se trouve quelquefois marcher de compagnie avec une grande peur personnelle.

Comme Torquil écoutait ce que lui disait Eachin, le jeune homme se laissa tomber dans les bras de son père nourricier, et appuyé sur son épaule acheva sa confession à voix basse. Torquil semblait l'entendre avec un étonnement qui lui permettait à peine d'en croire ses oreilles. Comme pour bien s'assurer que c'était Eachin qui lui parlait, il lui fit peu à peu relever la tête, et le maintenant en quelque sorte par l'épaule, il fixa sur lui un œil qui semblait agrandi en même temps que pétrifié par les choses incroyables qu'il venait d'entendre. Les traits du vieillard, après qu'il eut entendu cet aveu à peine articulé, prirent une expression si étrange, que Simon Glover eut la crainte de lui voir repousser le jeune homme loin de lui comme un être déshonoré; car dans ce cas il eût pu venir tomber sur le buisson même où il se tenait caché, et le faire ainsi découvrir d'une façon aussi pénible que dangereuse. Mais l'agitation de Torquil, qui éprouvait pour son fils nourricier une double part de cette tendresse passionnée qui accompagne toujours ce lien de seconde parenté chez les Highlanders, prit un tour différent.

— Je ne crois pas cela! s'écria-t-il, — cela est impossible de l'enfant de ton père, — impossible du fils de ta mère, — encore plus impossible de MON fils nourricier! J'en donne mon gage vis-à-vis du Ciel et de l'enfer, et je soutiendrai le combat contre quiconque dira que c'est vrai! Tu as été ensorcelé par un mauvais œil, mon cher enfant, et la faiblesse que tu appelles lâcheté est l'ouvrage de la magie. Je me rappelle la chauve-souris qui éteignit la torche au moment où tu vins au monde, — à ce moment de chagrin et de joie. Prends courage, mon bien-aimé Hector! tu vas venir avec moi à Iona, et le bon saint Colombus, avec tout le chœur d'anges et de bienheureux saints qui ont toujours favorisé ta race, te délivrera du cœur de la biche Blanche et te rendra celui qu'on t'a volé.

Eachin l'écoutait de l'air d'un homme qui aurait bien voulu pouvoir croire à ces paroles d'encouragement.

— Mais, Torquil, dit-il, en supposant que cela réussisse, le jour fatal approche, et si je vais aux lices, je crains qu'il ne nous en revienne de la honte.

— Cela ne se peut pas, — cela ne sera pas! exclama Torquil. — L'enfer n'aura pas le dessus jusque là; — nous tremperons ton épée dans l'eau bénite; — nous mettrons à ton casque de la verveine, de l'herbe de saint John et du frêne de montagne. Nous t'entourerons, moi et tes huit frères; — tu seras aussi en sûreté que dans un château.

Le jeune chef découragé murmura de nouveau quelques mots que Simon ne put entendre, tant ils avaient été prononcés d'un ton d'abattement; mais la réponse de Torquil, articulée d'une voix grave et forte, arriva distinctement à son oreille.

— Oui, dit-il, il y a peut-être une chance de te retirer du combat. Tu es le plus jeune de ceux qui doivent tirer l'épée. Or, écoute-moi, et tu sauras ce que c'est que l'amour d'un père nourricier, et combien cet amour-là surpasse même celui d'un père et d'une mère. D'après les conventions, le plus jeune qui doit combattre pour le clan Chattan est Ferquhard Day. Son père a tué le mien, et le sang est encore chaud entre nous : — j'attendais le dimanche des Rameaux comme le jour qui devrait enfin le refroidir. — Écoute! — Tu aurais cru que le sang des veines de ce Ferquhard Day et des miennes ne se serait pas mêlé lors même qu'on les aurait mis dans le même vase; et pourtant il a jeté les yeux de son amour sur ma fille unique Eva, — la plus belle de nos filles. Imagine-toi ce que j'ai éprouvé quand j'en ai appris la nouvelle! c'était comme si un loup des abords du Ferragon m'eût dit: — Donne-moi ta fille en mariage, Torquil. Ma fille n'a pas pensé de même; elle aime Ferquhard, et elle perd ses couleurs et ses forces dans les larmes, tant elle redoute le combat qui approche! Qu'elle lui donne seulement un signe de faveur, et je sais qu'il oubliera clan et parents, qu'il abandonnera le champ du combat, et qu'il s'enfuira avec elle au désert.

— Et le plus jeune des champions du clan Chattan étant absent, moi, le plus jeune du clan Quhele, je puis être dispensé du combat, dit Eachin, rougissant de cette honteuse chance de sûreté qui lui était ainsi ouverte.

— Vois maintenant, Eachin, reprit Torquil, et juge de ce que j'éprouve pour toi. — D'autres auraient pu te donner leur vie et la vie de leurs fils; — moi je te sacrifie l'honneur de ma maison.

— Mon ami, mon père! répétait le chef en pressant Torquil sur son sein, quel vil misérable je suis, moi qui ai l'esprit assez lâche pour profiter de votre sacrifice!

— Ne parle pas de cela; — les bois ont des oreilles. Retournons au camp; nous enverrons nos gillies chercher la venaison. — Arrière et suivez-nous, vous autres! dit-il aux chiens.

Il fut heureux pour Simon que le limier eût trempé le nez dans le sang de la biche, sans quoi il aurait bien pu découvrir la cachette de Simon Glover dans le buisson; mais ayant perdu le plus fin de son flair, il suivit tranquillement avec les deux lévriers.

Quand les chasseurs furent assez loin pour qu'on ne pût plus ni les voir ni les entendre, Glover se releva, grandement soulagé par leur départ, et s'éloigna aussi dans une direction opposée aussi vite que son âge le lui permit. Sa première réflexion fut pour la fidélité du père nourricier.

— Le cœur de ce sauvage montagnard est fidèle et dévoué, se dit-il. Cet homme ressemble plus aux géants des romans qu'à un être fait de la même argile que nous, et pourtant des chrétiens pourraient prendre exemple de lui pour la loyauté. C'est quoique ça un expédient assez simple : faire disparaître un homme de l'échiquier ennemi, comme si vingt de ces chats sauvages ne devaient pas se trouver là prêts à prendre sa place!

Telle fut la pensée de Glover, ne sachant pas que les plus strictes proclamations étaient rendues pour interdire à qui que ce fût des deux clans rivaux, à leurs amis, alliés et dépendants, de s'approcher de Perth dans un rayon de cinquante milles, huit jours avant et huit jours après le combat, convention que devait maintenir un corps d'hommes armés.

Dès que notre ami Simon fut arrivé à la maison du pâtre, il y trouva d'autres nouvelles qui l'attendaient. Elles avaient été apportées par le

CHAPITRE XXIX.

père Clément, qui était venu en manteau de pèlerin ou dalmatique, prêt à se remettre en route pour le sud, et désirant faire ses adieux à son compagnon d'exil ou le prendre pour compagnon de voyage.

— Qu'est-ce qui vous a si subitement déterminé à retourner vous exposer au danger ? lui dit le citadin.

— N'avez-vous pas appris, répondit le père Clément, que March et les Anglais ses alliés s'étant retirés en Angleterre devant le comte de Douglas, le brave comte s'est occupé d'apporter remède aux maux de l'État, et qu'il a écrit à la cour pour demander qu'on retirât le warrant de la haute-cour de commission contre l'hérésie, comme n'étant propre qu'à troubler les consciences ; — et que la nomination d'Henry Wardlaw au siége de Saint-André fût référée au parlement, avec diverses autres choses agréables au peuple? Or, la plupart des nobles qui sont avec le roi à Perth, et entre autres sir Patrick Charteris votre digne prévôt, se sont déclarés pour les demandes de Douglas. Le duc d'Albany y a agréé ; que ce soit de bonne volonté ou par politique, c'est ce que je ne sais pas. Le bon roi se laisse aisément porter à des mesures de douceur et de conciliation. Et ainsi les dents de nos oppresseurs sont brisées, et leur proie est arrachée de leurs serres déchirantes. Voulez-vous revenir avec moi aux Lowlands, ou resterez-vous ici encore quelque temps?

Niel Booshalloch évita à son ami l'embarras de répondre.

— Il était, dit-il, autorisé par le chef à dire que Simon Glover resterait jusqu'à ce que les champions fussent partis pour le combat.

Le gantier vit dans cette réponse quelque chose qui n'était pas tout-à-fait d'accord avec la plénitude de son libre arbitre ; mais il s'en inquiéta peu en ce moment, attendu que cela lui fournit une bonne excuse pour se dispenser de faire route avec le moine.

— C'est un homme exemplaire, dit-il à son ami Niel Booshalloch, aussitôt que le père Clément eut pris congé ; c'est un savant homme et un grand saint. C'est presque dommage qu'il ne soit plus en danger d'être brûlé, car son discours sur le bûcher aurait fait des milliers de conversions. O Niel Booshalloch ! le bûcher du père Clément aurait été un sacrifice en bonne odeur au Ciel, et un phare pour tous les dévots chrétiens. Mais à quoi servirait de brûler un rustre, un ignorant bourgeois tel que moi? On n'offre pas de la peau de vieux gants pour encens, et on n'entretient pas la lumière des phares avec des peaux fraîches, j'imagine? A vrai dire, j'ai trop peu de savoir et trop de crainte pour que la chose me fasse honneur ; et par conséquent il ne m'en reviendrait, comme nous disons, que le mal et le mépris.

— C'est vrai pour vous, répondit le vacher.

CHAPITRE XXX.

Il nous faut revenir à ceux des personnages de notre drame que nous avons laissés à Perth, quand nous avons accompagné à Kinfauns Glover et sa jolie fille, et que de cette habitation hospitalière nous avons suivi Simon jusqu'au Loch Tay. Comme le personnage le plus éminent, le prince réclame d'abord notre attention.

Ce téméraire et inconsidéré jeune homme supportait avec une certaine impatience sa résidence solitaire chez le lord grand-connétable, dont la compagnie, quoique satisfaisante sous tous les rapports, commençait à lui déplaire uniquement parce qu'il le regardait jusqu'à un certain point comme son geôlier. Irrité contre son oncle et mécontent de son père, il aspirait assez naturellement après la société de sir John Ramorny, à qui il s'était accoutumé depuis long-temps à laisser le soin de lui procurer des amusements, et même, quoiqu'il en eût ressenti l'imputation comme une insulte, celui de le guider et de le diriger. Il lui fit donc dire de se rendre près de lui, si sa santé le lui permettait, et de venir par eau à un pavillon du jardin du grand-connétable, jardin qui, comme celui de l'hôtel de sir John lui-même, descendait jusqu'au Tay. En renouvelant une intimité si dangereuse, Rothsay se souvint seulement qu'il avait été l'ami généreux de sir John Ramorny; au lieu que sir John, en recevant l'invitation, ne se souvint, de son côté, que des insultes qu'il avait reçues de son capricieux patron, de la perte de sa main, de la légèreté avec laquelle le prince en avait parlé, et de la facilité avec laquelle il avait abandonné sa cause dans l'affaire du bonnetier. Il sourit amèrement en lisant le billet du prince.

— Eviot, dit-il, fais monter six hommes sûrs dans une barque solide, — six hommes sûrs, tu m'entends ; — ne perds pas un moment, et dis à Dwining de venir ici sur-le-champ. — Le Ciel nous sourit, mon fidèle ami, dit-il au médecin. Je me creusais la cervelle pour trouver un moyen d'arriver jusqu'à cet étourneau, et voici que lui-même me fait demander.

— Hem ! je vois la chose très clairement, fit Dwining. Le Ciel sourit à certaines conséquences fatales — hé ! hé ! hé !

— N'importe, le piège est prêt, mon cher ami ; et il est garni, qui plus est, d'un appât qui ferait sortir l'étourdi d'un sanctuaire, une troupe de soldats l'attendrait-elle à la porte l'épée nue au poing. Pour-

CHAPITRE XXX.

tant cela n'est guère nécessaire. L'ennui qu'il éprouve aurait seul suffi. Prépare tout ce qu'il te faut : — tu viens avec nous. Ecris-lui, puisque je ne puis écrire, que nous nous rendons immédiatement à ses ordres, et écris-moi cela en clerc. Il lit bien, et c'est à moi qu'il le doit.

— Avant de mourir il sera le débiteur de Votre Vaillance pour d'autres connaissances — hé! hé! hé! Mais votre marché avec le duc d'Albany est-il sûr?

— Assez pour satisfaire mon ambition, ton avarice, et notre vengeance à tous les deux. A bord, à bord! et promptement; qu'Eviot apporte avec nous quelques flacons de vin de choix et quelques viandes froides.

— Mais votre bras, mylord, ne vous fait-il pas souffrir?

— Les battements de mon cœur font taire la douleur de ma blessure. On croirait qu'il veut me briser la poitrine.

— A Dieu ne plaise! dit Dwining; et il ajouta à voix basse : Ce serait une chose étrange à voir, si cela arrivait. J'aimerais assez à en faire la dissection, sauf que son enveloppe de pierre endommagerait mes meilleurs instruments.

Au bout de quelques minutes ils étaient dans la barque, en même temps qu'un messager diligent portait la réponse au prince.

Rothsay était assis avec le connétable, après leur repas de midi. Il était maussade et silencieux; et le comte venait de lui demander si c'était son bon plaisir qu'on desservît, quand un billet qu'on remit au prince changea tout-à-coup la physionomie de ce dernier.

— Comme vous voudrez, répondit-il. Je vais au pavillon du jardin — toujours sous la permission de mylord le connétable — recevoir mon ci-devant grand-écuyer.

— Mylord?

— Oui, mylord. Faut-il que je demande deux fois la permission?

— Non, assurément, mylord; mais Votre Altesse Royale s'est-elle souvenue que sir John Ramorny...

— Il n'a pas la peste, j'espère? Allons, Errol, vous voudriez jouer le rôle de geôlier farouche; mais ce n'est pas dans votre nature. — Adieu pour une demi-heure.

— Une nouvelle folie! dit Errol, tandis que le prince, ouvrant une porte vitrée du salon de rez-de-chaussée où ils se trouvaient, gagnait le jardin; — une nouvelle folie, pour rappeler près de lui ce misérable. Mais il en est infatué.

Le prince, cependant, s'était retourné, et lui avait dit à la hâte :

— L'hospitalité de Votre Seigneurie voudra bien nous faire apporter au pavillon une couple de flacons et une légère collation. J'aime l'*al fresco* de la rivière.

Le connétable fit un signe d'assentiment et donna les ordres nécessaires; de sorte que sir John trouva une collation toute disposée, quand, quittant sa barque, il entra dans le pavillon.

— Je suis fâché du fond du cœur de trouver Votre Altesse en charte privée, dit Ramorny avec une expression d'intérêt habilement jouée.

— C'est ton chagrin qui me chagrine, repartit le prince. Il est bien sûr qu'Errol, qui est un cœur loyal, m'a tellement effrayé de son air grave, et je pourrais presque dire de ses graves leçons, qu'il m'a fait revenir à toi, réprouvé que tu es, de qui je pourrai peut-être obtenir quelque chose d'amusant, puisque je ne puis en rien attendre de bon. Pourtant, avant tout je dois dire que ç'a été une infâme besogne que celle de la nuit du mardi-gras, Ramorny. J'espère bien que ce n'est pas toi qui l'as ordonnée.

— Sur mon honneur, mylord, ç'a été une simple méprise de cette brute de Bonthron. Je lui avais seulement donné à entendre qu'une bâtonnade serait bien due au coquin qui m'a fait perdre une main, et voilà que mon drôle fait une double méprise. Il prend un homme pour un autre, et au lieu du bâton il se sert d'une hache.

— Il est heureux que cela n'ait pas été plus loin. Le bonnetier, peu importe; mais je ne t'aurais jamais pardonné si l'armurier avait été tué. — Il n'a pas son pareil dans toute la Grande-Bretagne. — J'espère qu'on a pendu le scélérat assez haut.

— Oui, si trente pieds suffisent.

— Pouah! assez sur lui. Le nom de ce misérable donne un goût de sang à cet excellent vin. — Et quelles nouvelles à Perth, Ramorny? Que font nos *bonas robas*[1], et nos gaillards?

— Il n'est guère question de gaillardise, mylord. Tous les yeux sont tournés sur les mouvements de Douglas-le-Noir, qui arrive avec cinq mille hommes d'élite nous mettre tous à la raison, comme s'il marchait à un autre Otterburn. On dit qu'il va être de nouveau revêtu de la lieutenance du royaume. Il est certain qu'un grand nombre se sont déclarés pour sa faction.

— En ce cas il est temps que j'aie les pieds libres, sans quoi je pourrai trouver un pire geôlier qu'Errol.

— Ah, mylord! si une fois vous étiez sorti d'ici, vous pourriez porter la tête aussi haute que Douglas.

— Ramorny, dit le prince d'un ton grave, je me souviens vaguement que vous m'avez précédemment proposé quelque chose d'horrible. Prenez garde de revenir sur un pareil conseil. Je voudrais être libre, — je voudrais pouvoir disposer de ma personne; mais jamais je ne prendrai les armes contre mon père, ni contre ceux en qui il lui plaît de mettre sa confiance.

— C'était uniquement de la liberté personnelle de Votre Altesse Royale que je me permettais de parler, répliqua Ramorny. Si j'étais à

---

[1] *Meretrices.* Les *gaillards* (cette expression est de l'original) pourraient se traduire par ce que nous nommons aujourd'hui des *viveurs*. (L. V.)

CHAPITRE XXX.

la place de Votre Grâce, je monterais dans cette bonne barque qui attend là sur le Tay, je descendrais tranquillement jusqu'au Fife où vous avez nombre d'amis, et je m'installerais sans façon à Falkland. C'est un château royal; et quoique le roi en ait fait don à votre oncle, Votre Grâce pourrait assurément, alors même que la concession ne serait pas sujette à contestation, user librement de la résidence d'un si proche parent.

— Il a usé librement de la mienne, comme peut l'attester mon intendant de Renfrew. Mais un moment, Ramorny, — un moment : — N'ai-je pas ouï dire à Errol que lady Marjory Douglas, qu'on nomme la duchesse de Rothsay, est à Falkland ? Je ne voudrais ni habiter près de cette dame, ni l'insulter en l'obligeant de partir

— Lady Marjory y était, mylord; mais j'ai reçu l'avis certain qu'elle est partie pour aller trouver son père.

— Ha! pour exciter Douglas contre moi? ou peut-être pour le prier de me ménager, pourvu que je vienne sur les genoux jusqu'à son lit, comme les pèlerins disent que sont obligés de faire les émirs et les amiraux à qui un sultan sarrasin donne une fille en mariage? Ramorny, je me règlerai sur le propre adage de Douglas : Mieux vaut entendre chanter l'alouette que crier la souris[1]. Je ne me laisserai pas mettre les fers aux pieds et aux mains.

— Nul endroit ne convient mieux que Falkland. J'ai assez de braves *yeomen* pour garder la place; et s'il arrivait que Votre Altesse désirât la quitter, un court intervalle la sépare de la mer, où conduisent trois chemins.

— Vous parlez bien. Mais nous mourrons d'ennui là-bas. Ni gaieté, ni musique, ni filles; — ha !

— Pardon, noble duc. Quoique lady Marjory Douglas soit partie, en vraie dame errante de roman, pour aller implorer secours de son vaillant sire, une fille plus appétissante, je puis dire, et certainement plus jeune, ou est en ce moment à Falkland, ou sera bientôt en chemin pour s'y rendre. Votre Altesse n'a pas oublié la Jolie Fille de Perth ?

— Oublié la plus jolie fille d'Écosse! — non, certes; — non plus que tu n'as oublié que tu as mis la main à l'affaire de Curfew-street, la veille de la Saint-Valentin.

— Que j'y ai *mis* la main? — que j'y ai perdu la main, Votre Altesse veut dire. Aussi sûr que je ne la retrouverai jamais, Catherine Glover est ou sera bientôt à Falkland. Je ne flatterai pas Votre Altesse en vous disant qu'elle s'attend à vous y rencontrer; — la vérité est que son intention est de se mettre sous la protection de lady Marjory.

— La petite traîtresse ! — elle aussi se tourne contre moi? Elle mérite punition, Ramorny.

---

[1] Voulant dire par là que mieux valait courir la forêt que de s'enfermer dans des places fortes. (W. S.)

— J'espère que Votre Grâce lui rendra la pénitence douce.

— Sur ma foi, il y a long-temps que j'aurais voulu être son père confesseur ; mais elle a toujours fait la réservée.

— L'occasion manquait, mylord ; et maintenant le temps presse.

— Parbleu, je ne suis que trop disposé à une folie ; mais mon père...

— Sa personne est en sûreté, interrompit Ramorny, et il est aussi libre qu'il peut jamais l'être ; tandis que Votre Altesse...

— Doit porter des fers, au propre et au conjugal ; — je le sais. — Je vois d'ici Douglas, donnant la main à sa fille, qui a l'air aussi hautain et les traits aussi durs que son père, sauf les rides de l'âge.

— Et à Falkland se trouve dans la solitude la plus jolie fille d'Ecosse. Ici pénitence et contrainte ; là-bas joie et liberté.

— Tu l'emportes, mon très sage conseiller ; mais fais bien attention que ce sera la dernière de mes frasques.

— Je l'espère ainsi, repartit Ramorny ; car une fois libre, vous pouvez prendre de bons accommodements avec le roi votre père.

— Je vais lui écrire, Ramorny ; donne-moi une plume et de l'encre.

— Non, je ne puis traduire mes pensées en mots ; — tu vas écrire.

— Votre Altesse Royale oublie... Et Ramorny désignait en même temps son bras mutilé.

— Ha ! cette maudite main. Que faire ?

— Plaise à Votre Altesse, si vous vouliez employer la main du médecin Dwining ? — Il écrit comme un clerc.

— Est-il au courant des circonstances ? Sait-il ce qui se passe ?

— Complétement, répondit Ramorny ; et s'approchant de la fenêtre, il appela Dwining qui était dans la barque.

Dwining arriva en présence du prince d'Écosse, se glissant comme s'il eût marché sur des œufs, les yeux baissés, et le corps en quelque sorte contracté comme par un sentiment de crainte respectueuse.

— Approche, drôle, lui dit le prince ; voici tout ce qu'il faut pour écrire. Je vais te mettre à l'épreuve. — Tu sais de quoi il s'agit ; — place ma conduite sous un jour favorable aux yeux de mon père.

Dwining s'assit, et en quelques minutes il eut écrit une lettre qu'il présenta à sir John Ramorny.

— Eh ! le diable t'a aidé, Dwining, dit le chevalier. Ecoutez, mylord.

— « Mon père respecté, et mon souverain lige : — Sachez que d'importantes considérations me déterminent à m'éloigner de votre cour, dans l'intention d'aller m'établir à Falkland, que j'ai choisi tant parce que ce château appartient à mon très cher oncle Albany, avec qui je sais que Votre Majesté voudrait me voir en user en toute familiarité, que parce que c'est la résidence d'une personne à qui je suis depuis trop long-temps étranger, et avec qui j'ai hâte d'échanger désormais des témoignages de la plus intime affection. »

Le duc de Rothsay et Ramorny partirent d'un éclat de rire ; et le médecin, qui avait écouté la lecture de son œuvre comme si c'eût été une sentence de mort, se sentant encouragé par leur approbation, leva les yeux, articula faiblement le hé! hé! qui chez lui était l'expression du rire, puis redevint grave et silencieux, comme s'il eût craint d'avoir dépassé les bornes d'un humble respect.

— Admirable! dit le prince, — admirable! Le bonhomme appliquera tout cela à cette duchesse de Rothsay, comme on la nomme. — Dwining, tu devrais être *à secretis* de Sa Sainteté le pape, qui parfois, dit-on, a besoin d'un scribe qui sache trouver un mot à double sens. Je vais signer, et on m'en fera honneur.

— Et maintenant, mylord, reprit Ramorny en cachetant la lettre, qu'il laissa sur la table, ne voulez-vous pas monter en bateau?

— Quand mon valet de chambre va être ici, avec quelques effets et les objets nécessaires. — Vous pouvez faire demander aussi mon officier de bouche.

— Le temps presse, mylord, et les préparatifs ne feront qu'exciter le soupçon. Vos officiers viendront vous rejoindre demain. Pour ce soir, j'espère que mes humbles services pourront vous suffire à table et à votre coucher.

— Eh! cette fois c'est toi qui oublies, dit le prince en touchant le bras blessé du bout de sa houssine. Souviens-toi, mon cher, que tu ne peux ni découper un chapon ni attacher une pointe; — bel écuyer tranchant que j'aurais là!

Ramorny grinça les dents de rage et de douleur; car sa blessure, bien qu'en voie de guérison, était encore tellement sensible, que même le mouvement d'un doigt dirigé vers son bras le faisait trembler.

— Plaît-il maintenant à Votre Altesse de monter en bateau?

— Il faut auparavant que je prenne congé du lord connétable. Rothsay ne doit pas s'évader de la maison d'Errol comme un voleur de sa prison. Fais-le prévenir de se rendre ici.

— Mylord duc, cela peut être dangereux pour notre plan.

— Au diable le danger, ton plan et toi aussi! exclama le prince. — Je dois et veux agir avec Errol comme il convient à nous deux.

Le comte arriva, sur la demande du prince.

— Je vous cause ce désagrément, mylord, lui dit Rothsay avec la courtoisie pleine de dignité qu'il savait si bien prendre, pour vous remercier de votre hospitalité et de votre bonne compagnie. Je ne puis en jouir plus long-temps, attendu que des affaires pressantes m'appellent à Falkland.

— Mylord, repartit le lord grand-connétable, j'aime à croire que Votre Grâce se souviendra qu'elle est sous ma garde.

— Comment! sous votre garde? Si je suis prisonnier, dites-le nettement; — sinon je vais prendre la liberté de vous quitter

— J'aurais voulu, mylord, que Votre Altesse demandât la permission de Sa Majesté pour ce voyage. Il lui causera un vif déplaisir.

— Voulez-vous parler de déplaisir contre vous, mylord, ou contre moi?

— J'ai déjà dit à Votre Altesse qu'elle est en garde ici ; mais si vous êtes décidé à partir, je n'ai pas ordre — à Dieu ne plaise ! — d'employer la force pour vous retenir. Je ne puis que conjurer Votre Altesse, par égard pour elle-même....

— Je suis le meilleur juge de mes intérêts. — Bonsoir, mylord.

Le prince monta en bateau avec Dwining et Ramorny, sans attendre d'autre suite ; Eviot démarra l'embarcation, qui descendit rapidement le Tay avec l'aide de la voile, de la rame et du reflux.

Pendant quelques moments le duc de Rothsay parut silencieux et taciturne, et ceux qui l'accompagnaient n'interrompirent pas ses réflexions. Enfin il leva la tête. — Mon père aime une plaisanterie, dit-il, et quand tout sera passé, il ne prendra pas cette escapade plus sérieusement qu'elle ne le mérite ; — une folie de jeunesse, qu'il traitera comme il en a traité d'autres. — Voici là-bas, mes maîtres, la vieille forteresse de Kinfauns, dont le front sourcilleux domine le Tay. Maintenant, dis-moi, John Ramorny : comment as-tu fait pour tirer la Jolie Fille de Perth des mains de cet entêté de prévôt? car, d'après ce que m'a dit Errol, le bruit courait qu'elle était sous sa protection

— Il est vrai qu'il l'y avait prise, mylord, dans l'intention de la transférer au patronage de la duchesse, — je veux dire de lady Marjory de Douglas. Or, ce lourdaud de prévôt, qui n'est après tout qu'un échantillon de bravoure niaise, a, comme la plupart de ceux qui lui ressemblent, un affidé de quelque adresse et d'une certaine astuce, qu'il emploie dans toutes ses négociations et dont il regarde généralement les suggestions comme ses propres idées. Toutes les fois que je veux connaître les desseins d'un baron du pays , c'est à un confident de cette espèce que je m'adresse ; dans le cas actuel ce confident se nomme Kitt Henshaw, un vieux marinier du Tay, qui, ayant dans son temps navigué jusqu'à Campvere, est regardé par sir Patrick Charteris avec le respect dû à un homme qui a vu les pays étrangers. De cet agent j'ai fait le mien, et par son moyen j'ai insinué diverses excuses afin de reculer le départ de Catherine pour Falkland.

— Mais à quel propos?

— Je ne sais s'il est sage de le dire à Votre Altesse, de crainte que vous ne désapprouviez mes vues. J'aurais désiré que les officiers de la commission d'enquête pour les opinions hérétiques trouvassent la Jolie Fille à Kinfauns, car notre beauté est une réfractaire opiniâtre et bourrue des doctrines de l'Église ; et, certes, j'avais dessein que le chevalier entrât pour sa part dans les amendes et les confiscations qui devaient être infligées. Les moines y étaient assez disposés, vu qu'il y a eu de fréquentes contestations avec eux au sujet de la dîme du saumon.

— Mais pourquoi aurais-tu voulu ruiner le chevalier, et peut-être conduire au bûcher cette jolie jeune fille?

— Bon, mylord duc! — les moines ne brûlent jamais les jolies filles. Une vieille femme aurait pu être quelque peu en danger; et quant au lord prévôt, comme on l'appelle, si on lui avait rogné quelques unes de ses grasses terres, c'eût été une sorte de réparation pour l'inutile défi qu'il m'a adressé dans l'église Saint-John.

— Il me semble, John, que ce n'était rien qu'une basse vengeance.

— Tranquillisez-vous, mylord. Celui qui ne peut employer son bras pour se faire justice doit recourir à sa tête. — Au surplus, cette chance-là m'a été enlevée par Douglas, dont la conscience mal assurée s'est déclarée en faveur des consciences douteuses; et puis, mylord, le vieux Henshaw n'a pu se dispenser plus long-temps de transporter la Jolie Fille de Perth à Falkland, — non pour qu'elle s'y ennuie dans la société de lady Marjory, comme sir Patrick et elle-même le croient, mais pour empêcher Votre Altesse de s'ennuyer quand nous reviendrons de chasser dans le parc.

Il y eut de nouveau une longue pause, pendant laquelle le prince semblait réfléchir profondément. Enfin il reprit: Ramorny, j'ai un scrupule en tout ceci; mais si je te l'explique, le démon du sophisme, dont tu es possédé, trouvera des raisons pour me faire passer outre, comme il a fait de tant d'autres. Cette petite est la plus jolie fille, une exceptée, que j'aie jamais vue ou connue; et je l'aime d'autant plus qu'elle a dans les traits quelque chose de — d'Elisabeth de Dunbar. Mais elle est fiancée, je parle de Catherine Glover, et elle est sur le point d'épouser Henry l'armurier, homme d'une habileté sans égale dans son état, et qui de plus n'a pas non plus son pareil en champ clos comme homme d'armes. Donner suite à cette intrigue serait faire une trop grave injure à ce brave garçon.

— Votre Altesse n'attendra pas de moi une très vive sollicitude en faveur d'Henry Smith, dit Ramorny en portant les yeux sur son bras blessé.

— Par la croix de saint André, John Ramorny, tu reviens trop souvent sur ton accident! D'autres se contentent de mettre un doigt dans le pâté d'un homme, mais toi, il faut que tu y mettes ta main saignante tout entière. C'est une chose faite et sans remède; — il faut l'oublier.

— Mais c'est vous, mylord, qui y faites allusion plus fréquemment que moi, — par dérision, il est vrai; tandis que moi.... Mais je puis me taire sur ce sujet, si je ne puis l'oublier.

— Hé bien donc, je te dis que j'ai un scrupule au sujet de cette intrigue. Te souviens-tu que lorsque nous fîmes la partie d'aller entendre prêcher le père Clément, ou plutôt voir cette belle hérétique, il parla d'une manière presque aussi touchante qu'un ménestrel du riche qui enlève l'unique agneau du pauvre?

— Grand malheur, en vérité, quand le fils aîné de la femme de ce manant aurait pour père le prince royal d'Écosse! Combien de comtes souhaiteraient le même sort à leurs belles comtesses? et combien y en a-t-il qui ont eu cette bonne fortune-là et qui n'en ont pas plus mal dormi?

— Et si je pouvais prendre la liberté de parler, ajouta le médecin, les anciennes lois d'Écosse accordaient à tout seigneur féodal un privilége de cette sorte sur ses vassales, quoique le manque d'énergie et l'amour de l'argent en aient porté beaucoup à l'échanger contre de l'or.

— Je n'ai pas besoin d'être beaucoup sollicité, reprit le prince, pour me décider à être empressé près d'une jolie femme; mais cette Catherine a toujours été froide pour moi.

— Quant à cela, mylord, si un prince jeune et beau ne sait pas se faire bien venir d'une jolie femme, je n'ai plus rien à dire.

— Et si ce n'était pas une trop grande audace à moi d'ajouter encore un mot, reprit Dwining, je dirais qu'à la connaissance de tout Perth le *Gow Chrom* n'a jamais été l'homme du choix de la jeune fille, mais que ce choix lui a été bel et bien imposé par son père. Je sais pour certain qu'elle l'a refusé à plusieurs reprises.

— Si tu peux assurer cela, le cas est très différent, dit Rothsay. Vulcain était forgeron aussi bien qu'Harry Wynd; il voulut absolument épouser Vénus, et nos chroniques nous disent ce qui en advint.

— Hé bien, puisse lady Vénus vivre et être adorée long-temps, dit sir John Ramorny; et bonne réussite au galant chevalier Mars qui va courtiser la déesse!

Pendant quelques minutes la conversation prit un tour frivole et gai; mais le duc de Rothsay la laissa bientôt tomber. — J'ai laissé derrière moi l'air de ma prison, dit-il, et cependant mon enjouement a peine à renaître. J'éprouve cette espèce de langueur, cette disposition d'esprit non pas désagréable, mais mélancolique, qui nous arrive quand nous sommes épuisés par l'exercice ou rassasiés de plaisir. Un peu de musique en ce moment, qui nous arriverait à l'oreille sans être assez forte pour nous faire lever les yeux, serait une fête digne des dieux.

— Votre Grâce n'a qu'à exprimer un désir, et les nymphes du Tay lui sont aussi favorables que celles de la rive. — Écoutez, — c'est un luth.

— Un luth! dit le duc de Rothsay en prêtant l'oreille; oui vraiment, et touché avec une rare habileté. Il me semble me rappeler cette cadence mourante. Dirigez la barque vers le point d'où part la musique.

— C'est le vieux Henshaw qui remonte le courant, repartit Ramorny. — Holà! batelier!

Le batelier répondit à l'appel et vint se mettre bord à bord avec la barque du prince.

— Oh! oh! mon ancienne amie! s'écria le prince en reconnaissant la figure et l'accoutrement de Louise, la chanteuse provençale. Je crois que je te dois quelque chose pour la frayeur que je t'ai occasionnée, sinon plus, le jour de la Saint-Valentin. Passe dans ma barque, toi, ton luth, ton chien, ton sachet et tout; — je te ferai entrer au service d'une dame qui nourrira jusqu'à ton épagneul de poulet et de canarie.

— J'espère, dit Ramorny, que Votre Altesse songera....

— Je ne songerai à rien qu'à mon plaisir, John. Aie la complaisance d'y songer aussi, je te prie.

— C'est véritablement au service d'une dame que vous voulez me faire entrer? demanda la chanteuse. Et où demeure-t-elle?

— A Falkland, répondit le prince.

— Oh! j'ai ouï parler de cette grande dame-là; et vous voulez véritablement me faire entrer au service de votre royale épouse?

— Oui, sur mon honneur, dit le prince, — quand je la recevrai comme telle. — Remarque la réserve, John, ajouta-t-il à part, s'adressant à Ramorny.

Ceux qui se trouvaient dans la barque entendant cela et en concluant qu'une réconciliation allait avoir lieu entre le royal couple, engagèrent Louise à profiter de sa bonne fortune et à accepter une place parmi les femmes de la suite de la duchesse de Rothsay. Quelques uns lui offrirent un léger tribut pour le plaisir que leur avaient donné ses talents.

Pendant ce court intervalle, Ramorny se penchant vers Dwining lui dit à l'oreille : Allons, drôle, trouve quelque objection. Cette addition est de trop. Que ton esprit s'évertue pendant que je vais dire un mot à Henshaw.

— Si je puis me permettre de parler, dit Dwining, je vous dirai, mylord, en homme qui a étudié en Espagne et en Arabie, que la maladie s est montrée à Edimbourg, et qu'il peut y avoir du risque à admettre en contact avec Votre Altesse cette jeune fille qui court le pays.

— Ha! et que t'importe que je veuille être empoisonné par la peste ou par un apothicaire? Est-ce qu'il faut que toi aussi tu te mettes à la traverse de mes fantaisies?

Tandis que le prince imposait ainsi silence aux remontrances de Dwining, sir John Ramorny avait saisi un instant pour apprendre d'Henshaw que le départ de la duchesse de Rothsay de Falkland était encore tenu secret, et que Catherine Glover y arriverait dans la soirée ou le lendemain matin, s'attendant à y trouver la protection de cette noble dame.

Le duc de Rothsay, profondément enfoncé dans ses réflexions, reçut cette nouvelle si froidement, que Ramorny prit la liberté de lui faire une remontrance. — Voilà, mylord, lui dit-il, qui est jouer à l'enfant gâté de la fortune. Vous désirez la liberté, — elle vous arrive. Vous désirez la beauté, — elle est près de vous, rien qu'avec le délai necessaire pour faire paraître la faveur plus précieuse. Vos moindres désirs sont une loi pour le sort ; car vous désirez de la musique alors qu'il semble impossible d'en avoir, et sur-le-champ un luth et une chanteuse sont à vos ordres. Il faut savoir jouir de ce qui nous est ainsi envoyé, sans quoi nous ressemblons aux enfants gâtés qui brisent et jettent les joujoux qu'ils désiraient à en être malades.

— Pour jouir du plaisir, Ramorny, il faut avoir connu la peine, de même qu'il faut jeûner pour gagner de l'appétit. Nous autres qui pouvons tout avoir à souhait, nous en jouissons peu quand nous le possédons. Vois-tu là haut ce nuage épais qui tout-à-l'heure va se fondre en pluie ? il me semble qu'il me suffoque ; — l'eau me paraît noire et trouble ; — les rives ont perdu leur attrait....

— Mylord, pardonnez à votre serviteur, interrompit Ramorny. Vous vous abandonnez à une imagination active, comme un cavalier malhabile laisse un coursier fougueux aller à la reculade jusqu'à ce qu'il tombe en arrière sur son maître et l'écrase. Je vous en prie, secouez cette léthargie. Cette chanteuse vous fera-t-elle un peu de musique ?

— Je le veux bien, — mais que ce soit une musique triste ; en ce moment toute gaieté me déchirerait l'oreille.

La jeune fille chanta un lai mélancolique composé en franco-normand ; les paroles, dont ce qui suit est une imitation, se mariaient à un air d'un caractère aussi triste qu'elles l'étaient elles-mêmes.

> Oui, tu peux soupirer, et jeter encore un regard sur tout ce qui t'entoure, sur le fleuve et sur ses rives, sur le ciel et sur la campagne. Ta vie est arrivée à son dernier terme : — il te faut mourir.

> Oui, résigne-toi ; et tandis que tu sens encore les derniers battements de tes artères, ordonne au moine gris de murmurer sa messe des morts et de sonner le glas funèbre : — la vie t'abandonne.

> Mais ne crains pas. Ce n'est qu'un moment d'angoisse et une douleur passagère, un accès de fièvre et un frisson, puis la fin de tous les maux humains ; — car tu es mort.

Le prince ne fit aucune observation sur la musique, et Louise, obéissant aux ordres de Ramorny, continua à faire entendre de temps à autre quelques échantillons de son art, jusqu'à ce que la chute du jour amenât de la pluie, d'abord légère et peu sensible, puis enfin très abondante et accompagnée d'un vent piquant. Il n'y avait là ni manteau ni abri pour le prince, qui refusa avec humeur celui que Ramorny lui offrit.

— Ce n'est pas à Rothsay à porter votre défroque, sir John ; — si je suis maintenant exposé à cette neige fondue qui me pénètre jusqu'à la moelle des os, c'est votre faute. Pourquoi vous être permis de mettre la barque au large sans attendre mes gens et mon bagage ?

Ramorny ne chercha pas à s'excuser ; car il savait que le prince était dans une de ces humeurs où il lui était plus agréable de s'étendre sur un grief que de se voir fermer la bouche par une excuse, si raisonnable fût-elle. Au milieu d'un silence d'humeur ou de plaintes à demi contenues, la barque arriva au village pêcheur de Newburgh. Nos voyageurs y prirent terre et y trouvèrent des chevaux tout prêts, précaution que Ramorny avait fait prendre long-temps à l'avance. La qualité de leurs montures fut pour le prince un objet d'amers sarcasmes adressés à Ramorny, tantôt en mots directs, plus fréquemment en plaisanteries mordantes. Enfin tout le monde fut à cheval, et l'on se mit en route à la brune et par la pluie, le prince ouvrant la marche avec une hâte insoucieuse. Louise, à qui, sur l'ordre exprès du prince, on avait aussi donné un cheval, les accompagna, et il fut heureux pour elle qu'accoutumée au mauvais temps et à la marche, tant à cheval qu'à pied, elle fût en état de soutenir aussi bien que les hommes la fatigue d'une chevauchée nocturne. Ramorny était contraint de se tenir à la bride du prince, dans la crainte où il était que quelque nouveau caprice ne le poussât à lui fausser tout-à-fait compagnie, et que se réfugiant chez quelque loyal baron, il n'échappât au piége qui lui était tendu ; aussi souffrit-il durant le voyage au-delà de toute expression, autant d'esprit que de corps.

Enfin ils arrivèrent à la forêt de Falkland, et un rayon de la lune qui perça les nuages leur montra l'énorme et sombre tour, dépendance de la couronne, bien que concédée temporairement au duc d'Albany. A un signal donné, le pont-levis s'abaissa. Des torches illuminèrent l'avant-cour ; des domestiques s'empressèrent auprès des arrivants, et le prince, qu'on aida à descendre de cheval, fut conduit dans un appartement où Ramorny le suivit ainsi que Dwining, dont il le supplia de prendre les avis. Le duc de Rothsay repoussa la proposition, ordonna avec hauteur qu'on préparât son lit, et après être resté quelque temps à grelotter dans ses habits mouillés devant un grand feu, se retira à sa chambre sans dire bonsoir à personne.

— Tu vois maintenant l'humeur bourrue de cet enfant, dit Ramorny à Dwining ; peux-tu t'étonner qu'un serviteur qui a fait pour lu tout ce que j'ai fait se soit lassé d'un pareil maître?

— Non, vraiment, répondit Dwining, il n'y a personne dont cette humeur-là et la promesse du comté de Lindores n'ébranlassent la fidélité. Mais allons-nous commencer dès ce soir? Il porte en lui, si l'œil et les joues disent vrai, le germe d'une fièvre qui facilitera notre besogne, en même temps qu'elle passera ainsi sur le compte de la nature.

— C'est une occasion perdue, dit Ramorny ; mais il faut retarder notre coup jusqu'à ce qu'il ait vu cette beauté, cette Catherine Glover. Elle pourra témoigner plus tard qu'elle l'a vu en bonne santé et maître de ses mouvements peu de temps avant... Tu me comprends?

Dwining fit un signe affirmatif, puis il ajouta :

— Il n'y a pas de temps à perdre ; car il n'est pas difficile de faire périr une fleur qu'une floraison précoce a épuisée.

CHAPITRE XXXI.

> Hélas! c'était un être éhonté, déplorablement adonné à la débauche et aux joies profanes; bien peu de chose sur terre trouvait faveur à ses yeux, sauf les concubines et la compagnie charnelle, et les viveurs de haut et bas degrés. BYRON.

Le lendemain matin l'humeur du duc de Rothsay n'était plus la même. Il se plaignit, à la vérité, de souffrir et d'avoir de la fièvre; mais il semblait en être stimulé plutôt qu'abattu. Il fut familier avec Ramorny; et bien qu'il ne dît rien au sujet de la soirée précédente, il était clair qu'il se rappelait ce qu'il aurait voulu effacer de la mémoire des personnes de sa suite, — la mauvaise humeur qu'il avait alors montrée. Il fut civil pour tout le monde, et plaisanta avec Ramorny sur l'arrivée de Catherine.

— Comme la jolie petite prude va être surprise de se trouver dans une famille d'hommes, quand elle s'attend à être reçue parmi les capuchons et les cornettes des femmes de dame Marjory! Je suppose, Ramorny, que le beau sexe n'est pas très nombreux dans ton établissement?

— Il n'y en a ma foi pas une, répondit Ramorny, à l'exception de la chanteuse et d'une couple de servantes dont nous ne pouvons pas nous passer. A propos, elle s'informe avec anxiété de la maîtresse près de laquelle Votre Altesse a promis de la placer; — dois-je la renvoyer chercher tout à son aise sa nouvelle maîtresse?

— Pas du tout; elle servira à distraire Catherine. Écoute: ne serait-il pas bien de recevoir cette petite coquette précieuse avec quelque chose comme une mascarade?

— Que voulez-vous dire, mylord?

— Tu as l'intelligence obtuse, mon cher. — Nous ne la désappointerons pas, puisqu'elle s'attend à trouver la duchesse de Rothsay; — je serai tout à la fois duc et duchesse.

— Je ne comprends toujours pas.

— Personne n'est plus bête qu'un homme d'esprit qui ne prend pas la piste tout d'abord. Ma duchesse, comme on l'appelle, a été en aussi grande hâte de quitter Falkland que moi d'y arriver. Nous avons tous les deux laissé notre bagage après nous. Il y a dans la garde-robe attenante à ma chambre à coucher assez d'attirail féminin pour équiper toute une mascarade. Vois-tu, je prendrai le rôle de dame Marjory, placé sur ce lit de repos avec un voile de deuil et une guirlande de saule, pour indiquer mon état d'abandon ; toi, John, tu te donneras l'air assez roide et assez empesé pour qu'on puisse te prendre pour sa fille d'honneur galvégienne, la comtesse Hermigild; et Dwining représentera la vieille Hécate, sa nourrice, — sauf qu'elle a plus de barbe à la lèvre que Dwining sur toute la face, et sur le crâne par dessus le marché. Il faudrait qu'il se procurât une barbe pour représenter convenablement son personnage. Fais venir tes filles de cuisine et ce que tu as avec toi de pages passables, pour faire mes femmes de chambre. As-tu entendu? — mets-t'y sur-le champ.

Ramorny se hâta d'aller à l'antichambre raconter à Dwining l'invention du prince.

— Charge-toi de satisfaire le caprice de ce fou, lui dit-il ; moi je ne me soucie pas de le voir beaucoup, sachant ce qui va arriver.

— Reposez-vous de tout sur moi, dit le médecin en haussant les épaules. Quelle sorte de boucher est celui-là qui peut bien couper la gorge à un agneau, mais qui a peur de l'entendre bêler?

— C'est bon! ne crains pas que je manque de fermeté ; — je ne saurais oublier qu'il voulait me jeter dans un cloître, avec aussi peu de cérémonie qu'il aurait jeté le tronçon d'une lance brisée. Va à ton affaire. — Un moment! — avant d'aller disposer cette sotte mascarade, il faut imaginer quelque chose pour tromper cet esprit épais de Charteris. Il serait homme, si on le laissait dans la croyance que la duchesse de Rothsay est encore ici et que Catherine Glover est près d'elle, à venir offrir ses services, ses respects, etc., et je n'ai pas besoin de te dire que sa présence serait gênante. — Cela est même d'autant plus probable que certaines gens ont donné un nom plus chaud au patronage délicat que cette tête de fer de chevalier accorde à cette damoiselle.

— Là-dessus, laissez-moi le soin de ce qui le regarde. Je vais lui écrire de telle sorte, que d'ici à un mois il sera aussi disposé à faire un voyage en enfer qu'à venir à Falkland. — Pouvez-vous me dire le nom du confesseur de la duchesse?

— Waltheof, un frère gris.

— Suffit, — je pars de là.

Au bout de quelques minutes, car c'était un clerc d'une célérité rare, Dwining eut achevé une lettre qu'il remit entre les mains de Ramorny.

— Voilà qui est admirable et qui aurait fait ta fortune près de Rothsay ; — je crois que j'aurais été trop jaloux pour te laisser dans sa maison, n'était-ce qu'il est à son dernier jour.

— Lisez haut, dit Dwining, que nous puissions juger si cela va couramment. Et Ramorny lut ce qui suit : « Par ordre de notre haute et puissante princesse Marjory, duchesse de Rothsay, etc., nous, Waltheof, frère indigne de l'ordre de Saint-François, te faisons savoir, sir Patrick

Charteris, chevalier de Kinfauns, que Son Altesse s'étonne beaucoup de la témérité que tu as eue de lui envoyer une femme de la réputation de laquelle elle ne peut avoir qu'une mince idée, attendu que sans nécessité aucune elle a résidé pendant une semaine et plus dans ton château, sans y avoir la compagnie d'aucune autre femme que des servantes : cohabitation impure, dont le bruit s'est répandu dans le Fife, l'Angus et le Perthshire. Néanmoins, regardant le cas comme un exemple de la fragilité humaine, Son Altesse n'a pas fait fustiger avec des orties cette éhontée, et ne lui a même pas imposé de pénitence ; mais comme deux bons frères du couvent de Lindores, les pères Thickskul et Dundermore, ont été appelés dans les Highlands par une mission spéciale, Son Altesse a commis à leurs soins cette Catherine, avec charge de la reconduire à son père, qu'elle sait résider près du Loch Tay, et sous la protection duquel elle sera dans une situation plus convenable à sa condition et à ses habitudes qu'au château de Falkland, tant que Son Altesse la duchesse de Rothsay s'y trouvera. Elle a recommandé auxdits révérends frères de traiter la jeune personne de manière à lui faire sentir ce que c'est que le péché d'incontinence, et elle te recommande à toi-même la confession et la pénitence. — Signé Waltheof, par ordre de haute et puissante princesse.... » etc.

— Excellent ! — excellent ! s'écria Ramorny après avoir lu. Cette admonition inattendue fera devenir Charteris fou ! Depuis long-temps il rend une sorte d'hommage à cette dame ; et se voir suspecter d'incontinence alors qu'il s'attendait à recueillir pleinement l'honneur d'une action charitable, le confondra tout-à-fait. Comme tu disais, il se passera du temps avant qu'il vienne ici s'informer de la damoiselle ou rendre ses devoirs à lady Rothsay. — Mais va t'occuper de ta mascarade, pendant que je vais préparer ce qui clora à jamais la fête.

Il était une heure avant midi quand Catherine, escortée du vieux Henshaw et d'un valet du chevalier de Kinfauns, arriva devant la cour seigneuriale de Falkland. Sur la grande bannière qui y était déployée on voyait les armes de Rothsay ; les domestiques qui se montrèrent portaient la livrée de la maison du prince : tout confirmait la croyance générale que la duchesse y résidait toujours. Le cœur de Catherine lui battit, car elle avait ouï dire que la duchesse avait l'orgueil aussi bien que le courage éminent de la maison de Douglas, et elle ne savait trop quel accueil elle allait en recevoir. A son entrée dans le château, elle remarqua que la suite était moins nombreuse qu'elle ne s'y était attendue ; mais comme la duchesse vivait dans une retraite absolue, elle en fut peu surprise. Dans une espèce d'antichambre elle fut reçue par une petite vieille, qui semblait courbée par l'âge, et qui s'appuyait sur une canne d'ébène.

— Véritablement, tu es la bien-venue, ma belle enfant, lui dit la vieille en l'embrassant ; tu es la bien-venue, je puis dire, dans une mai-

CHAPITRE XXXI.

son affligée; et j'espère (l'embrassant une seconde fois) que tu seras une consolation pour ma précieuse et royale fille la duchesse. Assieds-toi, mon enfant, pendant que je vais aller voir si mylady est loisible de te recevoir. Ah, mon enfant ! tu es charmante en vérité, si Notre Dame t'a donné une âme appareillée à un si beau corps.

Sur ce, la prétendue vieille entra en traînant la jambe dans la chambre voisine, où elle trouva Rothsay costumé comme il l'avait projeté, et Ramorny, qui s'était excusé de prendre part à la mascarade, sous ses vêtements ordinaires.

— Tu es un précieux coquin, sire docteur, lui dit le prince; sur mon honneur ! je crois que tu aurais le cœur à jouer la pièce entière à toi tout seul, le rôle d'amant avec les autres.

— Si c'était pour en sauver l'embarras à Votre Altesse, repartit le médecin avec le rire contenu qui lui était habituel.

— Non, non, répliqua Rothsay, je n'aurai pas besoin de ton aide, mon cher. — Dis-moi maintenant : Quel air ai-je, ainsi placé sur le lit de repos? — je ressemble bien à une dame languissante, hein?

— Le teint un peu trop beau et les traits un peu trop doux pour bien ressembler à lady Marjory de Douglas, si j'ose parler ainsi.

— Retire-toi, drôle, et fais entrer ce beau glaçon. — Ne crains pas qu'elle me trouve efféminé. — Et toi, Ramorny, retire-toi aussi.

Au moment où le chevalier sortait par une porte, la prétendue vieille introduisait Catherine Glover par une autre. On avait eu soin de ne laisser pénétrer dans la pièce qu'un demi-jour, de sorte que Catherine vit sans le moindre soupçon la fausse lady Marjory étendue sur la couche.

— Est-ce là la jeune fille? demanda Rothsay d'une voix naturellement douce et dont il eut soin en ce moment de baisser le ton ; — fais-la approcher, Griselda, pour nous baiser la main.

La fausse nourrice fit avancer près de la couche la jeune fille tremblante, et lui fit signe de s'agenouiller. Catherine obéit, et baisa avec beaucoup de respect et de simplicité la main gantée que lui tendait la soi-disant duchesse.

— Ne soyez pas effrayée, reprit la même voix harmonieuse; vous ne voyez en moi qu'un triste exemple de la vanité des grandeurs humaines. — Heureux, mon enfant, ceux que leur condition place au-dessous des orages d'État !

Tout en parlant, il avait passé son bras autour du cou de Catherine, et il l'attirait à lui, comme pour l'embrasser en signe de bienvenue. Mais le baiser fut donné avec une chaleur qui dépassait tellement le rôle de la belle protectrice, que Catherine, s'imaginant que la duchesse avait perdu l'esprit, poussa un cri perçant.

— Paix, folle! dit le prince ; c'est moi, — David de Rothsay.

Catherine regarda autour d'elle : — la nourrice était partie; et le duc arrachant le voile qui le déguisait, elle se vit au pouvoir d'un libertin jeune et audacieux.

— Que le Ciel me protège! pensa-t-elle; et il me protégera si je ne m'abandonne pas moi-même.

Armée de cette résolution, elle contint les cris qu'elle avait été prête à pousser, et, autant qu'il lui fut possible, elle s'efforça de cacher sa crainte.

— La plaisanterie est finie, dit-elle avec autant d'assurance qu'elle en put prendre; puis-je maintenant prier Votre Altesse de me lâcher? — car il continuait de lui tenir le bras.

— Allons, ma gentille captive, ne lutte pas; — que peux-tu craindre?

— Je ne lutte pas, mylord. Puisqu'il vous plaît de me retenir, je ne veux pas, en luttant, vous provoquer à me traiter mal, et vous causer de la peine à vous-même quand vous aurez eu le temps de réfléchir.

— Comment, traîtresse! tu m'as retenu captif pendant des mois entiers; ne veux-tu pas que je te tienne un moment?

— Dans les rues de Perth, mylord, où je pourrais vous écouter ou m'échapper à volonté, ce serait de la galanterie; — ici, c'est de la tyrannie.

— Et si je te laisse aller, où t'enfuiras-tu? Les ponts sont levés, — les herses baissées, — et les gens qui me suivent sont étrangement sourds aux cris d'une petite revêche. Ainsi donc, sois complaisante, et tu sauras ce que c'est que d'obliger un prince.

— Lâchez-moi, mylord, et laissez-moi en appeler de vous à vous-même, — de Rothsay au prince d'Écosse. — Je suis la fille d'un humble mais honnête citadin. Je suis, je puis presque dire, l'épouse d'un brave et honnête homme. Si j'ai donné à Votre Altesse quelque encouragement pour ce que vous avez fait, ç'a été sans intention. Ainsi donc, je vous en supplie, n'usez pas de votre pouvoir sur moi, et laissez-moi partir. Votre Altesse ne pourra rien obtenir de moi que par des moyens également indignes d'un chevalier et d'un homme.

— Vous êtes hardie, Catherine, repartit le prince; mais ni comme chevalier ni comme homme je ne puis refuser un défi. Il faut que je vous apprenne quel risque on court à en faire de tels.

En même temps il chercha à l'entourer de nouveau de ses bras; mais elle échappa à son étreinte, et reprit du même ton ferme et décidé:

— J'aurai autant de forces, mylord, pour me défendre dans une honorable lutte, que vous en pourrez avoir pour m'attaquer dans des intentions déshonorantes. Ne nous forcez pas à rougir tous les deux en les mettant à l'épreuve. Vous pouvez m'étourdir sous les coups, ou appeler à votre aide pour venir à bout de moi; mais autrement vous échouerez dans votre dessein.

— Pour quelle brute vous me prenez, Catherine! La force dont j'userais est seulement celle dans laquelle les femmes trouvent une excuse à leur propre faiblesse.

Il s'assit avec quelque émotion.

— En ce cas, reprit Catherine, gardez-la pour ces femmes qui désirent une pareille excuse. Ma résistance est celle de l'esprit le plus déterminé qu'aient jamais inspiré l'amour de l'honneur et la crainte de la honte. Hélas, mylord! s'il arrivait que vous pussiez réussir, vous briseriez tous les liens entre moi et la vie, — entre vous-même et l'honneur. J'ai été amenée ici par trahison, par des ruses que j'ignore; mais si je devais sortir d'ici déshonorée, ce serait pour dénoncer à l'Europe entière celui qui aurait détruit mon bonheur. Je prendrais en main le bâton de pèlerin; et partout où la chevalerie est honorée, partout où on a ouï prononcer le nom d'Écosse, je proclamerais l'héritier de cent rois, le fils du pieux Robert Stuart, l'héritier de l'héroïque Bruce, — je le proclamerais un homme sans honneur et sans foi, indigne de la couronne qu'il attend et des éperons qu'il porte. Il n'est pas une dame dans toute l'Europe qui ne crût déshonorer ses lèvres en prononçant votre nom; — il n'est pas un honorable chevalier qui ne vous regardât comme un misérable parjure et déshonoré, qui aurait manqué au premier vœu des armes, la protection de la femme et la défense du faible.

Rothay reprit son siége, et la regarda d'un air où la colère se mêlait à l'admiration. — Vous oubliez à qui vous parlez, jeune fille, dit-il enfin. Sachez que la distinction que je vous ai offerte serait reçue avec gratitude par des centaines de femmes dont vous êtes née pour porter la queue.

— Encore une fois, mylord, gardez ces faveurs pour celles de qui elles seront prisées; ou plutôt réservez votre temps et votre santé pour de plus nobles objets, — pour la défense de votre pays et le bonheur de vos peuples. Hélas, mylord! avec quelle joie une nation tout entière vous recevrait pour chef! — comme le peuple se presserait autour de vous, si vous montriez le désir de vous mettre à sa tête contre l'oppression du puissant, la violence de ceux qui se mettent au-dessus des lois, la séduction des hommes vicieux et la tyrannie des hypocrites!

Le duc de Rothsay, dont les sentiments vertueux étaient aussi faciles à exciter qu'ils étaient peu stables en lui, fut électrisé par l'enthousiasme avec lequel Catherine avait parlé. — Pardonne-moi si je t'ai alarmée, jeune fille, lui dit-il; tu as l'âme trop noble pour être le jouet du plaisir d'un moment, auquel ma méprise te destinait; et moi, alors même que ta naissance serait au niveau de ton noble esprit et de ta beauté supérieure, je n'aurais pas un cœur à te donner : car c'est seulement par l'hommage du cœur qu'une femme telle que toi doit être courtisée. Mes espérances ont été flétries, Catherine; — la seule femme que j'aie jamais aimée m'a été arrachée par une politique dépravée, et on m'a imposé une femme qu'il me faudra à jamais détester, aurait-elle l'amabilité et la douceur qui peuvent seules rendre une femme agréable à mes yeux. Ma santé s'est évanouie dès ma première jeunesse; il ne me reste plus qu'à arracher les quelques fleurs que peut maintenant m'offrir le court passage de la vie au tombeau. Regardez mes joues creusées par la fièvre; — voyez, si vous voulez, comme mon pouls est irrégulier; et ayez pitié de moi, et excusez-moi, si parfois, moi dont les droits comme prince et comme homme ont été foulés aux pieds et usurpés, j'éprouve de l'indifférence pour les droits des autres, et si je me laisse aller au désir égoïste de satisfaire le désir du moment.

— Oh, mylord! s'écria Catherine avec l'enthousiasme qui appartenait à son caractère, — je vous appellerai mon cher lord, — car l'héritier de Bruce doit être cher à tous les enfants de l'Écosse, — que je ne vous entende point parler ainsi, je vous en prie! Votre glorieux ancêtre endura l'exil, la persécution, des nuits de famine et des jours de combats inégaux, pour affranchir son pays; — sachez prendre sur vous la force de la même abnégation pour vous affranchir vous-même. Arrachez-vous à ceux qui cherchent à s'aplanir le chemin des grandeurs en alimentant vos folies. Méfiez-vous de ce ténébreux Ramorny! — Vous ne savez pas cela, j'en suis sûre, — vous ne pouvez pas le savoir; mais le misérable qui a pu pousser la fille au déshonneur en menaçant la vie de son vieux père, celui-là est capable de tout ce qui est vil, — il est capable de toutes les trahisons!

— Ramorny a fait cela?

— Il l'a fait, mylord, et il n'osera pas le nier.

— C'est ce que l'on examinera. Il a perdu l'amitié que j'avais pour lui; mais il a beaucoup souffert à cause de moi, et je dois voir ses services honorablement récompensés.

— *Ses services!* Ah, mylord! si les chroniques disent vrai, de pareils services amenèrent la ruine de Troie et mirent les Infidèles en possession de l'Espagne!

— Paix, jeune fille! Parlez avec mesure, je vous prie, dit le prince en se levant. Notre conférence se termine ici.

— Un mot encore, mylord duc de Rothsay, reprit Catherine d'un ton animé, sa belle physionomie ressemblant à celle d'un ange descendu du ciel pour conseiller et diriger un mortel : — je ne puis dire ce qui me pousse à parler avec cette hardiesse, mais le feu brûle en moi, et il fera explosion. Quittez ce château sans une heure de retard! L'air n'en est pas sain pour vous. Renvoyez ce Ramorny avant que la journée soit de dix minutes plus vieille! Sa compagnie est des plus dangereuses.

— Quelle raison avez-vous pour dire cela?

— Aucune en particulier, répondit Catherine, presque intimidée de sa propre véhémence : — aucune, peut-être, excepté mes craintes pour votre sûreté.

CHAPITRE XXXI.

— L'héritier de Bruce ne doit pas prêter l'oreille à des craintes vagues. Holà! qui est de service au-dehors?

Ramorny entra et s'inclina profondément devant le duc et la jeune fille, que peut-être il regardait comme devant probablement être promue au rang de sultane favorite, et conséquemment ayant droit à un salut respectueux.

— Ramorny, lui dit le prince, y a-t-il dans la maison une femme de bonne réputation qui puisse rester près de cette jeune fille jusqu'à ce que nous puissions l'envoyer là où elle désirera aller?

— Je crains, répondit Ramorny, s'il ne déplaît pas à votre Altesse d'entendre la vérité, que votre maison ne soit assez mal pourvue en ce genre; pour dire la simple vérité, je crois que la chanteuse est parmi nous celle qui a le plus de décorum.

— Qu'elle reste donc près de cette jeune personne, puisqu'on ne peut mieux faire. — Et vous, jeune fille, prenez patience pour quelques heures.

Catherine se retira.

— Ainsi, mylord, vous vous séparez déjà de la Jolie Fille de Perth? C'est véritablement l'abus de la victoire.

— Il n'y a ici ni victoire ni défaite, répliqua le prince d'un ton sec. La petite ne m'aime pas, et je ne l'aime pas non plus assez pour me donner la peine de vaincre ses scrupules.

— La chaste Malcolm! La Vierge a revécu dans une de ses descendantes!

— De grâce, monsieur, trêve à votre esprit, reprit le prince, ou choisissez un autre sujet pour lui donner carrière. Il est midi, je crois, et vous m'obligerez en ordonnant de servir le dîner.

Ramorny quitta la chambre; mais Rothsay crut avoir aperçu un sourire sur sa physionomie; et se voir l'objet des sarcasmes de cet homme lui causa un degré de contrariété peu ordinaire. Il invita néanmoins le chevalier à sa table, et accorda même aussi cet honneur à Dwining. La conversation fut d'une gaieté qui allait jusqu'à la licence; le prince lui-même encourageant ce ton comme s'il avait voulu donner un contre-poids à la sévérité de principes qu'il avait affichée le matin, sévérité que Ramorny, qui avait lu les vieilles chroniques, eut la hardiesse de comparer à la continence de Scipion.

Malgré la faible santé du duc, le repas se prolongea fort au-delà des bornes de la tempérance; et soit la force du vin qu'il but, soit chez lui faiblesse de constitution, soit plutôt, ce qui est probable, que les derniers verres eussent été frelatés par Dwining, il arriva que vers la fin du repas le prince tomba dans un sommeil léthargique dont il semblait impossible qu'on pût le tirer. Sir John et Ramorny le portèrent jusqu'à sa chambre sans vouloir d'autre assistance que celle d'un autre personnage qui sera nommé plus tard.

Le lendemain matin on annonça que le prince avait été attaqué d'une maladie contagieuse; et pour empêcher que la contagion ne se répandît parmi les gens de la maison, on n'admit près de lui que son ci-devant grand-écuyer, le médecin Dwining et le domestique déjà mentionné. L'un des trois paraissait toujours être dans l'appartement, pendant que les deux autres apportaient dans leurs rapports avec le reste de la maison un degré de précaution assez strict pour entretenir la croyance qu'il était dangereusement malade d'une affection contagieuse.

CHAPITRE XXXII.

> Dans les longues soirées d'hiver assieds-toi près du feu avec les bonnes vieilles gens, et fais-leur te raconter des histoires des malheurs d'autrefois, et avant de leur souhaiter le bonsoir, pour t'acquitter avec eux tu leur raconteras ma lamentable chute. *Richard II*, acte v, sc. 1re.

Le sort de l'imprudent héritier de la couronne d'Ecosse avait été bien différent de ce qu'on avait publiquement annoncé à Falkland. Son ambitieux oncle avait résolu sa mort, comme moyen d'éloigner la première et la plus formidable barrière qui s'élevât entre sa propre famille et le trône. James, le plus jeune fils du roi, n'était qu'un enfant que l'on pourrait aisément écarter plus à loisir. Les vues d'agrandissement de Ramorny, et le ressentiment que dans ces derniers temps il avait conçu contre son maître, firent de lui un agent tout disposé à coopérer à la perte du jeune Rothsay. La cupidité de Dwining, jointe à la méchanceté naturelle de son caractère, le mettaient également en avant. Il avait été décidé, avec la cruauté la plus froidement calculée, qu'on devrait éviter avec soin tout moyen qui pourrait laisser après lui quelque trace de violence, et laisser sa vie s'éteindre d'elle-même par les privations de tout genre auxquelles on soumettrait une constitution faible et appauvrie. Le prince d'Écosse ne devait pas être assassiné, selon la propre expression de Ramorny en une autre occasion; — il devait seulement cesser de vivre.

La chambre à coucher qu'occupait Rothsay dans la Tour de Falkland était parfaitement adaptée à l'exécution de cet horrible projet. Un petit escalier très étroit, dont l'existence était à peine connue, conduisait de là au moyen d'une trappe aux cachots souterrains du château, par un passage dont se servait le seigneur féodal quand il voulait visiter, secrètement et déguisé, les habitants de ces misérables régions. Ce fut par cet escalier que les scélérats, profitant de l'état d'insensibilité du prince, le portèrent jusqu'au cachot le plus bas du château, cachot assez profondément enfoncé dans les entrailles de la terre pour que ni cris ni gémissements, du moins on le supposait, ne pussent s'en faire entendre, tandis que la solidité de la porte, des gonds et de la serrure aurait long-temps défié tous les efforts, lors même que l'entrée aurait pu être découverte.

Bonthron, qui avait été tout exprès sauvé du gibet, fut l'agent empressé de la cruauté sans égale de Ramorny envers le maître qu'il avait égaré et trahi.

Ce misérable retourna au cachot précisément à l'instant où le prince commençait à sortir de sa léthargie, et que recouvrant la sensation il s'était senti glacé d'un froid mortel, hors d'état de se mouvoir, et chargé de fers qui lui permettaient à peine de quitter la paille humide sur laquelle on l'avait étendu. Sa première idée fut qu'il était en proie à un horrible rêve : — sa seconde pensée apporta à son esprit un augure confus de la vérité. Il appela, il poussa des cris, — il finit par proférer des hurlements frénétiques : — nulle assistance ne lui vint, et les voûtes du cachot lui répondirent seules. L'agent de l'enfer entendait ces cris d'agonie, et de sang-froid il les recueillait comme une sorte de compensation des sarcasmes et des injures par lesquels le prince lui avait manifesté son aversion instinctive. Quand, épuisé et perdant tout espoir, le malheureux jeune homme se tut enfin, le barbare résolut de s'offrir aux yeux de son prisonnier. La clef tourna dans la serrure, et la chaîne qui retenait la porte tomba. — Le prince se souleva autant que ses fers le lui permirent; une lueur rougeâtre, à laquelle il fut contraint de fermer les yeux, se répandit dans le cachot, et quand il les rouvrit ce fut pour les arrêter sur les ignobles traits d'un homme qu'il avait tout lieu de croire mort. Il retomba en arrière avec horreur. — Je suis jugé et condamné! s'écria-t-il, et le plus abominable démon de l'enfer est envoyé pour me tourmenter.

— Je suis en vie, mylord, dit Bonthron; et pour que vous puissiez vivre aussi et jouir de la vie, veuillez vous asseoir et manger vos provisions.

— Ote-moi ces fers, reprit le prince, — sors-moi de ce cachot, et tout chien que tu es, tu seras l'homme le plus riche d'Écosse.

— Quand vous voudriez me donner le poids de vos fers en or, j'aimerais mieux voir le fer sur vous que d'avoir le trésor! — Mais regardez : — vous aimiez à faire bonne chère ; — voyez celle que je vous ai préparée. En même temps, avec un sourire infernal, le misérable déploya le morceau de cuir qui enveloppait un paquet qu'il avait sous son bras, et faisant passer à plusieurs reprises la lumière de sa lampe devant l'objet qu'il apportait, il montra au malheureux prince une tête de bœuf fraîchement séparée du corps, ce qui est connu en Écosse comme le signe d'une mort certaine. Il la posa au pied du lit, ou plutôt de la litière sur laquelle le prince était gisant. — Ménagez-la bien, ajouta-t-il, car il est probable qu'il se passera du temps avant que vous ayez un autre repas.

— Dis-moi seulement une chose, misérable. Ramorny connaît-il le traitement qu'on me fait éprouver?

— Sans cela, comment t'aurait-on attiré ici? Pauvre bécasse! tu es pris au piége.

CHAPITRE XXXII.

A ces mots la porte se referma, les verrous résonnèrent, et le malheureux prince se retrouva dans les ténèbres, la solitude et le désespoir.
— O mon père! s'écria-t-il, — ta parole a été prophétique! — Le bâton sur lequel je m'appuyais s'est changé en lance!

Nous ne nous étendrons pas sur les heures, et même sur les jours qu'il passa ensuite livré aux souffrances du corps et aux angoisses du désespoir.

Mais la volonté du Ciel n'était pas qu'un si grand crime s'accomplît impunément.

Catherine Glover et la chanteuse, négligées par les autres habitants du château, qui semblaient n'être occupés que de la situation du prince, ne purent cependant obtenir la permission d'en sortir avant qu'on n'eût vu comment se terminerait cette maladie alarmante, et si c'était réellement une affection contagieuse. Forcées de se faire société l'une à l'autre, ces deux femmes désolées devinrent compagnes, sinon amies; et l'union devint un peu plus intime quand Catherine eut découvert que c'était précisément cette chanteuse à cause de laquelle Henry Wynd avait encouru son déplaisir. Elle entendit alors la complète justification de son futur, et prêta une oreille avide aux louanges dont Louise chargeait son brave protecteur. Louise, de son côté, qui sentait la supériorité de Catherine quant à la condition et à la réputation, s'arrêtait volontiers sur un sujet qui semblait lui plaire, et elle consigna l'expression de sa reconnaissance envers le courageux Smith dans la petite chanson de *Brave et loyal*, qui a été long-temps en Écosse une chanson favorite.

> O Toque Bleue brave et loyale, qui ne connus jamais ni peur ni fausseté; toi dont le cœur était fidèle á sa parole, toi dont le bras ne trahit jamais l'épée : — j'ai parcouru l'Europe d'une mer á l'autre, mais il n'y a qu'une Toque Bleue!
>
> J'ai vu les prouesses des fiers champions d'Allemagne; — j'ai vu les valeureux chevaliers de France, sans rivaux pour manier la lance et l'épée; — j'ai vu les fils de la loyale Angleterre manier la hache et tendre l'if. — J'ai parcouru le beau pays de France et la libre Angleterre, mais il n'y a qu'une Toque Bleue '

Bref, quoique en toute autre circonstance la profession peu recommandable de la chanteuse eût été pour Catherine un empêchement à ce qu'elle en fît volontairement sa compagnie, néanmoins, forcées comme elles l'étaient alors de rester ensemble, elle trouva en Louise une compagne humble et complaisante.

Elles passèrent ainsi quatre ou cinq jours, et afin d'éviter autant que possible les regards et peut-être l'incivilité des domestiques dans les offices, elles préparaient elles-mêmes leur nourriture dans l'appartement qu'elles occupaient. Dans les rapports qu'il leur fallait absolument avoir avec les domestiques, Louise, plus habituée aux expédients, plus hardie par habitude, et mue du désir de plaire à Catherine, prenait volontiers pour elle l'embarras d'aller se faire remettre à la panneterie les éléments de leurs frugals repas, qu'elle se chargeait ensuite d'arranger avec la dextérité propre à son pays.

Le sixième jour, Louise était descendue à cet effet un peu avant midi, et le désir de respirer un air frais, ou l'espoir de trouver quelque salade ou quelques légumes, ou au moins une fleur précoce pour en parer leur table, l'avait conduite dans le petit jardin dépendant du château. Quand elle remonta, ses traits étaient d'une pâleur livide et son corps était agité d'un tremblement universel. Sa terreur gagna aussitôt Catherine, qui put à peine trouver la force de demander quel nouveau malheur était arrivé.

— Le duc de Rothsay est mort?

— Pis que cela! on le fait mourir de faim.

— Tu es folle, Louise!

— Non, non, non, non! dit Louise à voix basse, et précipitant tellement ses paroles, que Catherine avait peine à en saisir le sens. — J'étais à chercher des fleurs pour parer votre potage, parce que vous m'avez dit hier que vous les aimiez; — mon pauvre petit chien, qui était entré dans un buisson d'ifs et de houx qui ont poussé parmi de vieilles ruines tout près de la muraille du château, est venu à moi en hurlant et geignant. Je me suis glissée dans le fourré pour voir ce que ce pouvait être; — et qu'ai-je entendu? des gémissements venant comme de quelqu'un qui serait à l'extrémité, mais si faibles, qu'ils semblaient sortir des profondeurs de la terre. A la fin je me suis assurée que le son arrivait par une petite ouverture de la muraille recouverte de lierre; et en approchant mon oreille tout près, j'ai pu entendre distinctement la voix du prince qui disait : Cela ne peut maintenant durer long-temps; et alors le son s'est affaibli en une espèce de murmure, comme une prière.

— Juste Ciel! — lui avez-vous parlé?

— Je lui ai dit : — Est-ce vous, mylord? — et il a répondu : Qui se moque de moi avec ce titre? — Je lui ai demandé si je pouvais le secourir, et il a répondu d'une voix que je n'oublierai jamais : A manger! — à manger! — je meurs de faim! Alors je suis revenue ici pour vous dire cela. — Que faire? — Allons-nous donner l'alarme dans la maison?....

— Hélas! dit Catherine, il est probable que ce serait le perdre plutôt que l'aider.

— Que faire, donc?

— Je n'en sais rien encore, répondit Catherine, prompte et hardie dans les occasions importantes, quoique ayant dans l'esprit moins de ressources que sa compagne pour les occasions ordinaires. — Je n'en

sais rien encore, — mais nous ferons quelque chose; — le sang de
Bruce ne mourra pas sans secours.

A ces mots elle saisit précipitamment le vase qui contenait leur soupe,
ainsi que la viande avec laquelle elle avait été faite, enveloppa dans un
pan de son plaid quelques galettes minces qu'elle avait elle-même fait
cuire, et faisant signe à sa compagne de la suivre avec un petit pot de
lait qui faisait aussi partie de leurs provisions, elle se dirigea en toute
hâte vers le jardin.

— Oho! voilà notre belle vestale dehors, dit un domestique, le seul
des habitants du château qu'elle rencontra ; mais Catherine passa outre
sans prendre garde à lui ni lui répondre, et ne trouva pas d'autre interruption jusqu'au petit jardin.

Louise lui indiqua un monceau de ruines attenant au mur du château,
et qui était recouvert de broussailles. Il y avait probablement eu là autrefois quelque bâtisse en saillie, à l'intérieur de laquelle donnait la petite ouverture destinée à renouveler l'air du cachot. Mais cette ouverture avait été quelque peu agrandie par la dégradation du mur, de
sorte qu'elle laissait arriver dans les profondeurs du donjon un faible
rayon de lumière, dont ne pouvaient s'apercevoir ceux qui y pénétraient à la lueur d'une torche.

— Il y règne un silence de mort, dit Catherine après avoir prêté
pendant un moment une oreille attentive. — Dieu du Ciel! il n'existe
plus.

— Il nous faut risquer quelque chose, repartit sa compagne ; et ses
doigts coururent légèrement sur les cordes de sa guitare.

Un soupir fut la seule réponse qui partit du fond du cachot. Catherine
s'aventura alors à parler. — Je suis ici, mylord; — je suis ici avec de
la nourriture.

— Ha! Ramorny? — la plaisanterie vient trop tard ; — je me meurs.

Son esprit est égaré, et ce n'est pas étonnant, pensa Catherine ; mais
tant qu'il y a de la vie il peut y avoir de l'espoir.

— C'est moi, mylord, moi, Catherine Glover; — je vous apporte
de quoi manger, mais je ne sais comment vous le faire passer.

— Le Ciel te bénisse, jeune fille ! Je croyais que la souffrance était
passée, mais je la sens renaître au mot de nourriture.

— La nourriture est ici, mais comment, — oh! comment vous la
passer? L'ouverture et si étroite et le mur si épais! Pourtant il y a un
moyen, — je le tiens. — Promptement, Louise! Coupez-moi une
branche d'osier, la plus longue que vous pourrez trouver.

Louise obéit, et au moyen d'une fente pratiquée à un des bouts de la
baguette, Catherine passa plusieurs morceaux de galette trempée dans
le bouillon, et qui servirent tout à la fois à apaiser chez le prisonnier
les angoisses de la faim et de la soif.

Le malheureux jeune homme en mangea peu, et avec difficulté ; mais il appela mille bénédictions sur la tête de celle qui lui apportait ce secours. — Je t'avais destinée à être la victime de mes vices, dit-il, et pourtant tu cherches à me sauver la vie ! Mais éloigne-toi ; crains qu'on ne te surprenne.

— Je reviendrai avec de la nourriture dès que j'en verrai l'occasion, repartit Catherine. En ce moment Louise la tira par la manche pour l'avertir de garder le silence et de se tenir cachée.

Toutes les deux se couchèrent au milieu des ruines, d'où elles entendirent la voix de Ramorny en conversation intime avec le médecin.

— Il est plus fort que je ne pensais, disait le premier. Combien de temps Dalwolsy tint-il, quand le chevalier de Liddesdale l'emprisonna dans son château de l'Ermitage?

— Une quinzaine, répondit Dwining ; mais c'était un homme vigoureux, et il fut un peu soutenu par du grain qui tombait d'un grenier au-dessus de sa prison.

— Ne vaudrait-il pas mieux finir cela d'une manière plus expéditive? Douglas-le-Noir vient de ce côté. Il n'est pas dans le secret d'Albany, et il demandera à voir le prince. Il *faut* que tout soit fini avant qu'il n'arrive.

Ils s'éloignèrent en continuant leur affreux entretien.

— Maintenant regagnons la Tour, dit Catherine à sa compagne quand elle vit qu'ils avaient quitté le jardin. J'avais un plan d'évasion pour moi ; — je le ferai servir à sauver le prince. La laitière arrive ordinairement au château vers l'heure des vêpres, et habituellement elle laisse sa mante dans le passage pendant qu'elle va porter le lait à l'office. Tu prendras la mante, tu t'en envelopperas bien, et tu passeras hardiment devant le portier ; d'ordinaire il est ivre à cette heure-là, et si ton allure ne trahit pas d'incertitude tu traverseras sans qu'on t'arrête la porte et le pont-levis. Alors va à la rencontre de Douglas-le-Noir : c'est notre secours le plus proche, ou plutôt notre seul secours.

— Mais n'est-ce pas ce terrible lord qui m'a menacée d'un châtiment honteux ?

— Crois bien, répliqua Catherine, que jamais femme de ta classe n'est restée une heure dans la mémoire de Douglas, ni en bien ni en mal. Dis-lui que son gendre le prince d'Écosse se meurt — que des traîtres le font mourir de faim — dans le château de Falkland, et tu n'auras pas seulement mérité ton pardon, mais encore une récompense.

— Je me soucie peu de la récompense ; le fait portera sa récompense avec lui. Mais il me semble que rester ici est plus dangereux que de partir ; — laissez-moi donc demeurer pour nourrir l'infortuné prince, et vous, allez chercher du secours. S'ils me tuent avant que vous ne reveniez, je vous laisse mon pauvre luth, et je vous prie d'être bonne pour mon pauvre Charlot.

CHAPITRE XXXII.

— Non, Louise, repartit Catherine, vous êtes une voyageuse plus privilégiée et plus expérimentée que moi; — partez. — Et si vous me trouvez morte à votre retour, comme cela peut bien arriver, vous remettrez cette bague à mon pauvre père, avec une boucle de mes cheveux, et vous lui direz que Catherine est morte en cherchant à sauver le sang de Bruce. Vous donnerez aussi cette seconde boucle à Henry, et vous lui direz que Catherine a pensé à lui jusqu'au dernier moment, et que s'il l'a trouvée trop scrupuleuse quand il s'agissait du sang des autres, il verra par là que ce n'était pas parce qu'elle attachait trop de prix au sien.

Elles s'embrassèrent en sanglotant, et les heures qui leur restaient jusqu'au soir furent employées à imaginer quelque meilleur moyen de faire passer de la nourriture au captif, et à construire un long tube formé de roseaux creux insérés les uns dans les autres, pour faire arriver les liquides jusqu'à lui. La cloche du village de Falkland sonna les vêpres. La *dey* ou laitière arriva avec ses cruches, apportant le lait pour la maison, et venant chercher les nouvelles en même temps qu'elle apportait celles du dehors. Elle était à peine entrée dans la cuisine, que Louise, après s'être encore une fois jetée dans les bras de Catherine et l'avoir assurée de son inaltérable fidélité, se glissa silencieusement le long des escaliers, le petit chien sous son bras. Catherine la suivait des yeux, respirant à peine. Un moment après Catherine la vit s'envelopper de la mante de la laitière et franchir le pont-levis d'un pas assuré.

— Oh! oh! fit le portier, vous vous en retournez de bonne heure ce soir, May Bridget? Il n'y a guère de gaieté du côté de la salle — hein, ma fille? Temps de maladie est un triste temps!

— J'ai oublié mes tailles, répondit la Provençale avec une grande présence d'esprit, et je reviens le temps d'écrémer un pot de lait.

Elle continua sa marche, évitant le village de Falkland, et prit un sentier qui conduisait à travers le parc. Catherine respira plus librement et rendit grâce à Dieu quand elle la vit disparaître dans l'éloignement. Elle passa pourtant encore dans l'inquiétude l'heure qui s'écoula avant qu'on ne s'aperçût de l'évasion de Louise. C'est ce qui arriva aussitôt que la laitière, après avoir mis une heure à ce qui aurait demandé dix minutes, se disposa enfin à s'en retourner et s'aperçut qu'on avait pris sa mante de drap gris. On fit sur-le-champ une recherche exacte; enfin les femmes de la maison se souvinrent de la chanteuse, et s'aventurèrent à mettre en avant la supposition qu'elle pourrait bien avoir voulu changer sa vieille mante pour une neuve. Le portier, questionné de plus près, affirma avoir vu la laitière partir aussitôt après vêpres; et sur ce point se trouvant contredit par la laitière elle-même, la seule alternative qu'il y vit fut que puisque ce n'était pas elle ce devait être le diable.

25

Toutefois, comme la chanteuse ne put se trouver, la vérité ne dut pas tarder à se découvrir; et l'intendant vint informer sir John Ramorny et Dwining, qui maintenant se quittaient à peine, qu'une de leurs captives s'était évadée. Tout éveille le soupçon du coupable : ils se regardèrent l'un l'autre d'un air d'effroi, puis ils se rendirent ensemble à l'humble appartement de Catherine, afin de la prendre autant que possible par surprise, et de l'interroger sur les circonstances de la disparition de Louise.

— Où est votre compagne, jeune fille? lui dit Ramorny d'un ton d'austère gravité.

— Je n'ai pas de compagne ici, répondit Catherine.

— N'équivoquez pas, repartit le chevalier ; je veux parler de la chanteuse qui occupait cette chambre avec vous.

— On m'a dit qu'elle était partie depuis environ une heure.

— Et où est-elle allée?

— Comment saurais-je quel chemin une femme errante par profession peut avoir l'idée de prendre? Elle était sans doute lasse d'une vie solitaire si différente des scènes de danse et de festins que son métier la conduit à fréquenter. Elle est partie, et la seule chose qui m'étonne c'est qu'elle soit restée si long-temps.

— Ainsi c'est là tout ce que vous avez à nous dire?

— C'est là tout ce que j'ai à vous dire, sir John ; et quand ce serait le prince lui-même qui s'en informerait, je ne pourrais lui en dire plus.

— Il y a peu de danger qu'il vous fasse jamais de nouveau l'honneur de vous parler personnellement, lors même que l'Écosse échapperait au malheur de le perdre.

— Le duc de Rothsay est-il donc si mal? demanda Catherine.

— Il n'y a plus d'espoir qu'en Dieu, répondit Ramorny en levant les yeux au Ciel.

— On peut donc encore espérer, lors même que tout secours humain se trouverait inutile.

— Amen! fit Ramorny avec la plus imperturbable gravité, tandis que Dwining cherchait à donner la même expression à sa physionomie, bien qu'il parût lui en coûter un pénible effort pour supprimer le ricanement ironique qu'appelait particulièrement sur ses lèvres tout ce qui avait une tendance religieuse.

— Et ce sont des hommes, — des êtres terrestres et non des démons incarnés, qui en appellent ainsi au Ciel pendant qu'ils boivent goutte à goutte le sang de leur infortuné maître! murmura Catherine pendant que ses deux inquisiteurs désappointés quittaient la chambre. — Pourquoi le tonnerre reste-t-il endormi? — Mais on l'entendra rouler avant qu'il soit long-temps, et alors — oh! fasse le Ciel que ce soit pour sauver aussi bien que pour punir!

CHAPITRE XXXII.

L'heure du dîner offrait seule un moment pendant lequel tout le monde au château étant occupé de ce repas, Catherine pensa que ce pourrait être l'occasion la plus favorable pour s'aventurer jusqu'à la brèche de la muraille avec moins de chance d'être remarquée qu'en tout autre instant. Pendant qu'elle attendait ce moment elle remarqua quelque mouvement dans le château, qui depuis la réclusion du duc de Rothsay avait été silencieux comme la tombe. La herse se baissait et se relevait, et au grincement de la chaîne se joignait le piétinement des chevaux, des hommes d'armes entrant et sortant, leurs chevaux fatigués et couverts d'écume. Elle remarqua aussi que ceux des domestiques que le hasard lui faisait apercevoir de sa fenêtre étaient en armes. Tout cela lui faisait violemment battre le cœur, car ce semblait être l'augure d'un secours qui approchait ; et en outre tout ce mouvement laissait le petit jardin plus solitaire que jamais. Enfin l'heure de midi arriva ; sous prétexte d'une préférence à laquelle l'intendant paraissait disposé à se prêter, elle avait eu soin de rapporter de l'office ce qui semblait devoir être le plus aisément transmis au malheureux captif. Elle appela à voix basse pour annoncer sa présence : — pas de réponse. Elle parla plus haut : — toujours même silence.

— Il dort, murmura-t-elle à demi voix, et avec un frisson auquel succéda un tressaillement et un cri d'effroi, en entendant une voix répondre derrière elle :

— Oui, il dort, — mais pour jamais.

Elle tourna la tête : — sir John Ramorny était là, couvert de son armure complète ; mais sa visière levée laissait voir une physionomie qui semblait être celle d'un mourant plutôt que d'un homme prêt à combattre. Sa parole était grave, tenant une sorte de milieu entre le ton qu'aurait pu prendre le simple témoin d'un événement important, et celui d'un homme qui aurait été l'agent de la catastrophe.

— Catherine, reprit-il, tout ce que je vous ai dit est vrai. Il est mort.

— Vous avez fait de votre mieux pour lui, — vous ne pouvez rien faire de plus.

— Je ne puis ni ne veux croire cela, dit Catherine. Le Ciel ait pitié de moi ! ce serait à me faire douter de la Providence, si je pouvais penser qu'un si grand crime a été accompli !

— Ne doutez pas de la Providence, Catherine, parce qu'Elle a permis que le dépravé pérît par ses propres embûches. Suivez-moi ; — j'ai à vous dire des choses qui vous concernent. Suivez-moi, vous dis-je (car elle hésitait), à moins que vous ne préfériez rester à la merci de cette brute de Bonthron et du médecin Henbane Dwining.

— Je vous suivrai, dit Catherine. Vous ne pouvez me faire plus que le Ciel ne permettra.

Il la précéda à la Tour, et lui fit monter escaliers sur escaliers, échelles sur échelles.

La résolution de Catherine lui faillit. — Je ne vous suivrai pas plus loin, dit-elle. Où me conduisez-vous? — si c'est à la mort, je puis mourir ici.

— Seulement aux créneaux du château, folle, répondit Ramorny, en même temps qu'il ouvrait une porte barrée donnant accès sur la plateforme voûtée du château, où des hommes étaient occupés à pointer des mangonneaux (nom que l'on donnait à des engins de guerre destinés à lancer des flèches ou des pierres), à disposer des arbalètes et à empiler des pierres. Mais le nombre des défenseurs ne dépassait pas une vingtaine, et Catherine crut remarquer parmi eux du doute et de l'irrésolution.

— Catherine, dit Ramorny, je ne dois pas quitter ce poste, qui est nécessaire à ma défense; mais je puis vous parler ici aussi bien qu'ailleurs.

— Parlez donc; — je suis prête à vous entendre.

— Catherine, vous vous êtes jetée dans un sanglant secret. Aurez-vous assez de fermeté pour le garder?

— Je ne vous comprends pas, sir John, répliqua la jeune fille.

— Écoutez. J'ai tué — assassiné, si vous voulez — mon ci-devant maître le duc de Rothsay. L'étincelle de vie que votre bon cœur aurait voulu alimenter a été aisément étouffée. Ses derniers mots ont été pour son père..... Vous vous trouvez mal! — remettez-vous, — vous n'avez pas entendu tout. Vous connaissez le crime, mais vous ne connaissez pas la provocation. Voyez! ce gantelet est vide; — j'ai perdu la main droite pour lui; et quand je n'ai plus été propre à le servir, j'ai été jeté de côté comme un chien usé. La perte que j'avais faite a été un sujet de moquerie, et on m'a parlé d'un cloître au lieu des salles et des palais où était ma sphère naturelle! Pensez à cela; — ayez pitié et assistez-moi.

— En quoi puis-je vous assister? dit la tremblante jeune fille; je ne puis ni réparer votre perte ni faire que votre crime n'ait pas été commis.

— Mais vous pouvez garder le silence, Catherine sur ce que vous avez vu et entendu dans ce buisson. Tout ce que je vous demande c'est un oubli de peu de temps, car je sais qu'on vous croira quand vous direz que telle ou telle chose a été ou n'a pas été. Quant au témoignage de votre compagne la saltimbanque étrangère, personne n'y attachera la valeur d'une pointe d'épingle. Si vous m'accordez cela, je me reposerai de ma sûreté sur votre promesse, et j'ouvrirai les portes à deux battants à ceux qui approchent en ce moment. Si vous ne voulez pas me promettre le silence, je défendrai le château jusqu'à ce qu'il ne me reste plus un homme, et je vous jetterai du haut en bas de ces créneaux. Oui, regardez-les : — ce n'est pas un saut à braver témérairement. Sept étages d'escaliers vous ont amenée ici hors d'haleine; mais d'ici au pied de la tour vous n'aurez pas le temps de pousser un soupir! Promettez-moi ce que je vous demande, la jolie fille; car vous parlez à un homme qui ne vous veut pas de mal, mais dont la résolution est bien arrêtée.

Catherine resta terrifiée, et sans trouver la force de répondre à un homme qui paraissait si déterminé; mais l'approche de Dwining lui en sauva la nécessité. Il s'adressa au chevalier avec l'air d'humilité qui lui était ordinaire, et avec ce sourire ironique à demi réprimé qui donnait un démenti à l'obséquiosité de ses manières.

— Je vous dérange, noble sire, en venant vous interrompre quand vous causez avec une belle damoiselle. Mais j'ai à vous faire une question, une bagatelle.

— Parle, bourreau! dit Ramorny; les mauvaises nouvelles sont un plaisir pour toi, même quand elles te touchent, pourvu qu'elles concernent aussi les autres.

— Hem! — hé! hé! — je désirais seulement savoir si Votre Honneur se proposait la tâche chevaleresque de défendre le château à l'aide de sa seule main — pardon — je voulais dire de son seul bras? La question mérite réponse, car je ne suis pas bon à grand'chose pour aider à la défense, à moins que vous n'obteniez des assiégeants qu'ils prennent médecine — hé! hé! hé! — et Bonthron est aussi ivre que l'ale et les liqueurs fortes ont pu l'enivrer. — Or, vous, lui et moi, nous composons toute la garnison qui soit disposée à la résistance.

— Comment! — ces chiens ne veulent pas se battre?

— Je n'ai jamais vu d'hommes qui montrassent moins de cœur à la besogne, —jamais. Mais en voici deux qui nous arrivent. *Venite xtrema dies* — hé!— hé! hé!

Eviot et son camarade Buncle s'approchaient en effet, les traits empreints d'une sombre résolution, en hommes qui se sont monté la tête pour braver une autorité à laquelle ils ont long-temps obéi.

— Qu'est-ce à dire! s'écria Ramorny en allant à eux. Pourquoi n'êtes-vous pas à votre poste? — Pourquoi avez-vous quitté la barbacane, Eviot? — et vous, drôle, ne vous avais-je pas chargé d'avoir l'œil aux mangonneaux?

— Nous avons quelque chose à vous dire, sir John Ramorny, répondit Eviot. Nous ne voulons pas nous battre dans cette querelle.

— Comment! — Mes propres écuyers vouloir me faire la loi?

— Nous étions vos écuyers et vos pages, mylord, tant que vous avez été de la maison du duc de Rothsay. — Le bruit se répand que le duc est mort; — nous désirons savoir la vérité.

— Quel traître ose répandre de telles faussetés?

— Tous ceux qui sont sortis du château pour aller à la découverte y ont rapporté la même nouvelle, mylord, et moi-même comme les autres. La chanteuse qui a quitté le château hier a répandu partout le bruit que le duc de Rothsay est assassiné, ou aux portes de la tombe. Le comte de Douglas arrive avec des forces considérables, et...

— Et vous, lâches, vous profitez d'un bruit en l'air pour abandonner votre maître? interrompit Ramorny avec indignation.

— Mylord, reprit Eviot, permettez-nous, à Buncle et à moi, de voir le duc de Rothsay et de recevoir des ordres de lui-même pour la défense de ce château, et si nous ne nous battons pas jusqu'à mort dans cette querelle, je consens à être pendu ici à la plus haute tourelle. Mais s'il est mort de maladie naturelle, nous remettrons le château au comte de Douglas, qui est, dit-on, lieutenant du roi; — ou — le Ciel nous en préserve! — si on n'a pas joué franc jeu avec le noble prince, nous ne voulons pas nous envelopper dans le crime de prendre les armes pour la défense des assassins, quels qu'ils soient.

— Eviot, dit Ramorny en levant son bras mutilé, si ce gant n'avait pas été vide, tu n'aurais pas assez vécu pour articuler deux mots de cette insolence.

— C'est comme cela, repartit Eviot, — et nous ne faisons que notre devoir. Je vous ai suivi long-temps, mylord, mais ici je retiens la bride.

— Adieu, donc, et que la malédiction du Ciel tombe sur vous tous! s'écria le baron furieux. Qu'on sorte mon cheval dans la cour.

— Sa Vaillance se dispose à se sauver, dit le médecin, qui s'était glissé près de Catherine sans qu'elle s'en fût aperçue. Catherine, tu es une folle superstitieuse, comme la plupart des femmes; néanmoins tu as quelque énergie, et je te parle comme à quelqu'un de plus de jugement que ce troupeau de brutes qui nous entoure. Ces orgueilleux barons qui foulent le monde aux pieds, que sont-ils au jour de l'adversité? — un fétu livré au vent. Que leurs bras qui frappent comme des marteaux, que leurs jambes, que l'on prendrait pour des colonnes d'acier, éprouvent quelque accident, — bast! — il n'y a plus d'hommes d'armes. — Le cœur et le courage ne sont rien pour eux; — les bras et les jambes sont tout. — Donnez-leur la force animale, — qu'ont-ils de plus que des taureaux furieux? — qu'on la leur enlève, et vos héros de la chevalerie se traînent à terre comme la brute à qui on a coupé les jarrets. Tel n'est pas le Sage: tant qu'un atome de raison reste dans un corps froissé et mutilé, son âme est aussi forte que jamais. — Catherine, ce matin je machinais votre mort; mais il me semble que maintenant je me réjouis de ce que vous surviviez pour dire comment le pauvre médecin, le doreur de pilules, le pileur de drogues, le vendeur de poisons, aura fait face à son sort en compagnie du vaillant chevalier de Ramorny, aujourd'hui baron, et comte de Lindores en perspective. — Vive Sa Seigneurie!

— Vieillard, dit Catherine, si vous êtes en effet si proche du sort que vous avez mérité, d'autres pensées vous seraient bien plus utiles que les glorioles extravagantes d'une vaine philosophie. — Demandez à voir un saint homme...

— Oui, interrompit Dwining d'un ton méprisant, que j'aie recours à un moine graisseux, qui ne comprend pas — hé! hé! hé! le latin barbare qu'il répète de routine. Ce serait un conseiller bien convenable pour un homme qui a étudié tant en Espagne qu'en Arabie! Non, Catherine; je choisirai un confesseur dont la vue soit agréable, et c'est vous qui serez honorée de cet office-là. Or, regardez là-bas Sa Vaillance : — de grosses gouttes de sueur roulent sur son front, et ses lèvres tremblent de peur; car Sa Vaillance — hé! hé! hé! — est en train de plaider pour sa vie devant ses ci-devant domestiques, et n'a pas assez d'éloquence pour leur persuader de le laisser s'enfuir. Voyez comme les muscles de son visage se contractent pendant qu'il implore les brutes ingrates qu'il a chargées de bienfaits, et qu'il les supplie de lui laisser pour sauver sa vie la même chance qu'on donne au lièvre en lançant le lévrier à ses trousses. Voyez aussi de quel air sombre et abattu ces traîtres de domestiques, qui flottent entre la crainte et la honte, refusent à leur lord cette pauvre chance de salut. Et ces créatures se croient les supérieures d'un homme tel que moi! et vous, folle que vous êtes, vous avez une assez pauvre idée de votre divinité pour supposer que de pareils misérables soient sortis des mains de la Toute-Puissance!

— Non, homme du mal! non! dit Catherine avec chaleur; le Dieu que j'honore a créé ces hommes avec les attributs nécessaires pour le connaître et l'adorer, pour garder et défendre leurs semblables, pour pratiquer la sainteté et la vertu. Ce sont leurs propres vices, et les tentations de l'Esprit du mal, qui les ont faits ce qu'ils sont maintenant. Oh! puisse cette leçon profiter à votre cœur de roc! Le Ciel vous a gratifié de plus de lumières que d'autres; il vous a permis de pénétrer les secrets de la nature; il vous a donné un esprit intelligent et une main habile : mais tous ces dons, votre orgueil les a empoisonnés, et a fait un athée impie d'un homme qui aurait pu être un sage chrétien.

— Athée, dis-tu? Peut-être ai-je des doutes à cet égard-là; — mais ils seront bientôt éclaircis. Voici là-bas venir quelqu'un qui va m'envoyer, comme il en a envoyé des milliers d'autres, à un endroit où tous les mystères se dévoilent.

Les yeux de Catherine suivirent la direction de ceux du médecin vers une des clairières de la forêt, et elle la vit occupée par un corps de cavaliers s'avançant au grand galop. Au milieu de la troupe était un pennon déployé; et quoique Catherine ne pût distinguer les insignes qu'il portait, le murmure qui s'éleva autour d'elle lui apprit que c'était celui de Douglas-le-Noir. Les cavaliers firent halte à une portée de flèche du château, et un héraut s'avança avec deux trompettes jusqu'au portail principal, où, après une fanfare bruyante, il demanda qu'on y reçût le très haut et très redouté Archibald comte de Douglas, lord-lieutenant du roi, et agissant présentement avec la pleine autorité de Sa Majesté, ordonnant en même temps que sous peine de trahison les occupants du château déposassent les armes.

— Vous entendez, dit Eviot à Ramorny, qui était là taciturne et indécis. Voulez-vous donner des ordres pour la reddition du château, ou dois-je...?

— Non, misérable ! interrompit le chevalier ; jusqu'au dernier moment je vous commanderai. Ouvrez les portes, abaissez le pont, et remettez le château à Douglas.

— Parbleu, voilà ce qu'on peut appeler un courageux exercice du libre arbitre ! dit Dwining. Tout juste comme si les tubes de cuivre que nous venons d'entendre il y a une minute prétendaient appeler les notes que ces rustres de soldats en ont tirées.

— Malheureux homme, lui dit Catherine, ou gardez le silence, ou tournez vos pensées vers l'éternité, qui va commencer pour vous !

— Et que t'importe? repartit Dwining. Tu ne peux t'empêcher d'entendre ce que je te dis, et tu le répéteras, car ton sexe ne peut se garder de cela non plus. Perth et l'Écosse entière sauront quel homme elles ont perdu en perdant Henbane Dwining !

En ce moment le bruit des armures annonça que les nouveaux venus avaient mis pied à terre, étaient entrés dans le château, et en désarmaient la petite garnison. Le comte de Douglas lui-même parut sur les murailles avec quelques hommes de sa suite, auxquels il fit signe de s'emparer de Dwining et de Ramorny et de les tenir sous bonne garde. D'autres traînèrent devant lui Bonthron, qu'on avait trouvé dans un coin, et qui était plongé dans la stupeur de l'ivresse.

— C'était à ces trois hommes seulement que la garde du prince était commise durant sa prétendue maladie? demanda Douglas, poursuivant l'enquête qu'il avait commencée dans la salle du château.

— Personne autre ne l'a vu, mylord, dit Eviot, quoique j'eusse offert mes services.

— Conduis-nous à l'appartement du duc, et qu'on amène les prisonniers avec nous. Il devrait aussi y avoir une femme dans le château, si elle n'a pas été assassinée ou qu'on ne l'ait pas fait disparaître, — la compagne de la chanteuse qui a apporté la première alarme.

— Elle est là, mylord, dit Eviot, faisant avancer Catherine.

Sa beauté et son agitation firent une certaine impression même sur l'impassible comte.

— Ne crains rien, jeune fille, lui dit-il ; tu as mérité éloge et récompense. Dis-moi, comme tu te confesserais au Ciel, ce que tu as vu dans ce château.

Peu de mots suffirent à Catherine pour dérouler l'horrible histoire.

— Cela s'accorde de point en point avec le rapport de la chanteuse, dit Douglas. — Maintenant montrez-nous l'appartement du prince.

Ils passèrent à la chambre que le malheureux duc de Rothsay avait été censé habiter ; mais on n'en put trouver la clef, et pour entrer il fallut que le comte fît enfoncer la porte. Le premier objet qui frappa les yeux furent les restes souillés et amaigris du malheureux prince, jetés sur le lit comme à la hâte. L'intention des meurtriers paraissait avoir été d'arranger le corps de manière à lui donner les dehors d'un malade qui a succombé à une cause naturelle ; mais ils avaient été troublés par l'alarme que l'évasion de Louise avait occasionnée. Douglas arrêta son regard sur les restes de ce jeune homme mal conseillé, que ses passions désordonnées et ses caprices sans frein avaient conduit à cette mort violente et prématurée.

— J'avais des injures à venger, dit-il ; mais un spectacle comme celui-ci en bannit tout souvenir !

— Hé ! hé ! — cela aurait été mieux arrangé au goût de Votre Toute-Puissance, dit Dwining ; mais vous nous êtes arrivé trop vite, et maîtres trop pressés font faire un mauvais service.

Douglas ne parut pas entendre ce que son prisonnier disait, tant il était absorbé dans la contemplation des traits défaits et dévastés et des membres roidis du corps étendu devant lui. Catherine, mal à l'aise et prête à s'évanouir, obtint enfin la permission de s'éloigner de cette horrible scène, et au milieu de la confusion de toute espèce qui régnait dans le château elle parvint à regagner sa chambre, où elle fut reçue dans les bras de Louise, qui était revenue dans l'intervalle.

Douglas poursuivait ses investigations. La main du prince tenait encore serrée avec force une touffe de cheveux dont la couleur et la texture ressemblaient aux soies d'un noir de charbon dont la tête de Bonthron était hérissée. Ainsi, quoique la faim eût commencé l'œuvre, il semblait que la mort de Rothsay avait été finalement hâtée par la violence. L'escalier secret du donjon, dont les clefs furent trouvées à la ceinture de l'assassin subalterne, — la situation du cachot, sa communication avec l'air extérieur par la fissure de la muraille, et la misérable litière de paille, ainsi que les fers qui étaient restés là, — tout confirma pleinement le rapport de Catherine et de Louise.

— Nous n'hésiterons pas un instant, dit Douglas à son proche parent lord Balveny, dès qu'il fut revenu du cachot. — Emmenez les meurtriers, et qu'on les pende au haut des murailles !

— Mais, mylord, il pourrait être à propos d'observer quelque forme de jugement, repartit Balveny.

— A quoi bon ? répliqua Douglas. Je les ai pris en flagrant délit, et je suis en droit d'ordonner leur exécution immédiate. — Un moment, pourtant. N'avons-nous pas dans notre troupe quelques hommes de Jedwood ?

— Nous avons à foison des Tumbulls, des Rutherfords, des Ainslies, etc., répondit Balveny.

— Hé bien, faites-moi faire une enquête par eux ; ce sont tous de braves et honnêtes gens, sauf qu'ils font un peu de tout pour vivre. Veillez à ce qu'on exécute ces traîtres pendant que je tiendrai une cour dans la grand'salle; nous verrons qui aura fini le premier sa besogne, du jury ou du prévôt. Nous aurons une justice à la Yetwood : — pendre promptement et juger à loisir.

— Un moment, mylord, dit Ramorny; vous pourriez regretter votre précipitation. — Voulez-vous m'accorder un mot en particulier?

— Pour rien au monde, répondit Douglas. Dis tout haut ce que tu as à dire devant tous ceux ici présents.

— Hé bien donc, sachez tous, reprit Ramorny en élevant la voix, que ce noble comte a reçu des lettres du duc d'Albany et de moi, lettres qui lui ont été remises par Buncle, ce lâche déserteur, — qu'il le nie, s'il l'ose ! — où il était question d'éloigner le duc de la cour pendant un temps, et de le tenir renfermé dans ce château de Falkland.

— Mais pas un mot ne parlait de le jeter dans un cachot, — de le faire mourir de faim, — de l'étrangler, répliqua Douglas avec un sourire amer. — Emmenez ces misérables, Balveny ; ils souillent trop longtemps l'air de Dieu !

Les prisonniers furent traînés aux créneaux. Mais pendant qu'on y faisait les préparatifs de l'exécution, l'apothicaire exprima un si ardent désir de voir encore une fois Catherine, pour le bien de son âme, disait-il, que la jeune fille, dans l'espoir qu'à la dernière heure l'endurcissement de cet homme aurait fait place à de meilleurs sentiments, consentit à remonter aux créneaux et à être témoin d'un spectacle contre lequel son cœur se révoltait. Du premier coup d'œil elle aperçut Bonthron, plongé dans l'insensibilité de l'ivresse la plus complète ; Ramorny, dépouillé de son armure, et s'efforçant en vain de cacher sa crainte, tout en s'entretenant avec un prêtre dont il avait sollicité les bons offices; enfin, Dwining, le même homme à l'air humble, obséquieux et rampant qu'elle avait toujours connu. Il tenait à la main une petite plume d'argent avec laquelle il venait d'écrire quelque chose sur un carré de parchemin.

— Catherine, lui dit-il, — hé! hé! hé! — j'ai désiré te parler sur la nature de ma croyance religieuse.

— Si telle est votre intention, pourquoi perdre le temps avec moi? — Parlez à ce bon père.

— Le bon père — hé! hé! — est déjà un adorateur de la divinité que j'ai servie. Je préfère donc donner en toi une nouvelle adoratrice à l'autel de mon idole, Catherine. Ce morceau de parchemin t'enseignera le chemin de ma chapelle, où je me suis si souvent livré à mon culte en sûreté. Je te laisse en legs les images qu'elle contient, uniquement parce que je te hais et te méprise un peu moins qu'aucun des absurdes misérables qu'il m'a fallu jusqu'ici appeler mes semblables. Et maintenant va-t'en! — ou plutôt reste là, pour voir si la fin du charlatan démentira sa vie.

— Notre Dame m'en préserve ! dit Catherine.

— Hé bien, je n'ai plus qu'un seul mot à te dire, et ce gentleman peut l'écouter s'il veut.

CHAPITRE XXXII.

Lord Balveny s'approcha avec une certaine curiosité, car la résolution intrépide d'un homme qui n'avait jamais ni manié une épée ni porté une armure avait pour lui quelque chose qui tenait de la sorcellerie.

— Vous voyez cet ustensile insignifiant, dit le criminel en montrant la plume d'argent. Par son moyen, je puis échapper même au pouvoir de Douglas-le-Noir.

— Ne lui donnez ni encre ni papier, dit Balveny précipitamment ; il va tracer un charme.

— Du tout, plaise à Votre Sagesse — hé! hé! hé! — fit Dwining avec son ricanement habituel, tout en dévissant la partie supérieure de la plume, dans laquelle était contenu un morceau d'éponge, ou quelque autre substance semblable, de la grosseur d'un pois. — Maintenant, regardez bien, continua le prisonnier... et il le fit passer entre ses lèvres. L'effet fut instantané. Il tomba devant eux, et déjà ce n'était plus qu'un cadavre, sur les lèvres duquel un rire sardonique se dessinait encore.

Catherine poussa un cri et s'enfuit, cherchant à échapper par une prompte retraite à cet horrible spectacle. Lord Balveny eut un moment de stupeur ; puis il s'écria : Ce peut être de la magie ! pendez-le aux créneaux mort ou vif. Si son impur esprit ne s'est retiré que pour un temps, quand il reviendra il ne trouvera qu'un cou disloqué.

On obéit à cet ordre. Il donna ensuite celui de procéder à l'exécution de Ramorny et de Bonthron. Ce dernier fut pendu avant d'avoir paru bien comprendre ce qu'on voulait de lui. Ramorny, pâle comme la mort. mais conservant encore cet esprit d'orgueil qui avait causé sa ruine, fit valoir son rang de chevalier, et réclama le privilége de l'épée et de la décapitation, au lieu de mourir par la corde.

— Jamais Douglas ne revient sur une sentence, dit Balveny. Mais on aura égard à tous tes droits. — Faites venir ici le cuisinier avec un couperet. — Le cuisinier arriva au bout d'un moment. — Qu'as-tu à trembler, drôle? lui dit Balveny. Tiens, abats-moi avec ton couperet les éperons dorés des talons de cet homme. — Maintenant, John Ramorny, tu n'es plus chevalier ; tu es roturier. — Conduisez-le au nœud coulant, prévôt! pendez-le entre ses deux compagnons, et plus haut qu'eux si c'est possible.

Un quart d'heure après, Balveny descendait dire à Douglas que les coupables étaient exécutés.

— En ce cas il n'y a plus besoin de jugement, dit le comte. Qu'en dites-vous, messieurs de l'enquête? ajouta-t-il ; ces hommes étaient-ils coupables de haute trahison, — oui ou non?

— Coupables! s'écrièrent les jurés complaisants, avec une édifiante unanimité ; — nous n'avons pas besoin d'autres témoignages.

— Maintenant, reprit le comte, sonnez les trompettes, et à cheval!

Nous n'emmènerons qu'une suite peu nombreuse. Que tout le monde garde le silence sur ce qui est arrivé ici, jusqu'à ce qu'il en ait été rendu compte au roi, ce qui ne pourra se faire qu'après le combat du dimanche des Rameaux. Choisissez les hommes qui nous accompagneront, et dites-leur à tous, aussi bien à ceux qui vont venir avec nous qu'à ceux qui resteront en arrière, que celui qui jasera sera puni de mort.

Au bout de quelques minutes Douglas était à cheval, avec les hommes choisis pour l'accompagner. Des exprès furent envoyés à sa fille, la duchesse de Rothsay, pour l'avertir de prendre, pour se rendre à Perth, les bords du Lochleven, sans approcher de Falkland, et confier à sa charge Catherine Glover et la chanteuse, comme des personnes à la sûreté desquelles il prenait intérêt.

Au moment où ils traversaient la forêt ils se retournèrent, et virent les trois corps suspendus aux créneaux comme trois points noirs faisant tache sur les murailles du vieux château.

— Le bras est puni, dit Douglas; mais qui accusera la tête sous l'inspiration de laquelle le crime a été commis?

— Vous voulez parler du duc d'Albany?

— Oui, Balveny; et si je devais écouter les inspirations de mon cœur, je l'accuserais hautement du fait, qu'il a autorisé, j'en suis certain. Mais il n'y a d'autres preuves qu'un fort soupçon, et Albany s'est attaché les nombreux amis de la maison de Stuart, à qui, de fait, la faiblesse d'esprit du roi et les habitudes désordonnées de Rothsay ne laissaient pas la liberté de choisir un autre chef. Si donc j'allais rompre l'alliance que j'ai si récemment formée avec Albany, la guerre civile serait la conséquence nécessaire de cette rupture, et cet événement serait désastreux pour cette pauvre Écosse, au moment où elle est menacée d'invasion par l'activité de Percy, appuyée sur la trahison de March. Non, Balveny; — le châtiment d'Albany doit être laissé au Ciel, qui exécutera le jugement sur lui et sa maison quand le moment sera venu.

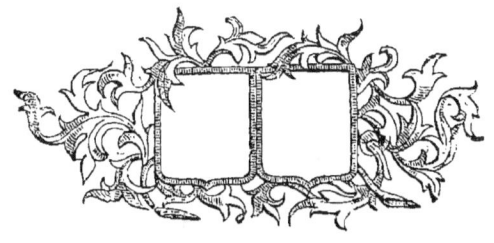

CHAPITRE XXXIII.

> L'heure approche, le cœur nous bat ; les épées sont affilées. Le jour de demain nous dira qui aura eu le courage d'affronter la mort, qui se sera deshonoré par la fuite.   *Sir Edwald*.

Nous avons maintenant à rappeler au souvenir du lecteur que Simon Glover et sa fille avaient été contraints de quitter leur demeure à la hâte sans avoir eu le temps de prévenir Henry Smith ni de leur départ ni du motif alarmant qui les y forçait. Quand donc l'amant arriva dans Curfew-street, le matin même de leur fuite, au lieu de la cordiale bienvenue de l'honnête bourgeois, et de l'accueil d'avril, moitié joie, moitié reproches, qui lui avait été promis de la part de la charmante Catherine, il apprit seulement la nouvelle étourdissante qu'elle et son père étaient partis de bonne heure en compagnie d'un étranger qui les était venu chercher, et qui s'enveloppait soigneusement dans son manteau pour ne pas être reconnu. A ce rapport, Dorothée, dont le lecteur connaît les talents pour anticiper le mal et communiquer les mêmes idées aux autres, jugea à propos d'ajouter qu'elle ne doutait nullement que son maître et sa jeune maîtresse ne fussent partis pour les Highlands afin d'éviter la visite de deux ou trois appariteurs qui étaient venus il n'y avait qu'un moment, et qui, après avoir fouillé la maison au nom d'une commission instituée par le roi, et mis le scellé partout où ils avaient supposé que des papiers se trouvaient, avaient laissé pour le père et la fille une citation à comparaître devant la cour de commission à un jour désigné, sous peine d'être mis hors la loi. Dorothée eut soin de présenter sous les couleurs les plus sombres tous ces détails alarmants ; et la seule consolation qu'elle donna à l'amant inquiet fut que son maître l'avait chargée de lui dire qu'il se tînt tranquillement à Perth, où il aurait bientôt de leurs nouvelles. Cet avis changea la première résolution qu'avait aussitôt prise Henry de les suivre sur-le-champ aux Highlands et de partager le sort qui pouvait les attendre.

Mais quand il réfléchit aux nombreuses altercations qu'il avait eues avec divers membres du clan Quhele, et notamment à sa dernière querelle avec Conachar, qui maintenant allait être élevé au rang de chef, il ne put s'empêcher de penser que son arrivée inattendue là où ils avaient été chercher une retraite serait probablement de nature à nuire à la sûreté qu'autrement ils auraient pu y trouver, plutôt qu'à leur être de quelque utilité. Il n'ignorait pas les rapports habituels d'intimité qu'avait eus Glover avec le chef du clan Quhele, et il prévoyait avec raison que Simon trouverait près de celui-ci une protection à laquelle sa présence à lui ne pourrait que nuire, en même temps que ses prouesses personnelles ne lui serviraient guère dans une querelle avec toute une tribu de vindicatifs montagnards. Néanmoins, le cœur lui bondissait d'indignation quand il pensait que Catherine allait être absolument au pouvoir du jeune Conachar, dont il ne pouvait mettre la rivalité en doute, et qui avait maintenant tant de moyens de faire valoir sa recherche. Qu'arriverait-il si le jeune chef faisait dépendre la sûreté du père des bonnes grâces de la fille? Il ne se défiait pas des affections de Catherine; mais elle avait dans sa manière de penser tant de désintéressement, et son attachement pour son père était si profond, que si l'amour qu'elle pouvait avoir pour son futur était mis en balance contre la sécurité, ou peut-être la vie du vieux Simon Glover, il ne pouvait se défendre du terrible doute que des deux sentiments le premier dût se trouver le plus léger. Tourmenté de pensées sur lesquelles nous n'avons pas besoin d'insister, il résolut néanmoins de rester chez lui, d'étouffer son anxiété autant qu'il lui serait possible, et d'attendre la communication que Simon lui annonçait. Cette communication vint en effet, mais elle ne soulagea pas ses inquiétudes.

Sir Patrick Charteris n'avait pas oublié sa promesse de faire connaître à Smith le plan des fugitifs. Mais au milieu du tumulte occasionné par le mouvement des troupes, il ne put lui-même lui en porter l'avis. Il confia donc cette commission à son agent Kitt Henshaw. Mais ce digne personnage, comme le sait le lecteur, était dans les intérêts de Ramorny, à qui il importait de cacher à tout le monde, et surtout à un amant aussi actif et aussi entreprenant que Henry, le lieu réel de la résidence de Catherine. Henshaw annonça donc à l'inquiet armurier que son ami Glover était en sûreté dans les Highlands; et bien qu'il affectât d'être plus réservé au sujet de Catherine, il ne dit rien qui pût l'empêcher de croire qu'elle était ainsi que Simon sous la protection du clan Quhele. Au surplus, il réitéra, au nom de sir Patrick, l'assurance que le père et la fille se portaient bien tous les deux, et que dans son propre intérêt ainsi que dans l'intérêt de leur sûreté Henry ferait bien de se tenir en repos et d'attendre le cours des événements.

Le cœur plein d'angoisses, Henry Gow se détermina donc à rester tranquille jusqu'à ce qu'il eût des nouvelles plus certaines, et il s'occupa à terminer une cotte de mailles qu'il destinait à être la mieux trempée et la plus parfaitement polie que ses mains habiles eussent jamais fabriquée. Ces travaux de sa profession lui plaisaient mieux qu'aucune autre occupation qu'il aurait pu se créer, et ils lui servirent d'excuse pour se renfermer au fond de sa boutique et fuir toute société, où les bruits vagues qui circulaient chaque jour ne servaient qu'à l'inquiéter et à le tourmenter. Il résolut de se reposer sur la chaude amitié de Simon, sur la foi de Catherine et sur le bon vouloir du prévôt, qui, après avoir si hautement fait l'éloge de sa valeur dans le combat avec Bonthron, ne voudrait pas, pensait-il, l'abandonner dans cette situation critique. Le temps se passait, cependant; les journées succédaient aux journées; et ce ne fut qu'au moment où le dimanche des Rameaux était proche, que sir Patrick Charteris, venu en ville pour prendre quelques dispositions relatives au combat qui allait avoir lieu, pensa à faire une visite à Henry Smith du Wynd.

Il entra dans la boutique avec un air d'intérêt qui lui était peu habituel, et qui fit aussitôt augurer à Henry qu'il apportait de mauvaises nouvelles. Smith prit l'alarme, et le marteau levé resta suspendu sur le fer rouge, tandis que le bras agité qui le tenait, fort tout-à-l'heure comme celui d'un géant, perdit sa vigueur au point qu'il put à peine poser le marteau à terre et ne pas le laisser échapper de sa main.

— Mon pauvre Henry, dit sir Patrick, je ne vous apporte que d'assez mauvaises nouvelles. — Elles ne sont pas certaines, cependant; et quand elles seraient vraies, elles sont de telle nature qu'un homme brave comme vous ne doit pas les prendre trop à cœur.

— Au nom de Dieu, mylord, j'espère que vous n'apportez pas de mauvaises nouvelles de Simon Glover ou de sa fille?

— D'eux directement, non; ils sont en sûreté et bien portants. Mais quant à toi, Henry, mes nouvelles sont moins rassurantes. Kitt Henshaw t'a appris, je pense, que j'avais cherché à procurer à Catherine Glover une protection sûre dans la maison d'une honorable dame, la duchesse de Rothsay. Mais elle a refusé la charge; et Catherine a été envoyée à son père dans les Highlands. Voici qui est pis. Tu peux avoir ouï dire que Gilchrist Mac-Ian est mort, et que son fils Eachin, qui était connu dans Perth comme apprenti du vieux Simon, sous le nom de Conachar, est maintenant chef du clan Quhele; et j'ai su d'un de mes domestiques que le bruit court chez les Mac-Ians que le jeune chef recherche Catherine en mariage. Mon domestique a appris cela (en secret, pourtant) pendant qu'il était dans le Breadalbane pour quelques arrangements relatifs au prochain combat. La chose est encore incertaine, Henry, mais elle est vraisemblable.

— Est-ce que le domestique de Votre Seigneurie a vu Simon Glover et sa fille? demanda Henry, pouvant à peine respirer et toussant pour cacher au prévôt l'excès de son agitation.

— Non, répondit sir Patrick. Les Highlanders semblaient se méfier; ils ne voulurent pas lui permettre de parler au vieillard, et il craignit de les alarmer en demandant à voir Catherine. D'ailleurs, il ne parle pas gaélic, et celui de qui il tient ces détails n'avait pas beaucoup d'anglais, de sorte qu'il peut y avoir eu en tout cela quelque malentendu. Néanmoins, la chose s'est dite, et j'ai pensé que le mieux était de vous la rapporter. Mais vous pouvez être bien certain que le mariage ne peut se faire avant que l'affaire du dimanche des Rameaux ne soit terminée ; et je vous conseille de ne prendre aucun parti jusqu'à ce que nous sachions les circonstances de l'affaire, car la certitude est toujours désirable, même quand elle est pénible. N'allez-vous pas vous rendre à la salle du conseil, ajouta-t-il après une pause, pour y causer des préparatifs de la lice dans le North Inch ? Vous y serez le bienvenu.

— Non, mylord.

— Je juge au laconisme de votre réponse, Smith, que cette affaire vous chagrine; mais, après tout, les femmes sont des girouettes, voilà le fait. C'est ce que Salomon et d'autres ont éprouvé avant vous.

Et sir Patrick se retira, pleinement convaincu qu'il s'était acquitté de l'office de consolateur de la manière la plus satisfaisante.

Ce fut avec des impressions bien différentes que le malheureux amant entendit les nouvelles et écouta le consolant commentaire.

— Le prévôt est un excellent homme, se dit-il avec amertume; marry! il a de sa chevalerie une si haute idée, que s'il dit des sottises il faut qu'un pauvre homme les regarde comme paroles de sens, de même qu'il lui faudra faire l'éloge d'une ale fade, si on la lui sert dans le pot d'argent de Sa Seigneurie. Que signifierait tout cela dans une autre situation ? Supposons que je roule du haut en bas de la montée à pic de Corrichie Dhu, et qu'avant que je sois arrivé au bord du roc vienne mylord prévôt me crier : — Henry ! il y a là un profond précipice, et je regrette de vous dire que vous êtes en beau chemin pour rouler au fond. Mais ne vous découragez pas ; le Ciel peut envoyer une pierre ou un buisson pour vous arrêter en route. Malgré cela, j'ai pensé que ce serait une consolation pour vous de savoir le pis de ce qui va vous arriver tout-à-l'heure. Je ne sais pas jusqu'à combien de centaines de pieds le précipice descend, mais vous pourrez en juger quand vous serez au fond, car la certitude est la certitude. A propos, quand viendrez-vous faire une partie de boules ? — Et il faut que tout ce commérage-là tienne lieu d'une tentative d'ami pour sauver le cou du pauvre diable ! Quand je pense à cela, ce serait à en devenir fou, à prendre mon marteau, et à tout briser et tout détruire autour de moi. Mais je serai calme; et si ce milan des Highlands, qui se donne pour un faucon, s'abat sur ma tourterelle, il saura si un bourgeois de Perth sait ou non tirer un arc.

On était alors au jeudi d'avant le fatal dimanche des Rameaux, et on attendait pour le lendemain les champions des deux côtés, afin qu'ils pussent avoir l'intervalle du samedi pour se reposer, rafraîchir leurs forces et se préparer au combat. Deux ou trois envoyés de chaque parti étaient venus d'avance recevoir des instructions pour le campement de leur petite troupe, et prendre tels autres arrangements qui pourraient être nécessaires quant à l'ordonnance générale du champ-clos. Henry ne fut donc pas surpris de voir un grand et robuste montagnard aller et venir d'un air empressé le long du *Wynd* où il demeurait, à la manière des natifs d'un pays sauvage examinant les curiosités d'une contrée plus civilisée. Smith sentit un mouvement de colère contre cet homme à cause de son pays, contre lequel notre bourgeois de Perth nourrissait une prévention naturelle, d'autant plus qu'il avait remarqué que l'individu portait un plaid particulier au clan Quhele. Le rameau de chêne brodé en soie annonçait même que cet homme était un des gardes personnels du jeune Eachin, dans le courage duquel les gens de son clan mettaient une telle confiance pour le prochain combat.

Après avoir observé tout cela, Henry se retira dans sa forge, car, comme nous l'avons dit, la vue de cet homme lui soulevait le sang; et sachant que l'Highlander, venu pour être un des champions d'un combat solennel, ne pouvait devenir l'objet d'une querelle privée, il résolut du moins d'éviter d'avoir avec lui aucun rapport amical. Quelques minutes après, cependant, la porte de la forge s'ouvrit, et enveloppé de ses tartans qui rehaussaient encore sa taille, le Gaël entra de l'air assuré d'un homme ayant conscience d'une dignité personnelle supérieure à tout ce que vraisemblablement il pourra rencontrer. Il resta à regarder autour de lui, et parut s'attendre à être reçu avec une sorte d'étonnement admiratif. Mais Henry n'était nullement d'humeur à flatter sa vanité, et il continua à battre une cuirasse qui était sur son enclume, comme s'il ne se fût pas aperçu de la présence de son visiteur.

— Vous êtes le Gow Chrom? (l'armurier aux jambes torses) dit le Highlander.

— Ceux qui veulent avoir l'épine du dos tordue m'appellent ainsi, répondit Henry.

— Elle ne veut pas vous offenser; elle vient pour vous acheter une armure [1].

— *Elle* peut filer d'ici au plus vite *elle* et ses jambes nues; — je n'ai pas d'armure à vendre.

— Si ce n'était pas dans deux jours le dimanche des Rameaux, elle vous ferait chanter une autre chanson, rétorqua le Gaël.

— Et comme c'est aujourd'hui jeudi, repartit Henry du même ton d'indifférence méprisante, je vous prie de vous ôter de mon jour.

— Vous êtes une personne incivile; mais elle est aussi *fir nan ord* [2], et elle sait que le forgeron a la tête chaude quand le fer est rouge.

---

[1] Les Highlanders parlent d'eux à la fois et au féminin et à la troisième personne. L. V.)

[2] Un homme du marteau. (W. S.)

— Si *elle* est aussi du métier, *elle* peut forger elle-même son propre harnais.

— Et c'est aussi ce qu'elle aurait fait, et elle ne vous en aurait pas donné la peine ; mais on dit, Gow Chrom, que vous chantez et sifflez, sur les épées et les harnais que vous forgez, des airs qui ont le pouvoir de faire que vos lames coupent les anneaux d'acier comme si c'était du papier, et de rendre vos cuirasses et vos cottes de mailles aussi impénétrables à un fer de lance qu'à une pointe d'aiguille.

— On conte à votre ignorance toutes les balivernes que les chrétiens refusent de croire. Je siffle en travaillant tout ce qui me vient à l'idée comme un honnête ouvrier ; et c'est communément l'air highlandais *Och one for Hougman-Stares* [1]. Mon marteau va tout seul à cet air-là

— L'ami, répliqua le Highlander avec hauteur, ça n'avance à rien d'éperonner un cheval qui a des entraves aux jambes. Elle ne peut pas se battre à présent, et il n'est guère brave de la gausser ainsi.

— Par les clous et le marteau ! vous avez raison, dit Smith en changeant de ton. Mais parle tout de suite, l'ami : qu'est-ce que tu me voulais ? Je ne suis pas en humeur de rire.

— Elle voulait un haubert pour son chef Eachin Mac-Ian, dit le Highlander.

— Vous êtes du métier, dites-vous ? Êtes-vous en état d'apprécier ceci ? repartit notre armurier en tirant d'un coffre la chemise de mailles à laquelle il travaillait un moment auparavant.

Le Gaël l'examina avec un degré d'admiration où se mêlait quelque jalousie. Il regarda attentivement toutes les parties de la texture, et finit par déclarer que c'était la plus belle pièce d'armure qu'il eût jamais vue.

— Cent vaches ou bouvillons, et un bon troupeau de moutons, seraient une offre bien élevée, dit-il comme pour sonder l'armurier ; pourtant elle ne te promettra pas moins, n'importe comment elle se les procurera.

— C'est une belle offre, répliqua Henry ; mais ni or ni denrées ne paieront jamais ce harnais-là. Je veux essayer mon épée sur ma propre armure, et je ne donnerai cette cotte de mailles qu'à celui qui voudra essayer avec moi trois passes et une botte en champ-clos. A ces conditions, elle est à votre chef.

— Allons donc, Gow ! — bois un coup et va te coucher, dit le Highlander avec grand mépris. Êtes-vous fou ? Est-ce que vous croyez que le capitaine du clan Quhele va batailler contre un petit bourgeois de Perth

[1] Cet endroit, auquel il est fait deux fois allusion dans le cours de notre histoire comme d'une place odieuse aux Highlanders, se trouve près de *Stare-Dam*, réunion d'eaux dans un enfoncement de l'aspect le plus désolé, entre la colline de Birnam et la route de Perth à Dunkeld. (W. S.)

comme vous? Ecoutez, l'ami : elle vous fera plus d'honneur qu'il n'en est jamais revenu à quelqu'un de votre trempe : elle se battra elle-même avec vous pour la belle armure.

— Il faut d'abord qu'*elle* montre qu'*elle* peut se mesurer avec moi, dit Henry avec un sourire refrogné.

— Comment! moi un des *leichtachs* d'Eachin Mac-Ian, ne pas pouvoir se mesurer avec vous!

— Vous pouvez essayer si vous voulez. Vous dites que vous êtes un *fir nan ord?* — savez-vous lancer le marteau?

— Oui vraiment. — Demandez à l'aigle s'il peut voler au-dessus de Ferragon?

— Hé bien, avant de vous mesurer avec moi, il faut d'abord essayer un jet avec un de mes leichtachs, *à moi;* — holà, Duntur! avance ici pour l'honneur de Perth. — Maintenant, Highlandman, voici une rangée de marteaux; — choisissez celui que vous voudrez, et passons au jardin.

Le Highlander, dont le nom était Norman-nan-Ord, ou Norman-du-Marteau, montra le droit qu'il avait à l'épithète en choisissant le plus gros marteau de la collection, ce qui fit sourire Henry. Dunter, le vigoureux ouvrier de Smith, lança son marteau à une distance prodigieuse; mais le Highlander, faisant un effort désespéré, fit voler le sien à son tour deux ou trois pieds plus loin. Il se tourna alors d'un air de triomphe vers Henry, qui sourit de nouveau pour toute réponse.

— Voulez-vous mieux faire? dit le Gaël en offrant le marteau à notre armurier.

— Non pas avec ce joujou d'enfant, repartit Henry; c'est à peine si ça pèse assez pour aller contre le vent. — Janniken, apporte-moi Samson; qu'un de vous aille l'aider, car Samson est un peu lourd.

Le marteau qu'on apporta était presque une fois aussi pesant que celui qu'avait choisi le Highlander comme étant d'un poids extraordinaire. Norman resta immobile de surprise; mais il fut encore bien plus étonné quand Henry, prenant sa position, et après avoir fait décrire un demi-cercle en arrière à l'énorme instrument, le fit voler comme s'il eût été lancé par une machine de guerre. On entendit siffler l'air que fendait cette lourde masse. Elle retomba enfin, et la tête de fer s'enfonça d'un pied en terre, à deux pas au-delà du jet de Norman.

Le montagnard, vaincu et mortifié, fut à la place où le marteau était tombé, le releva, le pesa au bout du bras avec un extrême étonnement, puis l'examina de près, comme s'il se fût attendu à y découvrir plus qu'un marteau ordinaire. Il le rendit alors à Henry avec un sourire mélancolique; et ce fut avec un mouvement d'épaules et en secouant la tête qu'il entendit Smith lui demander s'il ne voulait pas en essayer à son tour.

— Norman a déjà trop perdu au jeu, répondit-il. Elle y a perdu son nom de Marteleur. Mais le Gow Chrom travaille-t-il réellement à l'enclume avec cet outil-là qui ferait la charge d'un cheval?

— Vous allez voir, confrère, répondit Henry en reprenant le chemin de la forge. — Dunter, dit-il, tire-moi cette barre de la fournaise; et levant Samson, comme il nommait le monstrueux marteau, il se mit à battre le métal de droite à gauche à coups redoublés, — tantôt de la main droite, tantôt de la gauche, tantôt des deux à la fois, avec tant de vigueur et de dextérité qu'il façonna un petit fer à cheval parfaitement proportionné, en moitié moins de temps qu'un maréchal ordinaire n'en eût mis au même objet avec un outil d'un maniement plus facile.

— Oigh! oigh! fit le Highlander. Et pourquoi vous battre contre notre jeune chef, qui est bien au-dessus de vous, quoique vous soyez le meilleur forgeron qui ait jamais travaillé avec le vent et le feu?

— Ecoutez, dit Henry; — vous avez l'air d'un bon garçon, et je vais vous dire la vérité. Votre maître m'a offensé, et je lui donne ce harnais pour rien, à la seule condition de me battre contre lui.

— S'il vous a offensé, il faut que vous ayez affaire ensemble. Offenser un homme enlève la plume d'aigle du bonnet du chef; et quand ce serait le premier chef des Highlands, et à coup sûr c'est ce qu'est Eachin, il faut qu'il se batte avec l'homme qu'il a offensé, sans quoi une rose tombe de sa guirlande.

— Voulez-vous l'y décider, après le combat de dimanche?

— Oh! elle y fera de son mieux si les faucons ne sont pas après ses os; car il faut que vous sachiez, confrère, que les griffes du clan Chattan entrent assez avant.

— A cette condition, l'armure est à votre chef; mais je le déshonorerai devant le roi et la cour s'il ne m'en paie pas le prix.

— Du diable si vous avez à craindre ça, — du diable si vous avez à le craindre! Je l'amènerai moi-même dans la lice; assurément je l'y amènerai.

— Vous me ferez plaisir, repartit Henry; et pour que vous puissiez vous rappeler votre promesse, je vais vous faire cadeau de ce dirk. Voyez; — si vous le tenez bien et que vous sachiez frapper entre le capuchon de mailles et le gorgerin de votre ennemi, le chirurgien sera inutile.

Le Highlander prodigua ses expressions de gratitude, puis il prit congé.

— Je lui ai donné la meilleure armure de mailles que j'aie jamais fabriquée, se dit Smith à lui-même, presque repentant de sa libéralité, pour la triste chance qu'il amène son chef sur le terrain avec moi; et alors, que Catherine soit à celui qui la gagnera de franc jeu! Mais je crains bien que le jeune homme ne trouve quelque échappatoire, à moins que dimanche il n'ait assez de chance pour vouloir essayer d'un autre combat. Il y a quelque espoir, pourtant; car j'ai souvent vu un jeune gars frais émoulu, de nain qu'il était avant sa première affaire, se métamorphoser ensuite en pourfendeur de géants.

Ce fut ainsi, avec peu d'espoir, mais avec la résolution la plus déterminée, qu'Henry Smith attendit le moment qui devait décider de son sort. Ce qui lui faisait augurer mal, c'était le silence que gardaient Glover et sa fille. — Ils sont honteux de m'avouer la vérité, disait-il, voilà pourquoi ils se taisent.

Le vendredi à midi, les deux troupes de trente hommes chacune, représentant les clans rivaux, arrivèrent l'une et l'autre à l'endroit où elles devaient s'arrêter pour se reposer.

Le clan Quhele fut hospitalièrement traité à la riche abbaye de Scone, pendant que le prévôt régalait les champions du clan Chattan à son château de Kinfauns. On mit le soin le plus scrupuleux à traiter les deux partis avec les mêmes attentions, et à ne leur donner ni à l'un ni à l'autre l'occasion de se plaindre de partialité. Pendant ce temps, tous les points d'étiquette furent discutés et réglés entre le lord grand-connétable Errol et le jeune comte de Crawford, le premier pour le clan Chattan, le second représentant le clan Quhele. Des messagers étaient continuellement expédiés de l'un à l'autre comte, et ils eurent en trente heure plus de six entrevues avant que le cérémonial du champ-clos pût être définitivement arrêté.

En même temps, pour empêcher que d'anciennes querelles ne se réveillassent, car il en existait de nombreuses semences entre les bourgeois et leurs voisins des montagnes, une proclamation défendait aux citadins d'approcher à plus d'un demi-mille des endroits où les Highlanders étaient cantonnés; et les futurs champions, de leur côté, avaient aussi reçu défense d'approcher de Perth sans autorisation spéciale. Des troupes étaient stationnées pour faire respecter cet ordre, et elles obéirent si scrupuleusement à leur consigne, que Simon Glover lui-même, bourgeois et citadin de Perth, ne put approcher de la ville parce qu'il convint être arrivé avec les champions d'Eachin Mac-Ian, et qu'il portait leur plaid. Cette interdiction empêcha Glover d'aller trouver Henry Wynd et de le mettre exactement au fait de tout ce qui était arrivé depuis leur séparation, rapport qui aurait essentiellement changé, s'il avait eu lieu, le dénouement de notre histoire.

Le samedi dans l'après-midi il se présenta un autre incident qui eut pour la ville presque autant d'intérêt que les préparatifs du prochain combat. Ce fut l'arrivée du comte de Douglas, qui entra en ville avec une escorte de trente chevaux seulement, mais exclusivement composée de chevaliers et de gentilshommes de première conséquence. Chacun suivait des yeux ce seigneur redouté, comme on suit le vol d'un aigle à travers les nuages, ignorant où tend la course de l'oiseau de Jupiter, et cependant silencieux, attentif, et aussi avide d'observer tous ses mouvements que si l'on savait pour quel objet il fend ainsi les nues. Le comte traversa la ville au petit pas et en sortit par la porte du

Nord. Il mit pied à terre au couvent des Dominicains, et demanda à voir le duc d'Albany. Douglas fut introduit sur-le-champ, et le duc le reçut en homme qui voulait être gracieux et conciliant, mais dans les manières duquel perçaient à la fois l'astuce et l'inquiétude. — Je vous apporte de tristes nouvelles, dit le comte après les premiers compliments. Votre royal neveu, Sa Grâce le duc de Rothsay, n'est plus, et je crains qu'il n'ait péri par quelques machinations criminelles.

— Des machinations! dit le duc avec confusion; — quelles machinations? — qui a osé tramer un complot criminel contre l'héritier du trône d'Écosse?

— Ce n'est pas à moi d'expliquer d'où ces doutes proviennent, repartit Douglas; — seulement, on dit que l'aigle a été tué par une flèche armée d'une plume tirée de ses propres ailes, et que le tronc du chêne a été entr'ouvert par un coin fait du même bois.

—Comte de Douglas, je ne devine pas les énigmes, dit le duc d'Albany.

— Et moi je n'en propose pas, répliqua Douglas avec hauteur. Votre Grâce trouvera dans ces papiers des particularités dignes d'être lues. Je vais passer une demi-heure dans le jardin du cloître, et alors je viendrai vous rejoindre.

— Vous ne vous rendez pas près du roi, mylord?

— Non, répondit Douglas. Je me flatte que Votre Grâce pensera comme moi que nous devons cacher ce grand malheur de famille à notre souverain, jusqu'à ce que les affaires de demain soient décidées.

— J'y consens volontiers. Si le roi apprend cette perte, il ne pourra pas être témoin du combat; et s'il ne paraît pas en personne, ces hommes refuseront probablement de se battre, et toutes nos peines seront perdues. Mais asseyez-vous, mylord, pendant que je vais parcourir ces tristes papiers relatifs au pauvre Rothsay.

Il examina un à un les papiers que le comte venait de lui remettre, se contentant de jeter sur quelques uns un coup d'œil rapide, et s'arrêtant sur d'autres comme si le contenu en eût été de la dernière importance. Après avoir passé ainsi près d'un quart d'heure, il leva les yeux et dit d'un ton grave : Mylord, dans ces bien tristes documents, c'est cependant une consolation de ne rien voir qui puisse renouveler dans les conseils du roi les divisions qui ont été aplanies par les arrangements solennels pris dernièrement entre Votre Seigneurie et moi. Par ces arrangements, mon malheureux neveu devait être tenu à l'écart jusqu'à ce que le temps lui eût apporté un jugement plus mûr. Le destin a disposé de lui, et les mesures que nous devions prendre sont ainsi prévenues et deviennent inutiles.

— Si Votre Grâce ne voit là rien qui doive troubler la bonne intelligence que la tranquillité et la sûreté de l'Écosse exigent que nous maintenions entre nous, je ne suis pas assez peu ami de mon pays pour chercher moi-même de trop près des motifs de désaccord.

CHAPITRE XXXIII.

— Je vous comprends, mylord de Douglas, reprit vivement Albany. Vous avez pensé un peu à la hâte que je me trouverais offensé de ce que Votre Seigneurie aurait exercé ses pouvoirs comme lieutenant du royaume, et puni les détestables meurtriers, dans les limites de mon territoire de Falkland. Croyez bien, au contraire, que j'ai obligation à Votre Seigneurie de ce qu'elle m'a prévenu dans le châtiment de ces misérables, car leur vue seule m'aurait brisé le cœur. Le parlement d'Ecosse procédera sans doute à une enquête sur ce crime sacrilége; et je suis heureux que l'épée vengeresse se soit trouvée aux mains d'un homme aussi important que Votre Seigneurie. Nos communications à ce sujet, Votre Seigneurie doit bien se le rappeler, avaient uniquement pour objet la contrainte à laquelle il était utile de soumettre mon malheureux neveu jusqu'à ce qu'un an ou deux de plus lui eussent donné ce qui lui manquait en esprit de conduite.

— Telle était certainement l'intention que m'avait exprimée Votre Grâce: je puis l'attester en toute sûreté.

— Nous ne pouvons donc être blâmés, noble comte, parce que des misérables, pour satisfaire leur propre vengeance, paraissent avoir donné un dénouement sanglant à nos honnêtes projets.

— C'est ce dont le parlement jugera selon sa sagesse. Quant à moi, ma conscience m'acquitte.

— Et la *mienne* m'absout, ajouta le duc d'un ton solennel. Maintenant, mylord, quel parti prendrons-nous quant à la garde du jeune James[1], qui devient maintenant le successeur présomptif de son père?

— C'est au roi à en décider, répondit Douglas, impatient de mettre fin à la conférence. Je consentirai à ce qu'on fixe sa résidence partout où l'on voudra, sauf à Stirling, à Doune ou à Falkland.

A ces mots il quitta brusquement la chambre.

— Le voilà parti, murmura l'astucieux Albany, et il lui faut être mon allié; — pourtant il se sent disposé à être mon ennemi mortel. N'importe. — Rothsay dort avec ses pères; — James peut le suivre quand le temps en sera venu: et alors.... alors une couronne sera la récompense de mes perplexités.

[1] Second fils de Robert III, frère de l'infortuné duc de Rothsay; et plus tard roi d'Ecosse sous le nom de Jacques (James) Ier. (W. S.)

CHAPITRE XXXIV.

> Trente contre trente combattirent dans les barrières à Saint-Johnston, près des Frères Noirs.
> WYNTOUN.

L'AURORE du dimanche des Rameaux parut enfin. A une époque moins récente de l'Église chrétienne, on aurait regardé comme une profanation digne d'excommunication d'employer à un combat un des jours de la semaine-sainte. L'Église de Rome, à son honneur infini, avait décidé que durant le saint temps du carême, où s'était accomplie la rédemption de l'homme déchu, le glaive de la guerre devait rester au fourreau, et que la colère des princes devait respecter la période appelée la trêve de Dieu. La violence féroce des dernières guerres entre l'Angleterre et l'Ecosse avait détruit toute observance de cette prescription aussi humaine que religieuse. Bien souvent les occasions les plus solennelles étaient celles qu'un parti choisissait pour une attaque, parce qu'il espérait trouver ses ennemis occupés de leurs devoirs religieux et mal préparés pour la défense. C'était ainsi que la trêve, autrefois regardée comme propre à l'époque, avait été discontinuée, et il devint même assez habituel de choisir les fêtes sacrées de l'Église pour la décision du jugement par le combat, auquel ressemblait beaucoup la rencontre qui allait avoir lieu.

Dans l'occasion présente, néanmoins, les devoirs du jour furent observés avec la solennité habituelle, et les combattants eux-mêmes y prirent part. Portant en main des branches d'ifs, à défaut de rameaux de palmier, les champions des deux partis se rendirent chacun de leur côté à l'église des Dominicains et à celle des Chartreux pour y entendre la grand'messe, et se préparer, par un acte de dévotion au moins extérieur, à la lutte sanglante de la journée. Il va sans dire qu'on avait eu grand soin que durant cette marche les cornemuses de l'une des deux troupes ne pussent même être entendues de l'autre, car il était certain que, pareils à des coqs de combat échangeant des sons mutuels de défi, ils se seraient cherchés et attaqués avant d'être arrivés au lieu du combat.

Les citadins de Perth se portèrent en foule dans les rues pour voir passer cette procession inhabituelle, et encombrèrent les églises où les

CHAPITRE XXXIV.

deux clans assistaient à la messe pour observer leur attitude et juger, d'après l'apparence extérieure, auquel des deux partis resterait le plus probablement la victoire dans le combat qui s'approchait. Leur conduite à l'église, quoiqu'ils ne fréquentassent pas très habituellement les lieux de dévotion, fut parfaitement décente, et nonobstant leur caractère impétueux et incivilisé, très peu d'entre eux manifestèrent ou de l'étonnement ou de la curiosité. Ils semblaient regarder comme au-dessous de leur dignité de montrer de la curiosité ou de la surprise à la vue de nombre de choses qui probablement s'offraient à leurs regards pour la première fois.

Quant à l'issue du combat, bien peu, même des juges les plus compétents, osèrent hasarder une prédiction, quoique la taille de Torquil et de ses huit robustes fils portât quelques individus qui se prétendaient experts dans l'appréciation de la force nerveuse et musculaire des hommes, à incliner vers le clan Quhele. L'opinion de l'autre sexe était surtout entraînée par la belle prestance, la noble physionomie et les manières aisées d'Eachin Mac-Ian. Plus d'une d'entre elles s'imaginait avoir souvenir de ses traits; mais son superbe accoutrement militaire faisait que personne, un seul individu excepté, ne pouvait reconnaître l'humble apprenti de Glover dans le jeune chef highlandais.

Cet individu, comme on peut bien le supposer, n'était autre que Henry Smith du Wynd, lequel avait été au premier rang dans la foule qui se pressait pour voir les braves champions du clan Quhele. Ce fut avec un mélange de haine, de jalousie et presque d'admiration, qu'il vit l'apprenti de Glover, dépouillé de son extérieur abject, briller comme un chef que la vivacité du regard et l'assurance du maintien, la belle forme du front et de la poitrine, la splendeur de ses armes et les heureuses proportions de tous ses membres, paraissaient rendre tout-à-fait digne de tenir le premier rang parmi des hommes choisis pour soutenir l'honneur de leur race. Smith pouvait à peine se persuader que celui qu'il voyait là était ce jeune homme emporté qu'il avait repoussé loin de lui comme il eût pu faire d'une guêpe qui l'aurait piqué et que la compassion seule l'aurait empêché d'écraser du pied.

— Il a bonne mine avec mon magnifique haubert, le meilleur que j'aie jamais fabriqué, se disait Henry à lui-même. Si pourtant lui et moi nous nous trouvions ensemble là où il n'y aurait ni bras pour aider, ni œil pour voir, par tout ce qui est bénit dans cette sainte église! la bonne armure reviendrait à son maître. Je donnerais tout ce que je possède au monde pour pouvoir lui appliquer trois bons coups sur les épaules; il ne m'en faudrait pas davantage pour briser mon meilleur ouvrage. Mais pareil bonheur ne sera jamais le mien. S'il se tire du combat, ce sera avec une si haute réputation de courage, qu'il pourra bien dédaigner de commettre sa fortune encore toute fraîche au risque d'une rencontre avec un pauvre bourgeois tel que moi. Il se battra par son champion et me renverra à mon confrère le forgeron, et alors tout ce que j'y pourrai recueillir sera le plaisir d'assommer un bœuf highlandais. Si seulement je pouvais voir Simon Glover! — Je vais aller m'informer de lui à l'autre église, car pour sûr il doit être revenu des Highlands.

On commençait à sortir de l'église des Dominicains quand Smith prit cette résolution, qu'il cherchait à exécuter le plus promptement possible en traversant la foule aussi vite que le permettait la solennité du jour et du lieu. En s'ouvrant un chemin au milieu de la presse, il fut un moment si près d'Eachin que leurs yeux se rencontrèrent. Le teint bruni du brave Smith devint aussi rouge que le fer chauffé sur lequel il travaillait, et conserva cette teinte foncée pendant plusieurs minutes. Les traits d'Eachin se colorèrent d'un rouge plus vif, et un éclair de haine ardente jaillit de ses yeux. Mais cette rougeur subite s'éteignit en une pâleur livide, et son regard se détourna aussitôt du coup d'œil menaçant mais ferme avec lequel il s'était croisé.

Torquil, dont l'œil ne quittait jamais son fils nourricier, s'aperçut de son émotion et regarda anxieusement autour de lui pour en découvrir la cause. Mais Henry était déjà loin, et se hâtait de gagner le couvent des Chartreux. Là aussi la cérémonie religieuse du jour était terminée ; et ceux qui venaient de porter des palmes en honneur du grand événement qui ramena la paix sur terre et la bienveillance entre les hommes, s'écoulaient alors vers le lieu du combat : les uns préparés à enlever la vie de leurs semblables ou à y laisser la leur, les autres à assister à la lutte mortelle avec le plaisir sauvage que les païens prenaient aux combats de leurs gladiateurs.

La foule était si grande que tout autre eût bien pu désespérer de s'y faire jour ; mais la déférence générale dont Henry Wynd était l'objet, comme le champion de Perth, et la conviction universelle qu'il saurait bien se frayer de force un passage, faisaient que tout le monde s'accordait à lui faire place ; de sorte qu'il fut bientôt arrivé près des guerriers du clan Chattan. Leurs joueurs de cornemuse marchaient à la tête de la colonne ; venait ensuite la bannière bien connue représentant un chat de montagnes rampant, avec la devise appropriée : *Ne touchez pas le chat sans gants.* Puis s'avançait le chef, portant en avant son épée à deux mains comme pour protéger l'emblème de la tribu. C'était un homme de moyenne stature, ayant dépassé cinquante ans, mais chez qui les traits, non plus que les formes, ne trahissaient ni déclin de forces ni symptômes de vieillesse. Les mèches d'un rouge foncé, courtes et bouclées de sa chevelure, étaient à la vérité nuancées de quelques cheveux grisonnants ; mais sa démarche et ses mouvements étaient aussi légers, soit à la danse, soit à la chasse, soit dans un combat, que s'il n'avait pas dépassé la trentaine. Son œil gris brillait d'un éclat sauvage annonçant un mélange de valeur et de férocité ; mais sur le front, les sourcils et les lèvres se lisait l'expression de la sagesse et de l'ex périence. Les champions d'élite suivaient deux à deux. La physionomie de plusieurs d'entre eux exprimait l'inquiétude, car ils s'étaient aperçus le matin même de l'absence de l'un d'eux; et dans une lutte aussi désespérée que celle qui allait avoir lieu, la perte d'un combattant semblait à tous une chose importante, sauf à leur vaillant chef Mac-Gillie Chattanach.

— Ne dites rien aux Saxons de son absence, avait répondu ce chef intrépide quand on était venu lui annoncer la diminution de sa troupe. Ces langues menteuses du Lowland pourraient dire qu'il s'est trouvé un lâche dans le clan Chattan, et peut-être diraient-ils aussi que les autres ont favorisé sa fuite pour avoir un prétexte d'éviter le combat. Je suis sûr que Ferquhard Day se retrouvera dans les rangs avant que nous soyons prêts pour la bataille ; et s'il ne se remontre pas, est-ce que je ne suis pas en état de tenir tête à deux hommes du clan Quhele ? et ne les combattrions-nous pas quinze contre trente, plutôt que de perdre le renom que cette journée va nous valoir ?

La tribu applaudit au courageux discours de son chef; et pourtant plus d'un regard inquiet se portait encore de côté et d'autre dans l'espoir de voir le déserteur venir reprendre son rang. Peut-être le chef lui-même était-il le seul de sa troupe qui fût totalement indifférent à cet égard.

Ils traversèrent les rues de la ville sans apercevoir Ferquhard Day, qui, déjà parvenu à bien des milles au-delà des montagnes, était tout occupé à recevoir le dédommagement dont l'amour heureux peut compenser la perte de l'honneur. Mac-Gillie Chattanach avançait sans paraître s'apercevoir de l'absence du déserteur, et ils arrivèrent ainsi au North Inch, belle plaine unie adjacente à la ville, et appropriée aux exercices militaires des habitants.

D'un côté cette plaine est baignée par les eaux profondes et souvent gonflées du Tay. On y avait élevé une forte palissade, fermant de trois côtés un espace de cent cinquante *yards* de long, sur soixante-quinze de large. Le quatrième côté des lices était regardé comme suffisamment défendu par la rivière. Un amphithéâtre destiné aux spectateurs entourait la palissade, laissant libre un espace étendu que devaient occuper des hommes armés, fantassins et cavaliers, et le commun de la foule. A l'extrémité des lices la plus rapprochée de la ville était un rang de galeries élevées pour le roi et sa cour, si joliment décorées de treillages de verdure entremêlés d'ornements dorés, que l'endroit en a gardé jusqu'à présent le nom de Berceau-Doré.

Les cornemuses montagnardes qui avaient fait entendre en chemin les *pibrochs* ou airs de guerre des deux ligues rivales, se turent au moment où les champions arrivèrent à l'Inch ; car tel était l'ordre qui avait été donné. Deux guerriers âgés et à l'air majestueux, portant chacun la bannière de sa tribu, s'avancèrent aux deux extrémités opposées des lices, et enfonçant leur étendard en terre, se disposèrent à être spectateurs d'un combat auquel ils ne devaient pas se joindre. Les musiciens [1], qui devaient aussi rester neutres dans la lutte, prirent place près de leurs *brattachs* respectifs.

La multitude accueillit les deux troupes avec cette unanimité d'acclamations dont en pareille occasion elle salue ceux de qui elle attend un divertissement quelconque. Les combattants ne répondirent pas à cet accueil bruyant, mais chacun des deux partis se dirigea vers l'entrée qu'on lui avait ménagée à une des extrémités de la lice. Un corps nombreux d'hommes d'armes gardait les deux accès; le comte-maréchal à l'un, et à l'autre le lord grand-connétable, examinaient soigneusement chacun des combattants pour s'assurer que tous avaient les armes convenues, à savoir, le bonnet d'acier, la chemise de mailles, l'épée à deux mains et la dague. Ils vérifièrent aussi le nombre de chaque parti; et grande fut l'alarme au sein de la multitude, quand le comte d'Errol s'écria en levant la main : Ho! — on ne peut procéder au combat, car il manque un des champions du clan Chattan.

— Que nous importe? dit le jeune comte de Crawford. Ils devaient se mieux compter avant de partir de chez eux.

Le comte-maréchal, néanmoins, convint avec le connétable que le combat ne pouvait avoir lieu avant qu'on n'eût remédié à cette inégalité numérique; et la multitude assemblée éprouva l'appréhension qu'après tous ces préparatifs il n'y eût pas de combat.

De tous ceux qui étaient présents, deux seulement peut-être se réjouissaient à la pensée que le combat pourrait être ajourné : c'était le capitaine du clan Quhele et le sensible roi Robert. Les deux chefs, cependant, accompagnés chacun d'un ami et conseiller spécial, se rencontrèrent au milieu de la lice, avec le comte-maréchal, le lord grand-connétable, le comte de Crawford et sir Patrick Charteris, pour décider ce qu'il y avait à faire. Le chef du clan Chattan se déclara prêt et tout disposé à combattre sur place, sans s'arrêter à l'inégalité du nombre.

— C'est à quoi le clan Quhele ne consentira jamais, dit Torquil du Chêne. Vous ne pouvez vous tirer avec honneur d'une rencontre avec nous l'épée à la main, et vous ne cherchez qu'un subterfuge afin de pouvoir dire que si vous avez été battus, comme vous savez bien que vous le serez, c'est que le nombre de votre troupe n'était pas complet. Mais je fais une proposition. — Ferquhard Day était le plus jeune de votre troupe; Eachin Mac-Ian est le plus jeune de la nôtre : nous l'écarterons du nombre des combattants de même qu'un des vôtres a fui le combat.

— C'est une proposition tout-à-fait injuste et inégale, exclama Toshach Beg, qu'on pouvait appeler le second de Mac-Gillie Chattanach.

[1] *Pipers.*

La vie du chef est pour les hommes du clan le souffle de leurs narines, et nous ne consentirons jamais à ce que notre chef soit exposé à des dangers que le capitaine du clan Quhele ne partagerait pas.

Torqu'il vit avec une anxiété profonde que son plan était sur le point de manquer, puisqu'on s'opposait à ce qu'Hector se retirât de la lutte, et il cherchait dans son esprit comment il soutiendrait sa proposition, quand Eachin lui-même intervint. Sa timidité, il faut le remarquer, n'était pas de cette nature basse et égoïste qui porte ceux qui en sont atteints à se soumettre tranquillement au déshonneur plutôt que de s'exposer au danger. Il avait, au contraire, une bravoure morale, quoique timide par tempérament ; et la honte d'éviter le combat fut plus puissante en ce moment que la crainte de l'affronter.

— Je ne veux pas entendre parler, dit-il, d'un plan qui laisserait mon épée au fourreau pendant le glorieux combat d'aujourd'hui. Si je suis jeune dans les armes, il y a autour de moi assez de braves que je pourrai imiter, sinon égaler.

Il prononça ces mots avec une chaleur qui imposa à Torquil, et peut-être au jeune chef lui-même.

— Dieu bénisse son noble cœur ! se dit le père nourricier en lui-même. J'étais bien sûr que le mauvais charme serait rompu, et que l'esprit timide qui s'était emparé de lui s'enfuirait au son du pibroch et à la vue du brattach !

— Écoutez-moi, lord-maréchal, dit le connétable. L'heure du combat ne peut être reculée plus long-temps, car midi approche. Que le chef du clan Chattan prenne la demi-heure qui reste pour trouver, s'il le peut, un remplaçant à son déserteur ; s'il ne s'en trouve pas, qu'ils combattent comme ils sont.

— J'y consens, dit le maréchal, quoique je ne voie pas, personne de son clan n'étant plus près d'ici que cinquante milles, comment Mac-Gillie Chattanach pourrait trouver un auxiliaire.

— C'est son affaire, repartit le grand-connétable ; pourtant, s'il offre une forte récompense, il y a autour de la lice assez de vigoureux *yeomen* qui seront charmés d'exercer leurs membres dans un jeu comme celui qu'on attend. Moi-même, si ma qualité et ma charge me le permettaient, je mettrais de grand cœur la main à l'œuvre au milieu de ces camarades-là, et je pense qu'il y aurait du renom à gagner.

Ils firent part de leur décision aux Highlanders, et le chef du clan Chattan répondit : — Vous avez impartialement et noblement jugé, mylords, et je me regarde comme obligé de me conformer à votre décision. — Ainsi donc, hérauts, annoncez par une proclamation que si quelqu'un veut prendre part avec le clan Chattan à l'honneur et aux chances de cette journée, il lui sera compté sur-le-champ une couronne d'or, et qu'il aura la liberté de combattre jusqu'à la mort dans mes rangs.

— Vous êtes un peu chiche de votre trésor, chef, lui dit le comte-maréchal ; une couronne d'or est une pauvre solde pour une campagne comme celle qui va s'ouvrir.

— Si quelqu'un est disposé à combattre pour l'honneur, répliqua Mac-Gillie Chattanach, le prix suffira, et je n'ai pas besoin des services d'un drôle qui ne tirerait l'épée que pour de l'or.

Les hérauts avaient fait la moitié du tour des lices, s'arrêtant de distance en distance pour faire la proclamation qu'on leur avait prescrite, sans que qui que ce fût montrât la moindre disposition à accepter l'enrôlement offert. Quelques uns souriaient de la pauvreté des Highlanders, qui mettaient un prix si mince à un service si dangereux. D'autres affectaient de l'indignation de voir estimer si bas le sang des citadins. Personne, en fait, n'avait manifesté la plus légère intention d'accepter la tâche proposée, quand la proclamation arriva jusqu'à Henry du Wind, qui se tenait en dehors de la barrière, parlant de temps à autre au bailli Craigdallie, ou plutôt prêtant une oreille préoccupée à ce que le magistrat lui disait.

— Ah ! que proclame-t-on ? s'écria-t-il.

— Une offre généreuse de la part de Mac-Gillie Chattanach, répondit l'hôtelier du *Griffon*. Il propose une couronne d'or à celui qui voudra se faire chat sauvage pour aujourd'hui, et se faire un peu tuer à son service ! Voilà tout.

— Comment ! exclama Smith avec chaleur, est-ce qu'ils font leurs proclamations pour trouver un homme qui veuille se battre contre le clan Quhele ?

— Oui, marry ! fit Griffin ; mais je ne crois pas qu'on trouve à Perth des fous de ce calibre-là.

Il avait à peine achevé sa phrase qu'il vit Smith franchir la barrière d'un seul bond, et s'avancer dans la lice en disant : Me voici, sire héraut, moi, Henry du Wynd, disposé à prendre parti pour le clan Chattan.

Un cri d'admiration partit du sein de la multitude, tandis que les bourgeois plus graves, ne pouvant trouver à la conduite de Henry le moindre motif raisonnable, en concluaient qu'il fallait que son goût pour les combats lui eût absolument tourné la tête. Le prévôt surtout se montra mécontent.

— Tu es fou, Henry ! lui dit-il. Tu n'as ni épée à deux mains ni chemise de mailles.

— C'est vrai, répondit Henry, car j'ai cédé une chemise de mailles que j'avais faite pour moi à ce joli chef du clan Quhele, dont les épaules sentiront bientôt de quelle sorte de coups je rive mes clous. Quant à une épée à deux mains, hé bien, ce joujou d'enfant m'en servira jusqu'à ce que j'aie pu m'en procurer une plus pesante.

— Cela ne doit pas être, dit Errol. Écoute, armurier. Par sainte Marie ! tu auras mon haubert de Milan et ma bonne épée d'Espagne.

— Je remercie Votre Seigneurie, sir Gilbert Hay ; mais le fléau avec lequel votre brave ancêtre fit tourner le sort de la bataille à Loncarty me suffira bien. Je n'ai guère l'habitude des épées ou des armures que je n'ai pas fabriquées moi-même, parce que je ne sais pas bien quels coups l'une peut recevoir sans se fendre et l'autre porter sans se briser.

Sur ces entrefaites, le bruit s'était rapidement répandu dans la multitude, et était arrivé jusqu'à la ville, que l'intrépide Smith allait se battre sans armure ; mais au moment où l'heure fatale allait sonner, la voix perçante d'une femme se fit entendre demandant à grands cris passage à travers la foule. Cédant à ses importunités, la multitude fit place, et elle s'avança, haletante et pliant presque sous le poids d'un haubert de mailles et d'une énorme épée à deux mains. On eut bientôt reconnu la veuve d'Olivier Proudfute, et les armes qu'elle portait étaient celles de Smith lui-même, que son mari avait revêtues le soir fatal où il avait été assassiné ; naturellement elles avaient été portées chez lui avec le corps, et maintenant une veuve reconnaissante les rapportait aux lices, au moment où ces armes à l'épreuve étaient de la dernière conséquence pour celui à qui elles appartenaient. Henry reçut avec joie ces armes bien connues, que la veuve, d'une main tremblante de précipitation, l'aida à revêtir ; puis elle le quitta en disant : Dieu pour le champion de la veuve et de l'orphelin, et malheur à tous ceux qui viendront devant lui !

Animé d'une nouvelle confiance en se sentant couvert de son armure éprouvée, Henry fit un mouvement du corps comme pour bien asseoir autour de lui la chemise d'acier ; puis tirant du fourreau l'épée à deux mains, il lui fit décrire un moulinet au-dessus de sa tête, et forma dans l'air qu'elle fendait en sifflant la figure d'un 8, et cela avec une aisance et une légèreté de poignet qui montraient combien de vigueur et d'habileté il apportait dans le maniement de cette arme pesante. Alors les champions firent successivement le tour de la lice, que les deux partis traversèrent de manière à éviter de se rencontrer, et s'inclinant à mesure qu'ils passaient devant le berceau où était placé le roi.

Pendant l'accomplissement de ce cérémonial, la plupart des spectateurs étaient encore attentivement occupés à comparer la taille, les membres et la vigueur musculaire des champions des deux partis, et cherchaient à établir une conjecture sur l'issue probable du combat. La querelle d'un siècle entier, avec tous ses actes d'agression et de représailles, était concentrée dans le cœur des combattants. Leurs traits avaient pris l'expression la plus sauvage de l'orgueil, de la haine, et de la résolution désespérée de combattre jusqu'à la dernière extrémité.

Un murmure de joyeux applaudissements se fit entendre parmi les spectateurs, dans l'attente hautement excitée de la partie sanglante qui se préparait. Des gageures furent proposées et acceptées tant sur l'issue générale du conflit que sur les hauts faits de tel ou tel champion en particulier. L'air de résolution calme et franche d'Henry Smith faisait de lui le favori de la généralité des spectateurs, et l'on paria qu'il tuerait trois de ses adversaires avant de tomber lui-même. Smith était à peine équipé pour le combat quand la voix des chefs ordonna aux champions de prendre leurs places ; en ce moment Henry entendit la voix de Simon Glover qui partait de la foule, livrée maintenant à une attente silencieuse. — Harry Smith ! lui cria-t-il, — Harry Smith ! quelle folie t'a prise ?

— C'est cela ! il voudrait sauver son gendre, actuel ou futur, des mains de Smith : telle fut la première pensée de Henry. — Sa seconde pensée fut de se retourner vers lui et de lui parler ; — la troisième, que sous aucun prétexte il ne pouvait sans déshonneur abandonner la troupe à laquelle il s'était joint, ni même paraître désirer retarder le combat.

Il ne songea donc plus qu'à l'affaire du moment. Les deux partis furent disposés par leurs chefs respectifs sur trois lignes, chacune de dix hommes. On laissa entre les combattants assez d'intervalle pour que chacun d'eux pût facilement manier son épée, dont la lame avait cinq pieds de long, non compris la poignée. La seconde et la troisième ligne devaient servir de réserve, au cas où il arriverait malheur à la première. A la droite de la ligne de bataille du clan Quhele, le chef, Eachin Mac-Ian, se plaça à la seconde ligne entre deux de ses frères de lait. Quatre de ceux-ci formaient la droite de la première ligne, pendant que le père et les deux autres protégeaient l'arrière du chef bien-aimé. Torquil, en particulier, se tenait tout près derrière lui, à l'effet de le couvrir et de le protéger. Eachin se trouvait ainsi au centre de neuf des hommes les plus forts de sa troupe, ayant en front quatre défenseurs spéciaux, un de chaque côté et trois à l'arrière.

La ligne du clan Chattan fut disposée précisément dans le même ordre, sauf que le chef occupait le centre du rang du milieu, au lieu d'être à l'extrême droite. Cet arrangement porta Henry Smith, qui dans les deux troupes opposées ne voyait qu'un ennemi, le malheureux Eachin, à proposer de se placer à la gauche du premier rang du clan Chattan. Mais le chef désapprouva cet arrangement ; et ayant rappelé à Henry qu'il lui devait obéissance, puisqu'il était à sa solde, il lui ordonna de se placer à la troisième ligne, immédiatement derrière lui, — poste d'honneur, certainement, qu'Henry ne pouvait refuser, quoiqu'il ne l'acceptât qu'avec répugnance.

Quand les clans furent ainsi disposés l'un vis-à-vis de l'autre, ils annoncèrent par un cri sauvage leur animosité mutuelle et leur impatience d'en venir aux mains, cri que proféra d'abord le clan Quhele, et auquel répondit le clan Chattan, tous les champions agitant en même temps leur épée et se menaçant les uns les autres, comme s'ils eussent voulu intimider leurs adversaires avant d'en venir aux mains.

En ce moment critique, Torquil, qui n'avait jamais craint pour lui-même, n'était pas sans alarmes pour son *dault,* ou fils nourricier ; cependant il se rassura en voyant son attitude résolue et en lui entendant adresser à ceux de son clan quelques paroles énergiques propres à les animer au combat, et leur annonçant sa résolution de partager leur sort dans la mort ou dans la victoire. Mais Torquil n'eut pas le temps de se livrer à une plus longue observation. Les trompettes du roi sonnèrent une charge, les cornemuses firent entendre leurs sons aigres et étourdissants, et les combattants, s'avançant en bon ordre et augmentant graduellement de vitesse presque jusqu'au pas de course, se rencontrèrent au centre du terrain, comme un torrent furieux descendant des montagnes vient se heurter au flot de la marée montante.

Pendant quelques instants, les deux lignes du front, s'attaquant de part et d'autre avec leurs longues épées, parurent engagées dans une succession de combats singuliers ; mais bientôt le second et le troisième rangs prirent aussi part à l'action sous la double impulsion de leur haine réciproque et de leur soif d'honneur, et, s'avançant à travers les intervalles de la première ligne, firent de la scène un chaos tumultueux, au-dessus duquel les longues épées se levaient et retombaient, les unes encore étincelantes, les autres dégouttantes de sang et paraissant, à l'effroyable rapidité des coups, plutôt mises en mouvement par quelque mécanisme compliqué que maniées par des bras humains. Quelques uns des combattants, trop serrés les uns contre les autres pour user de leurs longues armes, avaient déjà saisi leurs poignards et s'efforçaient d'approcher de l'adversaire qui se trouvait vis-à-vis d'eux. Cependant le sang coulait à flots, et les gémissements de ceux qui tombaient commençaient à se mêler aux cris sauvages de ceux qui combattaient ; car, selon la coutume des Highlanders de tous les temps, on pouvait à peine dire qu'ils proféraient des cris, mais bien plutôt des hurlements. Ceux des spectateurs dont les yeux étaient le plus accoutumés à de telles scènes de sang et de confusion, ne pouvaient néanmoins apercevoir encore aucun avantage de l'un ou de l'autre côté. Le conflit, à la vérité, se portait tantôt en avant, tantôt en arrière ; mais ce n'était qu'une supériorité momentanée, que reprenait presque aussitôt celui des deux partis qui avait paru céder. Les notes aiguës des joueurs de cornemuse s'entendaient encore au-dessus du tumulte et contribuaient à exciter de plus en plus la furie des combattants.

Tout-à-coup, cependant, et comme d'un mutuel accord, les instruments sonnèrent une retraite ; c'étaient des notes plaintives qui semblaient un chant funèbre pour les victimes. Les deux partis se dégagèrent et s'éloignèrent l'un de l'autre pour reprendre haleine pendant quelques minutes. Les yeux des spectateurs suivaient avidement les rangs éclaircis des combattants à mesure qu'ils se retiraient de la lutte ; mais il paraissait encore impossible de décider quel côté avait éprouvé la plus grande perte. Il semblait que le clan Chattan eût perdu moins d'hommes que ses antagonistes ; mais, en compensation, les plaids ensanglantés et les armures rougies de ses champions (car des deux côtés plusieurs s'étaient débarrassés de leurs manteaux) annonçaient un plus grand nombre de blessés que n'en comptait le clan Quhele. Une vingtaine d'hommes des deux côtés gisaient sur la terre morts ou mourants ; les bras et les jambes séparés du tronc, les têtes fendues jusqu'au menton, les poitrines profondément entr'ouvertes, montraient à la fois et la furie du combat, et la nature redoutable des armes, et la vigueur des bras qui les portaient. Le chef du clan Chattan s'était conduit avec la valeur la plus déterminée, et était légèrement blessé. Eachin aussi avait combattu avec courage, entouré de ses gardes-du-corps ; son épée était rougie de sang, son attitude était fière et belliqueuse, et il sourit quand le vieux Torquil, le prenant dans ses bras, le chargea d'éloges et de bénédictions.

Les deux chefs, après avoir laissé leurs hommes reprendre haleine pendant une dizaine de minutes, reformèrent de nouveau leurs lignes, diminuées de près d'un tiers de leur nombre originaire. Ils se rapprochèrent alors de la rivière, le terrain où ils venaient de se rencontrer étant encombré de blessés et de morts. On vit quelques uns des premiers se soulever de temps à autre pour jeter un coup d'œil sur le champ de bataille, puis retomber épuisés, la plupart d'entre eux pour rendre le dernier soupir, la vie s'échappant avec le sang que versaient à flots les effroyables blessures faites par la claymore.

Henry Smith était facilement reconnaissable, tant à son costume du Lowland, que parce qu'il était resté à la place même où il avait combattu, appuyé sur son épée près d'un cadavre dont la tête, emportée à vingt pas du tronc par la force du coup qui l'en avait séparée, était coiffée d'une toque portant une feuille de chêne, ornement distinctif des gardes-du-corps d'Eachin Mac-Ian. Depuis qu'il avait tué cet homme, Henry n'avait plus frappé un seul coup, se bornant à parer ceux qu'on lui portait en grand nombre, ou qui étaient destinés au chef. Mac-Gillie Chattanach conçut quelque alarme, quand, après avoir donné aux siens le signal de se remettre en ligne, il s'aperçut que sa redoutable recrue restait éloignée des rangs, et se montrait peu disposée à revenir s'y joindre.

— Qu'as-tu donc ? lui dit le chef. Dans un corps si robuste, peut-il y avoir un cœur bas et lâche ? Allons, reviens au combat.

— Vous m'avez dit tout-à-l'heure que j'étais à votre solde, répliqua Henry ; — s'il en est ainsi, ajouta-t-il en montrant du doigt le cadavre sans tête, j'ai assez fait pour mes gages d'un jour.

— Celui qui me sert sans compter ses heures, repartit le chef, je le récompense sans compter les gages.

— En ce cas, je combattrai comme volontaire, et au poste qui me conviendra le mieux.

— Ce sera tout-à-fait comme tu voudras, répliqua Mac-Gillie Chattanach, qui vit la nécessité de se plier à l'humeur d'un auxiliaire si utile.

— Il suffit, dit Henry ; et remettant sur l'épaule sa pesante épée, il rejoignit promptement le reste des combattants, et vint se placer vis-à-vis du chef du clan Quhele.

Ce fut alors que pour la première fois Eachin montra quelque hésitation. Il avait long-temps regardé Henry comme le combattant le plus redoutable que Perth et les pays environnants pussent envoyer dans un champ clos. A la haine qu'il lui portait comme rival se mêlait le souvenir de la facilité avec laquelle, chez Simon Glover, il avait repoussé, quoique sans armes, son attaque soudaine et furieuse ; et quand il le vit les yeux fixés de son côté, tenant à la main l'épée dégouttante, et méditant évidemment une attaque sur lui individuellement, le courage lui faillit, et il laissa voir des symptômes de crainte qui n'échappèrent pas à son père nourricier

Il fut heureux pour Eachin que Torquil, d'après son propre caractère et celui des gens avec lesquels il avait vécu, fût dans l'impossibilité de concevoir l'idée qu'un homme de sa tribu, et bien moins encore son chef et fils nourricier, pût manquer de courage matériel. S'il eût pu se l'imaginer, sa douleur et sa rage auraient pu le pousser à une extrémité farouche, et peut-être eût-il tué Eachin pour l'empêcher d'entacher son honneur. Mais son esprit repoussa comme quelque chose de monstrueux et de contre nature l'idée que son *dault* pût être physiquement un lâche. Qu'il fût sous l'influence d'un enchantement, c'était une solution que la superstition lui avait suggérée ; et en ce moment il demanda à Hector, d'un ton d'anxiété mais à voix basse : **Est-ce que** le charme obscurcit maintenant ton esprit, Eachin ?

— Oui, misérable que je suis, répondit le malheureux jeune homme ; et voici là-bas le cruel enchanteur !

— Quoi ! exclama Torquil, et vous portez une armure qu'il a faite ?
— Norman, misérable enfant, pourquoi avez-vous apporté cette maille maudite ?

— Si ma flèche a manqué le but, je ne puis qu'envoyer ma vie après elle, répondit Norman-nan-Ord. Tenez bon ; vous allez me voir rompre le charme.

— Oui, tenez bon, répéta Torquil. Ce peut être un cruel enchanteur ; mais ma propre oreille a entendu, et ma propre langue a dit, qu'Eachin sortirait du combat entier, libre et sans blessure : — voyons quel sorcier saxon pourra démentir cela. Ce peut être un homme vigoureux ; mais la forêt de chênes tombera, tronc et branches, avant qu'il mette un doigt sur mon *dault*. Formez cercle autour de lui, mes fils ; — *bas air son Eachin !*

Les fils de Torquil répétèrent ces mots, qui signifient *Mourons pour Hector !*

Encouragé par leur dévouement, Eachin retrouva son courage, et cria hardiment aux ménestrels de son clan : *Seid suas!* c'est-à-dire, Commencez!

Les sons sauvages du pibroch sonnèrent de nouveau la charge; mais les deux troupes s'approchèrent l'une de l'autre plus lentement que la première fois, en hommes qui, de part et d'autre, connaissaient et respectaient leur valeur. Henry Wynd, dans son impatience de commencer le combat, s'approcha du chan Chattan et fit signe à Eachin de s'avancer. Norman, cependant, s'élança en avant pour couvrir son frère de lait, et il y eut une pause générale, quoique momentanée, comme si les deux partis eussent été disposés à tirer de l'issue de ce duel un présage du dénouement de la journée. Le Highlander s'avança, sa lourde claymore levée comme pour frapper; mais à l'instant où il arriva à longueur d'épée, il jeta son arme embarrassante, sauta légèrement sur l'épée de Smith qui lui en portait un coup, et se trouvant ainsi à portée de Henry, tira la dague que celui-ci lui avait donnée, et l'en frappa de haut en bas près de l'épaule, en même temps qu'il lui criait : C'est vous qui m'avez appris le coup!

Mais Henry Wynd portait son bon haubert doublement défendu par une garniture intérieure d'acier trempé. Si son armure eût été moins bonne, le combat était à jamais terminé. Encore même fut-il légèrement blessé.

— Fou! répliqua-t-il en portant à Norman un coup du pommeau de sa longue épée, qui le fit reculer en chancelant, je t'ai appris le coup, mais non la riposte; et assénant sur la tête de son antagoniste un coup qui lui fendit le crâne à travers son bonnet d'acier, il enjamba par dessus le corps inanimé pour attaquer le jeune chef, qui maintenant se trouvait découvert devant lui.

Mais la voix sonore de Torquil fit entendre cette exclamation tonnante : *Far eil air son Eachin!* (un autre pour Hector!) et les deux frères placés de chaque côté de leur chef se jetèrent en avant sur Henry, l'attaquèrent tous les deux à la fois, et le forcèrent de se tenir sur la défensive.

— En avant, race du Chat-Tigre! cria Mac-Gillie Chattanach. Sauvez le brave Saxon! Faites sentir vos griffes aux milans!

Déjà très blessé, le chef se traîna au secours de Smith, et abattit un des Leichtachs par lesquels ce dernier était attaqué. La bonne épée d'Henry le débarrassa de l'autre.

— *Reist air son Eachin!* (encore pour Hector!) cria le fidèle père nourricier.

— *Bas air son Eachin!* (la mort pour Hector!) répétèrent deux autres de ses fils avec le même dévouement, et ils soutinrent l'attaque de l'armurier et de ceux qui étaient venus à son aide; tandis qu'Eachin, se portant à l'aile gauche de la bataille, cherchait de moins formidables adversaires, et ranimait encore une fois, par quelque montre de valeur,

CHAPITRE XXXIV.

l'espoir faiblissant de ses compagnons. Les deux enfants du Chêne, qui avaient couvert ce mouvement, partagèrent le sort de leurs frères; car le cri du chef du clan Chattan avait attiré sur ce point du combat quelques uns de ses plus braves guerriers. Les fils de Torquil ne tombèrent pourtant pas sans vengeance ; leurs épées laissèrent de terribles marques sur le corps des morts et des vivants. Mais la nécessité de tenir leurs soldats les plus distingués autour de la personne de leur chef influa d'une manière fatale pour le clan Quhele sur le résultat général du combat; et le nombre de ceux qui combattaient encore était alors tellement diminué, qu'il fut aisé de voir que du côté du clan Chattan il en restait quinze, blessés pour la plupart, à la vérité, et qu'il n'en restait que dix au clan Quhele, dont faisaient partie quatre gardes-du-corps du chef, y compris Torquil.

Ils continuaient de combattre et de lutter, cependant, et à mesure que leurs forces diminuaient leur furie semblait s'accroître. Henry Wynd, quoique ayant reçu plusieurs blessures, ne songeait toujours qu'à écarter ou à exterminer la troupe de cœurs intrépides qui continuait de combattre autour de l'objet de son animosité. Mais aux cris du père : — Un autre pour Hector ! — la voix enthousiaste des fils répondait toujours : La mort pour Hector ! Et bien que le clan Quhele fût maintenant inférieur en nombre, l'événement du combat semblait encore douteux. Ce fut la lassitude seule qui les contraignit de nouveau à une autre pause.

On vit alors qu'il restait douze hommes au clan Chattan; mais deux ou trois avaient peine à se soutenir sans s'appuyer sur leurs claymores. Le clan Quhele n'en comptait plus que cinq ; Torquil et son plus jeune fils étaient du nombre, l'un et l'autre légèrement blessés. Eachin seul, grâce à la vigilance avec laquelle on s'était jeté au devant de tous les coups dirigés contre lui, n'avait reçu aucune blessure. L'épuisement avait changé en un sombre désespoir la rage des deux partis. Ils marchaient en chancelant, comme des hommes endormis, à travers les cadavres de ceux qui avaient succombé, et leurs regards se tenaient fixés sur eux comme pour ranimer leur haine envers leurs ennemis encore vivants par la vue des amis qu'ils avaient perdus.

Bientôt les spectateurs virent ceux qui jusque là avaient échappé à cette lutte acharnée se rapprocher des bords de la rivière pour y recommencer leur œuvre d'extermination, le sang rendant trop glissante la place qu'ils quittaient, et les corps des guerriers tués gênant les mouvements des combattants.

— Pour l'amour de Dieu, — au nom de la merci que nos prières lui demandent chaque jour, dit le bon vieux roi au duc d'Albany, que ceci finisse! Pourquoi laisserions-nous ces misérables lambeaux d'êtres humains compléter leur boucherie? Sûrement ils écouteront maintenant la raison, et ils accepteront la paix à des conditions modérées?

— Calmez-vous, sire, répondit son frère. Ces gens-là sont la peste des Lowlands. Les deux chefs sont encore vivants; — s'ils s'en retournent intacts, tout l'ouvrage de la journée est perdu. Souvenez-vous que vous avez promis au conseil de ne pas crier Assez!

— Vous me forcez à un grand crime, Albany, et comme roi qui devrait protéger ses sujets, et comme chrétien qui respecte le frère de sa foi.

— Vous jugez mal, sire. Ces gens-là ne sont pas des sujets affectionnés, mais bien des rebelles désobéissants, comme mylord de Crawford peut en porter témoignage; et ce sont encore moins des chrétiens, car le prieur des Dominicains vous attestera qu'ils sont plus d'à moitié païens.

Le roi soupira profondément. — Il faut que vous en fassiez à votre plaisir, dit-il; vous êtes trop prudent pour que je puisse lutter contre vous. Je ne puis que me détourner et fermer les yeux, pour ne pas voir une scène de carnage qui me fait mal. Pourtant je sais bien que Dieu me punira rien que d'avoir vu ainsi prodiguer la vie des hommes.

— Sonnez, trompettes! cria Albany; leurs blessures vont se roidir s'ils s'amusent plus long-temps.

Pendant ce court entretien du roi et de son frère, Torquil embrassait et encourageait son jeune chef.

— Résistez au charme seulement encore quelques minutes! lui disait-il; prenez bon courage, — vous sortirez du combat sans même une égratignure. Prenez bon courage!

— Comment puis-je prendre bon courage, repartit Eachin, pendant que mes braves frères sont morts un à un à mes pieds? — tous morts pour moi, qui ne pourrai jamais mériter un tel dévouement!

— Et pour quoi étaient-ils nés, sinon pour mourir pour leur chef? dit Torquil d'un ton calme. Pourquoi regretter que la flèche ne revienne pas au carquois, pourvu qu'elle touche au but? Prenez courage. Voici Tormot et moi qui sommes à peine blessés, tandis que les chats sauvages se traînent à travers la plaine comme s'ils étaient à demi étranglés par les chiens. — Continuons de tenir ferme et la journée est à nous, quoiqu'il puisse bien se faire que vous restiez seul en vie. — Ménestrels, sonnez la charge!

Le son des instruments se fit entendre des deux côtés, et les combattants se mêlèrent de nouveau, non plus avec la même vigueur, à la vérité, mais toujours avec le même acharnement. Ils furent rejoints par ceux dont le devoir était de rester neutres, mais à qui l'inactivité était désormais devenue impossible. Les deux vieux guerriers qui portaient les étendards s'étaient avancés graduellement des deux extrémités de la lice, et ne se trouvaient plus qu'à fort peu de distance du théâtre de l'action. Quand ils virent le carnage de plus près, ils furent saisis du désir irrésistible de venger leurs frères ou de mourir avec eux. Ils se ruè-

CHAPITRE XXXIV.

rent l'un sur l'autre et s'attaquèrent avec furie, à l'aide des lances auxquelles les étendards étaient fixés, puis, après s'être porté mutuellement plusieurs coups terribles, ils se prirent corps à corps sans lâcher leurs bannières; et tel était l'acharnement de leur lutte, qu'entraînés sur la pente du Tay, ils y tombèrent ensemble, et qu'on les y retrouva noyés après le combat, étroitement enserrés dans les bras l'un de l'autre. La fureur du combat, la frénésie de la rage et du désespoir, gagnèrent alors les ménestrels. Les joueurs de cornemuse, qui, durant le conflit, avaient fait tous leurs efforts pour animer le courage de leurs frères, voyaient maintenant la dispute presque terminée faute d'hommes pour la soutenir. Ils jetèrent leurs instruments, se précipitèrent l'un sur l'autre d'un élan désespéré et la dague à la main, et chacun d'eux s'attachant plus à dépêcher son adversaire qu'à se défendre lui-même, le *piper* du clan Quhele fut presque immédiatement tué, et celui du clan Chattan mortellement blessé. Celui-ci, néanmoins, saisit de nouveau son instrument, et le pibroch du clan fit encore entendre ses notes affaiblies aux combattants, tant que le ménestrel mourant conserva un souffle de vie. Sa cornemuse, ou du moins la partie qu'on nomme le *chanteur*, est encore aujourd'hui conservée dans la famille d'un chef highlandais, où elle est en grande vénération sous le nom de *federan dhu*, ou le Chanteur Noir.

Cependant, dans l'attaque finale, le jeune Tormot, dévoué comme ses frères, par son père Torquil, à la protection de son chef, avait été mortellement atteint par l'impitoyable épée d'Henry Smith. Les deux derniers défenseurs du clan Quhele étaient aussi tombés; Torquil, avec son fils nourricier et Tormot, forcés de reculer devant huit ou dix des champions du clan Chattan, s'arrêtèrent sur le bord du fleuve, tandis que leurs ennemis s'efforçaient, autant que le leur permettaient leurs blessures, de les suivre et de les rejoindre. Torquil arrivait à peine à l'endroit où il avait résolu de faire un dernier effort, que le jeune Tormot tomba et expira. Sa mort arracha à son père le premier et unique soupir qu'il lui fût échappé dans cette mémorable journée.

— Mon fils Tormot! dit-il; le plus jeune et le plus cher de tous! — Mais si je sauve Hector, je sauve tout. — Maintenant, mon *dault* bien-aimé, j'ai fait pour toi tout ce qu'homme peut faire, excepté de mourir. Laisse-moi détacher les agrafes de cette armure de mauvais présage, et prends celle de Tormot; elle est légère et t'ira bien. Pendant ce temps-là je vais me ruer sur ces gens qui sont tous blessés, et je vais les traiter de mon mieux. J'espère que j'aurai peu à faire, car ils viennent les uns après les autres comme des bœufs essoufflés. Au moins, chéri de mon âme, si je ne puis te sauver, je puis te montrer comment l'on meurt.

Tout en parlant ainsi, Torquil détachait les agrafes du haubert du jeune chef, croyant, dans sa simplicité, rompre ainsi le charme dont la crainte et la nécromancie avaient enveloppé le cœur d'Eachin.

— Mon père, mon père, vous qui êtes plus que mon père! dit le malheureux Hector, — restez près de moi! — Avec vous à mes côtés, je sens que je puis combattre jusqu'à la fin.

— C'est impossible, repartit Torquil. Je vais les arrêter pendant que tu mettras le haubert. Que Dieu te bénisse éternellement, bien-aimé de mon âme!

Et alors, brandissant son épée, Torquil du Chêne s'élança en avant avec le même cri de guerre, cri fatal qui déjà si souvent avait retenti sur cette arène ensanglantée : *Bas air son Eachin!* Trois fois il proféra ces mots d'une voix tonnante, et trois fois son épée abattit un des combattants du clan Chattan, qu'il attaquait successivement à mesure que d'un pas chancelant ils arrivaient à lui. — Bien battu! — Bien volé, faucon! exclama la multitude, témoin de cet effort qui, même à ce dernier moment, menaçait de changer la fortune de la journée. Tout-à-coup ces cris firent place au silence, puis l'on entendit un cliquetis d'épées aussi terrible que si la lutte tout entière eût recommencé dans la personne d'Henry Wynd et de Torquil du Chêne. Ils s'attaquèrent d'estoc et de taille avec la même ardeur que si leurs lames n'eussent fait que de sortir du fourreau; et leur animosité était mutuelle, car Torquil avait reconnu le détestable sorcier qu'il supposait avoir jeté un charme sur son enfant, tandis qu'Henry voyait devant lui le géant qui depuis le commencement du conflit l'avait empêché de réaliser le dessein qui seul l'avait fait se joindre aux combattants, — celui d'engager un combat singulier avec Hector. Ils combattaient avec une égalité qui n'aurait peut-être pas existé si Henry, plus grièvement blessé que son antagoniste, n'eût perdu quelque chose de son agilité ordinaire.

Pendant ce temps, et après avoir essayé vainement dans le trouble de ses esprits de se couvrir de l'armure de son frère de lait, Eachin éprouva un mouvement de honte et de désespoir, et courut en avant pour porter secours à son père nourricier dans cette lutte terrible, avant que quelque autre champion du clan Chattan ne fût arrivé jusque là. Il n'était plus qu'à dix pas, et bien déterminé à prendre part à ce combat à mort, quand Torquil tomba, la poitrine entr'ouverte depuis la clavicule presque jusqu'au cœur, murmurant encore dans son dernier souffle : *Bas air son Eachin!* L'infortuné vit la chute de son dernier défenseur, et l'ennemi mortel qui l'avait poursuivi pendant tout le combat debout devant lui à une longueur d'épée, brandissant l'arme pesante qui s'était frayé, à travers tant d'obstacles, un chemin jusqu'à la vie de son rival. Peut-être c'en fut-il assez pour porter au plus haut sa timidité naturelle; peut-être aussi se souvint-il en ce moment qu'il était sans armure défensive, et qu'une ligne d'ennemis, blessés et affaiblis, à la vérité, mais altérés de vengeance et de sang, allait dans un instant se trouver sur lui. Il suffit de dire que le cœur lui faillit, que sa vue s'obscurcit, que les oreilles lui tintèrent, et que sa cervelle fut

CHAPITRE XXXIV.

frappée de vertige; — la crainte d'une mort imminente l'emporta sur toute autre considération. Il porta à Henry un coup qui ne l'atteignit pas, puis, d'un bond en arrière, il évita celui que Smith lui assénait à son tour ; et avant que ce dernier eût eu le temps de reprendre l'offensive, Eachin s'était précipité dans le Tay. Une explosion de huées méprisantes le poursuivit pendant qu'il traversait la rivière à la nage, quoique peut-être il n'y eût pas douze de ceux qui s'y étaient joints qui, dans les mêmes circonstances, eussent fait autrement. Henry suivait le fugitif du regard avec surprise et en silence; mais il ne put réfléchir longtemps sur les conséquences de la fuite d'Eachin, car ses forces l'abandonnèrent entièrement dès que l'animation du combat eut cessé. Il s'assit sur l'herbe de la rive, et chercha à étancher celles de ses blessures par lesquelles il perdait le plus de sang.

Les vainqueurs reçurent le tribut d'applaudissements qui leur était dû. Le duc d'Albany et d'autres seigneurs entrèrent dans la lice, et Henry Wynd fut honoré d'une attention particulière.

— Si tu veux t'attacher à moi, mon brave camarade, lui dit Douglas, je changerai ton tablier de cuir contre un ceinturon de chevalier, et ta tenure de bourgeois contre un domaine de cent livres de revenu pour soutenir ton rang.

— Je vous remercie humblement, mylord, répondit Smith d'un ton d'abattement ; mais j'ai déjà versé assez de sang, et le Ciel m'a puni en déjouant le seul dessein qui m'avait fait entrer dans le combat.

— Comment, l'ami? reprit Douglas. N'as-tu pas combattu pour le clan Chattan, et le clan Chattan n'a-t-il pas remporté une glorieuse victoire?

— *J'ai combattu pour ma propre main* ¹, répondit Smith d'un ton indifférent ; et l'expression est encore proverbiale en Écosse.

Le bon roi Robert survint en ce moment, monté sur un palefroi d'amble, étant entré dans la lice pour faire donner des secours aux blessés.

— Mylord de Douglas, dit-il, vous tourmentez ce pauvre homme d'affaires temporelles, dans un moment où il paraît n'avoir que peu de temps à donner aux pensées spirituelles. N'a-t-il pas d'amis ici qui puissent le faire transporter là où on pourra soigner les blessures de son corps et la santé de son âme?

— Il a autant d'amis qu'il y a de braves gens dans Perth, dit sir Patrick Charteris, et je me mets moi-même du nombre.

— Un rustre sent toujours le rustre, reprit le hautain Douglas en détournant son cheval ; l'offre de lui conférer la chevalerie avec l'épée de Douglas l'aurait rappelé des portes du tombeau s'il eût eu dans les veines une seule goutte de sang noble.

¹ Voulant dire : j'ai fait cela pour ma propre satisfaction et non pour votre profit. (W. S.)

Sans faire attention au sarcasme du puissant comte, le chevalier de Kinfauns mit pied à terre pour prendre Henry dans ses bras au moment où celui-ci tombait en arrière d'épuisement et de faiblesse ; mais il fut prévenu par Simon Glover, qui avait aussi pénétré dans les lices avec quelques autres des premiers bourgeois de la ville.

— Henry ! mon bien-aimé fils Henry ! lui disait le vieillard, oh ! qui t'a poussé dans cette fatale querelle ? — Il se meurt ! — il a perdu la parole !

— Non, — je n'ai pas perdu la parole, dit Henry. — Catherine...

Il ne put en dire davantage.

— Catherine se porte bien, j'espère, et elle sera ta femme, — c'est-à-dire si...

— Si elle est sauve, veux-tu dire, vieillard ? reprit le comte de Douglas, quelque peu offensé du refus que Henry avait fait de son offre, mais trop magnanime pour ne pas prendre intérêt à ce qui se passait. — Elle est sauve si la bannière de Douglas peut la protéger ; — elle est sauve, et elle sera riche. Douglas peut donner la richesse à ceux qui y attachent plus de prix qu'à l'honneur.

— Pour sa sûreté, mylord, dit Simon Glover, que le noble Douglas reçoive les remercîments et les bénédictions qu'un père lui donne du fond du cœur. Quant à la richesse, nous sommes assez riches ; — ce n'est pas l'or qui peut me rendre mon bien-aimé fils.

— Merveille ! s'écria le comte ; — un manant refuse la noblesse, — et un bourgeois méprise l'or !

— Sous la faveur de Votre Seigneurie, dit sir Patrick, moi qui suis chevalier et noble, je me permettrai de dire qu'un brave comme Henry Wynd peut rejeter d'honorables titres, — et qu'un honnête homme comme ce respectable citadin peut se passer d'or.

— Vous faites bien de parler pour votre ville, sir Patrick, et je ne m'en offense pas. Je n'impose ma libéralité à personne. — Pourtant, ajouta-t-il à voix basse, s'adressant à Albany, il faut que Votre Grâce éloigne le roi de cette scène sanglante, car il doit savoir ce soir ce qui demain matin retentira dans toute l'Écosse. Cette querelle est terminée. Cependant je regrette, *moi*, de voir étendus là sans vie tant de braves Écossais, dont l'épée aurait pu servir la cause de leur pays.

Ce ne fut pas sans peine qu'on entraîna le roi Robert hors du champ de carnage ; les larmes ruisselaient le long de ses joues ridées et de sa barbe blanche, pendant qu'il conjurait tous ceux qui l'entouraient, nobles et prêtres, de veiller à ce qu'on prît soin du corps et de l'âme du petit nombre de blessés qui vivaient encore, et à ce que les morts fussent honorablement enterrés. Les prêtres qui se trouvaient là promirent avec empressement de se charger de ce double devoir, et tinrent fidèlement et pieusement parole.

Ainsi se termina ce combat célèbre du North Inch de Perth. De

CHAPITRE XXXIV.

soixante-quatre braves (les ménestrels et les porte-bannière compris) qui étaient entrés dans la fatale lice, sept seulement survécurent, qu'on plaça sur des litières dans un état peu différent de celui des morts et des mourants dont ils étaient entourés, au moment où morts, mourants et blessés furent emportés en un seul et triste cortége du théâtre de la lutte. Eachin seul l'avait quitté sans blessures, et y avait laissé l'honneur.

La seule chose qui reste à ajouter, c'est qu'à l'exception du chef fugitif pas un seul des champions du clan Quhele ne survécut à ce sanglant combat, et que par suite de leur défaite leur confédération fut dissoute. Les noms des clans dont elle se composait ne sont plus maintenant qu'un texte à conjectures pour l'antiquaire ; car jamais, après ce mémorable conflit, ils ne se réunirent de nouveau sous la même bannière. Le clan Chattan, de son côté, continua de s'accroître et de prospérer ; et les meilleures familles des Highlands du nord se font gloire de descendre de la race des Chats des Montagnes.

CHAPITRE XXXV.

Tandis que le cheval qui portait le roi retournait à petits pas vers le couvent où le bon Robert résidait en ce moment, Albany, les traits décomposés et la voix altérée, s'adressa au comte de Douglas : — Votre Seigneurie, qui a été témoin de la triste scène de Falkland, lui dit-il, ne veut-elle pas en communiquer la nouvelle à mon malheureux frère?

— Non certes, quand il y irait de toute l'Écosse, répondit Douglas. J'aimerais mieux découvrir ma poitrine à portée de flèche, et la donner en but à cent archers du Tynedale. Non, par sainte Bride de Douglas! Tout ce que je pourrais dire, c'est que j'ai vu le malheureux jeune homme mort. Comment sa mort est venue, c'est ce que Votre Grâce pourrait peut-être expliquer mieux que moi. N'était-ce la rébellion de March et la guerre contre les Anglais, je dirais ce que j'en pense.

A ces mots, et après avoir salué le roi, le comte quitta le groupe et prit le chemin de son propre logement, laissant Albany raconter de son mieux ce qui était arrivé.

— La rébellion et la guerre contre les Anglais? se dit le duc; — oui, et tes propres intérêts, orgueilleux comte, que, tout impérieux que tu es, tu n'oses séparer des miens. Hé bien, puisque la tâche tombe sur moi, je dois et je veux m'en acquitter.

Il suivit le roi dans son appartement. Robert le regarda avec surprise après avoir pris son siége habituel.

— Tu as la physionomie toute renversée, Robin, lui dit le roi. Je voudrais que tu y regardasses à deux fois quand il s'agit de faire verser le sang, puisque les conséquences t'en affectent si puissamment. Et pourtant, Robin, je ne t'en aime que mieux de ce que ton bon naturel se montre parfois, même à travers les combinaisons de ta politique.

— Plût au Ciel, mon royal frère, repartit Albany d'une voix étouffée, que la scène de carnage que nous avons vue fût ce que nous ayons de pis à voir ou à entendre sur cette journée. Je donnerais peu de regrets aux kernes sauvages qui y gisent empilés. Mais....

Il s'arrêta.

— Comment! exclama le roi saisi de terreur; — quel nouveau malheur? — Rothsay? — Ce doit être — c'est Rothsay! — Parle donc! — Quelle nouvelle folie a été faite? — quelle nouvelle mésaventure?

CHAPITRE XXXV.

— Mylord, — Sire, — les folies et les mésaventures sont maintenant finies pour mon malheureux neveu.

— Il est mort! — il est mort! dit le malheureux père avec un cri d'angoisses. — Albany, comme ton frère je te conjure.... Mais non ; — je ne suis plus ton frère! Comme ton roi, homme subtil et ténébreux, je t'ordonne de ne me rien déguiser!

— Les détails ne me sont qu'imparfaitement connus, balbutia Albany ; — mais il est certain que mon malheureux neveu a été trouvé mort la nuit dernière dans son appartement, par suite d'une maladie soudaine, — à ce qu'il m'a été rapporté.

— O Rothsay! — ô mon bien-aimé David!—plût à Dieu que je fusse mort à ta place, mon fils, — mon fils!

Ce fut ainsi, et en reproduisant les expressions touchantes de l'Ecriture, que l'infortuné vieillard donna cours à sa douleur de père, en même temps qu'il arrachait sa barbe grise et ses cheveux blancs. Albany, muet sous le cri de sa conscience, ne se hasarda pas à interrompre ce premier orage. Mais les angoisses du roi se changèrent presque aussitôt en un accès de fureur, — chose si contraire à la placidité de sa nature timide, que les remords d'Albany firent place à la crainte.

— Voilà donc la fin de tes adages moraux et de tes maximes religieuses! s'écria-t-il. — Mais le père qui a remis son fils entre tes mains, qui a livré l'innocent agneau au boucher, ce père insensé est un roi! et tu vas l'apprendre à tes dépens. Le meurtrier se tiendra-t-il en présence de son frère encore taché du sang du fils de ce frère? — Non! — Holà! quelqu'un! — Mac-Louis! — Mes Brandanes! — A la trahison! — au meurtre! — Prenez les armes, si vous aimez les Stuarts!

Mac-Louis, ainsi que plusieurs des gardes, se précipitèrent dans l'appartement.

— Meurtre et trahison! exclama le malheureux roi. Brandanes, — votre noble prince... Ici sa douleur et son agitation interrompirent pour un moment la fatale nouvelle qu'il voulait leur annoncer. Enfin il reprit son discours entrecoupé : — Une hache et un billot sur-le-champ dans la cour! dit-il. — Arrêtez... Le nom ne voulut pas sortir.

— Qui faut-il arrêter, sire? dit Mac-Louis, qui, voyant le roi dominé par une fureur si peu en harmonie avec sa douceur habituelle, fut presque tenté de croire que son cerveau était dérangé par les horreurs inouïes du combat auquel il avait assisté. — Qui dois-je arrêter, sire? répéta-t-il. Il n'y a ici personne que le royal frère de Votre Grâce, le duc d'Albany.

— C'est vrai, reprit le roi, son court accès de passion vindicative expirant déjà. C'est vrai, — il n'y a personne qu'Albany, — personne que l'enfant de mon père, — personne que mon frère. Mon Dieu! mets-moi en état d'éteindre la colère coupable qui bouillonne dans mon sein.

— *Sancta Maria, ora pro nobis!*

Mac-Louis jeta un regard d'étonnement vers le duc d'Albany; celui-ci s'efforçait de cacher sa confusion sous une affectation de profonde sympathie, et il murmura à l'officier :

— Le grand malheur a été trop pour son esprit.

— Quel malheur, plaise à Votre Grâce? Je n'ai ouï parler d'aucun.

— Comment! vous n'avez pas ouï parler de la mort de mon neveu Rothsay?

— Le duc de Rothsay mort, mylord d'Albany! s'écria le fidèle brandane au comble de l'horreur et de l'étonnement. — Quand? où? comment?

— Il n'y a que deux jours, — on ne sait pas encore bien comment, — à Falkland.

Mac-Louis regarda fixement le duc un instant; alors, l'œil étincelant et l'air déterminé, il dit au roi, qui paraissait profondément plongé dans ses dévotions mentales : Sire! il y a une minute vous avez prononcé une phrase où il manquait un nom. Prononcez-le, ce nom, sire, et votre volonté sera une loi pour vos Brandanes!

— Je priais Dieu d'éloigner de moi la tentation, Mac-Louis, dit le roi d'un ton brisé, et vous me l'apportez. Voulez-vous armer un insensé d'une épée nue? — Mais aussi, Albany, ô mon ami, mon frère, mon meilleur conseiller! — comment — comment as-tu pu avoir le cœur de faire cela?

Albany, voyant que la colère du roi s'adoucissait, répliqua avec plus de fermeté qu'auparavant : Mon château n'a pas de barrière contre le pouvoir de la mort; — je n'ai pas mérité les horribles soupçons qu'impliquent les paroles de Votre Majesté. Je les pardonne à la douleur d'un père privé de son fils. Mais je suis tout prêt à jurer par la croix de l'autel, — par ma part de salut, — par l'âme de nos royaux parents....

— Tais-toi, Robert, interrompit le roi; n'ajoute pas le parjure au meurtre. — Et tout cela pour avancer d'un pas vers la couronne et le sceptre! Prends-les donc tout d'un coup, Albany, et puisses-tu sentir comme moi que tous deux sont de fer rouge! — O Rothsay! Rothsay! tu as du moins échappé au malheur d'être roi!

— Sire, reprit Mac-Louis, laissez-moi vous rappeler que la couronne et le sceptre d'Écosse, quand Votre Majesté cessera de les porter, appartiennent au prince James, qui succède aux droits de son frère.

— C'est vrai, Mac-Louis, dit vivement le roi; et il succèdera aussi, le pauvre enfant, aux périls de son frère! Merci, Mac-Louis, merci! — vous m'avez fait souvenir qu'il me reste encore quelque chose à faire sur terre. Mets tes Brandanes sous les armes aussi promptement que possible. Ne laisse personne nous accompagner que sa fidélité ne te soit connue, — personne, surtout, qui ait eu des rapports avec le duc d'Albany, — avec cet homme qui se dit mon frère! — et donne des ordres pour que ma litière soit préparée sur-le-champ. Nous allons à Dunbarton, Mac-Louis, ou à Bute. Les précipices, et la mer, et le cœur de mes Brandanes y défendront l'enfant jusqu'à ce que nous puissions mettre l'Océan entre lui et l'ambition cruelle de son oncle ! — Adieu, Robert d'Albany, — adieu pour jamais, homme au cœur dur et sanguinaire ! Jouis de la part de pouvoir que Douglas pourra te permettre ; — mais ne cherche pas à revoir mes traits, bien moins encore à approcher de l'enfant qui me reste ! car à l'heure où tu le ferais, mes gardes auront ordre de te percer de leurs pertuisanes ! — Mac-Louis, aie soin de donner cet ordre.

Le duc d'Albany sortit sans chercher davantage à se justifier ou à répondre.

Ce qui suivit appartient à l'histoire. Dans la session suivante du parlement d'Écosse, le duc d'Albany parvint à se faire déclarer innocent de la mort de Rothsay, en même temps qu'il trahissait son sentiment de culpabilité en acceptant une rémission ou pardon du crime. L'infortuné vieux roi se renferma dans son château de Rothsay, dans le Bute, pour y pleurer sur le fils qu'il avait perdu, et veiller avec une anxiété fiévreuse sur la vie de celui qui lui restait. Comme la meilleure mesure pour la sécurité du jeune James, il l'envoya en France faire son éducation à la cour du roi régnant. Mais le navire qui portait le prince d'Écosse fut pris par un croiseur anglais, et quoiqu'il y eût alors une trêve entre les deux royaumes, Henri IV fut assez peu généreux pour le retenir prisonnier. Ce dernier coup acheva de briser le cœur du malheureux Robert III. La vengeance, quoique d'un pas lent, suivit la trahison et la cruauté de son frère. Les cheveux blancs de Robert d'Albany descendirent en paix dans la tombe, à la vérité, et il transféra la régence qu'il avait si criminellement acquise à son fils Murdoch. Mais, dix-neuf ans après la mort du vieux roi, James Ier revint en Écosse ; et le duc Murdoch d'Albany fut conduit avec ses fils à l'échafaud, en expiation de son crime et de celui de son père.

CHAPITRE XXXVI.

> Le cœur honnête qui n'a à se reprocher ni fraude
> ni crime, la fortune le repousserait-elle du pied,
> a toujours quelque sujet de joie. BURNS.

Nous revenons maintenant à la Jolie Fille de Perth, qui avait quitté, par ordre de Douglas, Falkland et ses horribles scènes pour aller se mettre sous la protection de la fille du comte, de la duchesse, maintenant veuve, de Rothsay. La résidence temporaire de cette dame était une maison religieuse appelée Campsie, dont les ruines occupent encore une situation pittoresque sur les bords du Tay. Cette maison s'élevait au sommet d'un roc escarpé dont le pied est baigné par le noble fleuve, que rend ici particulièrement remarquable la cataracte appelée Campsie Linn, où ses eaux se précipitent tumultueusement d'une rangée de rochers basaltiques qui interceptent le courant comme une digue élevée par la main de l'homme. Attirés par un site si pittoresque, les moines de l'abbaye de Cupar y élevèrent un édifice dédié à un patron obscur, du nom de saint Hunnand, et ils avaient coutume de s'y retirer, soit pour leur plaisir, soit par des motifs de dévotion. Ils en avaient ouvert les portes avec empressement pour y recevoir la noble dame qui y résidait en ce moment, le pays étant sous l'influence du puissant lord Drummond, allié de Douglas. Ce fut là que les lettres du comte furent présentées à la duchesse par le chef de l'escorte qui conduisait à Campsie Catherine et la chanteuse. Quelque raison qu'elle eût de se plaindre de Rothsay, sa fin, aussi horrible qu'inattendue, porta un coup violent à la noble dame, et elle passa la plus grande partie de la nuit à se livrer à son chagrin et dans des exercices de piété.

Le lendemain matin, qui était celui du mémorable dimanche des Rameaux, elle fit venir en sa présence Catherine Glover et Louise. Toutes deux étaient encore dans l'accablement où les avaient jetées les scènes horribles auxquelles elles s'étaient si récemment trouvées mêlées ; et l'extérieur de la duchesse Marjory, comme celui de son père, était plus fait pour inspirer la crainte et le respect que pour faire naître la confiance. Elle leur parla avec bienveillance, cependant, quoique paraissant plongée dans une profonde affliction, et elle apprit d'elles tout ce qu'elles pouvaient lui dire sur la fin funeste de son époux égaré. Elle parut re connaissante des efforts que Catherine et Louise avaient faits, malgré les risques auxquels elles s'exposaient, pour sauver Rothsay de son horrible sort. Elle les invita à se joindre à ses dévotions; puis à l'heure du dîner elle leur donna sa main à baiser et les envoya réparer elles-mêmes leurs forces par un peu de nourriture, les assurant l'une et l'autre, et Catherine en particulier, de sa protection efficace, qui leur garantirait, dit-elle, celle de son père, et qui serait un rempart pour toutes les deux tant qu'elle-même vivrait.

Elles quittèrent la princesse pour aller partager le repas de ses duègnes et de ses dames, qui toutes, au milieu de leur profond chagrin, montraient un air de dignité cérémonieuse qui glaçait le cœur expansif de la Française, et qui faisait même éprouver quelque contrainte au caractère plus sérieux de Catherine Glover. Les deux amies, car nous pouvons maintenant leur donner ce titre, ne furent donc pas fâchées d'échapper à la société de ces dames toutes de noble naissance, croyant conséquemment déroger en admettant dans leur compagnie la fille d'un bourgeois et une chanteuse errante, et qui les virent avec plaisir partir pour une promenade dans les environs du couvent. Un petit jardin, avec ses touffes d'arbustes et ses arbres fruitiers, se prolongeait d'un côté du monastère jusqu'au précipice, dont il n'était séparé que par un parapet construit sur le bord même du rocher, parapet si peu élevé que l'œil pouvait aisément mesurer la profondeur de l'abîme, et voir les eaux du fleuve se précipiter en écumant et à grand bruit au-dessus du récif qui leur faisait obstacle.

La Jolie Fille de Perth et sa compagne suivaient lentement un sentier qui longeait intérieurement le parapet, et contemplaient une perspective romantique, dont la beauté leur faisait juger de ce qu'elle pourrait être quand l'été qui s'approchait aurait revêtu les arbres de leur parure. Pendant quelque temps elles gardèrent un profond silence; enfin la gaieté et la hardiesse d'esprit de Louise s'élevèrent au-dessus des circonstances dans lesquelles elles avaient été et se trouvaient encore placées.

— Etes-vous encore, belle Catherine, sous l'impression des horreurs de Falkland? Efforcez-vous, comme moi, de les oublier ; nous ne pouvons fouler légèrement le sentier de la vie, si nous ne secouons pas de nos mantes les gouttes de pluie à mesure qu'elles tombent.

— Ces horreurs ne sauraient s'oublier, repartit Catherine. Cependant mon anxiété actuelle a pour objet la sûreté de mon père, et je ne puis m'empêcher de penser combien de braves perdent peut-être la vie en ce moment même, à six ou sept milles d'ici.

— Vous voulez parler de ce combat de soixante champions, dont l'écuyer de Douglas nous parlait hier? Ce serait un spectacle à voir pour un ménestrel. Mais fi de mes yeux de femme! — ils n'ont jamais pu voir deux épées se croiser sans avoir un éblouissement. Mais voyez, —

voyez donc là-bas! belle Catherine, — voyez donc là-bas! Ce messager qui court si vite apporte certainement des nouvelles du combat.

— Il me semble le reconnaître, dit Catherine ; — mais si c'est celui que je crois, quelques étranges pensées hâtent sa course.

Comme elle parlait, celui qui arrivait en si grande hâte dirigeait sa course vers le jardin. Le petit chien de Louise courut au-devant de lui en aboyant avec furie, mais il revint se tapir en grondant derrière sa maîtresse; car les animaux eux-mêmes savent reconnaître quand l'homme est emporté par l'énergie furieuse d'une irrésistible passion, et ils craignent alors de se trouver sur son passage. Le fugitif se précipita dans le jardin sans ralentir sa course. Sa tête était nue et sa chevelure en désordre; son riche hoqueton et le reste de ses vêtements semblaient avoir été récemment trempés dans l'eau; ses brodequins de cuir étaient coupés et déchirés, et ses pieds laissaient sur la terre des traces de sang. Sa physionomie avait quelque chose d'égaré et de hagard.

— Conachar! exclama Catherine, comme il s'avançait sans paraître voir ce qui était devant lui, de même que les lièvres, dit-on, quand ils sont serrés de près par les lévriers. Mais il s'arrêta court en entendant son nom.

— Conachar, reprit Catherine, — ou plutôt Eachin Mac-Ian, que signifie tout ceci? — Le clan Quhele a-t-il éprouvé une défaite?

— *J'ai porté* les noms que cette jeune fille me donne, dit le fugitif après un moment de réflexion. Oui, — on m'appelait Conachar quand j'étais heureux, et Eachin quand j'étais puissant. Mais maintenant je n'ai plus de nom, et il n'y a plus de clan comme celui dont tu parles; et toi tu es folle de parler de ce qui n'est pas à quelqu'un qui n'existe plus.

— Hélas! infortuné....

— Et pourquoi infortuné, je vous prie? s'écria le jeune homme. Si je suis un lâche et un misérable, la lâcheté ne commande-t-elle pas aux éléments? N'ai-je pas bravé l'eau sans qu'elle m'ait suffoqué? n'ai-je pas couru sur la terre sans qu'elle se soit ouverte pour m'engloutir? Quel mortel s'opposera à mon projet?

— Il divague, hélas! reprit Catherine. Hâte-toi d'appeler du secours. Il ne me fera pas de mal, mais je crains qu'il ne s'en fasse à lui-même. Vois comme il regarde fixement la cataracte.

Louise se hâte d'obéir, et l'esprit à demi égaré d'Eachin sembla soulagé par son départ. — Catherine, dit-il, maintenant qu'elle est partie, je te dirai que je te connais; — je connais ton amour pour la paix et ta haine pour la guerre. Mais écoute : — plutôt que de porter un coup à mon ennemi, j'ai renoncé à tout ce que les hommes ont de plus cher, — j'ai perdu mon honneur, ma renommée, mes amis ; — et quels amis! exclama-t-il en se couvrant le visage de ses deux mains. — Oh! leur amour surpassait l'amour d'une femme. Pourquoi cacherais-je mes larmes? — Tout le monde sait ma honte, — tout le monde doit voir ma douleur. Oui, tout le monde pourra la voir, mais qui en aura pitié? — Catherine, pendant que je courais comme un fou le long de la vallée, homme et femme appelaient la honte sur moi! Le mendiant à qui j'ai jeté une aumône pour acheter une bénédiction l'a rejetée avec dégoût en prononçant une imprécation sur le lâche! Chaque cloche qui tintait semblait dire : honte au lâche apostat! Les bêtes brutes dans leurs bêlements et leurs beuglements, — le vent dans ses sifflements, et l'eau dans ses mugissements, tout me criait : honte au lâche! Les neuf fidèles sont encore après moi; ils me crient d'une voix faible : Frappez seulement un coup pour nous venger; nous sommes tous morts pour vous!

Pendant que le malheureux jeune homme délirait ainsi, un bruissement se fit entendre dans les buissons. — Il n'y a plus qu'un moyen! s'écria-t-il en sautant sur le parapet, tout en jetant un regard d'épouvante vers le bouquet d'arbustes à travers lequel un ou deux domestiques cherchaient à se glisser sans bruit dans l'intention de le saisir par surprise. Mais au moment où il vit une forme humaine sortir du fourré il agita avec égarement ses mains au-dessus de sa tête, et poussant le cri *Bas air Eachin!* il s'élança dans la cataracte qui mugissait au pied du précipice.

Il est inutile de dire qu'un duvet de chardon aurait pu seul n'être pas brisé dans une telle chute. Mais la rivière était gonflée, et les restes du malheureux Eachin ne furent jamais revus. La tradition fournit dans ses récits variés plus d'un supplément à l'histoire : les uns rapportent que le jeune capitaine du clan Quhele nagea sain et sauf jusqu'à la rive, bien au-dessous des Linns de Campsie; et qu'errant dans les déserts de Rannoch, en proie à une douleur inconsolable, il y rencontra le père Clément qui avait établi sa demeure au sein de ces solitudes, dans la cellule qu'un ermite s'y était faite, à l'exemple des anciens *culdies*. Il convertit, dit-on, le triste et repentant Conachar, qui vécut avec lui dans sa cellule, partageant sa dévotion et ses privations, jusqu'à ce que la mort les rappela successivement de ce monde.

Une autre légende plus étrange suppose qu'il fut arraché au trépas par les fées ou *Daione-Shie*, et qu'il continue d'errer à travers les bois et les solitudes, armé comme un ancien Highlander, et tenant son épée à la main gauche. Le fantôme paraît toujours livré à une profonde douleur. Quelquefois il semble vouloir attaquer le voyageur; mais si on lui résiste avec courage il s'enfuit toujours. Ces légendes sont fondées sur deux points particuliers de son histoire : sa timidité trop bien prouvée, et le suicide par lequel il mit fin à ses jours ; — deux circonstances presque sans exemple dans l'histoire d'un chef montagnard.

Quand Simon Glover, après s'être assuré que Henry recevrait tous les soins nécessaires dans sa propre maison de Curfew-street, arriva le soir de ce même jour à la Place de Campsie, il y trouva sa fille attaquée d'une fièvre violente, par suite des scènes dont elle avait depuis peu été témoin, et particulièrement de la catastrophe du compagnon des jeux de ses jeunes années. L'affection de Louise fit d'elle une garde-malade si soigneuse et si attentive, que Simon Glover dit qu'il ne dépendrait pas de lui qu'elle ne touchât plus un luth de sa vie, sauf pour son propre amusement.

Il se passa quelque temps avant que Simon se hasardât à parler à sa fille des derniers exploits de Henry et des graves blessures qu'il avait reçues ; et il eut soin d'insister surtout sur cette circonstance encourageante, que son fidèle amant avait refusé les honneurs et la fortune que lui offrait Douglas s'il voulait se consacrer aux armes et s'attacher à lui. Catherine soupira profondément et secoua la tête au récit de la sanglante histoire du dimanche des Rameaux et du combat du North-Inch. Mais elle avait apparemment réfléchi que rarement on devance les idées d'humanité et de civilisation de son époque, et qu'un courage téméraire et excessif tel que celui de Henry était, dans ce siècle de fer où ils vivaient, préférable au manque de courage qui avait conduit Conachar à la catastrophe où il avait péri. Si elle conserva quelques doutes à cet égard, ils furent dissipés en temps convenable par les protestations de Henry, dès que sa santé rétablie lui permit de venir lui-même plaider sa cause.

— Je devrais rougir de dire, Catherine, que la pensée seule de me battre me répugne aujourd'hui. Le North-Inch a montré assez de carnage pour rassasier un tigre. Je suis donc déterminé à suspendre mon épée pour ne la plus tirer du fourreau, si ce n'est contre les ennemis de l'Écosse.

— Et si l'Écosse la réclamait, repartit Catherine, ce serait moi qui l'attacherais à votre ceinturon.

— Et nous ferons dire des messes, Catherine, ajouta le joyeux Glover, pour l'âme de ceux qui sont tombés sous l'épée de Henry. Nous paierons largement pour cela ; et non seulement cela guérira nos peccadilles spirituelles, mais nous rapatriera avec l'Église.

— On peut consacrer à cela, mon père, l'or amassé par ce misérable Dwining. Il me l'a légué ; mais je pense que vous ne voudriez pas mêler un argent bassement acquis comme prix du sang, avec le fruit de gains honorables ?

— J'aimerais autant apporter la peste dans ma maison, répondit résolument Glover.

Le trésor de l'apothicaire fut en conséquence réparti entre quatre monastères ; et depuis lors pas l'ombre d'un soupçon ne s'éleva sur l'orthodoxie du vieux Simon et de sa fille.

Henry et Catherine furent mariés quatre mois après le combat du North-Inch ; et jamais la corporation des gantiers et celle des forgerons n'exécutèrent leur danse des épées avec autant d'ardeur et de perfec-

CHAPITRE XXXVI.

tion qu'à la noce du plus vaillant bourgeois et de la plus jolie fille de Perth. Dix mois après, un bel enfant vint occuper le berceau amoureusement préparé, où Louise l'endormait en chantant :

« O toque bleue brave et loyale ! »

Les noms des parrains et de la marraine de l'enfant sont ainsi inscrits sur son acte de naissance : « Un haut et puissant lord, Archibald, comte de Douglas ; un honorable et bon chevalier, sir Patrick Charteris de Kinfauns, et une gracieuse princesse, Marjory, douairière de Sa Sérénissime Altesse David feu duc de Rothsay. » Sous un tel patronage une famille s'élève rapidement ; et plusieurs des maisons les plus respectables d'Écosse, notamment dans le Perthshire, ainsi que nombre d'individus distingués, tant dans les arts que dans les armes, font remonter avec orgueil leur origine au *Gow Chrom* et à la JOLIE FILLE DE PERTH

FIN.

NOTES

DE

LA JOLIE FILLE DE PERTH.

(A) Page 19.

POINT DE VUE DONT ON JOUIT DES WICKS DE BAIGLIE.

La note suivante a été fournie par un antiquaire distingué du pays.

« La méthode moderne de conduire les grands chemins à travers les vallées et le long de la base des montagnes, au lieu de les faire passer sur le sommet comme au temps où Christal Croftangry voyageait, a privé l'étranger de deux points de vue magnifiques sur la route d'Édimbourg à Perth. Le premier s'offrait au sommet de l'un des Ochills; et on jouissait du second, qui n'était par le fait que l'aspect plus rapproché d'une portion du premier, en atteignant l'épaulement occidental de la montagne de Mordun ou Moncreiff. Cette vue que l'on a du Moncreiff (celle qui, dit-on, arracha aux Romains cette exclamation qu'ils avaient trouvé un autre Champ-de-Mars sur les bords d'un autre Tibre), s'offre maintenant au voyageur d'une manière moins brusque et moins frappante qu'autrefois, bien qu'elle conserve encore plus d'un de ces traits que Pennant a si chaleureusement célébrés. »

(B) Page 21.

David II, après la mort de la reine Jeanne sa femme, épousa sa maîtresse « Catherine Loyie, une femme débauchée; » et quoiqu'il s'en fût bientôt repenti et qu'il désirât la répudier, le pape s'intéressant en faveur de Jeanne il se trouva lié.

(C) Page 35.

ROBERT BRUCE.

Quiconque a lu Barbour connaît cette anecdote de l'histoire de Bruce, qui, dans une position difficile où il se trouvait, vit près de son lit une araignée qui avait fait long-temps de vains efforts pour attacher son fil, et qui y parvint enfin à force de persévérance : incident dont il tira un augure favorable, qui l'encouragea à poursuivre son entreprise en dépit des mauvais traitements de la fortune. On regarda toujours depuis comme un crime, pour quiconque portait le nom de Bruce ou avait dans ses veines le sang du bon roi Robert, de faire le moindre mal à un de ces insectes.

(D) Page 44.

CLUNE-AMIE.

Ce mot a fait long-temps le tourment des lexicographes. Il n'y a pas de doute que dans le Perthshire, et partout où les Highlanders et les Lowlanders se trouvaient en contact, ce terme fût une désignation communément appliquée à la race gaélique, soit par mépris, soit par honneur. Que ce terme dérive, comme le disent les savants en langue celtique, de *Gluineamach*, c'est-à-dire *le jarreté* (et certainement la jarretière a toujours été un trait marquant dans le costume du vieux Gaël), — ou, comme semble l'insinuer le docteur Jamieson, que ce mot ait signifié originairement *gros bétail*, et ait été dédaigneusement appliqué par le Sassenach à une race de pâtres, comme pour établir entre elle et ses troupeaux un niveau intellectuel, — c'est ce que je ne prétends pas décider. *Adhùc sub judice lis est.*

(E) Page 49.

HIGH-STREET.

Les archives historiques de Perth sont parfois sujettes à quelque confusion par suite de l'existence de deux rues hautes (*high*) ou principales dans la cité : le North High-street, qui porte encore ce même nom de High-street, et le South High-street, connu aujourd'hui seulement sous le nom de South-street ou Shoegate.

(F) Page 49.

CURFEW-STREET.

Curfew-street, ou Curfew-row, doit avoir fait partie des faubourgs de Perth à une époque très peu antérieure à celle de cette histoire. C'était le *wynd* ou *row* entourant immédiatement la cour du château, et elle fut probablement élevée, du moins en partie, peu de temps après que le château fut rasé et ses forts comblés par Robert Bruce.

(G) Page 70.

LES GANTIERS.

La corporation des gantiers de Perth était en grande réputation ; il existe encore dans les archives de cette corporation nombre de chartres et de titres de concessions d'argent et de terres faites par divers motifs religieux, et en particulier pour l'entretien de l'autel de Saint-Bartholomew, une des plus riches des nombreuses chapelles dépendantes de l'église paroissiale de Saint-John.

(H) Page 227.

LA CHASSE DE SAINT-JOHNSTON EST SUR PIED.

Ce célèbre *slogan* ou cri de guerre était souvent accompagné d'un chant belliqueux très renommé dans son temps, mais qui depuis long-temps est perdu pour les amateurs d'antiquités musicales.

(J) Page 246.

LA SALLE DU CONSEIL

M. Morrison dit : « Les lieux où se tenaient les assemblées publiques des citadins ou de leurs magistrats changeaient si rarement autrefois, que tout semble porter à croire que les réunions du conseil de ville de Perth ont toujours eu lieu dans l'endroit même, ou peu s'en faut, où elles se tiennent encore. La chambre elle-même est évidemment moderne ; mais le bâtiment adjacent, qui semble avoir été construit tout près de la chapelle de la Vierge, si même il n'en dépendait pas, porte de nombreuses marques d'antiquité. »

(K) Page 247.

DANSEURS MORESQUES.

Il y a une grande diversité d'opinion touchant l introduction de la danse moresque en Angleterre. Le nom désigne une origine moresque ; et ce genre de danse a eu dans ce pays pendant nombre de siècles une telle popularité, que lorsqu'on demanda à Handel de désigner le goût particulier des diverses nations de l'Europe en fait de danse et de musique, il attribua aux Français le menuet, aux Espagnols la sarabande, aux Italiens l'ariette, et aux Anglais la danse moresque ou du *hornpipe*

(M) Page 280.

ÉPREUVE PAR LE FEU.

Dans un volume de *Mélanges* publié à Édimbourg en 1825 sous le nom de *Janus*, on trouve un morceau très curieux sur la solennité avec laquelle, dans les siècles d'ignorance, l'Église présidait à l'appel au Ciel par l'épreuve du feu.

(N) Page 282.

SKINNER'S YARDS.

« Le *Skinner's yard* (Cour des Peauciers), dit M. Morrison, est encore en possession de cette corporation, et sert à l'usage que son nom indique. Antérieurement au temps du pacifique Robert, c'était l'avant-cour du château. »

FIN DES NOTES.

www.ingramcontent.com/pod-product-compliance
Lightning Source LLC
Chambersburg PA
CBHW070541230426
43665CB00014B/1771